**Dieter Haller**
**Gelebte Grenze Gibraltar**

**D∪V Sozialwissenschaft**

Dieter Haller

# Gelebte Grenze Gibraltar

## Transnationalismus, Lokalität und Identität in kulturanthropologischer Perspektive

Mit einem Geleitwort von Prof. Dr. Werner Schiffauer

**Deutscher Universitäts-Verlag**

Die Deutsche Bibliothek – CIP-Einheitsaufnahme

**Haller, Dieter:**
Gelebte Grenze Gibraltar : Transnationalismus,
Lokalität und Identität in kulturanthropologischer
Perspektive / Dieter Haller. Mit einem Geleitw. von
Werner Schiffauer. – Wiesbaden : Dt. Univ.-Verl., 2000
   (DUV : Sozialwissenschaft)
   Zugl.: Frankfurt/Oder, Univ., Habil.-Schr., 1999
   ISBN 3-8244-4407-0

Gedruckt auf alterungsbeständigem Papier.

Als Habilitationsschrift auf Empfehlung der Fakultät für Kulturwissenschaften der Europa-Universität Viadrina/Frankfurt (Oder) gedruckt mit Unterstützung der Deutschen Forschungsgemeinschaft.

Lektorat: Ute Wrasmann / Tatjana Rollnik-Manke

Der Deutsche Universitäts-Verlag ist ein Unternehmen der
Fachverlagsgruppe BertelsmannSpringer.

www.duv.de

Höchste inhaltliche und technische Qualität unserer Produkte ist unser Ziel. Bei der Produktion und Verbreitung unserer Bücher wollen wir die Umwelt schonen. Dieses Buch ist deshalb auf säurefreiem und chlorfrei gebleichtem Papier gedruckt. Die Einschweißfolie besteht aus Polyäthylen und damit aus organischen Grundstoffen, die weder bei der Herstellung noch bei der Verbrennung Schadstoffe freisetzen.

Die Wiedergabe von Gebrauchsnamen, Handelsnamen, Warenbezeichnungen usw. in diesem Werk berechtigt auch ohne besondere Kennzeichnung nicht zu der Annahme, dass solche Namen im Sinne der Warenzeichen- und Markenschutz-Gesetzgebung als frei zu betrachten wären und daher von jedermann benutzt werden dürften.

Druck und Buchbinder: Rosch-Buch, Scheßlitz
Printed in Germany

ISBN 3-8244-4407-0

# Geleitwort

Kaum eine Disziplin hat ihren Forschungsgegenstand in den letzten Jahren so radikal redefiniert wie die Ethnologie. Diese verstand sich ursprünglich als "Völkerkunde", als Wissenschaft von aussereuropäischen Kulturen, und überliess das Feld der europäischen Gesellschaften weitgehend der Volkskunde und der Soziologie. Diese Fassung eines Forschungsfelds führte in den letzten Jahren zunehmend zu Unbehagen: Zum einen erschien der Begriff des Volkes oder der Ethnie zunehmend problematisch. Die Idee einer abgrenzbaren Population mit einer geteilten Sprache, Sozialstruktur, Geschichte und Kultur erwies sich als eine Projektion der Nationalstaatsbildung Europas des 19. Jahrhunderts und als Konsequenz kolonialistischer Verwaltungspolitik des 20. Jahrhunderts. Dies wäre an sich nicht so problematisch, wenn sich die Projektion nicht in vielen Fällen als ungeahnt wirkungsmächtig erwiesen hätte, so dass sich die Ethnologie plötzlich in der Rolle einer Legitimationswissenschaft für eine problematische Politik nationalistischer Ab- und Ausgrenzung fand. Zum anderen bereitete die Disziplin konstituierende Unterscheidung von Europa und Aussereuropa zunehmend Kopfschmerzen - implizierte sie doch eine Reihe von anderen Gegenüberstellungen: Der aussereuropäische Raum wurde zur Projektionsfläche des Anderen, von Moderne, Rationalität, Vernunft. Den eigenen "geschichtlichen" und "komplexen" Gesellschaften wurden die anderen als "geschichtslose" und "traditionale", in ihrer eigenen Kultur befangenen Gesellschaften gegenübergestellt. Das Unbehagen kulminierte in der Identitätskrise der "Writing Culture" Debatte, die in einer selbstreflexiven Zurückwendung die Rolle der eigenen Wissenschaft thematisierte. Die Folge war eine Krise der Ethnographie: Ihr Ausdruck war, dass in den letzten Jahren keine paradigmenbildende Ethnographie mehr erschien. Schule machten vielmehr Texte, die die Ethnographie selbst zum Gegenstand hatten und das Augenmerk auf die Analyse von Macht und Diskurs in der Ethnologie richteten.

Zeitgleich entwickelte sich allerdings eine fruchtbare Suche nach Auswegen, nach neuen Formen ethnographischen Repräsentierens. Dieter Hallers Arbeiten stehen in der Tradition dieser Suche. Wie ein roter Faden zieht sich die Neugier an jenen Prozessen, die hegemoniale Selbstverständlichkeiten ins Recht setzen, durch das Werk des Autors. Mit dem vorliegenden Buch hat sich Dieter Haller nun einer weiteren vermeintlichen Selbstverständlichkeit angenommen: der nationalstaatlichen Ordnung und vor allem der nationalstaatlichen Grenze. Wie bereits in seinen Beträgen zu Raumkonzepten, Heteronormativität und Zweigeschlechtlichkeit, so handelt es sich bei der nationalstaatlichen Ordnung um eine Gewissheit gerade der westlichen Gesellschaften.

Zum einen wendet sich sein in dieser Habilitationsschrift eingenommener ethnographischer Blick also wiederum dem vermeintlich Eigenen zu, diesmal der Europäischen Gemeinschaft. Mit Gibraltar wird dabei eine mulitkulturelle und komplexe Gesellschaft ins Auge gefasst, die sich im Schatten des britischen Militärstützpunktes entfaltet hat und sich gegenwärtig im Übergang von einer kolonialistischen Militärgesellschaft zu einer Bürgergesellschaft befindet. Obwohl von der Grösse her eine Kleinstadt, ist Gibraltar durch eine Heterogenität gekennzeichnet, die sonst nur in Großstädten zu finden ist. Wichtiger ist noch, wie der Gegenstand gefasst wird: Suchte die herkömmliche Ethnographie nach dem „Zentrum" beziehungsweise dem „Kern"

V

einer anderen Gesellschaft oder Kultur (und konstruierte damit tendenziell in sich geschlossene Ganzheiten) so nähert sich Dieter Haller der gibraltarianischen Gesellschaft von den Grenzen her. Von selbst ergibt sich damit eine Verschiebung: Indem der Zwischen-Raum zum entscheidenden Forschungsfeld wird, wird systematisch mit den institutionell vorgegeben Begrenzung gebrochen. Haller kann zeigen, dass sich die Dynamik der gibraltarianischen Gesellschaft nicht aus einer inneren Logik entfaltet, sondern aus dem komplexen Ineinander-spielen der Transformation von äusseren Staatsgrenzen mit internen interethnischen Grenzen. Ganz von selbst richtet sich damit das Augenmerk auf die Brüche, auf das Heterogene und Dynamische der kulturellen Entwicklung und entzieht sich damit ganz von selbst jeder problematischen Hypostasierung.

Es ist zu wünschen, dass diesem wichtigen Beitrag zu einer innovativen Ethnographie die Aufmerksamkeit zu Teil wird, die er zweifellos verdient.

Werner Schiffauer

# Vorwort

Die vorliegende Habilitationsarbeit geht auf mein Forschungsprojekt "Vom Aufmarschplatz zum Steuerparadies: der Einfluß politisch-ökonomischer Transformationsprozesse auf die Ausbildung nationaler und ethnischer Identitäten am Beispiel Gibraltars" zurück. Das Projekt, betreut durch den Lehrstuhl für vergleichende Kultur- und Sozialanthropologie der Europa-Universität Viadrina (Frankfurt/Oder), wurde während der zweijährigen Laufzeit (1996-1997) von der Deutschen Forschungsgemeinschaft DFG gefördert. Ich habe das Material für diese Arbeit in einer einjährigen stationären Feldforschung in Gibraltar (Februar 1996 - Februar 1997) erhoben.

Mein besonderer Dank gilt dem Lehrstuhlinhaber für vergleichende Kultur- und Sozialanthropologie, Herrn Prof. Werner Schiffauer, der mir durch seine Begleitung eine fruchtbare Arbeitsatmosphäre ermöglicht hat. Ohne sein Vertrauen und seine Unterstützung hätte diese Arbeit niemals vollendet werden können.

Thomas Hauschild, Dorle Dracklé und Michi Knecht haben mich vor allem in der Zeit der Bearbeitung meiner Daten engagiert begleitet und mich auf blinde Flecken aufmerksam gemacht. John Borneman hat mir mit seinem Ideenreichtum und seiner Kritik neue Denkhorizonte eröffnet.

Zentrale Gedanken der Arbeit konkretisierten sich in Gesprächen mit Hastings Donnan, Waltraud Kokot, Gisela Welz, Henk Driessen, Andrew Canessa, Maya Nadig, Daniel Gerson, Barbara Ritchie, Jon Searle und Tito Benady, sowie mit den Teilnehmern des Workshops *Anthropology of Borders* auf dem 5th. EASA Kongreß in Frankfurt/Main (1998) und der Semesterkolloquien des Frankfurter Lehrstuhls.

Kritik und Hilfe erhielt ich auch von Peter Bräunlein, Andrea Lauser, Werner Krauss, Gertrud Hüwelmeier, Karl-Walter Pöhlmann, Frank Meyer, Mary Crain, Gerd Baumann, Shalini Randeria und Ayse Caglar. Unerwähnt bleiben soll auch die Mühe von Frau Gittner nicht, die in ihrer Eigenschaft als Sekretärin des Institutes so manche administrative Kastanie aus dem Feuer holte. Vera Seehausen und Ute Wessel haben mir beim Redigieren der Arbeit zur Seite gestanden. Die Titelgebung wurde von Frau Kristin Hartmann inspiriert. Petra Dobler-Tilp und Andreas Tilp bin ich für ihre Unterstützung dankbar.

Meinem Assistenten im Feld, Herrn Parvis Ghassem-Fachandi, gilt mein ganz besonderer Dank für sein Engagement und seine Fähigkeit zur selbständigen Arbeit. Feldforschungen wären aber ohne die vielfältigen Begegnungen mit Informanten nicht möglich. Mit einigen Gewährsleuten entwickelten sich enge und freundschaftliche Beziehungen. Es ist mir unmöglich, all jene aufzuführen, die mir in Gibraltar bei meiner Arbeit geholfen haben. Dennoch möchte ich einigen Informanten besonders für ihre Hilfe danken: dem Leiter der Garnisonsbibliothek, Mr. Jon Searle und seiner Familie; Mr. Joshua Marrache, Barbara und Keith Ritchie, Mrs. Luna Benzecry, Mrs. Annette Tunbridge, Familie Abudarham, Mr. Sam Benzaquén, Familie Podesta, Familie Sam Benady; dem Kurator des *Gibraltar Museums*, Mr. Clive Finlayson und seiner Frau Geraldine, Leiterin der John-Mackintosh-Hall; dem Archivar der jüdischen Gemeinde, Mr. Mesod Belilo; dem Präsidenten der Hindu Merchant Association, Mr. Haresh Budhrani; den Mitgliedern der SDGG sowie den Politikern Sir Joshua Hassan, Sir

Bob Peliza, The Hon. Joe Bossano, The Hon. Peter Caruana, Minister Peter Montegriffo, Mr. Joe Garcia, Mr. Joshua Gabay und Minister Bernard Linares.

Schließlich möchte ich auch all jenen aus meinem privaten Umfeld danken, allen voran meinem Lebenspartner Lutz Jablonowsky, daß sie all meine Höhen und Tiefen im Vorfeld der Forschung, während des Feldaufenthaltes und während der Anfertigung der vorliegenden Habilitationsschrift geduldig und aufmunternd ertragen haben.

Zur Terminologie und Zitierweise noch einige Hinweise.

Die Bewohner und die Bürger Gibraltars bezeichnen sich selbst auf unterschiedliche Weise. Auf diese unterschiedliche Terminologie werde ich in der Arbeit genauer eingehen. Der allgemeinste Begriff, den ich verwende (Gibraltarianer bzw. Gibraltarianerin) wird von mir aufgrund seiner Nähe zur Selbstbezeichnung (*gibraltarian* bzw. *gibraltareño*) der vom Duden vorgeschlagenen Bezeichnung des Gibraltarers bzw. der Gibraltarerin vorgezogen.

In meiner Arbeit verwende ich sowohl deutsche als auch fremdsprachliche Zitate von Informanten. Der Grund dafür ist einfach: meine Feldtagebuchaufzeichnungen habe ich auf Deutsch geschrieben. Die Zitate in deutscher Sprache entstammen diesen Notizen, die ich - bis auf einzelne Passagen - immer in meiner Muttersprache niedergeschrieben habe. Insofern schien es mir angebracht, den Verfremdungscharakter der Originalzitate durch die deutsche Niederschrift beizubehalten.

Die Zitate in englischer Sprache entstammen dagegen Interviews, die ich mit meinem Aufnahmegerät festgehalten habe. Ich habe ich mich dazu entschlossen, sie in der Originalsprache wiederzugeben, da es sich beim Englischen um eine Sprache handelt, von deren Verständnis ausgegangen werden kann. Fremdsprachliche Begriffe und Gesprächspassagen sind in dieser Arbeit kursiv gesetzt. Einige Schlüsselbegriff aus dem Feld (z.B. *britishness, The Rock, Chief Minister, Campo, parnás, wing, self-determination, Direct Rule, Haredim, Jeshiwa, local hero*), sowie einige Konzepte der internationalen Kultur- und Sozialanthropologie (z.B. *multisited ethnography, native, face-to-face, mimicry, borderland hysteria, intermarriage, gender*) werden beim ersten Gebrauch erklärt, erscheinen jedoch in der Folge auf Englisch und damit kursiv.

Dieter Haller

# Inhaltsverzeichnis

XII

# Einleitung

"Heute versuchte ich wieder einmal, mit meinem Auto die Grenze nach Spanien zu überqueren. Der Wagen trug ein gibraltarianisches Kennzeichen. Wie üblich zeigte ich an der Paßkontrollstelle meinen deutschen Personalausweis vor und wurde, ohne daß darauf ein Blick geworfen worden wäre, weiter gewunken. Dahinter, an der Wagenzollkontrollstelle, wurde ich nach meinen Wagenpapieren gefragt. Dies war ungewöhnlich, da die Wagenpapiere ansonsten nur kontrolliert wurden, wenn ein *double check* oder *doble filtro* - eine Art zweite Ausweiskontrollstelle - in Kraft war; dies war jedoch nicht der Fall. Ich zeigte dem Zivilgardisten meine Wagenpapiere und die Autoversicherung. Er blickte kurz in die Papiere und bedeutete mir wortlos, doch mit einer unmißverständlichen Handbewegung, rechts heran zu fahren und ihm zu folgen. Mir war ziemlich mulmig zumute, denn obwohl ich wußte, daß ich alle nötigen Papiere vorgezeigt hatte und diese auch in Ordnung waren, hatte ich schon viele Schauergeschichten über die Willkür der spanischen Grenzbeamten gehört und teilweise auch beobachtet - bei anderen.

Der Beamte führte mich in ein Büro, in dem ein Kollege von ihm saß. Dieser erklärte mir, daß ich als Deutscher die Grenze nicht mit einem gibraltarianischen Wagen überqueren dürfe. Ich müßte beweisen, daß ich in Gibraltar eine Residenzerlaubnis besitze. Ich legte meine Wagenpapiere vor, in denen meine gibraltarianische Adresse vermerkt war. Dies mochte er jedoch nicht anerkennen. Ich wunderte mich darüber, da ich mit denselben Papieren bereits bei zahlreichen Kontrollen die Grenze problemlos überquert hatte. Ich legte ihm die Mietbestätigung der Vermieterin sowie Unterlagen vor, aus denen meine Forschungstätigkeit hervorging, aber auch diese Papiere genügten nicht. Der Beamte bestand darauf, daß ich ihm eine Aufenthaltsgenehmigung vorlegen sollte, über die ich aber nicht verfügte, da ich sie in Gibraltar nicht benötigte. EU-Bürger, so wurde ich von meinem Gegenüber belehrt, dürften kein in Gibraltar registriertes Fahrzeug innerhalb der EU fahren oder besitzen, es sei denn, sie verfügten über die Aufenthaltsgenehmigung. 'Gibraltar', so fügte er hinzu, 'ist wie Marokko: Es gehört nicht zur EU, und darum ist es Ihnen nicht erlaubt, ein in Gibraltar registriertes Fahrzeug in die EU einzuführen.' Ohne die Aufenthaltsgenehmigung müßte ich das nächste Mal 50.000 ptas Strafe bezahlen."[1]

Die kurze Geschichte über meinen mißglückten Grenzübertritt, auf die ich an anderer Stelle noch genauer eingehen werde,[2] führt bereits den zentralen Gegenstand des vorliegenden Buches ein: die Wirkungsweise von Grenzen auf die Bewohner einer konkreten Grenzgesellschaft, im weitesten Sinne jedoch den Entwurf einer Ethnologie der Grenze. Sie weist auch schon auf meine Zugangsweise zu den Forschungsgegenständen hin, nämlich darauf, daß erst die Verbindung von Diskursen und Performativitäten zu einem sinnvollen Verstehen der Wirkungsweisen von Grenzen führt. Die Geschichte zeigt, daß mein Wissen über die repressiven Maßnahmen der spanischen Grenzer bis zu diesem Vorfall weitgehend akademischer Natur war. So wußte ich bereits aus zahlreichen Gesprächen und Beobachtungen nur zu gut, daß es nicht einfach war, die Grenze zu überwinden; ich wußte auch, daß die Grenzbeamten häufig unerwartete Maßnahmen ergriffen, die die Grenzgänger gewissermaßen 'kalt erwischten'. Man hatte mich gewarnt, und ich hatte mich für den Fall der Fälle, daß es auch mir geschehen sollte, gewappnet: die Wagenpapiere, die Unterlagen der Vermieterin und die Forschungsbestätigung ... Der Vorfall zeigt aber, daß es nicht viel nützt, sich zu wappnen, wenn man ohnmächtig

---

1    Feldtagebuchnotiz, 29.07.1996.
2    Siehe Kapitel 1.4.3.

1

einem Disziplinierungsapparat ausgeliefert ist, der tatsächlich auf Disziplinierung ausgerichtet ist. Schließlich sind Grenzkontrollstationen und Zollabfertigungshallen liminale Räume, in denen die Konventionen zivilen Verhaltens außer Kraft gesetzt werden: Körperkontrollen, das Öffnen von Gepäck und das Herumwühlen in den intimsten Gegenständen des Reisenden oder, wie in meinem Falle, die Umkehrung der Unschuldsvermutung und der staatliche Zugriff auf bloßen Verdacht hin. Ich wußte dies so gut wie die Gibraltarianer, aber meine Informanten - und das unterschied mich bis zu diesem Vorfall - hatten dies bereits am eigenen Leib erfahren. Es ist diese Verbindung zwischen Wissen und körperlicher Erfahrung, die dem ethnologischen Blick zugrunde liegt und der ich in meiner Analyse nachgehen möchte. Aus dieser Perspektive heraus werde ich in den einzelnen Kapiteln unterschiedliche ethnographische Aspekte der gibraltarianischen Gesellschaft in ihrer Beziehung zur Grenze untersuchen: die Grenzen selbst [ → Kapitel 1], das Verhältnis zu Spanien [→ Kapitel 2], die Ordnung des Raumes [→ Kapitel 3], das Verhältnis zum Mutterland Großbritannien [→ Kapitel 4], Ethnisierung und Nationalismus [→ Kapitel 5], die transnationale Wirtschaftsweise des Schmuggels [→ Kapitel 6] und die Ethnisierung einer religiösen Partikulargruppe [→ Kapitel 7].

Das vorliegende Buch handelt von einer Grenzlandgesellschaft am Schnittpunkt zweier Kontinente. Die Bewohner der britischen Kronkolonie Gibraltar leben an einem der wenigen Orte innerhalb der EU, die sowohl über eine Binnen- als auch über eine Außengrenze verfügen. Die EU-Außengrenze zu Marokko wird undurchlässiger gemacht, die EU-Binnengrenze zu Spanien abgebaut. Letztere ist die einzige Binnengrenze, die innerhalb der EU umstritten ist.

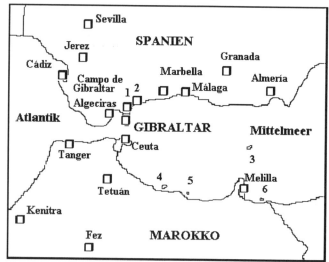

Abbildung 1: Zwischen Atlantik und Mittelmeer - Die Straße von Gibraltar. 1 = La Línea, 2 = Sotogrande, 3 = Alborán (span.), 4 = Peñón de Vélez (span.), 5 = Alhucemas (span.), 6 = Islas Chafarinas (span.)

Die diskursive und performative Interpretation kultureller und sozialer Zusammenhänge durch individuelle und kollektive Akteure - hier als Blick von unten nach oben bezeichnet - bildet für das Buch die allgemeine Perspektive. Ich werde die Gesellschaft im Hinblick auf die Beeinflussung durch die spezifische Situation an den Territorialgrenzen befragen.

Der Begriff der Grenze gehört zu den grundlegenden Metaphern der Ethnologie.[3] Dies hat jedoch seltsamerweise nicht dazu geführt, zwischenstaatliche Grenzen zu bevorzugten Forschungsobjekten der Disziplin zu machen. Dies ist um so verwunderlicher, als daß zentrale Gegenstände der ethnologischen Forschung wie etwa Territorialität, Identität und Nationalität an nationalstaatlichen Grenzen ausgehandelt werden.

In diesem Buch stehen die Diskurse und Performativitäten der Akteure an der und über die Grenze als empirische Gegenstände im Vordergrund. Die zwischenstaatlichen Grenzen und ihre Effekte sind allgegenwärtig in Gibraltar:

- die leibliche Erfahrung der Grenzrepressalien stiftet Gemeinsamkeit; sie ist maßgeblich verantwortlich für die Entstehung und Erhaltung der kollektiven Identifikation;

- die Grenzkontrollen wirken sich nachhaltig auf die Lage der Wirtschaft aus (z.B. auf den Tourismus, die Entwicklung wirtschaftlicher Beziehungen mit den Gemeinden des Hinterlandes);

- lokale Diskurse nehmen ständig auf die Grenzen Bezug, um die unterschiedlichsten gesellschaftlichen Aspekte (etwa Spiritualisierung, Nationalismus, Ethnisierung und Schmuggel) zu erklären;

- der politische Diskurs wird von der Souveränitätsthematik dominiert, in der die Grenze gewissermaßen das Mastersymbol für den politischen Konflikt mit Spanien darstellt;

- zahlreiche Alltagspraktiken (z.B. Tagesplanung, Einkaufen, Freizeitverhalten) werden maßgeblich von den Kontrollen an der Grenze beeinflußt;

- indirekt beeinflußt die Grenzthematik auch körperliche Performativität.

Die ethnographische Perspektive des Buches fragt nach den Ursachen, Wirkungen und Funktionen der Grenzdiskurse und -performativitäten für die gibraltarianische Gesellschaft [→ Kapitel 1-7, 8.1]. Eine zweite Perspektive ist die der Theoriebildung. Die besondere Grenzlage Gibraltars stellt sicherlich einen ethnographischen Sonderfall dar. Ich werde in diesem Buch dennoch zwei für die allgemeinere Theoriebildung relevante Fragekomplexe verfolgen, die über die konkrete Situation Gibraltars hinausweisen.

- Der erste Fragenkomplex, den ich abschließend in Kapitel 8.2 beantworten möchte, ist an die Transformation von Grenzen und Gesellschaften innerhalb der Europäischen Union gerichtet. Im Rahmen der Europäischen Einigung wird die politische Ordnung des Europa der Moderne auf grundlegende Weise transformiert: Die Bedeutung des Nationalstaates und nationaler Souveränität wird umgestaltet, Binnengrenzen werden abgeschafft, Außengrenzen verstärkt. Diese Transformation wirft allgemeine Fragen an Grenzgesellschaften auf: In welcher Weise trägt der gibraltarianische Fall zur Analyse allgemeiner Transformationsproblematiken von Grenzgesellschaften, insbesondere im supranationalen Gebilde der Europäischen Union,

---

3    Vgl. etwa die Begriffe der ethnischen Grenze [BARTH 1969: 10] und der Grenze von *local communities* [COHEN 1986].

bei? Welche Rückschlüsse lassen sich daraus auf die veränderte Rolle der europäischen Nationalstaaten am Ende des XX. Jahrhunderts ziehen?

- Eine zweite Hauptfrage, die ich in Kapitel 8.3 diskutieren möchte, richtet sich an die Beeinflussung kulturwissenschaftlicher Analyseeinheiten durch nationale Grenzen. Ich möchte die Grenze als Ausgangspunkt für die Betrachtung zentraler Kategorien unseres Faches nehmen. Ich behaupte, daß politische Grenzen keine passiven Faktoren im Prozeß der Aushandlung kultureller, gesellschaftlicher und staatlicher Macht darstellen, sondern zentral für die ethnologische Theoriebildung sind. Der führende US-amerikanische Grenzethnologe ROBERT ALVAREZ [1995] stellt die Hypothese auf, daß die Grenze ein privilegierter Ort dafür ist, um die Aushandlung zentraler Kategorien zu untersuchen; diese erfahren eine Neubewertung, wenn man sie von der Grenze aus betrachtet.[4] Ich werde dieser zunächst plausibel erscheinenden Hypothese am Beispiel der Kategorien Kultur, Gesellschaft, Identität und Nation nachspüren und das Material daraufhin befragen.

Bevor ich im zweiten Teil dieser Einleitung auf den Aufbau des empirischen Teiles des Buches eingehen werde, möchte ich im folgenden die theoretischen Ausgangspositionen meines Ansatzes zur Erforschung der Grenzen darlegen.

## Teil 1 Theoretische Ausgangspositionen: die Grenze und die Neubewertung kulturanthropologischer Kategorien

Die Fähigkeit und das Bedürfnis, Grenzen zu ziehen, sind spätestens seit SIMMEL [1992: 221ff.] als universelle anthropologische Konstanten - SIMMEL spricht von einem psychologischen Phänomen - enttarnt: Dinge können nur zusammengebracht werden, indem man sie voneinander trennt. Das Ziehen von Grenzen ist demnach der Schlüssel zur menschlichen Kognition, die räumliche Grenze "nur die Kristallisierung oder Verräumlichung der allein wirklichen seelischen Begrenzungsprozesse" [1992: 226]. An der Raumgrenze symbolisiert sich das 'Macht- und Rechtmaß' der eigenen Sphäre zweier Persönlichkeitskomplexe, die sich gerade dadurch auszeichnet, "daß sich Macht und Recht eben in die andere Sphäre nicht hinein erstrecken" [1992: 227ff.]. GIRTLER [1992: 11ff.] bezeichnet die Grenze als Symbol für das Menschsein, und GREVERUS [1969] nennt den Menschen ein "grenzziehendes Wesen", weil seine Identität und Unterscheidbarkeit gerade durch die Grenze gesichert wird.

### 1.1    Grenzgang Ethnologie

"Wer sich dort [an Grenzen] aufhält, hat Mühe, sich verläßlich zu orientieren, fürchtet, den Weg zu verlieren, fühlt sich allen möglichen Gefahren ausgesetzt, glaubt sich von böswilligen Zwergen, Hexen und Riesen bedroht."

Was MÜLLER [1987: 28] über den Grenzbereich dörflicher Gemeinschaften schreibt, trifft im übertragenen Sinn auch auf andere Grenzkontexte zu. Daß Grenzsituationen zwischen als stabil definierten Kategorien häufig als Quellen der Instabilität, der Verunsicherung, der Bedrohung,

---

[4]    Ähnlich argumentiert FERNANDEZ [2000].

4

des Konfliktes,[5] aber auch von neuen Möglichkeiten und Chancen erlebt werden, wird besonders in der ambivalenten Charakterisierung derjenigen sichtbar, die sich auf der Grenze und somit zwischen den Kategorien bewegen. Der Schamane der nordasiatischen Völker überwindet verschiedene kosmologische Ebenen, er tritt mit den Wesen und Dämonen, Toten und Naturgeistern der Ober- und der Unterwelten in Kontakt, indem er entlang der Weltachse hinauf oder hinab reist. Seine Reisen dienen dazu, Kranke durch Trancen zu heilen, die Toten ins Schattenreich zu geleiten und als Mittler zwischen Ober-, Menschen- und Unterwelt zu dienen. Die *hagazussa*, die Hexe, die auf dem Zaun reitet, vermag sowohl heilende als auch zerstörerische Kräfte freizusetzen. Im Ursprungsmythos der Winnebago und anderer nordamerikanischer Indianergruppen vereinigt der Trickster Ordnung und Chaos in sich; er wird von Begierden beherrscht und besessen, ist egoistisch und besitzt die Mentalität eines grausamen Kindes; gleichzeitig gilt er jedoch als Kulturbringer, und seine Reise endet mit einer teilweisen Zähmung der Triebe. Der Bedrohlichkeit des Uneindeutigen, der Angst vor dem Zwielicht oder, wie JAMES FERNANDEZ [1974, 1980] schreibt, dem 'Dunkel am Fuße der Treppe', unterliegt auch in vormodernen Gesellschaften der Notwendigkeit, klare Kategorien zu schaffen. Die Uneindeutigkeit zwischen einer 'eindeutigen' oder 'klaren' Statusgruppe und einer anderen versuchen diese Gesellschaften in Übergangsriten zu bändigen, wie ARNOLD VAN GENNEP [1986] mit den *"rites de passage"* und VICTOR TURNER [1967, 1969] mit dem Konzept der Liminalität gezeigt haben.

Warum besitzen die Grenzen dieses Potential, Konflikte und Verunsicherungen hervorzurufen? Nach LEACH [1976: 34] gibt es *"always some uncertainty about just where the edge of category A turns into the edge of category not-A"*. Diese Erklärung geht jedoch nicht weit genug: Wieso soll ein bloß kognitives Problem für eine derartige Verunsicherung verantwortlich sein? GRAY [1979: 28] behauptet, daß anomale Objekte, also die nicht eindeutig zuzuordnenden Phänomene bzw. Personen, das kulturelle Projekt der Klassifikation insgesamt in Frage stellen. An diesen Objekten erweist sich, daß die Welt vielleicht doch nicht so geordnet ist, wie das gemeinhin angenommen wird. Chaos und Zusammenbruch der Ordnung erscheinen möglich. *"The individual is thus haunted by a vision of a world without guidelines by which to plan behavior and in which the only practical respones are catatonia or random activity"* [GRAY 1979: 28]. Zeichnen sich Schamane, *hagazussa* und Trickster durch die Fähigkeit aus, sich zwischen den Ordnungskategorien der vormodernen Welt hin- und her zu bewegen, so scheint die abendländische Moderne jedoch von der Irreversibilität klarer kategorialer Grenzen bestimmt zu sein. Die Uneindeutigkeit des Übergangs scheint dadurch gebändigt, die Pendelbewegung zu unterbinden und eine lineare Stoßrichtung vorzugeben: von A nach B und nicht wieder zurück. Figuren, die sich ständig zwischen den Kategorien befinden, verlieren damit die Fähigkeit zur mehrmaligen Überwindung und werden zur bloßen Bedrohung. Der 'Mischling' wird zur Gefahr für die als rein gefaßte Kategorie der 'Rasse', der Homosexuelle wird zur Mißgeburt, da er der dichotomischen Logik der Genderkategorien nicht entspricht. Die Logik der Eindeutigkeit, die sich in der Transformation der vornationalen 'Persona' zum modernen

---

5    Nach LEACH [1976: 34] sind kategoriale Grenzen Quellen von Konflikten und Verunsicherung. Diese von Grenzen hervorgerufene Verunsicherung ist ein Hauptfaktor in der Schaffung von Übergangsriten, deren Funktion es ist, eine Gruppe oder ein Individuum über die Grenze hinweg von einer Kategorie in die nächste zu geleiten. Dadurch bekräftigen die Riten die Existenz der Realität jener Kategorien, die von der Gesellschaft postuliert werden.

'Individuum' nachvollziehen läßt,[6] wird dabei auch durch positive Umwertungen der als bedrohlich empfundenen Kategorie des Hybriden und des Mischlings nicht verändert. Denn auch das Konzept der Hybridität ist letztendlich tautologisch, denn es geht davon aus, daß es so etwas wie authentische Kulturen gibt, die miteinander zu einem Mischtyp verschmelzen, der dann als hybride bezeichnet werden kann. So führt das Lob der Hybridität als - ein zentraler Bestandteil der nationalistischen Neuformulierung gibraltarianischer Ethnizität - zur Dichotomisierung einer neuen 'reinen' Kategorie (die 'richtigen' Hybriden bzw. die Gibraltarianer 'mit der richtigen Mischung') und zur Entstehung einer neuen Gruppe von kategorialen Grenzgängern, die eine Quelle der Unsicherheit sowohl für die Gibraltarianer als auch für die Spanier darstellen (die Gibraltarianer, deren 'spanischer Anteil' hervorgehoben wird) [dazu ausführlich → Kapitel 5.2.1].[7]

Ethnologen bewegen sich an und auf der Grenze zwischen den Kategorien vom Eigenen und vom Fremden. "Wer Wahrnehmungen ordnen möchte, muß Unterscheidungen treffen. Und die Richtigkeit der getroffenen Unterscheidung wird im Grenzgang überprüft." STRECK [1995: 185-195] spricht zu Recht vom Grenzgang Ethnologie.[8] In den Biographien von Ethnologen[9] ist, wie FREILICH [1970], LEWIS [1973], STAGL [1974] und LINDNER [1987] für die frühen Vertreter des Fachs im allgemeinen und FRANK [1997] für die jüdischen Begründer der US-amerikanischen Kulturanthropologie im besonderen feststellten, Marginalität und das Gefühl der Ausgegrenztheit oftmals Movens für die Beschäftigung mit dem Eigenen und dem Fremden - ein Merkmal, das Ethnologen häufig mit ihren Hauptinformanten teilen. Die STRECK'SCHE

---

6  Das Konzept einer monolithischen und kontextungebundenen Identität wird dabei seit den 60er Jahren und verstärkt seit den 80er Jahren [DOUGLAS 1995], besonders durch die Problematisierung des Identitätsmanagements durch GOFFMAN [1975] und der internationalen Debatte um *native anthropologists* [HASTRUP 1993; ABU LUGHOD 1991] und *halfies* [NARAYAN 1993], zurückgewiesen. Ich greife auf das Personakonzept von LA FONTAINE [1985] und GREDYS HARRIS [1989] zurück, die auf MAUSS [1985] aufbauen. Mit LA FONTAINE [1985] und GREDYS HARRIS [1989] möchte ich die Notwendigkeit einer Differenzierung der Begriffe 'Individuum', 'Selbst' und 'Person' für die ethnologische Forschung herausstreichen. Die drei Begriffe bezeichnen den Menschen aus unterschiedlicher Perspektive. So ist das 'Individuum' Teil der Menschheit (biologische Perspektive); 'Selbst' bezeichnet den Menschen als Sitz einer Erfahrung (psychologische Perspektive); mit 'Person' schließlich ist der Mensch als Mitglied in der Gesellschaft gemeint (ethnologische Perspektive) [GREDYS HARRIS 1989: 600-602]. Persona als kulturelles Konstrukt verweist auf die Vielfalt und Vielgestaltigkeit sozialer, ökonomischer und politischer Identitäten und Identifikationen, die Menschen mit anderen teilen. Mit der modernen Idee der Nation wurde diese Vielgestaltigkeit jedoch reduziert, indem Individuen auf eine nationale Identität festgeschrieben wurden [VERENI 1996; WEBER-KELLERMANN 1978: 12; MAFFESOLI 1993].

7  Besonders deutlich wird die Unumkehrbarkeit der Bewegung von A nach B am Beispiel der Intersexualität. Die dichotomische Verabsolutierung der bio-sozialen Kategorien Mann und Frau zwingt Ärzte und Eltern, uneindeutige primäre Geschlechtsteile bei Neugeborenen zu vereindeutigen. Eine Zwischenkategorie ist noch immer undenkbar, und Menschen, die mit eindeutigen primären Geschlechtsmerkmalen geboren werden, sich jedoch im 'falschen' Körper fühlen, werden zur Entscheidung für das eine oder das andere beraten, da kein kulturelles Instrumentarium für eine dritte Kategorie zur Verfügung steht. Aus der kulturvergleichenden Forschung wissen wir jedoch, daß unsere eurozentrischen Kategorien bei der Analyse etwa der *Two-Spirits* Nordamerikas [LANG 1994], der neun Genderkategorien der Tschuktschen [JACOBS/CROMWELL 1989], der *xaniths* des Oman [WIKAN 1977], der *momak djevojka* Montenegros und Albaniens [GRÉMAUX 1996], der *mahus* Tahitis [LEVY 1971] und des *köçek* der Türkei [TAPINC 1992] nicht richtig greifen.

8  Siehe auch HAUSCHILD [1995: 13-62] über die deutsche Völkerkunde als Grenzwissenschaft.

9  Heute haben sich die Disziplinen soweit professionalisiert, daß sich ein anderes als das von STAGL für die Vorväter gezeichnete Bild bietet. Vgl. SHOKEID [1988: 42] und HALLER [1996].

6

Auffassung, daß "[B]eide, Grenzgänger wie Ethnologen, [...] an der Grenze entlang [gehen] und beide [...] über diese hinweg [blicken]", wird aber von mir nicht geteilt, denn sie impliziert, daß es die Aufgabe der Ethnologie sei, fremde Kulturen zu untersuchen, was auf der Trennung in das erkennende Subjekt des Ethnologen und das betrachtete Objekt der Eingeborenen beruht und die Grenze zwischen Eingeborenem und Anthropologen apriorisch voraussetzt. Im Gegensatz dazu verstehe ich Ethnologie nicht als Wissenschaft vom kulturell Fremden, sondern als Wissenschaft, die über die Prozesse der Grenzziehung zwischen dem Eigenen und dem Fremden reflektiert.

Die Überschreitung kategorialer und symbolischer Grenzen wurde (vor allem durch die Untersuchung von Übergangsriten) nicht nur Gegenstand des empirischen und des theoretischen Interesses, sondern - mit der teilnehmenden Beobachtung und deren Kanonisierung in Einführungen und Abhandlungen insbesondere der Ethnoscience[10] - auch methodologisch zum Dreh- und Angelpunkt des Faches.

## 1.2 Die nationalstaatliche Grenze als Gegenstand der Ethnologie

Die Grenzmetaphorik gehört also in mehr als einem Sinne gewissermaßen zum "Familiensilber"[11] der Disziplin. Darüber hinaus arbeitete die Ethnologie in der Vergangenheit bevorzugt über Kulturen und Gruppen, die sich hinsichtlich der Machtzentren von vormodernen Staaten, Nationalstaaten oder Kolonialreichen häufig in peripheren und marginalen Positionen befanden.[12]

Um so überraschender ist die Tatsache, daß die Außengrenzen dieser Territorien selbst bis vor kurzem[13] eher selten die Aufmerksamkeit der Disziplin auf sich zogen.[14].

Dafür gibt es verschiedene stichhaltige Gründe. Staatsgrenzen, besonders wenn es sich um umstrittene Grenzen zwischen feindlichen Nachbarn handelt, sind hochpolitische Kontexte, in denen die Regierungen häufig geheime Absichten verfolgen. Wenn sich staatliche Stellen nicht in die Karten schauen lassen wollen, mag es nicht nur schwierig sein, für Grenzregionen Forschungsgenehmigungen zu erhalten, sondern darüber hinaus gefährlich für Leib und Leben.

Zusätzlich dazu erfordert die Forschung an Staatsgrenzen vom Ethnologen doppelte Anstrengungen, da er mindestens zwei Sprachen beherrschen und sich mit zwei nationalen Traditionen anthropologischer Literatur auseinandersetzen muß.

Die Annahme, daß alle Grenzen gleich sind oder gleich wirken, mag das Forschungsinteresse minimiert haben. Vielleicht hängt die Tatsache, daß sich die Disziplin gerade in der Gegenwart

---

10 Vgl. SPRADLEY/McCURDY 1975; HIEBERT 1976.
11 Für diesen Begriff bin ich Michi Knecht dankbar.
12 Siehe etwa BORNEMAN [1995] über die Rolle der Indianer in der nordamerikanischen *Cultural Anthropology*.
13 Eine der frühen Ausnahmen ist COLE/WOLF [1974].
14 Dagegen sind Grenzen seit Ende der 80er Jahre häufig Gegenstände des Forschungsinteresses. Vgl. etwa ALVAREZ 1995; ANZALDUA 1987; BORNEMAN 1992a, 1992b, 1993a, 1993b; DE RAPPER 1996; DONNAN/WILSON 1994, 1999; DRIESSEN 1992, 1996a, 1996b; FYLNN 1997; KAVANAGH 1994; KEARNEY 1991; KOCKEL 1991; LEIZAOLA 1996; NUGENT/ASIWAJU 1996; O'DOWD/WILSON 1996; RAVENEAU 1996; SAHLINS 1989; THOMASSEN 1996; VERENI 1996; WENDL/RÖSLER 1999; WILSON/SMITH 1993.

Grenzen zuwendet, mit der Rede von ihrem Verschwinden im Zuge der Globalisierung und der Transnationalisierung zusammen. Phänomene werden häufig erst dann zum Gegenstand von Forschungen gemacht, wenn ihre vorgebliche Selbstverständlichkeit in Zweifel gezogen wird. Nach dem Wegfall der Ost-West-Konfrontation rückt auch in Europa die SIMMEL'SCHE Erkenntnis wieder in den Mittelpunkt, daß Staatsgrenzen weder natürlich noch absolut sind, sondern relativ, künstlich und problematisch.

Ein weiterer Grund findet sich in der Finanzierungspraxis der Forschungsgesellschaften in den Herkunftsländern der Ethnologen. Die Finanzierung von "*multi-sited research*" ist in Europa noch immer ungewöhnlich, die Förderungspraxis orientiert sich häufig an regionalen Schwerpunkten.

Die Finanzierungspraxis ist eng an die methodologische Frage und die wissen-schaftsge-schichtliche Dimension gebunden. Feldforschung bedeutet bis heute hauptsächlich die Durchführung von Studien über einen Ort oder eine Region. Über lange Zeit dominierte in der Ethnologie gar eine Kulturauffassung, die an diskrete Territorien gebunden war.[15] Die Trobriander, die Dinka, die Shoshone und all die anderen Völker schienen - ähnlich wie voneinander getrennte Tier- und Pflanzenspezies - in kleinen und voneinander separierten Welten zu leben.[16] Der Kulturbegriff dieser Tradition griff vor allem auf Distinktion zurück, die es letztendlich ermöglicht, von unterschiedlichen Kulturen zu sprechen. Zweifellos setzten andere Traditionen unseres Faches unterschiedliche Schwerpunkte: Statt Trennung und Distinktion betonten etwa der Diffusionismus, die Akkulturaltionslehre und der interaktive Ansatz eher die Verbindungen und Gemeinsamkeiten. Diese Traditionen gehören zu den intellektuellen Vorläufern des gegenwärtigen Interesses an Grenzen durch die Globalisierungs- und Transnationalisierungstheorien.

### 1.3 Der Blick von der Grenze

An zwischenstaatlichen Grenzen wird die Notwendigkeit klarer kategorialer Grenzen, wird das Primat der Eindeutigkeit von Identitäten besonders deutlich. DRIESSEN [1996] schreibt, daß hier Gesellschaften häufig am angreifbarsten sind, daß Wandel und neue Aktivitäten entstehen, daß Identitäten geschaffen oder verworfen und kulturelle Kategorien bewegt werden.[17] In diesem Buch konzentriere ich mich ganz auf Grenzen in ihrer Bedeutung für Staaten und Nationen. Die Begriffe der Grenze und des Grenzraumes reserviere ich - sofern nicht gesondert gekennzeichnet (z.B. als ethnische Grenze):

• für Grenzlinien zwischen Staaten mit Zeichen, Stacheldraht, Polizeikontrollen, Monumenten etc. (engl. *boundary*, frz. *ligne-frontière*);

• für die Grenzzone bzw. den Grenzraum diesseits und jenseits dieser Linie (engl. *border*, *borderland*, frz. *zone-frontière*);

---

15 Vgl. FARDON 1990; KEARNEY 1991; GUPTA/FERGUSON 1992; HALLER 1994; ROSALDO 1989.
16 Vgl. HANNERZ 1997.
17 Siehe auch DONNAN 1997.

• sowie für die ökonomische, soziale, kulturelle und politische Bedeutung, die die Grenzbevölkerung der Grenze und dem Grenzraum zumißt (engl. *frontier*).[18] Eine zweite Bedeutung besitzt *frontier* als (sich verschiebende) Grenze zwischen Zivilisation und Natur.[19]

Das Buch untersucht zwei Staatsgrenzen in ihrer Relevanz für die Bevölkerung des Grenzlandes Gibraltar. Diese Perspektive wurde durch zwei Perspektiven ergänzt: denn Grenzen sind
nicht nur produktive Faktoren für die Ausbildung und Bekräftigung der lokalen Grenzgesellschaft, sie wirken auch

• auf das vorgebliche Zentrum der Macht (im vorliegenden Fall auf die politischen Strategien der britischen und spanischen Außenpolitik) sowie

• auf die (familiären, kulturellen, lokalrechtlichen, politischen, wirtschaftlichen) Beziehungen
zu den Gesellschaften jenseits der staatlichen Trennlinie und außerhalb des unmittelbaren
Grenzlandes. Das Buch zielt also nicht nur auf eine Ethnographierung Gibraltars ab, sondern
wagt einen Blick aus der Kolonie heraus auf das spanische Hinterland (das *Campo de
Gibraltar*) und auf das marokkanische Rifgebirge, deren Geschichte und Kultur durch Gibraltar maßgeblich beeinflußt sind.

Nationalstaatliche Grenzen eignen sich also als Ausgangspunkt für die Betrachtung lokaler,
nationaler wie auch transnationaler Prozesse. Die in den Kapiteln des Buches präsentierten
ethnographischen Beispiele berühren allgemein theoretische Fragestellungen an ethnologische
Kategorien. Ich werde der Hypothese nachgehen, daß man zu einer Neubewertung dieser Kategorien kommt, wenn man sie von der Grenze aus denkt. Denn bislang werden diese Kategorien von den Zentren des Nationalstaates her untersucht, einer Perspektive, die Grenzräume als
peripher, die Bewohner des Grenzlandes als passiv und alte Bräuche und Sitten konservierend,
als unmodern, provinziell und rückständig faßt.[20]

---

18  Ich schließe mich der Definition von DONNAN & WILSON [1994: 7-8] an, in der nationale Grenzen als Zonen aufgefaßt werden, in denen die Aushandlung von Kultur stattfindet. Allerdings finden sich in den
neueren Arbeiten zur Grenze teils identische, teils abweichende Definitionen der Begriffe *border, frontier*
und *boundary*, die ich hier lediglich der Vollständigkeit halber erwähne: "*The frontier zone is [...] much
wider than the political line in the sand which demarcates state sovereignty, because it encompasses the
economic, social and political landscape of borderland's people*" [O'DOWD & WILSON 1996: 2]. *Borders*
sind sowohl die Grenzlinien als auch die Zonen, die über diese Linien hinauslappen ("...*the frontier of political and cultural contest which stretches away from the borderline*" O'DOWD & WILSON 1996: 2]).
Diese Unterscheidung wird von anderen Autoren nicht uneingeschränkt geteilt. KOTEK [1996: 24] etwa
nennt die Grenzlinie *boundary*, den Grenzraum *frontier*. Für THOMASSEN [1996] und PRESCOTT [1987:
13] sind *boundaries* die Grenzlinien, *borders* dagegen Grenzzonen; für COAKLEY [1982: 36] sind *boundaries* ebenfalls Grenzlinien, Grenzzonen dagegen nennt er *frontiers*. Für den Politologen MALCOLM
ANDERSON [1982] sind *frontiers* die konkreten Linien, an denen sich Jurisdiktionen treffen,
"üblicherweise auf dem Boden mit Posten, Steinen oder Zäunen markiert und durch Zoll, Polizei und Militärpersonal kontrolliert"; darüber hinaus kann *frontier* in bestimmten Fällen das "weite Innere eines
Kontinents" bedeuten. *Borders* sind nach ANDERSON entweder Zonen oder Demarkationslinien; der Begriff der *boundary* schließlich bezieht sich immer auf Grenz- oder Demarkationslinien. KEARNEY [1991:
53] definiert *boundaries* als legale räumliche Begrenzungen einer Nation (Grenzlinien), *borders* als geographische und kulturelle Zonen oder Räume.

19  Diese Bedeutung greift auf das von FREDERIK J. TURNER für die 'weiße' Siedlungsgrenze in Nordamerika
entwickelte Grenzkonzept zurück (zit. in GREVERUS 1997: 11; siehe auch PETERSEN 1996).

20  Noch GREVERUS [1997: 12] faßt die Peripheriealität und die Dominanz von Außen als zwei der Haupt-
merkmale für die Kennzeichnung von *borderlands*.

## 1.4 Passive Peripherie oder Quelle der Macht?

Die Tradition der Distinktion impliziert, daß Grenzen bloß rezeptive und passive Faktoren seien in der Gestaltung der Gesellschaften und Kulturen, die sie umschließen.[21] Die Definition des Grenzlandes als einer rezeptiven und passiven Peripherie reproduziert einen Blick, der von der Metropole als Zentrum ausgeht. Dieser die Grenze als Barriere und die Grenzregion als Peripherie anerkennende Blick bedarf einer kritischen Revision. PETER SAHLINS' bahnbrechendes Werk über die spanisch-französische Pyrenäengrenze hat unsere Vorstellung von der Rezeptivität der Grenzregion entscheidend revolutioniert, indem er zeigt, daß die Grenzregion Cerdenya einen entscheidenden Einfluß auf das nationalstaatliche Verständnis Spaniens und Frankreichs besitzt.[22] Aus dem Grenzsaum, in dem vielfache territoriale Loyalitäten eher die Regel als die Ausnahme waren,[23] entwickelte sich eine klar definierte Trennlinie. Die Idee der linearen Grenze scheint ohnehin kein Kennzeichen vorstaatlicher Ordnung zu sein.[24] In den Worten von JOËL KOTEK [1996: 23]: *"L'une après l'autre, les zones-frontières floues se transforment en lignes frontières rigides."*[25]

SAHLINS expliziert die doppelte Stoßrichtung der Prozesse im Grenzraum. Einerseits wirken hier nationale Politiken auf lokale Gegebenheiten ein, andererseits werden Repräsentationen und Repräsentanten des Nationalstaates von den Menschen des Grenzraumes für lokale und individuelle Zielsetzungen instrumentalisiert und in die Pflicht genommen. Diese revolutionäre,

---

21  Sogar noch die Kategorisierung von Grenzländern durch MARTÍNEZ [1994: 1-15] faßt Grenzbevölkerungen als Akteure auf, die auf nationale Politik (z.B. den Grad der Offenheit der Grenze) lediglich reagieren und deren Verhältnis zu den Nachbarn sich an staatlichen Beschränkungen orientiert. Vgl. MARTÍNEZ' Kategorisierung von Grenzländern in a) *alienated borderlands* (Grenzbewohner betrachten Nachbarn als Fremde), b) *co-existent borderland* (Grenzbewohner betrachten Nachbarn als *casual acquaintances*), c) *interdependen borderlands* (Grenzbewohner betrachten Nachbarn als Freunde und Kooperierende) und d) *integrated borderlands* (Grenzbewohner betrachten sich selbst und die Nachbarn als Mitglieder eines sozialen Systems).

22  Siehe MEDICK 1991, 1995. Im Pyrenäenfrieden 1659 teilten sich die beiden Mächte die Cerdenya nicht territorial auf, sondern vielmehr "eine Fülle von Jurisdiktionen und Herrschaftsrechten über die Grenzbevölkerung, über deren Besitz, Religionsausübung und Abgabenleistung. Diese Jurisdiktionen deckten sich keineswegs territorial, im Sinne eines einheitlichen Grenzverlaufs, sondern reichten - ungemessen und Anlaß für häufige Konflikte - über die Grenze hinüber wie herüber" [MEDICK 1995: 221]. Diese grenzüberschreitenden Geltungsbereiche führten zu Loyalitäten und Abhängigkeiten, die in Konflikten zwischen Frankreich und Spanien mündeten. Die lokalen Gesellschaften fanden sich in einem ständigen Austauschprozeß mit den Nachbarn jenseits der Grenze, sie beanspruchten jedoch die Hilfe staatlicher Herrschaftsträger und deren Empfänglichkeit für Argumente der nationalen Zugehörigkeit, um ihre spezifischen lokalen Interessen durchzusetzen und ihre lokale kulturelle Identität zu wahren; gleichzeitig wurden sie aber auch von diesen Herrschaftsträgern in Dienst gestellt. Damit weist SAHLINS [1989] eine aktive Rolle der Grenzbevölkerung in der Schaffung von Staat und nationaler Identität nach. Auch in Deutschland befanden sich Territorien bis zum XVII. Jhd. in einer Situation der grenzüberschreitenden und konkurrierenden Jurisdiktionen. Ein ähnlicher Prozeß wurde von ULBRICH [1993: 139-146] in bezug auf die deutsch-französische Grenze in Lothringen aufgearbeitet.

23  Gerade im Grenzraum der Pyrenäen regeln auf lokaler Ebene noch heute rechtliche Bestimmungen den Zugang zu Wasser und Weidegründen auf der jeweils anderen Seite. Vgl. COMAS D'ARGEMIR/PUJADAS 1999: 255.

24  Vgl. dazu die ethnographischen Befunde über die Pflanzergemeinschaft der Baktaman (Papua Neuguinea) [BARTH 2000], die nomadisierenden Basseri (Pakistan) [BARTH 2000] und die Melanesier [KAUFMANN 1996], die eher einer unscharfe Übergangszone als einer klaren Scheidelinie konstatieren.

25  Diese Auffassung wird nicht uneingeschränkt geteilt. So behauptet SIEBER-LEHMANN [1996: 80], daß seit dem Frühmittelalter Grenzen als lineare Scheidelinien konzipiert werden.

auf den Akteur zentrierte Perspektive wurde bereits bei GEORG SIMMEL [1992: 228] formuliert. "Nicht die Länder, nicht die Grundstücke, nicht der Stadtbezirk und der Landbezirk begrenzen einander, sondern die Einwohner oder Eigentümer üben die gegenseitige Wirkung aus [...]." Nach SIMMEL ist die Grenze keine räumliche Tatsache mit soziologischen Wirkungen, sondern eine soziologische Tatsache, die sich räumlich ausdrückt. Diese Perspektive schließt mit ein, daß "die in jedem Fall psychologische Grenzziehung an [...] natürlichen Gebietsabschlüssen eine Erleichterung und Betonung fände [...]" [SIMMEL 1992: 227]. Dies gilt auch für Staatsgrenzen: In konkreten Grenzsituationen mit Kontrollen, Schlagbäumen und Symbolen werden regelhafte Zwänge auf Verhalten und Wertehaltungen wirksam, die vom Individuum als weitgehend unbeeinflußbar wahrgenommen werden.

## 1.5    Trennlinie *oder* Schwelle: *boundary* vs. *frontier*

Die Grenze bei SIMMEL, wiewohl ein Produkt der Aushandlung, trägt doch implizit die Vorstellung der Undurchlässigkeit in sich, die auch in strukturalen ethnologischen Ansätzen zum Ausdruck kommt. Die Vorstellung des Trennenden ist schon in der Wortgeschichte der deutschsprachigen Begriffe enthalten. Denn die Begriffe der Grenze [slaw. Wortstamm, vgl. kaschub. *gran(i)ca*,[26] oder pomoran. *granica*,[27] eigentlich „Kante, Rand"] und des Grenzraumes [im Sinne von Mark, althochdt. *marcha* „Grenze"] implizieren die Vorstellung klar abgrenzbarer Territorien diesseits und jenseits der Trennlinie. Der Blick auf das Trennende orientiert sich an der politischen Geographie in der Tradition RATZELS,[28] die ihren Blick vom Zentrum der Metropolen auf die Struktur und die territoriale Dimension des Staates richtete, und an der nationalstaatlichen Ideologie des XIX. Jhds.[29] An dieser Stelle ist es allerdings notwendig, auf die Unterscheidung von *frontier* und *boundary* einzugehen. Der Begriff *boundary* bezeichnet die Grenze zwischen zwei Staaten und wird vor allem in der klassischen Ethnologie des Evolutionismus, des Funktionalismus und des Strukturfunktionalismus auf die Vorstellung zweier voneinander getrennter Kulturen oder Gesellschaften übertragen.

Der Begriff *frontier* besitzt im Englischen, neben der von mir verwendeten Bezeichnung der sozialen, kulturellen, ökonomischen und politischen Relevanz, die die Grenzbevölkerung der Grenze und dem Grenzraum zumißt, noch eine zweite Bedeutung: als Grenze zwischen Zivilisation und der 'inneren Weite eines Kontinents'.[30] Die ethnologische Verwendung des Begriffes *frontier* in dieser Bedeutung hat seinen Ursprung in der Auseinandersetzung um die anglo-indianische *frontier* Nordamerikas.[31] Im Gegensatz zur *boundary* ist die *frontier* nicht festgelegt, sondern sie verschiebt sich. Auch sie wurde jedoch oftmals als Trennlinie konzipiert. Scheidet die *boundary* aber Staaten, Gesellschaften oder Kulturen voneinander, so trennt die

---

26    Vgl. KRAMER 1996.
27    Vgl. MEDICK 1995: 217.
28    Von RATZEL, der selbst wiederum über ERNST KAPP in der Tradition HEGELS stand und der sich weniger mit Kulturen als mit Staaten beschäftigte, wurde der Nationenbegriff der Politikwissenschaft in der Tradition CARL SCHMITTS und KARL HAUSHOFERS [EBELING 1994] geprägt. Siehe HALLER 1995a: 25-33.
29    MEDICK 1995.
30    Siehe MALCOLM ANDERSON 1982.
31    ALVAREZ 1995: 449.

*frontier* Zivilisation und Wildnis. Die *frontier* greift damit auf ein zweites Kulturverständnis zurück: die menschliche Fähigkeit zur Gestaltung einer Umwelt, die als natürlich konzipiert wird. Die Grenzergesellschaft an der *frontier* ist denn auch geprägt durch Pioniere, "*[who] come from a civilized environment [...] [and] are set down in a natural environment, and must participate in a struggle for very existence. [...] The settlers then adapt themselves to the crudity of nature, sacrificing much of the civilization they had, in favor of forms of adaptation [...] which are successful as they resemble those of the natives.*"[32] Die Rolle der Eingeborenen wird in dieser Grenz(*frontier*)konzeption auf den Charakter eines 'Naturvolkes' zurückgeführt. In der deutschen Ethnologie der 30er und 40er Jahre wird das Konzept der Grenzergesellschaft von MÜHLMANN vertreten. Auch MÜHLMANN [1944, 1964: 276ff] theoretisiert die Grenze weniger im Sinne von *boundary* denn im Sinne von *frontier*. Trennt die *frontier* auch Natur und Zivilisation, so ist sie doch durchlässig und wird immer wieder "durchlöchert, durchstoßen".[33] Da sich an der Grenze zwischen Natur und Zivilisation "Zwischenphänomene, limitische Strukturen"[34] entwickeln, kommt der Bevölkerung des Grenzkordons[35] eine zentrale Aufgabe für den Schutz des Staates zu: ihr wird die Rolle "wandernder Grenzwächter"[36] bzw. eines "militärischen Elite-Grenz-Kordons"[37] übertragen. MÜHLMANN schreibt also der *frontier* zentrale Bedeutung für die Aushandlung grundlegender Kategorien nationaler Identität zu, eine Auffassung, die in der Volkskunde von BOEHM [1978 (1932)] geteilt wird.[38]

MÜHLMANNS Arbeiten zu Assimilation und 'Umvolkung' waren darauf ausgerichtet, die NS-Siedlungspolitik - vor allem die Ansiedlung loyaler deutscher Volksgenossen - in den Grenz-räumen des deutschen Reiches theoretisch zu unterfüttern und die deutsche Expansion gegen die von 'Untermenschen' bewohnte Wildnis des Ostens zu legitimieren. MÜHLMANN wies darin der Grenzlandbevölkerung eine maßgebliche Schutzfunktion für das 'Kernland' des Reiches zu.[39] Dem deutschen Volksforscher galten territoriale Expansion und expandierende Grenzen (im Sinne von *frontiers*) als Zeichen politischer Größe, das "Völker [..] politischer Größe" von "Naturvölkern" [1940: 38] unterscheidet.[40] Während sich also Naturvölker in der räumlich

---

32 LEYBURN 1933: 175f.
33 MÜHLMANN 1964: 277.
34 MÜHLMANN 1964: 277.
35 MÜHLMANN 1962: 337; 1964: 276.
36 MÜHLMANN 1944: 88.
37 MÜHLMANN 1964: 65, 176ff.
38 Wie MÜHLMANN, so entwickelt auch BOEHM seine Gedanken zur Grenze im politischen Kontext des Drit-ten Reiches und im Rahmen seiner Tätigkeit für das Institut für Grenz- und Auslandsstudien: im Gegen-satz zur Grenzbevölkerung sei das 'Binnendeutschtum' des Kernlandes keinerlei 'Grenzgefahr' ausgesetzt. Diese Gefahr besteht für BOEHM in der Vermischung mit 'Fremdvolklichen', und ebenso wie MÜHLMANN vertritt er die Idee, das "'Herrenbewußtsein' der Grenz- und Auslandsdeutschen [sei durch den National-sozialismus] zu einem rassestolzen 'Sendungsbewußtsein'" zu steigern. Vgl. WEBER-KELLERMANN 1978: 77.
39 Ich danke Dr. Ute Michel und Prof. Carsten Klingemann für ihre Hinweise. Siehe auch MICHEL 1992: 69-119.
40 MÜHLMANN steht hier in der Tradition der deutschen Geopolitik von CARL SCHMITT und KARL HAUSHOFER, in deren Mittelpunkt die Grenzrevision des Versailler Vertrages stand, "die allerdings auch einem gewissen Mystizismus des Raumes Vorschub leistete, weil sie ihre expansiven, weit über die Gren-zen von 1914 hinaus reichenden Ziele nicht offen deklarieren konnte und wollte" [SCHERER 1995: 3]. Was aber vor 1933 nicht offen deklarierbar war, konnte in den 12 Jahren des Tausendjährigen Reiches unge-

begrenzten Enge beschieden, zeichneten sich "Völker politischer Größe" durch sich konstant verschiebende Grenzen aus. Die *boundary* zwischen Deutschland und seinen östlichen Nachbarn wird bei MÜHLMANN sozusagen zur *frontier*, Russen und Polen werden damit quasi zu 'Naturvölkern' umgedeutet;[41] die kosakische Militär-*frontier* wird zum Vorbild für das Generalgouvernement, die "scharf gesiebte Elite"[42] der Kosaken zum Vorbild für den deutschen Siedler im Osten.

In der MÜHLMANN'SCHEN *frontier*-Konzeption wird die Eroberung unbesiedelten Landes, die europäische Expansion in die von 'Naturvölkern' bewohnten Gebiete und die deutsche Eroberung des 'wilden Ostens' in einen Topf geworfen. Der politische Hintergrund, in dem seine Arbeit entstanden ist, soll jedoch nicht verschleiern, daß einige seiner Überlegungen für die Entwicklung einer heutigen Anthropologie der Grenze nutzbar gemacht werden können. Denn in einer Hinsicht kontrastiert MÜHLMANNS und auch BOEHMS Grenzkonzept positiv mit der politischen Geographie in der Tradition RATZELS: Grenzraum und Grenzbevölkerung werden nicht als bloß peripher, konservierend, rezeptiv und von Einflüssen aus den Zentren der Nationalstaaten abhängig aufgefaßt. Im Gegenteil: Grenzraum und Grenzbevölkerung sind eher dynamisch, sie werden einerseits in den Dienst nationalstaatlicher Interessen gestellt, andererseits entfalten sich aus der Grenzbevölkerung heraus Wirkungen auf den Staat. Mit der Idee der "limitischen Struktur" des Grenzlandes spricht sich MÜHLMANN - wahrscheinlich unbeabsichtigt - gegen eine Konzeption von Kulturen und Gesellschaften als klar getrennten Einheiten aus. Vielmehr deutet er darin implizit die Kontinuität des Raumes und die Vernetzung von Kultur an. Freilich wurde diese Idee explizit bereits von FEBVRE [1922; 1962 (1908); 1962 (1928)] formuliert. Der französische Soziologe entwickelt seine Gedanken zur gegenseitigen Durchdringung von Regionen an Grenzen am Beispiel des kulturellen Austausches im Rheinland und des Rheins als völkerverbindendem Phänomen. FEBVRE ging es eher um den Entwurf einer Mentalitätsgeschichte des Grenzraumes und um die Analyse der Lebenswelten, der Perspektiven und Gefühle der Grenzlandbewohner als um fragwürdige Langzeitdeterminanten wie Volk, Sprache, Rasse und Herkunft [1970 (1922)]. Für den französischen Mitbegründer der *Annales*-Schule sind Grenzräume Verbindungen für eigentlich getrennte Bereiche, etwa in der Ausbildung spezieller grenzwirtschaftlicher Strategien (vor allem Schmuggel) oder eines gemeinsamen Kommunikationsmediums (z.B. Mischsprache).[43]

---

hemmt ausgedrückt werden - so von MÜHLMANN [1944], der gerade in der Anerkennung von Grenzen (im Sinne von *boundaries*) ein "Zeichen politischer Schwäche" sah. Vgl. HALLER 1995a.

41  Der Seßhaftigkeit mißt MÜHLMANN ein entscheidendes Moment zu und verbindet sie mit antisemitischen Motiven: schützt das 'umgevolkte' volksdeutsche Grenzbevölkerung im Osten 1944 noch vor dem "jüdischen Wesen", dessen "Mangel an Verwurzelung [...] teils nomadisches Erbe, teils Ausleseergebnis der bodenvagen, nur auf Tausch, Vermittlung und Verkehr gerichteten Beschäftigung" sei [MÜHLMANN 1944: 143] so sind es 1964 politisch korrekt nur noch "Nomaden", vor denen die Bewohner des Grenzkordons das Kernland schützen [MÜHLMANN 1964: 251].

42  MÜHLMANN 1962: 337. Ähnlich wie LEYBURN die europäischen Siedler in Nordamerika, so charakterisiert MÜHLMANN die Bewohner der russisch-asiatischen Grenze, die Kosaken, als "freiheitsliebend" [1944: 87], bzw. als "charakterologisch festumrissenen Typus von verwegenen, bedenkenlosen, oft rücksichtslos vorgehenden Abenteurern und Individualisten, tief durchdrungen von einem Gefühl der zivilisatorischen Überlegenheit und von selbstgerechtem Sendungsbewußtsein" [1962: 36].

43  Für diese Perspektive liefert SAHLINS [1989] ein konkretes Beispiel: die Grenzregion als Gebiet, in dem sich durch multiple Jurisdiktionen die Grenze eher als Saum denn als Linie herausbildete. Zur trennenden Linie zwischen Spanien und Frankreich wurde die Grenze erst mit dem Verträgen von Bayonne 1866

13

## 1.6 Trennlinie *und* Schwelle: Anstöße aus der Europäischen Ethnologie

Während die deutschsprachige Ethnologie der jüngsten Vergangenheit und der Gegenwart der Grenze als Forschungsgegenstand keine besondere Aufmerksamkeit zukommen ließ, wurden in den Nachfolgedisziplinen der deutschsprachigen Volkskunde, besonders in der Europäischen Ethnologie, Ansätze entwickelt, die den Doppelcharakter von Grenzen betonen.[44] "Jenseits der Grenze", schreibt SCHILLING [1986: 349] für das saarländisch-lothringische Grenzgebiet, "ist vieles anders, vieles nicht." Jenseits der Trennung in zwei nationale Territorien, in denen die Region eine marginalisierte Stellung einnimmt, nennt SCHILLING [1986: 351] sein Forschungsgebiet ein "neues Land", ein "Niemandsland", das gerade dort entstehen kann, "wo die Menschen, die darin leben, das als Ressource nehmen, was ihnen abgesprochen, weil es hier zu Ende scheint: Bedeutung." Um GIRTLER zu paraphrasieren: gelten auf beiden Seiten der Grenze unterschiedliche 'Wahrheiten' [1991: 42ff] bzw. 'Wirklichkeiten' [1992: 32ff], so verfügt das Grenzland darüber hinaus über eine dritte, eine eigene 'Wahrheit'. Diese eigene Wahrheit zeigt sich in der Kenntnis der "kleinen Vorzüge hüben und drüben", die den meisten Grenzräumen eigen ist. Nur selten sind Grenzen absolut unüberwindbar und damit im Grunde eher Mauern als Grenzen. Meist sind die Grenzlande diesseits und jenseits durch eine Form des 'Kleinen Grenzverkehrs' miteinander verbunden.[45]

Grenzen besitzen einen ambivalenten Charakter: Sie stellen sowohl Trennlinien als auch Schwellen des Überganges dar, sie haben "Scharnierfunktion"[46], gleichzeitig grenzen sie ab und schließen aus. Zur Charakterisierung meines Grenzkonzeptes, das beide Funktionen verbindet und gleichzeitig die Prozessualität von Offenheit und Geschlossenheit betont, möchte ich das Bild des Reißverschlusses bemühen. Reißverschlüsse bestehen aus zwei Hälften oder Zahnreihen. Die ineinander greifenden Zähne können die beiden Hälften miteinander verzahnen. Ein Reißverschluß kann vollständig oder graduell geöffnet bzw. geschlossen sein. Genauso verhält es sich mit Staatsgrenzen. Wie die beiden Hälften, so sind auch die aneinandergrenzenden Staaten in bestimmten Aspekten (z.B. über Wirtschaft, Demographie, Familienverbände, Sprache) entsprechend der Zähne des Reißverschlusses miteinander verbunden, in anderen dagegen nicht. Eine Vielzahl von Verbindungsmöglichkeiten kann hergestellt oder unterbrochen werden. Verbindungen, die heute eng verzahnt sind, können schon bald gelockert werden und umgekehrt. Wie ein Reißverschluß, so ist auch die Grenze nie vollständig auf Dauer geöffnet oder geschlossen. Selbst der scheinbar vollständig geöffnete Reißverschluß verfügt noch immer über eine Nahtstelle, die beide Hälften als aufeinander bezogen ausweist.

Und noch auf einer anderen Ebene greift die Reißverschlußanalogie: genauso, wie die eine Zahnreihe quasi das negativ der anderen Hälfte darstellt, genauso werden die diesseits der Grenze liegenden Bereiche häufig als Negativ der jenseits der Grenze liegenden Bereiche defi-

---

bzw. 1868. Dominiert in der Gegenwart die Vorstellung linearer nationaler Grenzen, so deuten verschiedene Entwicklungen gerade in Europa darauf hin, daß sich Grenze als Saum multipler und konkurrierender Jurisdiktionen entwickeln könne.

[44] Siehe vor allem die Arbeiten von GREVERUS [1969], SCHILLING [1986], GIRTLER [1991] und JEGGLE/RAPHAËL [1997], sowie WEBER-KELLERMANN [1978] im Bereich der Interethnik.

[45] BAUSINGER 1997: 7.

[46] ULBRICH 1993.

niert:[47] Die Dichotomisierung der Gesellschaften entlang des 'Eisernen Vorhangs' bzw. entlang der Wälle der 'Festung Europa' sind hierfür naheliegende Beispiele. In Gibraltar stellen Spanien, die Spanier und die spanische Kultur solche Negative dar [→ Kapitel 2.2].

Grenzen schaffen Ordnung und Orientierung im alltäglichen Leben des Menschen; sie helfen ihm, eine Position in der Gesellschaft einzunehmen und sich zu behaupten, sich mit dem Vertrauten zu identifizieren und vor dem Bedrohlichen zu schützen. Staatliche Grenzen sind reale Trennlinien zwischen politischen Rechten und ungleichen Zugängen zu Ressourcen. Die physische Erscheinung der Grenze und des Grenzlandes selbst trägt oftmals symbolische Bedeutung und vermag schon alleine dadurch relevant zu sein.[48] Viele europäische Grenzgebiete sind solch hochgradig emotionalisierte Räume, die tief innerhalb mythisch-nationaler Traditionen verankert sind - etwa das Elsaß für Frankreich und Deutschland, Südtirol für Italien, der Kosovo für Serbien und Makedonien für Griechenland. Grenzen sind also kulturelle Orte, an denen die kollektive Erinnerung von Nationen gespeichert sind, oder, wie JEGGLE [1997: 77] unverblümt konstatiert: "An der Grenze 'kommt hoch', was an Ressentiments angelagert wurde." Dieses 'Hochkommen' ist durchaus im körperlichen Sinne gemeint. Die Erfahrung meiner Informantin Samantha McNamara [* 1955] ist hierfür typisch:

> "Die [spanischen Grenzbeamten] können manchmal noch so freundlich sein ... Wann immer ich eine spanische Uniform seh', hab' ich automatisch all die schlechten Erfahrungen vor mir, die ich [mit denen] schon so oft gemacht habe."

Das mulmige Gefühl, das mich in der Episode am Eingang dieser Einleitung befiel, ist nur ein schwaches Echo dieser Gefühle. In besonderem Maße trifft dieses 'Hochkommen' der Gefühle auf Grenzstädte zu. Gerade Gibraltar ist zweifellos ein symbolisch stark besetztes Grenzland für Großbritannien (Beständigkeit, Weltgeltung und Empire), Marokko (Beginn der Eroberung von Al-Andalus) und Spanien (nationaler Niedergang) [→ Kapitel 2]. Gleichzeitig steht die lokale Grenzbevölkerung in vielfältigem und stetigem Kontakt mit den 'anderen' jenseits der Grenze: Heiratsbeziehungen, Ökonomie, Handel und Konsum, Religion, Sport und Freizeitverhalten sind nur einige der grenzüberschreitenden Beziehungen, über die kultureller Austausch stattfinden kann. Dies bedeutet jedoch nicht automatisch, daß die Gibraltarianer mit der Bevölkerung jenseits der Grenze eine Gemeinschaft oder eine Gesellschaft bilden. Ob es sich bei einer Grenzregion jedoch um grenzüberschreitende Gemeinschaften oder gar Gesellschaften handelt, bedarf der Betrachtung der konkreten Grenzsituation[49] in ihren sich wandelnden historischen Kontexten[50] und in der *a posteriorischen* Interpretation der Grenzlandbewohner.

---

47  Über ähnliche Projektionsprozesse vgl. SAID [1978]; DYER [1997] und YOUNG [1995].
48  Vgl. WILSON 1994. Grenzlandsymbole und Landkarten sind Teil des performativen Diskurses, in dem die Akteure versuchen, die soziale Welt zu definieren und ihre Sicht der Welt als "natürliche" Perspektive erscheinen zu lassen, wobei gegnerische Perspektiven eine Denaturalisierung erfahren [BOURDIEU 1991]. Dies gilt sowohl für die spanische Perspektive auf Gibraltar als auch für die Perspektive der Nationalisten: Für Spanien ist Gibraltar schon geographisch ein Teil des spanischen Territoriums [→ Kapitel 1.2]; gibraltarianische Nationalisten dagegen interpretieren den Felsen von Gibraltar und das iberische Festland nicht als geohistorische Einheit [→ Kapitel 5.2.1].
49  DRIESSEN [1992: 9] benutzt den Begriff der *cross-border community* für die spanische Exklave Melilla und das marokkanische Rifgebirge.
50  So schuldet die Grenze zwischen Lothringen und Saarland ihre Bedeutung für die Grenzlandbewohner in hohem Maße den fünf Grenzverschiebungen seit 1871, die beide Regionen mehrmals unterschiedlichen Nationalstaaten zusprachen. Nach der Angliederung des Saarlandes an die Bundesrepublik 1957

In diesem Sinne richtet sich auch der Fokus meiner Forschung nicht mehr nur auf das Ahistorische, Unüberwindliche, Trennende und Rezeptive, sondern auf die historische Verankerung, die Funktion der Schwelle, das Verbindende und auf die Produktivität.

## 1.7. Identifikationen an der Grenze

Was BARTH ET AL. [1969] für die Schaffung ethnischer Identifikation formulierten, läßt sich auf andere Aspekte (vor allem auf nationale Identität) im Grenzraum übertragen und liefert den theoretischen Hintergrund für das Verständnis von Identität und Person: Staatsgrenzen sind kontrastiv, kontext-sensitiv und generativ für den kulturellen Kontext, und Zuordnungen finden nicht so sehr trotz, sondern gerade wegen der Verschiedenheit statt. Wenn die Zugehörigkeit zu einer nationalen Gruppe auch ein in der Regel nur schwer verhandelbares *sine qua non* für die Existenz des Menschen der Moderne darstellt, so bedeutet dies nicht, daß die Möglichkeit der Wahl zwischen zwei distinkten Nationalitäten verwehrt wäre. Denn Grenzen bestehen und widerstehen ungeachtet dem Fluß der Menschen, die sie überqueren. Mit anderen Worten: kategorische Unterscheidungen hängen nicht von der Abwesenheit von Mobilität, Kontakt und Information ab, sondern sie ziehen soziale Prozesse der Exklusion und Inkorporation nach sich, wobei die getrennten Kategorien erhalten bleiben, ungeachtet der sich verändernden Zuordnung der Individuen. In diesem Sinne ist Zugehörigkeit immer verhandelbar und offen für Manipulationen jeder Art, indem sie dem einzelnen ermöglicht, sich je nach Kontext mit verschiedenen Arten der Zugehörigkeit zu identifizieren. In Gibraltar fordert etwa die häufige Möglichkeit des ethnischen und nationalen Identitätswechsels von Personen, die die Grenze dauerhaft überschritten haben (kulturelle Überläufer), die Konzeption von Identität als festgelegter Qualität heraus.

Eine Ethnologie der nationalstaatlichen Grenze ist auf die Modalitäten der Vererbung, des Aushandelns und der Erfindung kultureller Grenzen zwischen und innerhalb von Gruppen angewiesen, die sich als Mitglieder einer distinkten Nation begreifen. Die Prozesse der Identifikation an der Grenze, durch und über die Grenze hinweg stehen im Mittelpunkt meiner ethnologischen Analyse. Die vorliegende Ethnologie der Grenze ist darum gleichwohl auch eine Ethnologie der Identifikation.

Dabei stelle ich nicht allein auf die Diskursebene der Identifikation ab; diese bedarf vielmehr einer sinnvollen Ergänzung durch die Einbeziehung des Körpers als Sitz der Erfahrung. In meiner Analyse werden Diskurs und Körper miteinander verbunden.

## 1.8 Diskurse und Performativitäten

Grenzdiskurse bilden einen zentralen Untersuchungsbereich des Buches. Eingebettet ist dieser Untersuchungsbereich in den sozialwissenschaftlichen Komplex der Wissensproduktion. Diskurse als Wissensform werden nicht im Sinne eines Abbildes verstanden, das man sich von

---

schwächte sich die Bedeutung, die der Grenze im Diskurs der Grenzlandbewohner zugeschrieben wird, merklich ab: "Die Grenze ist (eigentlich) keine mehr", läßt SCHILLING [1986: 356] einen ungenannten Informanten sagen. Er stellt aber auch fest, daß in den letzten Jahren durch die ökonomischen und demographischen Veränderungen die Bedeutung der Grenze wieder zunimmt.

einer feststehenden sozialen und kulturellen Realität macht, die bereits festgelegt wurde. Vielmehr sollen Diskurse als unaufhörlicher und oft widersprüchlicher Prozeß von Aussagen in ihrer Relevanz für die soziale Konstruktion symbolischer Wirklichkeit aufgefaßt werden.[51] Individuelle und kollektive Akteure eignen sich ein bestimmtes Wissen von sozialer Realität an, stellen ihre Handlungen darauf ein und verändern dadurch diese Realität.[52] In Diskurse fließen tradierte Vorstellungen, Selbstverständlichkeiten, interessengeleitete Deutungen, Erwartungshaltungen, Kontingenzen und ideologische Neuerungen ein.

An Diskursen orientieren sich Performativitäten,[53] die wiederum zu sozialen Veränderungen führen. Diese sind jedoch niemals rein kausale Folge benennbarer Wissensbestände, sondern immer zu einem gewissen Grad unvermeidlich kontingent.[54] Wie die soziale Realität selbst, so sind auch die Diskurse keine fixen Parameter, die als solche zu untersuchen wären, um daraus die soziale Realität abzuleiten und sie dem Wissen zuzurechnen. Denn Handlungen folgen aus Handlungen, und die Frage der Zurechnung von Handlung und Wissen wird so behandelt, daß Handlungsmotive in erster Linie nachträglich interpretierende Motive sind.[55] Soziale Realität ist weder ein vom Wissen konstituierter Bereich, noch ein dem Wissen vorgelagerter und konstitutiver Bereich. Träger des Wissens sind somit keine vorrangigen Größen der Analyse. Vielmehr bilden sich die Identitäten der individuellen und kollektiven Akteure erst im zu beschreibenden Prozeß der Konstruktion eines sozialen Raumes heraus und verändern sich in ihm ständig.

Wissen, Akteure und soziale Realitäten sind fluktuierende Phänomene, die sich nicht voneinander ableiten lassen. Dementsprechend kann nur der Bereich zum Ausgangspunkt der Analyse gemacht werden, in dem Akteure und soziale Realitäten immer wieder neu definiert werden: eben die Diskurse.

---

51  Ich verwende den Diskursbegriff für diejenige Form gesellschaftlicher Rede, in der kulturelles Wissen organisiert ist. Die Diskursanalyse greift dabei auf MICHEL FOUCAULT zurück, für den Diskurs "eine sprachliche Materialität [ist], die als gesellschaftliche Redeweise mit gleichsam eingebauten Macht- und Widerstandseffekten in der einen oder anderen Form institutionalisiert ist" [vgl. SCHÖTTLER 1989]. Gegenstand der Diskursanalyse ist die interne Organisation, die institutionelle Verstrickung und die Geschichtlichkeit der Diskurse, sowie die Positionierung der jeweils sprechenden Subjekte. Zur Methode der Diskursanalyse in den Kulturwissenschaften vgl. KNECHT [1991/92], SCHÖTTLER [1989] und HARTMANN [1991].

52  V.a. BERGER/LUCKMANN 1996.

53  Das Konzept der Performativität, das ich BUTLERS [1991] entnehme, wird oftmals falsch interpretiert, da BUTLER es am Beispiel der Transvestitenshows illustriert. Häufig wird dabei die Transvestitenshow als pars pro toto mißverstanden anstatt als totum pro parte. Denn Transvestitenshows sind für BUTLER keineswegs Idealbeispiele für Performativität generell, sondern lediglich für eine Unterform davon: die Performanz. Performanz ist demnach immer eine Form der Performativität, aber nicht jede Performativität ist auch gleichsam Performanz.

54  Mein Gebrauch des Performanzbegriffes unterscheidet sich damit von STROSS [1981], der zwischen linguistischem Wissen (= Kompetenz) und der individuellen Performanz dieses Wissens unterscheidet, läßt sich auch auf andere Aspekte des symbolischen Systems der Kultur - auf Stereotypen und bedeutungstragende Objekte - anwenden. Nach STROSS [1981: 23] bezeichnet kulturelle Kompetenz das Wissen, das ein Angehöriger einer Kultur von den ikonischen, symbolischen und indexikalischen Einheiten und deren sinnhafter Organisation seiner Kultur hat. Kulturelle Kompetenz ist die Fähigkeit des Individuums, über ikonische, symbolische und indexikalische Einheiten sinnhaft zu reproduzieren und diese Einheiten zu entschlüsseln. Während die kulturelle Kompetenz die grundlegende kognitive Basis des Wissens darstellt, bildet die kulturelle Performanz die aktuelle Umsetzung dieses Wissens, also den Akt der Reproduktion beziehungsweise Entschlüsselung (Kommunikation) sinnhaft organisierter Einheiten.

55  Dieser Ansatz greift auf GEORGE HERBERT MEAD [1934/1993] zurück.

17

Der Grenzraum Gibraltar wird dadurch definiert, daß er nicht nur an der Peripherie nationaler Territorien (Großbritannien und Spanien) liegt; vielmehr handelt es sich sowohl um ein durch materiellen und symbolischen Konflikt und Widersprüchlichkeit charakterisiertes Gebiet, als auch um ein Set gesellschaftlicher Diskurse und Performativitäten, die durch die Beziehung der Grenzlandbewohner und Grenznutzer zu den Grenzen definiert und determiniert werden.

Die symbolische Konstruktion des sozialen Lebens ist zentraler Fokus der Ethnologie. Die Aufmerksamkeit, die wir allgemein der Bedeutung zukommen lassen, die den sozialen Einheiten - seien es nun Kulturen, Nationen, Gesellschaften, freiwillige oder nichtfreiwillige Korporationen - zugeschrieben werden, wird an internationalen Grenzen besonders geschärft. Die Untersuchung der Prozesse an der Grenze ermöglicht uns einen Einblick in die lokalen und nationalen Definitionen von Identifikation oder Desidentifikation.

Während der Arbeit an diesem Buch hat mich ein Gedanke stark beeinflußt, den DORLE DRACKLÉ [1998] in ihrer Arbeit über die Selbstverständlichung von Geschlechteridentitäten formuliert hat. Wie DRACKLÉ, so stelle ich mir die Frage nach der Gleichzeitigkeit von Wandel und Beharrung, danach, wie Normalisierungstendenzen in der Herstellung von Identitäten wirken, welche disziplinierenden Tendenzen in der Identitätsformation existieren und wie subtile Machtmechanismen im Diskurs wirken. DRACKLÉ, die ihre Gedanken in der Auseinandersetzung mit JUDITH BUTLERS Buch *Das Unbehagen der Geschlechter* [1991] entwickelt, konstatiert, daß Menschen erst im regulierten Wiederholungsprozeß zu bestimmten Geschlechteridentitäten finden, etwa durch metaphorische Anweisungen, eine gute Mutter zu sein, ein heterosexuell begehrenswertes Objekt, eine tüchtige Arbeiterin - sie plazieren das Selbst und das Gegenüber in einem Wertekontinuum (z.B. in einem Kontinuum mit allen Schattierungen zwischen guter Mutter und schlechter Mutter, begehrenswertem oder abstoßendem Objekt). Die Strategie besteht in der Positionierung in einer wünschenswerten bzw. unerwünschten Position.

Die Metapher macht eine semantische Bewegung durch die bildliche Aussage über das Unsagbare, das Ungreifbare.[56] Über die Aussage gibt die Metapher dem Unsagbaren eine Identität. Metaphern sind verbale Vehikel, die Botschaften übermitteln. Als imaginative Brücken verbinden sie Subjekte mit Objekten.[57] Neben dieser kognitiven Funktion erfüllen sie auch affektive Funktionen: Die Metapher erklärt einen Punkt, der alleine gesehen unklar bliebe, durch die Evokation von Gefühlsassoziationen.[58] Die Studie der Metapher ist also die Studie darüber, auf welche Art und Weise Subjekte Objekten zugeordnet werden. Diese Zuordnung findet aufgrund eines Vergleichs, einer Ähnlichkeit statt. Metaphern übersetzen also Bedeutung von einem Verständnissystem (Kognition) in ein anderes (Emotion). Die Beziehung zwischen

---

[56] *"The elementary definition of metaphor (and metonym) from which one should work is the predication of a sign-image upon an inchoate subject"* [FERNANDEZ 1974: 120]. Vgl. auch FERNANDEZ [1986: 8].

[57] FERNANDEZ 1974: 123.

[58] Metaphern verteilen Pronomina in einem qualitativen kulturellen Raum. Sie schreiben ihnen eine Identität zu. Das Ungreifbare ist, wie das Dunkel am Ende der Treppe, der aus der Identität ausgeschlossene Gefühlsbereich. Vgl. FERNANDEZ [1980, 1986]. Ein Beispiel: die Andalusier werden von ihren Landsleuten oft als *africanos* bezeichnet. Diese Metapher bezieht sich nicht nur auf die historische und geographische Nähe Andalusiens zum islamischen Nordafrika; sie beinhaltet ebenso emotionale Konnotationen - etwa der wirtschaftlichen Unterentwicklung, der Triebgebundenheit, der Unzuverlässigkeit, des Betruges, der Faulheit, der Schmutzigkeit - negative Konnotationen also, die 'zivilisierte Europäer' generell Afrikanern und Spanier speziell Marokkanern zuordnen.

Metapher und Körper ist jedoch wechselseitig; auch Körperlichkeit wirkt auf die Metaphorik zurück. Darauf werde ich am Beispiel meiner Identifizierung innerhalb der jüdischen Gemeinde [→ Kapitel 7.3.2] näher eingehen.

Sprache kann den Körper erhalten, vor allem dann wenn die sprachliche Anrede eine Angstreaktion hervorruft, in der der Adressat seiner Selbstkontrolle beraubt wird. Die, wie BUTLER [1998: 9ff] sagt, "verletzende Sprache" kommt in der Sprache der spanischen Politik und der Medien seit der Zeit des Frankismus zum Ausdruck. Diese Sprache spricht den Gibraltarianern eine eigene Identität ab und verweist sie auf einen Platz, "der möglicherweise gar keiner ist" [1998: 13]: Bei den Zivilisten handle es sich entweder um Schmuggler, Geldwäscher, Drogendealer und Steuerflüchtlinge oder aber um Briten bzw. Andalusier, auf keinen Fall jedoch um eine Bevölkerung im eigenen Recht. Der antispanische Alltagsdiskurs ist eine Reaktion auf die Zuweisung an diese Leerstelle. "Angesprochen werden bedeutet also nicht nur, in dem, was man bereits ist, anerkannt zu werden; sondern jene Bezeichnung zu erhalten, durch die die Anerkennung der Existenz möglich wird. Kraft dieser grundlegenden Abhängigkeit von der Anrede des anderen gelangt das Subjekt zur 'Existenz'. Das Subjekt 'existiert' nicht nur dank der Tatsache, daß es anerkannt wird, sondern dadurch, daß es im grundlegenden Sinne *anerkennbar* ist" [1998: 14f]. Die Sprache der Medien und der Politik Spaniens verletzt nicht nur, sie erhält auch die bedrohte Existenz der Gibraltarianer. Jeder Verweis auf eine 'Geduld, die einmal zu Ende' sein wird, auf ein 'Nachspiel' oder die 'anderen Möglichkeiten', die man noch zur Verfügung habe, um Schmuggel und Geldwäsche zu unterbinden, läßt die Erinnerung an 1969, als das Ende der Geduld anscheinend erreicht war, aufflackern; jeder Aspekt der verletzenden Rede besitzt eine somatische Dimension, da Rede und mögliche Repression an der Grenze untrennbar miteinander verbunden sind. Die Drohungen sind aber bewußt unklar gehalten, so daß der Adressat nicht sicher sein kann, welches Nachspiel da angekündigt wird. Ihre Wirksamkeit gewinnt die spanische Drohung also nur zum Teil dadurch, daß sie tatsächlich von Repressionen begleitet wird. Die Verwirklichung der ultimativen Drohung - nämlich der Übernahme - wurde bislang nicht ausgeführt; das Scheitern der Verwirklichung diskreditiert jedoch nicht den Status des Sprechaktes als Drohung, sondern eben nur dessen Wirksamkeit. Wenn, wie BUTLER behauptet, die Selbsttäuschung, die der Drohung ihre Macht verleiht, darin besteht, daß der Sprechakt der Drohung die angedrohte Handlung vollständig verkörpert, dann ist es dem Adressaten durchaus möglich, eine Gegenrede zu führen, die die Selbsttäuschung als solche entlarvt. Dies ist jedoch nur innerhalb eines "Schauplatzes der Macht" möglich, der es dem Adressaten erlaubt, Gehör für eine Gegenrede zu finden. Für die Gibraltarianer ist ein solcher Schauplatz nicht gegeben. Ein mögliches Forum, an das sich die Rede wenden könnte, wäre die internationale Bühne der Staatengemeinschaft, die aber durch die spanische Vetopolitik und die britische Verweigerung (etwa das Zugeständnis einer eigenen Vertretung im Europäischen Parlament) nicht zugänglich ist. So bleibt als Adressat einer Gegenrede nur die Gemeinschaft selbst.

Metaphern beeinflussen das Handlungsfeld, in dem eine Gegenrede möglich ist, oder, wie JAMES FERNANDEZ [1986: 6] schreibt, "*[t]he metaphoric assertions men make about others influence their behavior.*" Die metaphorischen Aussagen machen aus dem eigenen und aus dem fremden Selbst handhabbare Objekte und erleichtern die Performativität. FERNANDEZ unterscheidet zwei Umgangsweisen mit metaphorischen Zuschreibungen: Akteure können die ihnen zugeordnete Positionierung entweder als Lob annehmen, oder sie können sie umwerten. Im Kontext des gibraltarianischen Schmuggels werden beide Strategien angewandt. In den spanischen Medien werden die Schmuggler als Piraten im Sinne von Francis Drake bezeichnet. Die negative Konnotation, die Drake in Spanien besitzt (der Plünderer der spanischen Silbertransporte!), ist im britischen Kontext positiv besetzt (derjenige, der den Grundstein für das Empire legte). Zum zweiten wird der Topos des Überfalls durch eine Gegenmetapher geadelt: Es handelt sich um die gerechtfertigte Schädigung eines bösen Feindes, für den sich die Metapher des Robin Hood und des gegen Goliath kämpfenden David noch besser eignet als die Metapher des Piraten. Im Diskurs der Gibraltarianer über den Schmuggel finden denn auch diese beiden Metaphern Anwendung. Konsequenterweise werden die Aktionen, die die Schmuggler mit ihren Booten ausführen, um die Fracht zu befördern und dabei der spanischen Küstenwache zu entkommen, als listig, gewitzt, trickreich und ästhetisch bezeichnet, Aussagen, die in der tatsächlichen Performativität der Schmuggelaktion auch ausgeübt werden.

Entscheidend für die performative Wirkung des metaphorischen Wiederholungsprozesses ist dabei jedoch, daß er nicht ausschließlich auf Aspekte des Bewußtseins, wie z. B. auf Meinungen, Diskurse, Rollen, Identitäten und Zuordnungen abhebt, sondern - ganz im Sinne der phänomenologisch orientierten Kulturanalyse BENJAMINS oder KRAKAUERS - gleichsam auf körperlich erfahrbare Erschütterungen, auf Gefühle, Stimmungen und Gestimmtheiten.

## 1.9 Die Semiotik des Körpers, die Phänomenologie des Leibes

Dem Körper und der körperlichen Erfahrung kommt in diesem Buch also eine zentrale Bedeutung zu. Wenn ich - etwa im Kontext der Desidentifikation mit Spanien [→ Kapitel 2] oder im Kontext der Ethnisierung in der jüdischen Gemeinde [→ Kapitel 7] - auf meine eigene Körpererfahrung im Feld zurückgreife, dann gründet dies nicht nur in der fundamentalen methodologischen Überzeugung unseres Faches, daß teilnehmende Beobachtung immer und vor allem körperliche Teilnahme bedeutet, sondern vor allem auch in einem performativen Ansatz, der der reflexiven Wende in unserem Fach Rechnung trägt und dabei - ergänzend zu Diskursen und Texten - Körpern und der körperlichen Wahrnehmung eine grundlegende Rolle für das Verständnis kultureller Realität zuspricht. Bedeutsam ist hierbei, Körper und Körperlichkeit nicht als vor- oder außerkulturelles Apriori zu verstehen, sondern - und hier läßt sich nahtlos an die Konzeptualisierung von *sex* in der Genderdebatte anknüpfen[59] - in jedem Falle als Effekt von Kulturalität.[60]

---

[59] Die universelle Existenz von zwei biologischen Geschlechterkategorien, die auch zu universellen sozialen Kategorien von Männern und Frauen führte, gehörte lange Zeit zu den unhinterfragten Grundlagen der Disziplin. Diese Auffassung wurde durch feministische Anthropologinnen der 60er und 70er Jahre entscheidend revolutioniert, indem sie die Unterscheidung in zwei universelle biologische Geschlechter (*sex*) und kulturell geprägte Konzeptionen von Geschlechtlichkeit (*gender*) einführten, wobei *gender* als Effekt von *sex* gefaßt wurde (*difference between*). In einer dritten Stufe, angestoßen vor allem durch die neue Befunde aus der Biologie zur Intersexualität, durch die neuere feministische Anthropologie, durch Praxis- und Performanzansätze sowie durch die Queer Theory, wurde in den 90er Jahren festgestellt, daß auch die Vorstellungen davon, was 'biologisch' eigentlich bedeutet, kulturell determiniert ist und damit keine Natürlichkeit besitzt, die etwa außerhalb menschlicher Ordnungstätigkeit existiert. *Sex* ist in diesem Ansatz ein Effekt von *gender*. Gleichzeitig wurde die Existenz einer dichotomischen Genderordnung (in die Rolle des Mannes vs. die Rolle der Frau) hinterfragt, da

20

Performativität hebt eher auf die produktive Kraft als auf die Bedeutung von Diskursen ab; sie geht von der Frage nach dem Ursprung nichtnormativer Praktiken aus. Wirksam wurde der Performanzgedanke vornehmlich im Bereich der Geschlechterrollenforschung. Die Performativitätstheorie führt die Dichotomisierung in kulturelles und biologisches Geschlecht (*gender/sex*) fort, indem sowohl *gender* als auch *sex* als Effekte von Diskursen gefaßt werden (wobei *sex* eigentlich einen Effekt von *gender* darstellt). Die Existenz einer kulturunabhängigen biologischen Geschlechtlichkeit wird hier verworfen. Nach BUTLER ist Geschlecht eher etwas, was Menschen tun, als eine Qualität, die sie besitzen. Allerdings bezieht Geschlecht ihre Wirkungsmacht daher, daß die Menschen glauben, das, was sie tun, sei essentiell und daher zwingend. BUTLER formuliert, daß die Trennung in männliche und weibliche Körper, über die das westliche Gendersystem Differenz als *sex* naturalisiert, immer nur ideale Konstruktionen sind, an denen alle Individuen ihr körperliches Selbst als (in unterschiedlichen Graden) unvollkommen erleben. Die bloße Existenz des dichotomen Systems eröffnet die Möglichkeiten, vom Ideal abzuweichen - eine Möglichkeit, die normativ (als Devianz und Versagen) oder subversiv (als Chance) wahrgenommen werden kann.

Performativitäten bezeichnet nun den permanenten Wiederholungsprozeß, in dem Individuen zu ihren Identitäten finden; im Bereich des binären Gendersystems bezeichnet beispielsweise. die Performativität weiblicher Identität die Herstellung einer Übereinstimmung zwischen Individuum und Weiblichkeitsideal - ein Versuch, der zumeist auf Mimesis beruht. Der Performativitätsgedanke führt gesellschaftlichen Wandel auf jenes Potential zurück, daß sich aus der Tatsache heraus ergibt, daß Ideale vom Individuum niemals zur Gänze realisiert und immer nur unvollständig werden können. Insofern ist die Performativitätstheorie besonders dazu geeignet, Strategien des Widerstandes gegen hegemoniale Werte und Normen zu erklären. Der performative Ansatz, den DRACKLÉ im Bereich der ethnologischen Geschlechterforschung und FERNANDEZ im Bereich der Religion entwickelt, kann auf die Verselbstverständlichung und Naturalisierung nationaler Identitäten übertragen werden.

Ich argumentiere also, daß leiblich erfahrene Gefühle, die Abneigungen und Begierden, die Gefühle der Leere, der Gleichgültigkeit, der Angst, der Freude oder des Hasses mehr sind als nur ein Ausdruck individuellen Erlebens, sondern daß sie Gemeinsamkeit oder Distanz, Identifikation oder Desidentifikation mit anderen herzustellen vermögen. So wirkt kollektive Identifikation in Gibraltar beispielsweise über die Körpererfahrungen an der Grenze.

Ich behaupte weiterhin, daß auch im Bereich der Herstellung nationaler Identität konstant wiederholte Anweisungen auf die Anpassung und Rechtfertigung von Verhalten wirken. Der Einfluß der spanischen Propaganda auf die Ausbildung eines gibraltarianischen Nationalismus ist ein Beispiel für diese Art von (negativer) Performativität [→ Kapitel 5.1.2] Es handelt sich dabei nicht nur um verbale Anweisungen, der körperlichen Erfahrung und der mimetischen Performativität wird in diesem Buch besondere Aufmerksamkeit geschenkt.

---

diese die konkurrierenden Vorstellungen, Modelle und Performanzen innerhalb der Kulturen, die Ethnologen untersuchten (*difference within*), vernachlässigten. Siehe BUTLER [1991, 1993].

60  vgl. BRÖSKAMP 1994.

Die Bedeutung von Körper und körperlicher Praxis wird in der Ethnologie aus kognitiven und semantischen Perspektiven analysiert.[61] Ich möchte Körperlichkeit aber nicht auf solche Operationen beschränken, da der Mensch den Körper nicht nur besitzt, er *ist* auch der Körper (oder, in den Worten von BEST [1978: 137]: "*Human movement does not symbolise reality, it IS reality*"). CSORDAS [1994: 8f], der sich für die Entwicklung einer Begrifflichkeit ausspricht, die das Paradigma der Repräsentation nicht negiert, etwa im Sinne einer Nicht-Repräsentation, sondern ergänzt, argumentiert ganz im Sinne der Körperkonzeption in der gestalttherapeutischen Praxis. Das einleitende Beispiel meiner Erfahrung mit den Repressalien der Zivilgardisten zeigt die Notwendigkeit des Einbringens dieser Ergänzung in die ethnologische Analyse: Genauso wie in der Gestalttherapie die bloß kognitive Aufmerksamkeit nicht ausreicht, um den Organismus als Ganzes zur Gestaltbildung im Kontaktprozeß zu befähigen, sondern durch die sensomotorischen und die affektiven Kapazitäten ergänzt werden muß, genauso wenig konnte ich den militanten Antihispanismus der Gibraltarianer nachvollziehen, ohne die Repressionen am eigenen Leibe erfahren zu haben. CSORDAS schlägt dafür den Begriff des "Im-Leben-Seins" vor, den er aus der phänomenologischen Tradition übernimmt und der genau jene existentielle Unmittelbarkeit des Körpers einfängt, die durch die Dominanz der Repräsentation (in den Worten des Soziologen DREITZEL [1982: 56]: das Übergewicht des Körper-Habens über das Körper-Sein) verlorengeht. Es handelt sich um eine Unmittelbarkeit im doppelten Sinne: nicht als synchrone Bewegung des ethnographischen Präsens, sondern als zeitlich und historisch geformte sinnliche Präsenz und Involvierung; und nicht unvermittelt im Sinne eines präkulturellen Universalismus, sondern im Sinne eines präobjektiven Bedeutungsreservoirs. Das Konzept des "Im-Leben-Seins" entspricht in der deutschen Bedeutung des belebten Körpers oder Leibes.[62]

Körper (als Zeichenträger) und Leib (als belebter Körper) stehen also in einer Wechselbeziehung. Gesellschaftliche und kulturelle Normen und Werte drücken sich im Leib aus, der diese Normen und Werte lebt und sie damit zur gesellschaftlicher Realität werden läßt.[63] Die Verbindung dieser Beziehung ist der Kognition meist nicht unmittelbar zugänglich. Meist wird Körperlichkeit eher unbewußt durch die Beziehungen zwischen Individuen beeinflußt, z.B.

---

[61] Meist wird der Körper unter dem Blickwinkel der Repräsentation betrachtet, etwa von DOUGLAS [1979], die den menschlichen Körper lediglich als Objekt des Verstehens oder als ein Instrument des rationalen Bewußtseins versteht, als "eine Art von Vehikel für die Expression einer rückgebundenen sozialen Rationalität" [JACKSON 1983: 329]. In dieser objektifizierten Sicht wird das Körperliche dem Semantischen untergeordnet, und "die Bedeutung sollte nicht auf ein Zeichen reduziert werden, welches [...] auf einer separaten Ebene außerhalb der unmittelbaren Domäne einer Handlung liegt" [1983: 328]. Der idealistische Ansatz nimmt allerdings die cartesianische Trennung des Individuums in erkennendes und kommunizierendes Subjekt und in den in Unbewußtheit verharrenden Körper auf. Der Körper wird hier lediglich als Werkzeug des Subjektsbetrachtet. Die idealistische, auf die Aufklärung des XVIII. und XIX. Jhds. zurückgehende Tradition faßt Kultur als holistische, von der materiellen und biologischen Welt getrennte Einheit. Bezeichnend für diese Kulturvorstellung ist der 1917 von A.L. KROEBER eingeführte Terminus des *Superorganischen*. Im Gegensatz dazu faßt der semantische Ansatz Körper als Kommunikationsmittel [vgl. BEST 1978; JACKSON 1983], allerdings wird körperliche Praxis (z.B. Körpersprache, -schmuck, -bemalung) der Sprache untergeordnet, *nonverbale* Körperkommunikation gilt lediglich als sprachunterstützend.

[62] Vgl. OTS [1994], der daran erinnert, daß Leib aus derselben Wortwurzel wie das englische *life* entstammt, der englische 'Körper' (*body*) dagegen zum Wortfeld des deutschen 'Bottich' (Behältnis) gehört.

[63] DONNAN verweist auf die Studie von KELLEHER [1990: 9] über eine nordirische Grenzstadt, die Geschichte der Gewalt sei dort "eingeschrieben in den Gang, das Kräuseln der Lippen und das Sprechen, die Körperhaltung, die Kleidung und die Art, die Haare zu tragen". Persönliche Kommunikation.

22

durch das über die Enkulturation vermittelte, der beruflichen Position oder der Geschlechterrolle adäquate Verhalten. Dieses enkulturierte Körperverhalten zeigt unmittelbar an, ob ein Individuum zu 'uns' oder 'den anderen' gehört. Die unbewußte Verbindung zwischen Körperverhalten und Ideen bleibt bestehen, solange der spezifische kulturelle Kontext, in dem sie Bedeutung erfährt, stabil bleibt. Grundlage dieses Verhaltens ist mimetische Performativität. Mimesis schließt nicht notwendigerweise verbales oder konzeptuelles Wissen ein, sondern basiert auf der bewußten oder unbewußten Wahrnehmung und Wiedergabe körperlicher Haltungen. Die mimetische Performativität körperlicher Selbstverständlichkeiten einer Generation - vor allem der Traumata, die sie etwa durch Krieg, Hungersnöte und andere existentielle Bedrohungen erfahren hat - durch die Nachfolgegeneration möchte ich als "Erbsünde" bezeichnen.[64] Das Buch wird in den einzelnen Kapiteln immer wieder auf die Wirkungsmacht kultureller Leitbilder auf die Performativität des Leiblichen und des Körperlichen eingehen. Ich werde dabei zeigen, wie sich im Leib und im Körper die Grenzsituation reflektiert.

Die Dichotomie zwischen Körper und Leib findet sich analog in den unterschiedlichen Sichtweisen auf die Grenze wieder. Die Idee der passiven, rezeptiven und peripheren Grenze ähnelt der Idee des Körpers als einem lesbaren Zeichensystem, während die Vorstellung der Grenze als einer Quelle der Macht im belebten Leib eine Analogie findet. So wie Körper und Leib, Diskurs und Performativität, Semiotik und Phänomenologie in einer Wechselwirkung stehen und daher in der ethnologischen Analyse sinnvoll miteinander kombiniert werden müssen, so bedarf auch die Konzeption der Grenze als einem Zeichensystem der Ergänzung durch die gelebte Grenze. Die Analyse des Grenzübertrittes beispielsweise darf somit nicht nur auf der Semiotik der Grenzsymbole beruhen, sie muß darüber hinaus auch die Perspektive des belebten Körpers des Grenzgängers, seiner Gefühle, seiner Befürchtungen und Erwartungen, seiner Ängste und Hoffnungen einbeziehen.

Der Mensch wird also nicht nur, wie MÜHLMANN [1940: 38f] feststellt, selbst zum (lesbaren) Träger von Grenzzeichen, er *lebt* gewissermaßen die Grenzzeichen, bewußt oder unbewußt, mit seinem Leibe. In Gibraltar betrifft dies etwa die Performativität von kultureller Differenz und von Geschlechtlichkeit, was ich am Beispiel von Körpertechniken (Kleidung und Tattoos) [→ Kapitel 3.1], des Schmugglerhabitus [→ Kapitel 6.4] und des weiblichen Schönheitsideals durch Schönheitswettbewerbe [→ Kapitel 3.3.4.1] aufzeigen werde. Dieser Bereiche hängen mittelbar mit der politischen Situation an der Grenze zusammen.

Die Dominanz der Semiotik über die Phänomenologie drückt sich in der Dominanz der Repräsentation (auch der Repräsentation des Körpers) über das "Im-Leben-Sein" des Leibes aus; sie zeigt sich in der Beziehung zwischen Sprache und Erfahrung. Die Polarisierung von Sprache und Erfahrung ist nichts weiter als die Funktion einer hauptsächlich repräsentationalen Sprachtheorie. Statt also zu argumentieren, daß Sprache lediglich etwas über Sprache aussagt oder daß Sprache Erfahrung erst ermöglicht, oder daß Erfahrung nur in der Sprache gemacht werden kann, schlage ich eine ergänzende Perspektive vor: Sprache ermöglicht insofern Zugang zur Welt der Erfahrung, als daß (leibliche) Erfahrung in die Sprache eingebracht wird.[65]

---

64  Den Begriff der Erbsünde verdanke ich Karl-Walter Pöhlmann.
65  Vgl. CSORDAS [1994]. Die Dominanz der Semiotik über die Phänomenologie drückt sich auch in der dominierenden Stellung der Textmetapher in der Interpretativen Anthropologie aus. Diese Dominanz geht auf die Auseinandersetzung mit RICOEUR [1971] zurück, der allerdings später [1991] selbst die begrenzte

Ich möchte also Körper und körperliche Erfahrung nicht als Gegensatz oder als Ersatz zum repräsentationalen Modell des Diskurses setzen, sondern im Gegenteil, beide Perspektiven als gegenseitige Ergänzungen betrachten. Körper ist nicht alleine eine Art lesbarer Text, in den soziale Bedeutung lediglich eingeschrieben ist. Körper, im phänomenologischen Sinne des Leibes,[66] besitzt für die meisten Informanten der Ethnologen eine außersprachliche Selbstverständlichkeit, die auf die Sprache zurückwirkt. Leiblichkeit ist damit nicht nur die Repräsentation etwa eines Bewußtseins von Geschlecht und Klasse, sie *ist* vielmehr auch selbst Geschlecht und Klasse.[67]

## Teil 2 Forschungsfeld Gibraltar

### 2.1 *The global and the local* oder Prinz Philip im Bingosaal

"Galaveranstaltung anläßlich des 25. Jubiläums des *Duke of Edinburgh Award* in Gibraltars Casino in Anwesenheit des Namensgebers und Gatten der Queen, Prinz Philip. Um 19.30 Uhr verließen wir das Haus, vor Marina Court hatten sich schon drei herausgeputzte Nachbarn eingefunden, die sich für den Abend zurechtgemacht haben.

Im Casino werde ich von einem Sicherheitsbeamten mit den Worten begrüßt, mich sehe man wohl auch bei allen Veranstaltungen, und ich denke, ob er wohl der einzige Sicherheitsbedienstete in Gibraltar ist, denn ich begegne ihm ja ebenfalls bei jeder Veranstaltung!

Hinter dem Spielsaal lag der Festsaal, in dem das Dinner stattfand - übrigens dort, wo normalerweise ältere Damen Bingo spielen. Als um 20.00 Uhr der Saal geöffnet wurde, traten wir ein zu den Klängen von *Rule Britannia*, die von der Band der HMS Rooke auf der Empore gespielt wurde. Wir setzten uns. Die Stühle waren aus weißem Plastik, also nicht besonders stilvoll, eher sahen sie aus, als ob man sie aus einem Gartencenter hergekarrt habe.

Der Raum war in blau und weiß gehalten, Luftballons in diesen Farben dekorierten die Bühne. Ein königlicher Besuch hätte allerdings nicht stattgefunden, wenn nicht auch politische Gründe vorgelegen hätten: dem Wahlsieg der konservativen GSD und die Drohungen der Spanier während der letzten Tage, die Grenze zu schließen. Dagegen setzte die britische Regierung ein symbolisches Zeichen britischer Präsenz auf dem Felsen. In der spanischen Presse wird denn der Besuch des Duke auch als Affront gewertet ... An der Grenze bilden

---

Konzeption, die die Textmetapher eröffnet, durch den Begriff der Praxis wieder zu öffnen versucht. Vor allem GEERTZ' [1973] Definition von Kultur als einem System von Symbolen privilegiert eine semiotische Sichtweise.

66  Dieser Ansatz greift auf MERLEAU-PONTYs Konzept des belebten Körpers und auf BOURDIEUS [1977] Habitus zurück. "*Consciousness is in the first place not a matter of 'I think that' but of 'I can'*" [MERLEAU-PONTY 1962: 124].

67  In der Ethnologie ist diese Position vor allem CLIFFORD GEERTZ zu verdanken, der Kultur als symbolisches Bedeutungssystem interpretiert. Symbole kommunizieren - wie Sprache - Bedeutung zwischen Individuen. Symbole sind öffentlich wahrnehmbare Objekte, Handlungen oder enthüllende Vorfälle, die von den Angehörigen einer Kultur geteilt werden. Nicht in den Köpfen existiert demnach Kultur, sondern zwischen den Menschen. GEERTZ betont eher die ethische Seite der Kultur als das kognitive Repertoire. Auch DAVID SCHNEIDER lokalisiert Kultur klar außerhalb der Köpfe der Menschen. Er vergleicht Kultur mit einer Theaterbühne, auf der sich das Individuum bewegt. Normen dienen dem Spieler als Drehbuchanweisungen [KEESING 1981; ORTNER 1984].

sich zur Zeit lange Warteschlangen, und man hatte den hohen Gast am Nachmittag zur Besichtigung der Schlangen an die Grenze geführt; natürlich war im Moment der Besichtigung die Grenze frei und ohne Stau ...

Dann traten der Duke of Edinburgh und der Gouverneur ein, die Gäste erhoben sich, und erst als sich Prinz Philip setzte, durften wir uns ebenfalls setzen. Am Haupttisch erkannte ich *Chief Minister* Caruana. Minister Montegriffo nickte mir zu.

Noch bevor der Kaffee kam, wurde Prinz Philip von James Gaggero, der den Abend organisiert hatte, auf die Bühne geführt. Gaggero war sichtlich stolz auf seine Rolle. Ihm gehört die Fluglinie und das Casino, er ist schwedischer Generalkonsul und hat maßgeblich den Wahlkampf der jetzigen Regierungspartei finanziert. Prinz Philip ließ eine Bemerkung darüber fallen, daß man schon einen *Award* (also Preis) verdiene, wenn man es schaffe, die spanische Grenze problemlos zu überschreiten. Nach seiner kurzen und launigen Ansprache sprechen die Anwesenden stehend einen Toast auf die Queen aus.

Nach dem Toast begann das musikalische Entertainment; die Lokalgrößen *Calpe-Singers* eher dörflich enttäuschend. Deepak Ramchandani [→ Postscript] und ein Mädchen aus der Sindhigemeinde tanzten in orientalisierend-karnevalesken Kostümen einen 'modern-traditionellen' Tanz. Nachdem der Duke die Tafel verlassen hatte, leerte sich der Saal ziemlich schnell, und die meisten Gäste wechseln hinüber in den Spielsalon, um sich an der Cocktailbar, bei Roulette und Black Jack zu vergnügen."[68]

Das Leben der Gibraltarianer zeichnet sich heute durch die enge Verzahnung transnational-globaler, nationaler und lokal-kleinstädtischer Perspektiven auf kleinstem Territorium aus; sie beeinflußt Kultur, Gesellschaft und Politik der Kolonie. Der Abend mit Prinz Philip im Bingosaal verbindet ist diese drei Perspektiven.

### 2.1.1 *Die transnational-globale Perspektive: Gibraltar im Fadenkreuz internationaler Prozesse*

Der Zusammenbruch des sowjetischen Imperiums führte zu einer Umstrukturierung des nordatlantischen Gefüges, von der militärische Stützpunkte wie Gibraltar besonders betroffen sind: Die auf Militärwirtschaft eingerichtete Garnison befindet sich nach der Reduktion der britischen Truppen und der fast vollständigen Schließung der militärischen Einrichtungen in einer wirtschaftlichen Krise, in deren Gefolge sich die ökonomische Struktur transformiert. Der Umbau der Wirtschaft führt einerseits zu einer Spezialisierung des Finanz- und Tourismussektors, andererseits jedoch zur zunehmenden Arbeitslosigkeit, die teilweise durch den Schmuggel abgefedert wird. Die ambivalente Position des Nationalstaates zwischen Auflösung und Aufrechterhaltung im Rahmen der Europäischen Einigung wird in Gibraltar auf zweifache Weise reflektiert: einerseits im umstrittenen Status Gibraltars zwischen britischen und spanischen Aspirationen, andererseits im Kampf der Zivilisten um nationale Selbstbestimmung. In der Folge des Kampfes um Selbstbestimmung erfahren auch nationale, ethnische und religiöse Traditionen eine Neubestimmung, in der die territoriale Symbolik des Felsens eine herausragende Rolle spielt.

Während Globalisierungsprozesse weitgehend von nationalen Territorien losgelöst sind, beschreibt der Begriff des Transnationalismus diejenigen Prozesse, die - wie die Europäische Ei-

---

68  Feldtagebuchnotiz, 30.05.1996.

nigung - in einem oder mehreren nationalen Territorien verankert sind, über dessen oder deren Grenzen jedoch hinauswirken.[69] Die Krise, die zum inoffiziellen Anlaß für den Besuch des Duke wurde, verweist auf die Bedeutung transnationaler Prozesse für die Kolonie: Gibraltar ist eine der letzten Kolonien des britischen Empire, an das Aspekte der lokalen Kultur und Mentalität noch heute erinnern. Die Entscheidungskompetenzen über die Zukunft des Territoriums liegen in den Metropolen, vor allem in London und in Madrid. Der zwischenstaatliche Konflikt zwischen Spanien und Großbritannien dominiert die Frage der Souveränität und spielt eine entscheidende Rolle für die lokale Gesellschaft, Kultur und Politik [→ Kapitel 1]. Durch den Beitritt des Mutterlandes zur damaligen EG ist Gibraltar Territorium dieser transnationalen Gemeinschaft.[70] Großbritannien ist für die Umsetzung der EU-Direktiven in diesen Territorien verantwortlich. Seit dem Beitritt Spaniens wurde Gibraltar von verschiedenen EU-Rechten ausgeschlossen, welche die Kolonie vor 1986 genoß.[71] Heute bindet Spanien seine vollständige Integration in die militärische Struktur der NATO an Verhandlungen über die Souveränität Gibraltars, mehrere EU-Initiativen[72] wie das Abkommen über die EU-Außengrenzen werden von Spanien aufgrund der Gibraltarfrage blockiert. Schließlich spielt auch Rabat eine wichtige Rolle, da Marokko den britisch-spanischen Konflikt um die Souveränität Gibraltars mit der Entscheidung über die Souveränität der spanischen Enklaven Ceuta und Melilla verknüpft.

Globalisierung bezeichnet soziale, ökonomische, kulturelle und demographische Prozesse, die zwar innerhalb von Nationen und Territorien entstehen, diese gleichzeitig aber transzendieren. Lokale Ausdrucksformen werden durch diese Prozesse beeinflußt und wirken auf diese zurück.[73] Globalisierung ist hierbei diejenige Form grenzüberschreitender Prozesse, die durch die Intensivierung weltweiter ökonomischer und sozialer Beziehungen weit voneinander entfernte Lokalitäten miteinander verbindet.[74] Globalisierung ermöglicht es Individuen, lokale Zugehörigkeit beizubehalten, auch wenn sich diese an einem anderen Ort des Globus befinden.

---

[69] Vgl. HANNERZ 1990; WALLERSTEIN 1974; FRIEDMAN 1990.

[70] Artikel 227 (4) des EG-Vertrages und Artikel 28 des britischen Beitrittsvertrages (1972 Act of Accession) legt fest: "*The provisions of this Treaty shall apply to the European territories for whose external relations a Member State is responsible.*" Artikel 28 legt jedoch für Gibraltar verschiedene Ausnahmeregelungen fest. So kommt die *Common Agricultural Policy* nicht zur Anwendung, Gibraltar ist kein Teil der Zollunion und nicht Geltungsbereich der Mehrwertsteuer. Seit den ersten Direktwahlen zum Europa-Parlament verweigert die Mutterland der Kolonie die Teilnahme an den Wahlen.

[71] So wurde Gibraltars Flughafen auf spanischen Druck aus dem Gemeinschaftsprogramm für die Deregulierung des Lufttransportes ausgegliedert. Spanien verweigert die Einrichtung von direkten Verkehrsverbindungen nach Gibraltar in der Luft, zu Land oder zu Wasser - einzigartig für Nachbarterritorien innerhalb der EU. Des weiteren erlaubt Spanien keine normale internationale Telefonverbindung von seinem Territorium nach Gibraltar. Spanien erkennt die internationale Vorwahlnummer 00350 nicht an, stattdessen ist Gibraltar von Spanien aus nur über die Vorwahl der Provinz Cádiz zu erreichen. Schließlich ist der Grenzraum Gibraltar/spanisches Hinterland der einzige EU-Grenzraum, der nicht vom Interreg Programm der EU profitiert. *Report on Gibraltar and the European Union's Rules on the Free Movement of People*, by ECAS on behalf of The Gibraltar Association for European Rights. Brussels, May 1997.

[72] "*Los ministros Margarita Mariscal (Justicia) y Jaime Mayor (Interior) impidieron la aprobación de varios convenios europeos en materia de asistencia judicial y penal, permisos de conducir, red de contactos judiciales, convenio Eurodact sobre huellas dactilares, el programa Odiseus de cooperación en materia de asilo y un convenio de cooperación aduanera,*" in: *España bloquea varios acuerdos comunitarios a causa de Gibraltar*, EL PAIS 05.12.1997; siehe auch *Spain detailed 'block Gib EU Status' plan*, in: M@G, 18.12.1997.

[73] KEARNEY 1995.

[74] GIDDENS 1990: 64.

Globale Aspekte werden in Gibraltar wirksam, da wir dort heute eine große Anzahl von Menschen vorfinden, deren kulturelle Identität sich nicht nur aus lokalen Bezügen, sondern durch hohe Mobilität (besonders zwischen UK und Gibraltar) und durch die Einbindung in globale Diasporanetzwerke (Briten, Hindus, Juden) speist. Die Präsentation des 'modern-traditionellen' indischen Tanzes stellt ein Beispiel für die lokale Appropriation globaler Bilder dar (im vorliegenden Fall für die Schaffung eines Bildes von Indien in der Diaspora).

### 2.1.2 Die staatliche Perspektive: Gibraltar als potentielle Nation

Nationenbildungsprozesse werden oftmals durch grundlegende Veränderungen der politisch-ökonomischen Situationen hervorgerufen und beschleunigt. Für Gibraltar liegt seit 1985 ein solcher Umbruch vor. In den letzten Jahren entstand eine nationale Bewegung, eine nationale Symbolik und Rhetorik. Der Begriff der Nation dient den politischen Parteien und Bewegungen zur Formulierung von Forderungen nach politischer Selbstbestimmung gegenüber Großbritannien, Spanien und den Vereinten Nationen. Die Stützen der Gesellschaft, die in Gibraltar quasi-nationale Funktionen übernehmen - Politiker, Bankiers, Unternehmer, Künstler, Publizisten - sind beim Empfang des Duke nahezu vollständig anwesend. Gibraltar verfügt heute über die Infrastruktur und alle Symbole einer Nation: einen Fernseh- und Radiosender, eine Flagge, eine Hymne, einen Flughafen, einen Seehafen, eine Telefongesellschaft, eine internationale Vorwahlnummer. Gibraltar nimmt an internationalen Wettkämpfen teil, etwa an der Hockeyweltmeisterschaft oder am Miss World Contest. Die Kronkolonie verfügt über gewisse Selbstverwaltungskompetenzen im Bereich der inneren Angelegenheiten, die den Kompetenzen eines Nationalstaates durchaus ähnlich sind: Sie verfügt über ein Parlament (*House of Parliament*) mit 15 Abgeordneten; die Regierung wird von einem Ersten Minister (*Chief Minister*) und seinen sieben Ministern gestellt, deren Behörden sich um Wirtschaft, Handel, Finanzen und Industrie, Bildung, Jugend und Konsumentenschutz, *Gouvernment Services* und Sport, Tourismus und Hafen, Soziales, Bauwesen und Soziales, sowie Gesundheit und Umwelt kümmern. Das Mutterland ist für die Außenbeziehungen und die innere wie äußere Sicherheit zuständig. Allerdings besitzt das Mutterland die Möglichkeit, die Kolonie unter das *Direct Rule* zu stellen: die lokale Regierung aufzulösen und die Kolonie dem britischen Innenministerium zu unterstellen.

### 2.1.3 Die lokale Perspektive: Gibraltar als Stadt

Gibraltar ist nicht nur eine Kolonie und eine potentielle Nation, sondern ebenfalls eine Stadt. Der lokal-kleinstädtische Charakter mit seiner Mischung aus Geborgenheit, gegenseitiger Kontrolle und Familiarität zeigte sich mir während des Empfanges auf verschiedene Weise: das Wiedererkennen durch den Sicherheitsbeamten und durch den Minister, die Stühle 'aus dem Garten-Center'. Lokal-kleinstädtische Aspekte werden in Gibraltar vor allem deshalb wirksam, weil es sich um eine Gesamtbevölkerung von ca. 30.000 Menschen handelt, in der besonders die ca. 23.000 Zivilisten[75] eine *face-to-face*-Gesellschaft darstellen und auf vielfältige Weise

---

75  PANORAMA, 10.11.1997.

miteinander durch enge historische, familiäre, ökonomische und kulturelle Beziehungen verbunden sind.

Typisch für Städte im Mittelmeerraum ist ihre multi-ethnische Zusammensetzung.

*"The Register shows that representatives of more and more nations were residing in Gibraltar, indeed few spots, especially such a tiny one as the Rock, could claim that in 1814, apart from those born in the place, there were Jews from the eastern and western Mediterranean, Portuguese, Genoese, Danes, Frenchmen, Spaniards, Austrians, Italians, Dutch, English and Dutch Jews, men from the British Isles, Minorcans, Sicilians, Swiss, Spanish, Americans, Sardinians, Maltese, Greeks, Majorcans, Neapolitans, Ragusians and Germans. If ever there was Cosmopolis, it could hardly have beaten Gibraltar in 1814!"*
[HOWES 1990: 45f]

Mediterrane Städte sind daher besonders für das Studium von Konfrontation und Anpassung geeignet. In Gibraltar leben heute neben den bereits erwähnten Diasporagemeinden der Juden, Engländer und der Sindhis auch Angehörige der großen ethnischen Gruppen der Region, der Spanier und Marokkaner; darüber hinaus hat sich in Gibraltar eine faszinierende Mehrheitsbevölkerung herausgebildet, die aus der Verschmelzung romanisch-katholischer, britisch-protestantischer und sephardisch-jüdischer Elemente entstanden ist.

Ethnologen untersuchen häufig randständige Gruppen und kulturelle Erscheinungsformen. Diese Beobachtung trifft auch auf einen Großteil der ethnologischen Arbeiten zur Stadtforschung zu.[76]

Zu häufig wird heute, wie KNECHT und NIEDERMÜLLER [1998: 5] zu Recht konstatieren, die Hinwendung zur Stadt mit einem allgemeinen Trend hin zur Moderne und der Entwicklung einer Ethnographie der Gegenwart gleichgesetzt.[77] Eine ergänzende Perspektive vertreten die Autoren der BERLINER BLÄTTER [1998: 1]: in den Städten zeigt sich die "komplexe 'Gleichzeitigkeit des Ungleichzeitigen' und die Kopräsenz differenter Logiken und Muster" der grundsätzlichen Umwandlungen der europäischen Moderne besonders deutlich. Die mikroanalytischen und ethnographischen Ansätze sind besonders dazu geeignet, diese Transformationsprozesse der Makroebene in Nahsicht und aus der Perspektive des Lokalen als Ort der Aneignung und des Alltagslebens zu untersuchen. In diesem Buch nähere ich mich diesen Transformationsprozessen aus der Perspektive Gibraltars an. Ob Restrukturierung der Arbeitsmärkte im Zuge der Veränderungen der dichotomisierten Welt des Kalten Krieges, der Umbau des westeuropäischen Sozialstaates, De- und Renationalisierung, De- und Retraditionalisierung sowie De- und Reterritorialisierung - in Gibraltar werden diese allgemeinen Transformationsprozesse besonders wirksam, da es sich gleichzeitig um eine Stadt und um eine Kolonie handelt, deren zukünftiger politischer Status unklar ist.

---

[76] Marginale Phänomene (z.B. ethnische Minoritäten, Jugendkulturen) sind bevorzugte Gegenstände der *Urban Anthropology*. Heute dominieren zwei Trends die Stadtethnologie: einerseits die Ethnologie in der Stadt (z.B. über Minoritäten, Stadtviertel), andererseits die Ethnologie der Stadt (Betrachtung der Stadt als Ganzes; Fragen nach der Spezifität städtischer Lebensformen und städtischer Alltagserfahrungen). Beide Trends werden zunehmend kombiniert [vgl. WELZ 1991. Eine gute Einführung in die Thematik bietet KOKOT 1991].

[77] Dies gilt vor allem für die Soziologie. Siehe HARVEY 1997: 19.

## 2.2 Die Feldforschung

Bislang war Gibraltar kein Gegenstand einer Ethnographie, die auf einer stationären Feldforschung basiert.[78] Dies läßt sich auf verschiedene blinde Flecken des ethnologischen Kanons zurückführen:

Gibraltar ist eine Stadt an der Grenze. Staatsgrenzen und vor allem Grenzstädte werden aber erst im letzten Jahrzehnt zunehmend zu Gegenständen ethnologischer Feldforschungen. Den Gründen für die Vernachlässigung der Grenze als Forschungsgegenstand bin ich in Teil 1 dieser Einleitung bereits gesondert nachgegangen.

Zum zweiten ist die Kolonie ein europäischer Teil Großbritanniens. Bis in die jüngste Zeit ist Großbritannien aber selten Gegenstand ethnologischer Feldforschungen geworden.[79]

Drittens stellt sich in Gibraltar ein besonderes methodologisches Problem allgemeinen ethnologischen Forschens: das Problem des "*studying-up*". Denn die Sichtweise des "*studying-down*" dominiert noch immer weitgehend die Herangehensweise unseres Faches.[80] Gibraltar ist in zweierlei Hinsicht von dieser Schwierigkeit betroffen: erstens handelt es sich um eine Gesellschaft, in der sich politische und ökonomische Elitepositionen häufen; darüber hinaus wurde das soziale Leben in Gibraltar bis in die jüngste Gegenwart hinein vom militärischen Reglement der Garnison und der Allmacht der Kolonialverwaltung dominiert. Meine eigenen Erfahrungen vor Ort lassen mich vermuten, daß das höfliche Desinteresse der Kolonialadministration nicht nur der engen Verbindung des britischen Kolonialismus mit der *Social Anthropology* (deren Blick sich auf die Objekte, nicht auf die Subjekte des Kolonialismus richtete), sondern auch dem Mißtrauen an einem Ort geschuldet ist, der im Fadenkreuz der Groß- und Mittelmächte liegt, die dort offene und verborgene Interessen verfolgen.[81]

Schließlich ist Gibraltar noch heute eine klassische Kolonie. Ich vermute, daß die Furcht vor der möglicherweise mangelnden Verallgemeinerbarkeit der auf dieser Sondersituation beruhenden Erkenntnisse ein zusätzlicher Grund dafür ist, daß bis heute über Gibraltar keine Monographie gefertigt wurde.

Das Buch stützt sich auf Datenmaterial, das im Rahmen eines DFG-geförderten Forschungsprojektes mit dem etwas sperrigen Titel "Vom Aufmarschplatz zum Steuerparadies: der Einfluß politisch-ökonomischer Transformationsprozesse auf die Ausbildung nationaler

---

[78]  Ethnologische Arbeiten über Gibraltar wurden außer einzelne Artikel von STANTON [1991, 1994, 1996] bislang nicht publiziert. Der physische Anthropologe SAWCHUK [1980, 1992; SAWCHUK & WAKS 1983; SAWCHUK & HERRING 1984, 1988; SAWCHUK & FLANAGAN 1979] bearbeitet die demographischen Zusammenhänge zwischen dem Heiratsalter und dem Grad der Durchlässigkeit der Landgrenze. Alle anderen geistes- und kulturwissenschaftlichen Publikationen, deren Gegenstand die Kolonie ist [Ausnahmen: STEWART 1968, BENADY 1974-78], beschäftigen sich vor allem mit ihrer militärgeschichtlichen [HILLS 1974; MACGOWAN 1978] und militärstrategischen [LEVIE 1983; EDMONDS 1981; LANCASTER/TAULBEE 1985] Bedeutung und der ökonomischen Entwicklung innerhalb der EG [ROSS 1987; GOZNEY 1993] deren Auswirkung auf Kultur, Multiethnizität, Ethnisierung und nationale Identitätsbildung in der Alltagspraxis der Bewohner war bislang nicht Thema der geistes- und kulturwissenschaftlichen Forschung.

[79]  Einen Überblick über ethnologische Feldforschungen in Großbritannien bietet RAPPORT [1994].

[80]  Gute Überblicke über die Schwierigkeiten und Chancen des "*studying-up*" finden sich in CÁTEDRA [1991], NADER [1974], OSTRANDER [1993], HUNTER [1993], WARNECKEN/WITTEL [1997].

[81]  Siehe dazu GUSTERSON [1993].

und ethnischer Identitäten am Beispiel Gibraltars" in einer einjährigen stationären Feldforschung (Februar 1996 bis Februar 1997) erhoben wurde.[82] Allgemein sind Nationalismus und Ethnisierung eng mit der Souveränitäts- und Grenzproblematik verbunden. Die innenpolitischen Metamorphosen des gibraltarianischen Gemeinwesens in den letzten 30 Jahren, die ich als eine Bewegung von der zufriedenen Kolonie zur angestrebten Nation bezeichne, lassen sich an den Vorgängen an der Landgrenze ablesen. Der spanische Anspruch auf das Territorium äußerte sich in Repressalien unterschiedlichsten Grades und unterschiedlichster Ausprägung, von denen am Einschneidendsten die 16-jährige Schließung der Grenze (1969-1982/85) war. Die Bedrohung des Gemeinwesens durch Spanien beförderte einerseits die innergesellschaftliche Kohäsion und die Herausbildung eines politischen Nationalismus, andererseits ist sie mitverantwortlich für die Akzentuierung der ethnisch-religiösen Partikularidentitäten in Gibraltar; der Öffnungsgrad der internationalen Grenze reproduzierte sich innerhalb der Gesellschaft zwischen den ethnischen Gruppen. Während der Feldforschung konnte ich feststellen, daß Nationalismus und Ethnisierung lediglich zwei Aspekte sind, die von den Informanten in den größeren Zusammenhang der Grenzsituation gestellt wurden. Raumkonzeptionen, die Ordnung von Öffentlichkeit und Privatbereich, körperliche Erfahrung, das Verhältnis zum Mutterland, die Ökonomie und die lokale Politik wurden ebenfalls ständig mit der Situation an der Grenze in Verbindung gebracht. Dadurch erweiterte sich mein ursprünglicher Forschungsschwerpunkt, umfangreiche Daten und Materialien zum Themenkreis 'Diskurse und Performativitäten der Grenze' wurden erhoben, die weit über die ursprünglich geplante Datenerhebung zu den ethnischen und nationalen Transformationsprozessen hinausreichten.

Die Kapitel des Buches handeln von den Ergebnissen der stationären Feldforschung. Während des Feldaufenthaltes nahm ich intensiv am Leben der gibraltarianischen Gesellschaft und insbesondere an den Geschehnissen an der und um die Grenze, an der Arbeit der nationalistischen Bewegung *Self-Determination Group for Gibraltar* (SDGG) als auch am Leben der jüdisch-sephardischen Gemeinde und der hinduistischen Sindhi-Gemeinde teil. Empirische Kernstücke der teilnehmenden Beobachtung sind die Mitarbeit an der Vorbereitung und Durchführung des Nationalfeiertages *National Day 1996*, sowie die Partizipation am religiösen Gemeindeleben der Sephardim (regelmäßige Synagogenbesuche).

Zusätzliche Daten wurden über die Methode der teilnehmenden Beobachtung in den Kontexten 'Kulturproduktionen der hinduistischen Sindhis', 'Körperlichkeit', 'marokkanische Arbeiter', 'Transformation der Militärwirtschaft', 'britische Identität', 'kollektive Repräsentationen von Identität', 'Schmuggel', 'Medien' und 'Parlamentswahlen 1996' erhoben.

Es ist unmöglich, über die Gegenwart Gibraltars ohne eine Würdigung der Geschichte zu schreiben. Die Einbeziehung des historischen Kontextes ist eine notwendige Bereicherung der teilnehmenden Beobachtung. Dies erfordert eine Kombination verschiedener Erhebungsmethoden, von denen der Auswertung von lokalen Publikationen, politischen Pamphleten, Zensusdaten etc. eine besondere Rolle zukommt. Die Archive der Garnisonsbibliothek (*Garrison Library*) und des Standesamtes, das Archiv des Gouverneurs und die lokale Bibliothek der *John-*

---

[82] Der Lehrstuhl für vergleichende Kultur- und Sozialanthropologie der EUROPA Universität Viadrina, Frankfurt/Oder, unterstützte die Forschung in Gibraltar. Ich danke Herrn Prof. Werner Schiffauer für seine Unterstützung.

*Mackintosh Hall* wurden zu regelmäßigen Arbeitsorten.[83] Ich gehe in Anlehnung an LATOUR [1986] davon aus, daß man nicht die Geschichtsschreibung heranziehen sollte, um die Gegenwart zu erklären, sondern daß man von der Gegenwart ausgeht und danach fragt, wie von ihr aus Vergangenheit entworfen wird; danach, welche Erfahrungsbestandteile der Vergangenheit selektiert und in eine Deutungskette gestellt werden, die für die Erklärung der Gegenwart einen Sinn macht.[84] Interpretationen der Geschichte sind immer Interpretationen *a posteriori*, sie versuchen in einer konkreten Begegnung eine befriedigende Selbstdeutung und eine befriedigende Deutung früherer Erfahrungen herzustellen. Diese früheren Erfahrungen werden in einer plausiblen Deutungskette mit anderen als relevant erachteten Erfahrungen verknüpft. Jede Erfahrung, die in einer früheren Begegnung konstruiert wurde, ist dabei ebenfalls eine Deutung *a posteriori*.

Zahlreiche Experten aus Politik,[85] ethnisch-religiösen Gruppen,[86] dem Kulturmanagement[87] und aus dem Bereich der Medien[88] und andere Informanten werden in diesem Buch immer wieder zu Worte kommen. Sofern sie in offizieller Funktion erscheinen, habe ich ihre Namen nicht verschlüsselt. Wenn es sich um eher private Kontexte handelt, habe ich ihnen ein Pseudonym zugewiesen. Manche Informanten treten somit unter verschiedenen Namen auf. Den übrigen Gesprächspartnern habe ich in der Regel Pseudonyme zugeteilt, um die Anonymität meiner Informanten zu gewährleisten. Dazu war es unumgänglich, Angaben über Geburtsjahre und Berufe so umzugestalten, daß sich dadurch der Gehalt einer Aussage nicht

---

83  Den Leitern dieser Institutionen, Jon Searle (*Garrison Library*), Richard Garcia (Standesamt), Thomas Finlayson (Archiv des Gouverneurs) und Geraldine Finlayson (*John Mackintosh Hall*), sowie dem Archivar der jüdischen Gemeinde, Mesod Belilo, bin ich zu besonderem Dank verpflichtet.

84  Diesen Ansatz hat mir WERNER SCHIFFAUER in seiner Diskussionsvorlage zu islamistischen Selbstbildern (20.10.1997, Kulturanthropologisches Kolloquium an der EUROPA Universität Viadrina, Fakultät für Kulturwissenschaften, Lehrstuhl für vergleichende Kultur- und Sozialanthropologie, WS 1997/98) nahegebracht.

85  Zu meinen Gesprächs- und Interviewpartnern im Bereich der Politik gehörten die ehemaligen bzw. gegenwärtigen Ministerpräsidenten Sir Joshua Hassan, Bob Peliza, Joe Bossano und Peter Caruana; die Ex-Minister Isaac Abecasis, Solomon Serruya; die Minister Joe Moss, Peter Montegriffo und Bernard Linares; die Führungsmitglieder der nationalen Partei GNP (Joe García, Stephen Linares, Annette Tunbridge), der sozialistischen Partei GSLP (Joshua Gabay), der prospanischen Partei PAG (JE Triay) und der alten Bürgerallianz AACR (Joshua Marrache); der Führer der nationalistischen Bewegung SDGG (Dennis Matthews), der Gewerkschaft TGWU (Luis Montiel) und der Handelskammer (Tony Walsh).

86  Im Bereich der ethno-religiösen Gruppen führte ich Gespräche und Interviews mit dem Vertreter der marokkanischen Arbeiter, Mohammed Sarsri; dem katholischen Monsignor Charles Caruana; dem Präsidenten der Hindugemeinde, Haresh Budhrani; der Initiatorin der Yogabewegung, Nalanie Chellaram; dem Gemeinderabbiner Ronald Hassid, sowie den Rabbinern und Schulleitern R. David Roberts und R. Joel Rabinowitz; dem Präsidenten der jüdischen Gemeinde, David Benaim; der Gemeindesekretärin Esther Benaim, dem Vorstandsmitglied Levy Attias; der Leiterin des jüdischen Altersheims, Doreen Belilo; den Parnassim der Synagogengemeinden, Sam Benzaquen, Sami Benaim, Mesod Belilo, Billy Abudarham und Momy Levy.

87  Häufige Gesprächs- und Interviewpartner aus der Gruppe der lokalen kulturell-akademischen Elite waren vor allem der Leiter der Garnisonsbibliothek Jon Searle; die Leiterin der *John-Mackintosh Hall*, Geraldine Finlayson; ihr Ehemann, der Biologe und Direktor des Museums, Clive Finlayson; dessen Bruder Thomas, Autor und Archivar des Gouverneurs; der ehemalige Leiter des Museums, Paco Galiano; die Autoren Sam Benady QC, Sam Benady und Tito Benady.

88  Im Bereich der Medien wurden Gespräche und Interviews mit folgenden Experten geführt: den Herausgebern von INSIGHT MAGAZINE (Charles Bosano), von THE GIBRALTAR CHRONICLE (Dominique Searle), von PANORAMA (Joseph García) und von LIFESTYLE MAGAZINE (Kevin Parody, Derek Allman); dem Leiter des Internet-Anbieters GIBNET, Jimmy Imossi; dem Radio- und TV-Moderator Richard Cartwright.

verändert. Gibraltar ist eine Kleinstadt, in der oft schon wenige Merkmale genügen, um einen Menschen zu identifizieren. Manche Informantin und mancher Informant mag sich in der einen oder anderen Person erkennen und es mir nachsehen, daß ich ihnen mitunter ein unvorteilhafteres Alter oder einen anderen Beruf verpaßt habe. Den Ort selbst zu pseudonymisieren war unmöglich, da die spezifische politische und historische Konstellation Gibraltars einzigartig ist.

Das Buch verbindet also Ethnographie und Geschichtsschreibung. Schwerpunkt ist die Prozeßhaftigkeit von Kultur. Der hier vertretene Ansatz berücksichtigt die Verformbarkeit und Flexibilität der Grenzen und derjenigen soziokulturellen Gruppen und Personen, die Grenzen konstruieren. Dies wird durch die Ethnographierung der performativen und diskursiven Konstruktion von Grenzen in der alltäglichen Erfahrung von Gruppen der Grenzlandbewohner und Grenznutzer geleistet, welche die Grenze konstruieren, interpretieren, manipulieren, verändern, bestätigen oder überwinden.

## 2.3 Der Aufbau des Buches

Die einzelnen Kapitel des Buches beschäftigen sich, von der Grenze her denkend und an konkreten Beispielen aufzeigend, ethnographisch mit verschiedenen Aspekten der gibraltarianischen Gesellschaft.

Im ersten Kapitel werde ich die beiden Grenzlandbeziehungen Gibraltars (zu Spanien und zu Marokko) untersuchen und danach fragen, inwieweit sich eine gemeinsame Grenzgesellschaft ausgebildet hat. Ich werde dabei auf die Beziehungen zwischen Gibraltar und Marokko eingehen und in die Problematik des historischen Konflikts zwischen Spanien und Großbritannien einführen, der die Situation an der Landgrenze maßgeblich prägt.

Die Abwendung von spanischen kulturellen Bestandteilen ist zentral für die kulturellen und nationalen Identifikationsprozesse in Gibraltar. Aus diesem Grunde wende ich mich in Kapitel 2 dem Prozeß der Desidentifikation mit Spanien und der spanischen Kultur zu, einem Prozeß, der in Gibraltar als schmerzhaft empfunden wird, da er persönliche, familiäre, ökonomische und kulturelle Verbindungen zur Bevölkerung des spanischen Hinterlandes zerschneidet, die über lange Zeit in der Geschichte der Kolonie besonders eng waren. Die Beziehungen zwischen Gibraltar und dem *Campo* sind durch hierarchische Machtbeziehungen strukturiert, in denen Gibraltar vormals eindeutig eine favorisierte Position einnahm. Durch die Grenzschließung wurden die vielfältigen Verbindungen zwischen Felsen und Hinterland entflochten. Das Kapitel untersucht somit den Grenzraum als trennenden und verbindenden Raum und blickt dabei sowohl auf die gibraltarianische Gesellschaft als auch über die Grenze hinweg. Die Desidentifikation möchte ich am Diskurs über Spanien und die Nachbarstadt La Línea und am Diskurs über "Verräter" (am Beispiel des Sängers Albert Hammond) deutlich machen.

Das dritte Kapitel stellt die Beengtheit des Raumes und ihre kulturellen und gesellschaftlichen Effekte in den Mittelpunkt. Zwei Faktoren sind für die Beengtheit verantwortlich. Zum einen waren den Zivilisten in der bis in die jüngste Zeit reichenden Epoche der militärischen Dominanz Großbritanniens weite (soziale und räumliche) Bereiche des Felsens unzugänglich.[89] Zum anderen beschränkte die geschlossene Landgrenze seit 1969 den Bewegungsradius der Zivilisten erheblich. Mit der Schließung der Grenze wurde Gibraltar vom Hinterland abgeschnitten, das Leben der 30.000 Bewohner spielte sich für 16 Jahre auf kleinstem Territorium von kaum mehr als 6 km$^2$ ab. Ich werde zeigen, daß die Begrenztheit des Raumes zu einer starken sozialen Kohäsion führte, die sowohl negativ (als soziale Kontrolle) als auch positiv (als Schutz und Zuflucht) erlebt wurde. Die Erfahrung der Gemeinschaft im begrenzten Raum begünstigte die Entwicklung einer distinkten kulturellen und politischen Identität. Ich werde insbesondere auf Strategien des Umganges mit sozialen Konflikten eingehen. Beim allgemeinen Phänomen des offenen Geheimnisses, das ich anhand der Berichterstattung der Tageszeitung THE GIBRALTAR CHRONICLE und des Umganges mit Homosexualität als einem sozial konflikthaften Phänomen diskutiere, handelt es sich um die Strategie der Inszenierung einer Grenze von Öffentlichkeit und Privatheit. Die Diskussion von *Skalestrics*, einer speziellen Art des Autofahrens, verweist auf die Schaffung einer Illusion von räumlicher Grenzenlosigkeit. Daß die spezifische Raumerfahrung sich in einer Veränderung der Geschlechterbeziehungen ausdrückt, werde ich über verschiedene Körpertechniken - den Boom an Schönheitswettbewerben und den Anstieg des Interesses an Spiritualität und religiösem Fundamentalismus - untersuchen.

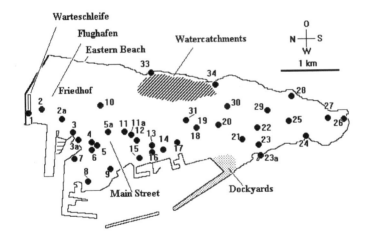

Abbildung 2: Örtlichkeiten, die in diesem Buch erwähnt werden: 1 = Grenzübergang; 2 = Flughafengebäude; 2a = Grenzlandmonument 'Cradle of History'; 3 = Bayside Comp. School; 3a = Marina Court; 4 = Casemates, Turnbull Lane; 5 = BHS; 5a = Castle Steps; 6 = Markt; 7 = Watergardens, Le Coq d'Or; 8 = Safeways; 9 =

---

89 Noch 1989 waren 51% des Territoriums in den Händen des Verteidigungsministeriums (M.o.D.).[ CLINTON 1989: 60].

Westside Comp. School; 10 = Princess Caroline Battery; 11 = St. Bernards Hospital, Patio Policia, Patio Schott; 11a = Hebrew Boys School; 12 = Garrison Library, The Gibraltar Chronicle; 13 = No. 6 Convent Place; 14 = John Mackintosh Hall, Hebrew Girls School; 15 = The Gibraltar Museum, Talmud Torah; 16 = The Convent; 17 Grand Parade; 18 = Alameda Gardens; 19 = Casino; 20 = Mount Alvernia; 21 = GBC; 22 = The Mount; 23 = Old Naval Hospital; 23a = Parsons Lodge, Victualling Yard; 24 = Camp Bay, Wasserfall; 25 = Lathbury Barracks; 26 = The Lighthouse, Europa Point; 27 = King-Fahd Mosque; 28 = Müllverbrennungsanlage; 29 = The Pillars of Hercules, Jews Gate; 30 = St. Michaels Cave, St. Michaels Cabin; 31 = Apes Den; 32 = Viewpoint; 33 = Caleta Palace Hotel, Maasai Grill, Catalan Bay; 34 = Both Worlds

Gibraltar besaß besondere militärstrategische Bedeutung für Großbritannien. Die Präsenz der britischen Truppen in Gibraltar kontrollierte im Kalten Krieg für die NATO den Zugang zur Meerenge zwischen Atlantik und Mittelmeer. Nachdem Spanien 1986 der NATO beitrat, verlor Gibraltar an strategischer Bedeutung. Die britischen Truppen wurden in der Folge bis auf eine symbolische Präsenztruppe abgezogen. In Kapitel 4 betrachte ich Gibraltar als Teil des Vereinigten Königreiches (*United Kingdom* oder UK) und damit als Peripherie innerhalb eines Nationalstaates. Als einer der letzten Kolonien Großbritanniens läßt sich in Gibraltar der Prozeß der Entkolonialisierung untersuchen. Ich werde zeigen, wie die Zugehörigkeit zum britischen Empire die kulturelle Identifikation geschärft hat und welche Bedeutungsverschiebungen *britishness* in den letzten 20 Jahren erfahren hat. Die Verschiebung läßt sich als eine Entwicklung von "*first british, then gibraltarian*" über "*first gibraltarian, then british*" zu "*gibraltarian first*" beschreiben. Zentraler empirischer Gegenstand des Kapitels ist der Streit um den Gebrauch von Farben und Flaggen anläßlich des *Gibraltar National Day 1996*.

In der Folge dieser Umorientierung gewinnen in Gibraltar nationale und ethnische Motive zunehmend an Bedeutung, die auf eine Lockerung oder Lösung der Identifikation mit dem Mutterland hindeuten. So stellte die Regierung Gibraltars 1992 die britische Souveränität erstmals durch eine antibritische Gesetzgebung und die Einführung eigenstaatlicher Symbole in Frage. Die Begrenztheit des Raumes und die Problematisierung der Beziehung zum Mutterland förderten die Stärkung einer eigenständigen kulturellen und politischen Identifikation als einer von der britischen und spanischen Nation distinkten nationalen Einheit. Dieser Prozeß ist in der gibraltarianischen Gesellschaft nicht unumstritten, die vielmehr in politische Lager geteilt ist, in denen um die Bestimmung von Staatlichkeit, Nationalität, Ethnizität und Identität gerungen wird. In Kapitel 5 untersuche ich die Auseinandersetzung der politischen Kräfte und greife dabei einen speziellen Aspekt der gibraltarianischen Identität heraus, nämlich das politische wie individuelle Bekenntnis zur Hybridität, das sich in einem Lob der Mischung äußert. Als Ausgangspunkt dient die idealtypische und fiktive Familiengeschichte einer gibraltarianischen Familie im *Wing of the Gibraltarian* des lokalen Museums und der Umgang mit Genealogie.

Mit dem Rückzug des Militärs ist eine ökonomische Umstrukturierung der hauptsächlich vom Militär abhängigen lokalen Wirtschaft (Militärhafen, Versorgung der Truppen) verbunden, in deren Gefolge die Arbeitslosigkeit rapide ansteigt und Schmuggel ein zunehmend gangbarer Weg wird, um den Lebensunterhalt zu bestreiten. Die Doppelfunktion von Grenzen zeigt sich exemplarisch am Beispiel des Schmuggels: ohne trennende Grenzen gäbe es keinen Schmuggel. Andererseits trachtet Schmuggel danach, diese Grenze zu überschreiten, es kann jedoch nicht im Interesse der Schmuggler sein, die Grenze obsolet zu machen. Schmuggel lebt deshalb vom Bestehen abgegrenzter Territorien und hat somit ein vitales Interesse an der Aufrechterhaltung rechtlich nationaler Unterschiede. Kapitel 6 wagt einen weiteren Blick sowohl über die Grenze hinweg als auch auf die Gesellschaft selbst, indem ich den Tabakschmuggel einerseits als zentrale grenzüberschreitende Aktivität und bedeutendes Element für grenzüberschreitende Beziehungen untersuche, mich andererseits der Bedeutung des Schmuggels für die Ausbildung und Präsentation gibraltarianischer Identität nähere.

Heute befinden sich alle religiösen Gruppen Gibraltars in einem Prozeß der Fundamentalisierung. Dieser Prozeß hat lokale Ursachen. Einerseits handelt es sich um Prozesse, die von den Informanten diskursiv an die weltweite Entwicklung ankoppelt werden; es läßt sich also die Rezeption globaler Phänomene im lokalen Raum und damit die Überschreitung des begrenzten Raumes untersuchen. Zum Zweiten befördert der bedrohte und begrenzte Raum die Introspektion der Religionen wie auch der Gesamtgesellschaft und reproduziert damit die Außengrenze im Inneren. Im Mittelpunkt des siebten Kapitels steht die Transformation einer religiösen Partikulargruppe, der jüdisch-sephardischen Gemeinde, zu einer ethnischen Gruppe. Die Transformation betrifft die verschiedensten Bereiche des Gemeindelebens, aus denen ich beispielhaft den Konflikt über die Entstehung der jüdischen Schulen, die Bedeutung von Konversionen und "*Intermarriages*"[90] sowie den Wandel körperlicher Ausdrucksformen heranziehen möchte. An der jüdischen Gemeinde läßt sich nicht nur der Wandel einer weitgehend traditionellen zur orthodox-religiösen Gemeinschaft beispielhaft aufzeigen, sondern auch der Prozeß der Ethnisierung, da in Gibraltar Ethnizität an Religion gebunden ist.

Im letzten Kapitel werde ich nach der Bedeutung der Grenze für das gibraltarianische Gemeinwesen fragen sowie danach, inwieweit sich die Erkenntnisse über Gibraltar verallgemeinern lassen. Im Mittelpunkt stehen die bereits formulierten Fragenkomplexe an die veränderte Rolle der Nationalstaaten und an die Hypothese, daß zentrale Kategorien unseres Faches eine Neubewertung erfahren, wenn man sie von der Grenze aus betrachtet. Wenn in der Wahrnehmung jener Gruppen, die Ethnologen untersuchen, Kulturen, Gesellschaften, Identitäten und Nationen an den Grenzen geschieden werden und sich diesseits und jenseits distinkte 'Wahrheiten' formieren; wenn andererseits die Ethnologie und andere Kulturwissenschaften mit den Begriffen der Kultur, Gesellschaft, Identität und Nation arbeiten, dann läßt sich fragen, ob und inwieweit das wissenschaftliche Instrumentarium durch Grenzen determiniert wird. In Anlehnung an BOURDIEU [1991] und ALVAREZ [1995] behaupte ich, daß die parochiale und oftmals idealisierte Sicht[91] der Welt und seiner Kulturen teilweise noch immer den Diskurs von Lehre und Forschung bestimmt und die regionalen wie die theoretischen Gegenstände unserer Disziplin determiniert.[92] Auf welche Weise die Betrachtung aus der Perspektive der Grenze heraus die Rekonzeptualisierung unseres Faches herauszufordern vermag, sei hier noch einmal als Frage formuliert, der ich in der abschließenden Zusammenfassung [→ Kapitel 8] für die Kategorien Kultur, Gesellschaft, Identität und Nation nachgehen werde.

---

90  Ich werde in dieser Arbeit den englischen Begriff der *intermarriage* dem diskreditierten deutschen Begriff der Mischehe vorziehen, zumal die meisten *intermarriages*, auf die ich eingehen werde, Heiraten zwischen Christen und Juden sind.

91  Vgl. ROSALDO 1987; COLLIER 1994.

92  ALVAREZ [1995: 450] führt nicht nur spezialisierte Topoi wie etwa "die Indianer Mittelamerikas, die Indianer des Südwestens, die Mexikaner und die Bauerngesellschaft" an, sondern auch Gegenstände wie Verwandtschaft und soziale Organisation.

# Kapitel 1    Grenzland Gibraltar

Wir neigen dazu, Grenzkonflikte und die Entstehung neuer Nationen innerhalb Europas gegenwärtig entweder im Einflußgebiet der ehemaligen UdSSR oder innerhalb der Mitgliedsstaaten der EU,[1] etwa in Spanien (baskischer und katalanischer Nationalismus), Italien (Versuch der Schaffung einer Republik von Padania) oder im Vereinigten Königreich (Devolution Schottlands) zu lokalisieren. Dagegen halten wir die Möglichkeit, daß es zwischen EU-Mitgliedsstaaten Grenzen geben könnte, die umstritten und umkämpft sind, für eher ungewöhnlich.[2] Traditionelle Grenzkonflikte, die in den letzten Jahrhunderten häufig zu kriegerischen Auseinandersetzungen geführt haben, etwa die Elsaß-Lothringen-Frage oder das Südtirol-Problem, sind seit 1945 befriedet und wurden im Prozeß der Europäischen Einigung nachhaltig überwunden. Die Schaffung eines gemeinsamen Marktes und einer gemeinsamen Währung, die Freiheit der Bewegung für Menschen und Güter sowie die Entwicklung einer gemeinsamen Außenpolitik suggerieren sogar das Verschwinden des Nationalstaates als politischen Akteur mit eigenständigen geopolitischen Aspirationen.

Anders stellt sich die Situation an der iberischen Südflanke dar. Gibraltar eignet sich besonders für die Untersuchung der Transformation von EU-Grenzen, da das Territorium über zwei Außengrenzen unterschiedlichen Typs verfügt. Die beiden Grenzen Gibraltars sind gegenläufigen Transformationsprozessen ausgesetzt, die eingelebten Strategien der Akteure des Umgangs mit den Grenzen werden damit ebenfalls umgestaltet:

- Die Seegrenze Gibraltars nach Marokko - von der EU als Bestandteil seiner Außengrenze definiert und historisch eher durchlässig für Waren und Personen - wird im Rahmen der europäischen Einigung abgeschottet.

- Die EU-Binnengrenze nach Spanien weist einen uneindeutigen Charakter auf. Gibraltar und Spanien gehören zur EU, allerdings liegt nur Spanien innerhalb des Schengener Territoriums. Die Situation wird durch die Tatsache kompliziert, daß Spanien das Territorium Gibraltars für sich beansprucht und darüber hinaus auch die Zugehörigkeit der Kolonie zur EU nicht anerkennt. Der spanische Anspruch wird an der Grenze durch diverse Kontrollmaßnahmen bekräftigt.

Die politische Situation Gibraltars ist eng mit der Frage nach der Souveränität der Garnisonsstädte Melilla und Ceuta verknüpft. Beide Städte gehören zu Spanien, sie befinden sich jedoch auf nordafrikanischem Territorium. Marokko erhebt auf beide Städte Anspruch.[3] Spanien wiederum beansprucht Gibraltar (der Anspruch wird in diesem Kapitel ausführlich diskutiert werden). Wenngleich die britischen Interessen in der Region bis ins XVII. Jhd. zurückgehen,[4] so existieren heute keine Territorialansprüche mehr zwischen Großbritannien und Marokko. Die politische Situation wird durch die Tatsache kompliziert, daß Spanien durch einen Erwerb Gibraltars gleichzeitig die Kontrolle über beide Küsten der Meerenge erwerben würde. An dieser Entwicklung zeigt der marokkanische Monarch Hassan II. kein Interesse, er knüpft die Frage nach der Souveränität Gibraltars an den Status von Ceuta und Melilla: Wenn

---

[1]    Vgl. KRÜGER 1993; MCDONALD 1993.
[2]    Vgl. SHORE & BLACK 1994; MCDONALD 1996; ABÉLÈS 1996.
[3]    *Marruecos reclama de nuevo en la ONU la soberanía de Ceuta y Melilla*, in: EL PAIS, 26.09.1997.
[4]    VALLADARES RAMIREZ 1991; HOWES 1990: 3.

Gibraltar spanisch werden würde, dann müßten im Gegenzug Ceuta und Melilla an Marokko übereignet werden.[5]

Beibehaltung und Aufgabe nationalstaatlicher Souveränität sind Motive, die beide Grenzsituationen maßgeblich bestimmen. Eine Untersuchung der genannten Grenzproblematiken stellt damit die Frage nach der heutigen Bedeutung der nationalen Souveränität und der Rolle des Nationalstaates innerhalb der EU.

In der von GIRTLER [1992: 16ff] entworfenen Typologie werden Grenzen nach dem Grad ihrer Durchlässigkeit kategorisiert. Grenzen ersten Grades oder "Grenzen der Angst und Kontrolle" stellen historisch eher die Ausnahme dar. Nur selten war die absolute Unüberwindbarkeit einer Staatsgrenze derart zentral intendiert wie im Falle der deutsch-deutschen oder der koreanisch-koreanischen Grenze. Für die Zeit der absoluten Schließung der Landgrenze zwischen Spanien und Gibraltar (1969-1982) kann man bei einem ersten Hinsehen von einer solchen fest geschlossenen Grenze sprechen.

Grenzen zweiten Grades oder, um in GIRTLERS Terminologie zu bleiben, "lockere Grenzen" zeichnen sich dadurch aus, daß sie "Bereiche voneinander trennen, [..] aber doch als durchlässig erscheinen". Dieser Grenztypus, den ich Übergangsschwelle bezeichnen möchte, ist typisch für das Westeuropa der Nachkriegszeit (bis zum Abschluß des Schengener Vertrages). Er erfüllt die klassische nationalstaatliche Aufgabe der Kontrolle und Kanalisierung von Warenströmen und Bevölkerungsbewegungen über die Grenze hinweg.

Die Schengener Binnengrenzen schließlich sind typisch für Grenzen dritten Grades oder "verschwindende Grenzen", an denen "allmählich die Kontrolle über den steten Personen- und Güterverkehr" verschwindet.

Grenzen sind immer historisch-gesellschaftlich und politisch geprägt, und folgerichtig kann sich der Charakter einer Grenze je nach Anforderungen verändern.[6] Aus einer Grenze dritten Grades kann im Kontext der Verbrechensbekämpfung plötzlich eine Grenze ersten Grades werden, eine Grenze ersten Grades wie die deutsch-deutsche Grenze kann sich über Nacht in eine Grenze zweiten Grades verwandeln.

Auch die meisten Grenzen ersten Grades sind für bestimmte Personengruppen, Güter und Informationen auf unterschiedliche Weise durchlässig. Der regulierende und kanalisierende Charakter soll jedoch nicht darüber hinweg täuschen, daß die Präsentation der Grenzen als absolut kontrollierbar und unverrückbar oft integraler Bestandteil nationaler Ideologien ist. Dies wird häufig durch den Verweis auf eine morphologisch vorgegebene 'Natürlichkeit' der Grenzen sekundiert: der Pyrenäenkamm, der Ärmelkanal und der Rhein sind hierfür wohl die bekanntesten Beispiele. Im Falle Gibraltars operieren sowohl Spanien [→ Kapitel 1.4 bzw.

---

5   In der Tat wurde die Zukunft Ceutas und Gibraltars in der Geschichte immer wieder miteinander verknüpft. Zeitweise wurde der Tausch der Städte erwogen, so daß Großbritannien Ceuta erhalten hätte [JACKSON 1987].

6   Dies gilt für die unterschiedlichsten Bereiche. "Selbst die strengen, strikt kodifizierten Grenzen, die das Recht setzt", schreibt BAUSINGER [1997: 5], "sind bei näherem Zusehen nicht ganz fest: Juristische Auseinandersetzungen (und Rechtsanwälte) leben zum Teil davon, daß es in vielen Bereichen keine festen Grenzlinien, sondern nur relativ weite Grenzräume gibt."

Kapitel 2] als auch die nationalistische Bewegung Gibraltars [→ Kapitel 5.2.1] mit dem Bild der 'naturräumlichen' bzw. 'natürlichen' territorialen Integrität bzw. Differenz.

In den europäischen Nationalstaaten des XIX. und XX. Jahrhunderts werden Grenzgebiete häufig als peripher und rückständig konzipiert. Die nationalstaatliche Perspektive vermag den Blick darauf zu verschleiern, daß die Grenze einen Raum durchschneidet, der durch vielfältige Bindungen auf lokaler, familiärer und individueller Ebene miteinander verbunden ist. Die Ausprägung der Bindungen zwischen den Populationen diesseits und jenseits hängt dabei nur zum Teil vom Grad der politischen, ökonomischen und demographischen Einbindung des Grenzlandes in die jeweilige staatliche Einheit ab. Die Präferenz des Nationalstaates, Grenz-soldaten aus anderen Regionen des Nationalstaates an der Grenze zu positionieren (etwa die Praxis des DDR-Regimes, vorzugsweise sächsisches Personal an der Berliner Mauer zu sta-tionieren, oder die spanische Praxis, keine Andalusier an der Grenze zu Gibraltar zu beschäfti-gen), verweist auf das Mißtrauen, das der Grenzbevölkerung häufig entgegengebracht wird. Ihre Loyalität gilt aufgrund der vielfältigen grenzüberschreitenden Bindungen häufig als zweifelhaft. Oftmals, wie im Falle Gibraltars, verbinden ein lokales Idiom und verwandt-schaftliche Bindungen die Bewohner hüben und drüben und unterscheiden sie von der Mehr-heitsbevölkerung der jeweiligen Nationalstaaten. Häufig ist es gerade die periphere ökonomi-sche Lage innerhalb des Nationalstaates, die den Grenzregionen gemeinsame Möglichkeiten eröffnet und die zur Ausprägung einer gemeinsamen Identifikation mit dem Grenzraum führt.[7]

Eine solche Typologie bildet notwendigerweise eher die staatliche Perspektive ab. Zur Er-fassung indigener Perspektiven auf die Grenze und der oftmals informellen, dem etatistischen Blick verborgenen Verknüpfungen sind empirische anthropologische Studien erforderlich. Den auf Langzeitresidenz und teilnehmend-beobachtenden Methodologie ausgerichteten Kul-turanthropologien ist es möglich, die strukturellen ökonomischen, politischen und sozialen Institutionen und Handlungen in ihre lokalen Bedeutungskontexte sinnvoll einzubetten.

In den folgenden Teilen dieses Kapitels betrachte ich die beiden Grenzlandbeziehungen Gi-braltars.

In den folgenden Teilen dieses Kapitels betrachte ich die beiden Grenzlandbeziehungen Gi-braltars.

DONNAN und WILSON [1999: 13] formulieren, daß eine zentrale Aufgabe der anthropologi-schen Grenzforschung in der Untersuchung und Interpretation der symbolischen Aspekte des Staates bestehe. In Kapitel 1.1 nähere ich mich der Bedeutung des Mythos Gibraltar für die nationale Mythologie Großbritanniens, Spaniens, Marokkos und der gibraltarianischen Natio-nalisten an.

Kapitel 1.2 untersucht die Beziehungen zwischen Gibraltar und Marokko bis 1969. In Kapi-tel 1.3 werde ich in den historischen Konflikt um die Grenze zwischen Spanien und der Kronkolonie sowie in die konkrete Problematik an der Landgrenze (ebenfalls bis 1969) ein-führen.

---

[7]  FLYNN 1997.

Der Transformation beider Grenzen durch die Schließung der Landgrenze 1969, ihrer Wiedereröffnung und der Abschottung der EU-Außengrenze (Festung Europa) werde ich in den Kapiteln 1.4 und 1.5 nachgehen.

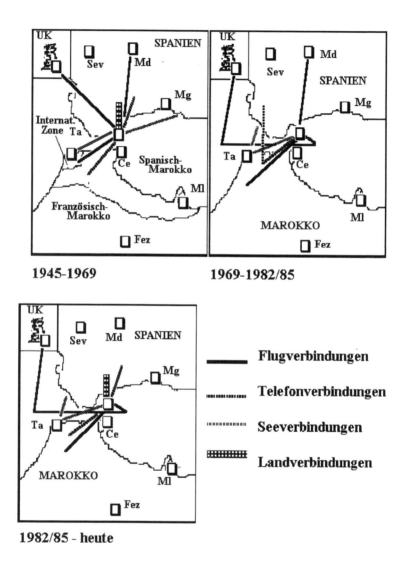

Abbildung 3: Die Durchlässigkeit der Grenze - Gibraltar und seine Verbindung zum Umland 1945-1985. Ce = Ceuta, Md = Madrid, Mg = Málaga, Ml = Melilla, Sev = Sevilla, Ta = Tanger, UK = United Kingdom

Die Grenze ist der zentrale kulturelle Ort für die Manifestation und Übersetzung kultureller Identifikation in Gibraltar. Ich werde dies am Beispiel der Kontrolltechniken bei Grenzüberquerung und der Diskurse der Gibraltarianer über die Zeit der Grenzschließung und der Wiederöffnung untersuchen [→ Kapitel 1.6].

## 1.1 Mythos Gibraltar

*"The names of their frontier towns and border crossings are frequently evocative in the national consciousness. Their mere mention conjuring up a rich set of images which the anthropologist might productively explore."*

In der Einleitung zu ihrem Buch *Border Approaches* verweisen DONNAN und WILSON [1994] auf den magischen Charakter, den der Name von Grenzorten häufig für Nationen besitzen mag (z.b. Panmunjon, Tijuana, Strasbourg, Westberlin, Portadown, Helmstedt-Marienborn). Auf Gibraltar trifft dies ganz ohne Zweifel zu, und zwar sowohl für die britische, für die spanische und für die marokkanische Nationalmythologie.

Gibraltar läßt sich als eines der wenigen Länder der Welt vollständig mit einem Blick in Augenschein nehmen. Die etwas über sechs km lange und 1.200 m breite Halbinsel liegt in Nord-Süd-Richtung. Gibraltar besteht zum Großteil aus einem Felsen, der sich an der höchsten Stelle mit 420 m über dem Meer erhebt. Mit dem spanischen Festland ist Gibraltar durch den etwa 800 m breiten sandigen Isthmus verbunden, auf dem die Grenze zu Spanien verläuft und auf dem sich der Flughafen befindet.

Der Felsen erlangte in der Militärgeschichte mythische Bedeutung. Die Briten hatten *The Rock* zu einer unbezwingbaren Festung ausgebaut, die mehreren Belagerungen durch Spanien erfolgreich trotze. Ein Spaziergang durch die Stadt konfrontiert unweigerlich mit Erinnerungen an diese Unbezwingbarkeit, mit Bastionen, Wällen, Geschützstellungen. Der Mythos von der Uneinnehmbarkeit des Felsens bewegt auch den deutschen Schriftsteller ERNST JÜNGER, der in der britischen Ausgabe seiner Memoiren schreibt, daß auf der Armbinde seines Regiments, des *73rd Hanoverian* 'Gibraltar' prangte, um an die Rolle des Regiments in einer der Belagerungen zu erinnern.

*"It is a reminder that in the twists and turns of European history, troops of many nationalities have served in that fortress, and under many, sometimes surprising, flags."*

JÜNGER erinnert sich an den Regimentskaplan, der seinen Leuten zurief, sie sollten in der Schlacht 'wie ein Fels in der brandenden See' sein. Der Felsen symbolisiert für das Vereinigte Königreich die einstige Glorie des Empire. Er ist immerhin einer der wenigen verbliebenen Orte, die an die Zeit erinnern, als ein Gutteil des Globus *pink* war, und die noch heute die koloniale Atmosphäre zum Teil konserviert haben. Für britische Nostalgiker ist Gibraltar Synonym für die Uneinnehmbarkeit und Durchhaltefähigkeit eines Britannien, das einst die Wogen regierte. Die Affen des Felsens sind, wie die Londoner Raben, eine Verkörperungen dieses Mythos: Erst wenn der letzte Affe vom Felsen verschwunden ist, würden die Briten Gibraltar verlassen.[8] Ein Kommentar von THE GUARDIAN[9] spricht die Verbindung Gibraltar-Britain-

---

8    Vor der Gefahr einer möglichen deutschen Invasion im Zweiten Weltkrieg ordnete Premierminister Winston Churchill in einem geheimen Telegramm an, daß die Affen als nationale Symbole gepflegt werden

Empire wehmütig an: Am selben Tag, an dem das Vereinigte Königreich um die Souveränität Gibraltars kämpft, wird angekündigt, daß Rolls Royce einen deutschen Motor bekommt.
*"But Gibraltar and Rolls Royce were both symbols of British solidity, permanence and excellence."*

Eine Ethnologie der gibraltarianischen Gesellschaft sagt somit immer auch etwas über die Konstruktion von *britishness* aus. Gibraltar ist für Großbritannien nach wie vor ein Symbol für einstigen Weltruhm, für Standhaftigkeit und dafür, daß Britannien 'seine Leute' nicht aufgibt. Wohlgemerkt: für den *einstigen* Weltruhm, denn nach dem Verlust des Weltreiches vollzog sich in Großbritannien eine Neuorientierung und Umdefinition der *britishness*,[10] die in der Umformulierung von *Rule Britannia* zu *Cool Britannia* durch New Labour ihren aktuellsten symbolischen Ausdruck findet. Die Größe, auf die die Monumente der Wehrhaftigkeit, mit denen die Stadt gepflastert ist, verweisen, ist nicht mehr existent.

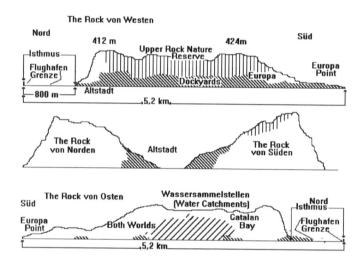

Abbildung 4: Der Blick auf den Felsen

Der Mythos des Felsens und seiner Uneinnehmbarkeit nährt sich auch aus der Tatsache, daß er sich majestätisch über einem verhältnismäßig flachen spanischen Hinterland erhebt. Von

müßten. Vgl. STANTON 1994. Der Mythos wurde in den Romanen *Scruffy* [1962] von PAUL GALLICO und *Siege* [1987] von RICHARD HOYT popularisiert .

9    WOOLLACOTT, MARTIN: *Slippery rock we cling to in a sea of shifting certainties*, in: The Guardian 21.12.1994.

10   Die schmerzhafte Einsicht in die Notwendigkeit der Integration in die Europäische Union, am greifbarsten in den innerparteilichen Auseinandersetzungen der Konservativen Partei in der Ära Thatcher und Major, sind hierfür paradigmatisch [ROBIN COHEN 1994: 21ff.]. Auf die Transformation der *britishness* werde ich in Kapitel 3.2 näher eingehen.

Algeciras kommend, vom anderen Ende der *Bay of Gibraltar*, erblickt man den Felsen mit der Stadt Gibraltar in seiner ganzen Pracht.

Wer von der Mittelmeerseite anreist, blickt auf die schroff ins Meer abfallende, bis auf das Dörfchen Catalan Bay unbesiedelte Ostseite. Es sind hier vor allem die seltsamen künstlich gestalteten *Water Catchments* (Wassersammelanlagen), die dem Neuankömmling ins Auge stechen [→ Postscript].

Ruft der Felsen für Großbritannien eine wehmütige Erinnerung an das Empire hervor, so verkörpert er für Spanien ein stetes Memento für den Verlust der Weltgeltung. England und Spanien waren über weite Strecken des XVI., XVII. und XVIII. Gegenspieler im Kampf um die Vormacht auf den Weltmeeren und um die Kontrolle des Amerikahandels, religiös-ideologisch untermauert durch den Antagonismus zwischen dem autokratischen Katholizismus der Habsburger und dem parlamentarischen Protestantismus der Engländer.[11] Der Verlust des Felsens zu Beginn des XVIII. Jahrhunderts markiert den Abstieg Spaniens als Seemacht und besiegelt die Stabilisierung der Machtstellung des Erbfeindes. Die Tatsache, daß der Gegner mit Gibraltar nicht irgendeine Insel in der Karibik besetzt hatte, sondern einen Teil der iberischen Halbinsel, macht die britische Kolonie zu einer besonderen Provokation, die darüber hinaus durch die Erhabenheit der Topographie auch noch weithin sichtbar ist. Es ist kein Wunder, daß die Integration Gibraltars in spanisches Nationalterritorium ein zentrales Betätigungsfeld der spanischen Außenpolitik darstellt.[12]

Für islamische Staaten im allgemeinen und besonders für das Nachbarland Marokko ist der Fels Symbol der einstigen Herrschaft über weite Teile der iberischen Halbinsel; Gibraltar ist der Ort, bei dem der maurische Heerführer 711 Tariq ibn Zayid als erstes auf den europäischen Kontinent übersetze, eine Tatsache, die sicherlich den Bau der King-Fahd Moschee [→ Kapitel 1.5.1] auf *Europa Point* beförderte.

Der Mythos des Felsens für das britische Staatsverständnis wirkt sich in Gibraltar ambivalent aus. Zwar ist es offensichtlich, daß die Kontinuität imperialen Weltruhms eine nostalgische Illusion - eben *einstig* - ist. Die Tatsache, daß sich der Felsen noch immer unter britischer Herrschaft befindet, suggeriert den Zivilisten der Kolonie jedoch das tatsächliche Weiterbestehen und die Kontinuität der britischen Weltgeltung. Dies erklärt die weitgehend exklusive Ausrichtung lokalen außenpolitischen Handelns auf Großbritannien.[13]

> *"The Rock: it fits into the soul. The Rock is something that we can take with a glance, without having to go very far we see the entiety of it, its an image that everybody carries with them, that already is an identity. You know, El Peñón, the Rock already figures in the mind as a cohesive force, plus the very topographical and geographical texture of Spain."*
> [Informant Joshua Gabay, * 1932]

---

11  Die imagogologische Untersuchung der nationalen Geschichtsschreibung und der Literatur der beiden Länder enthüllt die Perpetuierung und Verfestigung dieses Antagonismus, etwa in der Heroisierung der Piraten Sir Francis Drake durch die englische Geschichtsschreibung der *Leyenda Negra* oder in QUEVEDOS [1958] politischer Apologie *España defendida*.

12  Symbolisch drückt sich dies durch die Existenz eines eigenen Unterdepartments für Gibraltar im Madrider *Palacio Santa Cruz*, dem spanischen Außenministerium, aus. Das Bild hinter dem Schreibtisch des Direktors zeigt Gibraltar während der Großen Belagerung durch Spanien.

13  Europa als neues politisches Betätigungsfeld rückt erst seit dem Regierungswechsel 1996 ins Blickfeld der gibraltarianischen Politik.

Für die Gibraltarianer verkörpert die Sichtbarkeit des Felsens Heimat, Identifikation, Schutz vor den Mühen der (spanischen) Ebenen. Wie oft habe ich die Seufzer der Erleichterung von Einheimischen gehört, wenn sie, vom *Campo de Gibraltar* kommend, des Felsens ansichtig wurden: endlich daheim! Ich selbst habe diese Seufzer häufig ausgestoßen, wenn ich die Grenzkontrollen wieder einmal hinter mich gebracht hatte. Wollte man die militärische Metapher der Trutzburg oder die marine Metapher des sicheren Hafens illustrieren, Gibraltar böte sich hierfür auf ideale Weise an. Die Bedeutung der Trutzburg wird von den unterschiedlichen politischen Kräften in Gibraltar, vor allem der nationalen Bewegung SDGG (*Self-Determination for Gibraltar Group*) und den heutigen Oppositionsparteien GSLP (*Gibraltar Socialist and Labour Party*) und GNP bzw. GLP (*Gibraltar National Party*, seit 1997 *Gibraltar Liberal Party*) , funktionalisiert.

Zweifellos ist es naheliegend, die Topographie als sichtbare Evidenz distinkter soziokultureller Einheiten zu interpretieren, so wie dies durch JÜNGERS Feldkaplan und durch die nationale Bewegung in Gibraltar geschieht. Die symbolische Bedeutung des Felsens für das Empire - Beständigkeit, Stärke, Stabilität - hat sich auf die Zivilisten übertragen. So wird die emotionale Bedeutung des Mythos Gibraltar für die Gibraltarianer noch dadurch verstärkt, daß das unmittelbare spanische Hinterland der Bucht von Gibraltar, die Städte La Línea, Los Barrios und Algeciras, sicherlich zu den landschaftlich verschandeltsten und durch die Dominanz einer großen Ölraffinerie demonstrativ verschmutztesten Gegenden der EU gehört. Das *Campo* soll die höchste Arbeitslosenquote im von Arbeitslosigkeit nicht unverschonten Andalusien, dazu hohe Kriminalitäts-, HIV- und Drogenraten aufweisen: wie majestätisch und erhaben dagegen Gibraltar im Schutze des Felsens mit seiner Garnison!

## 1.2   Die Grenze zu Marokko (bis 1969)

Die Betrachtung der Grenze zwischen Gibraltar und Marokko berührt die Einheit des Mittelmeerraumes als kulturelles Gebiet und stellt damit eine Grundfrage der Mittelmeerethnologie.

Zwei unterschiedliche Betrachtungsweisen bestimmen die Konzeption des Mittelmeerraumes als regionalen Gegenstand der Ethnologie. Die auf BRAUDEL [1972] zurückgehende Perspektive betont die kulturelle und ökologische Einheit der Region. Durch jahrtausendealte Kontakte des Austausches, der Migration und der Diffusion zwischen den Hafenstädten habe sich das Mittelmeergebiet zu einem Kulturraum entwickelt. Eine zweite Sichtweise [HESS 1978] behauptet die kulturelle Trennung in einen moslemischen und christlichen Raum, vor allem in der Zeit des XVI.-XIX. Jahrhunderts.

DRIESSEN verknüpft in seiner Untersuchung der Grenze zwischen der spanischen Garnison Melilla an der nordafrikanischen Küste und dem Hinterland des marokkanischen Rif beide Perspektiven: Zwischen beiden Gebieten habe sich eine grenzüberschreitende Gesellschaft (*overlapping society*) herausgebildet.

Der Begriff der Gesellschaft im Staatsgrenzen überschreitenden Kontext ist jedoch problematisch; wenn ich ihn in der Folge dennoch benutze, dann lediglich im Sinne eines heterogenen, offenen sozialen Netzwerkes, das sowohl Merkmale einer Gemeinschaft als auch einer ganz neuen, unstaatlich organisierten Gesellschaft trägt.

Die Existenz einer grenzüberschreitenden Gesellschaft läßt sich für Gibraltar und Marokko nicht feststellen. Ich werde in der Folge [→ Kapitel 1.3 und 5] zeigen, daß die Existenz einer grenzüberschreitenden Gesellschaft (bis in die 60er Jahre) vielmehr für Gibraltar und sein spanisches Hinterland zutrifft. Während der reflexhafte Antihispanismus der Gibraltarianer, der etliche Merkmale einer von ROSALDO [1989: 28] als "*borderland hysteria*" bezeichneten Krisenhaftigkeit trägt, den öffentlichen Diskurs dominiert, werden die bis in die jüngste Geschichte hinein vielfältigen Verknüpfungen mit Marokko merkwürdig wenig artikuliert.[14] Die Beziehung zur Gesellschaft des 'marokkanischen Hinterlandes', wenn man die nordafrikanische Küste so bezeichnen möchte, wird weitaus emotionsloser betrachtet als die Beziehung zum spanischen Hinterland.

Ein Austausch von Menschen über die Meerenge hinweg existiert heute eher zwischen Spanien und Marokko als zwischen Marokko und Gibraltar. Allerdings ist dies nicht immer so gewesen. Vor allem im XVIII. Jahrhundert fand ein reger Personenaustausch zwischen Gibraltar und seinem nordafrikanischen Gegenüber - der vor allem die Gruppe der sephardischen Juden betraf - statt. Eine Zivilbevölkerung entstand in der britischen Garnison zunächst lediglich aus der Notwendigkeit, das Militär mit Lebensmitteln und Rohstoffen zu versorgen. Entscheidend hierfür waren im ersten Jahrhundert der britischen Herrschaft die sephardischen Juden. Zwar untersagte der Vertrag von Utrecht (1713) zwischen Großbritannien und Spanien Juden und Mauren das Niederlassungsrecht in Gibraltar. Diese Beschränkung wurde jedoch von Großbritannien einseitig aufgehoben, nachdem Spanien vertragsbrüchig den Felsen belagerte, der dadurch von der Versorgung mit Gütern aus dem spanischen Hinterland abgeschnitten wurde. Nach der zweiten (1720) und dritten Belagerung (1727/28) wurden offizielle Abkommen mit dem marokkanischen Sultan geschlossen, die den zollfreien Export von Gütern aus Marokko regelten. Es waren vornehmlich die sephardischen Juden Marokkos, die den Handel organisierten.[15] Der erste Absatz des Vertrages von 1729 legt zwar fest

"*That all Moors or Jews subject to the Emperor of Morocco shall be allowed a free traffic to buy and sell for thirty days in the City of Gibraltar, or Island of Minorca, but not to reside in either place, but to depart with their effects, without let or molestation, to any part of the said Emperor's dominion.*"[16]

Allerdings wurde die Garnison schon während der Belagerung von 1727 von ortsansässigen jüdischen Händlern versorgt.

Bis in die 50er Jahre des XX. Jahrhunderts waren die gibraltarianischen Juden über enge familiäre, soziale und ökonomische Netzwerke mit den jüdischen Gemeinden Marokkos verknüpft und kommen durch gemeinsame Institutionen des religiösen Rechtes[17] dem Typus einer grenzüberschreitenden Gesellschaft am Nächsten.

---

14  Die Rede über Marokko beschränkt sich weitgehend auf die Rede über die marokkanischen Arbeiter, die auf der untersten Stufe der sozialen Hierarchie stehen.
15  HOWES 1990: 3.
16  HOWES 1990: 5.
17  Führende Talmud- und Kabbalaautoritäten Marokkos wurden Rabbiner in Gibraltar.

Kenitra, Tetuán und vor allem das ab 1924 internationalisierte Tanger[18] wurden zum Reservoir für Ehepartnerinnen und religiöse Spezialisten [→ Kapitel 7.1.1].[19] 1948 lebten in Marokko 270.000 Juden, heute sind es weniger als 6.000. Nachdem Sultan Mohammed V 1947 in Marokko die Unabhängigkeit von Frankreich proklamierte, verließen viele Juden in einer Atmosphäre der Unsicherheit und der drohenden Verarmung das Land und wanderten über Gibraltar nach Israel aus.[20]

Die demographischen Beziehungen zwischen Gibraltar und dem Norden Marokkos beschränkten sich jedoch nicht auf die Sepharden.[21] 1950 lebten 150.000 Menschen in Tanger, davon ein Drittel Spanier. Nicht nur in der internationalen Stadt, auch im Rifgebirge mit den Städten Ceuta, Tetuán, Chaouen, Nador und Melilla, wurde Spanisch verstanden und meist auch gesprochen.[22]

Die europäischen Bewohner waren aus unterschiedlichen Gründen (Flucht, Abenteuer, Handel) zumeist sehr mobil und flexibel. Vor allem viele Spanier aus Andalusien ließen sich in Tanger nieder, ihre Familiennetzwerke verbanden nicht nur Spanien und Tanger, sondern häufig auch Tanger und Gibraltar. Etliche Bewohner Tangers ließen sich nach der Eingliederung der Stadt nach Marokko (1956) in Gibraltar nieder, etwa Manuel Jurado [*1940], dem wir in diesem Buch immer wieder begegnen werden.[23] Er erzählt:

---

[18] In den 40er Jahren wurde Tanger, wie DRIESSEN [1995] schreibt, zur Boomtown des Kapitalismus, zum Steuerparadies, zum sicheren Hafen "für Händler, Bankiers, Spekulanten, Steuerflüchtlinge, Ärzte und Anwälte ohne Lizenz, Aristokraten, politische Agenten, Flüchtlinge, Abenteurer, Homosexueller Exzentriker, Schmuggler, Prostituierte, Künstler und Wissenschaftler". Siehe dazu auch IAIN FINLAYSON 1992.

[19] Der Großvater von Esther Benzimra [* 1940] aus Chaouen z.B. war Goldschmied in Tetuán. 1959 verließ Esther wie die meisten marokkanischen Juden ihre Heimat. Seither war sie nur noch zweimal dort, aber "es hat sich eben alles verändert und das ist nicht mehr meine Stadt". In Gibraltar heiratete sie ihren (einheimischen) Mann, Howard. Esthers Freundin Estrella Bensadon [* 1937] stammt aus Tanger und kam erst 1973 nach Gibraltar. Tanger war damals ein paradiesischer Ort, "der heute seine Weltläufigkeit und seinen Internationalismus verloren hat". Etliche Rabbiner Gibraltars kamen aus Marokko.

[20] Bereits während den spanisch-marokkanischen Unruhen im Hinterland von Ceuta (1859) flüchteten 3.800 Juden nach Gibraltar. Die britische Verwaltung richtete - unterstützt von der *Alliance Israélite Universelle* und anderen Organisationen und London und Paris - ein Flüchtlingslager in *North Front* ein, wo die Flüchtlinge bis zum Ende der Wirren im selben Jahr verblieben [MESOD BENADY 1993]. Während des israelischen Unabhängigkeitskrieges 1948 schloß sich der moderate Sultan den arabischen Nachbarn an und verbot seinen jüdischen Untertanen die Auswanderung. Die jüdische Gemeinde in Gibraltar organisierte unter der Leitung ihres Präsidenten Sam M. Benady QC und mit tatkräftiger Unterstützung des israelischen Konsulates und der *Jewish World Agency* ein Übergangslager in *North Front*. Dort wurden die Flüchtlinge medizinisch untersucht und anschließend nach Marseille ausgeflogen. In den Jahren bis zum Sechs-Tage-Krieg 1967 wanderten die meisten verbliebenen marokkanischen Juden in verschiedenen Wellen nach Israel und Frankreich aus. Benady schreibt in seinen Lebenserinnerungen: "*Most of the refugees had no passports and they were brought in via Spain with the help of the Franco Police. Many embarked in the North African beaches, without any personal belongings, in a small vessel called the Egoz, charteed by the Jewish Agency. I will never forget one terrible night in January 1961 when the Egoz sank in terrible weather with 43 refugees on board. [...] In spite of this tragedy hundreds of thousands of immigrants went through Gibraltar*" [BENADY, S.M. 1993: 84].

[21] Wohlhabende Gibraltarianer wie die Familie von Luna Benzecry ließen sich im Zweiten Weltkrieg aus Angst vor einem deutschen Angriff in Tanger nieder.

[22] Von 1912 bis 1956 war das Rif als *Marueccos Español* ein Teil Spaniens.

[23] Manuel wurde in Tanger geboren und wuchs dort auf. Mit 17 Jahren begann er mit dem Schmuggel zwischen Nordafrika und Europa, eine Tätigkeit, die er bis Anfang der 60er Jahre im Grenzgebiet der Anrainerstaaten, aber auch auf Routen bis nach Italien und Jugoslawien, ausübte.

"Tanger war damals toll gewesen, viele Intellektuelle, Reiche, viele Amerikaner ... Kosmopolitisch. Es gab spanische und französische Schulen, in einer Zeit, in der in Spanien die Schulen Baracken waren. Es gab Italiener, Engländer, Amerikaner. Österreicher und Deutsche, die im Krieg geflohen waren, Tschechen und Polen, die nach dem Kommunismus geflohen waren. Viele Spanier. Meine Eltern wurden in Spanien geboren, aber schon als kleine Kinder kamen sie nach Tanger. Es war sehr schwer, eine Wohnung zu finden, weil es übervölkert war. Viele Gibraltarianer zogen [Anfang der 40er Jahre] nach Tanger aus Angst vor einer deutschen Invasion. Meine Taufpaten waren beide aus Gibraltar. [..] 1960 habe ich mich dann nach Gibraltar abgesetzt, weil ich dort meine jetzige Frau kennengelernt hatte. Meine Eltern lebten noch bis 1964 in Tanger. Heute leben sie in Spanien."

Die Eltern von James Berllaque [* 1962], beides Gibraltarianer, ließen sich 1947 in Tanger nieder und verblieben dort bis 1973. James wuchs mit französisch als Muttersprache auf und erlernte das Englische erst auf der Schule bei den Irish Brothers in Gibraltar. Dies ist ein eher ungewöhnlicher Fall, denn nach der Integration Tangers in den marokkanischen Staat und nach der Aliya der marokkanischen Juden wurden die familiären, ökonomischen und sprachlichen Verbindungen zwischen beiden Gesellschaften nachhaltig geschwächt.

Die Bevölkerung Gibraltars und seines unmittelbaren marokkanischen Hinterlandes bildet keine grenzüberschreitende Gesellschaft. Die häufig engen Formen einer individuellen, familiären und kollektiven grenzüberschreitenden Kooperation betreffen für die Zeit vor 1969 nur Segmente der jeweiligen Gesamtgesellschaften.

## 1.3 Die Grenze zu Spanien (bis 1969): Gibraltar und sein Hinterland (*Campo de Gibraltar*)

Der spanische Anspruch auf Gibraltar wurde im Laufe der Geschichte durch verschiedene, an der Grenze durchgeführte Maßnahmen bekräftigt. In diesem Teil des Kapitels werde ich die Geschichte der Landgrenze nachzeichnen, die noch heute für kulturelle, soziale und politische Identifikationsprozesse maßgeblich herangezogen wird.

Die Notwendigkeit der Einbettung der Geschichte in die empirische Datenlage aus ethnologischen Feldforschungen betrifft besonders jene Kontexte, in denen historische Bezüge als zentrale Argumentationshilfen im aktuellen Diskurs bemüht werden. Im vorliegenden Fall ist der Bezug auf die Geschichte nicht nur zentraler Topos des nationalen und des parteipolitischen Diskurses, sondern auch des Alltagsdiskurses. Jedermann ist mit den Bestimmungen des Vertrages von Utrecht (1713) und anderer Abkommen aus späterer Zeit vertraut, und in den Medien werden ständig Details der Verträge diskutiert. Der amerikanische Reiseschriftsteller PAUL THEROUX [1998: 24] bemerkt zu Recht mit spitzer Zunge, daß jedermann in Gibraltar "[s]elbst in der beiläufigsten Unterhaltung" die entsprechenden Klauseln aus dem Vertrag von Utrecht zu zitieren vermochte. Der Vertrag von Utrecht definiert die Grundlage für die Existenz Gibraltars als einer von Spanien distinkten Einheit.[24] Diese intensive Beschäftigung basiert auf der differierenden Interpretation der Geschichte zwischen Spanien, Großbritannien

---

24 So protestierte Spanien gegen die Einführung der Gibraltar-Verfassung im Jahre 1969 mit dem Argument, Großbritannien übergebe einen Teil der Macht an eine dritte Partei - an die Bewohner Gibraltars - und dies widerspreche Artikel X des Vertrages. DENNIS 1990: 26.

und Gibraltar in der Souveränitätsdebatte. Es ist deshalb angebracht, an dieser Stelle kurz auf die konkurrierenden Geschichtsschreibungen einzugehen.

Zwischen 1462 und 1704 gehörte Gibraltar zu Spanien. Im spanischen Erbfolgekrieg wurde Gibraltar vom Prinzen Georg von Hessen-Darmstadt erobert. Der Prinz, der die Landtruppen befehligte, kämpfte auf seiten des österreichischen Erzherzogs Karl, der Anspruch auf den spanischen Thron erhob. Karl wurde von den britischen und niederländischen Verbündeten als Carlos III, rechtmäßiger König von Spanien, anerkannt.[25] Am 01.08.1704 landeten ca. 50 Schiffe des Prinzen mit 2.000 Soldaten auf dem Isthmus zwischen Gibraltar und La Línea, um dort einen Brückenkopf für die Anhänger Karls einzurichten. Drei Tage später, am 04.08., kapitulierte der Gouverneur der spanische Garnison Gibraltar, Don Diego Salinas.[26] Der Besatzung der Garnison wurde der Abzug unter Mitnahme von drei Kanonen, Munition und Proviant für die Dauer von sechs Tagen gewährt. Gleichzeitig wurde den Zivilisten das Bleiberecht in Gibraltar unter der Bedingung gestattet, den Treueeid auf Erzherzog Karl zu schwören.

Diese Geschichte ist nur eine Version, die über die Eroberung Gibraltars zirkuliert. Nach dem 1965 von Spanien publizierten Rotbuch[27] zu Gibraltar war es der britische Admiral Sir George Rooke, der Gibraltar 1704 für die englische Queen Anne eroberte. Auf Schiffen wurde die Armee des Prinzen Georg transportiert. Obwohl die Engländer in dieser Version auf seiten Erzherzog Karls standen, seien sie doch nicht zu seinen Gunsten in den Krieg eingetreten, sie nutzten vielmehr die Gunst der Stunde, um Gibraltar für die britische Krone zu usurpieren. Die widersprüchlichen Versionen werden noch heute im Disput über die Souveränität des Felsens bemüht. [28]

Historisch unstrittig ist die Tatsache, daß jene Bewohner Gibraltars, die nicht gewillt waren, den Treueeid auf Carlos III abzulegen, 1704 der Stadt den Rücken kehrten und sich im Hin-

---

25  CAVILLA 1994: 23f.
26  DENNIS 1990: 23.
27  SPANISH GOVERNMENT: *The Spanish Red Book*. Madrid 1965.
28  Die erste Version dieser Geschichte erscheint bei Vicente Bacallar y Sanna, einem in Sardinien geborenen Historiker und Diplomaten, der einer alten spanischen Aristokratenfamilie entstammt. Unter Carlos II und dem Gegenspieler von Erzherzog Karl, dem späteren Felipe V, bekleidete er verschiedene offizielle Ämter. 1708 wurde er zum Marqués de San Felipe ernannt. Die Veröffentlichung seiner Memoiren wurde von Felipe V verboten und erfolgte in spanischer Sprache erst nach dem Tod des Königs 1756 in Amsterdam. Nach diesen Memoiren pflanzte Prinz Georg nach der Eroberung die Standarte des Erzherzogs auf und proklamierte Gibraltar als dessen Territorium, worauf sich die englischen Befehlshaber beschwerten und erklärten, Gibraltar sei für Queen Anne erobert worden. Der Historiker López de Ayala beruft sich in seiner *Historia* (1782) auf Bacallar y Sanna. Allerdings war Bacallar kein Augenzeuge des Geschehens, er kam erst 1708 nach Spanien. CAVILLA hält Bacallars Memoiren für einen politischen Trick, der die unrechtmäßige Usurpation Gibraltars durch die Briten belegen und damit die spanischen Ansprüche auf Gibraltar legitimieren sollte. In seinen Memoiren beschreibt Admiral Rooke [cit. in CAVILLA 1994: 25], es sei Prinz Georg von Hessen-Darmstadt gewesen, der die Stadt eroberte. Wäre Rooke selbst gewesen, der die Stadt für seine Königin eroberte, hätte er dies in seinen Memoiren gewiß nicht verschwiegen. CAVILLA kommt wie der spanische Historiker Pla zu dem Schluß, daß der Streit zwischen dem Prinzen von Hessen und dem britischen Admiral über die Flaggen eine Legende sein müsse, denn hätte sich Rooke durchgesetzt, hätte dies der Prinz seinem Herrn, dem Erzherzog, mitgeteilt [PLA, JOSEPH: *El Alma en Pena de Gibraltar*. 1953, engl. Version 1955]. Dies scheint durch die Tatsache abgesichert, daß der Erzherzog 1705 Gibraltar besuchte und dort als König Carlos III von Spanien empfangen wurde.

terland ansiedelten. Lediglich 70 Menschen verblieben in Gibraltar,[29] darunter vor allem genuesische Fischer mit ihren Familien, sowie einige unverheiratete Spanierinnen.[30] Die offiziellen Dokumente der Kommune wurden in das rund 10 km entfernte Landhaus von Bartolomé Luis Varela, eines der Notablen Gibraltars, verbracht. Im Umland des Landhauses, bei der Einsiedelei San Roque, wurden Hütten und Häuser errichtet, und schon 1704 wurde die Ortschaft nach San Roque benannt. San Roque wurde zum Ausgangspunkt für die Gründung verschiedener Siedlungen. So ließen sich einige der Flüchtlinge im Jahre 1716 in der Nähe des Schreines von San Isidoro nieder und gründeten dort die Siedlung Los Barrios.[31] Zusammen mit den Orten Tarifa, Jimena de la Frontera, Castellar und Algeciras bilden diese Orte das *Campo de Gibraltar.*[32]

1713 wurde Karl besiegt und Philippe de Bourbon als Felipe V zum König von Spanien gekrönt. Der Vertrag von Utrecht wurde unterzeichnet und Stadt, Burg, Hafen und Befestigungen Großbritannien zugesprochen. Dieser Vertrag ist die Grundlage des gegenwärtigen Status Gibraltars als einer britischen Kolonie und deshalb noch heute der Ausgangspunkt in jeder politischen Diskussion über die Souveränität des Felsens. Artikel X des Vertrages legt fest, daß Spanien den ersten Zugriff auf Gibraltar habe, sollte Großbritannien jemals den Felsen verlassen:

*"And in case it shall hereafter seem meet to the Crown of Great Britain to grant, sell, or by any means to alienate therefrom the propriety of the said town of Gibraltar, it is hereby agreed, and concluded, that the preference of having the same shall always be given to the Crown of Spain before any others".*[33]

Im XVIII und im frühen XIX Jahrhundert wechselten sich Phasen der Zusammenarbeit und Feindschaft zwischen Spanien und Großbritannien ab, der Grad der Öffnung bzw. der Geschlossenheit, kann mit der in der Einleitung eingeführten Reißverschluss-Analogie beschrieben werden.[34].

---

29  BENADY, TITO: *Who is a Gibraltarian?* Part 2, in: Calpe News 9.3.1979.
30  DENNIS 1979: 53; HOWES 1982: 2.
31  Bis 1757 gehörte der Ort zwischen den Flüssen Palmones und Guadarranque zu San Roque.
32  1344 wurde Algeciras von den Spaniern nach einer 20-monatigen Belagerung erobert. 1369 wurde die Stadt von Muhammad V. zurückgewonnen, und erst 1462 fiel Algeciras wieder an Spanien, das es der Stadt Gibraltar einverleibte. Erst 1755 wurde der Ort eine von San Roque unabhängige Gemeinde [CAVILLA 1994: 94]. Algeciras ist heute die bedeutendste Stadt des *Campo.* Als Hafenstadt und Handelspunkt mit Marokko kommt ihr internationale Bedeutung zu.
33  cit. in DENNIS 1990: 167.
34  Zwischen 1728 und 1748 verhängte Spanien ein absolutes Handelsverbot mit Gibraltar [HOWES 1990: 7]. Von 1748 bis 1763 bestanden freundschaftliche Beziehungen zwischen Großbritannien und Spanien, Gibraltar wurde Umschlagplatz für Wein aus Spanien nach England und Amerika. Die Behörden Gibraltars kooperierten mit den Spaniern bezüglich der Eindämmung des Schmuggels [HOWES 1990: 8]. Gibraltar spielte in verschiedenen innerspanischen Konflikten eine wichtige Rolle, etwa im Bürgerkrieg der 1830er Jahre zwischen Monarchisten und Liberalen. Von Gibraltar aus startete der liberale General Torrijos verschiedene militärische Expeditionen. Der frühere spanische Innenminister, der liberale General Salvador de Manzanares, suchte Exil in Gibraltar und benutzte es ebenfalls als Ausgangspunkt für einen Militärschlag gegen die Monarchisten im Jahre 1831. Unter den 40 Getreuen von Manzanares, die nach dem Fehlschlag der Aktion hingerichtet wurden, befanden sich sieben Gibraltarianer und vier weitere, die in Gibraltar residierten.

Im XVIII., XIX. und XX. Jahrhundert belagerte Spanien die Kolonie mehrere Male. Dies trug wesentlich zur Ausbildung einer Festungsmentalität bei den Zivilisten der Kolonie bei. Zwei Belagerungen tragen besondere Bedeutung in der Historiographie der Gibraltarianer: *The Great Siege* von 1779 bis 1783 und die Grenzschließung zwischen 1969 und 1982/85.

Im XIX. Jahrhundert blieb die Grenze weitgehend geöffnet, nur unterbrochen von den Zeiten, in denen Epidemien grassierten.[35] Zwischen Gibraltar und dem *Campo de Gibraltar* entwickelte sich zwischen der ersten Hälfte des XIX. Jahrhunderts und den 1950er Jahren eine vielfältig miteinander verflochtene Grenzlandgesellschaft, die auch institutionell verankert war. Die *Royal Calpe Hunt*, eine 1811 von den Briten begründete und 129 Jahre dauernde Tradition[36] der gemeinsamen Jagd britischer und spanischer Honoratioren in den Korkwäldern, wird noch heute von gibraltarianischen Informanten als Symbol des friedlichen Miteinander zwischen Spanien und Großbritannien beschworen.[37]

Im späten XIX. Jahrhundert erlebte ganz Andalusien eine zunehmende Verflechtung spanischer und britischer ökonomischer Interessen.[38]

### 1.3.1. *Gibraltars Lower Eastside*: La Línea de la Concepción

Spanien liefert heute - gleich der Reißverschluß-Analogie - das negative Gegenbild zum positiven Selbstbild der Gibraltarianer und zum Bild von Großbritannien: Mit dem Mutterland werden Rechtsstaatlichkeit, geringe Kriminalität, Sauberkeit auf den Straßen und ein vorbildliches Gesundheitssystem assoziiert, mit Spanien Kazikentum, Faschismus, staatliche Willkür, Kriminalität und Korruption, Unterentwicklung, Schmutz und Krankheit.

Wenn ich in der Folge eher allgemein von einer Verflechtung der Beziehungen zwischen Gibraltar und Spanien spreche, beziehe ich mich in erster Linie auf die enge Verbindung Gibraltars mit dem Nachbarort La Línea de la Concepción (kurz: La Línea). Die Aufstellung der Gleichung La Línea = Spanien deckt sich mit der Perspektive vieler Informanten, für die das *Campo* und La Línea die Bezugsgrößen für 'Spanien' darstellen. Eine mit einem Gibraltarianer verheiratete Madriderin [* 1972] drückt das etwas genervt folgendermaßen aus:

"Es geht immer nur um La Línea, Grenze, Souveränität, La Línea .. seit Jahren! Als gäbe es nichts anderes, über das man berichten könnte. Die Gibraltarianer halten La Línea für Spanien und glauben, alles, was die Spanier im Kopf hätten, wäre dies eine: Gibraltar zu erobern. Die große Mehrheit der Spanier hat gar keine Ahnung von Gibraltar und weiß bloß, daß das ein Felsen ist. Punkt! Mehr nicht. Und das 'Problem' Gibraltar ist dem Durchschnittsspanier wurscht ..."

---

[35]  JACKSON 1987: 249.

[36]  JACKSON 1987: 222.

[37]  Vor dem Ersten Weltkrieg waren King Edward VII. und Alfonso XIII. gemeinsam die Patrone der Jagd. Mit der Heirat zwischen Alfonso und Prinzessin Elena von Battenberg, einer Enkelin Queen Victorias, im Jahre 1906 wurde die Beziehung zwischen beiden Ländern weiter normalisiert - ausgenommen die unvereinbaren Standpunkte bezüglich Gibraltar.

[38]  1892 baute Großbritannien die Eisenbahnstrecke zwischen Algeciras und Bobadilla, die den andalusischen Süden an das spanische Eisenbahnnetz anschloß; britische Unternehmen entwickelten die Kupferminen in Riotinto/Provinz Huelva [JACKSON 1987: 254].

La Línea, ein Ort mit hoher Arbeitslosigkeit,[39] Kriminalitäts- und Drogenkonsumrate, ist Epitom dieses Spanienbildes. Der Grenzort bietet sich nicht nur aufgrund der Nähe als Projektionsfläche für antispanische Vorurteile an, sondern auch weil sich kaum ein geeigneterer Ort in Spanien fände, in dem all die Vorurteile besser bestätigt würden. Wenn man STANTON [1994: 180ff] glaubt, dann ist La Línea Gibraltars 'häßliche Schwester' oder Spiegelbild.

Im Spanischen bedeutet '*línea*' einfach 'Linie', und der Name der Stadt bezieht sich auf die militärische Linie zwischen Briten und Spaniern. Ursprünglich wurde zwischen 1730 und 1735 eine Verteidigungslinie mit mehreren Befestigungen angelegt. Diese Linie befand sich auf dem Isthmus und lag eine halbe Meile von den Verteidigungsstellungen des Felsens entfernt.[40] Seit etwa 1810 etablierte sich hinter der Befestigungslinie eine Ansiedlung von armseligen Hütten, in der sich vor allem Bewohner aus San Roque niederließen, die der britischen Garnison zuarbeiteten, etwa als Kneipenbesitzer, Arbeiter, Händler und Handwerker. Später zogen Andalusier aus anderen Orten des *Campo* und sogar aus Cádiz zu, dann Portugiesen und Genuesen aus Gibraltar. 1869 beantragten die Bewohner von La Línea zunächst vergeblich die Unabhängigkeit von San Roque. Der Stadtrat von San Roque argumentierte, daß es sich bei den Bewohnern von La Línea lediglich um eine Bevölkerung handle, die nur vorübergehend und Dank des spanischen Militärs existiere und darüber hinaus wirtschaftlich von der britischen Kolonie abhänge. Trotzdem wurde La Línea 1870 eine eigene, von San Roque unabhängige Gemeinde, der 1931 das Stadtrecht verliehen wurde.

### 1.3.2 Der Grenzzaun und die Frage des Isthmus

Kehren wir noch einmal zum Vertrag von Utrecht zurück. Ein zentraler, im Vertrag angelegter Konfliktpunkt ist die genaue Begrenzung des Territoriums, das an Großbritannien abgetreten wurde. Spanien argumentiert, daß der Vertrag die britische Herrschaft auf Stadt, Burg, Hafen und Befestigungen beschränke und damit den Isthmus, auf dem sich heute der Flughafen befindet, zu widerrechtlich besetztem Territorium mache. Großbritannien dagegen interpretiert den Vertrag dahingehend, daß dasjenige Gebiet britisch sei, welches in der Reichweite eines Kanonenschusses von der Burg oder der Befestigung liege; der Isthmus gehöre demnach zu Gibraltar. Wo die Grenze ursprünglich genau verlief, läßt sich nicht mehr ergründen. Historisch verbürgt ist die Tatsache, daß Gouverneur Sir George Don während der Gelbfieberepidemie (1813) mit Spanien das Recht aushandelte, auf dem Isthmus eine Siedlung für die gesunden Gibraltarianer einzurichten. MAGAURAN [1986] schreibt, daß der südliche Teil des Isthmus spätestens seit 1838 von den Briten verwaltet wird.

1908 bauen die britischen Behörden den Grenzzaun entlang der Linie von 1838. Der Zaun sollte mehrere Fuß hoch und von drei Lagen Stacheldraht gekrönt sein. Die Zwischenräume der Zaunpfosten sollten mit Maschendraht versperrt werden, um die Durchreichung von Gü-

---

39  Im Herbst 1995 lag die Arbeitslosigkeit La Líneas bei 37% der aktiven Bevölkerung. Vgl. DALLET, J.D.: *Historia de dos ciudades*, in: GQ Oct 1995: 135.

40  In den napoleonischen Kriegen kämpfte England auf spanischer Seite. Als die Franzosen San Roque erreichten, suchte der spanische General Francisco Ballesteros in Gibraltar Hilfe in Form von Geld und Waffen. Der spanische General Castaños und der britische Kommandeur Sir Colin Campbell kamen überein, die Befestigungen auf dem Isthmus zu zerstören, damit sie den Franzosen nicht in die Hände fielen.

tern zu unterbinden. Zwei Übergänge, einer für Vieh und ein anderer für Menschen, waren vorgesehen. Nach britischer Version befindet sich der Zaun ein Meter südlich der Grenzlinie und auf britischem Territorium, nach spanischer Version dagegen auf der nördlichen Seite. JACKSON zitiert:

*"The line along which the fence will be constructed lies some three feet inside the path formed by the continual passage of British sentries. This path, repaired from time to time with a layer of gravel or stone, has been for many years and unquestionably still is the British frontier ....".*[41]

Spanien zeigte sich irritiert durch das Argument, der Zaun befinde sich auf britischem und nicht auf neutralem Boden. Eine letzte britische Note zwischen den beiden Regierungen vom 30.09.1909 konstatiert, daß der Zaun nicht dazu da sei,

*"... to define a boundary nor to advance what has for generations been the line of sentries, but merely to economise the number of sentries in the existing line and, moreover, to afford increases facilities for repression of smuggling."*[42]

Vor der Aufstellung des Zaunes war der Isthmus von beiden Seiten bereits genutzt worden. Heute befinden sich auf dem noch immer umstrittenen Isthmus auf gibraltarianischer Seite der 1938 errichtete Flughafen, auf spanischer Seite die spanische Zollstation, der Stadtpark von La Línea und die Wohnsiedlung San Felipe.

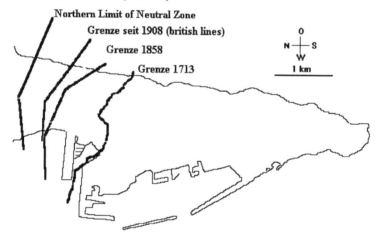

Abbildung 5: Die Landgrenze auf dem Isthmus (Quelle: JACKSON, W.: *The Rock of the Gibraltarians* 1987: 251).

---

41   JACKSON 1987: 262-263.
42   JACKSON 1987: 263.

### 1.3.3 Die Zunahme der Vernetzung

Wir haben bereits erfahren, daß Gibraltar in den Bürgerkriegen des XIX. Jahrhunderts zum Fluchtpunkt für spanische Liberale wurde. Auch im spanischen Bürgerkrieg 1936-39 fanden Spanier politisches Asyl in Gibraltar. In den ersten drei Tagen des Bürgerkrieges flohen rund 5.000 Menschen[43] nach Gibraltar, darunter viele Briten, die im *Campo* lebten.[44] Die meisten Flüchtlinge wurden von britischen Zerstörern in nationalspanisches oder republikanisches Territorium verbracht, andere kehrten erst nach Ende des Bürgerkrieges nach Spanien zurück. Etwa 500 Spanier verblieben auf Dauer in Gibraltar.[45]

Aufgrund des mangelnden Wohnraumes ließen sich Gibraltarianer nach dem Zweiten Weltkrieg wieder in La Línea nieder, wo die Kosten für Wohnung und Lebensmittel weitaus niedriger waren. Viele Gibraltarianer bauten im *Campo* ihre eigenen Häuser oder kauften sie, behielten aber ihre britische Nationalität bei.

| Idiom der Li-nenser[46] | Spanisch | Englisch | Yanito[47] | Deutsch | |
|---|---|---|---|---|---|
| *bequinpagua* | *levadura* | *baking powder* | *?* | Backpulver | |
| *focona* | *verja* | *frontier, border* | *Four Corners* | Grenze | zu |
| | | | | Gibraltar | |
| *manpagua* (von engl. *manpower*) | *sindicato* | *Worker's Union* | *vocajunio* | Gewerkschaft | |
| *nambaguán* | *lo máximo* | *number one* | *number one* | der/das ste/Erste | Be- |
| *nití* | *hacer punto a mano* | *knitting* | *nitin, hacer* | stricken | |
| *patí* | *reunión en casa para tomar el té* | *tea-party* | *tea-party* | Tee Party | |
| *picle* (von engl. *pickles*, Essiglake) | *mostaza* | *mustard* | *picle* | Senf | |
| *quequí* | *bizcocho* | *biscuit* | *quequi* | Keks, Zwieback | |
| *tipá* | *tetera* | *tea pot* | *tipá* | Teekanne | |
| *zospe* | *cazo* | *sauce pan* | *sospén* | Stielpfanne | |

Tabelle 1: Interdependenzen im Wortschatz

---

43 Über die Zahl der Flüchtlinge herrscht keine Eindeutigkeit. JACKSON [1987: 270] spricht von 4.000 in den ersten Wochen..

44 THE GIBRALTAR CHRONICLE, Special Edition, 22nd July, 1936, cit. in: Finlayson, Thomas: Stories from the Rock. Gibraltar 1996

45 JACKSON 1987: 272.

46 aus: http://www.lalinea.com/habla.htm (der Homepage entnommen im Juni 1998). Als Quelle werden dort zitiert: RODRÍGUEZ MOLINA, FRANCISCO: *Algo sobre nuestra habla*, in: Revista Contravalación, sowie MARISCAL, DOMINGO: *Vocabulario de La Atunara*.

47 CAVILLA 1990.

Die kulturelle Verbindung Gibraltars mit dem Hinterland in den Jahren vor 1969 wurde häufig als Osmose bezeichnet, durch die sich die Gibraltarianer langsam hispanisierten.

Ronnie Barabich (den wir in Kapitel 3.2.1 im Zusammenhang mit der Debatte um die Farben- und Flaggenfrage anläßlich des *National Day* näher kennenlernen werden), einer der antispanischen Kommentatoren der Wochenzeitung PANORAMA, schreibt:

> *"In those days, whenever Gibraltarians wanted to portray themselves as different [from being british] [..] they did so by identifying themselves with Spanish tradition and culture. [...] Many Gibraltarians, exept for their passports, were little different to Spaniards"*.[48]

Mit den Linensern teilen die Gibraltarianer *"an appreciation of the same jokes"*, für *"los toros, vino, tapas"* und Fußball. Die Verbindung zwischen Gibraltar und La Línea war bis in die 50er Jahre so eng, daß die Bewohner des *Campo "certainly never took our Britishness seriously"*. Vielmehr wurden die Gibraltarianer von den Bewohnern des Umlandes als eine Art *"privileged Andalucian"* betrachtet[49] und damit gewissermaßen als Kolonialbevölkerung, deren *mimicry* (Nachahmung und Adaptation der Kultur der Kolonisatoren) bestenfalls als *mockery* (Veräppeln der Kultur der Kolonisatoren) wahrgenommen wurde.[50]

Die Bewohner La Líneas wiederum wurden von den anderen Spaniern für ihren Zugang zu Gibraltar beneidet, und diejenigen, die dort arbeiteten, wurden von jenen beneidet, die keine Arbeitserlaubnis erhielten. Die Verwobenheit der Linenser mit Gibraltar führte dazu, daß außerhalb des *Campo* am Patriotismus der Linenser gezweifelt wurde.

Die Beziehung wurde bis zur Grenzschließung von einem ökonomischen Machtgefälle geprägt. *"Status was always closely linked by the Lineses to their degree of connection with the Yanitos"* - dies ist eindeutig in der Ökonomie begründet, dehnt sich aber auf eine snobistische Haltung gegenüber den Linensern aus. CHIPULINA nennt La Línea *"practically an overflow of our city"*.[51] Für die Spanier des Hinterlandes symbolisierte Gibraltar Reichtum und Arbeit. Viele Linenser fanden in Gibraltar Arbeit, vor allem seit dem Bau der Dockyards ab 1833. Um 1900 arbeiteten 2.200 Spanier am Bau der Neuen Hafenmole.[52]

La Línea selbst wirkte wie ein Magnet auf die Bevölkerung der verarmten Umlandes. Zwischen 1830 und 1900 vervierfachte sich ihre Bevölkerung, während die Bevölkerung Gibraltars lediglich um 20% zunahm. Dabei waren die Lebensverhältnisse der Linenser im Vergleich zu den Gibraltarianern eher ärmlich.

> *"There in La Línea in 1953 the very essences of squalor lay everywhere in the ill-lit streets - broken bottles, nettles, ashes, excrement, the all-pervading odour of urine and rancid oil and rotten fish and cabbage. [...] Boot-blacks and little boys pimped at street corners, and there was a district full of formidable harlots leering from their white-tiled dens with paper flowers in their hair"*.[53]

---

[48]   BARABICH, RONNIE: *How we have become what we are*, in: Panorama, 21th-27th October 1996: 7-8.
[49]   CHIPULINA, ERIC: *A short expedition*, No 2.4 vom 12.12.79.
[50]   Siehe YOUNG [1995] und BHABA [1985, 1987].
[51]   CHIPULINA, ERIC: *A short expedition*, No 2.4 vom 12.12.79.
[52]   STANTON 1994: 180. Zum Vergleich: 1901 zählte der Zensus 27.460 Einwohner, davon 20.355 Zivilisten [HOWES 1990: 141].
[53]   STEWART 1967: 206.

Schon in den 1920er Jahren wurden auf Anordnung des Gouverneurs die damals in Serruya's Lane ansässigen Bordelle geschlossen. Die Prostituierten siedelten nach La Línea über und ließen sich in der im Volksmund *Calle de Gibraltar* genannten Straße nieder.[54]

Die Existenz einer grenzüberschreitenden Gesellschaft zeigte sich nicht nur in der Hispanisierung der Gibraltarianer, sondern auch in der Anglisierung der Lineser [→ Kapitel 5]. Noch heute ist der lokale Wortschatz der Bewohner La Líneas voller Anglizismen.

### 1.3.4 Erste Schnitte im Netz ...

Der Besuch der britischen Königin Elizabeth II am 10. und 11.05.1954 wurde zum Auslöser für die Entflechtung der Symbiose zwischen Gibraltar und dem *Campo*. Der Besuch wurde von General Franco als Provokation betrachtet. Eine der ersten Maßnahmen gegen Gibraltar betraf die etwa 1.000 Gibraltarianer, die sich im *Campo* niedergelassen hatten: Sie wurden ausgewiesen, viele verkauften ihren Besitz. Darüber hinaus wurde das spanische Konsulat in Gibraltar geschlossen, spanische Besucher wurden Restriktionen unterworfen, neue spanische Arbeitskräfte für Gibraltar durften nicht mehr rekrutiert werden, der Import von frischen Lebensmitteln und Baumaterial wurde erschwert.[55] Das Spanische Rotbuch von 1965 stellt fest, daß die Landverbindung zwischen Gibraltar und La Línea nur aufgrund der Gnade der spanischen Regierung bestehe - im Vertrag von Utrecht sei sie nicht vorgesehen, ja sogar explizit verboten gewesen.

*"The Police and Control Post at La Línea was no more than a concession by the Spanish Government for the purpose of making life more bearable for the Gibraltar garrison".*[56]

Der britische Standpunkt, später vertreten vom Historiker und ehemaligen Gouverneur Sir WILLIAM JACKSON [1987: 301], war folgender: der Grenzübergang sei im Vertrag zwar nicht vorgesehen gewesen, hatte jedoch immerhin für fast 150 Jahre Bestand.

1964 drängte das Komitee für Entkolonialisierung der Vereinten Nationen (das sogenannte *Committee of 24*) Großbritannien dazu, Gibraltar zu entkolonialisieren und an Spanien zurückzugeben. Der damalige *Chief Minister* Sir Joshua Hassan reiste als Mitglied der britischen Delegation nach New York und erklärte, die Gibraltarianer seien hauptsächlich italienischer Herkunft und fühlten sich *"far from being oppressed under British Colonial Rule"*.[57] Hassan argumentierte, daß die UN Charta drei Wege für eine Kolonie offenhalte - die volle Unabhängigkeit, die Integration in einen bestehenden souveränen Staat oder die Freie Assoziation - und daß sich die Gibraltarianer für die dritte Option aussprächen: die Freie Assoziation mit Großbritannien.

Spanien hielt dagegen, daß sämtliche Demokratisierungsversuche der Verwaltung Gibraltars, die seit 1950 der einheimischen Bevölkerung mehr und mehr Rechte einräumte, rückgängig

---

54 Der Zusammenhang zwischen Grenzen und Prostitution wird bei DONNAN und WILSON [1999: 91ff., 143ff.] hervorgehoben.
55 JACKSON 1987: 300.
56 *Spanish Red Book on Gibraltar 1965*. Madrid 1966: 69, cit. in. JACKSON 1987: 296.
57 TRAPMORE 1994: 11.

gemacht werden müßten, da diese den Vertrag von Utrecht verletzten.[58] Im Oktober 1964 forderte das Komitee die Briten auf, mit Spanien über die Zukunft Gibraltars zu verhandeln.

Das Komitee berief sich auf den Paragraphen 6 der Resolution 1514 (XV), in dem es heißt:

> *"(A)ny attempt aimed at the partial or total disruption of the national unity and the territorial integrity of a country is incompatible with the purposes and principles of the Charter of the United Nations"*.

Diese Position vernachlässigte damit den Paragraphen 2, der mit der Idee der territorialen (sprich: 'naturräumlichen' bzw. 'natürlichen') Integrität konkurriert:

> *"(A)ll peoples have the right to self-determinate; by virtue of that right they freely determine their political status and freely pursue their economic, social and cultural development"*.

Die Anwendung beider Paragraphen ist nur in jenen Fällen sinnvoll, in denen sich die Kolonisierten tatsächlich für den Anschluß an ein anderes Land aussprechen. Für die Gibraltarianer galt dies nicht, denn sie waren vermutlich die einzigen Bewohner einer britischen Kolonie, die sich unzweifelhaft für einen Verbleib beim Mutterland aussprachen. Die Tatsache, daß der Paragraph über das Selbstbestimmungsrecht ignoriert wurde, widersprach der Logik der Gibraltarianer,

> *"(s)ince the end of World War II self determination for the inhabitants of colonies had become a pillar of British policy"*.[59]

Ausgerechnet der einzigen probritischen Kolonialbevölkerung sollte dieses Recht vom UN-Komitee verweigert werden.

Die britischen Medien waren außer sich und führten diese Entscheidung auf die Tatsache zurück, daß sich das Komitee zum Großteil aus ehemaligen britischen Kolonien zusammensetzte, die alles pauschal bekämpften, was nur entfernt nach Kolonialismus rieche.[60] Am Tage nach der Entschließung begann Spanien mit den Repressionen an der Grenze. Großbritannien verweigerte daraufhin jegliches Gespräch mit Spanien über Gibraltar, solange die Maßnahmen in Kraft seien. Die Positionen blieben kontrovers: Spanien plädierte für die Integration Gibraltars in spanisches Staatsgebiet, da es 'natürlicher' Bestandteil spanischen Territoriums sei; Großbritannien sprach sich für das Recht auf Selbstbestimmung der Gibraltarianer aus. 1965 protestierte Großbritannien vor dem Komitee gegen die spanischen Restriktionen.

Um einen möglichen Wandel der Position des UN-Komitees vorwegzunehmen, startete die spanische Regierung eine breite Propagandakampagne. Damit versuchte Spanien zu beweisen, daß die Gibraltarianer keine 'Bevölkerung' gemäß Paragraph 2 darstellte und damit auch nicht das Recht auf Selbstbestimmung in Anspruch nehmen dürften. Im Rotbuch der spanischen Regierung[61] spricht der spanische Vertreter bei der UN, Don Jaime de Pinies von den Bewohnern Gibraltars niemals als "Gibraltarianern". Statt dessen benutzt er die Begriffe *"the present inhabitants of Gibraltar"*, *"the people who call themselves Gibraltarians"*, *"the so-called*

---

58   Trapmore 1994: 12.
59   Dennis 1990: 64.
60   The Times, 6.10.1964: 11.
61   Spanish Government: *The Spanish Red Book*. Madrid 1965; , englische Version, cit. in Cavilla 1994: 113.

56

*Gibraltarians"* und sogar *"pseudo-Gibraltarians"*. Die spanische Propaganda wird von den Informanten als allgegenwärtig geschildert. Häufig wurde mir erzählt, daß 'zu Francos Zeiten' in den spanischen Grundschulbücher auf der ersten Seite geschrieben stand: *"Gibraltar has been robbed from us by the British"*.

Um die offizielle Position Spaniens zu sekundieren, wurde eine ganze Reihe offizieller und populärer Publikationen[62] veröffentlicht, in denen der Beweis angetreten werde sollte, daß die Gibraltarianer kein Volk mit eigenem Recht seien, sondern lediglich eine 'Anhäufung von Zivilisten', deren Vorfahren von Großbritannien auf den Felsen verbracht worden sei, um der Garnison zu dienen.

Ein exemplarisches Beispiel für die wissenschaftliche Untermauerung des spanischen Arguments liefert uns der Soziologe GUMERSINDO RICO.[63] Nach RICO importierte Großbritannien allerlei wurzellose Individuen ohne jeglichen nationalen Stolz und ohne politische Organisationsform.[64] Besonders die heterogene Herkunft der Gibraltarianer ist ihm ein Dorn im Auge. RICO bezeichnet die Gibraltarianer als Delinquenten, desertierte Soldaten, Zuhälter, Prostituierte und politische Flüchtlinge. Zusammenfassend läßt sich feststellen, daß für die Regierung Franco die Gibraltarianer keine Bevölkerung darstellen, die den Paragraphen 2 in Anspruch nehmen könnte:

- Erstens seien die Gibraltarianer keine autochthone Bevölkerung, sondern Produkt einer 'künstlichen' Entwicklung.

- Zweitens lebten sie nur durch die Gnade der Garnison.

- Drittens ermangle es ihnen an jeglichen Merkmalen, die ein 'richtiges' Volk definiere: gemeinsame Abstammung, Religion, rassische Ähnlichkeit, eine gemeinsame Sprache, Kultur und Traditionen, eine komplexe Ökonomie und ein Territorium, das sich selbst versorgen könne.

- Und schließlich besäßen die Gibraltarianer keinen eigenen nationalen Charakter und keine gemeinsame Identität. Ohne gemeinsame Identität aber gebe es keine *volontée générale*, die über das Schicksal des Territoriums und der Gemeinschaft beschließen könne.

### 1.3.5 Das Referendum von 1967

Großbritannien berief 1967 unter Bezugnahme auf die UN-Resolution 1515, Teil XV § 2 die Abhaltung eines Referendums ein, bei dem die Gibraltarianer sich zwischen zwei Optionen entscheiden sollten. Auch darauf werde ich in Kapitel 4.1. näher eingehen. An dieser Stelle sei lediglich darauf verwiesen, daß den Gibraltarianern die Wahl zwischen der Integration in den spanischen Staat (Option A) und der Beibehaltung der Bindungen an Großbritannien mit de-

---

62  SPANISH GOVERNMENT: *The Spanish Red Book*. Madrid 1965; BARCÍA TRELLES 1968; CORDERO TORRES 1966.

63  RICO, GUMERSINDO: *La Población de Gibraltar (sus origenes, naturaleza y sentido)*. Editorial Nacional, Madrid 1967.

64  Die ersten Zivilisten, die sich nach dem Vertrag von Utrecht in Gibraltar niederließen, waren Juden und Mauren, also Gruppen, deren Anwesenheit durch den Vertrag selbst verboten war. Später kamen Genuesen, Portugiesen, Malteser, Iren, Engländer, dann Spanier und Inder.

mokratischen lokalen Institutionen und den bestehenden britischen Verpflichtungen (Option B) angeboten wurde.

Die Gibraltarianer wählten mit der überwältigenden Mehrheit von 12.138 Stimmen gegen 44 Stimmen für die Option B. Allerdings stand keine dritte Möglichkeit zur Wahl, etwa eine Entkolonialisierung oder eine größere Selbstbestimmung, und viele Gibraltarianer bezeichnen die von den Briten vorgelegten Wahlmöglichkeiten als schlau, da sie - nach den vorangehenden Repressionen an der Grenze - in jedem Fall eine Beibehaltung des Status Quo garantierten.[65] Denn nach wie vor hatte Gibraltar für Großbritannien und die NATO überragende militärische Bedeutung, und es konnte nicht im britischen Interesse sein, daß sich Gibraltar vom Mutterland mehr und mehr löse.

Die spanische Grenzpolizei verschärfte daraufhin die Repressionen an der Grenze. Dies wurde häufig folgendermaßen beschrieben:

"Ein Auto brauchte eine Stunde, um über die Grenze zu kommen. Wenn es an der Grenzkontrolle ankam, schaute der *Guardia Civil* eine Stunde lang auf die Uhr und ließ es erst dann über die Grenze".

Seit dem 06.05.1968 war die Grenze nur noch für die spanischen Arbeiter in Gibraltar und für Gibraltarianer geöffnet, die allerdings eine Sondererlaubnis benötigten. Am 18.12.1968 forderte die Generalversammlung der UN Großbritannien mit 67 gegen 18 Stimmen (bei 34 Enthaltungen) zur Entkolonialisierung Gibraltars bis zum 01.10.1969 auf.[66] Am 30.05.1969 wurde die neue Verfassung Gibraltars verabschiedet, die mit den Wahlen vom 30.07.1969 in Kraft treten sollte. Als Reaktion darauf schloß Spanien am 08.06.1969 die Grenze vollständig. Sogar die Fährverbindung zwischen Algeciras und Gibraltar wurde am 27.7.1969 eingestellt, die Telefonleitungen im Oktober 1969 gekappt.[67] Nur in Ausnahmefällen, etwa für Ambulanzen,[68] "*for the sick, the dying and rich Arabs*",[69] wurde die Grenze während der Blockade geöffnet.

Die Zivilbevölkerung Gibraltars und seines Hinterlandes bildete bis in die 50er und teilweise bis in die 60er Jahre eine vielfältig miteinander vernetzte grenzüberschreitende Gesellschaft. Die Grenzschließung erschütterte diese Gesellschaft zutiefst, und diese Erschütterung ist bis heute spürbar.

## 1.4    Die Grenzschließung (1969-1982/85)

Die Landgrenze wurde praktisch über Nacht geschlossen: An einem Freitag abend teilten die spanischen Grenzbehörden den etwa 7.000 in Gibraltar arbeitenden Spaniern mit, daß sie am Montag nicht zur Arbeit gehen könnten.[70] 1954 lebten 71.000 Menschen in La Línea. Bis

---

65    TRAPMORE 1994: 16.
66    GARCÍA 1994: 156.
67    MAGAURAN 1986: 23.
68    DAILY TELEGRAPH vom 5.6.82: *Gibraltar link eased by Spain*
69    THE GIBRALTAR CHRONICLE, 5.2.85.
70    Zuvor gab es nur eine Maßnahme, die auf die Schließung hindeutete; diese Maßnahme betraf die spanischen Frauen. Es wurde behauptet, daß zwei Spanierinnen in Gibraltar sexuell belästigt worden seien. Viele der spanischen Arbeiter akzeptierten die Regierungspolitik und nahmen den Verlust der Arbeits-

1969 fanden 12.300 Linenser Arbeit in Gibraltar, also weit mehr als die Hälfte der männlichen Erwerbstätigen.

Die Grenzschließung hatte einschneidende, mitunter dramatische Auswirkungen auf alle Bereiche des sozialen Lebens der Gibraltarianer.[71]

### 1.4.1 Wirtschaft

Ökonomisch zeitigte sie Grenzschließung vielfältige Effekte. Quasi über Nacht wurde der Wegfall der spanischen Arbeitskräfte (etwa ein Drittel aller Arbeitskräfte) ersetzt durch britisches Militärpersonal, einheimische Frauen (die damit zum ersten Mal auf den Lohnarbeitsmarkt eintraten), und rund 3.000 marokkanische Arbeiter, die ständig in Gibraltar beschäftigt wurden. Die Marokkaner mußten - anders als vormals die Spanier - vor Ort untergebracht werden, was die angespannte Wohnungsproblematik verschärfte.[72]

Die spanische Absicht, die Kolonie wirtschaftlich so zu schwächen, daß sie Spanien "wie eine reife Frucht" in den Schoß falle, ging nicht auf. Die einheimische Wirtschaft litt nicht in dem Maße, wie Spanien sich dies erhofft hatte: Die Löhne und Gehälter flossen nun nicht mehr über die Grenze (nach Spanien) ab, sondern konnten im Territorium ausgegeben werden.

*"They would have save up and you still could go off to Morocco for your holiday or you could go off to England on holiday. And because you weren't spending money every weekend, as happens when the frontier fully opens, well, its normal, you actually could save money. People used to save a lot of money. Because they didn't have mortgages, they saved a lot of money. They used to go for big holidays, and that was it. Once a year, but they had a great holiday. Now its more like normal, you go off spending money, its difficult to save because of the mortgage. [...] People who went to university I suppose felt very frustrated, that's the truth. And people who wanted other things in life"*,

erzählt der Herausgeber des GIBRALTAR CHRONICLE, Dominique Searle [* 1960]. Darüber hinaus investierte das Militär in den Ausbau der Garnison.

Dagegen litt das unmittelbare Hinterland weitaus mehr als die Kolonie. Die Grenzschliessung bedrohte den Lebensunterhalt der Linenser entscheidend. Die spanische Regierung hatte den Arbeitern Entschädigung für den Verlust des Arbeitsplatzes versprochen, dies aber nie realisiert. Zwar wurde das *Campo* zur wirtschaftlichen Sonderentwicklungszone erklärt, die hohe Arbeitslosigkeit konnte dadurch aber nicht vermindert werden. Der Bau der Ölraffinerie in der Nähe der römischen Ruinen von Carteia bot in der Bauphase zwar Arbeitsmöglichkeiten; einmal fertiggestellt, bedurfte ihr Betrieb jedoch nur weniger Spezialisten, die zudem vornehmlich in Nordspanien angeheuert wurden. Lediglich der Hafen von Algeciras boomte, da er

---

möglichkeit hin. *"They were happy to go over to Spain."* Informant Nick Garbarino [* 1940] war damals an der Grenze und sah, wie die Arbeiter obszöne Gesten in Richtung Gibraltar gemacht hätten. Die Propaganda habe ihnen weis gemacht, daß sie einen patriotischen Akt erfüllten. Andere Arbeiter dagegen weinten.

71 So wurde beispielsweise kein Sauerstoff für das Krankenhaus und kein Wein mehr nach Gibraltar exportiert, was unter anderem den Messwein für die Kirchen betraf. *"[...] that kind of thing hit the ordinary man in the street a lot more than the bigger things sometimes."*

72 Über den Zeitraum von drei Jahren investierte die britische Regierung vier Millionen Pfund in ein Wohnungsbauprojekt, das Unterkünfte für 300 Marokkaner und 750 Einheimische bereitstellen sollte.

den Fährbetrieb nach Marokko übernahm, eine Rolle, die vormals Gibraltar zufiel. Auf der anderen Seite der Meerenge prosperierte Ceuta, das die Rolle des billigen Shopping-Centers übernahm, wo vor allem elektronische Waren und andere Güter zollfrei eingekauft werden konnten.[73]

### 1.4.2 Kommunikation

Der Verlust des spanischen Hinterlandes führte zu einer Stärkung der Bedeutung Marokkos. Dies betrifft die Funktion als Ort sozialer Rekreation (Marokko wird zum bevorzugten Urlaubsgebiet) und als Vermittler für die Aufrechterhaltung rudimentärer Bindungen zu den Familienangehörigen in Spanien. Denn in den Jahren der Grenzschließung war keine direkte Kommunikation mit Spanien möglich.

Es war allerdings - und hier sei an meine Bemerkungen über Grenzen ersten Grades erinnert - nicht unmöglich für Gibraltarianer, etwa die Verwandten in La Línea zu besuchen. Die Einreise nach Spanien war nicht generell verboten, jedoch war in der Regel der Umweg über ein Drittland - in der Praxis zumeist über Marokko - erforderlich. Besonders exponierte Gibraltarianer, etwa der damalige Herausgeber der Tageszeitung THE GIBRALTAR CHRONICLE, galten als *personae non grata* und durften Spanien zeitweise überhaupt nicht betreten - so wie auch der Vater jenes Informanten [* 1945], der mir folgendes erzählt:

"Mein Vater war auf einer schwarzen Liste, weil er als Gibraltarianer für die spanischen Republikaner im Bürgerkrieg war und zu einer Organisation gehörte, die Frankisten in Gibraltar aufspürte und aus dem Land nach drüben jagte. Die Leute dieser Organisation trugen unter dem Kragenrevers einen Anstecker, so daß sie sich gegenseitig erkannten - sowas wie die Freimaurer".

Telefonate nach Spanien konnten ebenfalls nur indirekt geführt werden, zumeist über gemeinsame Bekannte in Tanger, die die Nachrichten an die jeweils andere Seite weitergaben.

"Eine Frau", erzählt der Politiker Joshua Gabay, "starb in Spanien, und man konnte die Verwandtschaft in Gibraltar nicht benachrichtigen. Also rief die Tochter in Spanien nach Tanger an, von dort rief jemand nach Gibraltar an, und bevor der Sohn aus Gibraltar nach Tanger, von dort nach Algeciras und von dort nach Spanien kam, war die Mutter schon begraben. Er kam um 19.00 Uhr an, die Mutter wurde um 16.00 Uhr begraben".

Gibraltar und Spanien waren durch einen etwa 100 m breiten Grenzstreifen getrennt, so daß sich die Verwandten und Bekannten auf beiden Seiten über 15 Jahre hinweg an der Grenze trafen und sich lediglich Informationen zurufen konnten. Das Ehepaar Dolores [* 1930] und Paco Felice [* 1926] erzählen erregt von der damaligen Kommunikationsmöglichkeiten:

DF: "*It was not only the gates that were shut. The telephone was cut. We had no communication ... People who, as you say, were intermarried, which is very important, they couldn't speak at the telephone, it was very pathetic! Ah, people had parents or whatever on the other side, people who had married Gibraltarians, let's say, and they could not communicate, they didn't know what was happening to their families on the other side. And people had a system of communication: if they had somebody who was sick and out of the*

---

[73] JACKSON 1987: 317ff.

*window they'd hung a red shirt, and the family on the other side would say, 'Oh, he's in
hospital, he'd got a red shirt out', you know, and the only way that could communicate was
going down to the gates, then there was a very big space, and the spanish gate was over
there - there was a sort of no-man's-land. And thoose people would go down to the gates
and the family would stay on the others side and it depended on the wind, which of the two
heared better. Which voice would carry better, you know. 'Oh, what did you say?' And if
they had a newborn baby they'd hold the baby up you know for the family to see that the
baby was there ...*
PF: *It was horrible.*
DF: *It was horrible, I went once and said 'I'm never goin again' because it was heart-
breaking, there people crying because their mother on the other side was very ill and was
going to hospital and you was never going to see her again ... It was a really very heart-
breaking thing, and I went once and I said, I'll never go again! But that happened every
day!"*

Eine andere Methode der Kommunikation bestand darin, über die *Gibraltar Radio Station*
Nachrichten an die Verwandtschaft in Spanien verzuleiten. Wieder erzählen die Felices:

DF: *"They arranged a ... the Radio Gibraltar had a spanish programme after lunch and
they would dedicate records to the family in Spain, and it would say 'This record goes to
my mother and we will speak a date', and that for they'd came to the gate ...*
DH: *Oh, it was through the radio ...*
DF: *Little things like that, you know. But very short ...*
PF: *... there was a programme on Gibraltar Radio, they had what they said ou could
choose records. So they choose a record, flamenco, whatever it was: 'This is dedicated to
my mother whom I will hear a date or see a date or something', so they had a ... even they
had a code ..."*

Nichtgibraltarianischen Schiffen ist es in der Grenzschließungszeit und darüberhinaus auch
noch heute verwehrt, Spanien direkt von Gibraltar aus anzulaufen; vielmehr mußte dazwischen
der Hafen eines Drittlandes - i.d.R. Marokkos - liegen. Gibraltarianern dagegen war es
gestattet, während der Schließung ganz ohne Umweg über ein Drittland nach Spanien einzu-
reisen, sofern sie mit einem gibraltarianischen Boot auf der Mittelmeerseite Estepona oder
weiter östlicher liegende spanischen Häfen anliefen. Abgesehen davon war es jedoch sechs
gibraltarianischen Yachten gestattet, auch im westlich gelegenen Hafen von Algeciras anzu-
landen. Es handelte sich um die Yachten der Unterzeichner eines prospanischen Briefes an den
GIBRALTAR CHRONICLE vom 01.04.1968.[74] Anscheinend existierte auch weiterhin die
Möglichkeit, sich in Spanien niederzulassen, dort Grundbesitz zu erwerben und die Kinder auf
spanische Schulen zu schicken; diese konnte i.d.R. jedoch nur von privilegierten Familien
wahrgenommen werden.

---

[74] Der Brief war mit *The Doves* (dt.: die Tauben) unterschrieben und forderte ein Entgegenkommen an
Spanien in der Souveränitätsfrage. *Dove* wurde in Anlehnung an die Friedenstaube gewählt, um den
Willen zur Kooperation mit Spanien zu unterstreichen. Unter anderem wurde eine Art Condominium un-
ter britischer und spanischer Verwaltung vorgeschlagen. Der Brief führte zu den *Dove-riots*, in deren
Verlauf sich die aufgebrachte Menge in einem gewalttätigen Ausbruch gegen Büros und Yachten der
*Doves*, deren Identität allgemein bekannt war, richtete. Bei der Wahl 1976 standen zum ersten Mal drei
Kandidaten zur Wahl, die für Gespräche und eine Annäherung an Spanien plädierten, um die verfahrenen
Situation, in der sich die Souveränitätsfrage befand, zu entspannen. Keiner dieser Kandidaten wurde
gewählt. Ihr Sprecher, Mr. J.E. Triay, war einer der *Doves*.

Die Grenzschließung schnitt Gibraltar nicht nur von den Verwandten, den Freunden und von den spanischen Arbeitskräften ab, sondern auch von Gütern aller Art, die bis dahin vornehmlich aus Spanien eingeführt wurden. Nunmehr mußten Lebensmittel, Baumaterial, Konsumgüter etc. aus dem Mutterland, aus Portugal oder aus Marokko eingeführt werden. Auch die Tourismusindustrie stellte sich um und bot vor allem Package-Tours an, die Marokko und Gibraltar gemeinsam im Angebot hatten. Zunehmend warb man auch um wohlhabende marokkanische Touristen.

### 1.4.3 Identifikation

Neben der Beschränkung des physischen Bewegungsspielraumes sorgte vor allem Francos Propagandakrieg für eine Abkehr der Gibraltarianer von der spanischen Kultur [→ Kapitel 2 und 5]. Während der Schließung wurden die Gibraltarianer zunehmend *'very bitter, antispanish'* und selbstbezogen. Die Distanzierung von Spanien drückt sich im populären Namen für die Grenze, *the Garlicwall*, aus, der während der Blockade entstand. Die Gibraltarianer verwenden den Begriff, obwohl die gibraltarianische Küche genauso auf Knoblauch basiert wie andere mediterrane Küchen. Damit positionieren sich die Gibraltarianer kulturell eindeutig auf der Seite der Briten.

In der Meinung vieler Gibraltarianer vor allem aus den Reihen der Nationalisten beförderte die Schließung glücklicherweise die Ausprägung einer gibraltarianischen Identität, wie auch ein zunehmendes und noch immer boomendes Interesse an kulturellen und sportlichen Betätigungen [→ Kapitel 4].

## 1.5 Transformation der Grenzen nach 1982/85

Seit Beginn der 80er wurden im Vorfeld des spanischen EU-Beitrittes Vorkehrungen für die Grenzöffnung getroffen.[75] Die Öffnung wurde mehrmals verschoben.[76] Nach dem Wahlsieg der Sozialisten unter Ministerpräsident Felipe Gonzalez, der bekannt gab, daß der

---

[75] So mußte die Frage geklärt werden, wie man einen Gibraltarianer, der in Madrid stürbe, wohl nach Gibraltar überführe. Das konnte für die Hinterbliebenen sehr teuer werden, denn wenn damals in Spanien jemand starb und der Leichnam überführt wurde, mußten in jeder Stadt, durch die die Leiche transportiert wurde, Beerdigungskosten bezahlt werden.

[76] DAILY MAIL: *Spanish side-step on Gib talks*, 21.1.1982. Die Falklandkrise, in der Spanien für Argentinien Partei ergriff und Gibraltar mit den Falklands verglich, verzögerte die Öffnung [DAILY TELEGRAPH: *Gibraltar in the cooler*, 22.6.1982; DAILY TELEGRAPH: *Lifting of Gibraltar siege 'in doubt'*, 21.6.1982]. Darüber hinaus verlangte der französische Präsident François Mitterand aus Rücksicht auf die französischen Landwirte die Verschiebung des EG-Beitritts Spaniens, was wiederum die Position Großbritanniens gegenüber Spanien bezüglich der Gibraltarfrage schwächte: Konnte Großbritannien Spanien bislang mit dem bevorstehenden EG-Beitritt unter Druck setzen, so war dies nun nicht mehr möglich [DAILY TELEGRAPH: *Britain's 'Gibraltar' card threatened by Mitterand*, 25.6.1982]. Am 20.4.1980 sollte die Grenze zum ersten Mal geöffnet werde. Aus diesem Grunde heißt die Straße, die nach La Línea führt, noch heute Avenida 20 de Abril. Am 25.6.1982, einem anderen für die Grenzöffnung vorgesehenen Tage, berichtet der DAILY TELEGRAPH [DAILY TELEGRAPH: *Sadness and anger in La Linea*, 25.6.1982] von einem Zeichen der Verbundenheit, zu dem der Stadtrat von La Linea einstimmig aufrief: Die Linenser werden aufgefordert, die Lichter von einer Stunde nach Sonnenuntergang bis eine Stunde vor Sonnenaufgang angeschaltet zu lassen. Auch eine symbolische Arbeitsniederlegung für den Moment, an dem die Grenze hätte geöffnet werden sollen, wurde vereinbart. Am 29.10.1982, dem Tag der Nationalwahlen in

*"[R]eturn of Gibraltar would be a major part of Spanish foreign 1 [..] The interest of the population of Gibraltar and of the people on the Spanish side of the frontier would be respected",*[77]

wurde die Grenze am 15.12.1982 zunächst für Fußgänger und am 05.02.1985 vollständig geöffnet.

In der Folge und im engen Zusammenhang mit dem Prozeß der Europäischen Einigung wird das Verhältnis zu den Nachbarländern Marokko und Spanien grundlegend transformiert. Die Grenze nach Marokko wird im Zuge dieser Entwicklung, vor allem seit dem Schengener Abkommen, zur EU-Außengrenze. Die Landgrenze wird letztendlich geöffnet, weil Spanien sich in dieselbe EU integriert, zu der Gibraltar schon seit den 70er Jahren über das Mutterland gehört. Seit der Öffnung versucht Spanien kontinuierlich und nicht ohne Erfolg, Gibraltar als Teil der EU zu diskriminieren. Es sind die Maßnahmen an der Grenze, an denen der Grad der Durchlässigkeit abgelesen werden kann und der uns Hinweise gibt auf das Zusammenwachsen der EU zu einem supranationalen Gebilde, in dem nationales Begehren noch lange im Vordergrund stehen wird.

### 1.5.1 Die marokkanischen Arbeiter und die Grenze zu Marokko

Die marokkanischen Arbeiter bilden heute in Gibraltar die Gruppe der Parias, auch wenn der hegemoniale Diskurs, wie wir in Kapitel 5.2.1 ausführlich erfahren werden, ethnische Toleranz vehement propagiert und die Marokkaner als integrale Bestandteile der Zivilgesellschaft präsentiert - sie sind es nicht. Sie sind billige Arbeitskräfte, die teilweise unter entwürdigenden Umständen untergebracht sind und die von den Gibraltarianern nicht als dauerhafte Bewohner der Kolonie betrachtet werden.[78]

Im Verhältnis Gibraltars zum marokkanischen Staat vollzieht sich seit Mitte der 80er Jahre auf lokaler Ebene eine Entwicklung, die sich auch auf europäischer Ebene abzeichnet: Wenn immer sich eine Gemeinschaft der internen Kohäsion versichern möchte, wird die Abgrenzung von einem 'anderen', der 'außen' verortet wird, vollzogen. Die hier gemeinte Gemeinschaft ist die Europäische Union. Im Zuge der Europäischen Einigung nach dem Zusammenbruch des Ostblocks wird der Islam zu diesem 'anderen', und Marokko damit zu einem Land vor den Toren der 'Festung Europa'.

In der Verfemung des Islam als einer intern homogenen und geschlossenen Kultur - von verschleierten Frauen, orientalischer Despotie, abgehackten Händen, Fanatismus und Fundamentalismus geprägt - wird die Grundlinie sichtbar, an der sich das Selbstbild der EU-Europäer aufbaut: Christentum, Vernunft, Geschlechterparität, Laizismus, Liberalität und Demokratie.

---

Spanien, erteilte die spanische Regierung den Grenzern in La Línea die Anweisung, für die in Gibraltar lebenden Spanier zur Stimmabgabe die Grenze zu öffnen [DAILY TELEGRAPH: *Spain on eve-of-poll stable, despite arrests*, 28.10.1982]. Als etwa 100 Spanier diese Möglichkeit in Anspruch nehmen wollten, wurden 30 von den Grenzern zurückgeschickt mit dem Hinweis, ihre Papiere seien nicht in Ordnung [DAILY MAIL: *Gibraltar votes row*, 29.10.1982; DAILY TELEGRAPH: *Gib vote hoes dashed*, 29.10.1982].

77  DAILY TELEGRAPH: *Socialist Spain wants Gibraltar talks 'at once'*, 1.11.1982.

78  Im Januar 1998 gibt die Lokalregierung bekannt, über Finanzhilfen die freiwillige Rückkehr von 700 langzeitarbeitslosen Marokkanern nach Marokko anreizen zu wollen. THE GIBRALTAR CHRONICLE, 10.01.1998.

Gibraltar liegt an der Frontlinie dieser Dichotomie. Bestimmt die EU-Binnengrenze zu Spanien weitgehend das soziale, politische und ökonomische Leben der Kolonie, so ist die Seegrenze nach Marokko - nach allem, was wir über die kulturalisierte Scheidelinie zwischen Islam und Christentum erwarten - merkwürdig wenig präsent im politischen wie im alltäglichen Diskurs der Kolonie. In den Medien und in politischen Stelungnahmen ist die Grenze zu Marokko so gut wie nicht existent. Dies liegt sowohl an der Überlagerung der Grenzproblematik durch den Konflikt mit Spanien als auch an den zunehmend negativ konnotierten marokkanischen Arbeitsmigranten, der illegalen Migration und dem Drogenhandel, mit denen Marokko assoziiert wird.

Im Dezember 1993 wird auf Initiative der Europäischen Kommission der Entwurf einer Konvention über die Personenkontrolle an EU-Außengrenzen zur Ratifizierung vorgelegt. Dieser Entwurf sah die Angleichung der Bedingungen vor, unter denen Nicht-EU-Bürger Zugang zum Territorium der Mitgliedsstaaten bekommen sollten. Vorgesehen war in diesem Entwurf insbesondere die Harmonisierung der Visapolitik, die Aufstellung einer Liste unerwünschter Personen und die engere Kooperation zwischen nationalen Autoritäten bezüglich der Grenzkontrollmaßnahmen. Diese Konvention wurde aufgrund des spanischen Vetos bislang nicht ratifiziert, da Spanien darauf drängte, Gibraltar aus der Konvention auszunehmen.

Das Schengener Abkommen wurde 1985 unterzeichnet, trat jedoch erst im März 1995 nach vier Verschiebungen in Kraft. Es sieht vor, die Kontrolle an den Binnengrenzen der Schengenstaaten Belgien, Luxemburg, Niederlande, Frankreich, Deutschland, Spanien und Portugal auszusetzen. Schengen und die nicht ratifizierte Konvention über die Außengrenzen dienen Spanien als Argument, um eine Reihe von Maßnahmen an der Grenze zu rechtfertigen: Es gehe um die Kontrolle der illegalen Einwanderung von Marokkanern nach Spanien über die gibraltarianische Landgrenze.

> *"Five dead, sixteen missing as search continues*
>
> *A search last night continued for 15 Moroccans or Algerians and two Spaniards after the tiny boat in which they were part of a group of 30 being smuggled across the Strait of Gibraltar took on water and capsized. HMS York was Scene of Action Commander and led a group of Gibraltar rescue teams in a Spanish co-ordinated sea rescue after a French yacht Pichenbelle came across the sinking vessel, saw and rescued five men and brought them back to Gibraltar. Pichenbelle left at 7am from the Rock and found the men 500 yards off Tarifa's coast".*[79]

Unglücke dieser Art gehören zum Alltag an der Straße von Gibraltar. Die Heimlichkeit und Illegalität der heutigen Überfahrten ähneln in fataler Weise den Umständen, unter denen die marokkanischen Juden in den 50ern und 60ern geflohen waren.[80]

---

[79] The M@G - Gibraltar's Only Web-Zine, 18.09.1997. Vgl. auch *Las pateras de Caronte - Sólo seis de 30 imigrantes han podido contra el vieja a través del Estrecho que les costó la vida el pasado martes*, in: EL PAIS, 22.09.1997.

[80] 1990 thematisierte der Film "Der Marsch" des britischen Regisseurs William Nicholson die neue Einwanderungswelle der Armen und Hungrigen ins reiche Europa. Von Marokko aus setzen die verzweifelten Flüchtlinge nach Spanien über und landen in den schicken Hotelkomplexen an der Costa del Sol. Eine europäische Armee steht ihnen gegenüber. Hier endet der Film.

Die Migration der Marokkaner und anderer Afrikaner über die marokkanischen Mittel-
meerhäfen in die EU ist auf die einsamen Küstengegenden zwischen Algeciras und Cádiz ausgerichtet.[81] *Espaldas mojadas* - nasse Rücken - werden sie genannt, marokkanische Einwanderer, die in kleinen Booten die 14 km breite Meerenge zwischen Nordafrika und Spanien
zurücklegen, um der politischen Unterdrückung und der Armut ihres Heimatlandes zu entkommen. Sie kommen heimlich und in der Nacht. Häufig kentern die Boote, und die Passagiere
ertrinken. Erreichen sie Europa, dann verdingen sie sich zumeist in der Landwirtschaft oder im
Baugewerbe, oder sie landen - wie viele marokkanische Frauen, denen Arbeit im Hotelgewerbe
versprochen wurde - im Bordell eines andalusischen oder extremeñischen Landstädtchens.

Während die Migration aus Nordafrika hauptsächlich nach Spanien verläuft, sind die gut
bewachten Steilküsten Gibraltars selbst selten und meist nur aufgrund eines Navigationsirrtums
Ziel der oft als Nußschalen beschriebenen Boote. Die Flüchtlinge werden, wie die beiden
Schiffbrüchigen, die im Mai 1997 von einem russischen Frachter vor Alborán aufgenommen
und nach Gibraltar gebracht wurden, umgehend nach Marokko abgeschoben.[82] Von den 34
illegalen nordafrikanischen Einwanderern, die im Sommer 1996 in Gibraltar anlandeten, wurden 27 nach Marokko ausgewiesen, die sieben verbleibenden Migranten "*are being advised to
contact relatives or others on Morocco who may be able to assist in the identification
process*".[83]

Das für Gibraltar in Einwanderungsfragen verantwortliche Mutterland nimmt seine Funktion
als Hüterin der EU-Außengrenze wahr. Dies betrifft jegliche Einwanderung nach Gibraltar über
die Seegrenze, etwa den Fall jener fünf abkhazischen Flüchtlinge, die nach ihrer Flucht vor dem
Bürgerkrieg in Georgien in Gibraltar strandeten[84] und Ende Juli 1996 ausgewiesen wurden.
Ein Vertreter des Gouverneurs begründete dies mit dem Dominoeffekt, den eine positive
Entscheidung auf algerische und marokkanische Flüchtlinge haben könnte.[85]

---

81  Von den 1996 in Andalusien 7.741 festgenommenen illegalen Migranten stammen 6.701 aus Marokko; in
    den ersten zwei Monaten des Jahres 1997 nahm die *Guardia Civil* in Andalusien 768 illegale Einwande-
    rer fest, davon 645 Marokkaner. Siehe *Menores explotados en Almería*, in: EL PAIS, 07.04.1997; *Atascos
    de más de dos kilómetros por los férreos controles españoles en el paso fronterizo de Gibraltar*,
    02.10.1998; EL PAIS: *Gibraltar responde a los controles en la Verja con el abordaje de un pesquero*,
    03.10.1998.
82  THE GIBRALTAR CHRONICLE, 21.05.1997.
83  *Govt to act on illegal immigrants*, in: THE GIBRALTAR CHRONICLE, 02.07.1996.
84  Nachdem jeder von ihnen der Crew eines Handelsschiffes 2.000 $ für die Passage nach Kanada gezahlt
    hatten, wurden sie am 17.11.1995 nach 17 Tagen, die sie im Laderaum des Schiffes verbrachten, in gi-
    braltarianischen Gewässern in einem Boot ausgesetzt. "*We asked 'Is this Canada?' and they said yes and
    left us*," erzählt der 23-jährige Nikolai. Kanada und Großbritannien verweigerten aufgrund der Sektion
    59.1 der *Immigrant Control Ordinance* politisches Asyl. Die Flüchtlinge wurden ins lokale Gefängnis
    *Moorish Castle* verbracht, wo sie neun Monate auf eine Entscheidung warteten. Siehe REYES, BRIAN:
    *Russian refugees may regain freedom on the Rock*, in: Panorama, 18.-23.Juni 1996: 4-5. Im März 1996
    wurde ihnen der Ausgang bis um 19.00 Uhr gestattet, es wurde ihnen das Führen von Telefonaten mit
    Angehörigen erlaubt, ebenso die Aufnahme freiwilliger Arbeit für die Gemeinde [THE GIBRALTAR
    CHRONICLE, 27.03.1996]. Anfang Juli 1996 restaurierten die Flüchtlinge die anglikanische Holy Trinity
    Kathedrale.
85  REYES, BRIAN: *Gibraltar says NO tu refugees*, in: Panorama, 22.-28.July 1996: 4-5. Im August befindet
    das Gericht, daß die Verbringung ins Gefängnis gegen geltendes Recht gewesen sei, da die Flüchtlinge
    nur durch den Bescheid eines gibraltarianischen Gerichtes ins Gefängnis geschickt werden konnten. Dies
    blieb jedoch aus. REYES, BRIAN: *Refugees detention unlawful*, in: Panorama, 19.-26.August 1996: 21.

Die Seegrenze zu Marokko wird nicht nur durch die verschärfte Migrationskontrolle, sondern auch durch die Einschränkung der offiziellen Verkehrsverbindungen zwischen Marokko und Gibraltar weniger durchlässig. So wird aus Kostengründen und unabhängig vom Prozeß der Europäischen Einigung zu Beginn der 90er die reguläre Fährverbindung zwischen Tanger und Gibraltar eingestellt. Seither müssen Reisende von Gibraltar nach Marokko entweder den Umweg über den spanischen Hafen Algeciras oder das Flugzeug nehmen.[86] Die marokkanischen Arbeiter werden heute vielleicht am unerbittlichsten von den spanischen Maßnahmen an der Landgrenze getroffen. Für sie bringt die Einschränkung des Fährbetriebes zusätzliche Probleme mit sich, da die Höhe des Flugpreises die Häufigkeit der Heimatbesuche beschneidet und der Umweg über Spanien mit zeitaufwendigen Visaformalitäten verbunden ist. Nachdem die spanischen Behörden für Marokkaner die Erteilung von Transitvisa von Gibraltar nach Algeciras erschwerten, wurde im Herbst 1996 der - allerdings unregemäßige - Fährbetrieb zwischen Gibraltar und Tanger wieder aufgenommen.

Ein zentraler Bereich, in dem die Grenze zu Marokko eine bedeutende Rolle spielt, wird an anderer Stelle [➔ Kapitel 6] ausführlich behandelt und soll an dieser Stelle nur kurz angesprochen werden: der Schmuggel. Die Rifberge des nördlichen Marokko sind Cannabis-Anbaugebiete, der Transport in die EU verlief - zumindest bis zum Schmugglerkrise 1995 - häufig über gibraltarianische Schnellboote.

Nachdem als Konsequenz der Aktivitäten die Schnellboote konfisziert wurden, reduzierte sich der Schmuggel von Haschisch. Etliche Boote konnten der Konfiszierung entkommen.

*"The demand up to the coast in Spain is still there, the traffic has shiftes: Gibraltar has closed down, so they are running it out of Ceuta, Tarifa, miles and miles of unprotected coastline where there are very lax registration laws and you can go in and out without any surveillance. You need a spaniard to unload it in Spain, a moroccan to supply it from Morocco, and a boat which could be a spanish or a gibraltarian boat".* [Informant, * 1967]

Wie ich in Kapitel 6 zeigen möchte, gilt der Schmuggel verschiedenster Güter - außer von Drogen - den Gibraltarianern als legitime Aktivität. Im Gegensatz zu Alkohol, Benzin und dem Hauptschmuggelgut Tabak, die legal nach Gibraltar eingeführt und von dort aus nach Spanien weitertransportiert werden, ist Cannabis die einzige Ware, die ausschließlich aus Marokko geliefert wird. Um den Vorwurf des Drogenschmuggels abzuwenden, der maßgeblich zur Zuspitzung des Schmuggelwesens beigetragen hatte, wird die Bedeutung der Seegrenze zu Marokko in der Öffentlichkeit weitgehend tabuisiert.

Die Seegrenze wird bezüglich der legalen Bewegung von Personen zunehmend zu einer Grenze, die zwischen erstem und zweitem Grad angesiedelt werden kann. Marokko selbst ist im politischen wie im alltäglichen Diskurs der Gibraltarianer wenig präsent. Maßnahmen wie das grenzüberschreitenden EU-Programm "Interreg II UK/Morocco Gibraltar", das die Kooperation zwischen beiden Territorien fördern soll, sind - selbst bei lokalen Politikern - weitgehend unbekannt. Die gemeinsame Geschichte der Region scheint weit weg zu sein. Nur zaghaft deuten sich Versuche an, das Bewußtsein für kulturelle Gemeinsamkeiten hüben und drüben zu

---

86  Mit neun Flügen wöchentlich verbindet GIB Airways die Kolonie mit Agadir, Tanger, Casablanca und Marrakesch. Seit Juni 1997 fliegt die Privatlinie Rock Air in 20-minütigem Flug viermal täglich Tanger an.

fördern, etwa durch die Gründung des Monatsmagazins LIFESTYLE, das im Sommer 1996 auf den Markt kommt. LIFESTYLE sollte nach einer Anlaufzeit dreisprachig (auf Englisch, Spanisch und Französisch) erscheinen und richtet sich über ein Vertriebsnetz in Gibraltar, Spanien und Marokko an eine intellektuelle und an Kultur interessierte Leserschaft. Dabei steht nicht nur die kulturelle Gemeinsamkeit im Vordergrund, sondern vor allem ökonomische Erwägungen, aus der Region einen gemeinsamen Markt für die lokale Wirtschaft zu machen [→ Postscript].

Eine weitere Entwicklung, die an die regionale und historische Gemeinsamkeit von Gibraltar und Marokko anknüpfen soll, ist der Bau einer Moschee an der Südspitze der Halbinsel, der bereits in den 70er Jahren projektiert und in den 90er Jahren fertiggestellt wurde. Das Vorhaben, von der saudischen 'King-Fahd Stiftung' finanziert, ist jedoch nicht auf die religiösen Bedürfnisse der marokkanischen Arbeiter ausgerichtet. Einer ihrer Sprecher erklärte mir, die saudischen Bauherren hätten sich in der Planungsphase dagegen verwehrt, daß *"these dirty people"* die Moschee überhaupt beträten. Der Bau der Moschee stellt ein vornehmlich symbolisches Vorhaben dar. Im Jahre 711 war Gibraltar als erster Ort des europäischen Festlandes von den Mauren unter der Führung des Heerführers Tariq ibn Zayid erobert worden. Die arabische Bezeichnung - Jebel al Tarik (Berg des Tarik) - wurde in der Folge zum heutigen 'Gibraltar'. 1286 Jahre später und 505 Jahre nach der Vertreibung der Mauren aus Spanien wird die Moschee erbaut und am 08.08.1997 in Anwesenheit hoher saudischer Würdenträger feierlich eröffnet.[87] Für den saudischen Justizminister Al-Sheik bekräftigt der Bau der Moschee die Rolle Saudi Arabiens als Wächter des Islams und Diener der Moslems.[88]

Während meiner Feldforschung ist es mir nicht gelungen, Hintergründe über das Zustandekommen des Baus zu erfahren. Auch Anhänger der Opposition zeigten sich vergleichsweise unaufgeregt über den Bau. Einer der seltenen Kommentare zu diesem Thema, die mir - wiederum vom Sprecher der marokkanischen Arbeiter - kolportiert wurde, gab die Meinung der Bauherren wieder: "Wozu brauchen die Marokkaner eine Moschee? Die gehen doch eh wieder [nach Marokko] zurück!" Es waren die marokkanischen Arbeiter, die im Diskurs - und zwar auf negative Weise - in Verbindung mit der Moschee gebracht wurden, nicht die saudischen Bauherren und die einheimischen Behörden [→ Postscript].

Der Bau der Moschee knüpft an den alten islamischen Traum an, den historischen Anspruch auf Al-Andalus durch ein weithin sichtbares Symbol zu dokumentieren, nachdem de facto bereits seit den 70er Jahren weite Küstenstriche der Costa del Sol in den Besitz arabischer Potentaten und Geschäftsleute übergegangen sind. Die symbolische Realisierung dieses Traums trifft sich mit den Interessen der gibraltarianischen Regierung. Diese beabsichtigte durch den Bau der Moschee über eine zusätzliche Touristenattraktion zu verfügen, in der den in Gibraltar verbleibenden marokkanischen Arbeitern - wie deren Interessenvertreter argwöhnen - die Rolle

---

[87] Die Grundfläche der Moschee beträgt 5.002 m$^2$, ihr Bau kostete über 30 Millionen saudische Riyal. Das Gebäude vermag 2.000 Gläubige zu fassen. Das Minarett hat eine Höhe von 16 Metern. Im Gebäude befinden sich eine Bibliothek, ein Konferenzraum, eine Schule mit sechs Klassen (an der Religionswissenschaft und arabische Sprache unterrichtet werden) und die Wohnräume des Imam.

[88] Die Internet-Homepage des saudischen Nachrichtendienstes drückt die symbolische Bedeutung der Moschee für den Islam aus: das Minarett sei *"a distinguished landmark or any one who passes through the entrance of Gibraltar peninsula or any one who lands its airport in the view of the mosque location near an area which is a converging point for mediterranean sea and the atlantic ocean."* URL: www.alqimam.com.sa/saudi_info/news/9-aug.html (Last modified on: 9-Aug-1997).

von orientalisierenden Islam-Imitatoren zugemutet werden soll. Gerade das angedachte marokkanische Dorf mit einem traditionellen Markt - im Kontrast mit den unwürdigen Lebensverhältnissen der Arbeiter in Casemates - nährt diesen Verdacht.

Zusammenfassend läßt sich feststellen, daß Marokko in den 90ern weitgehend aus dem Blickfeld der Gibraltarianer verschwunden ist, und diese Entwicklung verläuft parallel zum Aufbau der Außengrenze der 'Festung Europa'. Der Blick der Gibraltarianer richtet sich heute auf Großbritannien und - über die Landgrenze - nach Spanien. Die spanische Grenzproblematik, die zum Fokus des politischen, gesellschaftlichen und emotionalen Interesses geworden ist, überlagert die Frage der Außengrenze. Verantwortlich für die geringe Bedeutung, über die die Grenze zu Marokko im politischen wie im alltäglichen Diskurs der Kolonie verfügt, ist darüber hinaus die Assoziation der Seegrenze mit negativ konnotierten Aspekten, wie mit illegaler Einwanderung und Drogenschmuggel.

## 1.5.2 Die Öffnung der Grenze zu Spanien

Am Abend des 15.12.1982 hatten sich auf beiden Seiten der Landgrenze Menschen versammelt und sangen

> "the key, the key [...] as a Spanish customs official walked forward, accompanied by two uniformed policemen. The key fit, the gate swung slowly on its rusty hinges, and the border between Spain and Gibraltar was open for the first time since June 9, 1969".[89]

Zwischen der partiellen Öffnung im Dezember 1982 und dem 8.2.1983 werden 205.000 Grenzübertritte registriert.[90]

> "Spanish frontier police are courteous, but arbitrary regulations prevented one group of Gibraltarians from taking fishing rods to an angling competition in Spain, and Gibraltar's tennis champion could not take his racket on holiday to the Costa del Sol".[91]

Die Grenze wurde vorerst lediglich für Fußgänger aus Gibraltar und Spanien (also keine Touristen) geöffnet. Während es aber Gibraltarianern erlaubt wurde, Güter über die Grenze zu transportieren, durften Spanier keine Waren aus Gibraltar einführen.[92]

Die partielle Grenzöffnung verursacht bereits kurz nach der Öffnung wirtschaftliche Probleme.

> "Shoppers are finding it cheaper to cross into Spain to buy almost every commodity and Gibraltar's shopkeepers are suffering".[93]

Die Gibraltarianer gaben in Spanien, auf ein Kalenderjahr umgerechnet, etwa acht Millionen Pfund für Einkäufe und für Urlaub aus, während die Spanier praktisch nichts ausgeben, da sie

---

89  THE TIMES: Coveting the Rock of Wages, 27.12.1982.
90  DAILY TELEGRAPH: Gib crossing, 8.2.1983.
91  SERUYA, S.A.: Facing up to the Rock's future, in: DAILY TELEGRAPH 29.6.1983.
92  DAILY TELEGRAPH: Gibraltar open border in doubt, 17.3.1983; DAILY TELEGRAPH: Gibraltar talks end in stalemate, 18.3.1983.
93  DAILY TELEGRAPH: Gibraltar talks end in stalemate, 18.3.1983.

keine Waren mit zurück über die Grenze nehmen durften, *"even if willing to pay custom duty"*.[94]

Im November 1984 wurde der Termin für die vollständige Öffnung auf den 02.02.1985 festgelegt. Spanien wollte der EG beitreten, und die britische Regierung entschied sich, den Spaniern entgegenzukommen. Von den Nationalisten wird dies noch heute bitter kommentiert:

"[*Chief Minister* Sir Joshua] Hassan stimmte mit der britischen Regierung darin überein, daß die Spanier lieber nicht mit einem schalen Geschmack im Mund in die EWG aufgenommen werden sollten. Laß uns ein bißchen Freundlichkeit demonstrieren, laß uns einige Konzessionen machen, etwa den spanischen Arbeitern erlauben, nach Gibraltar zu kommen und als Bürger der EG behandelt zu werden, noch vor dem eigentlichen Beitritt im Januar 86. In diesen elf Monaten wurden die Spanier behandelt wie EG-Mitglieder. Zu dieser Zeit hatten wir kaum Arbeitslosigkeit in Gibraltar, aber die Spanier wurden eingestellt von den hiesigen Arbeitgebern. Und die Spanier bekamen Präferenz vor den Marokkanern, da diese keine EWG-Bürger waren". [Informant Nick Garbarino, *1940]

Am 05.02.1985 wurde die Grenze schließlich vollständig geöffnet. Ab 22.00 Uhr fahren Rotes Kreuz, Polizei, *Guardias Civiles* und Repräsentanten von La Línea an der Grenze auf. Vier Minuten nach Mitternacht öffnete der Zivilgouverneur von Cádiz, Sr. Mariano Baquedano Ortega, die Grenze. Der Zivilgouverneur mußte von der spanischen und der Gibraltar Polizei, die eine Menschenkette improvisierten, um den Fahrzeugverkehr zu ermöglichen, "gerettet" werden. Die ersten Minuten nach der Öffnung glichen einem internationalen Spektakel mit ausländischen Autos und Presse. Die Gibraltarianer versammeln sich eher ruhig und abwartend an der Grenze, unsicher darüber, ob sie wohl tatsächlich geöffnet werde.[95] Die Öffnung wurde mit einer Mischung aus Befreiung und Besorgnis begrüßt. Die älteren Gibraltarianer, die mit einer offenen Grenze aufgewachsen waren, hießen die Öffnung willkommen. Vor allem jüngere Gibraltarianer zeigten sich jedoch eher mißtrauisch:

"*'It's a very emotional event but I think it's the end of British Gibraltar.' 'I don't really like it, it's a very confusing time'*".[96]

Gerade die Jugendlichen bangten darum, in Zukunft mit spanischen Arbeitskräften auf dem lokalen Arbeitsmarkt konkurrieren zu müssen. Darüber hinaus wurden Befürchtungen über andere negative Effekte der Öffnung geäußert:

"Und das hat sich als wahr bewiesen, weil die meisten Verbrechen in Gibraltar von Spaniern durchgeführt werden. Die Kriminalität hat seither zugenommen". [Informant Nick Garbarino, * 1940]

Auf der gibraltarianischen Seite sei wenig gefeiert worden.[97] Gleichzeitig mit der Öffnung wurden die telegraphischen Verbindungen nach Gibraltar wieder in Betrieb genommen. Die

94  SERUYA, S.A.:*Facing up to the Rock's future*, in: Daily Telegraph 29.6.1983.
95  THE GIBRALTAR CHRONICLE: *Short ride into history from Spain*, 5.2.1985.
96  THE GIBRALTAR CHRONICLE: *A more quiet welcome from Gibraltar*, 5.2.1985.
97  Um 02.00 Uhr befanden sich nur noch etwa 50 Leute an der Grenze: "*Policemen an customs officers on both sides began to get on with their jobs and the border began to resemble an normal frontier.*" THE PEOPLE: *Mixed reaction as gates open*, 8.2.1985.

Telefonverbindungen würden noch etwas dauern, *"up to nine months"*, *"to overcome present incompatbility on the Spanish side"*.[98]

Schon in den ersten Tagen nach der vollständigen Öffnung sahen sich vor allem Nicht-EU-Bürger mit Problemen konfrontiert. Der GIBRALTAR CHRONICLE berichtet am 07.02.85, 30 Marokkaner seien an der Grenze zurückgewiesen worden. Spanien befürchte, daß die Marokkaner in Spanien auf Arbeitsuche gehen,[99] da seit der Grenzöffnung 150 Marokkaner die Grenze überschritten hatten, aber nur 46 seien nach Gibraltar zurückgekehrt.

Touristen versetzt der Besuch in Gibraltar in den Genuß einer niedrigeren Importsteuer für Whisky, Zigaretten, Benzin. Wer regelmäßig die Grenze überschreitet, bekommt die Erlaubnis zum zollfreien Einkauf einmal im Monat.[100] Für die Ausfuhr von Waren aus Gibraltar treten neue Zollbestimmungen in Kraft.[101] Spanische Zeitungen werden wieder in Gibraltar verkauft.[102]

In den Wochen nach der Öffnung stellen sich verschiedene Schwierigkeiten ein.[103] In Gibraltar befürchtet man, daß *"many poor Gibraltarians will have to find cheaper accomodation in Spain"* und sich so von Gibraltar entfremden.[104] Am 25.02.85 wird berichtet, daß bereits 100.000 Menschen nach Gibraltar gekommen seien, erst 50.000 Grenzübertritte hätten dagegen von Gibraltar nach Spanien stattgefunden.[105] Das Kaufhaus Marks & Spencer mußte fünf zusätzliche Verkäufer einstellen, die örtliche Filiale der Supermarktkette Liptons sogar 22. Besonders begehrt sind bei den Spaniern englische Waren:

> *"English bacon, sausages, cheddar cheese, butter and English mustard, biscuits, sugar; knitwear and underwear; Tobacco".*[106]

Restaurants, Hotels und Geschäfte in der Main Street erzielten gute Umsätze.[107] In der spanischen Presse des *Campo* dagegen wurde berichtet, daß die Händler von La Línea ärger-

---

[98] THE GIBRALTAR CHRONICLE: *Telegraphic links restored,* 5.2.1985.
[99] THE GIBRALTAR CHRONICLE: *Discrimination at frontier,* 7.2.1985.
[100] THE GIBRALTAR CHRONICLE: *A more quiet welcome from Gibraltar,* 5.2.1985.
[101] 200 Zigaretten oder 100 Zigarillos oder 50 Zigarren oder 250 Gramm Tabak. 1 Liter Alkohol über 22% oder zwei Liter unter 22%. Zusätzlich 2 Liter Wein. 50 Gramm Parfum, 250 cc Toilet Water. Nichteuropäer dürfen das Doppelte an Tabak ausführen. THE GIBRALTAR CHRONICLE: *Duty across border in a limited spirit!,* 7.2.1985.
[102] THE GIBRALTAR CHRONICLE: *Spanish papers cross frontier,* 11.2.1985.
[103] So existieren Unklarheiten über den Export von Gemüse: Nur Gemüse, das in Spanien als 'Exportgemüse' klassifiziert ist, kann nach Gibraltar exportiert werden - die nächsten Anbaugegenden für Exportgemüse sind Chipiona, Murcia und Almería. Der Preis ist dort aber drei bis viermal so hoch wie in La Línea. *"The present requirements if they continue will force local business men to compete on similar markets and destroy Gibraltar's self sufficiency"*, sagt Mr George Desoiza vom Lebensmittelimportunternehmen Gibmaroc. Er betont auch, *"that he is unable due to other regulations to bring them say from Holland through Spain"*. Die Kontrollen an der Grenze durch die Spanier seien gerechtfertigt, wird am 1.3.1985 berichtet. Vgl. THE GIBRALTAR CHRONICLE: *Vegetables still pose 'export' difficulty,* 11.2.1985.
[104] THE GIBRALTAR CHRONICLE: *Government's 'Go-Ahead' resented,* 12.2.1985. Die heimische Wirtschaft dagegen ist optimistisch, da der Tourismus boomt. In der ersten Woche der Öffnung kamen 45.344 Besucher, 2758 fremde Autos, 108 Busse und 22 Geschäftsfahrzeuge nach Gibraltar, Gibraltarianer fahren ihrerseits in die andere Richtung, an die Costa del Sol, nach Algeciras zum Flamenco und zum abendlichen Ausgehen. THE GIBRALTAR CHRONICLE: *Exchange travel to Spain,* 26.2.1985.
[105] PANORAMA: *Cars and Coaches: see how they come,* 25.2.1985.
[106] THE GIBRALTAR CHRONICLE: *Tourism: Weathering the dull climatic conditions extremely well,* 16.2.1985.

lich darüber seien, daß sie nicht von der Grenzöffnung profitierten.[108] José Barranquero López, Präsident der APYMEL (*Associación Pequeña y Mediana Empresa de La Linea*) schlug daraufhin vor, Gibraltar und das *Campo* zu einer gemeinsamen Wirtschaftszone zusammenzuschließen,[109]

> "*with commercial activity on both sides to allow for dual development and the possibility of complementing one another in the different commercial areas: 'The opening should not benefit only one sector'*".

Eine Eisenbahnstrecke von San Roque nach Gibraltar solle angelegt werden. Barranquero verlor dabei die Rückgewinnung Gibraltars nicht aus den Augen:

> "*Imposing foreign sovereignty on the people of Gibraltar is totally out of the question, as would be any kind of imposition by force. [..] Gibraltar has 200 years of history. It has developed a sentiment of nationhood which has been strengthened by the years of blockade. Only culture can 'conquer' a nation little by little*".[110]

Für den Sommer 1985 erwartete man die Eröffnung von See- und Luftverbindung nach Spanien,[111] die Fähre zwischen Gibraltar und Algeciras sollte wieder in Betrieb genommen werden.[112] All diese Erwartungen wurden enttäuscht. Nach der Öffnung wurden an der Grenze Schritt für Schritt wieder einschränkende Maßnahmen eingeführt, die von den Gibraltarianern als Schikanen interpretiert werden, um ihr Leben so unerträglich wie möglich zu machen. Informanten sprechen von einer Politik der kleinen und ständigen Nadelstiche.

### 1.6  Die Grenze zu Spanien heute

Die Situation an der spanisch-gibraltarianischen Grenze ist untypisch für die heutige Situation an EU-Binnengrenzen. Im Gegensatz zu anderen Grenzen in Europa, etwa zwischen der BRD und der DDR[113] und zwischen EU-Mitgliedsstaaten,[114] wird diese Grenze von den drei Akteuren mit unterschiedlicher Intensität aktiv aufrecht erhalten:

- Die Gibraltarianer streben einerseits die Aufhebung der intensiven, als Schikanen erlebten Grenzkontrollmaßnahmen an. Andererseits ist die Grenze aber nicht nur Ort der Demütigungen, sie bietet gleichsam auch Schutz vor dem demographischen Aufgehen des Gemeinwesens im Hinterland und garantiert die Existenz zweier unterschiedlicher ökonomischer Räume.

---

107  THE GIBRALTAR CHRONICLE: *Bonus for restaurants - Hotel rooms filling up*, 16.2.1985; THE GIBRALTAR CHRONICLE: *Good profits for shops*, 16.2.1985; THE GIBRALTAR CHRONICLE: *Tourism: Weathering the dull climatic conditions extremely well*, 16.2.1985.

108  THE GIBRALTAR CHRONICLE: *"Too early to know how La Linea trade will fare"*, 12.2.1985.

109  1998 wird in Andalusien die Einrichtung einer neunten Provinz mit dem Namen "Campo de Gibraltar" diskutiert. Siehe *El alcalde de Algeciras recurrirá la negativa al referéndum sobre la novena Provincia*, in: SUR, 26.07.1998.

110  THE GIBRALTAR CHRONICLE: *"No business either side should be harmed"*, 13.2.1985.

111  THE GIBRALTAR CHRONICLE: *Sea and air links likely for summer*, 18.2.1985.

112  THE GIBRALTAR CHRONICLE: *Back to normal on Gib Algeciras sea link*, 14.2.1985.

113  Vgl. WISCHIOLEK 1996; SPÜLBECK 1997, v.a. Seiten 68-117.

114  Vgl. KAVANAGH 1994.

- Für Spanien ist die Beseitigung der Grenze und die Integration Gibraltars in spanisches Territorium ein zentrales außenpolitisches Ziel. Allerdings stellt die Existenz Gibraltars auch einen politischen Nutzen dar, indem sie dazu instrumentalisiert werden kann, um unliebsame Entscheidungen innerhalb der EU und der NATO (die mit Gibraltar gar nichts zu tun haben) durch ein Veto zu blockieren.

- Großbritanniens Absichten bezüglich der Offenheit der Grenze und der Zukunft Gibraltars sind uneindeutiger. Einerseits führt London in Übereinstimmung mit dem *Brussels Agreement* Verhandlungen mit Spanien über die zukünftige Souveränität des Territoriums. Dies erweckt den Eindruck, es seien die Gibraltarianer, die durch ihre vehemente Forderung nach Selbstbestimmung eine Lösung des Konfliktes verhinderten und dadurch dem britischen *Foreign & Colonial Office* gestattet, eigene Absichten zu verbergen. Andererseits ist Gibraltar noch immer von militärischer Bedeutung für Großbritannien. In der politischen Praxis setzt sich das UK zwar durch den Austausch von Protestnoten für die Beseitigung der spanischen Maßnahmen an der Grenze ein, welchen Grad der Durchlässigkeit der Grenze sich London jedoch tatsächlich wünscht, bleibt im Ungewissen und bietet viel Raum für Spekulationen.

Die politische Grenze zwischen Spanien und Gibraltar ist heute keine Grenze ersten Grades mehr, sie ist wieder durchlässig für Menschen, Waren und Informationen. Gleichwohl kann von einem Verschwinden der staatlich-politischen Grenze, oder, um mit GIRTLER [1992] zu sprechen, von der Transformation einer Grenze zweiten Grades zu einer Grenze dritten Grades, nicht die Rede sein. Bis heute hält Spanien an seinem Anspruch auf Gibraltar fest.[115] Die Haltung der spanischen Behörden wie auch die Berichterstattung der spanischen Medien ist eindeutig: Gibraltar sei spanisches Territorium, das unter britischer Verwaltung steht. Die Einverleibung in spanisches Territorium wird angestrebt und als Reintegration wie als Wiederherstellung eines natürlichen, da unversehrten Zustandes interpretiert. Die sieben Rechtsradikalen der spanischen AUN, die am 06.12.1998 den Union Jack von Moorish Castle herunterrissen und statt dessen die spanische Flagge hißten, handelten innerhalb dieser Logik. Der Zivilbevölkerung der Kolonie wird jegliches Mitspracherecht in den spanisch-britischen Verhandlungen über die Zukunft ihrer Heimat abgesprochen. Die Gibraltarianer sprechen sich aus den verschiedensten Gründen, denen an anderer Stelle nachzugehen sein wird [→ Kapitel 5], gegen eine Übergabe an Spanien aus. Im offiziellen Sprachgebrauch der spanischen Behörden wird der Begriff der *frontera* (Grenze) vermieden. Statt dessen wird die Bezeichnung *Verja* (Zaun), der sich auf den Grenzzaun zwischen Gibraltar und seiner spanischen Nachbarstadt La Línea bezieht, verwendet. De facto betrachtet Spanien den Zaun jedoch sehr wohl als Grenze, wie der spanische Ministerpräsident José María Aznar kurz nach seiner Wahl enthüllte, als er in einer Freud'schen Fehlleistung den Begriff *frontera* verwendete.[116] Verschiedene Maßnahmen der spanischen Grenzbehörden manifestieren heute den spanischen Anspruch auf Gibraltar. Geschehnisse an der Landgrenze und die Assoziationen, die diese Geschehnisse hervorrufen, bestimmen nicht nur den Diskurs über den spanischen Nachbarn, sie wirken auch weit in die gibraltarianische Gesellschaft hinein. Diesen Wirkungen, die sich oftmals an ganz unvermuteten Stellen zeigen, werde ich in den folgenden Kapiteln nachgehen. An dieser Stelle beschränke ich mich vorerst auf eine Bestandsaufnahme der Maßnahmen.

---

[115] Vgl. CEMBRERO, IGNACIO: *Aznar pide a Londres medidas en "la frontera"*, in: EL PAIS 18.05.1996: 18.
[116] CEMBRERO 1996: 18.

## 1.6.1 Das Überqueren der Grenze im Jahr 1996

Dazu möchte ich noch einmal auf meinen Grenzübertritt vom 29.07.1996 eingehen, den ich als einleitendes Beispiel für dieses Buch bereits eingeführt hatte. Wir erinnern uns: von den spanischen Grenzbeamten war mir den Übertritt mit meinem gibraltarianischen Auto mit dem Argument untersagt worden, daß ich als Deutscher ein solches nicht besitzen dürfe. Ich sollte eine Aufenthaltsgenehmigung für Gibraltar beibringen, über die ich nicht verfügte, weil ich sie in Gibraltar selbst nicht benötigte. Obwohl ich mit denselben Wagenpapieren zuvor schon während verschiedener Kontrollen, vor allem während der doppelten Kontrollen, erfolgreich die Grenze überquert hatte, wurden sie diesmal als nicht gültig anerkannt. Ich wurde in das Büro eines Grenzbeamten geführt, der mir eine Strafe von 500.000 ptas androhte, wenn ich ein weiteres Mal dabei 'erwischt' würde, die Grenze mit meinem Auto zu überqueren. Ich erinnerte mich daran, daß die *Guardias Civiles* von Autofahrern mit Gibraltar-Nummernschild mitunter

"Dinge [kontrollierten], von denen der durchschnittliche Spanier nie daran denken würde, sie mitzunehmen - Erste-Hilfe-Kasten, ein zusätzliches Paar Brillen [...] etc.".[117]

Aber der Vorfall verunsicherte mich und machte mich ratlos, insbesondere wegen der kafkaesken Aufforderung, daß ich mit den Wagenpapieren beweisen sollte, daß ich rechtmäßig in Gibraltar lebe - denn dies ging zweifelsfrei aus meinen Papieren hervor, aber als ich sie vorwies, wurden sie nicht anerkannt. Habe ich vergessen zu erwähnen, daß ich an besagtem Tag in den Urlaub fahren wollte?

Der mißglückte Grenzübertritt eröffnete mir jedoch zusätzliche Einsichten in die Wirkungsweise der Grenze und die lokalen Strategien, um die von Spanien beabsichtigten Effekte der Trennung zu minimieren. Ich war durch den Vorfall so verunsichert, daß ich es nicht wagen wollte, ohne die von mir verlangten Papiere erneut mit meinem Wagen die Grenze zu überqueren. Bis man mir die Papiere jedoch in Gibraltar ausgestellt hätte, würden Tage vergehen, und ich wäre dazu gezwungen, den Urlaub zu verschieben. Also besorgte ich mir einen Mietwagen bei einer lokalen Autovermietung. Die Preise für Mietautos sind in Gibraltar um ein gutes Drittel billiger als in La Línea. Allerdings, so stellte ich mir vor, würden gibraltarianische Mietwagen auch gibraltarianische Kennzeichen tragen. Ich aber wäre noch immer ein Deutscher, und gerade das war ja der Grund für den Zivilgardisten, mir die Überquerung der Grenze zu versagen. Der Angestellte der Autovermietung beruhigte mich: Man habe für Nichtbriten und Nichtgibraltarianer vorsorglich Mietwagen im Angebot, die in Spanien zugelassen seien.

Die Geschichte des mißglückten Grenzübertrittes war übrigens ein gefundenes Fressen für meine gibraltarianischen Freunde. Jetzt hätte ich die Willkür am eigenen Leibe erfahren.

"*Now you know how they are! They do everything to make our lives miserable. What they did was illegal according to EU standards, but you have to accept what they did*". Ein Freund meinte: "*They change the laws as they please*". Ein Einwanderungsbeamter sagte mir: "*They did it arbitrarily. It is as if you as a German who lived outside the EU, lets say Switzerland, were not allowed to drive with your swiss car into Germany or France. Look, they lived 45 years under a fascist dictatorship. After Francos death they introduced many liberties, but they are still no democracy*". Ein anderer Bekannter sagte: "*That's the trouble*

---

117 DAVISON 1994: 14.

*with them: they want you to bring a residence card but then they do not recognize our re-sidence cards, it's like a vicious circle and nobody is on our side".*

*They* - das sind '*the Spaniards*', und damit sind immer die spanischen Autoritäten vor Ort und die spanischen Politiker in Madrid gemeint, nur manchmal auch die spanische Bevölkerung als Ganzes. *Us* - damit ist das Kollektiv der Zivilisten Gibraltars gemeint. Viele Gibraltarianer haben das Gefühl, von allen verlassen zu sein, 'niemand' habe ein Interesse an ihrem Schicksal, und es fiel mir nicht leicht, den *advocatus diaboli* zu spielen, brauchte ich mir doch nur die inexistente Berichterstattung über diesen Winkel Europas in den deutschen Medien in Erinnerung zu rufen.

*"We are too small, its a question of size!"* habe ich oft gehört. *"We are the only citizens of the EU who still have no right to vote in the European Elections. Take a look at the map: there is Spain with 40 million inhabitants and then there is Gibraltar with 30.000! Whom do you think the Europeans believe? And the British don't act because they have im-portant economic interests in Spain and don't want to upset the Spanish because of this piece of stone that they want to give up anyway. We are alone!"*

Ich versuchte herauszufinden, was die legalen Grundlagen des Handelns der Zivilgardisten waren und ob sie tatsächlich willkürlich agierten. Das Europäische Bürgerbüro in Brüssel ECAS (*European Citizens Action Service*) antwortete mir:

*"Whether you can be fined by the guardia civil because you failed to meet an obligation to ask for a residence card seems logical, but it doesn't make sense to link that to the crossing of the border with Spain, even more so if the same fact will not always produce the same results. In fact, this last point is explained by a clear intention of harassment on all those who cross the border. The idea is for Spanish authorities to psychologically shut off Gibraltar from the rest of the continent, using extensively (sometimes abusively) the de-rogations to EC law decided by the UK".*[118]

Während meiner Feldforschung wurde ich Zeuge verschiedener solcher Maßnahmen, etwa der Ablehnung und Zurückweisung von gibraltarianischen Personalausweisen und Reisepäs-sen,[119] der Blockade des Gebrauchs von gibraltarianischen Funktelefonen durch die spanische Telefongesellschaft Telefonica auf Geheiß des Außenministeriums,[120] des Protestes gegen den Besuch der EU-Kommissarin Anita Gradin[121] im Oktober 1996, der Zurückweisung einer Gruppe von gibraltarianischen Schulkindern an der Grenze aufgrund eines Gruppenpasses,[122] der Verweigerung der Einreise eines gibraltarianischen Bürgers, der von Italien aus auf dem Flughafen Barcelona landete,[123] etc. Mit dem Amtsantritt der Regierung Aznar 1996 droht

---

[118] Fax from ANTOINE FABRE, Legal adviser of ECAS, 27.08.1996.

[119] SEARLE, DOMINIQUE: *Britain challenging Madrid threat to disregard Gib issues passports*, in: THE GIBRALTAR CHRONICLE, 23.12.1996: 1, 24.

[120] N.N.: *Confirmed: Telefonica's anti-Gibtel action is "political"*, in: Panorama 18th-23rd June 1996: 1ff.

[121] SANZ, JOSÉ MANUEL: *Primera protesta de Espana ante la EU por Gibraltar*, in: Area - Diario del Campo de Gibraltar, 13.11.1996: 15.

[122] N.N.: *Firm stand*, in: THE GIBRALTAR CHRONICLE, 07.03.1997: 1.

[123] *"The Government of Gibraltar has been informed that a young Gibraltarian who flew to Barcelona from Italy on Wednesday the 12th March, was refused entry into Spain. He was carrying a Gibraltar issued British passport and was reportedly told by the Spanish authorities that they would not accept a passport issued in Gibraltar as a valid EU passport. The matter is being vigorously pursued and the British Go-vernment is urgently investigating this matter. The Spanish Government was also reportedly investigating the incident."* GIBRALTAR DIGEST, INDEX 15 March 1997 Issue: BARCELONA PASSPORT INCIDENT.

Außenminister Matutes sogar immer wieder mit der vollständigen Schließung der Grenze,[124] unter Berufung auf den Vertrag von Utrecht, der eine Land- oder Seeverbindung zwischen Gibraltar und Spanien ausschließt.[125]

Die Grenze ist heute durchlässig, aber die spanischen Maßnahmen an der Grenze verlangen dem Grenzgänger psychische und physische Anstrengung ab und machen Differenz und Ohnmacht unmittelbar fühlbar und erlebbar. Nationale Differenz wird dadurch den Grenzgängern in den Leib eingeschrieben. Dies betrifft hauptsächlich diejenigen, die mit einem Motorfahrzeug die Grenze übertreten wollen; für Fußgänger ist der Grenzübertritt - zumindest während der Zeit der Feldforschung - relativ problemlos. Die körperlich und seelisch belastendsten Maßnahmen sind die langen Warteschlangen, die mitunter bis zu sechs Stunden dauern. Die Schlangen werden durch intensive Personen- und Wagenpapierkontrollen während der doppelten Kontrollen hervorgerufen. Gerade tagsüber ist das Stehen in der Schlange eine Qual, besonders in den Sommermonaten. Kreislaufattacken unter den Wartenden sind häufig, Nervosität sowieso. Manchmal zeitigt die Hitze ein tödliches Resultat.[126]

Psychisch belastend ist besonders die Tatsache, daß die Maßnahmen nicht immer in Kraft sind und es vom einzelnen nicht abgeschätzt werden kann, wann sie eingesetzt werden. Allerdings lassen sich verschiedene Anhaltspunkte dafür finden, daß die Maßnahmen an Wochenenden, ebenso während der Anglo-Spanischen Gespräche und im Monat vor der Wahl in Gibraltar, wie auch am Tage nach der Feier des *Gibraltar National Day* verstärkt werden. In den Wochen vor der *Feria de La Línea* (Herbstfest von La Línea) habe man kaum mit Grenzschikanen zu rechnen. Das sei jedes Jahr so, erklärt mir Mary-Clare Russo [*1955], "damit wir dann doch wieder rübergehen und dort unser Geld ausgeben. Und jedes Jahr werden dann nach Ende der Feria die Maßnahmen wieder eingesetzt." Für das Jahr der Forschung bewahrheitete sich diese Vorhersage.

Um die Grenzüberschreitung kalkulierbar zu machen wurde in Gibraltar eine Telefonhotline eingerichtet, die diejenigen, die nach Spanien fahren möchten, jede halbe Stunde über die aktualisierte Wartezeit informiert. Für die Wartezeiten der Autos von Spanien nach Gibraltar hinein existiert dagegen keine Hotline. Begünstigt wird hier aber die Bildung von Warte-

---

124 *Matutes backs Brana measures - Frontier closure not ruled out*, in: THE GIBRALTAR CHRONICLE, 07.05.1996; LARRAYA, JOSÉ MIGUEL: *España cree que Europa y las autonomías facilitas la cosoberania de Gibraltar*, in: El Pais 15.12.1997.

125 *"Remember Utrecht allows total isolation of the colony and we are not imposing that."* vgl GIBRALTAR A CIEN AÑOS VISTA, in: ABC, 11.12.1997; *Against Integration*, in: Panorama, 15.12.1997; *Don't pressure frontier Chaves tells Matutes*, in: M@G, 17.12.1997; *Abel Matutes, Spanish Foreign Minister*, interviewed by Dominique Searle in Madrid, in: THE GIBRALTAR CHRONICLE, 23.12.1997.

126 *Uproar after queue heart attack tragedy*, in: THE GIBRALTAR CHRONICLE vom 17.05.1997: *"Political reaction mixed with expressions of condolence emerged promptly yesterday following Thursday nights tragic frontier queue incident in which an Estepona man died after suffering a heart attack. Jose Espinosa Gill was a passenger in a car returning to Spain, and some two hours into the wait the emergency services were called. Government and Opposition as well as the Voice of Gibraltar organisers of the demonstration on Tuesday that apparently prompted these long queues have all expressed their concerns at the breach of human rights Spain is imposing on travellers. After visiting family and friends at the St Bernard's Hospital mortuary, acting Chief Minister, Peter Montegriffo issued a statement saying that anyone could become a victim of the politically motivated frontier operation. And the GSLP urged a tough political line and a push to decolonisation. It also highlighted what it sees as an opportunity for Gibraltar to be united in destroying Spain's expectations."*

schlangen durch die Tatsache, daß lediglich eine Fahrspur für die Einfahrt nach Gibraltar frei-gegeben ist und sich so oft eine kilometerlange Schlange in La Línea bildet. Die langen Auto-schlangen auf spanischer Seite veranlaßte den Bürgermeister von La Línea mehrmals zum Protest. Es ist nicht kalkulierbar, welche der beiden Richtungen verstärkt kontrolliert wird. Nutzt man etwa die geringe Wartezeit bei der Ausfahrt nach Spanien, so kann es passieren, daß sich dafür bei der Einfahrt nach Gibraltar mittlerweile eine lange Schlange gebildet hat. Ein kurzer Einkaufstrip ins nahe Einkaufszentrum kann somit zu einem stundenlangen Un-ternehmen werden.

Eine weitere Schikane betrifft jene Nicht-EU-Bürger, die in Gibraltar leben, besonders die marokkanischen und indischen Staatsangehörigen. Die spanischen Behörden erkennen keine Visa an, die in Gibraltar für den Grenzübertritt ausgestellt wurden, sondern lediglich solche, die in London persönlich an den Antragsteller ausgehändigt wurden. Möchte ein indischer La-denangestellter etwa zu Fuß die Nachbarstadt La Línea besuchen, muß er dazu den Umweg über London in Kauf nehmen.

Verschiedene Anlässe werden zur Legitimation der Maßnahmen herangezogen, und ich werde mich aufgrund der Fülle des Materials auf die im Verlauf der Feldforschung 1996 re-gistrierten Erklärungen beschränken. Hauptargument im spanischen Diskurs über Gibraltar ist immer wieder der Schmuggel. Dieses Motiv durchzieht die spanische Argumentation wie ein roter Faden.[127] Zusätzlich werden andere Argumente bemüht. Während der BSE-Krise im Sommer 1996 wurde die verstärkte PKW-Kontrolle von Fahrzeugen aus Gibraltar mit dem Argument gerechtfertigt, man wolle dem 'möglichen' illegalen Import britischen Rindfleisches nach Spanien zuvorkommen. Im Herbst 1996 wurde das Thema der Geldwäsche durch gibral-tarianische Treuhandgesellschaften für die 'Russenmafia' in die Medien lanciert. Im Sommer 1997 argumentiert man damit, daß Gibraltar 'möglicherweise' Gelder der Untergrundorgani-sation ETA wasche.[128]

Der Konflikt um die Souveränität führt 1998 nicht mehr nur zu Maßnahmen gegen die gi-braltarianische Zivilbevölkerung, sondern darüber hinaus zu Grenzübergriffen im Bereich der Seegrenze. Die von Gibraltar beanspruchte Drei-Meilen-Zone gilt aus spanischer Sicht als 'umstritten'. Die unterschiedliche Interpretation der Territorialgewässer sorgt immer wieder für Verstimmungen, und hier manifestiert sich die Machtlosigkeit des kolonialen Gemeinwesens am nachdrücklichsten. Immer wieder werden spanische Fischerboote in den Gewässern von der lokalen Polizei RGP (*Royal Gibraltar Police*) aufgebracht. Mitunter werden die Fischerboote von der spanischen Küstenwache und spanischen Helikoptern vor einem Eingreifen der RGP geschützt. Ein derart gelagerter Vorfall am 13.03.1998 zieht die RGP in die öffentliche Kritik der lokalen Medien: Zu oft seien die Besatzungen von Fischerbooten unter dem Motiv der Kooperation an die spanischen Behörden übergeben worden. Dies habe den spanischen Anspruch auf die Gewässer indirekt gestützt und die gibraltarianische Position unterminiert.

Die Aktion der spanischen Behörden untergräbt die britische Souveränität über den Felsen, die diplomatischen Proteste Großbritanniens gegen die Grenzverletzung werden von der loka-

---

[127] Ich werde mich dem Schmuggel in Gibraltar an anderer Stelle dieser Arbeit [→ Kapitel 6] widmen.
[128] *Gibraltar niega toda vinculación de ETA con el Peñón*, in: EL PAIS, 7.8.1997; *La Guardia Civil investiga si ETA mantiene una red de blanqueo de dinero en Gibraltar*, in: EL PAIS, 6.8.1997.

len Presse als halbherzig und ohne Konsequenzen geziehen. Der Protest der spanischen Behörden dagegen zielt auf die RGP ab, deren Vorgehen als "unangebrachte Störfeuer" bzw. als "Züchtigung" beschrieben wird. In der spanischen Presse wird der Fischfang in den umstrittenen Gewässern als "traditionelle Wirtschaftsweise" bezeichnet. Das gibraltarianische Wochenblatt PANORAMA berichtet, daß die Fischer von La Línea eine Demonstration an der Landgrenze planen, um ihren Anspruch auf die Fischerei in den umstrittenen gibraltarianischen Territorialgewässern zu untermauern.[129]

Abbildung 6: Territorialgewässer und der Zwischenfall vom 13.03.1998

Im Verlauf des Sommers 1998 verschärft sich der Konflikt um die Territorialgewässer und um die damit verbundenen Fischereirechte, in deren Folge es zu Schießereien der *Guardia Civil* auf ein gibraltarianisches Fischerboot kommt.[130] Im September und Oktober 1998 wird der Konflikt auf eine höhere Ebene gehoben, nachdem auf Initiative des britischen Gouverneurs, Sir Richard Luce, erstmals die britische Marine die lokale RGP in der Abwehr spanischer Fischerboote unterstützt. Als Konsequenz richten die spanischen Sicherheitsbehörden doppelte Kontrollen und verstärkte Personenkontrollen an der Landgrenze ein, in deren Folge die Ausreise aus Gibraltar mit dem Fahrzeug sich auf fünf Stunden, die Ausreise von Fußgängern auf über zwei Stunden verlängert.[131]

Am 25.08.1998 feuern Beamte der spanischen Küstenwache auf ein gibraltarianisches Fischerboot. "Es ist bejammernswert, daß zwei Jugendliche, die in unseren eigenen Gewässern legalen Aktivitäten nachgehen, beschossen werden," kommentierte die offizielle Stellungnahme von Convent Place No 6 den Zwischenfall. "Wir wissen nicht, wer darin verwickelt gewesen sein könnte, denn die, die dort waren, haben nichts gesehen", läßt die Gegenseite verlautbaren.

129 PANORAMA: *Fishermen plan frontier demonstration*, 16.03.1998; ABC (Luis Ayllón): *España protesta ante el Reino Unido por el hostigamiento a sus pesqueros en Gibraltar*, 18.03.1998; EL PAIS: *Protesta a Londres por el hostigamiento desde Gibraltar a pesqueros españoles*, 18.03.1998.

130 ABC: *España y Gibraltar investigan los disparos de guardias civiles a dos pescadores gibraltareños*, 28.08.1998.

131 ABC: *Atascos de más de dos kilómetros por los férreos controles españoles en el paso fronterizo de Gibraltar*, 02.10.1998; ABC: *Indignación en Algeciras por la agresión de dos patrulleras de la Armada Británica a pesqueros españoles frente a Gibraltar*, 03.10.1998; EL PAIS: *Gibraltar responde a los controles en la Verja con el abordaje de un pesquero*, 03.10.1998.

"Aber wir werden das Personal der Hafenbehörde und besonders die Beamten des Dienstabschnittes befragen". Die Schüsse stellen den vorläufigen Höhepunkt des Konfliktes um die Hoheitsgewässer dar - wenn sie denn tatsächlich abgefeuert wurden. Denn es ist schwierig, in diesem Konflikt zwischen Propaganda, Paranoia, und Provokation zu unterscheiden. Der Konflikt jedenfalls schwelt auch 1999 weiter, und am 30.01.1999 entnehme ich der gibraltarianischen Presse, daß 400 aufgebrachte spanische Fischer die Grenze zu Gibraltar blockieren und der spanische Außenminister wieder einmal von 'ernsthaften Konsequenzen' spricht [→ Postscript].

### 1.6.2 Die Nationen, Europa und die Grenze

Ironischerweise handeln die Regierungen Spaniens und Großbritanniens bezüglich Gibraltar entgegen ihrer sonstigen Position zur Grenzproblematik in der EU. Spanien, verantwortlich für die Personenkontrollen an der Grenze, ist Teil des Schengener Territoriums und Initiator des Maastricht-Vertrages zur europäischen Bürgerschaft. Dieses Konzept bildet die Grundlage für das Prinzip der Bewegungsfreiheit innerhalb der Union. Großbritanniens Regierungen protestieren regelmäßig gegen die spanischen Maßnahmen, obwohl die Kolonie nicht Geltungsbereich des Schengener Abkommens ist und obwohl Großbritannien sein Veto gegen die Vorschläge der Europäischen Kommission zur Abschaffung von Grenzkontrollen innerhalb der EU sofort nach ihrer Veröffentlichung einlegte. Außenstaatssekretär David Davis läßt sogar verlautbaren:

"*There should be no discrimination between Schengen and non-Schengen EU nationals at the border*".[132]

Im Amsterdamer Vertrag vom Juli 1997 wurde die Absicht zum Abbau der Binnengrenzen des Schengener Raumes bekräftigt. Großbritannien trat dem Gesamtvertrag nicht bei, wollte es sich aber vorbehalten, Einzelaspekten des Abkommens beizutreten. Dies konnte durch Spaniens Veto nicht umgesetzt werden.

"*Spanish officials*", schreibt die Times, "*make no secret of the fact that Madrid wants to avert any prospect that Britain could use the treaty to force Spain to lift tight controls on Gibraltar's frontier. [...] The Government yesterday played down the significance of the concession, saying it applied to the 'unlikely event' that Britain should want to join the system. However, Spanish officials were delighted. 'It's clear Tony Blair did not grasp what had been agreed,' a diplomat said*".[133]

Dieser sogenannte „Gibraltar-Vorbehalt" Spaniens blockiert zahlreiche Entscheidungen des EU-Ministerrates, für die Einstimmigkeit notwendig ist - etwa die Verabschiedung eines gemeinsamen europäischen Insolvenzrechtes, die Eurodac-Verordnung über den Vergleich von Fingerabdrücken von Asylbewerbern sowie eine Übernahme-Verordnung für börsennotierte Unternehmen [→ Postscript].[134]

---

132 Rede von David Davis vor dem *House of Commons* am 17.05.1995.
133 BREMNER, CHARLES: *Britain loses out to Spain on border controls*, in: The Times, 30.07.1997.
134 „*Gibraltar-Vorbehalt" blockiert die EU*, in: SÜDDEUTSCHE ZEITUNG, 03.12.1999.

Vorfälle wie der Konflikt um die Territorialgewässer zeigen deutlich, wie verflochten die Problematik der EU-Außengrenzen mit dem Durchsetzen nationaler Interessen innerhalb der EU verknüpft ist. Ursache des konkreten Konfliktes vom 13.03. ist ein Abkommen zwischen der EU und Marokko, das die Fischerei in der Meerenge für zwei Monate ausgesetzt hat - eine Konsequenz, die besonders die Fischer von Algeciras und La Línea trifft. Die lokale Fischerei verlagert sich in die umstrittenen Gewässer rund um Gibraltar.

Die Vorfälle verweisen auch auf die unterschiedlichen Vorstellungen der beteiligten Kräfte über die Rolle des Nationalstaates innerhalb der Gemeinschaft. Großbritannien protestiert auf diplomatischem Wege in Madrid gegen das spanische Vorgehen, der Protest zieht aber keine Konsequenzen nach sich. Großbritannien erweist sich hier vermutlich weniger von symbolisch-nationalen Interessen geleitet als von der ökonomischen Einsicht in die Notwendigkeit der territorialen Konfliktvermeidung innerhalb der EU.

Spanien und Gibraltar argumentieren mit dem Topos der nationalen Souveränität, so als befänden sich die beiden Antagonisten nicht innerhalb eines gemeinsamen Staatenbundes. Spanien agiert offensichtlich in klassisch nationalstaatlicher Manier mit dem Anspruch auf das Territorium eines anderen EU-Partnerlandes. Die Demonstration der Fischer bekräftigt die offizielle spanische Position. Gibraltar schließlich mahnt beim Mutterland die Verteidigung nicht der gibraltarianischen Interessen, sondern der britischen Souveränität an.

### 1.6.3 Gibraltar, Spanien und das *Campo* heute

Was bedeutet die heutige politische Situation der geöffneten, aber umstrittenen Grenze für die Beziehungen der Gibraltarianer zur Bevölkerung Spaniens und insbesondere des Hinterlandes?

Das Internet wird häufig als Kommunikationsmittel beschrieben, das Grenzen überwindet, Menschen aus weit entfernten Distanzen miteinander in Verbindung bringt und Differenzen abbaut - APPADURAIS [1990, 1991] Metapher des *"cultural flows"* für translokale kulturelle Strömung betont dabei die Deterritorialisierung kultureller und individueller Lebensentwürfe, die einen entscheidenden Zugriff auf unser soziales Selbstverständnis gewonnen hat.

Allerdings bedeutet Entortung von Lebenszusammenhängen nicht, daß Menschen ortlos geworden sind. Die Ethnologie hat im Gegenteil immer wieder gezeigt, daß Erfahrungen nach wie vor im lokalen Kontexte gemacht werden.[135] "Das Lokale ist tendenziell von *face-to-face*-Kontakten, direkten Begegnungen und längerfristigen Beziehungen geprägt, und besitzt von daher einen ausgeprägt emotionalen Gehalt. Zudem vermittelt sich im Lokalen auch eine besondere Art sinnlicher Erfahrung: Das Lokale ist eine 'totale Erfahrung', bei der man nicht nur sehen und hören, sondern auch berühren, riechen und schmecken kann, ohne daß dabei die Aufmerksamkeit eingegrenzt oder vorstrukturiert wäre".[136] Gerade in Gibraltar ist das Internet eher Ausdruck einer *"deep territorialization"* als einer Deterritorialisierung im Sinne von Entwurzelung.

---

135 ACKERMANN 1999.
136 ACKERMANN 1998/99.

Diesen Eindruck gewannen die Studenten meines im Sommersemester 1999 durchgeführten Seminars[137] über die grenzüberschreitende Gesellschaft im Grenzraum Gibraltar. Während die offiziellen Homepages von La Línea und Algeciras[138] die Grenzproblematik ausblenden, räumen ihr verschiedene gibraltarianische Webseiten viel Raum ein.

Allerdings sind textuelle und bildliche Verweise auf einen Auseinandersetzung mit der "anderen Seite" der Grenze auf "offiziellen" Webseiten nicht präsent, genausowenig wie Hyperlinks zu den Webseiten der Gemeinden jenseits der Grenze.

1998 postierte die SDGG vier Life-Kameras auf der gibraltarianischen Seite der Grenze, die die aktuelle Situation des Grenzverkehrs zwischen Gibraltar und Spanien direkt ins Internet übertragen.[139] Auf minütlich wechselnden Bildern kann hier der Internetsurfer die langen Schlangen am Grenzübergang betrachten, welche die spanischen Grenzer durch ihren Kontrollvorgang auslösen. Aus Protest verhängten die spanischen Grenzer im Sommer 1999 die Perspektive jener Kamera, die auf die spanische Abfertigungsstelle gerichtet, ist mit einem Sichtschutz.

Den Eindruck einer Abschottung zwischen Gibraltar und Spanien gewinnt man auch, wenn man das entsprechende Diskussionsforum von Deja-News im Internet durchforstet.[140] Von 1997 bis 1999 habe ich die Diskussionsbeiträge in regelmäßigen Abständen verfolgt. An den Diskussionen nehmen zumeist dieselben fünf bis acht gibraltarianischen und dieselben drei bis fünf spanischen Teilnehmer statt. Redundante Argumentationen und Ausbrücke von "*borderland hysteria*" verstärken den Eindruck verhärteter Fronten entlang nationaler Zugehörigkeit.

Die Bewohner des Grenzlandes sind auf vielfältige Weise von dieser spezifischen Situation betroffen. Die Durchlässigkeit der Grenze hat die Zahl der Grenzübertritte und der grenzüberschreitenden Kontakte verstärkt. Gleichzeitig wurde ein Abgrenzungseffekt zwischen den Gibraltarianern und den Spaniern und eine Kulturalisierung der Grenze befördert.

Die Grenze zwischen Spanien und Gibraltar ist wieder durchlässig für Menschen, Waren und Informationen. Zwischen 1992 und 1995 stieg die Zahl der auswärtigen Besucher der Kolonie von jährlich 4 auf 5,3 Millionen, die Zahl der Grenzübertritte von Spanien nach Gibraltar nahm von 1,6 auf 1,1 Millionen ab. Von den Fahrzeugen, die nach Gibraltar einführen, nahmen im selben Zeitraum die auswärtigen PKWs von 950.000 auf 1,3 Millionen zu, die Fahrzeuge mit gibraltarianischem Nummernschild dagegen von 500.000 auf 407.000 ab.[141]

---

[137] Das Seminar wurde unter dem Titel "Gesellschaftlichkeit, Interregionalität und die anthropologische Dimension von Grenzen: Diesseits und jenseits der Straße von Gibraltar", Sommersemester 1999, am Institut für Europäische Ethnologie, Humboldt Universität zu Berlin, durchgeführt. Ich danke insbesondere Tobias Schwarz, Stefan Haufe und Martin Walter für ihre Mitarbeit.

[138] Vgl. http://www.algeciras.com/c-alg_asociaciones.html und http://www.lalinea.com. Die Homepages von Ceuta oder Melilla würdigen die Grenze (immerhin von Eu-Außengrenzen) zu Marokko nicht mit eigenen Seiten. Lediglich bei La Línea de la Conception (http://www.lalinea.com) findet sich unter dem Stichwort *Historia* in der Rubrik *Cultura* eine umfangreiche Sammlung von Dokumenten über die Sperrung der Grenze zu Gibraltar Ende der 60er Jahre.

[139] http://frontier.gibnet.gi/livecamsl.html.

[140] http://www.dejanews.com/dnquery.xp?search=word&svcclass=dncurrent&showsort=date&ST=QS&. query=~g%20alt.gibraltar.

[141] THE ROYAL GIBRALTAR POLICE: *Annual Report 1995*. Gibraltar, 1996: 10.

Im Untersuchungszeitraum konnte vor allem im wirtschaftlichen Bereich eine rege Interaktion zwischen den Zivilisten auf beiden Seiten der Grenze beobachtet werden. Heute arbeiten Spanier wieder in Gibraltar, vor allem als Verkaufspersonal in den Ladengeschäften[142] oder im häuslichen Bereich, wieder haben sich grenzüberschreitende Schmuggelnetzwerke etabliert, und wieder können Gibraltarianer der sozialen Kontrolle und der Enge des Felsens durch den Kauf von Wochenendwohnungen im Hinterland entkommen. Die zunehmende grenzüberschreitende Vernetzung in den unterschiedlichsten Bereichen bei gleichzeitiger Bedrohung der Gemeinschaft durch die spanische Politik schafft eine Situation der Ambivalenz, die den Prozeß der Abgrenzung vom Hinterland auf kultureller Ebene katalysiert.

Ein Hauptgrund für Grenzübertritte sind die Preisunterschiede zwischen beiden Ländern, die von Gibraltarianer und Bewohnern des *Campo* zum "*border shopping*" weidlich genutzt werden. In Gibraltar gibt es keine Mehrwertsteuer, und somit sind etliche Produkte in Gibraltar billiger als in La Línea. Myriaden spanischer PKWs tanken täglich das billige Benzin in der Kolonie. Tabak, Alkohol, Parfüm und Schokolade sind ebenfalls günstiger, ebenso Käse und Milchpulver: jene Waren, die aus der EU subventioniert in solche Länder exportiert werden, die außerhalb der Zollunion liegen - wie Gibraltar. Die lokale Wirtschaft ist auch im Jahre 2000 stark von auswärtiger Kundschaft[143] und von der Situation an der Grenze[144] abhängig.

Gibraltarianer dagegen kaufen in Spanien und vornehmlich in den Großmärkten Continente (Algeciras, Los Barrios) und Pryca (La Línea) wie auch in der Linenser Markthalle Gebrauchsgüter, vor allem Kleidung, Möbel und Haushaltsgeräte. Während der wöchentliche Großeinkauf in Spanien getätigt wird,[145] kauft man kleinere Mengen eher in Gibraltar. Spanische Lebensmittel werden zwar in Gibraltar feilgeboten, die meisten Lebensmittel werden jedoch aus England importiert. Lediglich frisches Obst und Gemüse werden aus Marokko eingeführt und in den kleinen marokkanischen Lebensmittelläden verkauft. Frische Waren des Großmarktes Safeway sind wegen des Imports aus England teuer und meist von minderer Qualität. Gibraltarianer bevorzugen britische Waren emotional, spanische Waren werden jedoch gekauft, weil sie preisgünstiger sind.

Die überragende Bedeutung des Schmuggels für die Ethnisierungsprozesse in Gibraltar sei an dieser Stelle nur kurz angerissen, da ich dies in einem gesonderten Kapitel [→ Kapitel 6] bearbeiten werde.

---

142  Eine Umfrage von 1999 ergab, daß 13% der Angestellten der in der Kleinhändlervereinigung (*The Gibraltar Federation of Small Businesses*) zusammengeschlossenen Unternehmen spanische Bürger sind. *The state of business*, in: PANORAMA, 07.02.2000.

143  43% der Kleinhandelsunternehmen hängen von lokaler, 11% von auswärtiger und 46% von lokaler und auswärtiger Kundschaft ab. *The state of business*, in: PANORAMA, 07.02.2000.

144  26% der Kleinhandelsunternehmen geben an, daß ihr Geschäft sehr stark von der Situation an der Grenze abhängt (13% sind "stark", 26% "durchschnittlich", 21% "schwach" und 14% "überhaupt nicht" von der Grenzproblematik beeinflußt). 43% der Kleinhandelsunternehmen geben an, daß ihre Umsätze sinken, wenn sich die Maßnahmen an der Grenze verschärfen; 25% geben an daß die Umsätze steigen und für 33% der Unternehmen ändert sich nichts. *The state of business*, in: PANORAMA, 07.02.2000.

145  Ich selbst habe von diesen Preisunterschieden eifrig Gebrauch gemacht und, wann immer die Grenzkontrollen gelockert waren, frische Lebensmittel wie Obst, Gemüse und Fleisch in Spanien eingekauft. Lediglich mit haltbaren Produkten und kosheren Lebensmitteln habe ich mich vor Ort eingedeckt. Bis auf die mich schockierende Tatsache, daß die Gibraltarianer welkes Gemüse aus England und genmanipulierte Tomaten aus Holland dem wohlschmeckenden spanischen Obst und Gemüse vorzogen, entsprach mein Kaufgebaren so ziemlich den üblichen gibraltarianischen Einkaufspraktiken.

Die Grenze ist heute also zwar durchlässig, aber diese Durchlässigkeit ist nicht unproblematisch. Es ist daher nicht verwunderlich, daß die in der Alltagspraxis der Gibraltarianer durchaus häufigen und üblichen Grenzübertritte im Diskurs tabuisiert oder gar verschwiegen werden. Zum ersten Mal stieß ich auf diese Diskrepanz bei meinen Einkäufen in den Großmärkten des spanischen Hinterlandes, bei denen ich immer wieder Gibraltarianer mit vollen Einkaufswagen traf, die mir zuvor hoch und heilig versichert hatten, sie würden in Spanien nur das Notwendigste kaufen. Es war ihnen unangenehm, wenn ich sie beim Einkaufen 'im Continente' oder - noch schlimmer - 'im Corte Inglés' in Marbella 'erwischte'. Einkaufen in Spanien schwächt nicht nur die lokale Wirtschaft und stärkt die Ökonomie des Gegners. Im Bereich der Politik symbolisiert es die Unterwerfung unter das Diktat des Feindes. So verwundert es nicht, daß 'Einkaufen in Spanien' in der Zeit der GSLP-Regierung Bossano (1988-1996) einen Akt darstellte, der diskursiv in die Nähe des Landesverrates gerückt wurde. Im Wahlkampf 1996 spielte das von GSLP-Sympathisanten vielfach geraunte Gerücht, man habe diesen oder jenen Politiker der Oppositionspartei GSD im Corte Inglés 'beim Einkaufen' gesehen, eine bedeutende Rolle.

Der Topos des Verrates an Gibraltar dominiert nicht nur die Rede über das Einkaufen in Spanien, sondern auch den Diskurs über all jene grenzüberschreitenden Kontakte, die keine materielle oder symbolische Schädigung Spaniens erahnen lassen. Dies betrifft vor allem die Rede über die Freizeitgestaltung in Spanien. Diskurs und Praxis stimmen hier jedoch überein, da sich das Freizeitverhalten der Gibraltarianer durch die Grenzschließung verändert hatte. Verbrachten die Gibraltarianer vor 1969 vor allem die abendliche Freizeit vornehmlich in Spanien, so mußte sich dies mit der Grenzschließung zwangsläufig ändern.

"[Gerade] die jungen Leute gehen nicht gern nach Spanien. Zum studieren gehen sie nach Britain. Im Urlaub, ja, da geht man nach Spanien. Aber sonst ... Wir wurden durch die Grenzschließung von den Spaniern entfremdet ... Die Kinder wurden in Gibraltar aufgezogen, ohne Kontakt mit Spanien zu haben. Ich muß meine Kinder dazu zwingen, mit uns nach Spanien zu gehen, wenn wir mal am Wochenende ausfahren...". [Informant Mesod Belilo, * 1946]

Selten nehmen junge Leute heute die Möglichkeit wahr, abends in Spanien auszugehen. La Línea gilt bezüglich des Nachtlebens als wenig attraktiv, die Fahrt zu den rund 70 km entfernten Vergnügungszentren der Costa del Sol führt über eine schlecht beleuchtete und nicht ausgebaute Landstraße. Darüber hinaus verfügen gerade jüngere Gibraltarianer häufig über kein eigenes Fahrzeug. Schließlich finden verstärkte Grenzkontrollen vornehmlich an den Abenden der Wochenenden statt, so daß es mitunter mehrere Stunden dauert, um mit dem Auto die Grenze überqueren zu können.

Der Diskurs über die seltenen Gelegenheiten, zu denen junge Gibraltarianer abends in Spanien ausgehen, weist den Topos der Abgrenzung deutlich auf. Nie sind es Einzelpersonen, die sich zum abendlichen Vergnügen aufmachen, immer sind es Gruppen von Gibraltarianern, die unter sich blieben und von denen behauptet wird: *"We/They don't mix"*. Freundschaften mit Spaniern stehen unter dem Verdacht des Verrates, ihre Existenz wird tabuisiert.

Die Abgrenzung von Spanien und den Spaniern ist in der Generation der 20-30-jährigen weitaus radikaler als in der Generation ihrer Eltern. In der Praxis findet diese radikalere Haltung eine Entsprechung in den zunehmend gewalttätigen Auseinandersetzungen zwischen jungen Spaniern und jungen Gibraltarianern. Ein 27-jähriger erzählt:

"... und da waren diese beiden Jungs. Spanier, das sah man sofort. Die Art sich zu bewegen, zu reden, das sehen wir sofort. Jedenfalls kamen die in die Diskothek. Da gab's damals [1987] 'ne Disco. Also, die kommen rein und wollen sich wahrscheinlich nur amüsieren. Und die [einheimischen] Jungs, da genügte ein Blick, die mußten gar nichts sagen zueinander. Die haben sich einfach den Spaniern zugewendet ... eindeutig, so als wollten sie sagen 'da ist die Tür, lauft was ihr könnt', und die Spanier haben das natürlich gemerkt. Wie die gerannt sind, und unsre hinterher! Den einen haben sie noch erwischt und einer hat mit 'nem Motorradhelm auf ihn eingedroschen. Ich hab's gesehen, ich stand draußen, hab eine geraucht. Den haben wir dann ins St. Bernards [Hospital] gebracht, so haben die den zugerichtet!"

Die Radikalität der jüngeren Generation wird auf die Erfahrung der Grenzschließung zurückgeführt. Die heute 20-30-jährigen wuchsen ohne die vielfältigen Kontakte ihrer Eltern und Großeltern zum Hinterland und seinen Bewohnern auf. Der franquistische Propagandafeldzug führte zu einer kulturellen Neubesinnung der Gibraltarianer, in deren Folge eine positive Bewertung derjenigen kulturellen Bestandteile, die als spanisch identifiziert wurden, unmöglich wurde.

Gleichzeitig änderte sich die ökonomische Hierarchie zwischen Gibraltar und dem *Campo*. Vor 1969 dominierte Gibraltar das spanische Hinterland ökonomisch, die Gibraltarianer genossen einen höheren Lebensstandard und fühlten sich den Spaniern überlegen. Die Grenzschließung 1969 war für die Spanier des Umlandes zwar ein großer Einschnitt, da sie bis dahin von der Möglichkeit profitierten, in Gibraltar arbeiten zu können. Gleichzeitig jedoch litten sie unter dem Überlegenheitsdünkel der Gibraltarianer. In der Wahrnehmung der Gibraltarianer waren die

"Leute des *Campo* immer stolz auf *the Rock*, damals. Jetzt ändert sich das, weil sie ökonomisch vom *Rock* abhängig waren, der sie ernährt hat, aber jetzt haben sie Geschäfte, die gar nichts mehr mit *the Rock* zu tun haben. Und ihre Haltung zu Gibraltar ändert sich damit auch". [Informant Richard Vasallo, * 1950]

Die Haltung der heutigen *Campo*-Bewohner wird in Gibraltar als ungerechtfertigter Neid interpretiert. Während der Grenzschließung näherte sich der Lebensstandard der Bewohner des *Campo* dem der Gibraltarianer an. Politisch und moralisch wurde aus dem faschistischen Schmuddelkind Spanien eine mit Großbritannien gleichberechtigte Demokratie innerhalb der EU, während sich Gibraltar noch immer in der anachronistischen Kolonialsituation befindet. In der Region hatte Gibraltar seine Position als ökonomisches und symbolisches Zentrum verloren, die ökonomische Hierarchie besteht heute nicht mehr.

Die Verbitterung der Gibraltarianer über Spanien ist durch den damit einhergehenden Verlust des einstigen Prestiges erklärbar. Gerade die jungen Gibraltarianer, aufgewachsen im Bewußtsein der ökonomischen, politischen und moralischen Superiorität, sehen sich heute als Opfer der Verkehrung der Verhältnisse (ökonomische Krise, politische Machtlosigkeit, schwindende militärische Bedeutung). Die daraus entstehende Verbitterung wird im gibraltarianischen Diskurs über das Hinterland weitgehend tabuisiert, der nach wie vor die ökonomische, politische und moralische Überlegenheit der Kolonie behauptet. Die Betonung des Eigenen wird gestärkt, in der Folge erfahren die Grenze und die Bewohner des Hinterlandes eine Kulturalisierung als different [→ Kapitel 2].

## 1.7. Zusammenfassung

Gibraltar ist eine politisch distinkte Einheit innerhalb eines kontinuierlichen geographischen Raumes. Der Süden der iberische Halbinsel wird vom Norden Marokkos zwar durch eine Meerenge getrennt, diese Meerenge stellt jedoch nicht notwendigerweise eine Grenze für die Bewohner diesseits und jenseits dar. Die Wasserstraße ist im Sinne der Topographie und der Geographie eine Barriere, deren Überquerung weitaus schwieriger ist als die Überquerung des sandigen Isthmus, der den Felsen von Gibraltar von seinem Hinterland trennt - hier benötigt man ein Boot, dort kann man bequem zu Fuß hinüber. Aber auch die Wasserstraße ist eine politische Grenze, die allerdings naturalisiert wird. Der Raum diesseits und jenseits der Meerenge ist staatlich und politisch strukturiert, und es ist das Durchsetzungsvermögen von Nationalstaatlichkeit, das die Durchlässigkeit der Grenzen kontrolliert und die Entstehung von grenzüberschreitenden Gesellschaften ermöglicht. Zwischen Gibraltar und Nordmarokko existierte trotz vielfältiger Verbindungen nie eine Gesellschaft, die als grenzüberschreitende Gesellschaft bezeichnet werden könnte. Der ökonomische Nutzen Marokkos für die britische Garnison bestand darin, sich gegen die ökonomische Abhängigkeit von Spanien zu wappnen, die Gibraltar in den Belagerungen des XVIII. und des XX. Jahrhunderts leidvoll erleben mußte. Der historische, religiöse und geopolitische Antagonismus zwischen Marokko und Spanien, wie auch die militärische Schwäche beider Staaten, wurde von Großbritannien genutzt, um Handelsabkommen mit Marokko zu schließen. Der Handel lag in den Händen der Sephardim, die die Rolle des Vermittlers zwischen Großbritannien und Marokko einnahmen. Die Sephardim Marokkos und Gibraltars bildeten eine grenzüberschreitende Gemeinschaft, die erst mit der Aliya der marokkanischen Juden nach Israel in den 50er und 60er Jahren endete.

Die Zivilbevölkerung Gibraltars und seines spanisches Hinterland bildeten bis zu den 50er Jahren dieses Jahrhunderts in vielerlei Hinsicht eine grenzüberschreitende Gesellschaft. Verantwortlich dafür war die Schwäche des spanischen Nationalstaates und seiner Institutionen im Grenzraum in der Zeit des XIX. Jhds und der ersten Hälfte des XX. Jahrhunderts. Spanien hatte weder die politische noch die militärische oder gar ökonomische Stärke, um die Grenze zu Gibraltar abzuschotten und die Entstehung der Grenzgesellschaft zu verhindern. Im Gegenteil: Gibraltar bot den Bewohnern des spanischen Armenhauses die Möglichkeit zu bescheidenem ökonomischen Wohlstand. Großbritannien war an der Entstehung der Grenzgesellschaft interessiert. Die *Royal Calpe Hunt*, an der die lokalen britischen und spanischen Autoritäten über ein Jahrhundert lang gemeinsam teilnahmen, ist ein Symbol für die Absicherung der politischen Koexistenz und für die ökonomische Notwendigkeit für die Existenz einer grenzüberschreitenden Gesellschaft.

Die Briten betrachteten Gibraltar in erster Linie als Garnison, in der die Zivilisten einen - wenngleich notwendigen - Störfaktor darstellten. Um den Einfluß dieses Störfaktors im eigenen Territorium zu minimieren, bot sich die Förderung des Hinterlandes als Ressource für Arbeitskräfte an, Arbeitskräfte, die morgens schnell verfügbar waren und abends das Territorium wieder verließen. Gleichwohl vermischten sich die Lokalbevölkerungen Gibraltars und des Hinterlandes, spanische Mädchen heirateten nach Gibraltar, gibraltarianische Familien kauften sich Häuser im *Campo*. Die grenzüberschreitende Gesellschaft begründete jedoch keine Gemeinsamkeit aller Zivilisten, sie hierarchisierte vielmehr sowohl die Beziehung zwischen Kolonie und *Campo* als auch die Bevölkerung des Hinterlandes: Sie schuf Neid und Mißgunst zwischen jenen, die Zugang zum Arbeitsmarkt und zum Wohlstand des Felsens besaßen, und jenen, die davon ausgeschlossen waren. Seit Beginn der spanischen Maßnahmen im Jahre 1954 manifestiert sich die Landgrenze in ihrer segregativen Funktion.

Mit dem Propagandakrieg des franquistischen Regimes und der Grenzschließung 1969 wurden die vielfältigen Bindungen zwischen den Zivilisten beiderseits der Grenze nachhaltig gestört. Dies führte zu einer Entflechtung der Beziehungen und einer Desidentifikation mit Spanien sowie mit der spanischen Kultur. Die grenzüberschreitende Gesellschaft zerbrach.

Von den marokkanischen Gastarbeitern trennten Klassengegensätze die an der britischen Militärhierarchie orientierten Gibraltarianer. Die Marrokaner übten niedrige Tätigkeiten aus und unterschieden sich - anders als vormals die katholischen Spanier - durch Religion, Sprache und Ethnizität von den Zivilisten.

Während im Rahmen der Europäischen Einigung die Binnengrenzen der EU abgeschafft werden sollen, verlegen sich die Kontrollen an die Tore der "Festung Europa". Dadurch wurde die Meerenge zwischen Iberien und Marokko zu mehr als einer bloßen Grenze zwischen Christentum und Islam.

Die Öffnung der Landgrenze führte nicht zu einem Wiederaufleben der einstmals bestehenden grenzüberschreitenden Gesellschaft. Kulturell, sprachlich und bezüglich der Ausbildung durchlebte die Kolonie in den Zeiten der Schließung eine Anglisierung, emotional wie politisch entwickelte sich ein neues Identitätsgefühl [→ Kapitel 4], ökonomisch hatten sich die Lebensumstände beiderseits der Grenze angenähert. Die Bewohner Gibraltars wurden von der staatlich/territorialrechtlich definierten Bevölkerung (britische Untertanen) zu einer sich als von den Spaniern des Hinterlandes kulturell, ideologisch und ethnisch different identifizierenden Gruppe.

Die Belagerungsmentalität der Gibraltarianer wird durch jede Maßnahme der spanischen Grenzpolizei am Leben erhalten. Diese wirken katalysierend auf die Produktion, den Erhalt und die ständige Perpetuierung einer Identifikation mit dem gibraltarianischen Territorium; sie agieren die kulturelle Differenz zwischen Gibraltarianen und Spaniern aus und machen diese Differenz erfahrbar. Die Schwierigkeiten bei der Überschreitung der Grenze sind nicht nur rechtlich-formaler Art. Darüber hinaus schädigen sie die lokale Wirtschaft nachhaltig und verlangen dem einzelnen Grenzgänger psychische und physische Anstrengung ab, die die Differenz fühlbar und erlebbar machen. Es ist also kein Wunder, daß die Grenze den zentralen kulturellen Ort und den zentralen Referenzpunkt des öffentlichen Diskurses in Gibraltar um Eigenständigkeit, Identität, Ökonomie, Politik und Kultur darstellt. Von allen in der öffentlich Arena ausgedrückten Emotionen ist der Antispanismus wohl dominierend. Diese Gefühle greifen nicht nur auf das aktuelle Leiden unter den Grenzschikanen zurück, sondern auf die kollektive Erinnerung an eine lange Geschichte der Belagerungen Gibraltars durch Spanien und vor allem das Erleben der totalen Grenzschließung zwischen 1969 und 1982/85.

Grenzen sind diejenigen Orte, an denen die "*cultural flows*" von Artefakten, Ideen und Menschen von einem in ein anderes Staatsgebiet überwechseln. Die Regulierung des Stromes hängt sowohl vom Grad der Durchlässigkeit der Grenzen beim Grenzübertritt ab (Häufigkeit und Intensität der Kontrollmaßnahmen) als auch von den Bedeutungen, die beim Grenzübertritt assoziiert werden (Erinnerung an frühere Übertritte). Die heutige Praxis der spanischen Grenzer bei der Abfertigung an der Landgrenze perpetuiert für die Gibraltarianer das symbolische Inventar des frankistischen Staates und führt zu einer Blockade des "*cultural flows*" zwischen Gibraltar und Spanien.

Die Situation der konstanten Repressionen hat weitreichende Effekte auf das gesellschaftliche Gefüge der Kolonie im allgemeinen und auf die kulturelle Abgrenzung von Spanien und vom Mutterland [→ Kapitel 2 und 4], auf die Verfestigung einer Belagerungsmentalität im speziellen [→ Kapitel 3], auf die Ethnisierung der Gibraltarianer und auf den politischen Kampf um Selbstbestimmung [→ Kapitel 5], auf die lokale Ökonomie [→ Kapitel 6] wie auf die Stärkung der ethnisch-religiösen Partikulargemeinschaften [→ Kapitel 7].

## Kapitel 2 Verflechtungen und Entflechtungen: die kulturellen Beziehungen zum spanischen Hinterland

"Fußballeuropameisterschaft 1996, Sieg Englands über Spanien. Ich fahre unmittelbar nach Beendigung des Spiels von Gibraltar nach Spanien und zurück, um einen Eindruck der Reaktionen auf den Ausgang des Spiels zu bekommen. Auf der spanischen Seite hatte sich eine Gruppe von etwa 100 Jugendlichen versammelt, die mit ihren Händen aggressiv auf das Dach meines Wagens (der mit einem gibraltarianischen Kennzeichen ausgestattet war) trommelten. Dazu wurden Tröten geblasen, jemand warf eine spanische Flagge über das Auto. Die aufgebrachten Jugendlichen zeigten mir den Mittelfinger und riefen Dinge wie 'die Grenze sollte man schließen!' und 'bleib' doch daheim in Gibraltar'. Ich mußte hilflos gewirkt haben, verschanzt hinter dem Lenkrad. Ich fühlte mich sichtlich unwohl. Zum ersten Mal während meiner Feldforschung war ich froh über die Anwesenheit der *Guardia Civil* gewesen, da sie versuchte, die gibraltarianischen Autos in der Warteschlange vor den Demonstranten abzuschirmen. Kurz vor dem eigentlichen Grenzposten hielt ein *Guardia* die Fahrer von spanischen Wagen dazu an, wieder umzukehren und nicht nach Gibraltar einzufahren.

Als ich schließlich auf gibraltarianisches Gebiet einfuhr, wurden ich und andere nichtspanische Autos beklatscht und bejubelt. Ansonsten eher zurückhaltende Bürger paradierten in ihren Autos mit zufriedenen Gesichtern entlang der Grenzlinie, viele schwenkten jubelnd den Union Jack oder präsentieren stolz das englische St.Georgs Kreuz, das sie sich auf ihre Gesichter gemalt hatten. Feuerwerkskörper wurden in der Wohnsiedlung Varyl Begg gezündet. Das Mädchen im spanischen Wagen vor mir hatte den Grenzübertritt trotz der Warnungen gewagt. Sie wurde von zwei etwa achtjährigen Kindern beleidigt, auch sie streckten den Mittelfinger entgegen und beschimpften sie auf *Yanito*."[1] "*It was more than a football match*", urteilte das Wochenmagazin PANORAMA später.[2] "*In fact, invariably even if a British team is not playing, (we) would support any team which plays against Spain.*"[3]

Mitglieder der nationalistischen SDGG erzählten später, daß es sich um eine spontane Aktion gehandelt habe. Nicht der Sieg Englands, sondern die Niederlage Spaniens sei gefeiert worden. Aktivist James Berllaque [*1964] bekennt, daß ihm die Tränen heruntergekullert seien. Er habe seine Emotionen gar nicht mehr kontrollieren können, und er fügt hinzu, daß sich an der Grenze sein Unmut über all die Demütigungen der letzten Jahre entladen habe. Ein anderer Aktivist wurde von einem Reporter des andalusischen Regionalsenders *Canal Sur* gefragt, für welche Mannschaft er gefiebert habe. Die Antwort fiel eindeutig aus. Auf die Nachfrage des Reporters, ob denn nicht eigentlich die Spanier aufgrund des besseren Spiels hätten gewinnen sollen, fügte er hinzu: "*¡que se joden!*" (dt.: Die sollen sich [ins Knie] ficken!) Als England eine Woche später gegen Deutschland antrat, erwartete ich von Berllaque und den anderen trotzdem zumindest den Ausdruck irgendeiner feindseligen Gemütsbewegung gegen mich, aber nichts geschah. "*Why?*", wurde ich verwundert darauf angesprochen,

"*it's just football! Hardly anybody cares if England wins or looses against Germany or another country. But last weekend we won against Spain!*"

---

1     Feldtagebuch, 22.06.1996.
2     PANORAMA, No 1514, 24th-30th June 1996: 2.
3     BARABICH, RONNIE: *Why the jubilation*, in: Panorama No 1515, 1st-7th. July 996: 7-8.

Nach dem Ausscheiden Spaniens war es absolut uninteressant geworden, wer die EM gewinnen würde. Man hätte, so wird mir versichert, für jede Mannschaft gejubelt, die gegen Spanien spielte,

"*even if it was the Vatican*".

Die spanische Gibraltarpolitik bestimmt, so haben wir im vorhergehendenen Kapitel erfahren, maßgeblich den öffentlichen Diskurs in der Kolonie. Die Landgrenze ist derjenige Ort, an dem der spanische Anspruch unmittelbar erfahrbar wird.

Dieses Kapitel handelt vom Verhältnis der Gibraltarianer zu Spanien und der spanischen Kultur. Ich werde argumentieren, daß die vielfältigen Verflechtungen, die zwischen Gibraltar und dem *Campo* in den Jahren vor der Grenzschließung bestanden, heute weitgehend entflochten sind. Weiterhin möchte ich behaupten, daß auch in der Zeit nach der Grenzöffnung aufgrund des aufrecht erhaltenen spanischen Anspruches keine Wiederannäherung zwischen den Bewohnern diesseits und jenseits der Grenze stattfand. Vielmehr wurde der Abgrenzungs- und Desidentifikationsprozeß verstärkt.

Da die Grenze derjenige Ort ist, an dem Differenz manifest wird, ist es auch nicht verwunderlich, daß an der Grenze die gibraltarianische Eigenständigkeit am leidenschaftlichsten ausgedrückt wird. Vorgänge wie die Reaktion auf den Sieg der englischen Fußballmannschaft zeigen, daß die Bestimmung dieser Eigenständigkeit maßgeblich (jedoch, wie ich in den Kapiteln 4 und 5 zeigen werde, nicht ausschließlich) durch das Verhältnis zu Spanien und den Spaniern geprägt ist.

Dieses Verhältnis, das den Gegenstand des vorliegenden Kapitels darstellt, wird von den Gibraltarianern auf der performativen Ebene als extreme Ablehnung von allem, das als spanisch identifiziert wird, ausgedrückt.

Die Desidentifikation ist jedoch ein schmerzhafter Prozeß, da die persönlichen, familiären, ökonomischen und kulturellen Verbindungen der gibraltarianischen Zivilisten zur Bevölkerung des *Campo* über lange Perioden der Geschichte hinweg besonders eng und hierarchisch strukturiert waren. Die Intensität der Emotionen anläßlich des englischen Fußballsieges müssen vor diesem Hintergrund interpretiert werden.

In diesem Kapitel werde ich zunächst einige ethnographische Beispiele für die "*borderland hysteria*", die im antispanischen Diskurs zum Ausdruck kommt, präsentieren. In einem zweiten Schritt möchte ich die Einübung der Desidentifikation durch die Erfahrung an der Grenze darstellen. In einem abschließenden Teil werde ich schließlich den Diskurs der Differenz und der Abgrenzung als Ohnmachtsrituale der Rebellion interpretieren.

## 2.1  *Borderland hysteria* im antispanischen Diskurs

Die Virulenz des Antihispanismus der Gibraltarianer wird, um mit BOURDIEU [1987: 51ff.] zu sprechen, von der Deckungsgleichheit zwischen objektiven Strukturen und einverleibtem Habitus verursacht. Die permanente Primärerfahrung der demütigenden Grenzkontrollpraktiken resultiert in einer Krise der Identität, ähnlich der von ROSALDO [1989: 28] als "*borderland hysteria*" bezeichneten moralischen Krise. ROSALDO untersuchte mit der US-mexikanischen

Grenze eine stark bewachte, hochgradig kontrollierte und politisch hypersensible Region. Die "*borderland hysteria*" führt er darauf zurück, daß es sich bei dieser Grenze um eine Barriere des Wohlstandes und der unterschiedlichen Lebens- und Wirtschaftsmöglichkeiten handelt. Die spanisch-gibraltarianische Grenze weist diese Unterschiede heute nicht mehr auf, trotzdem ähneln sich Bewachung, Kontrolle und die symbolische Präsenz des Nationalstaates an beiden Grenzen.

Die permanente Performativität der Demütigung an der Grenze, gekoppelt an den Verlust der einstmals ökonomisch, politisch und sozial privilegierten Position der Kolonie, ist für die Ausbildung der gibraltarianischen "*borderland hysteria*" verantwortlich. Die "*borderland hysteria*" stellt eine moralische Krise dar, da aus gibraltarianischer Perspektive heraus einzig der Bereich der Moral eine Überlegenheit zu garantieren vermag. Die gibraltarianische Überzeugung der moralischen Überlegenheit weist dabei Züge der "*mimicry*" im Sinne von BHABA [1994: 86] auf, da sie sich auch aus der Identifikation mit dem Selbstbild der Kolonialherren speist, wobei den kolonialen Subjekten die Identifikation niemals vollständig gelingt.

### 2.1.1 Die Rede über Spanien

Die heutigen Primärerfahrungen an der Grenze werden in den langen Kontext spanischer Feindseligkeiten eingeordnet und durchweg als Ausdruck einer faschistischen Mentalität bezeichnet. Implizit kommt darin die Überzeugung der eigenen moralischen Überlegenheit zum Vorschein: Noch immer seien "die Spanier" mental vom Faschismus Francos geprägt. Typisch ist das Urteil von Major Richard Vasallo [* 1950]:

"Ich sag Dir was: die Spanier haben eine faschistische Mentalität, die sind tyrannisch ... Diese lausige Nation glaubt wohl, sie könne es mit Großbritannien aufnehmen! ..."

Ursächlich verantwortlich für die Persistenz der faschistischen Mentalität sei die frankistische Schulerziehung. Informant Stephen Harding [* 1944] äußert sich drastisch:

"Die haben den Spaniern in den Schulen und über die Medien immer eingebläut, daß Gibraltar von den Briten gestohlen wurde. Wenn sie das [= Gehirnwäsche] nicht gemacht hätten, dann gäbe es heute kein Problem. Das Problem ist, daß Demokratie nicht über Nacht kommt. Ich sage den Spaniern immer: 'Ihr wart eine Diktatur und wart es gewöhnt, nach einer bestimmten Weise zu leben, das geht nicht so einfach, zu sagen, 'o.k., ab jetzt sind wir eine Demokratie, wir haben eine Verfassung, Spanien ist demokratisch.' Nein! Demokratie muß sich ihren Weg durch eine Gesellschaft arbeiten. Du kannst demokratische Institutionen schaffen, aber es ist die Mentalität, die sich ändern muß. Ich bin sicher daß die jungen Spanier heute ein anderes Schulcurriculum haben und all diese Sachen. Sie werden es zu schätzen lernen, was eine Demokratie ist und was demokratische Prinzipien gegen Diskriminierung ausrichten können auf der Grundlage der Redefreiheit und all diesen Sachen, wie das eben wirkt ... Die jüngere Generation wird das verstehen. Die Menschen, die unter Franco lebten, werden aber nie ganz dazu in der Lage sein, ihr Denken total an demokratischen Prinzipen auszurichten. Das ist sehr schwer. Da wird's immer Widerstände geben ..."

Hardings Meinung ist repräsentativ für den hegemonialen Diskurs. Als Beweis für die Persistenz der undemokratischen Mentalität legt er ein Beispiel von der Grenze nach.

"Im Frankismus war Spanien im wahrsten Sinne des Wortes ein Polizeistaat. In gewisser Weise ist die *Guardia Civil* eine sehr disziplinierte Organisation, sie schwören der Flagge ihre Loyalität, sie küssen die Flagge in der Zeremonie, wenn sie der Organisation beitreten. Es gibt noch immer Überbleibsel der polizeistaatlichen Mentalität bei vielen spanischen Autoritäten. Die behandeln dich wie ... Im GIBRALTAR CHRONICLE gestern stand ein Zwischenfall über einen spanischen Polizisten, der nach Gibraltar hinein wollte und sich dabei an der Warteschlange vorbeidrängte. Er war nicht im Dienst, in Zivilklamotten, und er fuhr keinen Dienstwagen. Und ein Spanier aus Barcelona und ein Gibraltarianer wollten ihn nicht reinlassen. Und wie reagiert er? Er steigt aus und schreibt sie auf und läßt sie zahlen! Ich mein, wo in Europa würde denn sowas passieren? Es ist unglaublich, aber diese Dinge geschehen immer noch in Spanien. Die haben noch immer diese Mentalität. Wenn Du Polizist bist, dann hast Du Autorität und kannst tun, was Du willst. Und das 1996! Ich könnte Dir Vorfälle aus der Francozeit erzählen ... In La Línea geht ein *Guardia Civil* mit seiner Freundin spazieren, da kommt ein junger Mann vorbei und sagt was zu ihm, ruft ihr einen *piropo* zu, und was tut der Polizist? Er holt seine Pistole raus und schießt auf ihn! Unter Franco passierten solche Dinge jeden Tag." [Informant Stephen Harding, * 1944]

Die Liberalisierung der spanischen Gesellschaft seit der *Transición* - Effekt der Demokratisierung, die in Spanien stattgefunden hat - wird im hegemonialen Diskurs verneint bzw. ins Negative umgedeutet.

DH: "Wo ist die dunkle Seite von Gibraltar? Oder geht man dazu vielleicht nach Spanien? Jim Bob Dyer [* 1967]: "Man hört des öfteren von diesem oder jenem, der hier so ein braves Leben führt und den man drüben 'dort und dort' gesehen hat."

So gilt Spanien heute nicht nur den religiösen Fundamentalisten als Quelle eines losen Lebenswandels. Der Rabbi etwa versichert mir, daß der Frankismus sein Gutes hatte, denn die Kirche sei unter ihm sehr stark gewesen und damit auch ein hoher moralischer Standard:

"Vor 25 Jahren war ich im Urlaub in Spanien, und da wurde ein Junge festgenommen von einem Polizisten, weil er Shorts trug!"

Nach dem Tod Francos wurde die

*"morality much lighter, and it affected the ethical standard even in Gibraltar"*:

Kinder nahmen Drogen, hatten Sex und pflegten eine obszöne Sprache. Die Vorstellung vom losen Lebenswandel und von der Libertinage der Spanier ist nicht nur vor dem Hintergrund der Ängste einer sich fundamentalisierenden jüdischen und katholischen Anhängerschaft zu verstehen, sondern vor dem allgemeinen Hintergrund einer Gesellschaft, in der sich aufgrund eines winzigen und geschlossenen Territoriums eine totale soziale Kontrolle entwickelte. Oftmals sind Besuche in Spanien tatsächlich die einzige Möglichkeit, um verbotene Begierden auszuleben. Dies gilt nicht nur für die örtlichen Homosexuellen, denen der Aufbau einer eigenen Infrastruktur in der Kolonie unmöglich ist, sondern für alle, die ihre - als Libertinage interpretierten Begierden - in Gibraltar nicht auszuleben vermögen.

Neben losem Lebenswandel und Kriminalität werden auch Krankheiten im Nachbarland lokalisiert. So ist die Überzeugung weit verbreitet, daß die überaus häßliche Ölraffinerie an der Bucht von Algeciras auch errichtet wurde, um 'die Gibraltarianer zu vergiften'. Im europäischen Vergleich sei die Lungenkrebsquote höher als in jeder anderen Region.

"Der Vater meiner Freundin liegt im Sterben. Der Mann ist 55, und seine Mutter, die vor drei Jahren starb, hatte ebenfalls Krebs und war noch sehr jung, erst 48. Gibraltar hat eine ungewöhnlich hohe Rate an Krebs; wir nehmen an, das liegt an der Raffinerie auf der spanischen Seite",

klagt Alec Moreno [* 1964], und Rimcha Bensimon [* 1950] erzählt ähnliches:

"Viele Gibraltarianer liegen mit Lungenkrebs in britischen Krankenhäusern! Mein Ehemann liegt seit Monaten in England im Krankenhaus. Die Raffinerie hat die Erlaubnis für einen Schwefelausstoß, der die EG-Grenzwerte weit überschreitet."

Die Assoziation Spanien = Krankheit geht über die Erklärung schwerer Krankheiten wie Krebs und im übrigen auch HIV hinaus. Als sich mein Assistent während eines Spanienbesuches einen bösen Eiterpickel zugezogen hatte, hatten die Bekannten prompt eine passende Erklärung parat:

"Sowas holt man sich eben in Spanien mit all dem Viehzeug. Wir sind allergisch gegen Spanien."

Die Landgrenze mit *Verja* und Grenzkontrollen fungiert gewissermaßen - entsprechend zur Reißverschluß-Analogie - als "Schutzwehr vor den Unheilseinflüssen [Krankheit, Kriminalität, polizeiliche Willkür, Arbeitslosigkeit, Armut], die es aus der umweltlichen Exosphäre [hier: Spanien] heraus ständig bedrohen und seine Sakralität verletzen können."[4]

Die Angleichung der ökonomischen und sozialen Lebensverhältnisse zwischen Gibraltar und Spanien verstärkte die Abgrenzung jenes gesellschaftlichen Sektors, der in Habitus, Deszendenz und Sprache den Bewohnern des *Campo* am ähnlichsten ist. Dies konnte ich während des Wahlkampfes 1996 feststellen: Die Anhänger der sozialistischen GSLP aus der Arbeiterschaft mit dem andalusischsten Habitus zeichnen sich durch den antispanischsten Diskurs aus. Demgegenüber zeigen sich die Wähler der konservativen GSD mit ihrem eher britischem Habitus Gesprächen und Verhandlungen mit Spanien am aufgeschlossensten.

Haben sich die Lebensverhältnisse im *Campo* im allgemeinen den gibraltarianischen Umständen angeglichen, so trifft dies auf La Línea gerade nicht zu: hier ist die ökonomische Hierarchie nach wie vor vorhanden. Dies erleichtert es, das Mißtrauen in den spanischen Staat zu begründen. Denn 'wenn die Spanier Gibraltar übernähmen, würde es bald so aussehen wie in La Línea mit seinen Schlaglöchern und verfallenden Häusern'.

"La Línea ist der Scheißkübel Spaniens, da hat sich doch noch nie einer [eine Regierung] drum gekümmert. Und was würden denn die Spanier machen wenn sie Gibraltar besäßen? Ein zweites La Línea? Nein danke!" [Informantin Marisol Jurado, *1941].

"La Línea ist Sitz des Bösen, und dieses Böse kommt seit der Grenzöffnung nach Gibraltar hereingekrochen; so werden "die meisten Verbrechen in Gibraltar von Spaniern durchgeführt", [Nick Garbarino, *1940] "viele Spanier kommen hierher zum Stehlen ... Autoradios sind sehr populär. Oder, da gab's einen Dieb, der brach in zwölf Apartments und stahl Juwelen. Heute gibt es in La Línea sehr viel mehr Arbeitslosigkeit als früher und als in Gibraltar!" [Informant Peter Porter, * 1953]

Konsequenterweise werden zusammenbrechende Familienstrukturen, Kriminalität und Drogenhandel im *Campo* verortet. Allerdings sei die Misere - und hier wird die *Campo-*

---

4    MÜLLER 1987: 29.

Bevölkerung teilweise von der Verantwortung für die postulierte Kriminalität entlastet - staatlich geplant, um Gibraltar zu schädigen.

"Die spanischen Behörden haben den Drogenhandel planmäßig nach La Línea geholt. Vor sieben bis acht Jahren haben mir ein paar der alten Schmuggler erzählt, daß sich Drogenleute aus Barcelona und Madrid (die man vorzeitig aus den entsprechenden spanischen Knästen entlassen hat) in La Línea niedergelassen hätten und die alten ansässigen Tabakschmuggler verdrängten und bedrohten." [Informantin Roberta Porter, * 1955]

Es ist für unsere Zwecke nicht wichtig, ob es sich hier ledigich um paranoide Verschwörungstheorien oder um die Beschreibung eines tatsächlich Tatbestandes handelt. Aus gibraltarianischer Perspektive erscheint es jedenfalls angedenk der Tatsache, daß die spanische Regierung eine Terrororganisation finanzierte (die GAL), nicht ausgeschlossen, daß auch der Drogenhandel zumindest teilweise ein Produkt staatlicher Planung sein könnte.

Entlang der alten Argumentationsketten der *leyenda negra* werden im Urteil über die spanische Politik altvertraute Dichotomien des kolonialistisch geprägten britischen Selbstbildes sichtbar: Während die Briten sich durch größere Rationalität, Pragmatik und Vernunft auszeichneten, gilt die spanische Politik als emotionalitätsgeleitet, irrational und korrupt. Ihr Handeln werde nur allzu leicht von niedrigen Beweggründen wie der puren Machtausübung bestimmt. In den Augen der Gibraltarianer ist etwa die "spanische Ehre", deren Existenz eine Selbstverständlichkeit darstellt, ein solch niedriger Beweggrund. So zeigt sich der langjährige gibraltarianische *Chief Minister* Sir Joshua Hassan überzeugt davon, daß Gibraltar für Spanien lediglich symbolische und machtstrategische, nicht aber ökonomische Bedeutung besitzt. Abgesehen vom unmittelbaren Prestigegewinn, den eine spanische Regierung durch die Gewinnung Gibraltars erzielte, werde vor allem der "spanische Stolz" befriedigt.

Der Zivilgardist in Hardings Erzählung und die Einschätzung der spanischen Politik durch Sir Joshua Hassan dienen aber nicht alleine dazu, um das 'offizielle Spanien' als vordemokratisch zu verorten. Dies wird vielmehr als *pars pro toto* auf 'die Spanier' im allgemeinen ausgeweitet. Denn, so Hassan, bezüglich Gibraltar reagieren 'die Spanier' wie der Pavlov'sche Hund:

"*When it comes to Gibraltar, 99% say it is spanish. You meet nice people, but when it comes to that point, they are blind.*"

Dabei ist es bedeutsam, daß die Aussagen über Spanien und die Spanier ihre Legitimation aus der genauen Kenntnis des Gegenüber ziehen:

"*With the Spaniards we know exactly what they feel, their temperament brings it up boldly to the front. On the other side they are always polity, the courteous ambiguos approach where black is white and white is black. Our relationship with Spain is like a Jojo, going up and down. That is part of the colonial mentality, you see, there is that residue of reluctance ever to feel that although politics has nothing to do with morality, in the case of our relationship with Britain, it is based on morality.*"[Informant Eli Farrache, * 1932]

## 2.1.2 Ambivalenzen

Der Diskurs über 'die Spanier' ist allerdings widersprüchlicher als die Rede über die spanische Politik; er spiegelt die Ambivalenz zwischen Desidentifikation und emotionaler Bindung wieder. Einerseits erwähnte kaum einer meiner Informanten, daß er Freunde und Verwandte in Spanien habe, zu denen enge Beziehungen gepflegt würden. Die wenigen Geschichten, die überhaupt von einem Besuch bei Freunden und Verwandten erzählt wurden, wiesen am Schluß der Erzählung eine stereotype Wendung ins Negative auf: Sie entpuppten sich als falsche Freunde oder als böswillige Verwandte, die sich letztendlich vom 'spanischen Charakter' nicht lösten.

"Ich bin zwar aus Gibraltar, aber viele meiner Verwandten wohnen drüben in La Línea, und ich bin immer wieder erschrocken darüber, wie meine Nichte oder meine Schwester doch jedes Mal sagen, 'Gibraltar gehört uns', ist also spanisch. Und sowas in der eigenen Familie! Da sag' ich immer: wenn's Deines ist, dann nimm's Dir doch!"

empört sich Marisol Jurado [* 1941]. Grundlegendes und immer wiederkehrendes Motiv dieser Narrative ist der nette Freund oder Verwandte, für den letzten Endes Gibraltar doch immer Bestandteil Spaniens ist. Mary-Clare Russo [* 1955] sieht das ähnlich:

"Die Leute in La Línea sind am schlimmsten! Gerade die in La Línea! Da ist man mit netten Leuten aus La Línea zusammen und verbringt einen angenehmen Abend mit ihnen, hat gekocht und hält sie für Freunde: Irgendwann kommt er immer, der Punkt, an dem sie sagen: '... Aber eigentlich ist Gibraltar spanisch!' Garantiert, wie das Amen in der Kirche! Und das tut dann viel mehr weh, weil man doch denkt, 'Freunde' von dort müßten uns doch am ehesten verstehen."

Die Argumentationsketten gegenüber Spanien und den Spaniern verlaufen mit der vorhersagbaren Regelhaftigkeit eines Bekenntnisrituals. Die antispanische Form der Rede, die von nahezu allen gesellschaftlichen Schichten Gibraltars, auf alle Generationskohorten und ethnischen Gruppen geführt wird, unterscheidet nur selten zwischen einzelnen Spaniern und dem Kollektiv 'der Spanier'. Andererseits stieß ich mitunter auf eher nachsichtige Stimmen, die es dem Ethnologen nahelegten, zwischen der Ideologie und der konkreten Interaktion zwischen Spaniern und Gibraltarianern zu unterscheiden.

*"On a personal and professional level there are much less problems than one would expect",* [Informant Gary Sonley, *1934] oder

*"On an academic level there is no problem of collaboration with spanish institutions. I give lectures in Spain, and we have connections to the University in Madrid for example. And spanish colleagues are quite open to Gibraltar."* [Informant Clive Finlayson, *1955]

Mit Verweis auf die Verantwortung der spanischen Regierung für das zerrüttete Verhältnis wird mitunter sogar eine Gemeinsamkeit zwischen den Opfern der Grenzproblematik, den 'einfachen Leuten' auf beiden Seiten der Grenze, behauptet. Diese Zusammengehörigkeit wird allerdings nur im Bereich des gemeinsamen Opferstatus gegenüber dem Zentralstaat wirksam.

Die dezidiert antispanische Haltung des hegemonialen Diskurses ist nicht nur eine Reaktion auf die politische Konfliktlage, sondern resultiert darüber hinaus aus gerade den Gemeinsamkeiten mit den Bewohnern des Hinterlandes, deren Enthüllung durch die politische Situation tabuisiert wird. Aus dieser Situation entsteht eine Ambivalenz, die sich mit einem Beispiel aus der Musik verdeutlichen läßt: Einerseits ist spanische Musik, etwa die Zarzuela, in Gibraltar sehr populär. *Gibraltar Radio* spielt täglich mehrere Stunden ein spanischsprachiges Programm,

> "und wenn man das hört man hat den Eindruck, als ob Spanien noch in den 50er Jahren verharre". [Informantin Fiorina Sayers-Kelly, * 1957][5]

Darüber hinaus besteht auch ein starkes Interesse an Kursen für spanischen Tanz.[6]

Andererseits wird der Musikgeschmack diskursiv in der Regel in Abrede gestellt. Richard Cartwright, Moderator des *Gibraltar Radio*, spricht gar von einem Tabu. Ich erinnere mich an die Parodie eines spanischen Flamenco-Auftritts, die während einer Variety Show viel Schadenfreude und Lachen hervor rief.

Im Urteil über spanische Musik manifestiert sich die emotionale Ambivalenz, die das Verhältnis der Gibraltarianer zu spanischer Kultur kennzeichnet und die im öffentlichen Diskurs auf Straßen, in Kneipen oder in der Presse nicht zum Ausdruck kommen kann.

### 2.1.3 Der Topos des Verrats: Sotogrande - Klasse statt Rasse

Eine zentrale Bedrohung geht vom Ausscheren aus der territorialen Schicksalsgemeinschaft aus, insbesondere durch die Wahl eines dauerhaften Wohnsitzes außerhalb Gibraltars, vor allem natürlich im nahen Spanien. In der Rhetorik der Nationalisten gilt dies als größter Verrat am Gemeinwesen.

> "Ganz ehrlich," versichert Eugenio Garbarino [* 1917], "ich hatte einen Freund aus dem UK zu Besuch, der fuhr nach Sotogrande, der saß in einem Restaurant, und am Nachbartisch saßen drei Gibraltarianer und diese Gibraltarianer redeten schlecht über Gibraltar, weil sie ein Haus in Sotogrande besitzen! ... Drei Monate ist das her. Wenn sie in Spanien sind, verteidigen sie Spanien, hier reden sie dann wieder anders ... Diese Leute machen ihr Geld in Gibraltar, und ihre Autos haben sie in Spanien registriert wegen dem Druck, den die Spanier machen. Das ist sehr schlecht für Gibraltar, finanziell."

Der Topos des 'Überlaufens zum Gegner' ist allerdings hochgradig klassenspezifisch. Dies zeigt sich in der Hierarchisierung, die verschiedene spanische Städte im nationalen Diskurs erfahren. Als besonders schwerwiegend gilt es, Sotogrande als Wohnort zu wählen. Denn Sotogrande[7] ist ein Nobelwohnort, 'die einfachen Leute könnten sich bloß sowas wie ein Sommerhäuschen in La Línea leisten'. Sotogrande bestand bis zu Beginn der 60er Jahre lediglich aus fünf Farmen. Das Gelände wurde von einem Investor ausgewählt, um einen der exklusivsten Golfplätze Europas anzulegen. Im September 1962 wurde die *Sotogrande Company* gegründet, 1965 der erste Golfplatz eröffnet. In den folgenden Jahren siedelte sich die spanische und die internationale Schickeria in Sotogrande an. 1975 wurde der internationale Golfplatz

---

5  Zumeist wird vor allem spanische Musik aus den 50er und 60er Jahren gespielt, die sogenannte *canción española* im Stile von Juanita Reina.

6  So existiert beispielsweise seit 1993 eine *Academy of Spanish Dance*.

7  Eine Feldforschung in und über Sotogrande stellte eine Herausforderung an mich, der ich finanziell nicht gewachsen war. Aus dem Feldtagebuch, 8.11.1996: "Sotogrande. Der Ort ist so, wie ich mir die Anwesen der Reichen in Hollywood vorstelle. Riesige Areale, mit Mauern umgeben, dahinter Palmen und Paläste; ab und zu sieht man einen Dienstboten, einen Gärtner oder Chauffeur ..."

von Sotogrande-Valderrama eröffnet. Heute sind die sportlichen Ereignisse Kulisse für die internationale High Society: Sean Connery, Ex-US-Präsident Bush und HRH Prince Andrew spielen hier Golf, der Sultan von Malaysia, die Schwester des spanischen Königs, Doña Pilar de Borbón, die Herzogin von York, Sarah 'Fergie' Fergusson, Alfonso von Hohenlohe, Blut- und Geldadel und die an der Costa del Sol wohl unvermeidliche Gunilla von Bismarck besitzen hier Anwesen bzw. sind häufig zu Gast und verbringen den Sommer.

"Die Cocktailparties dort sind das Relikt aus den Kolonialzeiten, wo man von einer Cocktailparty zur nächsten geht; fünf Kerle leben in Sotogrande vom Paella machen für Parties; es gibt fünf Poloplätze; in Gibraltar wurde ich vielleicht in fünf Häuser eingeladen, in Sotogrande viel öfter." [Informant Jon Searle, * 1930]

Wohlhabende Gibraltarianer leben oftmals nahezu ausschließlich in ihren Wochenendhäusern, beispielsweise Mr Warwick [* 1949], der noch vor der Grenzöffnung ein Ferienhaus in Sotogrande erworben hatte. Der Bezug eines offiziellen Erstwohnsitzes war und ist Gibraltarianern jedoch aufgrund der spanischen Gesetzgebung[8] verboten, in der Praxis jedoch nicht unüblich.

## 2.1.4 Albert Hammond: *National Hero* oder Verräter?

Es ist heute nahezu ausgeschlossen, sich gleichzeitig als Gibraltarianer und als Spanier zu bekennen: es gibt nur ein Entweder-Oder, und die eindeutige Positionierung wird von jedermann erwartet. Insbesondere jene Individuen, die aufgrund einer (ökonomischen oder familiären) transterritorialen Orientierung als 'unsichere Kantonisten' gelten, sind einem starken Bekenntniszwang zu Gibraltar unterworfen. Am Beispiel des Sängers, Produzenten und Texters Albert Hammond läßt sich dies kurz illustrieren. Hammond, als Sohn eines gibraltarianischen Ehepaars im Zweiten Weltkrieg während der Evakuierung in London geboren, wuchs in Gibraltar auf und begann dort in den 50er und 60er Jahren seine musikalische Karriere. Anfang der 70er landete er mit *It never rains in Southern California* und *Free Electric Band* seine größten Hits. Seine Mutter und seine Schwester leben noch heute in Gibraltar. Die Gibraltarianer haben ein ambivalentes Verhältnis zu Hammond. Einerseits wird stolz auf diesen 'Sohn der Stadt' verwiesen, einen "*local hero*", der - wie auch der Modemacher John Galliano von Dior - alleine durch seine Existenz beweist, daß Gibraltarianer in der Lage sind, Weltgeltung zu erreichen. Allerdings wird gerade von Prominenten strikte Loyalität zu Gibraltar erwartet, ihre Herkunft nicht nur nicht zu verleugnen, sondern ständig und überall herzuvorheben. So verfolgt die lokale Presse Interviews mit Hammond mit Argusaugen und registriert aufmerksam jeden Verstoß. Gerade im Falle Hammonds war es in den gut 30 Jahren seiner internationalen Karriere mehrmals zu 'Mißverständnissen' über seine Loyalität gekommen. Noch heute wird ihm, daß er 30 Jahren benötigte, um - bei der Wahl der Miss Gibraltar - im Jahre 1995 wieder auf einer heimischen Bühne zu stehen.[9] Zwar wird mit Befriedigung festgestellt, daß Hammond im Alter von nunmehr rund 60 Jahren wieder in die Gegend seiner Kindheit und

---

8    So kündigt die Regionalzeitung EUROPA SUR vom 17.4.1996 an, daß die *Guardia Civil* an der Grenze zukünftig nach den Residenz-Papieren der Gibraltarianer fragen werde um herauszubekommen, wer "illegal" in Spanien lebe. Spanien verlangt die Visapflicht für diejenigen Gibraltarianer, die länger als 90 Tage in Spanien verbleiben.

9    VELLA, JOHN, in: Insight Magazine 95/11: 13.

Jugend zurückkehrt; allerdings hat er als Alterswohnsitz nicht Gibraltar selbst gewählt sondern ausgerechnet Sotogrande.

.".. *what else can one expect from someone who at the height of Franco's onslaught against Gibraltar and its people, disassociated himself publicly (on Spanish television, to be precise) from being Gibraltarian and who feels quite comfortable singing 'Mi Andalucia'.*"[10]

Darüber hinaus

"verübeln ihm viele Leute, daß er im Sommer [1996] im spanischen Fernsehen nicht gesagt hat, daß er Gibraltarianer sei, sondern englisch."[11]

Schlimmer jedoch ist, daß er zu Beginn seiner Karriere behauptet habe, er sei Spanier. Interviews mit lokalen Blättern[12] werden heute vom Künstler zu einem eindeutigen Bekenntnis genutzt, aber ich bezweifle, daß damit die 'Mißverständnisse' ein für alle Mal ausgeräumt sind. Dafür sorgt schon das Haus in Sotogrande.

Jedes Eingeständnis der Zuneigung zu bestimmten Ausdrucksformen, etwa zur Flamencomusik oder zum Haus in Sotigrande, trägt die Möglichkeit des Verrats in sich.

## 2.2 Die Praxis der Grenze: die Einübung der Desidentifikation

Der Zwang zum Bekenntnis zu Gibraltar ist nicht auf Prominente beschränkt, sondern auf jedermann, etwa auch auf den Ethnologen, der immer wieder getestet wird, ob er nicht doch auf der spanischen Seite stehe oder spanischen Perspektiven in seinem Buch zu viel Raum geben werde.

Im Bereich der Herstellung von Identität wirken konstant wiederholte Anweisungen auf die Anpassung und Rechtfertigung von Verhalten. Dieser performative Ansatz, den z.B. DRACKLÉ [1998] im Bereich der ethnologischen Geschlechterforschung und FERNANDEZ [1974; 1986] im Bereich der Religion verwenden, läßt sich auch auf die Selbstverständlichung nationaler Identitäten übertragen. Der Bekenntniszwang, der den Gibraltarianern abverlangt wird, ist ein Beispiel für diese Art von positiver, der Einfluß der spanischen Propaganda auf die Ausbildung eines gibraltarianischen Nationalismus ist ein Beispiel für diese Art von negativer mimetischer Performativität.[13]

---

10  *Albert Hammond should stick to composing....*, in: Panorama, 13th-19th January 1997: 8.
11  THE GIBRALTAR CHRONICLE 30.5.1996: 9; Gespräch mit Charles Bosano, 12.09.1996.
12  "*I've never said that I was Spanish. I'm a Gibraltarian, and I am proud of being one. Even though I've lived in America more than any other place in the world, I'm still a Gibraltarian.*" Man habe ihn in der Presse absichtlich falsch zitiert, er habe nie verschwiegen, daß er Gibraltarianer sei. INSIGHT MAGAZINE, November 1995: 18.
13  Daß Nationalismus in der britischen Kolonie Anklang findet, hängt mit der Rolle zusammen, die heutige Nationalismen von historischen Formen unterscheidet. Der Nationalstaat ist heute die offensichtlich dominierende Realität globaler Organisation von Politik, und kulturell differente Gruppen innerhalb eines Nationalstaates - wie die Québecois, die schottischen, baskischen oder korsischen Nationalisten - berufen sich auf die Idee der Nationalstaatlichkeit, die sie selbst anstreben. Ich vermute, daß die Performativität dieser Selbstverständlichkeit durch Weltkarten, Hymnen und Sportwettkämpfe, Armeen, Regierungen, Reisepässe und Nationalgerichte eine Logik besitzt, der sich territorial definierte Populationen nicht entziehen können und die sie mimetisch reproduzieren [Vgl. BUTLER 1998: 9ff; ASSMANN 1994: 13-36]. In Gibraltar ist die Idee der Nation nicht nur an die Mitbürger gerichtet, sondern auch an das Mutterland,

Die normative Kraft der Anweisungen wirkt sich auch auf den Ethnologen aus. In meinen Feldtagebuchnotizen läßt sich nachvollziehen, daß ich mich langsam auf den negativ gefärbten Diskurs der Gibraltarianer über Spanien einlasse und zunehmend automatisch positive Aspekte über Spanien systematisch ausblende. Ich stelle fest, wie Gesprächspartner potentiell positive Urteile über Spanien schon vorwegnehmen und ins Negative zu wenden, bevor ich die Gelegenheit dazu hatte, diese überhaupt anzusprechen.

In der Durchsicht der Feldtagebücher werde ich mir darüber gewahr, daß meine zunehmend negativere Einstellung zu Spanien nicht nur auf den antispanischen Diskurs der Gibraltarianer, sondern auch auf meine persönlichen Erfahrungen an der Grenze zurückzuführen sind. Und auch die hegemoniale Stellung des antispanischen Diskurses wird nur durch die Verbindung von zwei Arten des Wissens verständlich: dem kognitiven erlernbaren Wissen und dem impliziten sozialen Wissen, wie MICHAEL TAUSSIG [1987] es nennt. Dieses implizite Wissen ist ein Wissen, das auf körperlicher Erfahrung beruht, die individuell sein kann, häufig jedoch mit anderen geteilt wird, die ähnliche Erfahrungen durchlebt haben.

MATHIJS VAN DE PORT [1998] arbeitet seine Schwierigkeiten im Zugang als 'fremder' Ethnologe zum 'wahren' Serbentum heraus, das sich - so seine Informanten - im serbisch-zigeunerischen Happening des *lumpovanje* enthülle. Als Westeuropäer, so die Überzeugung, die VAN DE PORT allenthalben entgegenschlägt, könne er das Zigeunertum genausowenig wie das Serbentum verstehen. "*As an academic, as a westerner, as a stranger in Serbian society, I lacked something essential to be initiated into the secret joys of the gypsy tavern.*" Ein Informant erklärt dem traurigen Ethnologen, daß sein akademischer Verstand nicht genüge, um die Seele vom *lumpovanje* zu erfassen. Statt dessen rät er ihm, "*that if ever I wanted to learn about gypsies then I would have to drink with them, or, better still, to fuck them. No other method would do (...) Without drinking or fucking, without mud or vomit you're not going to know.*" VAN DE PORT, der den 'unspeakable horror' der unzähligen Kriege, Massaker und Barbareien, die sein Feldforschungsort Novi Sad in den letzten Jahrhunderten gesehen hat, natürlich nicht 'aus erster Hand' zu erleben vermochte, ahnt dennoch, daß er auf irgendeine ganz essentielle Weise präsent ist für seine Informanten. Aber wo ist diese Erinnerung gespeichert? Ist sie tatsächlich nur in den Erzählungen seiner Informanten oder, um nach Gibraltar zurückzukommen, in den antispanischen Haßtiraden enthalten? Wird sie tatsächlich nur diskursiv und sozusagen als kognitiver Wissensbestand weitergereicht an diejenigen, die - wie nachfolgende Generationen oder fremde Ethnologen - diese Erfahrung nicht selbst gemacht haben?

Der Prozeß, über den VAN DE PORTS Informanten sprechen, verweist auf die meist unbewußte Weitergabe von Erfahrung durch direkte oder indirekte körperliche Übertragung. Sie kann aber auch von einer Generation, die eine Erfahrung körperlich gemacht hat, auf die nächste Generation übertragen werden. Es läßt sich wohl keine geeignetere Metapher für das Eindringen in einen fremden Wissensbereich finden als jene, die der serbische Informant selbst be-

---

an das feindliche Nachbarland Spanien und an die Weltöffentlichkeit. Die Zivilbevölkerung wurde durch die spanische Argumentation vor dem Entkolonialisierungskomitee der UN in den 60er Jahren, das in der Aberkennung des Rechtes auf Selbstbestimmung gipfelte, über Jahrzehnte auf negative Weise mit dem Konzept der Nationalstaatlichkeit konfrontiert. Sie zielte darauf ab, die Gibraltarianer aufgrund ihres Mischcharakters als eigene Ethnie und also als potentielle Nation zu diskreditieren.

nutzt: die des *'fucking'*. Grundlegend für das mögliche Verstehen von *lumpovanje* für VAN DE PORT wäre also eine Übertragung körperlicher Erfahrung.

Dem Körper und der Weitergabe von traumatischen Erfahrungen, die im Körper etwa in Form von Haltungen, Mimik, Gestik, von Anspannungen und Entspannungen gespeichert sind, kommt eine zentrale Bedeutung zu. Dies gründet nicht nur in der fundamentalen methodologischen Überzeugung unseres Faches, daß teilnehmende Beobachtung immer und vor allem körperliche Teilnahme des Forschenden bedeutet, sondern vor allem auch in einem performativen Ansatz, der der reflexiven Wende in unserem Fach Rechnung trägt und dabei - ergänzend zu Diskursen und Texten - Körpern und der körperlichen Wahrnehmung eine grundlegende Rolle für das Verständnis kultureller Realität zuspricht.[14]

Leiblich erfahrene Gefühle, die Abneigungen und Begierden, die Gefühle der Leere und der Erfüllung, der Erregung und der Gleichgültigkeit, der Angst, der Freude oder des Hasses sind mehr als nur ein Ausdruck individuellen Erlebens, sie vermögen darüber hinaus Gemeinsamkeit oder Distanz, Identifikation oder Desidentifikation herzustellen.[15] Kollektive Identifikationi in Gibraltar vollzieht sich auch über die leibliche Erfahrung an der Grenze. Am Beispiel der Transformation meiner eigenen Haltung durch die Erfahrung der Grenze nähere ich mich dieser Facette der gibraltarianischen Ambivalenzen gegenüber Spanien an.

Den Prozeß der Desidentifikation mit als spanisch identifizierten kulturellen Bestandteilen weist viele Parallelen zur Transformation meiner eigenen Beziehung zu Spanien auf, zumal ich mich vor Antritt der Forschung als ausgesprochen hispanophil bezeichnen möchte, im Verlauf der Forschung jedoch mehr und mehr die gibraltarianischen Sichtweisen und Einstellungen übernahm.

Während meines Studiums in den 80ern war ich fasziniert von Spanien im allgemeinen und von Sevilla im besonderen. Ich wählte Sevilla als Ort meiner Feldforschung zum Thema Machismo und Homosexualität, die schließlich Grundlage für meine Doktorarbeit wurde. Während dieser ersten Feldforschung hatte sich meine leidenschaftliche und romantisierende Beziehung zu Spanien[16] bereits etwas abgemildert und war einer tendenziell leidenschaftsloseren, analytischeren und pragmatischeren Einstellung gewichen. Über Artefakte aus meiner Forschungszeit, mit denen ich meine Wohnungen in Heidelberg und Berlin ausstaffierte, drückte sich meine emotionale Bindung an Spanien deutlicher aus als über meine Publikationen. Was dem Afrikaspezialisten seine Dogon-Masken war mir die leuchtende Plastikstatue der Virgen

---

14   Ich greife hierbei auf den Gedanken der Disziplinierungstechniken des Körpers zurück, den FOUCAULT [1969, 1977] entwickelt hat.

15   Vgl. NADIG 1998.

16   Mein Interesse an Spanien wurde in meiner Familie geweckt, Spanien war seit meiner Kindheit in der schwäbischen Kleinstadt schon immer ein selbstverständlicher Teil des Alltags. Im Haus meiner Eltern lebte damals eine spanische Gastarbeiterfamilie aus Valencia, und ich wuchs mit spanischen Freunden aus der Nachbarschaft auf. In der Schule wurde ich ausgesprochen hispanophil, ich lernte Spanisch im Gymnasium und an der Volkshochschule. Die politischen Prozesse des Umbruchs nach Francos Tod interessierten mich schon recht früh, denn mein Elternhaus nahm daran regen Anteil. Begierig schaute ich die Filme von Carlos Saura, die damals im Fernsehen gezeigt wurden. Ich las Enzensbergers Buch über Durruti und die Gedichte der Generation von 1898 und von García Lorca. Hispanistik wurde im Studium mein zweites Nebenfach. Anfang der 80er fegte die Carmenwelle übers Land, ich stürzte mich in einen Flamencotanzkurs und mühte mich redlich, doch erfolglos mit den Kastagnetten.

del Rocío und die Kassette mit der Musik von Isabel Pantoja. Diese emotionale Bindung manifestierte sich noch lange Zeit nach meiner Rückkehr nach Deutschland körperlich, und zwar auf eine Weise, die mich schockierte: Wann immer die spanische Nationalhymne gespielt wurde, traten mir ergriffen Tränen in die Augen. In Sevilla hatte ich die Hymne immer im Kontext der Osterprozessionen gehört, wenn die geschmückten Pasos mit den Marienstatuen unter dem Jubel der Zuschauer über die Kirchenportale getragen wurden. Das Zusammenspiel der Sinneseindrücke, zu denen auch die Hymne gehörte, löste bei mir ein beunruhigendes und bis dahin ungekanntes Erschauern aus. Unter diesen Vorzeichen trat ich meine Forschung in Gibraltar an.

Bei der Durchsicht meiner Feldnotizen stoße ich jedoch schon am ersten Tag der Forschung auf den erste Hinweis einer Skepsis gegenüber Spanien. Ich vermerke, daß mich meine Vermieterin "ja schon gewarnt [hat, daß] *die Spanier* mit ihrem *schikanösen* Dienst nach Vorschrift" die Einreise nach Gibraltar erschweren (kursive Hervorhebungen im Nachhinein). Als ich am folgenden Tag den Mietwagen nach Algeciras zurückbringen möchte, stehe ich bei der Ausreise aus Gibraltar "etwa eine Stunde in einer der vier Autoreihen vor der Grenze" an. Dies gibt mir die Zeit, die Schilder am Straßenrand in englischer, spanischer, deutscher und französischer Sprache genauer durchzulesen. Sie informieren mich, "daß die Grenzkontrollen von den Spaniern angesetzt werden und Gibraltar sich bei den Reisenden für die Unannehmlichkeiten entschuldigt".[17]

Einer der beiden spanischen Zöllner läßt mich aussteigen, ich werde wortlos, aber mit einer eindeutigen Handbewegung dazu aufgefordert, den Kofferraum zu öffnen. Der Zöllner schaut jedoch gar nicht in den offenen Kofferraum hinein, sondern heißt mich weiterfahren.

Am Anfang der Forschung leide ich unter dem Gefühl, das winzige Gibraltar wegen der Warteschlangen nicht jederzeit mit dem Auto verlassen zu können. Der Hausmeister von Marina Court hält den deutschen Forscher irrtümlicherweise für finanziell potent und rät ihm, sich zwei Autos anzuschaffen, eines für Gibraltar und eines für Spanien: "Viele Gibraltarianer machen das so."

War die Verwirklichung eines spontanen Trips mit dem Auto nach Spanien immer vom Ausmaß der Grenzkontrollen abhängig, so blieb dennoch die Möglichkeit, zu Fuß nach La Línea hinüberzugehen. Aber die spanische Nachbarstadt erinnerte so gar nicht an Sevilla oder andere spanische Städte, die ich kannte. Meine Tagebuchaufzeichnung zeichnet ein trostloses Bild.

"Heute war ich in La Línea, wo ich den SPIEGEL und EL PAIS gekauft habe, und wo ich mir die Stadt einmal genauer angeschaut habe. Direkt vor der Grenze befinden sich diese Wohnblocks, ich würde sagen, späte 70er frühe 80er, die ziemlich leblos sind und die man

---

17  "*1) The queues are created deliberately by the spanisch authorities; 2) They are politically motivated and are a part of Spanish campaign to take over the Rock of Gibraltar* [darunter: eine Karte von Spanien, aus der eine Zange herausgreift, die nach dem Felsen von Gibraltar schnappt]; 3) *Thank you for your visit and we regret the inconvenience caused to you* [in der deutschen Übersetzung heißt *inconvenience* = Schikane] [darunter: ein Telefonhörer, der mit der Blauen Europaflagge verbunden ist, auf der zwölf Sterne drauf sind; daneben, etwas abseits, ein dreizehnter Stern, der offensichtlich Gibraltar symbolisiert]; 4) *"You can protest against the queues by contact the 'European Citizens Action Service' Tel.: (32) 25344-233 and by writing to your MP and MPE. Thank You. Self Determination for Gibraltar Group"*.

ähnlich ja auch hier in Gibraltar findet. Polígono San Felipe nennt sich das Ganze und erinnert mich ziemlich an die Vorstadtsilos von Sevilla. Diese Blocks werden durch eine Straße vom mutmaßlichen Hauptplatz La Líneas abgetrennt, und dieser Platz ist nun so ganz anders wie andere andalusische Hauptplätze, die ich kenne und die während der Transición angelegt worden sind. Kein Platz zum Verweilen, keine Bänke, kein Grün, keine farbigen Pflastersteine, keine Kioske oder Kneipen, auf dem Platz selbst rein gar nichts. Dabei ist der Platz sehr groß und von runder Form (ca. 100 m Durchmesser). Von diesem Platz gehen in westlicher Richtung eine Reihe von Einkaufsstraßen oder -gassen ab, d.h. Fußgängerzone mit Läden und Kneipen, Pastellerias etc. Wenn ich gehofft hatte, hier etwas Mondäneres zu finden als in Gibraltar, z.B. einen gutsortierten Plattenladen oder eine Buchhandlung, so wurde ich schmählich enttäuscht. Die 'Buchhandlungen' sind auch hier nur Papiergeschäfte mit ein paar Romanhefte im Sortiment. La Línea ist mir als arme Stadt bekannt, als alter ego von Gibraltar, Armenhaus und Drogenhauptstadt Andalusiens. Hinweise auf Drogen habe ich bis auf eine offensichtliche und bettelnde Fixerin nicht gesehen, also keine weggeworfenen Spritzen, so wie das in einem TV-Bericht[18] zum Ausdruck kam. (...) Ich entdecke den Markt, der auch hier in einer zweistöckigen Halle untergebracht ist. Ich nehme diesen Markt als ärmlich und schmutzig wahr. Ich kann mich nicht daran erinnern, daß der *Encarnación*-Markt in Sevilla derart heruntergekommen gewesen wäre ..."[19]

Die zeitraubenden Grenzrepressionen beschränken meinen Aktionsradius oftmals auf Gibraltar, und so vollziehe ich wohl im kleinen Stil die Begrenztheit des Raumes nach, dem die Bewohner der Kolonie seit Jahren ausgesetzt sind. Ich beginne langsam, mich mit ihnen zu identifizieren und mich von Spanien zu distanzieren. Ich setze mich beispielsweise in mein Auto und übe damit, anfangs ohne es zu wissen, das gibraltarianische Ritual des *Skalestrics* [→ Kapitel 3.3.3] aus. In meinen Tagebuchaufzeichnungen drücke ich meinen Unmut über die spanischen Grenzer immer unverblümter aus:

"Heute um 9.00 bin ich aus dem Haus, um nach Málaga [zum Flughafen] zu fahren. An der Grenze haben wir *lediglich* 20 Minuten gebraucht. Ein widerlicher Zivilgardist mit drei Stummelzähnen hat mich *wieder* kontrolliert, und *wieder* mußten ich den Koffer aufmachen, aber *nicht einmal* hinein geguckt hat er dann! Es ist also *wirklich* reine Schikane, was an der Grenze geschieht, denn *richtig* nachgucken tut keiner. *Immer häufiger* kommen in mir die Bilder des Faschismus auf, wenn ich *solche Unmenschen schikanieren* sehe, Leute, *die zu blöd sind*, um ihren Namen zu buchstabieren, geschweige denn zu schreiben. An jeder 'normalen' Grenze sprechen die Grenzer beide jeweiligen Sprachen, sogar in Frankreich, wo man sich mit Fremdsprachen ja nun wirklich schwer tut. Zu allem Überdruß wurde ich auf der Strecke nach Málaga denn *auch noch mal* von der *Guardia Civil* an die Seite gewunken, weil man meinen Führerschein sehen wollte. Sowas passiert Einheimischen *übrigens laufend*, denn Führerscheinkontrollen haben wir schon viele gesehen." (kursive Hervorhebungen im Nachhinein)[20]

Besonders unerträglich empfinde ich die Grenze in der Zeit nach dem 15.4.1996. An diesem Tag werden verstärkte Kontrollen (*double checks*) eingerichtet [→ Kapitel 1.6]. Anlaß für die *double checks* ist der Tod eines spanischen Polizisten, der mit dem Helikopter bei der Verfolgung eines mutmaßlich gibraltarianischen Schmugglerbootes ins Meer abstürzte und dabei ums Leben kam. Da sich die Wagenpapiere für mein Auto noch bei der Vorbesitzerin in Spanien

---

18   *Schreie gegen das Gift - Die Mütter mit den grünen Tüchern*, von REIMAR H. ALLERDT [Deutschland 1994].

19   Feldtagebuchnotiz, 2.3.1996.

20   Feldtagebuchnotiz, 10.4.1996.

befinden, rät man mir, vorerst nicht zu versuchen, über die Grenze zu fahren. Ein Bekannter malt mir aus, mit welchen Schwierigkeiten ich zu rechnen habe: 'Aha, ein Gibraltar-Auto, das auf den Namen Haller zugelassen ist; der aber ist Deutscher; hat er eine Aufenthaltsgenehmigung? Wie ist sein Status in Gibraltar? Merkwürdig.' Und plötzlich ist mein rechtlicher Status zum Problem geworden - nicht für die gibraltarianischen Behörden (denn ich benötige als EU-Bürger keine Aufenthaltsgenehmigung), aber für die spanischen Grenzer (denn sie erkennen Gibraltar nicht als Teil der EU an). Ich fiele zwischen alle Kategorien, macht mir der Bekannte klar. Man rät mir, vorsorglich verschiedene Papiere beizubringen, die meinen Aufenthalt in Gibraltar gegenüber den spanischen Behörden legitimieren: "Du wirst sehen, wir machen noch einen *Gibraltarian* aus Dir!" Meine in Spanien lebende Vermieterin stellt mir also einen formellen Mietvertrag aus, über den ich bis dato noch nicht verfüge; die Vorbesitzerin des Autos bringt mir die Wagenpapiere; Jon Searle, der Leiter der Garrison Library bestätigt in einem Empfehlungsschreiben, daß ich wissenschaftliche Recherchen durchführe ... das alles kostet Zeit und Nerven. Nach der Prozedur bin ich jedenfalls insofern zum *Gibraltarian* geworden, daß ich ziemlich allergisch auf *die Spanier* reagiere.

Ich bemerke, wie ich langsam in der Frage des Grenzübertrittes zu kalkulieren beginne:

"Ich möchte heute nach Spanien an den Strand fahren und einkaufen. Daraus wird nichts. Um 11.00 Uhr hieß es im Grenztelefon (das alle halbe Stunde nur besprochen wird): geschätzte Wartezeit eineinhalb Stunden. Als ich es um 12.00 Uhr noch einmal versuche, höre ich wieder die Stimme auf dem Ansageband des Grenztelefons: geschätzte Wartezeit - eineinhalb Stunden. 'Geschätzt', das bedeutet meiner bisherigen Erfahrung nach noch etwas mehr. Ich rechne: ich muß um 17.00 zu einem Interview zurück sein; Abfahrt 12.00, "geschätzte" Wartezeit = 1,5 Stunden, = 13.30 (plus vielleicht 15 Minuten) = 13.45. Dann Fahrt an den Strand = 45 Minuten, d.i. 14.30 Uhr; 45 Minuten für die Rückfahrt, also 16.15 Abfahrt dort. Das bedeutet nur 1,45 Stunden am Strand (noch nicht mal den Einkauf eingerechnet, ebensowenig den Fußweg zum Strand, der nochmals 15 Minuten ausmacht). Meinen Assistenten scheint das weniger zu stören, er erzählt Anekdoten aus der Mauerzeit mit dem Grundtenor, daß es damals sehr viel schlimmer gewesen wäre. Als Westberliner geht er lockerer mit sowas um als eine süddeutsche Pflanze wie ich ..."[21]

Am Pfingstsonntag notiere ich:

"Die Spanier sind besonders perfide, sie nehmen natürlich auf Feiertage wie Pfingsten besondere 'Rücksicht' und lassen die Autofahrer unversehens in einer schmorenden Schlange garen. Je öfter ich so etwas erlebe, desto besser verstehe ich den Haß der Gibraltarianer auf die spanische Regierung."[22]

An diesem Wochenende war der Höhepunkt der Grenzrepressionen erreicht, es dauert sechs Stunden, um die Grenze mit dem Auto zu überqueren. In Gibraltar kursiert das Gerücht, daß eine Gibraltarianerin von einem der *Guardias Civiles* mit der Waffe bedroht worden sei. In der Stadt schießen die Spekulationen über weitere spanische Repressionen ins Kraut; nichts scheint mehr unmöglich zu sein. Mein Automechaniker erzählt mir,

"[der Zivilgouverneur von Cádiz und der Verantwortliche für die Schikanen, César] Braña würde in La Línea eine Fläche einrichten, auf der die Autos, die nach Gibraltar hineinfahren, warten müssen; unter jeder Straße befinde sich zuerst eine Schicht grober Steine,

---

21  Feldtagebuchnotiz, 26.4.1996.
22  Feldtagebuchnotiz, 26.5.1996.

dann kleiner Kiesel, und dann erst der Asphalt. ...Braña jedoch wolle die Fläche nur mit groben Steinen bedecken, damit die Räder der nach Gibraltar hineinfahrenden Autos ruiniert würden. (Ich meinte, da hätte er als Automechaniker aber gut dran verdient - was er gar nicht komisch fand)."[23]

Die Repressionen an der Grenze sorgten dafür, daß mein negatives Grundgefühl gegenüber Spanien während der Feldforschung erhalten blieb. Wenn ich heute meine Tagebuchnotizen durchgehe, kann ich die Entflechtung der Verflechtungen über die Veränderung meiner eigenen Beziehung zu Spanien in Ansätzen nachvollziehen. Die Grenze dient als Katalysator für die Desidentifikation mit Spanien, da sie der Ort ist, an der die antigibraltarianische Politik für den einzelnen wie für die Gemeinschaft erfahrbar wird. Die Erniedrigung und Demütigung wird wieder und wieder durchlebt und erlitten mit dem Körper, der stundenlang in der Sommerhitze leidet und den wortlosen Anweisungen verachtender Handbewegungen Folge leistet. Die doxische Erfahrung der sozialen Welt und die habituellen Schemata, die ihr zugrunde liegen, sind deckungsgleich. Der haßerfüllte und dezidiert antispanische Diskurs bietet eine permanente Möglichkeiten zur Katharsis. Die schikanösen Grenzpraktiken stanzen die Differenz ins Fleisch der Grenzgänger ein, sie wird am Leibe erfahren. Die Schmerzhaftigkeit der Desidentifikation ist nur aus der in Jahrhunderten gewachsenen Engmaschigkeit der individuellen, familiären und kollektiven Vernetzung zwischen hüben und drüben zu verstehen. Der negative Diskurs über Spanien basiert auf den negativ konnotierten Inskriptionspraktiken der Differenz seit den 60er Jahren. Diese Praktiken habe ich selbst nur ansatzweise wie im Zeitraffer in einem Jahr nachvollzogen. Die kontinuierliche Erfahrung der Demütigung ist entscheidend für die Erinnerung an die Zeit der Grenzschließung. Bedeutsam und wahrscheinlich ganz naheliegend ist die Übertragung der Erfahrungen mit dem spanischen Grenzregime auf 'Spanien und die Spanier' im allgemeinen. Der geneigte Leser kann sich vorstellen, daß ich mehrere Monate lang nach Rückkehr aus der Forschung nach Berlin auch keine Musik von Isabel Pantoja mehr ertragen konnte und daß mir heute keine Tränen mehr in die Augen treten, wenn ich die spanische Nationalhymne höre.

### 2.3 Rituale: Kontrollen als Demütigung, Antihispanismus als Ritual der Rebellion

Die Kontrollpraxis der *Guardia Civil* und die Modalitäten des Grenzübertrittes lassen sich als Ritual beschreiben. Der anthropologische Ritualbegriff wurde ursprünglich für die Domäne der Religion konzipiert; in der Tradition DURKHEIMS und des Marxismus wurden Rituale, wie DRIESSEN [1992: 11] formuliert, als "*epiphenomenal, circumstantial, and ephimeral*" gefaßt. Rituale haben aber ihre eigene Form, sie verweisen nicht nur auf Herrschaftsverhältnisse von Dominanz und Subordination. BLOCH [1989, 1992] schreibt, daß das Ritual des königlichen Bades in Madagaskar eine Extension von Alltagsriten sei und gerade dadurch seine Kraft beziehe. Macht zeigt sich in ritueller Performativität, da Dominanz und Unterordnung rituell ausgedrückt werden; dadurch werden wiederum eine Reihe von Aktivitäten sozialer und politischer Art in Gang gesetzt.

Die Modalitäten des Grenzübertrittes besitzen die Merkmale eines säkularen Rituals, mit den Phasen der Separation (Warten in den Warteschlangen), der Marginalisation (Kontrollprak-

---

[23]  Feldtagebuchnotiz, 30.5.1996.

tiken) und der Integration (Erteilen der freien Weiterfahrt). Initianden werden in Ritualen die Regeln und Geheimnisse des neuen Status vermittelt, durch Unterweisung und häufig durch traumatische physische Erfahrungen, die das *mysterium tremendum*, wie RUDOLF OTTO 1917 in seinem Buch *Das Heilige* schreibt, nacherlebbar machen.

Auch wenn es sich beim Grenzübertritt des Autofahrers nicht um eine religiöse Initiation handelt, so werden doch mitunter tiefgreifende Erfahrungen emotionaler Erschütterung gemacht. Wie der Initiand, so wird auch der Autofahrer beim Grenzübertritt mit verunsichernden Praktiken konfrontiert.

*"You have to be very careful not to criticize. My wife always worries with me because she knows that I find it very difficult to keep quiet. When we had the double filter, we stopped going to Spain, but I have a daughter who is married and lives in Marbella, and she needed to have her insurance renewed, so we did it for her. Maribel said, lets take it over to her in Saturday. We went down there, no double filter. You know sometimes it was on, sometimes not. And I picked up the Chronicle and I am reading it and it said that when you are an ordinary passenger car, you don't need the triangle. You know, they used to ask for the triangle, the first aid kit, for everything. And they said in the paper that they said with the RAC [brit. Äquivalent zum deutschen ADAC], that you didn't need to have it, because you could turn the flashes on. So I said to Maribel, 'look what they say here: they haven't got the right to ask us for the triangle'. At that moment, they turned up: and we could see them the double filter, and she said 'Look, we've only been in the queue for about 20 minutes, when we get to the front, lets go back, home'. I said 'why?', she said 'because I know what you are going to do and what will happen. Leave the queue'. I said 'I'm not going home. I give you money for the taxi, if you want to go home, I am going through and I am taking the paper to jail'. She said 'if they ask for the triangle you tell them to sort of'. I said 'I would'. As it happened, when we went through, it was alright. But that tension there... And she was right. Where you can argue with a policeman in Germany and explain your position, or in France or in Italy or here in Gibraltar certainly, and explain that what you blieve was right, in Spain if you do it, you are running the risk that you will get into worse trouble than you might have, simply because the guy says 'now I am going to get you into jail'. That is a fact."* [Stephen Harding, * 1944]

*"that tension there..."* Erschütterung und Schauer werden als Grundgefühle, die beim Übertritt erlebt werden, benannt. Und wie der Initiand hat auch der Autofahrer nur geringen oder keinen Einfluß auf den Ablauf des Geschehens. Im Unterschied zum Initianden ist er aber mit den möglichen Kontrollpraktiken an der Grenze vertraut; er kann im Vorfeld Maßnahmen ergreifen, um die Schikanen an der Grenze zu minimieren: einen Anruf beim Grenztelefon tätigen; Uhrzeiten, die als günstig gelten, für den Übertritt wählen; sämtliche Papiere, die gefragt sein könnten, bereithalten; wenige und schnell umladbare Gepäckstücke mit sich führen. Aber gerade weil der Autofahrer im Gegensatz zum Initianden die Möglichkeiten vorab kennt und der Übertritt keine einmalige Angelegenheit ist, eignet er sich besonders dazu, die Machtverhältnisse von Dominanz und Subordination einzuüben und zu erleben. Anders als für den Initianden besteht die 'Integration' des Autofahrers nicht darin, daß er einen neuen Status erhält und damit etwa an der dominanten Position teilhätte. Im Gegenteil: noch im Hinterland kann er sich nicht sicher sein, ob er nicht bevorzugt zusätzlichen Kontrollen ausgesetzt sein wird. Der Grenzübertritt ist gerade wegen der geringen Einschätzbarkeit, der Willkür und der unbefriedigenden Integration ein Ritual der Demütigung und Entwürdigung.

Der demütigende Charakter provoziert als Gegenreaktion den ritualhaften Bekenntniszwang zur Loyalität, dem etwa Albert Hammond unterliegt. Dieser weist ebenfalls Phasen der Separation, der Marginalisation und der Integration auf: Dir Vermutung der Illoyalität sondert den Befragten aus der Gemeinschaft aus (Separation); während der Befragung und der Rechtfertigung befindet er sich in einer Randständigkeit (Marginalisation), die durch das Bekenntnis überwunden werden kann (Integration). Der Fall Hammonds zeigt jedoch exemplarisch, daß die vollständige Integration gar nicht gelingen kann und das Ritual der Rebellion dadurch wie in einer Endlosschleife wieder und wieder am Leben erhalten bleibt.

Der antispanische Alltagsdiskurs ist Ausdruck dieser unvollständigen Integration. Er ist ein ständiges Bekenntnis zu Gibraltar und gegen Spanien. Das negative Bild von Spanien ist darüber hinaus ein positiver Entwurf der eigenen Identität. Betont werden Differenzen, die einem Uneingeweihten zunächst nicht ganz einsichtig sind: sprechen Gibraltarianer und Bewohner des *Campo* nicht dieselbe Sprache, tragen sie nicht dieselben Familiennamen, sind sie nicht in dieselben grenzwirtschaftlichen Aktivitäten verwoben, sind nicht beide Gegenden vernachlässigte Peripherien ihrer jeweiligen Metropolen?

## 2.4  Zusammenfassung

Der Prozeß der Desidentifikation mit Spanien, 'den Spaniern' und mit als spanisch gefaßten Kulturbestandteilen ist Folge des politischen Konfliktes um die Souveränität, der in der Grenzschließung gipfelte.

Durch die Schließung wurden die vielfältigen Verbindungen der grenzüberschreitenden Gesellschaft gekappt. Dies betraf nicht nur individuelle und familiäre Beziehungen. Das ganze ökonomische Gefüge zwischen Gibraltar und dem *Campo* wurde nachhaltig verändert: Gibraltar war zuvor wirtschaftliches Zentrum einer verarmten Region, und dieses Ungleichgewicht schuf ein Prestigesystem innerhalb der spanischen Gesellschaft - zwischen jenen, die Zugang zum Reichtum Gibraltars hatten und jenen, die davon ausgeschlossen waren. Mit der Schließung wurden auf beiden Seiten Wirtschaftsstrukturen geschaffen, die nicht mehr aufeinander ausgerichtet waren. Nach der Öffnung hatte sich sowohl die vormalige wirtschaftliche Hierarchie als auch das darauf aufbauende Prestigesystem verändert. Das Hinterland auf der Mittelmeerseite war zur Tourismusregion geworden, der Hafen von Algeciras hatte Gibraltars Rolle als Handelshafen übernommen, Ceuta auf der anderen Seite der Meerenge die Funktion des zollfreien Hafens. Lediglich La Línea selbst profitierte nicht von der Schließung. Der Verlust der einstigen ökonomische Überlegenheit konnte durch die Betonung der kulturellen Differenz kompensiert werden. Ressourcen für kulturelle Differenz waren naheliegend und konnten im Prozeß der Abgrenzung jederzeit aufgenommen werden. In Kapitel 5 werde ich zeigen, daß die Wirksamkeit der kulturellen Differenz gerade darin begründet liegt, daß der spanische Propagandafeldzug vor allem der 60er Jahre gegen die Bevölkerung Gibraltars kulturelle Unterschiedlichkeit thematisierte.

Gerade die Gruppe mit dem antispanischsten Habitus - die Arbeiterschaft - weist viele Gemeinsamkeiten mit den Bewohnern jenseits der Grenze auf. Ihre flammende Feindseligkeit beruht nicht nur auf der wirtschaftlichen Konkurrenz mit den spanischen Arbeitskräften auf dem lokalen Arbeitsmarkt, sondern auch auf dem Statusverlust, den gerade diese soziale Gruppe durch die Angleichung der wirtschaftlichen Lebensverhältnisse hinnehmen mußte. Hier erweist sich die von RAVENEAU [1996] vertretene These, nach der Identifikationsprozesse Differenzen vor allem dann betonen, wenn die Distanz zwischen 'uns' und 'dem Anderen' zu gering ist: "*On cherche tous les moyens à l'augmenter afin d'éviter tous risques de confusion.*" Abgrenzungsprozesse sind besonders dann wirksam, wenn nicht 'das Fremde' im Gegenüber, sondern das im Anderen wahrgenommene Eigene zur Bedrohung wird. Wir haben es also mit einem Beispiel für die These zu tun, daß gerade Ähnlichkeit Abgrenzungsprozesse notwendig macht, um differente Identitäten aufrecht zu erhalten.

Die Tatsache, unabhängig vom sozialen Status, von Klasse, Bildungsgrad, Geschlecht, Alter oder Ethnizität denselben Demütigungen ausgesetzt zu sein, führt zu einem Gefühl der Gemeinsamkeit: die Ungewissheit über die Modalitäten der Grenzkontrolle, die Furcht bei der Überquerung der Grenze, die Streßsituation des Wartens in der Autoschlange. Ich möchte behaupten, daß Nationalismus als politische Ideologie vor allem dann wirkmächtig ist, wenn diese Erschütterung wieder und wieder mobilisiert zu werden vermag: wenn anläßlich des Sieges der eigenen Fußballmannschaft Tränen in den Augen der Anhänger stehen. Daß diese Tränen im vorliegenden Fall nicht beim englischen Sieg über irgendeine Mannschaft, sondern lediglich gegen die Mannschaft Spaniens fließen, weist auf die Kontextualität des gibraltarianischen Nationalismus hin.

Auch daß sich bis heute keine grenzüberschreitende Gesellschaft mehr entwickeln konnte, liegt daran, daß die Demütigung vor allem in die Körper der gibraltarianischen Grenzgänger, nicht aber in die der Spanier eingestanzt wird: diese Erfahrung wird bei jedem Grenzübertritt nicht nur in Erinnerung gerufen, sondern durchlebt. Handelt es sich bei den spanischem Maßnahmen an der Grenze um Rituale der Demütigung und performieren diese Rituale kulturelle und nationale Differenz, so lassen sich die Gegenreaktionen der Gibraltarianer in Praxis und Diskurs als Rituale der Rebellion interpretieren. Dazu gehört die ständige Beweisführung der Zivilisten im Diskurs, daß eine Differenz zu den *Campo*-Bewohnern bestehe, ebenso wie die Demonstrationen nationalen Selbstbewußtseins an der Grenze anläßlich eines Fußballspiels.

Die Rituale der Rebellion sind also nicht nur Ergebnis der spanischen Behauptung, daß es sich bei den Gibraltarianern eigentlich um Spanier handle, sondern vor allem Ergebnisse der körperlich erlebten Ohnmacht.

## Kapitel 3 Leben im begrenzten Raum

*"I think there is a thing when you live beside an icon, I suppose its a bit like living under the Eiffel Tower, it does affect the way you think. People are always looking and identify everything ... And historically we have such a high pressure of history per square inch, which we are part of ... it's not like you are in London but you come from 6 or 7 or 20 miles away from the thing: this is you are actually there, you are living it constantly, you see it all, everybody knows everybody - it's very tribal in a sense. And it's always been like that."* [Informant Max Sayers, \*1960]

Die Vorgänge an der Landgrenze bestimmen das Leben in Gibraltar maßgeblich. Sie beschränkten in der Zeit der Grenzschließung und teilweise auch danach das zivile Leben weitgehend auf das Gebiet der Kolonie. Das Territorium Gibraltars umfaßt kaum mehr als 6 km². Die räumliche Begrenzung ist jedoch nicht alleine auf die Durchlässigkeit der Grenze zurückzuführen; sie wird vielmehr durch einen zweiten Faktor verstärkt, der durch die Dominanz der militärischen Ordnung entstanden ist. Denn nur Teile des ohnehin winzigen Territoriums, das zum Großteil aus militärischem Sperrgebiet bestand, waren den Zivilisten bis in die jüngste Zeit hinein zugänglich.

Die meisten meiner Gesprächspartner bezogen sich explizit auf die Begrenztheit des Raumes: Wäre Gibraltar größer, dann hätte man im Mutterland mehr Gewicht; dann könnte man den spanischen Schikanen Paroli bieten; dann könnten landwirtschaftliche Produkte angebaut werden. Die geringe Größe determiniert die physischen Bewegungsspielräume. Gibraltars Kleinheit ist ökonomisch und politisch das größte Problem der Kolonie: das Reservoir etwa an gewieften Politikern, die den internationalen Verhandlungen, den machtpolitischen Spielen und Intrigen Großbritanniens und Spaniens nur ansatzweise gewachsen sind, kann bei der geringen Bevölkerungszahl nur sehr gering sein. Daß Gibraltars Repräsentanten - anders als etwa die Bürgermeister von Algeciras oder La Línea - jedoch überhaupt auf internationalem Parkett agieren dürfen, bestärkt die Bewohner in der Überzeugung, in einem privilegierten Fleckchen Erde zuhause zu sein. Dies führt leicht zur Verzerrung der Realität, da der Umgang der *Chief Minister* mit Würdenträgern anderer Nationen innergesellschaftlich auch eine strukturelle Gleichstellung suggeriert. Zwischen der Selbstwahrnehmung und dem tatsächlichen Einfluß auf die nationalen Politiken Großbritanniens und Spaniens besteht eine immense Diskrepanz.[1]

Der begrenzte Raum beeinflußt die Gesellschaft und die Kultur der Kolonie nachdrücklich. In diesem Kapitel möchte ich die Strategien des Umgangs ihrer Bewohner mit der Begrenztheit untersuchen.

Die Parameter für die räumliche Ordnung des Sozialen im kolonialen Gefüge werde ich in Kapitel 3.1 diskutieren.

---

[1] Die Bedeutung des kleinen Ortes für die nationalen Politiken zweier Mittelmächte führt zu einer faszinierenden Verschränkung des Lokalen mit dem Translokalen, die Francis Griffin [\*1950], englischer Regierungsbeamter, zynisch und dennoch treffend beschreibt: "Halt' Dir doch bloß mal die Parlamentssitzungen vor Augen! Da ist die erste Frage an den *Chief Minister*, ob er nicht auch denke, daß es zum Krieg führen würde, wenn Spanien dieselben Schikanen wie an der hiesigen Grenze etwa an der spanisch-französischen Grenze beschlösse. Und der nächste Punkt auf der Tagesordnung ist dann die Beseitigung der Schlaglöcher auf der Main Street."

Im zweiten Teil des Kapitels werde ich zentrale Folgen der Grenzschließung für die Zivilisten darstellen [→ Kapitel 3.2]. Es handelt sich hierbei um die Verkleinstädterung der Wahrnehmung, die Entstehung der totalen sozialen Kontrolle und die Genese des introspektiven Blicks. Alle drei Effekte prägen das Leben in Gibraltar noch heute.

In der Zeit der Grenzschließung wurden verschiedene Strategien mit der räumlichen und sozialen Enge entwickelt.

• Eine naheliegende Möglichkeit stellt die Inszenierung des öffentlichen Raumes als konfliktfreien und harmonischen Bereich dar. Die Exklusion sozialer Konflikte aus dem Bereich der Öffentlichkeit wird am Beispiel der Berichterstattung der Tageszeitung THE GIBRALTAR CHRONICLE diskutiert werden. Die Vermeidung individueller Konflikte mit gesellschaftlichen Normen weist strukturelle Ähnlichkeiten mit dem Umgang sozialer Konflikte im Bereich der Öffentlichkeit auf. Der beengte Raum führte zu einer totalen sozialen Kontrolle der Individuen, die es nahezu unmöglich machte, die private und intime Sphäre als einen für Außenstehende unzugänglichen Bereich aufrechtzuerhalten. Die totale soziale Kontrolle zeitigt jedoch durchaus ambivalente Effekte. Einerseits führt sie zu einer massiven Einschränkung der individuellen Autonomie und Selbstbestimmung. Auf der anderen Seite sichert sie jedoch Schutz, Geborgenheit und die Hilfe durch die Gemeinschaft. Ein Bereich, in dem individuelle Begehrlichkeiten und kollektive Normen kollidieren, ist die Sexualität. Als Vermeidungsstrategie werde ich - anhand des Umgangs mit Homosexualität - das offene Geheimnis diskutieren. Es handelt sich beim offenen Geheimnis um die Strategie der Inszenierung einer Grenze zwischen den eigentlich nur unklar voneinander abgetrennten Bereichen der Öffentlichkeit und des Privaten [→ Kapitel 3.3.2].

• Eine zweite Strategie bestand in der zunehmenden Mobilisierung der Gesellschaft, und zwar sowohl nach innen (was ich am Beispiel *Skalestrics*, einer speziellen Art des Autofahrens, zeigen werde), als auch nach außen, also im Verlassen der Kolonie. Viele Gibraltarianer machten von dieser Möglichkeit zwischen 1969 und 1985 zumindest zeitweise Gebrauch [→ Kapitel 3.3.3].

• Eine dritte Strategie bestand in der Akzentuierung von verschiedene Körpertechniken, was ich am Beispiel der Schönheitswettbewerbe und der Spiritualisierung zeigen möchte [→ Kapitel 3.3.4].

### 3.1 Die soziale Ordnung des Raumes im kolonialen Gefüge

*"There is a history of imaginary geographies which cast minorities, 'imperfect' people, and a list of others who are seen to pose a threat to the dominant group in society as polluting bodies or folk devils who are the located 'elsewhere'. This 'elsewhere' might be nowhere, as when genocide or the moral transformation of a minority like prostitutes are advocated, or it might be some spatial periphery, like the edge of the world or the edge of the city."*

Was SIBLEY [1995] in seinem Buch *Geographies of Exclusion* für die räumliche Exklusion sozialer Gruppen feststellt, gilt in Gibraltar nicht für eine Minderheitengruppe,[2] sondern für die Bevölkerungsmehrheit: die Zivilisten. Es findet sich wohl kaum ein paradigmatischeres Motto für diesen Umstand als den von THOMAS FINLAYSON gewählten Titel für sein Buch über die Evakuierung der Zivilbevölkerung im Zweiten Weltkrieg: *The Fortress came first*. Der Titel verweist auf die Unterordnung der Zivilisten unter die Erfordernisse des Militärs bis in die jüngste Vergangenheit hinein und zum Teil noch heute.

Die Dominanz des Militärischen zeigt sich auf symbolischer Ebene in der metaphorischen und ikonographischen Repräsentation des Gemeinwesens als Garnison. Bis Ende der 80er Jahre beschrieben die meisten geistes- und kulturwissenschaftlichen Publikationen,[3] deren Gegenstand die Kolonie war, das Gemeinwesen vornehmlich aus militärgeschichtlicher und militärstrategischer Perspektive. Geostrategischen Aspekten, vor allem dem Konflikt zwischen Großbritannien und Spanien um die Souveränität des Territoriums, wird darin eine herausragende Rolle zugewiesen. Auf Stichen und Gemälden, die etwa im *Gibraltar Museum* ausgestellt werden, dominiert ebenfalls die militärische Ikonographie: Bastionen, Geschützstellungen, Gefechtszenen, Darstellungen der zahlreichen Belagerungen durch Spanien, die Porträts der Gouverneure, Admirale und Generäle; Szenen, die das Zivilleben darstellen, sind dagegen so gut wie nicht im Museum vorhanden. Nicht nur das zivile Leben, auch die Stadt selbst als urbanes Gebilde verschwindet hinter der Dominanz der Garnison. Die Zivilbevölkerung Gibraltars ist damit bis in die späten 80er Jahre wahrhaft geschichtslos.

In der Geschichte der Kolonie wurde die Zivilbevölkerung von der Militärverwaltung der Garnison bis in die Gegenwart als 'verunreinigende Körper' aus einem Großteil des Territoriums exkludiert. Bis in die 1980er Jahre war Gibraltar in erster Linie eine Militärgarnison, in der die Zivilisten den Regeln der militärischen Erfordernisse untergeordnet waren. Es war aber nicht nur das militärische Reglement, dem sich die Zivilisten unterzuordnen hatten, sondern auch die Tatsache, daß der Großteil des winzigen Territoriums von gerade mal 6,5 km[2] militärisches Gebiet war und damit den Zivilisten unzugänglich. Dies betraf nicht nur die im Felsen angelegten unterirdischen Tunnelanlagen, von denen man auch heute noch nicht genau weiß, welche Waffengattungen sie beherbergen. Dies galt sowohl für ganze Siedlungen, in denen das britische Militärpersonal mit ihren Familien lebte, als auch für eine Unzahl von Immobilien, die, über das gesamte Stadtgebiet verteilt, sich im Besitz der *Royal Navy* befanden. Darüber hinaus war es den Zivilisten bis in die jüngste Zeit nahezu unmöglich, Grundbesitz zu erwerben. Bis in die 60er Jahre waren 92% der Wohnungen in der Hand der Regierung. Bis zum Bau der Siedlung Westside in den 1990ern herrschte in Gibraltar große Wohnungsnot.

---

2   Ethnische oder religiöse Stadtviertel oder Straßenzüge gab es in Gibraltar nicht, wenngleich das UK-britische Militär vornehmlich in Siedlungen in Europa Point lebte und die marokkanischen Arbeitskräfte in der Sammelunterkunft am Casemate-Square untergebracht waren. Juden lebten nie in einem Ghetto oder einer Mellah, noch nicht einmal in einer Judengasse.

3   Vgl. HILLS 1974; MACGOWAN 1978; LEVIE 1983; EDMONDS 1981; JACKSON 1987; EISEMANN 1974; LANCASTER/TAULBEE 1985; MORRIS/HAIGH 1991; GOLD 1994.

### 3.1.1 Wo Licht ist, da ist auch Schatten

SIBLEY spricht vom Devianten und Unreinen, vom Dunklen, Kranken und Wilden als *"main signifiers of otherness"* und als Exklusionskriterien für das Leben im sozialen Raum.

Diese Dichotomisierung dient als Herrschaftstechnik, die zwar dialektisch zwischen den Beherrschten und Herrschenden im kolonialen System wirksam wird,[4] ihren Ursprung jedoch - und hier erinnere ich an FOUCAULTS Arbeiten über die Geburt des Gefängnisses [1977] und der Irrenanstalt [1969] - in innergesellschaftlichen Prozessen der europäischen Kolonialmächte im XVIII und XIX Jahrhundert besitzt.

Auf Gibraltar umgemünzt könnte man sagen, daß die Zivilisten aus der Perspektive der militärischen Kolonialverwaltung als dunkler, ansteckender und wilder Teil betrachtet und aus dem Territorium der Garnison exkluiert wurden. Auf diese Dichotomie ließ sich nicht nur durch den Verweis auf die physiognomischen Unterschiede zwischen hellhäutigen und -haarigen Briten und dunkleren mediterranen Zivilisten zurückgreifen. Darüber hinaus verrichteten die Zivilisten - so sie nicht im Handel tätig waren - die schmutzigeren und körperlicheren Arbeiten in Handwerk und im Hafen, etwa das Kohleschleppen. Die Opposition von hell und dunkel spiegelt sich bis in die jüngste Zeit hinein in den Wohnverhältnissen von Zivilisten und Kolonialelite wieder.

Im XVIII. Jahrhundert existierte sogar ein Stadtviertel mit dem Namen Black Town, und der Name rührt von der *"... miserable condition of the people who lived there"*[5]. Die Zivilisten lebten vornehmlich in beengten und dunklen Wohnverhältnissen in der Altstadt am Fuße des Felsens oder, später, im überfüllten Buena Vista:

> *"... a multitude of badly designed, badly built and overcrowded tenements [...]. Whole families lived in one room without proper windows, and as there was no room for beds, people slept on the floor. Cooking was done outside on a small charcoal stove. These buildings were so terrible that Nelson advocated that they should be pulled down. Some attempt was made to improve the conditions in which people lived but change was slow, and the last of these overcrowded patios did not disappear until our time."*[6]

STEWART [1968: 257] schreibt, daß die Mehrzahl der Städte ein armes Eastend und ein reiches Westend besäßen, in Gibraltar dagegen gebe es nur ein Eastend. Dem ist so nicht zuzustimmen. Ein älterer Mann [* vermutlich um 1925], erzählt über die sozialen Unterschiede zwischen der 'Stadt' und dem Süddistrikt Europa, in dem er aufwuchs:

> *"When I was a kid, some people from El Pueblo (the town area) wearing their good clothes, would look down upon us because we wore no shoes ..."*[7]

Klassenunterschiede bezüglich der zivilen Wohnverhältnisse wurden mir gegenüber jedoch selten thematisiert. Häufiger wurden Vergleiche zwischen den beengten und dunklen Wohnungen der Zivilisten und der privilegierten Wohnungssituation der britischen Administration gezogen.

---

4  PELS 1997; WRIGHT 1995.
5  BENADY, TITO: *Who is a Gibraltarian? The roots of Gibraltarian Society and Culture*, in: Calpe News, 27.4.1979.
6  BENADY, TITO: *The streets of Gibraltar*. Gibguide No. 4. 1996: 35.
7  INSIGHT MAGAZINE (CALPE): *Patio Casola Revisited*. July 1996: 6.

Während meines Feldaufenthaltes war ich häufig im Old Naval Hospital, einem solch privilegierten Gebäudekomplex, zu Gast. Das frühere, von Offizieren und ihren Familien bewohnte Krankenhaus wurde mittlerweile an die Regierung Gibraltars übereignet. Keith Ritchie [* 1948], der in der NATO-Satellitenstation tätig ist, bewohnte mit seiner Frau Barbara [* 1945] bis 1998 eine der typischen Offizierswohnungen. Die Wohnung im ersten Stock des Gebäudes besteht aus vier Schlafzimmern, einem Wohn- und einem Eßzimmer, einer großen Küche, vier Kammern, zwei Toiletten, einem Badezimmer und einem enormen Flur, verteilt auf rund 250 m$^2$ [→ Postscript].

Die ungleiche Wohnsituation von Militär und Zivilisten schürte soziale Resentiments.[8] Während sich unten am Hang die Zivilisten zusammendrängten und,

> "wenn man am morgen aufwachte, sich danach fragten, wie britisch man eigentlich sei, wenn es es nicht einmal möglich war, in einer besseren Gegend zu wohnen, bezogen die Spitzen der Kolonialverwaltung die großen und geräumigen Häuser und Wohnungen oben am Hügel, inmitten von Parks und Tennisanlagen in hellen und geräumigen Palästen in Hanglage" [Informant Gary Sonley, * 1934].

Ein sozialer Aufstieg bedeutete somit auch einen topographischen Aufstieg.[9]

Die Exklusion der Zivilisten aus dem Territorium hatte neben der räumlichen auch eine zeitliche Dimension. Beide Exklusionsformen sind mit 'Dunkelheit' verbunden. Für Zivilisten bestand bis in die 50er Jahre eine abendliche Ausgangssperre. Noch heute sind die Straßen und Gassen der Altstadt nach Einbruch der Dunkelheit schlecht beleuchtet und wirken wie ausgestorben. Im Gegensatz dazu die Nutzung des öffentlichen Raumes in Spanien, wo die Nacht zum Tag gemacht wird und bis spät in die Nacht Menschen die erleuchteten Straßen und Plätze bevölkern.

Mit bestimmten Ländern werden Farben und Lichtverhältnisse assoziiert: mit Spanien das gleißende Licht des Südens, mit England gedeckte Braun- und Grautöne. Die gibraltarianischen Kneipen und Bars waren auf englische Soldaten und Matrosen ausgerichtet, ihre Innenarchitektur ist auf deren Bedürfnisse abgestimmt: dunkle und schwere Holzeinrichtung mit dem maritimem Flair einer Schiffskajüte. Noch heute existieren viele ähnlich eingerichtete englische Pubs in Gibraltar. In spanischen Bars sind ausgeleuchtete, weiße Wände oder farbige Kacheln dominierend.

Nach der Öffnung konnten Gibraltarianer Spanier über bestimmte Körpertechniken identifizieren, wie der Tätowierer Keith Tonna [* 1961] ausführt:

---

8   Ein Beispiel für die Arroganz der Engländer habe, wie mir eine Informantin aufgeregt erzählt, darin bestanden, daß der Oberbefehlshaber seinen Wohnsitz - The Mount - einmal im Jahr großzügigerweise für das Volk geöffnet habe, in einer Zeit, wo die Gibraltarianer absolut beengt leben mußten.

9   Jon Searle, der ehemalige Herausgeber von THE GIBRALTAR CHRONICLE, drückt die unterschiedliche Wohnsituation so aus: *"Our first apartment was in Cumberland Steps in a flat owned by my wifes godfather; but that didn't mean we had to pay less. But unlike other young couples, at least we had our own apartment. My wife and I, we earned 68 £ a month, but the rent was 32 £. When I became editor of the GIBRALTAR CHRONICLE in 1966, I earned 76 £ a month, but as editor I was entitled to live in a military flat that cost only about 10% of my wage! The flat was enormous. The furniture we brought from our old flat was just enough to fill one corner of the enormous corridor! We couldn't furnish the place, e.g. we needed curtains of 12 foot. We couldn't invite some gibraltarian friends, because we were embarassed. Jealousy was enormous. Thats how military people lived in these times."*

"Kurz nach der Öffnung, wenn Gibraltarianer nach Spanien rübergingen, war es eine Art zu demonstrieren *'we are from Gibraltar'*, weil wenn Du ein farbiges Tattoo hattest, dann konntest Du kein Spanier sein, denn da gab's keine Spezialisten dafür, das wurde nicht akzeptiert damals. Damit zeigtest Du also, daß Du zwar wie ein Spanier aussehen, wie ein Spanier reden, essen und Dich bewegen mochtest, Du aber immer noch die Tattoos hattest, die zeigten: *'you're from Gibraltar'*, das konnte man sofort sehen. ... die typischen antispanischen und progibraltarianischen *Youngsters*, vor allem die taten das."

Die Farbe der Kleidung stellt ein weiteres körpertechnisches Merkmal zur Bestimmung kultureller Differenz dar. Noch heute grenzen sich Einheimische durch die Bevorzugung gedeckter Beige, Braun und Grautöne von den Spaniern ab. Ein Informant erklärte mir, man erkenne Spanier sofort daran, daß sie

"wie lebende Bennetton-Reklamen herumlaufen",

während Gibraltarianer eher unaufdringliche Farben bevorzugten. Für britische Besucher aus dem Mutterland sind die Gibraltarianer jedoch über die Farbgebung der Kleidung eindeutig als *non-UK* zu identifizieren, da sie die gedeckten Farben mit Accessoires verbinden, die in Großbritannien als Kennzeichen des Mediterranen gelten. Mir fällt auf, daß Männer zu ihren Anzügen häufig etwas zu bunte Krawatten tragen und daß Frauen ein wenig zu flamboyant sind für den britischen Stil. Mrs. Ritchie [* 1945] erzählt, sie könne in Großbritannien kaum zwei Goldketten und etliche Armreife tragen, sondern - wenn überhaupt - nur einen Armreif und eine Kette

" - aber hier ist das vollkommen in Ordnung".

Mrs Ritchie und andere Informantinnen sind übrigens davon überzeugt, daß die Farben der populären, in Spanien verkauften Burberry-Mode greller sind als jene, die in Gibraltar oder in Großbritannien angeboten wird. Konnte diese Überzeugung auch nicht nachgeprüft werden, so verweist sie jedoch darauf, daß Farbtöne eine zentrale Rolle in der Wahrnehmung des Eigenen und des Fremden spielen und gerade im gibraltarianischen Kontext relevante Marker für kulturelle Differenz darstellen.[10]

Die Wohnverhältnisse der Militärangehörigen unterschieden sich deutlich von denen der Zivilisten.


### 3.1.2 Das Leben in den Patios

Pepe Morello: *"Life was simple, but not miserable."*
Charles Bosano: *"Simpler, but happier."*
P.M.: *"More courteous. Miserable in the sense that the functions [like water] were not there."*
C.B.: *"Quality of life in a way was better, socially, economically - no!"*
P.M.: *"More friendly, more honest - but economically, no! Neighborhood help was fantastic, lots of help ... It is completely lost. [...] In the flats we don't have that kind of patio friendlyness. People are still good. In the patio, neighbors come around and talk to you."*

---

[10] Die Schlüsselkonzepte der räumlichen Exklusion in Gibraltar wie Dunkelheit, Krankheit und Wildnis werden auch benutzt, um Spanien und das *Campo de Gibraltar* zu klassifizieren. Spanien ist der bevorzugte Raum, in dem das Unreine lokalisiert wird. Ich werde darauf erst in Kapitel 5.2 näher eingehen.

C.B.: *"People came round and took care of the children if you were ill. Did the shopping ... It was like a big happy family. In Gibraltar even now you can walk on the streets and nobody's gonna mug you or anything. But before the frontier opened crime was very very small."*

Charles Bosano, Herausgeber des lokalen Monatsmagazins INSIGHT MAGAZINE, unterhält sich mit Pepe Morello, einem seiner Autoren, über das Leben in den traditionellen Wohnhöfen Gibraltars, den Patios. Die Unterhaltung der beiden ist typisch für den öffentlichen Diskurs, der in Gibraltar über die Wohnverhältnisse der Vergangenheit geführt wird. Mr Morello, ein pensionierter Beamter, schreibt 1995 und 1996 eine wehmütige Artikelserie über die verschwundene Welt der Patios, nicht nur die Welt seiner Kindheit, sondern Lebensraum für viele Zivilisten der kleinen Kolonie bis in die jüngste Vergangenheit. Morello firmiert seine Artikel unter dem Pseudonym *Calpe* (Mons Calpe = antiker Name des Felsens von Gibraltar), seine Visitenkarte weist ihn als "Collector of Memorabilia", als Sammler von Erinnerungsstücken aus. Pepe stellt seine Fundstücke im örtlichen Gemeindezentrum, der John-Mackintosh-Hall, aus und schreibt für verschiedene Magazine und Zeitungen Kolumnen über die Kultur Gibraltars. Es gibt heute viele solcher Sammler in Gibraltar, wenngleich nur wenige, die sich, wie Morello, nicht nur auf die Suche nach den Fundstücken der Vergangenheit begeben, sondern diese auch einer breiteren Öffentlichkeit zugänglich machen.

Die Unterhaltung zwischen Morello und Bosano verweist auf eine relativ neue Entwicklung: der Kultur und der Geschichte der Zivilbevölkerung wird zunehmend mehr Interesse entgegengebracht, damit wird die Stadt selbst zum ersten Male von den Zivilisten angeeignet. Dieses Interesse drückt sich in der immer größer werdenden Liste von populären, halbwissenschaftlichen und wissenschaftlichen Publikationen über die lokale Geschichte und Kultur aus.

Die kollektive Erinnerung der Gibraltarianer - Morello und Bosano sind da keine Ausnahmen - an die beengten Wohnverhältnisse kristallisieren sich in den Patios, in denen ein Großteil der Bevölkerung bis in jüngste Zeit (und in Ausnahmefällen bis heute) lebte und somit teilweise aus eigener Erfahrung kennt. Heute leben nur noch wenige Gibraltarianer in den Patios. Vor allem marokkanische Gastarbeiter mit ihren Familien haben sich heute hier niedergelassen.

Die Patios wurden zwischen 1860 und 1910 erbaut.[11] Colonel Sayer gibt ein lebendiges und deprimierendes Bild dieser überfüllten Behausungen:

*"The peculiar formation of the smaller dwellings is another enemy to health; these houses conists of square or oblong buildings, enclosing a confined and ill-ventures court yard or patio, into which windows open. Each floor is cumbered with a balcony, and is often occupied by many families. In these yards clothes are constantly hung out to dry, thus further impeding ventilation. All kinds of filth accumulate, while the drain, if such a luxury exist, is rarely trapped or kept in order."*[12]

Die gibraltarianischen Patios unterscheiden sich von den heutigen spanischen Innenhöfen der Privat- und Einfamilienhäuser, sind aber anderen Wohnhöfen des Mittelmeerraumes wie den *Corrales de Vecinos* aus Sevilla[13] oder den *Komunalkas* des Moldawanka-Viertels von Odes-

---

11 Die einzige Möglichkeit zur Expansion des Siedlungsgebietes bestand darin, unmittelbar hinter der Stadtgrenze, der heutigen Engineer Lane, am Hang zu bauen.

12 SAYER, F.: *History of Gibraltar*. London, 1862, cit. in: JACKSON 1987: 244.

13 PRESS 1979; CARLONI 1984.

sa[14] durchaus vergleichbar. Mehrstöckige Miethäuser, die um einen Innenhof - eben den Patio, der oft nur das Ausmaß eines Lichtschachtes hatte - gruppiert sind. Meist lebten vier Familien oder Parteien in einem Block. In den Lebenserinnerungen benutzten die Informanten eher die Begrifflichkeit des Lebens in den Patios als vom Leben in den Blöcken bzw. Wohnungen. In einigen Fällen teilten sich rund 200 Menschen einen Patio.

Von den englischen Reisenden wurde das Leben in den Patios mit Schmutz assoziiert, und auch in den Lebensgeschichten der Informanten ergibt sich ein Bild simpelster hygienischer Verhältnisse, das retrospektiv eine Romantisierung erfährt [→ Kapitel 5.2.1 und 5.2.2]. Fließendes Wasser gab es nicht. Man teilte mit den Nachbarn die Toilette, der gemeinsame Wasseranschluß wurde nur zweimal am Tage geöffnet. Die Wäsche hängte man zum Trocknen auf gemeinsame Wäscheleinen auf. Nicht selten brachen in diesen ungesunden Wohnverhältnissen Epidemien aus.[15]

Das Wohnungsproblem verschäfte sich im XX Jahrhundert nach dem Zweiten Weltkrieg. 1939 waren 14.000 der 20.000 gibraltarianischen Zivilisten evakuiert worden, da die britischen Behörden einen Angriff Deutschlands auf die strategisch wichtige Garnison am Eingang des Mittelmeeres befürchteten. In die Patios wurden britische Soldaten einquartiert. Allerdings wurden auch etliche tausend britische und gibraltarianische Bürger evakuiert, die vor dem Krieg im spanischen Hinterland lebten; mit der Repatriierung der Zivilisten zwischen 1944 und 1952 ließen sich auch diese in Gibraltar nieder.[16] Nicht alle Familien konnten sofort wieder in ihre Patios zurückkehren, die teilweise noch immer von Soldaten bewohnt wurden.

Die ersten Monate und Jahre überbrückten viele der Rückkehrer in provisorisch aufgestellten Metallhütten, den sogenannten *Nissen Huts*. Vor allem diejenigen, die vor dem Krieg in Spanien lebten, wurden dort angesiedelt. Tom Grech [* 1945] lebte damals ein Jahr mit seinen Eltern und Geschwistern in solchen Unterkünften in Eastern Beach. Auch in den *Nissen Huts* lebten mehrere Familien zusammen, und die einzelnen Wohnbereiche waren durch sehr dünne Zwischenwände abgeteilt, so daß die Konversationen und Auseinandersetzungen der Nachbarn hautnah miterlebt werden konnten. Im Sommer heizte die Sonne die Metallhütten auf, "es war wie in einem Backofen." Die meisten Familien lebten drei bis vier Jahre in den *Nissen Huts*, die letzten Hütten wurden in den 60er Jahren geräumt.

1947 begann die Regierung mit dem Bau der ersten moderneren Wohnblöcke in der Gegend von Governors Meadows (Red Sands). Dieses Projekt schuf 472 Wohnungen und wurde 1951 beendet.[17] In den 60er Jahren entstanden die Siedlungen Glacis Estate, Moorish Castle und Laguna Estate. Bis 1969 waren insgesamt 2.267 Wohnungen gebaut worden, weitere 368 befanden sich im Bau.[18] Waren die Wohnblöcke in Glacis, Laguna, Red Sands und Moorish Castle noch kommunale Bauten, so wurde 1965 der erste private Wohnblock in Gibraltar ge-

---

14 BABEL 1979.
15 In der großen Gelbfieber-Epidemie von 1805 sterben 5.046 Menschen (von damals insgesamt 15.000) [JACKSON 1987: 167], 1813 fallen dem Gelbfieber 899 Menschen zum Opfer, 1854 bricht das *malignant fever* aus [JACKSON 1987: 250], 1865 rafft eine Cholera-Epidemie 572 Menschen dahin.
16 Darüber hinaus hatten viele der ledigen Evakuierten mittlerweile geheiratet und brachten ihre meist englischen Ehepartner und Kinder mit nach Gibraltar.
17 JACKSON 1987: 296.
18 JACKSON 1987: 296.

baut, Marina Court. Auch wenn es heute weitaus modernere und geräumigere Appartments gibt, so ist es doch kein Wunder, daß die Wohnungen in Marina Court noch immer den wohlhabenden Familien gehören.[19] Aber noch bis in die 80er lebten Gibraltarianer vornehmlich entweder in den Mietskasernen der 50er und 60er Jahre oder aber in den beengten Wohnverhältnissen der Altstadt.

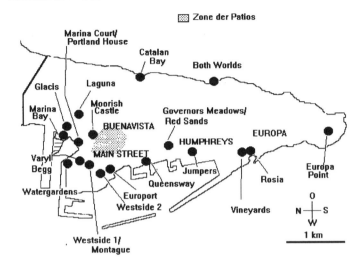

Abbildung 7: Wohnviertel Gibraltars

## 3.2 Die totale soziale Kontrolle

Bis in die 80er Jahre hinein lebte die überwiegende Bevölkerungsmehrheit vornehmlich entweder in den Mietskasernen von Glacis, Laguna und Moorish Castle oder aber in den beengten Wohnverhältnissen der Altstadt und der Patios. Erst mit dem Bau der Siedlungen Westside, Watergardens, Montague Crescent und New Harbour in den 1990ern wurde die Wohnungsnot

---

[19]  Ich selbst hatte mich bereit vor Antritt des Feldaufenthaltes über eine Annonce in Marina Court eingemietet, ohne von der Geschichte des Hauses zu wissen. Marina Court stellte sich als idealer Ausgangspunkt für die Forschung heraus, die als Befragung lokaler Eliten begann. Manchmal hatte ich den Eindruck, ich könnte meine Forschung durchführen, ohne das Haus zu verlassen: In Marina Court lebten wichtige Persönlichkeiten der Hindu-Gemeinde; der *parnas* der EzHayim Synagoge; eine Bahai'i Familie; der Enkel eines lokalen Tabakbarons; eine Kandidatin der Gibraltar National Party für die Parlamentswahl; ein Minister der sozialistischen Regierung; einige Familien, die eigentlich in Sotogrande wohnen; der Herausgeber des Stadtmagazins DISCOVER MAGAZINE; ein Nachbar, von dem gesagt wird, er sei der offizielle Verbindungsmann zum spanischen Geheimdienst; Mutter und Schwester des Sängers und Produzenten Albert Hammond - ein Haus in Gibraltar - und der Hausmeister wußte anscheinend alles über jeden.

weitgehend behoben. Den Grund und Boden für die neuen Siedlungen hierfür hatte man dem alten Hafenbecken abgetrotzt.

Noch heute befinden sich die meisten Immobilien nicht in Privatbesitz, sie gehören dem M.o.D. oder der lokalen Regierung und damit in beiden Fällen der britischen Krone. Allerdings wurden in den letzten Jahren 20,5% des Gesamtterritoriums vom M.o.D. an die Lokalregierung übereignet.[20]

Das militärisch-koloniale Regime definierte die öffentliche Sphäre als einen Raum, in dem die Zivilisten eine untergeordnete Rolle spielten. Die geschlossene Grenze zurrte die für die Zivilisten zugänglichen Bereiche noch fester, da es nun auch nicht mehr möglich war, das Nachbarland zu besuchen oder sich dort gar niederzulassen.

### 3.2.1 Bienvenido oder die Verkleinstädterung der Wahrnehmung

Die Zeit der Grenzschließung führte zu einer Verengung der Wahrnehmung. Geraldine Finlayson [* 1962] zum Beispiel erinnert sich daran, wie wütend sie als 10-jähriges Mädchen geworden war, als sie mit ihren Eltern und ihrem kleinen Bruder nach Spanien reiste. Der Bruder war damals fünf Jahre alt und freute sich, als er einen Zug vorbeifahren sah,

"*... because he had never seen a train before in his life, and I was so angry that he had not the possibility of seeing one before ...*"

Auf Spuren der provinzialisierten Wahrnehmung stoße ich oftmals ganz unvermutet. So finde ich beispielsweise bei der Durchsicht des GIBRALTAR CHRONICLE vom 04.06.1994 die Klage eines Veterinärmediziners darüber, daß er am Wochenende ohne Hilfe den toten Esel Bienvenido (*bienvenido* = Willkommen) zerstückeln mußte, was ja eigentlich nicht seine Aufgabe sei. Daraufhin erscheint am 07.08. ein bitterer Leserbrief, in dem gefordert wird, daß dem Esel ein ehrenhaftes Begräbnis gebühre. Die Geschichte schien mir vorerst lediglich skurril und unverständlich, doch war ich neugierig geworden, was hinter der Forderung nach einem Ehrenbegräbnis für einen toten Esel wohl stehe. Ich fand heraus, daß Bienvenido für diejenigen eine hohe emotionale Bedeutung besaß, die während der Grenzschließung in Gibraltar aufwuchsen. Bienvenido war während der Blockade angeschafft worden, um die Kinder mit anderen Säugetieren als den heimischen Delphinen und Affen vertraut zu machen. Es wurde

---

20  In der Zeit vom 07.06.1985 bis zum 20.04.1996 wurden über die *Defence Estate Agency* des M.o.D 1,2 km$^2$ (20,5% des Gesamtterritoriums) übertragen. Dies entspricht 296,663 acres (Angaben gemäß eines Briefes des Ministry of Defence, Defence Estate Organization (Lands), Gibraltar, vom 29.11.1996). Der für die Übereignung gültige Modus legt fest, daß Liegenschaften, die das M.o.D. nicht mehr nutzt und die älter sind als 60 Jahre, umsonst an die Lokalregierung übertragen werden. Für Liegenschaften, die jünger sind als 60 Jahre, muß die Lokalregierung entweder einen Betrag bezahlen (der unter dem eigentlichen Wert liegt), oder aber sie gehen gratis an sie über - sofern die gibraltarianische Regierung keinen unmittelbaren Nutzen für die Gebäude nachweisen kann. Dies geht auf Vereinbarungen zwischen dem UK und Gibraltar zurück, die erste wurde 1969 und die zweite 1983 getroffen. Ein Beamter der *Defence Estate Agency* spricht von einem politischen Geschenk an Gibraltar, denn der britische Steuerzahler habe für den Bau und die Instandsetzung der Liegenschaften bezahlt. "Wenn ich die Abwicklung in einem Teil Englands machen würde, dann würde ich da gucken, daß ich die Liegenschaften zum höchstmöglichen Preis loskriege. Das ist aber in dieser Situation unmöglich, weil die gibraltarianische Regierung zusätzlich Geld vom M.o.D. fordert, um die Immobilien einer Nutzung zugänglich zu machen."

sogar ein Kleintierzoo gegründet, in dem Hühner und andere Kleintiere gehalten wurden. Über das Schicksal des Leichnams des Grautieres berichtet die Zeitung nichts.

### 3.2.2 Atemnot

Die Kleinheit des Ortes hat enge und vielfach verwobene Netzwerke zur Folge. Bei jenen Zivilisten, die sich beispielsweise politisch engagieren, handelt es sich immer um dieselben Leute. Die lokale Elite ist demnach zwar klein, jedoch sind ihre Mitglieder - häufig über Verwandtschafts- und Nachbarschaftsnetzwerke - aufs Vielfältigste miteinander verbunden.[21]

Zwischen 1969 bis 1982/85 wird Gibraltar noch deutlicher als zuvor zu einer *face-to-face-*Gesellschaft. Zwischen zwei beliebigen Zivilisten lassen sich mühelos direkte Beziehungen oder Beziehungen über einen Dritten herstellen. Tom Grech [* 1945], der 1993 aus England nach Gibraltar zurückgekehrt war, sprudelt aus dem Stand drei Beispiele zur Illustration hervor:[22]

"Damals streikten die Müllkutscher, überall lag Müll herum. Ich mußte ins Krankenhaus und auch dort lag Müll rum. Ich beschwerte mich bei einem der Bediensteten darüber, daß Müll ungesund sei, gerade im Krankenhaus. Der bellte zurück: 'Du glaubst wohl, weil du aus England kommst, könntest du mir Ratschläge geben.' Da bin ich wütend geworden und habe ihn einen Bastard genannt. Ich hab' die Geschichte dann meinem Bruder erzählt, und der war ganz entsetzt. Sowas könne man doch nicht sagen, der Mann sei der 'Vetter eines Vetters'. Das war mir dann doch peinlich, am nächsten Tag hab ich mich dann entschuldigt. Es ist sehr schwer, sich mit jemandem richtig zu streiten, weil es immer der Cousin von irgendjemandem sein kann ...

Man muß aufpassen, was man sagt! Man sagt etwas zu Jemandem, den man nicht kennt und eine Woche später kriegt man dann heraus, wer das war. Vor drei Wochen hab' ich ein Möbelstück an eine Frau verkauft. Dafür wollte ich 50 Pfund, die Frau meinte aber, das sei zuviel: sie habe nur 35 Pfund. Ich hab das Geld dringend gebraucht und ihr dann das Möbelstück für 35 Pfund gegeben. Sie sollte das aber nicht weiter erzählen, wie billig sie es bekommen habe. Einige Tage später kam dann eine andere Frau in den Laden, die wollte auch so ein Möbelstück. Ich verlangte wieder 50 Pfund, die Frau sagte, sie würde nur 45 Pfund dafür bezahlen. Diesmal verkaufte ich das Möbelstück für 45 Pfund. Nach einer Woche kommt die Frau zurück und beschwert sich, daß ich dasselbe Stück auch schon für 35 Pfund verkauft hätte, und zwar an eine Freundin, die in der Wohnung über ihr wohnt. Dann hab'

---

21  Unter diesen Bedingungen ist die Rekrutierung der politischen Elite ein gravierendes Problem, etwa wenn es darum geht, geeignete Kandidaten für die Wahlen zum Parlament zu finden. Von den Kandidaten wird erwartet, daß sie nicht nur auf lokaler, sondern auch auf nationaler, transnationaler und globaler Ebene eine halbwegs gute Figur machen würden. Nur wenige Bürger finden sich dazu bereit, diese Verantwortung auf sich zu nehmen. "*In Gibraltar, power is not faceless, because you see the ministers every day on Main Street*", meint Kevin Grech, und Robin McNamara [* 1955] erklärt: "Politik in Gibraltar würde ich nie machen; das wär mir viel zu anstrengend. Jedermann spricht einen auf der Straße an, die rufen privat bei einem zuhause an. Und jeder kommt mit persönlichen Anliegen an, etwa einer besseren Wohnung, und erwartet, daß man dieses ganz persönliche Anliegen erfüllt. Wenn man es dann aus welchem Grunde auch immer nicht erfüllt, hat man gleich seine ganze Familie und die Freunde auf dem Hals und gegen sich. Jeder erwartet, daß man das Schlagloch in der Straße vor seinem Haus repariert bekommt, die Minister sind eben für solche Sachen zuständig. Und Neid und Eifersucht, ja. Wenn man mit dem Minister in eine Klasse gegangen ist und er einem nicht hilft, denkt man, 'was glaubt der, für wen er sich hält, ich habe ihn noch gekannt, da war er einer von uns'. Politiker in Gibraltar zu sein, das kann ich mir überhaupt nicht vorstellen."

22  Feldtagebuchnotiz, 25.4.1996.

ich sie eben noch etwas umsonst im Laden aussuchen lassen. Wenn man hier irgendwas macht, findet das spätestens nach einem Monat irgend jemand heraus...

Oder vor drei Monaten, da war ich im Casino beim Bingo. Neben mir saß eine alte Frau, die guckte mich immer von der Seite her an. Irgendwann stand sie auf und sagte: 'Entschuldigung, heißt ihre Mutter Luna?' Ich sagte ja. Da meinte die zu ihrer Freundin: *'I told you it is Lunas boy. Which one are you, the old one or the young one or the middle one?' 'The middle one'. 'You're you married to the english girl?' 'Yes'*. Die hat alles über mich gewußt! Die anderen Leute am Tisch hörten zu und haben sich dann eingemischt. Eine andere Frau sagte: *'You look like your mother'*, eine andere meinte *'no, like your father'*. In England ist so eine Situation undenkbar. Aber hier fragen sie dich alles über deine Lebensgeschichte. Man trifft den *Chief Minister* auf der Straße und der fragt einen, wie man seine Rede im TV gefunden habe. Vor allen Leuten! Alle hören zu! In Gibraltar ist es sehr schwierig, eine Privatperson zu sein, weil dann darüber spekuliert wird, was wohl falsch mit einem sei. Man muß man zu jedermann freundlich sein und mit jedem reden."

Ein Hauptproblem in der Zeit der geschlossenen Grenze bestand im Verschwinden bzw. in der Reduktion des privaten Raumes. Dies lag nicht nur in der Tatsache begründet, daß der Enge der Nachbarschaft auch zeitweise nicht mehr zu entkommen war, sondern darüber hinaus auch im Zusammenleben mehrerer Generationen in derselben Wohnung. Vor allem für junge Paare war es so gut wie unmöglich, ein privates Leben, abgeschirmt vor den Einflüssen der Eltern, Geschwister, Großeltern und Schwiegereltern, zu führen.

Öffentlichkeit und Privatraum sind im ethnologischen Diskurs über den Mittelmeerraum eng an die Geschlechterdichotomie geknüpft. Die Lebenswelten der Geschlechter im Mittelmeerraum - und hier ist Gibraltar keine Ausnahme - werden in der ethnologischen Literatur und häufig auch im lokalen Alltagsdiskurs weithin als klar voneinander getrennt dargestellt.[23] Der Bereich des Mannes sei weitgehend auf die Öffentlichkeit (Straßen, Bars), der Bereich der Frau auf die Privatsphäre (Haus, Patio, Nachbarschaft, Markt) beschränkt. Männer seien bestrebt, ihre Unabhängigkeit vom häuslichen Bereich zu demonstrieren; ihr Arbeitsbereich sollte nicht im Bereich des Hauses liegen,[24] die Freizeit verbrächten sie vielmehr ausschließlich in homosozialen Kontexten, etwa in Bars. Dieses Bild der dichotomisch gestalteten Lebenswelten wird in neueren Arbeiten zur Geschlechterordnung im Mittelmeerraum zunehmend hinterfragt. So zeigt CRONIN schon 1977 für das ländliche Sizilien, daß der für Frauen zugängliche Bereich einerseits bei weitem nicht auf das Haus beschränkt ist, sondern durchaus die Nachbarschaft und weite Teile des Dorfes umfaßt, andererseits auch das Haus für Nichtverwandte zugänglich ist. Diese Dekonstruktion der scharf sozialräumlich dichotomisierten Welt der Geschlechter stellt die Frage nach den Grenzen des Öffentlichen und des Privaten. Bis in die 80er Jahre wurden in der ethnologischen Literatur vor allem die sozialen Beziehungen von Frauen des Mittelmeerraumes so beschrieben, als ob sie auf den Kreis der engsten Verwandtschaft beschränkt seien. Freundschaften unter Frauen oder gar extensive weibliche Netzwerke, die über die angebliche Privatheit und Intimität der weiblichen Lebenswelten hinausreichten, wurden von der ethnologischen Forschung lange ignoriert.

---

23  Vgl. PITT-RIVERS 1961; BRANDES 1975; DAVIS 1977; DRIESSEN 1983; CARLONI 1984; GILMORE 1987; SÁNCHEZ PÉREZ 1990.

24  Vgl. PRESS 1979; CARLONI 1984. Dagegen verweist SÁNCHEZ PÉREZ [1990: 53ff.] in der Raumanalyse des Herrenhauses der ländlichen Oberschicht darauf, daß der Arbeitsplatz des Hausherrn - das Büro - innerhalb des Hauses, aber außerhalb des Wohnbereiches liegt.

GILMORE [1982] führt dies darauf zurück, daß die ethnologische Datenlage vor allem von männlichen Ethnologen geprägt wurde, die mit männlichen Informanten männliche Repräsentationen der sozialen Realität und also auch der Geschlechterbeziehungen erarbeiteten. Die Existenz einer scharfen Trennung zwischen dem öffentlichen Raum des Mannes und dem privaten Raum der Frau wird diskursiv von vielen Informanten Gilmores gestützt,[25] und auch viele meiner Informanten behaupteten eine solche geschlechtsspezifische Raumordnung für das Gibraltar vor der Grenzschließung [→ Kapitel 3.3.4]. Wie GILMORE, so hinterfragte auch die feministische Ethnologie, die bis in jüngste Zeit[26] von der Differenz zwischen den Geschlechter ausging, die Differenz innerhalb der Geschlechter nicht und verhinderte dadurch auch eine Diskussion um die öffentlich/privat-Dichotomie.

Urbane Wohnformen wie die Patios in Gibraltar oder die *Corrales de Vecinos* in Sevilla belegen, daß der häusliche Bereich für Außenstehende kein unzugänglicher und geschützter Raum ist. Vielmehr gehört die familiäre Intimität gerade hier zum Wissensbestand der Nachbarschaft und ist Gegenstand von Klatsch und Tratsch. Die Charaktereigenschaften der Nachbarn, ihre Begierden und Abneigungen sind bekannt. Die daraus möglichen Konflikte erfordern sensible Strategien des Umgangs, die zwischen dem Schutz des Intimen und dem Geltungsanspruch der sozialen Normen zu vermitteln mögen [→ Kapitel 3.3].

### 3.2.3. Sicherheit

"Und", so Edward Azopardi [* 1957], "auch wenn das total nervend ist, ich kann ihnen nicht einmal böse sein, denn neben der Kontrolle ist das ja auch ein Stück Fürsorge, und wenn ich sagte: 'Ich hab jetzt die Schnauze voll', würde das nur die Basis der Harmonie zerstören und den anderen weh tun. Je älter man wird, desto weniger ist man rebellisch und desto mehr akzeptiert man die Gegebenheiten, denn die bieten ja auch etwas ganz Tolles: Sicherheit. Wenn mit meinen Eltern etwas ist, kann ich sicher sein, daß ich sofort informiert werde; wenn ich Hilfe brauche, hab ich sofort 50 Leute zur Hand. *'Its comfortable, people take care of you. Here you are somebody, in London you are nobody.'"*

Die Auswirkungen der totalen sozialen Kontrolle werden also nicht nur negativ, sondern vielmehr ambivalent bewertet. Dieses drückt Edward Azopardi folgendermaßen aus:

"Klatsch ist weitverbreitet, wie gesagt, jedermann weiß alles von jedem. Die Kontrolle ist sehr stark. Meine Nichte geht mit einem Jungen aus, aber anstatt zu fragen, ob das ein netter Junge sei, interessieren sich ihre Mutter, ihre Auntie und die Cousine nur dafür, welche Eltern er hat und aus welchem Stall er kommt. Dann glucken sie zusammen und rattern die Familiengeschichte des Jungen herunter, ganz automatisch, die haben sie im Kopf.

Oder ein anderes Beispiel: Neulich war ich beim Arzt, ich hab' aber vorher niemandem etwas davon gesagt. Ich hatte einen Termin um 10.30 Uhr. Als ich um 11.00 wieder daheim war, kam sofort ein Anruf meiner Mutter. Sie wollte wissen, was ich denn beim Arzt zu suchen hatte. Irgendeine Nachbarin hat mich wohl gesehen und dann meine Mutter alarmiert.

Oder einmal, da bin ich die Main Street hinuntergegangen. Ich habe immer meine Tasche dabei, die ich über meine Schulter werfe. Ich war auf der Bank und hatte Geld abgehoben, und die Tasche war offen. Daheim hat mich sofort meine Auntie darauf angesprochen, je-

---

25  Siehe auch DRACKLÉ 1998.
26  HAUSER-SCHÄUBLIN/RÖTTGER-RÖSSLER 1998.

mand habe sie angerufen und ihr davon erzählt, daß er mich gesehen habe. Ich könne doch nicht mit offener Tasche durch die Main Street gehen, da könne man mir ja was stehlen.

Oder aber wenn ich mein Auto einmal drei Tage am selben Parkplatz stehen lasse; dann werde ich am dritten Tag vom Nachbarn angerufen und gefragt, ob auch alles in Ordnung ist."[27]

Die totale soziale Kontrolle wird somit nicht ausschließlich als Beschneidung von Bewegungsspielräumen beschrieben. Viele Zivilisten empfanden die Begrenztheit auch als geschützten Raum, in dem man sein Leben bequem einrichten konnte.

*"[...] for the vast majority of people, including people who had already reached the peak of their career, in a sort off, who were married and had children, for those people, it was pretty... I mean, they had a great time. Because, at the end of the day, what did they want to do? They would have save up and you still could go off to Morocco for your holiday or you could go off to England on holiday".* [Informant Max Sayers, *1960]

SIR WILLIAM JACKSON drückt in seiner Geschichte Gibraltars denn wohl auch die Wahrnehmung der Mehrheit der Bevölkerung aus, wenn er schreibt, daß Gibraltar in der Zeit der Grenzschließung einer der ruhigsten und friedlichsten Orte

*"... during a period when social unrest and violence stalked through most cities in Western Europe"* gewesen war.

*"There was virtually no crime, muggings, terrorism, pornography, or other vices engendered by the twentieth century misinterpretation of personal freedom as licence."*[28]

Häufiger Topos im Diskurs der Informanten war eben dieser Verweis auf die Ruhe und Friedlichkeit des Ortes. Durch die Grenzschließung wuchs eine ganze Generation junger Gibraltarianer abgeschnitten vom Hinterland auf. Dies beförderte eine starke Selbstbezogenheit, die die kulturelle Abkehr von Spanien begünstigte [→ Kapitel 2] und in der Entstehung einer politisch artikulierten gibraltarianischen Identität gipfelte [→ Kapitel 5].

*"The community was thrown in upon itself and came to know itself better than it had ever done in the days of the open frontier. Gibraltar had to make its own life, its own entertainment, and its own rules for living together within the close confines of the Rock. Sporting clubs multiplied and prospered. Standards of sporting achievements rose enabeling Gibraltar teams to compete internationally. The arts and social clubs flourished as they had never done before as homespun activities replaced visits to and entertainment in Spain."*[29]

Diese Selbstbezogenheit wirkt sich in unterschiedlicher Weise auf den Umgang mit Körperlichkeit aus [→ Kapitel 3.3.4].

Die soziale Kontrolle des Lebens im abgeschlossenen Territorium bietet Sicherheit und Geborgenheit im MÜLLER'schen Sinne. MÜLLER [1987: 35] schreibt, daß jene Grenzlinie, die eine künftige Siedlung im dörflichen Kontext Indiens und Afrikas umgrenzte, nicht nur Markierungsfunktion hat, sondern auch apotropäischen Zwecken dient; damit meint MÜLLER den Schutz des Gemeinwesens vor "'Hexen' und sonstigen unheilsstiftenden Einwirkungen aus der

---

27   Feldtagebuchnotiz, 25.10.1996.
28   JACKSON 1987: 319.
29   JACKSON 1987: 319.

exosphärischen Fremdwelt". Dies gilt auch für die Grenze in Gibraltar. Was Edward Azopardi als "Stück Fürsorge" bezeichnete, hat mit der schützenden Wirkung der Grenze zu tun: Das Böse und Unheilbringende haust jenseits der Grenze, vor allem in Spanien, aber auch in England. Kontrolle und Fürsorge werden ursächlich in Verbindung gebracht mit der abwehrmagischen Wirkung des Blicks auf das Böse.

### 3.2.4. Liberalisierung

Verkleinstädterung, Atemnot und Sicherheit durch die totale soziale Kontrolle wurden in der Zeit der Grenzschließung durch ein Klima der gesellschaftlichen Liberalisierung ergänzt, das der spezifisch militärstrategischen Bedeutung Gibraltars geschuldet ist. In der Tat interpretierten die meisten Informanten die Zeit der Grenzschließung nicht als eine Zeit der Enge, sondern sogar als eine Zeit der Liberalität und der Sicherheit, eine Zeit, in der

*"the worst thing you could do was smoking a joint"*.

So wird mir diese Zeit nahezu durchweg als Periode beschrieben, in der die Anwesenheit ständig wechselnder Militärschiffe und Truppenteile Gibraltar vor der absoluten Verkleinstädterung bewahrt und permanent neue gesellschaftliche Anstöße gegeben habe. Die Entwicklung einer größeren Liberalität wurde als Notwendigkeit des Lebens im begrenzten Raum interpretiert.

*"They couldn't go away to do what they wanted to do, could they?"*, erzählt mir ein homosexueller Informant [* 1955]. *"Whereas now it is so easy to lead a double life. All you have to do is to cross the border. So here you can be Mr. He-Man, and there you can wear a peineta. Whereas in those days, you had to do ... whatever you wanted, you had to do it here!"*

Diese Liberalität sei durch die Öffnung verlorengegangen und werde zunehmend durch Mißtrauen, geschürt durch den Einbruch der "wirklichen Welt" in die bis dato vom Militär geschützte und ökonomisch abgesicherte Welt der Zivilisten.

*"We joined the real world, where joints are nothing, we've got other things, worse of course, burglaries, muggings, and all sorts of things ..."*

Chiffren für diese "wirkliche Welt" sind die Verweise auf Arbeitslosigkeit, Drogen, Pornographie und Kriminalität. So war es bis vor wenigen Jahren unüblich, die Haustüren abzuschließen. Noch vor zwei Jahren sei es normal gewesen, Autos nachts nicht abzuschließen und die Autoschlüssel stecken zu lassen.

Die geschlossene Grenze entband das Gemeinwesen vor einer Aushandlung der Beziehungen zu Spanien, vornehmlich zu den Gemeinden des Hinterlandes: Die meisten Beziehungen auf kommunaler, ökonomischer und sozialer Ebene waren gekappt. Nach der Öffnung mußte ein neuer *modus vivendi* mit dem Hinterland gefunden werden, der der Ambivalenz der Funktionen der geschlossenen Grenze - Isolation einerseits, Schutz andererseits - Rechnung trug. Die Grenzöffnung hob nicht nur die Isolation, sondern auch den Schutz der Gemeinschaft vor bestimmten äußeren Einflüssen auf: Drogen, Kriminalität und die Konkurrenz billiger spanischer Arbeitskräfte führten zu einem Gefühl der Bedrohung und zu einer verstärkten Abwehr gegen alles Spanische. Diese 'Schließung der Mentalität', die meine Informanten so häufig erwähnten, wenn sie über die Folgen der Grenzöffnung sprachen, ist damit nicht nur Resultat der totalen sozialen Kontrolle und der Verkleinstädterung in den Jahren 1969 bis 1982/85, sie ist vielmehr der Kombination dieser Elemente mit zwei weiteren Aspekten geschuldet: der Verringerung der britischen Militärpräsenz (und damit der Weltläufigkeit), als auch der Schutzlosigkeit vor den Einflüssen der "wirklichen Welt". Dies katalysierte die Projektion der Ursache alles 'Bösen' auf Spanien und beförderte die Abwehr der als spanisch interpretierten Einflüsse.

### 3.3 Der Konflikt zwischen Individuum und Gesellschaft und die Überwindung der räumlichen Enge

Während der Grenzschließung war das zivile Gemeinwesen gewissermaßen ein einziger großer Patio, der von der totalen sozialen Kontrolle mit all ihrer Widersprüchlichkeit geprägt wurde. Die Zivilisten entwickelten verschiedene Strategien der Konfliktvermeidung unter den Bedingungen des begrenzten Raumes, die ich in der Folge diskutieren möchte.

Wie werden unter den Bedingungen der totalen sozialen Kontrolle Konflikte geregelt, die aus der Konfrontation des Persönlichen mit sozialen Normen zu entstehen vermögen?

Meidungsgebote stellen eine erste Möglichkeit zur Konfliktvermeidung dar. In Gibraltar haben sich verschiedene Strategien der Vermeidung von Kontakten in Situationen, in denen man sich unter Bekannten in der Öffentlichkeit bewegt, entwickelt, darunter die Vermeidung der Main Street und das Ausweichen auf Seitenstraßen, oftmals unter Inkaufnahme von Umwegen. Die Main Street ist nicht nur Gibraltars Hauptstraße, sondern auch die einzige große Geschäftsstraße, die die Altstadt zur Gänze durchzieht. Hier begegnen die Gibraltarianer einander oft mehrmals am Tage. Für eine spezifische Strategie wurde sogar ein einheimischer Begriff geprägt: "*the Hi-Bye-Syndrom.*" Auf der Main Street wird Meidung hergestellt, indem man schnellen Fußes die Straße vermißt und zielstrebig das Ziel ansteuert, ohne sich mit den Bekannten bis auf den rituellen Meidungsgruß auszutauschen. Grüßt man einen Bekannten mit "*Hi*", so wird einem von diesem ein "*Bye*" entgegnet. Manchmal grüßt man auch mit einem "*Bye*" [→ Postscript].

Eine zweite Möglichkeit liegt in der Tabuisierung des Konfliktiven im öffentlichen Bereich. Konflikte werden dadurch entschärft, daß das Wissen um sie geleugnet wird. Beim offenen Geheimnis, in das ich zunächst am Beispiel des Umgangs mit Homosexualität einführen werde, handelt es sich um eine Strategie zur Konfliktvermeidung.

### 3.3.1 Klatsch und das offene Geheimnis

Gerüchte und Gerede über die sexuelle Präferenz dieser Politikerin oder jenes Gastwirtes sind Bestandteil des halböffentlichen Diskurses auf Gassen, in Kneipen und Geschäften. Mrs X lebt mit ihrer Freundin zusammen, Mr Y hat in den Niederlanden seinen Geschäftspartner geheiratet. Jedermann scheint zu wissen, wer schwul und wer lesbisch ist, und das Bemerkenswerte an diesem Gerede ist, daß über die Homosexualität nur selten pejorativ geredet wird. Die neutrale Rede über Homosexualität ist auch in dem Bedürfnis begründet, dem fremden Ethnologen gegenüber Weltläufigkeit und Toleranz unter Beweis zu stellen. Diese sind zentrale

Topoi des gibraltarianischen Selbstbildes, dessen Negativ das Bild vom engstirnigen und intoleranten Spanien darstellt, von dem es sich abzugrenzen gilt [→ Kapitel 2].

Während Homosexualität häufig den Gegenstand eines zum Teil sogar positiven und wohlwollenden Diskurses bildete, erwies sich die soziale Praxis des Umgangs mit Homosexuellen als durchaus ambivalent. Noreen Hanson [* 1945] und Renée Delagua [* 1943], die zusammen eines der Geschäfte für Heimwerkerbedarf führen, standen oft im Mittelpunkt des Geredes und wurden mir gegenüber immer dann angeführt, wenn es darum ging, die eigene Toleranz und die der Gemeinschaft der Gibraltarianer zu belegen. So begann ich eines Tages den mir heute noch peinlichsten *faux pas* meiner Feldforschung. Ich fragte Noreen, ob ich mit ihr und ihrer Teilhaberin ein Interview führen dürfte. Noreen kannte mich bereits und wußte, daß ich über 'die gibraltarianische Kultur' forschte. Gerne zeigte sie sich bereit, mit mir zu reden. Als ich jedoch erwähnte, daß sie und Renée das einzig offen lebende lesbische Paar seien und ich gerne über gesellschaftliche Toleranz reden wollte, blickte sie mich entsetzt an und stieß hervor: "Woher weißt Du das? Davon weiß doch niemand! Wer hat Dir davon erzählt?" Mit dieser Reaktion hatte ich nicht gerechnet. Ich war so überrascht von ihrer Reaktion, daß ich die Situation noch verschlimmerte, indem ich hervorstotterte, "... na, jeder. Alle ... ich ... ich dachte ..." Aufgebracht fuhr sie fort: "Über alles können wir reden, aber nicht darüber! Das ist nicht aktenkundig!"

Ich hatte mich in eine jener typischen Situationen hinein manoeuveriert, in die Ethnologen im Feld immer wieder dann geraten, wenn sie die diskursive Praxis der Informanten wortwörtlich und für bare Münze nehmen. Ich hatte verschiedene Dinge miteinander verwechselt. Zum einen war ich davon ausgegangen, daß die wohlwollende Rede auch eine wohlwollende Praxis bedingte. Und zweitens hatte ich nicht damit gerechnet, daß ihr der Klatsch über sie und ihre Freundin unbekannt sei. Offensichtlich hatte ich Halböffentlichkeit und Öffentlichkeit miteinander verwechselt. Es kam darauf an, wie man über etwas redete, wo man dies tat und vor allem mit wem. Anscheinend bekam das, was alle wußten und wovon auch Noreen wußte, daß es alle wußten, erst dadurch, daß ich es ihr gegenüber offen und arglos aussprach, besondere Bedeutung, wurde erst dadurch greifbar und real. Ich kam mir vor wie der Junge in Hans-Christian Andersens Märchen vom *Kaiser mit den neuen Kleidern.*

Es gab in der Öffentlichkeit zweierlei Arten des Umgangs mit Homosexualität. Einmal war da Joe Trinidad, der einzige offen schwule Einheimische - diese Offenheit wurde etwa dadurch hergestellt, daß er im lokalen Fernsehen Interviews über seine Homosexualität gab. Joe bekannte sich offensiv und war für die meisten Einheimischen sogar etwas wie ein liebevoll umhegtes Maskottchen. Und dann waren da Leute wie Noreen, Renée und der Arzt Jacky Forbes, über die zwar in ähnlich neutral-positiver Art und Weise geredet wurde wie über Joe, aber vor anderem Publikum und niemals in ihrer Gegenwart. Was in der Öffentlichkeit geredet wurde, war etwas vollkommen anderes, als das, was im intimen Kreis geredet wurde.

*"Public thinking may harm your reputation. Because everybody knows everybody, one can point the finger at you."* [Dominique Searle, * 1960]

Der Unterschied bestand also im Grad der Öffentlichkeit bzw. Halböffentlichkeit. Man mußte besonders aufpassen, mit wem man im privaten Rahmen reden konnte, etwa, ob ein Verwandter oder Freund des Beredeten anwesend war, den man mit dem Klatsch verletzen konnte. In Gibraltar ist das Individuum immer identifizierbarer Teil einer Familie. Da jeder jedermanns *"skeleton in the cupboard"* kennt, werden heikle Intima nur im halböffentlichen Bereich beredet (*"the private is common knowledge"*). Durch dieses Wissen wird derjenige, der im falschen Kontext redet, selbst Opfer des Klatsches. Aus diesem Grund wird es vermieden, die Skelette offen zu benennen.

Das "Darüber-Reden" zerstört das Bild des höflichen und harmonischen Kollektivs; der harmonische Diskurs ist zentraler Topos in der Rede über die Gemeinschaft. Erst das Benennen macht Dinge real und nötigt sowohl dem Sprecher als auch seinem Gegenüber eine Reaktion ab.

Man kann nicht sagen, daß die Homosexualität des Arztes Jacky Forbes kein Bestadteil des kollektiven Wissens und er damit quasi 'im Schrank' sei. Gleichzeitig ist sie aber auch nicht öffentlich. Forbes befindet sich damit in einer ambivalenten Situation: Man tut so, als wisse man von nichts, obwohl es jeder weiß. Die Regeln des Spiels der hegemonialen Harmonie sind bekannt: Alles und jeder hat seinen Platz, auch Homosexualität, und zwar als marginales Phänomen. Joe Trinidads Rolle des Tabubrechers liegt in der Bestätigung dieser Ordnung. Es darf jedoch nur einen Tabubrecher geben, die hegemoniale Ordnung darf nur einmal gebrochen werden. Es darf nur einen Kaiser geben, der keine Kleider trägt, Homosexualität nur als eine Ausnahme, nicht aber als häufige Ausnahme oder gar als Regel. Homosexualität existiert als soziales Phänomen erst dann, wenn ihre Existenz öffentlich ausgesprochen wird; dann allerdings ist sie für die hegemoniale Ordnung bedrohlich. Die Unterscheidung zwischen Öffentlichkeit und Halböffentlichkeit erhält die heteronormative Grundlage der Gesellschaft, in der nicht ist, was nicht sein darf, und 'es ist' erst, wenn 'es' offensichtlich-öffentlich ist. Während also Homosexualität in den Bereich des Individuellen und Privaten verdrängt wird, ist der Bereich der Öffentlichkeit vom Exhibitionismus heterosexueller Ritualisierungen durchtränkt.[30]

Daß aber auch noch im Klatsch über Homosexualität der Kern einer Bedrohung liegt, wird an einem anderen diskursiven Topos deutlich: die homosexuelle Heirat. Bestandteil des Klatsches war häufig der Verweis darauf, daß

> "die beiden ja in Holland geheiratet haben, das ist ja jetzt möglich", oder daß "ihre Freundin in Amsterdam lebt. Da haben die beiden geheiratet."

Diese Rede wird vor allem über diejenigen geführt, denen man sexuelle Aktivität unterstellt, wie Noreen, Renée, Jacky und andere. Im Gegensatz dazu erfährt Joe Trinidad eine Entsexualisierung, da er 'den richtigen Partner noch nicht gefunden' habe. Die Bedrohlichkeit von gleichgeschlechtlicher Sexualität wird also durch soziale Heterosexualisierung gezähmt, oder anders ausgedrückt: lassen sich homosexelle Beziehungen analog zu heterosexuellen Paarbindungen interpretieren, dann ist die Devianz erträglich.

Das offene Geheimnis, das nicht nur den Umgang mit Homosexualität sondern auch mit anderen 'Verfehlungen' beherrscht, stellt herkömmliche Vorstellungen von Öffentlichkeit und Privatheit im Mittelmeerraum [→ Kapitel 3.2] als klar voneinander abgegrenzte Räume in Frage.

---

30   Haller 1996.

### 3.3.2 THE GIBRALTAR CHRONICLE: der harmonische Diskurs als Grundlage der Gemeinschaft

Von meinen Beobachtungen zu Klatsch als offenem Geheimnis ausgehend, lassen sich auch andere Formen der halböffentlichen und öffentlichen Rede betrachten. Eine zentrale Rolle in der Produktion von Öffentlichkeit nimmt die lokale Presse ein, insbesondere die einzige lokale Tageszeitung, der GIBRALTAR CHRONICLE (kurz: CHRONICLE oder GC), die zweitälteste, noch immer bestehende Tageszeitung der Welt (gegründet 1801).[31]

Der GIBRALTAR CHRONICLE stand bis in die 1950er Jahre unter der Kontrolle des Gouverneurs und hatte damit einen offiziellen Charakter. Der Herausgeber des Blattes war stets ein höherer Kolonialbeamter gewesen. Die Wandlung der Zeitung zu einem professionellen, zivilen Blatt vollzog sich unter der Herausgeberschaft von Jon Searle und seinem Sohn Dominique. Beide wurden zu wichtigen Informanten, mit Jon und seiner Familie verbindet mich eine persönliche Freundschaft.

Jon, 1930 in England geboren, kam in den 50er Jahren als Lehrer nach Gibraltar. Er heiratete die Tochter eines einheimischen Handwerkermeisters. Seit 1961 arbeitete er für den CHRONICLE, zuerst als Autor, ab 1966 als Herausgeber. Als akademisch gebildeter Engländer, der innerhalb des Militärs einen niederen Rang einnahm, andererseits aber in eine altansässige Familie eingeheiratet hatte, gehörte Jon weder eindeutig zum kolonialen noch zum einheimischen Establishment. Jons Herausgeberschaft war nicht unumstritten, in weiten Teilen der lokalen politischen Elite galt er als Geschöpf des britischen Außenministeriums (*Foreign & Colonial Office*) und als prospanisch, weil er, wie Jon interpretiert, sich nicht immer dezidiert antispanisch geäußert habe, da ihm der automatische antispanische Reflex der Einheimischen fehle. Bis 1999 leitet er die Garnisonsbibliothek (*Garrison Library*), deren Geschichte eng mit dem GIBRALTAR CHRONICLE verknüpft ist.

Die Zeitung gehört heute einem Trust, dessen Vorsitzender Jons Sohn Dominique ist. Searle jr., studierter Literatursoziologe, trat dem CHRONICLE 1984 bei. Unter seiner[32] und der Leitung des Co-Editoren Francis Cantos wurde aus der kolonial kontrollierten Zeitung, die aus sechs bis acht Seiten bestand, ein ziviles Blatt mit täglich zwischen 20 und 24 Seiten. Heute finanziert sich das Blatt zum Großteil über Werbeeinnahmen.

Die Berichterstattung des Blattes kreiert eine Arena der Öffentlichkeit, in der brisante Themen und lokale Konflikte weitgehend ausgeblendet werden. Jon Searle hatte dem GIBRALTAR CHRONICLE den Untertitel *"the newspaper with no political bias"* gegeben, den das Blatt bis zum Ausstieg von Cantos im Herbst 1996 beibehielt. Von verschiedenen Informanten aus allen politischen Lagern - und retrospektiv von Jon selbst -wird dieser Untertitel süffisant als *"the newspaper without any political view"* konterkariert.

> *"This is part of the problem, because they don't go into the daily life of the Gibraltarians! You don't get any massive information of what was happening! What you get is an artificial look at the society, a very selective view."* [Informant Rafi Benzimra, * 1930]

---

31  Daneben existieren noch die Wochenzeitungen PANORAMA und VOX, sowie THE NEW PEOPLE, die ich hier aber nicht berücksichtigen werde.

32  Cantos wurde nach dem Wahlsieg der konservativen GSD Regierungssprecher und verließ den GIBRALTAR CHRONICLE, seit Herbst 1996 ist Dominique Searle alleiniger Herausgeber des GC.

Was dem mit den lokalen Verhältnissen unvertrauten Leser (und so auch mir zu Beginn der Forschung) bei der Lektüre des CHRONICLE zunächst auffällt, ist die Mischung aus merkwürdig neutral-autoritativem und vertraulich-familiärem Ton, in dem die Artikel gehalten sind. So werden Personen häufig nur mit ihren Vornamen erwähnt. Allerdings: was dem Ethnologen erst durch mühsame puzzleartige Recherchen erschlossen wurde, ist für den Einheimischen ohne allzu große Deutlichkeit oder Namensnennung erkennbar. Der GC ist alles andere als eine investigative Zeitung, Enthüllungsjournalismus wird hier vergeblich gesucht. Vielmehr drückt sich hier die auf Harmonie, Toleranz und Miteinander ausgerichtete Mentalität der gibraltarianischen Gemeinschaft aus.

Statt beispielsweise einer kritischen Berichterstattung über das bedeutsamste politische Ereignis der 90er Jahre, die Schmugglerunruhen [→ Kapitel 6.5], Rechnung zu tragen, ergeben sich dem uneingeweihten Leser des GIBRALTAR CHRONICLE mehr Fragen als Antworten: ein seltsam unjournalistischer Stil ohne Nachfragen, dafür voller Andeutungen, unhinterfragter Statements und Wiederholungen. Persönliche, politische und gesellschaftliche Hintergründe von Akteuren und Ereignissen werden im GIBRALTAR CHRONICLE nur selten beleuchtet, Konsequenzen nicht als Hypothesen formuliert. In der Berichterstattung zu den Unruhen bleiben die Handelnden sowohl auf seiten der Schmuggler als auch auf seiten der Autoritäten merkwürdig im Dunkeln.

Der Charakter der Zeitung oszilliert zwischen offizieller Verlautbarung und Behördenprotokoll. Im Gegensatz dazu die Hingabe bei der Berichterstattung um jeden einzelnen der vielen Schönheitswettbewerbe. Dazu Dominique Searle:

> *"In a way what the Chronicle is doing for a lot of people is keeping a little history book for them, personally. People need to have their birth in the paper, they want their big events in the paper and if they're gonna be married 15 years its going to be in the paper... And the fact that everybody else knows it anyway doesn't ... is not ... it's a great sense of posterity here and history. And people [...] I think you know they want to be part of this archive of things, you know, I mean I think that's the sense, I mean, so much of Gib is actually recorded that I don't think you would find many communities where that happens at all. Of individuals. You can actually trace... I mean... in one way or another. It comes from the military thinking in a sense that everything is logged and everything is kept and everything is controlled. And people in a way sense... I mean they can really get upset if there is an event and it hasn't come out in the paper, to the extent that they are sending their own photo and so we would have to put it in. And of course you get a very close client relationship, because they are all people who buy and read your paper all the times and really you don't want to offend them in particular."[33]*

Es ist kein Tabu, kritische Sachverhalte, die den Harmoniediskurs hinterfragen, im Bereich der Halböffentlichkeit des Klatsches auszusprechen - wie die Homosexualität von Noreen und Renée. Klatsch, in den richtigen Kontexten und vor den richtigen Rezipienten, eröffnet die Möglichkeit des Changierens und zwingt daher nur selten zu sozialen Konsequenzen. Erst wenn der allseits gewußte Sachverhalt in die Arena der Öffentlichkeit gezerrt wird, verwandelt er sich zu einer realen Tatsache und zwingt die Betroffenen zum Handeln. Searle jr. führt dies über das Beispiel einer versuchten parteipolitischen Einflußnahme aus:

---

[33] Interview vom 30.04.1996.

126

*"I remember once it was one of the political... X-Party side and came up and said: why don't you... you should be publishing all this thing all the dirt of this and the dirt of that`, and I said: 'Look, I have no problem technically in doing that, but the newspaper wouldn't last one week; and your party would last 3 days, because if I'm gonna publish that so and so was doing this then I have to publish that last night when I was walking home one of your candidates was screwing his secretary in his car. This is a fact, and you find all these things, you just happen to see them, so we couldn't run the paper the way that the english do. Plus here we are more latin, we tend to think that sex scandals are not really scandals. There are things you talk about [in private], but that's it.'*

Die Macht der Zeitung liegt in eben der Tatsache begründet, daß sie das Potential besitzt, den harmonischen Diskurs als Grundlage der sozialen Zusammenhalts und damit all jenes zu zerstören, auf dem die Gesellschaft aufgebaut ist: die Illusion der Abwesenheit menschlicher Abgründe, die harmonische Ordnung der Gesellschaft, der Rechtschaffenheit und die guten Absichten ihrer Bürger.

*"[If you wrote about the scandal as X-Party suggested], it would kill it [society]. There would be so much of it, and if you were fair, you would destroy the community. Very quickly. It's small, and, you know. Even everyone has a skeletton in the cupboard. But I mean if somebody... we are very careful, for instance, if somebody attempts to commit suicide, we don't get too involved in it as a story. Now if it happens, for instance, we report it as a fact but even then we are very delicate - unless there is something dramatic, we tend to be careful because it upsets the family a lot and there is no particular reason for it... But unless there is a news element in it.... - we are not an intrusive type of newspaper. People don't want that. In fact, the people would find that very offensive."*

Die Hegemonie des harmonischen Diskurses erklärt sich aus der Unmöglichkeit des Ausweichens in der geschlossenen Gesellschaft. Pragmatische Erwägungen spielen eine einleuchtende Rolle.

*"But it's so small a community that in the long term it's never in your interests or anybodys interest to be to aggressive with anybody. I mean I call it the full circle theory, which is: something happens in 1988, and by 1998 if somebody had a quarrel with sb, the revenge will come by nature. It is such a small community that the chances of things turning round on you ar very high. [...] You could sit in the courts all day and you could have lots of gossip, yes, but I mean you wouldn't last that long...."*

Während über die Souveränitätsfrage kontinuierlich und minutiös in *"our british style journalism"* berichtet wird, kommt in der innerlokalen Berichterstattung große Vorsicht zum Ausdruck,

*"the paper would not go out to ruin someone, particulary. But certainly, I mean if someone... if somebody is arrested and put in the courts, we will cover the case. Whatever effect that has on them. That's were we get... nastiness, if we are getting nastiness, we get it from court cases. At the same time, we have a policy which would say 'look, we won't cover crimes', for instance drug crimes we cover but only if it's supplied. Now if somebody is arrested for possession, we won't touch it. Cause if we did that with one we'd have to have someone there all the time. And two, the fact is that it is well known that the reporting in the newspaper is the biggest punishment you can get. Having your case reported in the CHRONICLE is bigger than any fine. I mean people would rather pay a 1000 Pounds than to be in the paper...."*

... denn dann wird das Halböffentliche faktisch! Erwartungen an einen investigativen oder enthüllenden Journalismus, wie sie etwa der Engländer Ken Burberry hegt, werden unter diesen Bedingungen zwangsläufig enttäuscht. Der GIBRALTAR CHRONICLE stellt Öffentlichkeit her, indem soziale Konflikte nicht kommentiert und häufig nicht einmal thematisiert werden;[34] dies ermöglicht es, Konflike im Bereich der Halböffentlichkeit zu belassen und dadurch zu entschärfen. Solange über etwas nur halböffentlich gemunkelt und geklatscht wird, ist es nicht erforderlich, soziale Konsequenzen zu ziehen. Klatsch wirkt in diesem Zusammenhang nicht destruktiv, vielmehr erhält er den hegemonialen Diskurs über die Realität und damit die gesellschaftliche Ordnung aufrecht.

### 3.3.3 In Bewegung ...

Tom Grech [* 1945] erzählt:

"Sonntagmorgens kleideten sich die Leute immer smart, ein paar hundert Autos fuhren um den Felsen rum, so als folgten sie einem Anführer, um ihre neuen Autos auszuführen. Mein Bruder kaufte einen Mercedes, wie er sagte, *'to go round the Rock'*. Jeder fuhr um den Fels rum, wieder und wieder und wieder. Man konnte ja nichts anderes machen."

Ich selbst habe an diesem Ritual partizipiert, anfangs ohne es zu wissen:

"Ich tu, was sehr viele Einheimische tun: mit dem Auto in der Gegend herumfahren. Nun ist das bei so einem kleinen Territorium alles andere als einfach, die Straßenführung ist meist einspurig, und in vielen Gassen parken auch noch Autos, so daß man sich hindurch schleichen muß. Ziellos scheint nicht nur meine Fahrt zu sein, sondern auch die der anderen Autos vor mir und hinter mir. Denn die Autos halten nirgends an, sondern fahren denselben Parcours ab wie ihre Vorder- oder Hintermänner. Als ich etwa an die Nordmole fahre, kommen mir viele Autos entgegen, d.h. sie mußten irgendwo am äußersten Ende der Mole wenden und zurückfahren."[35]

Die Erfahrung des begrenzten Raumes hat die Herausbildung einer gemeinsamen Identifikation, deren maßgeblicher Bestandteil die Beziehung zum Felsen, zur Topographie des Territoriums ist, begünstigt.

"*The people of Gib became a people in Sieges. Like people in the shelters in the war, when there is danger, there is no difference in human value, you become friend with the chap next door who will be a completely different status. When they suffer together, there is a cohesion. Gibraltar has suffered together and has a cohesion.*"[36]

---

34 Die einzige Sektion im GIBRALTAR CHRONICLE, in der Konflikte leidenschaftlich ausgetragen werden, sind die täglichen Leserbriefe. Durch sie wird die Schlacht um den richtigen politischen Kurs Gibraltars in einer Myriade von Scharmützeln ausgetragen, die sich einige wenige Schreiber seit Jahren liefern. Gegenstand der Auseinandersetzung in den Leserbriefen ist in immer wieder variierten Beispielen die Haltung der Parteien zu Spanien, der Souveränität und zum Mutterland. Ein Gerücht besagt, es handle sich bei den Leserbriefschreibern immer um dieselben zwei Autoren der beiden großen Parteien *Gibraltar Socialist and Labour Party* (GSLP) und der *Gibraltar Social Democrats* (GSD), auch wenn die Leserbriefe andere Unterschriften trügen.

35 Feldtagebuchnotiz, 17.3.1996.

36 Interview mit Sir Joshua Hassan, 20.03.1996.

Diese Gemeinsamkeit drückt sich noch heute in einem Ritual aus, das die Gibraltarianer vornehmlich an Wochenenden ausüben: *Skalestrics*, benannt nach dem populären Kinderspielzeug der Autorennbahn. Als *Skalestrics* wird die Praxis des Rundherumfahrens bezeichnet,

"bei dem man", wie Tom Grech feststellt, "dieselben Leute, die man fünf Minuten vorher am Leuchtturm getroffen hat, nunmehr in den Casemates anhupt und grüßt".

*Skalestrics* entstand in der Zeit der Grenzschließung, hat sich aber bis heute aufgrund der Distanzierung zu Spanien erhalten. Das Auto ermöglichte die Inszenierung einer Illusion von der Transzendierung des Bewegungsraumes, die Beliebtheit des endlos scheinenden Rundherumfahrens (ohne anzuhalten!) ist aus dieser Illusion heraus zu erklären.

*Skalestrics* verweist darüber hinaus auch auf jenen geschützten Raum, in dem in der Zeit der Grenzschließung, der beengten Wohnverhältnisse und der starken sozialen Kontrolle in Ansätzen so etwas wie eine Privatsphäre gelebt werden konnte: innerhalb des Autos.

"Das Auto mußte groß genug sein, um mit der Freundin auf den Felsen rauffahren zu können '*to rock the car*'. Zuhause ging das nicht, jeder wohnte ja mit seiner Großfamilie zusammen." [Informant Gary Sonley, * 1934]

Das Auto ermöglichte allerdings nicht nur die Schaffung einer Privatsphäre, es war gleichzeitig auch öffentlich: Man wußte, wessen Auto auf einem der Parkplätze neben dem eigenen stand, und konnte vermuten, wer aus welchen Gründen für die beschlagenen Fensterscheiben verantwortlich war. Das Auto bot auch eine Möglichkeit für die Exposition von Prestige und Status: War die Wohnungsgröße ungeeignet für die soziale Distinktion und Hierarchisierung (da Arm und Reich unter gleichermaßen beengten Umständen lebten), so konnte soziale Differenz über die Größe, Marke und Neuheit des Wagens ausgedrückt werden.

### 3.3.3.1    ... und auf Suche: Ausbildungs- und Arbeitsmigration

"*I want to live in the real life again. Gibraltar is nice and Hi here and Hi there, but it is an unreal world. The world has moved, and Gibraltar has not.*" [Informant Patrick Ocaña, * 1953]

Tessa Bacarillo [* 1968] wünscht sich nichts sehnlicher, als bald nach Italien zu gehen um dort Kunst und Italienisch zu studieren.

"*I leave and probably never come back.*" Ihr Freund Jim-Bob [* 1967] fällt ihr ins Wort und erwidert: "*But you know what: everybody says so and then after some years they come back. When they have seen the world around.*"

Das Leben in Gibraltar bedeutet für diese beiden jungen Leute nicht nur Langeweile und soziale Kontrolle, sondern auch Sicherheit und Geborgenheit. Weggehen - und wieder zurückkehren.... Daß es Gibraltarianer in der großen Welt auf Dauer nicht aushalten und immer wieder zu ihren "Wurzeln" (*roots*), wie sie es nennen "zurück"kehren, ist konstantes Motiv meiner Gesprächspartner, denn "*Here you are somebody ...*", und die Anonymität der großen Welt ist ein Feind. Daß die enge Verbindung mit *The Rock* auch im Ausland aufrecht erhalten wird, erläutert man mir häufig anhand eines Topos aus dem studentischen Milieu: Gibraltarianische Studenten in Großbritannien teilten dort vornehmlich mit anderen Gibraltarianern eine Wohnung, weil sie in der Fremde alleine (= ohne Landsleute) nicht zurechtkämen. Illustriert wird dies immer wieder mit derselben Geschichte von der schmutzigen Wäsche, die Studenten ihren Müttern in den Ferien mit nach Hause bringen, weil sie nicht gewohnt sind, dafür selbst zu sorgen.

Weggehen war in der Zeit der Grenzschließung und ist auch heute noch für Arbeitsplatzsuchende und für Ausbildungsmigranten nicht undenkbar, etwa für Jacov Gerson [* 1968], der wie viele jüdische Jungen für zwei Jahre eine *Jeshiwa* in Israel besucht.

"Da sind auch andere Juden aus Gib. Manche gehen auch nach Gateshead, oder nach Mikdash Moel, da sind auch ein paar Jungs aus Gibraltar. Die meisten Eltern schicken sie auf sephardische *Jeshiwot*, aber vier Jungs aus Gib sind in aschkenasischen *Jeshiwot*: einer in Manchester, drei in Gateshead bei Newcastle."

Der Allergologe Howard Benzimra [* 1937] studierte in England. Dort wurden die beiden Töchter Donna [* 1968] und Hetty [* 1966] geboren. In den 70ern zog die Familie für acht Jahre nach Israel, 1980 kehrte sie nach Gibraltar zurück, da Howard eine Stelle im örtlichen Krankenhaus angeboten bekommen hatte.

Das gibraltarianische Bildungssystem ermöglichte es bis in die späten 80er Jahre jedoch nur den Kindern der Gutbetuchten, eine höhere Schulbildung im Mutterland zu erhalten. Und ebenfalls erst in dieser Zeit wurde ein großzügiges Stipendiensystem eingerichtet, das es vielen Schulabgängern ermöglichte, in Großbritannien zu studieren.

Remigranten aus dieser Gruppe kommen häufig als gut ausgebildete Experten in ihren Berufsfeldern (meist Jura, Betriebswirtschaft, Management oder Medizin) nach Gibraltar zurück [ → Postscript].

Neben den studentischen Ausbildungsmigranten lebten erstaunlich viele meiner Gesprächspartner als Arbeitsmigranten aus der Alterskohorte der heute 35-50-jährigen an anderen Orten und in verschiedenen Gesellschaften. Allerdings sind keine statistischen Daten über die Wanderung zwischen der Kolonie und dem UK verfügbar. Vor der ökonomischen Krise der 80er Jahre sorgte vor allem die starke soziale Kontrolle für gravierende Einschränkungen der Lebenqualität vieler Gibraltarianer. Ein Grund für das Verlassen Gibraltars, lag in der Suche nach adäquaten Ehepartnern. Dies ist auch noch heute, vor allem für die endogam ausgerichtete hinduistische und die jüdische Gemeinde Gibraltars ein Grund für das Verlassen der Kolonie.

Der Designer Alisdair Delagua [* 1961] zog 1979 nach Amsterdam, denn "als 18-jähriger hätte ich das mit der geschlossenen Grenze nicht ausgehalten". Der Reiseunternehmer Patrick Ocaña [* 1953] lebte 25 Jahre in England, er sei nach Gibraltar zurückgekommen, 'weil sein Vater das so wollte'.

Nachdem Peter und Roberta Porter [Bankmanager, * 1953; Kleinhändlerin, * 1955] 1971 heirateten, lebten sie drei Jahre mit Robertas Eltern in einer Wohnung. 1974 zog das Paar für mehrere Jahre nach England ("*You know, like every 20 year old we wanted to leave home and see the world*"). Peter fuhr damals alleine für eine Woche nach London, um dort Arbeit zu suchen. Er logierte in einem Hotel, das von einem Gibraltarianer geführt wurde. Peter besuchte in dieser Zeit einen Cousin von Robertas Vater, und der habe ihm sofort ein Zimmer mit Küche und Bad besorgt; dann habe er beim Sohn einer Nachbarin, die ihm eine Wurst für den Sohn mitgegeben hat, vorbeigeguckt. Der arbeitete bei einer Bank und habe ihm dort einen Job besorgt.

"So läuft das unter Gibs. Dabei hab' ich den Nachbarssohn vorher gar nicht gekannt!"

Roberta folgte ihrem Mann. Die emotionale Perspektive stellte jedoch immer die Rückkehr nach Gibraltar dar. Das Ehepaar zeigt mir Farbdrucke von Gibraltar und Fotos, die an der Wand hängen. Peter erklärt, 'hier' würden diese Bilder nichts bedeuten, aber 'dort' stellten sie ein Stück Heimat dar und einen Anlaß für Gäste, Fragen über Gibraltar zu stellen. 1982 bekam Peter einen Job in Gibraltar, und man zog wieder in die Heimat.

Major Richard Vasallo [*1950] ist einer der wenigen Gibraltarianer, die in der englischen Armee - seit 1967 bei den *Royal Anglians* - ihren Dienst leisten. Richard besuchte bis 1987 den Felsen regelmäßig, zwischen 1987 und 1994 war er nicht in Gibraltar gewesen.

"Meine Verwandtschaft behandelt mich wie einen halben Verräter; weil sie erwarteten, daß ich jedes Jahr meinen Urlaub zuhause verbringe. Die Tatsache, daß ich etwa drei Jahre in Australien meinen Dienst tat und die Reise viel zu weit gewesen wäre, lassen sie nicht gelten: das ist irrelevant und zählt nicht als Grund, um nicht nach Gib zu kommen!"

1988 bewarb sich Vasallo für den Dienst in Gibraltar. Er wollte, daß seine Töchter, die richtige *UK-Brits* seien, eine Bindung zu seiner Heimat bekämen. Nach einer ersten Ablehnung wird Peter im September. 1994 für zwei Jahre nach Gibraltar versetzt. Richard bezeichnet sich stolz als 'Gib', aber seine englische Frau Carol-Ann [* 1950] mußte sich als Großstädterin erst langsam an Gibraltar gewöhnen. Sie leidet an der Enge in Gibraltar und an der mediterranen Mentalität. Um sich zu beschäftigen, eröffnet sie einen Seidenblumenladen in Whites Hotel und ist heilfroh, als Richards Dienstzeit im Dezember 1996 ausläuft und die Rückkehr nach London ansteht.

Seit 1990 sollen aufgrund der *Land Reclamation* und des Baues neuer Siedlungen mehr Migranten nach Gibraltar zurückgekommen sein als jemals zuvor. In die neue Siedlung Westside etwa sollen 500 in Großbritannien lebende Gibraltarianer zugezogen sein. Die Remigranten betonen, daß sie sich in der Fremde immer als Gibraltarianer begriffen hätten. Aber vielen Remigranten ergeht es wie dem bereits erwähnten Hausmeister Tom Grech [* 1945], der immer wieder zwischen Gibraltar und dem Mutterland hin und her pendelt. Tom lebte insgeamt 37 Jahre lang in Großbritannien. Anfang 1996 zog er mit seiner englischen Frau nach *The Rock* zurück. Es sei sehr schwer für Leute, die während der Grenzschließung in England gelebt hätten, sich in Gibraltar auf Dauer niederzulassen. Gibraltar sei sehr klein, er fühle sich eingesperrt.

"Wenn man hier das ganze Leben verbracht hat, dann ist das vielleicht zu ertragen, aber nicht, wenn man woanders gelebt hat."

Tom bekräftigt, daß er - wenn er einige Monate in England sei - sofort wieder nach 'Gib' möchte, und wenn er 'hier' sei, dann sehne er sich nach England zurück.

*"Once you move, like this, backward an forward, backward an forward, all the time."*

Im Moment fühle er sich 'hier' zuhause. Aber wenn er nur eine Woche in England sei, fühle er sich so, als ob er England nie verlassen hätte. Gibraltarianer seien sehr clanmäßig, sie liebten

Gibraltar sehr und wollten immer wieder zurück. In London habe er gibraltarianische Freunde und besuche einen Club von Gibraltarianern. *"Gibraltarians stick together wherever they are."*

Arbeit im U.K. bedeutete für die meisten Gibraltarianer - neben der Hoffnung auf ein Leben jenseits der Beengtheit des Felsens und der sozialen Kontrolle - vor allem eine ständige Anstrengung, gegen den Verlust von gesellschaftlichem Status, von beruflichem Prestige und Einkommen anzukämpfen. Dieser Topos wird jedenfalls in den Geschichten von Arbeitsremigranten ständig aktualisiert. Viele Remigranten erzählen, daß es ihnen nicht gelungen sei, sich in der durch Anonymität gekennzeichneten Fremde sozial einzuleben. Der berufliche Erfolg oder Mißerfolg in Großbritannien dagegen bleibt in den Erzählungen zumeist unerwähnt. Ich vermute, daß sich der berufliche Erfolg häufig nicht einstellte. Remigrationsgeschichten thematisieren beruflichen Erfolg lediglich durch die stereotypen Verweise auf die Erfolgsgeschichten berühmter Gibraltarianer - wie etwa John Galliano, der Chefdesigner von Dior, und Albert Hammond.


### 3.3.3.2    ... ohne Suche: im diasporischen Netzwerk der Sindhis

Verschiedene soziale Gruppen verfügten über eine besondere Organisationsstruktur, die die Überwindung der Enge erleichterten: Die lokale hinduistische und sephardische Gemeinde sind in diasporische Netzstrukturen eingebunden, die den Individuen die Aufrechterhaltung elementarer sozialer Bindungen garantieren, auch wenn sie dem Territorium temporär oder endgültig den Rücken kehren. Für die Sindhis stellen Wirtschaft und Verwandtschaft die Hauptgründe der Mobilität dar, wie im Falle der Familie Jagwani. Für Jyoti [* 1973] ist die Wahl eines adäquaten Ehepartners aus dem diasporischen Netz der Grund des Fortziehens. Jyoti wurde in Gibraltar geboren und wuchs dort auf.[37] Ende 1996 heiratet sie einen Computermanager aus Bombay. Jyotis Cousin Sunder, ebenfalls in Gibraltar geboren, zieht im Winter 1996 nach Madrid, wo er eine Filiale der elterlichen Firma eröffnet [→ Postscript].

Die lokalen Sindhis können auf ein globales Netzwerk zurückgreifen, das ihnen das Wegziehen erleichtert. Das Netzwerk ist ethnisch, ökonomisch und kastenmäßig homogen, seine Ursprünge gründen in den Verwandtschafts- und Klientelbeziehungen der Händlerkaste aus der Stadt Hyderabad im (heute pakistanischen) Sindh. Der Sindh stellt für die Hindus Gibraltars die mythische Heimat dar. Nach der Teilung Britisch-Indiens in Indien und Pakistan (die *Partition*) 1947 wurde ein Bevölkerungsaustausch der pakistanischen Hindus und der indischen Moslems durchgeführt, der teilweise Züge einer "ethnischen Säuberung" trug. Die hinduistischen Sindhis flohen 1947, vornehmlich nach Bombay und von dort aus 'in alle Welt'. Bei diesen Fluchtpunkten rund um den Globus handelte es sich jedoch zumeist um Orte, an denen - häufig bereits seit Mitte des XIX. Jhds. - Handelsniederlassungen und Diasporagemeinden bestanden.[38]

---

37  Jyotis Vater Gansham wurde ebenfalls in Gibraltar geboren, im Alter von 25 Jahren besuchte er Indien, das Land seines Vaters, zum ersten Mal. Eine seiner Schwestern lebt in Bangkok/Thailand, die andere in Lagos/Nigeria. Jyotis Mutter wurde in Tanger geboren, ihre Schwester lebt in Panama.

38  Die Sindhis des Netzwerkes sind eine Händlergemeinde, die bereits über Handelsniederlassungen und Gemeinschaften in eben jenen Orten verfügte. Insofern ist der Sindh als imaginierte Heimat ungleich erinnerter und virtueller als der andere territoriale Bezugspunkt, der Staat Indien. Denn zu Indien bestehen vielfältige Beziehungen: In der Gegend um Bombay haben sich die meisten hinduistischen Sindhis

Die Sindhis sind im wahrsten Sinne des Wortes eine dezentrierte Gemeinschaft, da ihnen aufgrund der indisch-pakistanischen Differenzen die gemeinsame Herkunftsregion nur einge-schränkt zugänglich ist und dort anscheinend keine Hindus der eigenen Kaste mehr leben.

Im globalen Netzwerk der Sindhi-Diaspora lassen sich Verdichtungen ausmachen. Bedeu-tendster Knoten des Netzwerkes ist zur Zeit der Forschung 1996, also vor der Rückgabe an die VR China, Hong Kong, die zahlenmäßig größte und die ökonomisch einflußreichste Gemeinde. Über eine in Hong Kong herausgegebene Zeitschrift, *Bharat Ratna*,[39] pflegen die einzelnen Gemeinden Kontakt miteinander. *Bharat Ratna* verfügt über ein engmaschiges Korrespondentennetz in rund 80 Städten in jedem Kontinent. In Gibraltar halten die einzelnen Familien und Gemeinden über das Magazin Kontakt zu Freunden und Verwandten aufrecht.

Abbildung 8: Die globale Sindhi-Diaspora:[40] Das Korrespondentennetz der *Bharat Ratna*

Die Zeitschrift wird von Mrs. Sandee N. Harilela herausgegeben. Auch die Multimillionärs-familie Harilela[41] stammt aus dem Sindh, ihre Erfolgsgeschichte wird in Gibraltar als ständiges Beispiel für den überlegenen Händlergeist und die wirtschaftliche Erfolgsgeschichte der Sindhis angeführt. Eine Nichte von Mrs. Harilela ist seit 1974 in Gibraltar ansässig und mit einem ein-heimischen Sindhi verheiratet. Noch immer dienen Heiratsbeziehungen den ökonomischen In-teressen,

> *"by mobilising savings, facilitating the accumulation of capital, pooling skills and ensu-ring employment to family members".*[42]

Die ökonomischen Interessen der Händlerfamilien werden durch Gruppenendogamie inner-halb des Netzwerkes abgesichert. Häufige Besuche zwischen Verwandten - etwa anläßlich ei-

---

niedergelassen, hier leben Verwandte und Bekannte der Diaspora-Sindhis, die regelmäßig besucht wer-den.
39  http://www.bharat-ratna.com (15.02.2000)..
40  Eine Internet-Seite mit einer Weltkarte, auf der die Orte der Sindhi-Diaspora verzeichnet sind, befindet sich in Vorbereitung (http://www.mlists.net/sindh-intl/preferredsites.htm; 19.03.2000).
41  http://www.hinduism-today.com/1994/11/ (15.02.2000).
42  PAREKH 1994.

ner Heirat - bei denen die Angehörigen der heiratsfähigen Generation mit potentiellen Ehepartnen in Kontakt kommen, sind verbreitet.

*Bharat Ratna* fungiert als kollektives Erinnerungsfotoalbum der Diaspora, das die Einbettung in das weltweite Netzwerk dokumentiert. Ashok und Komal Buxani aus Colon/Panama etwa grüßen von ihrem Besuch in Madrid die Leser mit einem Foto und einem "*Hi*", Ashok Melwani und Nani Datwani aus Las Palmas schicken ein Foto von ihrer Teilnahme an einer Karaoke-Party, und die Ladies Lunch Group aus Kuala Lumpur posiert anläßlich eines Empfangs für ein Gruppenfoto, das im BR abgedruck wird.

Dient *Bharat Ratna* der Kommunikation innerhalb des diasporischen Netzes, so verfügen einzelne Gemeinden über lokale Rundbriefe, in denen die Verwandtenbesuche von außerhalb minutiös verzeichnet werden. Das Jahresmagazin der gibraltarianischen Sindhis, *Namaste*, listet ausführlich die Besuche aus anderen Diasporagemeinden auf. Ob die Familie Gulraj ihre Cousins, die Navanis aus New York, empfängt oder zum Geburtstag von Herrn Thadani seine Schwester Veenu aus Bombay, sein Bruder Pravin mit Gattin aus Accra und sein Onkel Pishu aus Tenerife als Gäste kommen[43] - in *Namaste* werden die Besuche mit Fotos gewissermaßen archiviert.

Heute bestehen zusätzlich Internet-Home Kommunikationsangebote,[44] in denen Diskussionen und Informationen bestehende Kontakte zwischen Sindhis verstärken und neue Beziehungen knüpfen. Über diese Medien werden Gemeinsamkeiten zwischen den Sindhis bekräftigt und erneuert. Wie für die von ROUSE[45] untersuchten mexikanischen Gemeinden Redwood City (California) und Anguililla (Mixoacán), so gilt auch für die Sindhis, daß die Freunde und Verwandten sowohl am selben Orte als auch Tausende von Kilometern entfernt wohnen und daß über die Publikationen und über das Telefon nicht nur periodische Kontakte aufrechterhalten werden, sondern die weit entfernt lebenden Familienmitglieder aktiv in alltägliche Entscheidungsprozesse einbezogen werden. Die einstmals weit entfernten Gemeinden wachsen durch die modernen Technologien wieder enger - zu virtuellen *face-to-face*-Gesellschaften - zusammen.[46]

Trotz des hochgradig mobilen Charakters der familiären, verwandtschaftlichen, klientelären und ökonomischen Beziehungen sind die gibraltarianischen Sindhis - und ich vermute, daß dies auch auf die anderen Gemeinden des diasporischen Netzes zutrifft - jedoch lokal verwurzelt und sozial auf vielfältige Weise integriert [→ Kapitel 5.3].

### 3.3.4 Die Kultivierung des Körpers, die Entwicklung der Seele: der Schönheitswettbewerb und die Erleuchtung

Die Schließung der Grenze resultierte in einer gesellschaftlichen und individuellen Suche nach dem und einer Besinnung auf das jeweils Eigene [→ Kapitel 3.2]. Der Verlust des Hinterlandes justierte die innergesellschaftlichen und interpersonellen Beziehungen neu und be-

---

43  NAMASTE 96: 26f.
44  http://www.mlists.net/sindh-intl/mail/mail_culture.html; http://www.sindhi-net; (19.03.2000).
45  ROUSE 1991: 13.
46  CLIFFORD 1994.

schränkte sie in erster Linie auf die Gesellschaft der Kolonie. Das Verhältnis zwischen Individuum, Öffentlichkeit und Privatraum mußte neu geordnet werden.

Die Selbstbezogenheit beförderte ein starkes Bedürnis nach persönlicher, sozialer und kollektiver Identifikation. Dies wirkte sich nicht nur auf die Entstehung einer nationalen Identität aus [→ Kapitel 5], sondern, grundlegender, auf eine Hinwendung zu Körperlichkeit und Innerlichkeit. Zwei gesellschaftliche Phänomene, denen ich in meiner Feldforschung ständig begegnete, stehen mit der Suche nach dem Eigenen in ursächlicher Verbindung. Es handelt sich um vorerst gegensätzlich erscheinende Phänomene: zum einen die expressive Popularität von Schönheitswettbewerben, zum zweiten das introspektive Interesse an Spiritualität.

### 3.3.4.1 Einmal Miss Gibraltar sein ...

Informanten haben mir die Zeit der Grenzschließung (1969-1982/85) immer wieder als eine Zeit des Aufblühens sozialer Aktivitäten geschildert, unter denen die Kultivierung der Körperlichkeit herausstach: Männer hätten sich insbesondere sportlich betätigt, Frauen dagegen in Schönheitswettbewerben. Erklärt wurde dies häufig mit der Langeweile in der geschlossenen Gesellschaft: Um sich zu beschäftigen und um keinem Käfigkoller anheimzufallen habe man sportliche, soziale, spirituelle und künstlerische Aktivitäten kultiviert. Die heutigen Schönheitswettbewerbe sind das Produkt der Mimesis historischer Vorläufer, die eng mit der Erfahrung der geschlossenen Grenze und des begrenzten Raumes verbunden sind.

Die Teilnahme an Schönheitswettbewerben für Mädchen und Frauen, seit Mitte der 90er zunehmend auch für Männer, ist in Gibraltar hochgradig populär. Schon in den ersten Wochen meiner Feldforschung las ich in Zeitungen und Magazinen ständig von Wettbewerben, die körperliche Schönheit offensiv in den Mittelpunkt stellten. Ein Wettbewerb für das hübscheste Baby des Monats jagte den anderen, eine Misswahl folgte auf die nächste. Gewählt wurde im Zeitraum der Feldforschung neben einer *Miss Gibraltar* auch eine *Youth Princess,* eine *Miss Queensway Quay* (nach einem Wohnblock benannt), eine *Miss Nestlé,* eine *Miss Computec,* eine *Miss Security Express,* eine *Miss Star of India* (alle nach Unternehmen benannt), eine *Miss Newswatch,* eine *Miss Radio Gibraltar,* eine *Miss Casino,* eine *Miss Cover Girl,* eine *Miss Caleta Palace Hotel,* eine *Miss Platter* und eine *Miss Highland Spring* (gesponsort von der gleichnamigen Sprudelfirma), nebst einer Entourage aus ersten und zweiten Prinzessinnen. Wer den ersten Preis nicht erhielt, konnte doch zumindest auf die Trosttitel einer *Miss Photogenic,* einer *Miss Personality* oder einer *Miss Good Effort* hoffen. Ständig begegnete ich überdies Monique Chiara, *Miss Gibraltar 1995,* die diese Modenschau eröffnete, auf jener Tourismusmesse lächelte oder einen bunten Abend moderierte. Ob der Kult kindlicher und weiblicher Schönheit britischen oder spanischen Einflüssen geschuldet wäre, war die erste Frage, die sich mir stellte. Misswahlen und Schönheitswettbewerbe sind jedoch in Großbritannien und Spanien ebenso Interesse einer Minderheit wie in Deutschland, sie stehen im Ruch der Degradierung des weiblichen Körpers zum Objekt männlicher Begierde. In Gibraltar nichts dergleichen: Junge Mädchen und Frauen nehmen mit einer derart politisch unkorrekten Lust an den Wettbewerben teil, daß es jeder Feministin grausen würde.

Die Wettbewerbe zelebrieren ein Weiblichkeitsideal, das traditionelle Werte feiert, die Abhängigkeit der Frau vom Mann, die Beschränkung auf die Rolle der hübschen Gefährtin. Sie wirken insofern normativ, als daß sie klassisch heteronormative Werte bekräftigen. Frauen geben sich in Gibraltar äußerste Mühe, diesen Normen zu entsprechen, sich zu schminken und zu pflegen. Sie orientieren sich stark an den Vorgaben der Modejournale oder der populären Fernsehserien, eine junge Informantin erwähnte sogar explizit, daß die TV-Serie *Beverly Hills 90210* maßgeblich verantwortlich für die Popularität des Modelns sei.

Nicole Lehman, eine Kollegin aus Deutschland, notierte bei ihrem Besuch im Feld:

"Ich sehe nur Mädchen und junge Frauen mit Haaren, die ständig aussehen, als seien sie frisch gekämmt, was natürlich nur mit einer Tonne Haarspray funktioniert. Neulich habe ich am Hafen ein paar Kinder beim Spielen beobachtet, vier Jungs und ein Mädchen, wobei das Mädchen sich alle paar Minuten die Haare kämmte. [...] Oder im Wartezimmer des Hospitals: der ganze Raum voll von aufgeputzten Frauen aller Altersklassen, zurechtgemacht, als wollten sie alle gleich ausgehen, ob in die Disco, ins Casino oder zum Rendez-vous. Haare sitzen immer absolut perfekt, in allen Formen und bei allen Gelegenheiten. Im Wartezimmer saß eine Mutter mit ihrer etwa 13-jährigen Tochter, deren Haare bis zum Hintern reichten. Sie agierte mit ihren Haaren wie nach einem lange eingeübten Code. Diese Masse von Haar bewegte sich natürlich bei jeder Bewegung, und das Kind war ständig damit beschäftigt, sich das Haar wieder auf den Rücken zu werfen, dabei behielt es immer seine Form von 'frisch gekämmt'. Das Ganze wirkte dabei nicht im mindesten affektiert, sondern ganz und gar organisch. [...] Die Kunstfertigkeit des Frauseins zeichnet sich unter anderem durch das dynamische Tragen des Haares aus, welches aber ein solches Tragen niemals sichtbar werden lassen darf, sprich: etwas durcheinander zu sein, wuselig zu sein, immer wie frisch gekämmt zu sein, wie man das zustande bringt, bleibt der Fertigkeit der Frauen überlassen, die sich schon von Kindheit an darin üben."

Unabhängig von den geschlechtsspezifischen Implikationen zur körperlichen Mimesis ist der Boom aber auch eine Zelebration des Selbst, und zwar des individuellen, des familiären und des kollektiven. Denn mag die Entstehung der Wettbewerbe auch die kleinstädtische Langeweile überwinden, so bedarf es doch einer Erklärung, warum sie 1996 und mithin 14 Jahre nach der ersten Grenzöffnung, weitaus populärer sind als während der Grenzschließung selbst.

"11.05.1996: Um 12.00 Uhr fand eine Veranstaltung an den Castle Steps statt, die sogenannte Calle-Comedia-Veranstaltung. Im letzten Jahrhundert wurden die Treppen als Theater benutzt. Eine ganze Reihe von Tanzgruppen ist auf den Plakaten angekündigt worden.

Das Publikum besteht vor allem aus Müttern, Tanten und Großmüttern, Geschwistern, die wenigen Väter stehen etwas abseits. Die Gruppen werden von zwei Mädchen in feschen Militäruniformen, einer Dunkelhaarigen und einer Blondine, angekündigt. Später wird dieser Blonden für ihr Hiersein gedankt, und es stellt sich heraus, daß es Miss Gibraltar ist. Zu Beginn tanzt ein Schwarm 10-jähriger Mädchen in Flamenco-Kostümen Sevillanas, klatschend angefeuert von einem älteren Mann mit *Sombrero Cordobés* und den dazugehörigen Rüschen am Hemd. Dann eine Modenschau mit Kindermodels, zwischen zwei und sechs Jahren. Sie zeigen Mode und Make Up und laufen zu aller Belustigung stolz oder 'süß' über den Steg. Die anwesenden Eltern schreien wie wild, wenn Tochter oder Sohn auftauchen. Bei den putzigsten Kindern wurde auch im Kollektiv gerufen, wobei mich der biestige Ausdruck einiger Kinder, die gegeneinander um Applaus buhlten, amüsierte. Die nächste Gruppe besteht aus 15 Mädchen zwischen fünf und zwölf, die in Nonnenkostüme gesteckt sind, derer sie sich im Laufe der Aufführung entledigen. Sie bewegen sich nach dem Vorbild des Films *Sister Act*, allerdings hampeln die Mädchen reichlich unkoordiniert herum. Die Eltern sind stolz und feuern die Töchter an. Danach ein paar indische Jungs im selben Alter. Sie tragen schwarze Hosen und Westen über weißen heraushängenden Hemden, eine schwarze Sonnenbrille und ein Stirnband. Sie tanzen zu Rap-Musik. Die coole Aufmachung wirkt so, als ob hier die zukünftigen kleinen Schmuggler zugange wären. Die Genderrollen sind ganz klar definiert."

Eine Ursache findet sich in der stärkenden Funktion, die die Wettbewerbe für die Aufwertung der Familien und der innerfamiliären Bindungen hat. "In Gibraltar gibt es nicht viel zu tun für Jugendliche. Die Eltern wissen, daß ihre Kinder da etwas machen, wo sie unter Kontrolle sind", sagt die Chefin der einzigen lokalen Modelagentur, die auch die meisten Wettbewerbe organisiert. Gerade das Publikum der zunehmend populären Schönheitswettbewerbe von Kindern setzt sich nahezu ausschließlich aus der Verwandtschaft zusammen, was nicht auf die Eltern und Geschwister beschränkt ist, sondern Großeltern, Tanten, Onkel, Cousins, Vettern und Nachbarn mit einbezieht.

Der erste und der bedeutendste lokale Schönheitswettbewerb ist die Vorentscheidung zum *Miss World Contest*. Eine Lokalschönheit - eine von 1840 Frauen (der in Frage kommenden Alterskohorte zwischen 15-24 Jahre) - nimmt als *Miss Gibraltar* am *Miss World-Contest* teil - eine höhere Chance, an dem Wettbewerb teilzunehmen, gibt es wohl in kaum einem anderen Land der Erde. Die Teilnahme ermöglicht nicht nur dem einzelnen Mädchen an einem mundialen Ereignis zu partizipieren, sie hat auch Bedeutung für das Gemeinwesen als Ganzes. Denn der Wettbewerb ist einer der wenigen internationalen Wettkämpfe, an denen eine Teilnahme der Kolonie nicht durch ein spanisches Veto blockiert wird und an denen sich Gibraltar auf internationaler Bühne repräsentieren kann - durch eine attraktive Botschafterin, wie Miss Gibraltar 1985 bekennt: "*Being [...] Miss Gibraltar [...] involves serious public promotional functions, being an ambassador, representing your country at a very high level, good looks is certainly not the sole attribute.*"[47] Das Interesse der gesellschaftlichen Kräfte an diesem Wettbewerb, allen voran Parteien und Wirtschaft, deren Führer sich mit den jeweiligen Missen nur zu gerne für die Presse ablichten lassen, gründet in den Möglichkeiten zur Selbstdarstellung des Territoriums auf internationaler Bühne. Dies zeigt sich auch in der großzügigen Förderung der neun Kandidatinnen (1996)[48] für den *Miss Gibraltar Contest*. Jedes Mädchen erhält von der Regierung Bossano 400 £ für die Teilnahmegebühren. Der erste Preis beträgt 2.000 £, zusätzlich dazu werden 1.500 £ für die Anschaffung der Garderobe für den *Miss World Contest* gesponsort. Die erste Prinzessin gewinnt 1.000 £, die zweite Prinzessin 500 £.[49]

Die soziale und ethnische Zusammensetzung der Kandidatinnen ist jedoch - zumindest für die Zeit der Feldforschung - hochgradig determiniert. Gerade in bürgerlichen Familien mokiert man sich über die Wettbewerbe, die als eine Angelegenheit der Unterschicht und der Bossanisten gelten. Jüdische Mädchen nehmen aus Gründen, auf die an anderer Stelle [→ Kapitel 7.3] näher eingegangen wird, i.d.R. nicht teil. Allerdings ist die Gewinnerin des Miss Gibraltar

---

47 FRANCIS Jahreszahl unbekannt: 32.
48 1995 nahmen 14 Kandidatinnen teil, 1998 waren es zehn.
49 *Miss Gib £2,000 prize*, in: THE GIBRALTAR CHRONICLE, 25.03.1998: 1.

1996, Samantha Lane, als Tochter eines einheimischen Katholiken und einer britischen Ashkenazi jüdischen Glaubens.

Die Abwesenheit von indischen Kandidatinnen verweist auf die noch immer marginale Position der Sindhi-Gemeinde [→ Kapitel 5.3].[50] Mit Deepak Ramchandani, der anlässlich des Besuches von Prinz Philipp im Bingosaal des Casinos tanzte [→ Einleitung, 2.1], gewinnt Gibraltar zumindest indirekt eine Wahl zur Miss World, da er für die Siegerin von 1999, Miss India, als Kosmetiker und Designer verantwortlich war und nach der Wahl von der Gewinnerin als "*personal make-up specialist*" gefeiert wurde [→ Postscript].

Der individuelle Körper der jeweiligen Gewinnerin wird gewissermaßen zum Körper der Gemeinschaft und ein attraktives Emblem der Eigenständigkeit.[51] Gail Francis, Miss Gibraltar 1985, drückt dies folgendermaßen aus: "*The thought of giving Gibraltar a bad name by any silly thing I might do wrong always motivated me into acting correctly.*"[52] Dies fügt sich nahtlos in die Regierungspolitik, insbesondere der Regierung Bossanos.

Daß es heute neben dem *Miss Gibraltar Contest* diese Unzahl von Schönheitswettbewerben gibt, liegt jedoch auch in der Eigendynamik begründet, die der organisatorische Apparat entwickelte. Der Herausgeber eines lokalen Internetmagazins faßt dies kritisch zusammen:

> "Denken sie bloß an all die Leute, die etwa mit der Organisation der Modenschauen beschäftigt sind. Der Austragungsort, die Beleuchtung, der Ton, die Drucke, die Sponsoren, die Preise. Und dann denken Sie an die vielen Leute, die dafür ihre Zeit opfern: die Moderatoren, die Back Stage Crew, die Models. Wenn sich nun all diese Leute dieselbe Zeit dazu aufwenden würden, Benachteiligten die Lebensqualität zu verbessern, wäre das nicht ein besserer Zeitvertreib!"

Hinter der Ausweitung der Wettbewerbe stehen handfeste ökonomische Interessen. So schuf die organisierende Modellagentur von Sonia Golt [→ Postscript] aufgrund der Vorbereitungen zum *Miss World Contest* eine Reihe vorbereitender und begleitender[53] Ereignisse, die den Boom nachhaltig begünstigte. Die Preise und die Erstattung der Teilnahmegebühren durch die Regierung stellen keinen Anreiz für die Teilnahme am Wettbewerb dar, da sie lediglich in etwa die Kosten der Mädchen für die Vorbereitung der Teilnahme am Wettbewerb decken. Denn bevor ein Mädchen am Wettbewerb teilnehmen kann, muß es für die Performanz auf der Bühne ausgebildet werden, die richtigen Schritte auf dem Catwalk müssen eingeübt werden, die richtigen Bewegungen zur richtigen Zeit ... Dies wird den Kandidatinnen in vorbereitenden Kursen beigebracht, für die in der Regel die Eltern der Mädchen aufkommen. Um als Kandidatin für den eigentlichen Wettbewerb zugelassen zu werden, muß eine Prüfung abgelegt

---

50    Gerade die Sindhis befinden sich aber in einem rapiden Prozeß der zunehmenden Integration in die Gesamtgesellschaft [→ Kapitel 5.1.1], was sich gerade im Umgang mit der Körperlichkeit erweist. Von jungen Sindhis wurden beispielsweise Modell-Kurse und Kurse für indischen Tanz ins Leben gerufen, an denen nicht nur fast alle indischen Jugendlichen teilnehmen, sondern auch sehr viele christliche Gibraltarianer.

51    Noch heute wird über den 'Verrat' einer Gewinnerin aus der Zeit der Grenzschließung gesprochen, die auf dem *Miss World Contest* besser abschnitt als ihre spanische Rivalin, daraufhin von der spanischen Presse zur Spanierin gemacht wurde und sich auch selbst als Spanierin bezeichnet hat.

52    FRANCIS Jahreszahl unbekannt: 25.

53    Die Chefin der Agentur schreibt seit 1983 wöchentlich im GIBRALTAR CHRONICLE eine Kolumne mit dem Titel *Life & Style*, in der vornehmlich Fragen weiblicher Schönheit und partnerschaftlicher Harmonie zwischen Mann und Frau thematisiert werden.

werden, für die ebenfalls bezahlt wird. Das Modellingdiplom ist zusätzlich gebührenpflichtig. Teil der Prüfung ist die kostenlose Übernahme von repräsentativen Pflichten für die Agentur, etwa bei der Präsentation neuer Waren in Geschäften und bei offiziellen Anlässen.

Das große Interesse an Wettbewerben ist somit auf verschiedene Ursachen zurückzuführen: auf die Zeit der Grenzschließung; auf die Funktion der Stärkung familiärer Bindungen; auf die politische Nützlichkeit im Kampf um nationale Identität und Repräsentation; auf die organisatorische und ökonomische Eigendynamik.

### 3.3.4.2 Auf der Suche nach der Innerlichkeit: Sex, Geschlecht und Spiritualität

Neben der Zelebrierung von Körperlichkeit durch Misswahlen und Modenschauen finden wir auch eine gegenläufige Entwicklung vor, nämlich die Verneinung des Körperlichen und die Kultivierung der Innerlichkeit.

Stellen die Schönheitswettbewerbe die expressiven Aspekte der Suche nach dem Eigenen dar, so handelt es sich bei der Spiritualisierung um ein introspektives Phänomen. Fast alle Informanten behaupteten von sich, spirituell zu sein. Häufig wurde diese Spiritualität auf die 'Kraft des Felsens' zurückgeführt. Die Aussage einer 30-jährigen Informantin aus der jüdischen Gemeinde ist typisch:

> *"Yes, the Rock seems to generate that. I don't know if it is The Rock... People want to progress, they want to find out what's out there, they are not that... they are very in tune with that. It must be something that is bred in us."*

Der Felsen fungiert hier als Symbol für die Beengtheit des Territoriums. *"... to find out what's out there."* Die Behauptung, *the Rock* selbst sei für die Spiritualisierung der Menschen verantwortlich, verweist auf die Transzendierung der Beengtheit.

In allen religiösen Gruppen Gibraltars läßt sich eine stärkere Zuwendung auf das Gemeindeleben verzeichnen:

- immer mehr Katholiken nehmen am Gottesdienst teil;

- in der jüdischen Gemeinde wurden sowohl die vier Synagogengemeinden wie auch verschiedene spirituelle Bewegungen - traditionell sephardisch-mystischer Kabbalismus, die Chabad-Bewegung der Lubawitscher Chassidim und die *Haredim*-Ultraorthodoxie aschkenasischer Prägung - gestärkt;

- in der hinduistischen Gemeinde wurde ein Tempel errichtet;

- Yogakurse und Meditationsgruppen haben regen Zulauf aus allen Denominationen.

Neben dieser allgemeinen Spiritualisierung wurden darüber hinaus innerhalb der einzelnen Religionsgemeinschaften fundamentalisierende Strömungen zu den bestimmenden Kräften des Gemeindelebens: In der jüdischen Gemeinde [→ Kapitel 7] dominierten zunehmend orthodoxe Strömungen, in der katholischen Mehrheitsbevölkerung gewannen die Charismatiker und die

*Cursillo*-Bewegung an Zulauf, innerhalb der hinduistischen Gemeinde entstand mit der RadhaSoami-Bewegung ebenfalls eine fundamentalistische Gruppierung.[54]

Spiritualisierung bzw. Fundamentalisierung in den einzelnen Religionsgemeinschaften stehen in einem zeitlichen Zusammenhang. In allen Gemeinden wird die Spiritualisierung dikursiv an die Erfahrung des begrenzten Raumes während der Schließung angebunden, die Fundamentalismen dagegen institutionalisierten sich - in Form der jüdischen Sekundarschulen, der katholischen Schulungszentren und des RadhaSoami-Tempels - erst nach der Grenzöffnung.

Spiritualisierung und Fundamentalisierung sind auf vielfältige Weise mit der Grenze verknüpft.

Einerseits stärkte die Grenzschließung den Einfluß der religiösen Eliten auf ihre Anhänger. Dies resultierte in der Akzentuierung der jeweiligen religiösen Eigenheiten und der Abgrenzung zu anderen Gruppen; insofern überträgt sich der Charakter der staatlichen Außengrenze auf die Grenzen zwischen den religiösen Gemeinschaften (diesem Aspekt werde ich in einem gesonderten Kapitel [→ 7] am Beispiel der jüdischen Gemeinde nachgehen).

Andererseits liefern die Religionen sinnvolle Interpretationsmöglichkeiten für konkrete soziale und psychische Konfliktlagen, die durch die Grenzschließung entstanden sind. Die Neubestimmung des Verhältnisses der Geschlechter zueinander ist eine solche Konfliktlage, auf die ich im folgenden eingehen werde.

Die Grenzschließung führte somit zu einer doppelten Krise individueller und kollektiver heterosexueller Männlichkeit.

Sie unterminiert zum einen die ökonomische Versorgerrolle des Mannes. Die etwa 14.000 spanischen Arbeiter mußten ersetzt werden. Neben der Anwerbung marokkanischer Arbeiter traten vor allem die einheimischen Frauen zum ersten Mal in den Arbeitsmarkt ein und trugen dadurch zur Erwirtschaftung des Familieneinkommens bei.

Auch das zweite Standbein männlicher Identität - die Sexualität - wurde radikal bedroht. Die Einschränkung des physischen wie auch des sozialen Bewegungsraumes durch die Grenzschließung wurde häufig mit einem Topos aus der heterosexuellen Praxis illustriert: Vor 1969 hätten viele Gibraltarianer sexuelle Kontakte zu Prostituierten im *Campo* gepflegt. Im *Campo* fanden viele Männer ihre Ehefrauen, es sei aber auch nicht ungewöhnlich gewesen, sich neben der Ehefrau eine Mätresse und mitunter eine Zweitfamilie im *Campo* zu leisten. Dies wurde 1969 abrupt beendet. Dieser ausschließlich von Männern gepflegte Diskurs betonte darüber hinaus, daß die gibraltarianischen Ehefrauen von den Besuchen in den Bordellen (nicht jedoch von den Zweitfamilien) gewußt und dies stillschweigend hingenommen hätten.

> "*At the time of closing, intermarriage in the cage would have decreased, what was happening that local boys would have gone out with spanish girls, they leave her pregnant and then they have to marry them - no! They were cut off from Spain. In Gibraltar you have to be more careful with having a girl pregnant, because otherwise the father will be after you.*" [Informant, * 1942]

---

[54] Schließlich soll sich auch die *Church of England* fundamentalisiert haben, eine Entwicklung, die ich aber nicht bestätigen kann, da ich diese Gruppe in meiner Forschung weitgehend ausgeblendet habe.

Infomant Greg Baldarino [* 1932] spricht sogar von einer Bordellmentalität der gibraltarianischen Männer:

> "Früher gingen die jungen Gibraltarianer und die Soldaten nach La Línea in die Calle de Gibraltar, dort gab es Kneipen und Bordelle. Manche Bordelle waren nur für die Soldaten, andere nur für die Offiziere, je nach Rang. Jedermann wußte, daß auch junge Männer aus Gib dorthin gingen, aber die Eltern haben das akzeptiert, denn besser, man entledigte sich dort als daß man hier den Ruf eines Mädchens ruinierte. Denn man hat in Gib zwar eine Freundin gehabt, aber die mußte man um 21.00 Uhr nach Hause bringen - das wars. Verheiratete Männer gingen nach Algeciras ins Bordell wie mein Schwiegervater. Der mußte dort aus beruflichen Gründen häufig hin. Weil er wußte, daß man glauben würde, daß er in ein Bordell gehen wird, hat er mich häufig als Alibi mitgenommen, nach dem Motto: 'Greg muß mal wieder zum Friseur.' Dann hat er sich aber doch immer abgeseilt und tauchte erst nach einer Stunde wieder auf."

Dieser Diskurs erinnert an die dichotomische Geschlechterordnung, wie sie in Texten der frühen Mittelmeerethnologie häufig vertreten wird: Männer werden als sexuallitätsgeleitet, dominierend und draufgängerisch dargestellt, Frauen dagegen als Huren oder Ehefrauen bzw. Mütter; Männern werden außereheliche sexuelle Aktivitäten erlaubt, Frau nicht; erste Aufgabe eines Ehemannes ist der Broterwerb, erste Aufgabe einer Frau die Mutterschaft und die Kinderaufzucht. Ich habe diese Aufgabenteilung an anderer Stelle als machistische Ideologie[55] bezeichnet.

Diese Ideologie durchzieht große Teile der ethnologischen Mittelmeerliteratur wie ein roter Faden.[56] Diese insbesondere von JULIAN PITT-RIVERS entworfene und vor allem von DAVID GILMORE weiterentwickelte ethnologische Literatur zu *Honor and Shame* wurde zu Recht dafür kritisiert, Repräsentation mit alltäglicher Lebenspraxis miteinander zu vermischen und eine Vielfalt lokaler Erfahrungen und Performativitäten unter einer binären Genderkonstruktion zu subsumieren.[57] Für Andalusien privilegieren beispielsweise PITT-RIVERS und GILMORE die im öffentlichen Diskurs dominante männliche Ideologie der Franco-Ära. Das Modell stellt damit eher eine Repräsentation von Männlichkeit als die gelebte geschlechtlich-soziale Realität dar.

Kehren wir nach Gibraltar und zur Transformation der Geschlechterbeziehungen durch die Grenzschließung zurück. Auch die gibraltarianische Rede über eheliche Sexualität ist in einen politischen Kontext - das britisch-imperiale militärisch-koloniale System - eingebettet, der - gleich der Franco-Ära in Spanien - klare hierarchische Verhältnisse formuliert. Anders als das spanische Modell der Franco-Zeit strukturiert die militärisch-koloniale Ordnung in Gibraltar heute allerdings noch immer weitgehend den sozialen Raum.

Mit der Schließung wurde die Aufrechterhaltung der Aufteilung der sozialen Umwelt in männlich-öffentliche und weiblich-private Räume problematisch, da einerseits beide Geschlech-

---

55  Vgl. HALLER 1992a.
56  Einzelne Komponenten dieser Ideologie werden jedoch auch für andere geographische und kulturelle Kontexte diagnostiziert. So betont PETRICH, daß die geschlechtsspezifische Charakterisierung in männliche Dominanz und weibliche Submission von Ethnologen zwar besonders häufig in mediterranen Gebieten verortet wird, sich aber nicht auf Südeuropa, sondern in verschiedenen Formen auf ganz Europa übertragen läßt. Vgl. PETRICH 1989: 136f.
57  Siehe HALLER 1992A, 1992B; PINK 1997; CONNELL 1987; CORNWALL/LINDISFARNE 1994.

ter nunmehr auf denselben Raum verwiesen waren, andererseits Frauen durch die Berufstätigkeit zunehmend in die ökonomische Domäne eintraten.

Der Gedanke, daß zwischen sexueller Frustration und religiöser Fundamentalisierung ein Zusammenhang besteht, wurde für den islamischen Fundamentalismus etwa von DOUGLAS und SUSAN DAVIS [1998] und KIELSTRA [1985: 17] formuliert. Nach KIELSTRA wird der islamische Fundamentalismus in Nordafrika vor allem von jungen Männern getragen, die sich in einem frustrierenden Zwiespalt befinden: Einerseits werden sie über die Medien mit dem Leitbild der westlichen sexuellen Libertinage oder doch zumindest der sexuellen Selbstbestimmung berieselt, andererseits kann dieses Leitbild in der sozialen Praxis nur unzulänglich realisiert werden.

Der Diskurs der männlichen Zivilisten Gibraltars über die in Spanien ausgelebte Sexualität der Männer verweist auf die Effekte der Grenzschließung auf das Geschlechterverhältnis. Anscheinend wurde das sexuelle Leben von Männern bis 1969 weitgehend außerhalb der ehelichen Beziehung ausgelebt. Die gibraltarianischen Ehefrauen hätten dies toleriert. Wichtig sei vielmehr gewesen, daß der Ehemann und Vater seine Familie versorgt und vor Ort 'das Gesicht wahrt'. Wenn Männern aber unter der Hand Affären zugestanden werden und gleichzeitig (ehrbaren) Frauen sexuelle Bedürfnisse abgesprochen werden, dann scheint Ehe nicht der Ort zu sein, an dem beide Ehepartner sexuelle Erfüllung finden. Diese Logik finden wir im männlichen Diskurs über die Zeit vor 1969 wieder: Die Möglichkeit der Grenzübertrittes eröffnet Männern die Möglichkeit, sexuell aktiv sein zu können, und für (ehrbare) Frauen, nicht sexuell aktiv sein zu müssen. Die Rede der männlichen Informanten stellt dieses Verhältnis als pragmatische Idylle dar, bei der beide Ehepartner auf ihre Kosten zu kommen scheinen: Er darf aktiv sein, sie braucht nicht aktiv zu werden.

Wenn, wie im vorliegenden Fall, die Möglichkeit der Grenzüberschreitung verhindert wird, gerät dieses Gefüge ins Wanken. Die Ehegatten sind der gegenseitigen (und der sozialen) Kontrolle ausgeliefert. Sexualität wird damit zu einem gesellschaftlichen Problem.

Eine erste Lösungsmöglichkeit wäre, daß die Sexualität der Ehegatten gar nicht so problembelastet gewesen ist; der männliche Diskurs ist vielmehr ein Diskurs der Selbstdarstellung, des Auftrumpfens und des Prestiges - aber nicht mehr. Dies mag damit zwar der unterschiedlichen sexuellen Sozialisation von Jungen und Mädchen (vor allem dem Imperativ zu männlicher Lust und weiblicher Entsagung) zu entsprechen, nicht aber unbedingt der gelebten Praxis. Allerdings: Paare, die eine Wohnung und häufig sogar das Zimmer mit Eltern oder Schwiegereltern und Geschwistern teilen, konnten eheliche Sexualität nur schwerlich im intimen Rahmen leben.

Zweitens wäre es möglich, daß sich die Männer nach der Grenzschließung nunmehr innerhalb der Kolonie Gibraltar außerehelich sexuell betätigten. Diese Möglichkeit war aber äußerst eingeschränkt, sie scheiterte zumeist nicht nur an der Gefahr, beim Seitensprung enttarnt zu werden, sondern auch an der mangelnden Verfügbarkeit von Frauen, die dazu bereit gewesen wären. Der Verkauf von Pornographie ist zwar nicht gesetzlich verboten, jedoch de facto durch Einflußnahme der katholischen Amtskirche unterbunden, was auch Magazine wie den

*Playboy* betraf.[58] Auch Bordelle existierten in Gibraltar, wie bereits erwähnt, seit den 20er Jahren nicht mehr. Einheimische Männer und Soldaten hatten gerade auch aus diesem Grunde das spanische Hinterland besucht. Mit der Grenzschließung ist dies auch für die stationierten Soldaten nicht mehr möglich, und so kommt es in der Zeit von 1969 bis 1982/85 verstärkt zu Schlägereien zwischen einheimischen Männern und Soldaten um weibliche Gunst: einerseits um die wenigen Barmädchen aus England, die für beide Gruppen potentielle Partner darstellen (Engländerin = verfügbar); andererseits um die einheimischen Mädchen vor den Übergriffen von Soldaten zu bewahren (Schwestern = schützenswert).[59] Für die einheimischen Männer sind, im Gegensatz zu den Soldaten, die einheimischen Mädchen potentielle Ehepartnerinnen.

Drittens war es möglich, Gibraltar zu verlassen und sich in England niederzulassen. Von dieser Möglichkeit machten vor allem junge Ehepaare und Singles Gebrauch [→ Kapitel 3.3.3.1].

Eine vierte Lösung wäre, sich vor Ort mit der neuen Situation zu arrangieren. Es spricht viel dafür, daß es sich hierbei um den bevorzugten Lösungsweg handelte, und ich möchte diesen Gedanken mit der Spiritualisierung verknüpfen. Ich vermute, daß aufgrund der unterschiedlichen Sozialisation die eheliche Sexualität häufig eher problematisch war. Dies verstärkte sich durch die Grenzschließung. Eheliche Enthaltsamkeit wäre eine naheliegende Möglichkeit. Entsagung innerhalb der Ehe bedurfte der Legitimation, da sowohl im traditionellen Judentum als auch im traditionellen Katholizismus und Hinduismus eheliche Sexualität die einzige Form akzeptierter Sexualität ist. Gerade rigide Interpretationen der Religionen legitimieren jedoch die Minimalisierung sexuellen Kontaktes auch in der Ehe, sie bieten sich als legitimatorisches Vehikel der Reinheit, Entsagung und Askese an. Dies bedeutet nicht, daß jegliche Form der Spiritualisierung das Ergebnis problematischer Sexualität sei. Allerdings erklärt sich dadurch jene Motivation, die es attraktiv macht, sexuell nicht aktiv und attraktiv sein zu müssen.

---

58  Als Tito Benady seinen Buchladen Mitte der 70er eröffnete, durfte er keine "Bücher mit Nackten drin" nach Gibraltar einführen. Allerdings gab es kein offizielles Gesetz gegen Pornographie, sondern lediglich eine Verwaltungsverordnung. So konnte man Magazine als Privatperson einführen, jedoch nicht verkaufen oder kaufen. Dies sei erst wieder seit 1989 oder 1990 möglich.

59  Männlichkeit in der mediterranen Region - auch in Andalusien - wird von anderen [PITT-RIVERS 1961, 1963 1977; SCHNEIDER 1971; DAVIS 1977; PERISTIANY 1976; BRANDES 1980] eher im Rahmen von *Honor and Shame* als im Rahmen von Machismo beschrieben. *Honor and Shame* im Sinne PITT-RIVERS sind jene zwei Prinzipien, die das öffentliche Bild und die moralischen Verpflichtungen der beiden Geschlechter festlegen. Sie sind komplementär und haben unterschiedliche Funktionen. Sie stehen in einer systematischen, reziproken Verbindung. GILMORE sieht in der Sexualität auch das Herzstück des andalusischen 'Honor and Shame-Komplexes'. Denn der Erwerb und Verlust von Ehre und Schande basiert einerseits auf der Kontrolle der weiblichen Sexualität durch den Mann und andererseits auf dem Beweis der Männlichkeit durch die Betonung des eigenen sexuellen Vermögens. Diese beiden Aspekte schaffen einen Konflikt. Denn der Kampf um Ehre ist ein Nullsummenspiel, in dem Unehre auf den Mann durch das Fehlverhalten der weiblichen Verwandten, Ehre auf ihn aber durch die Provokation eben solchen Fehlverhaltens anderer Frauen - also ihrer Verführung - kommt. Typisch für diese Konstellation ist für GILMORE das Beziehungsdreieck zwischen dem Verführer einer Frau, dieser Frau und deren männlichen Verwandten. Hat der Verführer Erfolg, so erhöht er seine Männlichkeit auf Kosten ihrer männlichen Verwandten [GILMORE 1987: 135]. Die Ehre des einen ist also die Unehre des anderen, weshalb GILMORE den Kampf in diesem Beziehungsdreieck als "erotische Schlacht" um das rare Gut der weiblichen Keuschheit bezeichnet. Wichtiger als der tatsächliche Beweis einer sexuellen Eroberung ist die ostentative Kompetition der Männer untereinander um das rare Gut der Männlichkeit. Die Kompetition wird verbal über die übersteigerte Darstellung der eigenen sexuellen Potenz und Bereitschaft, sowie der Herabwürdigung der anderen Männer durch die Absprechung dieser Eigenschaften ausgefochten.

Der Zusammenhang zwischen Schönheitswettbewerben und Spiritualisierung ergibt sich nicht nur aus dem strategischen Charakter der Überwindung der beengten Raumes. Vielmehr stehen beide Phänomene in einer Wechselwirkung, die mit innerfamiliären und innerreligiösen Aspekten zu tun hat. Samantha Lane, Miss Gibraltar 1996, ist hierfür ein besonderes Beispiel. Als Tochter einer *intermarriage* starnd sie während ihrer Schulzeit an der *Hebrew Primary School* eher am Randde der Gemeinschaft. Ein Schlüsselerlebnis für die spätere Entfremdung vom Judentum waren die Religionsstunden in der Sekundarstufe der *Bayside School*, in denen ihr ei britischer Rabbiner beibrachte, daß Mutter eine schlechte Frau sei, weil sie einen Christen geheiratet hatte. Während Samantha durch die Unterstützung der Eltern an ersten Wettbewerben teilnahm und langsam Gefallen am Modelling fand, gesellte sich ihre Schwester mehr und mehr der orthodoxen Strömung innerhalb der Gemeinde zu. Diese trägt heute die typische Perücke der orthodoxen Jüdinnen, den Sheitl, ihre Schwester dagegen ist weltlich und überaus modisch gekleidet. Während die orthodoxe Schwester ihren späterenn Ehemann - wie unter gläubigen Juden üblich - durch einen Heiratsvermittler kennenlernte, heiratete Samantha den Gewinner des Mister Manhunt Contest 1996, einen Christen.[60]

Ein weiterer Zusammenhang besteht in der Veränderung der Geschlechterrollen. Bis zur Grenzschließung fanden gibraltarianische Männer ihre Partnerinnen zu Teil (Ehefrauen) oder nahezu ausschließlich (Prostituierte oder Mätresse) im spanischen Hinterland. Mit der Grenzschließung waren die Ehepaare nicht nur als soziale, ökonomische, emotionale und spirituelle Paare, sondern auch als Partner aufeinander verwiesen. Die Gattin mußte nun beide Funktionen erfüllen: sowohl eine gute Mutter und Partnerin zu sein als auch eine sexuelle Gespielin. Schönheitswettbewerbe und Spiritualisierung sind unterschiedliche Reaktionen auf diese Transformation des Geschlechterverhältnisses, daß nun beide Funktionen erfüllt werden mußten. Nach der Schließung wurde weibliche Schönheit zum öffentlich umstrittenen Gut. Gleichzeitig war sie die zentrale Möglichkeit, die kollektive Identität des Gemeinwesens auf internationaler Ebene zu repräsentieren. Mit der Zelebrierung weiblicher Schönheit waren negative Begleiterscheinungen verbunden; nicht jede Frau konnte oder wollte sich den Anforderungen beugen, nicht jeder Mann wollte seine Frau oder Tochter öffentlich nach äußeren Kriterien bewerten lassen; nicht jedes Ehepaar konnte dem Imperativ der sexuell erfüllten Ehe genügen. Die Betonung spiritueller Werte und die Übernahme eines religiösen Habitus ermöglichten es, diesen Anforderungen zu entgehen.

### 3.4 Zusammenfassung

Die Begrenztheit des den Zivilisten zugänglichen Raumes ist der Effekt zweier Aspekte, die mittelbar und unmittelbar mit der Landgrenze zusammenhängen: der kolonialen Ordnung und der spanischen Ansprüche. Der begrenzte Raum prägt den gibraltarianischen Alltag maßgeblich. Der Grad der Geschlossenheit bzw. Offenheit der Grenze beeinflußt die soziale Konzeption von Öffentlichkeit und Privatsphäre. In kleinen Gesellschaften wie in Gibraltar potenziert sich dies.

---

60  Trotz des sozusagen unorthodoxen Weges, den Samantha für sich gewählt hat, wird sie jedoch nicht von allen Vertretern der jüdischen Gemeinde abgelehnt, sondern, im Gegenteil, von einigen eher traditionalen Repräsentanten unterstützt und in ihrer Entscheidung gewürdigt.

Vor 1969 bestanden enge personelle, familiäre, ökonomische und kulturelle Verbindungen zwischen den Gibraltarianern und den Bewohnern des Hinterlandes. Die Grenze wurde zunehmend undurchlässiger, der Bewegungsspielraum der Gibraltarianer beschränkte sich auf einen Bruchteil des ohnehin winzigen Territoriums (das ja zum Großteil unter kolonial-militärischer Nutzung stand und somit der Zivilbevölkerung unzugänglich war). Die Grenzen zwischen Öffentlichkeit und Privatheit verschwimmen, eine Gesellschaft der totalen sozialen Kontrolle entsteht, deren Auswirkungen jedoch nicht eindeutig negativ (als Einschränkung individueller Lebensgestaltung) oder positiv (als Schutz und Zufluchtsmöglichkeit) erlebt wurde. Gleichwohl erforderte die totale soziale Kontrolle eine Neuordnung der Konflikte, die aus der Kollision individueller und kollektiver Ansprüche entstanden.

Viele Gibraltarianer verlassen ihre Heimat zwischen 1969 und 1982. Für andere dagegen ist das Weggehen keine Alternative, sie bleiben vor Ort. Unter der besonderen Situation der ständigen Kontrolle wurden Strategien entwickelt, um die sozialen Konflikte, die durch die Differenz zwischen individuellen Bedürfnissen und kollektiven Normen entstehen, zu entschärfen.

Die wichtigste Strategie ist die Festlegung eines Bereiches, der als öffentlich gilt, und eines Bereiches, der als privat inszeniert wird. Dies bedeutet nicht, daß der als privat definierte Bereich nicht der sozialen Kontrolle zugänglich wäre; das Private ist keineswegs geheim, es ist durchaus Gegenstand des Wissens von Außenstehenden: Es ist ein offenes Geheimnis. Der Doppelcharakter des offenen Geheimnisses ermöglicht es aber, soziale Normen gleichzeitig zu unterlaufen als auch aufrechtzuerhalten, da die Normverletzung nicht öffentlich ausgesprochen wird und keine sozialen Konsequenzen nach sich zieht. Es kommt gewissermaßen nicht zum Schwur. Das Beispiel der Homosexualität illustriert das. Obwohl es ein offenes Geheimnis ist, daß die beiden Informantinnen lesbisch sind, werden sie nicht als Angehörige einer sexuellen Kategorie, sondern als Individuen und als soziale Akteure (z.B. als Geschäftsfrauen) klassifiziert. Erst wenn das offene Geheimnis in den Bereich der Öffentlichkeit gezerrt wird, wird es nötig, soziale Konsequenzen der Ahndung und Ächtung zu ziehen. In Gibraltar wird der Bereich der Öffentlichkeit durch die Berichterstattung der Tageszeitung THE GIBRALTAR CHRONICLE definiert.

Eine andere Strategie besteht in der Schaffung einer Illusion von räumlicher Grenzenlosigkeit durch *Skalestrics*. Schließlich erforderte die Grenzschließung eine Neudefinition von Innerlichkeit und Körperlichkeit. Die räumliche Enge konnte durch die vermehrte Hinwendung zu affirmativen (Schönheitswettbewerbe) oder negierenden (Spiritualisierung) Körpertechniken überwunden werden. Die Spiritualisierung geht in einer Gesellschaft, in der Religion die maßgebliche Ressource der Ethnizität darstellt, mit der Betonung der Abgrenzung der einzelnen Religionsgemeinschaften Hand in Hand. Die traditionell eher durchlässigen Grenzen zwischen den Religionsgemeinschaften werden undurchlässiger, der Charakter der internationalen Grenze reproduziert sich im Bereich der Ethnizität [→ Kapitel 5 und 7]. Eng mit der Spiritualisierung ist die Transformation der ehelichen Beziehungen sowie der Beziehungen zwischen den Geschlechtern verbunden. Die unterschiedlichen sexuellen Imperative, unter denen Männer und Frauen sozialisiert wurden, fand vor der Grenzschließung seine soziale Entsprechung in der Reduktion des innerehelichen sexuellen Kontaktes. Mit der Schließung wurde Sexualität jedoch zunehmend ausschließlich in den Bereich der Ehe verwiesen. Die Hinwendung zu Religiosität und Spiritualisierung kann als Ausdrucksmöglichkeit interpretiert werden, die die daraus entstehende soziale Sprengkraft zu entschärfen vermochte.

Der begrenzte Raum wurde jedoch nicht ausschließlich als Quelle der als negativ empfundenen sozialen Kontrolle erlebt, sondern auch positiv, als Heimat, als Ort der Liberalität und Weltläufigkeit, als sicherer Ort der Geborgenheit und der Zuflucht. Die Sichtbarkeit des Felsens wird zur Ikone lokaler Identität. *The Fortress came first*: die kolonial-militärische Dominanz auf dem Territorium wies der Zivilbevölkerung - gleich welcher religiösen oder ethnischen Gruppe - denselben Status zu. Dies manifestierte sich schon räumlich in der Trennung ziviler und militärischer Lebensbereiche, wie auch in der aktiven Verhinderung der Begründung religiöser oder ethnischer Stadtviertel durch das koloniale Establishment. In den gemischten Wohngebieten der Zivilisten und ganz konkret in den Patios entwickelte sich in den gut 300 Jahren britischer Herrschaft unter dem Druck der Vorgaben des Militärs die friedliche Koexistenz der unterschiedlichen religiösen Gruppen, die - wie wir an anderer Stelle [→ Kapitel 5.1, 5.2 und 7.3.2] sehen werden - zu einem hohen Grad an *Intermarriages* führte. Diese Koexistenz beförderte die Herausbildung eines Ethos der gegenseitigen Toleranz und des religiösen (und damit des ethnischen) Pluralismus. Auf dieses Ethos wird sich, wie ich in den folgenden Kapiteln zeigen werde, die Formulierung einer nationalen Identität beziehen. Und gerade die Patios werden im Prozeß der Nationenbildung zu zentralen Symbolen dieser Identität - zu Gibraltarianisier-Maschinen - gemacht.

Die Öffnung der Grenze ab 1982/85 beseitigt einerseits einen Schutz vor den Bedrohungen der "wirklichen Welt": Gibraltar ist nunmehr Arbeitslosigkeit, Kriminalität und Drogen unmittelbarer ausgesetzt als zuvor. Die Konfrontation mit diesen Bedrohungen resultiert in einer Verengung der liberalen Mentalität, die sich in der Zeit der Schließung entwickelt hatte.

Andererseits eröffnet die Öffnung die Möglichkeit, die getrennten Bindungen auf familiärer, freundschaftlicher und ökonomischer Ebene wieder aufzunehmen. Die Möglichkeit des räumlichen Ausweichens in das spanische Hinterland wird greifbar. Dies birgt die Gefahr des Ausscherens aus der Gemeinschaft der Gibraltarianer in sich und wird von den politischen Kräften als solche Gefahr gebrandmarkt. Als Folge der räumlichen Öffnung wird einerseits [→ Kapitel 5.3.3 und 2.2] der Diskurs um Verräter in den eigenen Reihen (= diejenigen, die nach Spanien ziehen) akzentuiert; andererseits wird der Raumnot im eigenen Territorium mit der *Land Reclamation* und der Förderung des Wohnungsbaus begegnet.

## Kapitel 4 *Being british in Gibraltar*

"In der Turnbulls Lane hat sich eine Gruppe von Schülern mit ihren Eltern versammelt, von weitem schon ist ein Riesengeschrei zu hören. Die Kinder - alles Jungs im Alter von sechs bis acht Jahren, tragen Schuluniformen - jedenfalls mein erster Eindruck. Es gibt drei Uniformen: die einen grün mit grünen Kappen, die anderen beiden in grauen Jogginganzügen, jedoch mit gelben bzw. blauen Halstüchern. Das Ganze mutet an, als ob sich hier eine Gruppe zur Abfahrt für den Schulausflug träfe. Als ich um die Ecke in die Main Street einbiege, stehen da drei Trommler, ein Paukenspieler, zwei mit Schellenbäumen und einige Jungen mit Tröten. Die Jungen sind schon etwas älter, so um die 13-16 Jahre. Sie tragen Phantasieuniformen eines *Grand Fenwick*, einer Operettenmonarchie: grüne Barette mit roten Puscheln drauf, sandfarbene Hosen, grüne Hemden und darüber Leopardenfellimitate. An den Hemden bunte Litzen und Abzeichen. Die Jungen werden von einem Erwachsenen in derselben Uniform eingestimmt. Polizisten regeln den Verkehr, der aus der Engineer Lane in die Parliament Lane einfließt. Touristen verharren und schauen neugierig zu. Erwachsene, augenscheinlich die Eltern der Kleinen, ebenfalls. Auf ein Kommando des uniformierten Erwachsenen stimmen die Musikanten einen Marsch an und marschieren denn auch in die Main Street ein, gefolgt von den unformierten Kids. Es sind keine Schuluniformen, sondern die Uniformen von *Boy Scouts*, erfahre ich durch die Abzeichen. Manche Kinder tragen mehrere Abzeichen. Im Gefolge der Musikanten rennen sie, von denen jeder ein Gefäß in der Hand hält, in sämtliche Läden und bitten auch alle Passanten um Geld. Sie schütteln stolz mit den Büchsen, Eimern, Flaschen - was immer sie da in den Händen halten. Auf manchen Behältern klebt ein Zettel; es geht um die Finanzierung einer *Cancer Research Group* und der *The Dyslexia Support Group*. Später sagt mir Francis Griffin, der das Geschehen ebenfalls beobachtet hat, daß es solche Aktionen in Großbritannien seit den 50er Jahren nicht mehr gäbe. Als Engländer, der erst einige Monate in Gibraltar ist, hält er die Aktion eher für skurril, anachronistisch und kurios: *"Gibraltar is an odd place with odd stories that never happen anywhere else."*[1]

Die Identifikation der Gibraltarianer als *british* ist von der für Kolonialgesellschaften typischen Ambivalenz zwischen *mimicry* und *mockery* gekennzeichnet.[2]

Britannien ist in Gibraltar neben der politisch-administrativen Ordnung und neben den Repräsentationen der Oberklasse in Form von Sportvereinen, Tennisplätzen und Jachtclubs vor allem durch materielle Artefakte öffentlich sichtbar präsent. Dies wird nicht nur durch den Baustil der Militärbastionen deutlich. Die Vorliebe der Gibraltarianer für englische Stoffe und gedeckte Farben - ungewöhnlich für eine mittelmeerische Stadt - wurde bereits erwähnt. Darüber hinaus ist vor allem auch das Mobiliar der Main Street zu nennen, etwa die roten Telefonzellen, die Uniformen der Polizisten (die man hier wie im Mutterland als 'Bobbies' bezeichnet), die Doppeldeckerbusse, wie auch die Namensgebung von Geschäften, Lokalen und Straßen. Gerade die Straßennamen sind samt und sonders englisch, Mitglieder britischer Herrscherhäuser, Sir Winston Churchill und alle bedeutenden Gouverneure der Kolonie wurden durch die Benennung einer Avenue, eines Platzes oder einer Gasse geehrt. Während die Ladengeschäfte häufig spanische (z.B. Antonios, El Patio), jüdische (z.B. Cohens Camera Shop, Marrache Jewellers) oder indische Namen (z.B. Khubchand, Alwani) tragen, zeugen die Lokale und Re-

---

1    Feldtagebuchnotiz, 23.03.1996.
2    Siehe YOUNG [1995] und BHABA [1985, 1987].

staurants ausschließlich von England, dem Empire und der Marine.[3] Nicht zu vergessen ist auch die Berichterstattung des GIBRALTAR CHRONICLE, die zwar die Geschehnisse im *Campo*, im Nachbarland Spanien und in der weiteren Welt (sofern sie Gibraltar nicht direkt betreffen) weitgehend ignoriert, den Nachrichten aus Politik und Gesellschaft des Mutterland allerdings eine ganze Seite - die *UK-files* - widmet.

Und schließlich ist die Inszenierung von Öffentlichkeit durch die Performanz von Feiertagen und öffentlichen Anlässen dezidiert britisch: *Commonwealth Day, Guy Fawkes Day, Halloween, St. Patrick's Day, Queens Birthday* und *Poppy Day*, an dem zum Gedenken an die Gefallenen der Weltkriege rote Mohnblüten aus Papier am Revers getragen werden. Hierzu gehören auch die genannten Umzüge von Pfadfindern und Spendensammelaktionen für karitative Einrichtungen, etwa für die Behindertenhilfe. Anläßlich dieser sogenannten *Flag Days* werden Informationstische an strategischen Punkten der Main Street aufgestellt, an denen sich ehrenamtlich Frauen und Kinder, mit Sammelbüchsen bewaffnet, postieren. Die Spender erhalten einen kleinen Aufkleber (*flag*) ans Revers gepappt, wodurch es den Einheimischen so gut wie verunmöglicht wird, sich dem Akt des Spendens zu entziehen. Diese Art des Spendensammelns, in angelsächsischen Ländern weit verbreitet, wirkt zweifach als Identifikationsprozeß: Einerseits unterstreicht sie die Identifikation der Individuen mit der Lokalgemeinschaft (Nichtspender werden erkennbar), zum zweiten führt sie zu einem Wiedererkennungseffekt bei den britischen Touristen.

## 4.1 Eine koloniale Beziehung

In diesem Kapitel steht die Beziehung Gibraltars zum Mutterland und damit in seiner Abhängigkeit als einer Peripherie innerhalb eines Nationalstaates im Mittelpunkt. Ich werde zeigen, wie einerseits die Zugehörigkeit zum britischen Empire die lokale Identifikation mit Britannien geschärft wurde, wie sich aber andererseits die Bedeutung dessen, was als britisch gewertet wird, in historischer Perspektive verschoben hat. Den empirischen Gegenstand stellt der *Gibraltar National Day 1996* dar. Als Ausgangspunkt meiner Betrachtung wähle ich den Streit um Farben und Flaggen anläßlich des Feiertages. Anhand dieses Streits möchte ich - im Kontext der Entkolonialisierungsbestrebungen der Zivilbevölkerung als Bewegung - die Verlagerung der Identifikation von "*firstly british, then gibraltarian*" über "*firstly gibraltarian, then british*" zu "*gibraltarian first*" beschreiben.

### 4.1.1 Die Untertanen aus der Perspektive der Kolonialherren

Die Transformation dieser Identifikation ist in eine komplexe historische Beziehung eingebettet und berührt soziale, kulturelle und ökonomische Aspekte, die bis in die jüngste Zeit hinein maßgeblich von der Abhängigkeit der Zivilisten vom kolonialen Establishment und insbe-

---

3  *The Clipper, Captain's Cabin, Buccaneers, Admiral Collingwood, The Lord Nelson Bar, Sir Winstons Tavern, The Angry Friar, The Royal Calpe, The Calpe Hounds, Scottish Embassy, The Three Roses, Star Bar, Duck and Firkin, The Pig and Whistle, Coach and Horses, The Hackney Carriage, The Three Light Infantry Men, The Three Guns, The Three Grenadiers, Smokey Joe's, Ye Olde Rock* und *The Struggling Monkey.*

sondere von der militärischen Ordnung geprägt wurden. Die ethnischen, religiösen und klassenspezifischen Differenzen innerhalb der Gruppe der Zivilisten waren aus der Sicht der Administration irrelevant für ihren Status als Zivilisten.

Daß für die britische Militärverwaltung im Umgang mit der Zivilbevölkerung Unterschiede zwischen Konfession und Herkunft nicht besonders relevant waren,[4] zeigt sich in der Gleichbehandlung der drei Hauptkonfessionen zu Beginn des XIX. Jahrhunderts. Damals wurde der Zivilbevölkerung zum ersten Mal ein Mitspracherecht in der Regelung innerer Angelegenheiten der Kolonie eingeräumt. Die erste Institution der Garnison, in der Zivilisten mit öffentlichen Aufgaben betraut wurden, entstand mit dem *Committee for the Public Health* während der Gelbfieber-Epidemie des Jahres 1804.[5] In diesem Komitee waren die führenden Bürger aller Konfessionen vertreten: die führenden katholischen und protestantischen Händler, der marokkanische Konsul Hamet Beggia (ein Moslem), die *Methodist Society* und der jüdischen Händler Aaron Cardozo.[6] Das Hospital war konfessionell strukturiert und verfügte über drei Abteilungen, die sich jeweils um katholische, protestantische und jüdische Patienten kümmerten.[7]

Die Gleichbehandlung der konfessionellen Unterschiede manifestiert sich auch im einheitlichen Rechtsstatus der Zivilisten, der bis in die 60er Jahre gänzlich und bis heute zum Teil durch das militärische Regime der Garnison geprägt ist.

---

4  Das ganze Ausmaß der Einflußlosigkeit der Zivilisten zeigt sich deutlich am Beispiel der Amtszeit von Gouverneur von Sir Robert Gardiner: "*... political advances were cut short by the appointment of Sir Robert Gardiner as Governor in 1848. The new Governor had strong views on how a fortress should be administered, and this drew him into a series of undignified wrangles with the Exchange Committee, a body which by then claimed to be representative of all the civilian inhabitants of Gibraltar. Gardiner contended that the population of Gibraltar could not aspire to the political freedoms granted to other British Colonies because Gibraltar was primarily a fortress. In strongly worded correspondence he accused the Exchange Committee of encouraging 'notions of political rights which it has never been the intention of any British Government ... to concede to the commercial settlers on the Rock.' With reference to the Gibraltarians, Gardiner was adamant that they 'are no grounds on which they can, with any shadow of right or claim, demand elective franchise'. In 1852 the Governor banned a meeting of merchants, landowners and other local inhabitants which had been arranged for the purpose of petitioning the Secretary of State for the Colonies to set up an enquiry into the civil administration of the Rock. The merchants were deeply critical of Gardiner's government of Gibraltar, arguing for the necessity of creating some form of municipal administration, and a consultative council of civilian inhabitants. Relations were strained to the extent of the Governor banning members of the Exchange Committee from functions at Government House. In order to silence the increasingly virulent attacks on his administration, Gardiner issued a press ordinance in 1855, bestowing upon himself as Governor the power to control publications in Gibraltar. When Gardiner started to threaten the economic interests of the merchants, they used their links with Chambers of Commerce in Manchester and London to lobby Members of Parliament against him, and their enemy was finally recalled in 1855*", aus: *Gibraltar Military & Political History - Political History*, by DR JOSEPH GARCIA. [HTTP://WWW.GIBRALTAR.GI/HISTORY/POLHISTORYMAIN.HTML (22.01.2000].

5  BENADY, SAM 1994.

6  Aufgabe des Komitees war es, ein oder mehrere Hospitäler für Erkrankte einzurichten. Es dauerte zwölf Jahre, bis das Hospital am 17. Juli 1816 von Gouverneur General Don eröffnet wurde. Vgl. BENADY, SAM 1994: 16, 17.

7  Jede Abteilung wurde von einem Verwaltungskomitee der jeweiligen Konfession, dem ein *Deputy Governor* vorstand, geleitet [BENADY, SAM 1994: 21]. Diese Struktur bestand bis 1882 fort, als die katholische Abteilung in einen Frauentrakt umgewandelt und die jüdische Abteilung aus dem Hospitalsgebäude ausgegliedert und in einem Nebengebäude untergebracht wurde [BENADY, SAM 1994: 39]. Die jüdische Abteilung bestand bis 1891 weiter.

Bis in das XX. Jahrhundert hinein wurde der Rechtsstatus der Zivilisten nicht positiv formuliert, er ergab sich vielmehr implizit aus den Bestimmungen zum Ausweisungs-, Fremden- bzw. Einwanderungsrecht.

Das Residenzrecht konnte bereits seit der Mitte des XVIII. Jahrhunderts durch Geburt erworben werden (Territorialrecht = *jus soli*). Als Einheimischer zählte demnach ein in Gibraltar geborener britischer Untertan (*native born british subject*). Allerdings waren die Zivilisten der absoluten Befehlsgewalt des Gouverneurs unterworfen, der eine Ausweisung auch der *native-borns* erwirken konnte. Seit dem XIX. Jahrhundert bedurfte die Ausweisung der Bestätigung durch den *Secretary of State for the Colonies*. Dies wurde in einer Verordnung (*The Aliens Order in Council 1885*) festgelegt, die das Residenzrecht wie das Deportationsrecht durch den Gouverneur erstmals schriftlich fixierte.[8] Die *Aliens Order* war eine Verordnung, die den Status von Fremden (*aliens*) explizit, den Status des Einheimischen jedoch nur implizit definierte.

In dieser Verordnung wurde festgelegt, daß Fremde, also auch Engländer und andere britische Untertanen einer speziellen Residenzgenehmigung bedurften,[9] was den Einheimischen ein gewisses Anrecht auf das Land zumaß.[10] Allerdings oblag dem Gouverneur auch in der Verordnung von 1885 die Befugnis, unliebsame Zivilisten zu deportieren. Insofern war jeder Zivilist potentiell von der Ausweisung bedroht.[11] Wenn ein Untertan einen Nicht-Untertanen heiratete, wurde das Paar aus der Kolonie ausgewiesen.

*"Non-British were not allowed to live in Gibraltar, they had to move to La Línea. La Línea was like an overflow for Gibraltar."*[12]

Die Verordnung von 1885 wurde durch die *Strangers' Ordinance* von 1889 modifiziert. Diese regulierte den Status des Einheimischen wiederum nur implizit über die Definition des Fremden als *"persons not permanently resident"*. Im Umkehrschluß dazu waren Einheimische also dauerhaft in Gibraltar lebende britische Untertanen (*permanently resident native-born*

---

8    Persönliche Kommunikation von Tito Benady, Brief vom 4.10.1997.

9    *"In 1889 an ordinance issued by the Governor decreed that only native born inhabitants had a right of residence in the Colony. Everyone else, including British subjects, but excluding officials of the Crown had to obtain permission to live on the Rock. Inadvertently perhaps, the definition of a Gibraltarian had been created, as natives of a territory possessing exclusive rights of residence, entrenched in their birth on the Rock, which not even British subjects could claim. The ordinance of 1889 was thus a landmark in the political history of Gibraltar and in the development of its inhabitants. It was in part the response to local resentment at the number of aliens on the Rock, but it was also a tacit recognition by the London government that the local people of Gibraltar could boast certain rights in the colony which others could not"*, aus: *Gibraltar Military & Political History - Political History*, by DR JOSEPH GARCIA. Siehe auch HOWES 1991 (3rd ed.): 134.

10   Im Bericht des JCWI wird dagegen festgestellt, bis 1962 habe niemand einen rechtlichen Anspruch darauf gehabt, in der Kolonie zu leben. Die Erlaubnis zur Residenz wurde individuell vom Gouverneur vergeben - ganz gleich, wie lange eine Familie schon in Gibraltar lebte. vgl. JOINT COUNCIL FOR THE WELFARE OF IMMIGRANTS (JCWI): *Between a rock & a hard place - migrantworkers in Gibraltar*. 1992 oder später: 3.

11   Persönliche Kommunikation von Joseph Garcia, Leader der *Gibraltar Liberal Party*, am 6.10.1997. Die Möglichkeit der Deportation wurde allerdings nur ein einziges Mal angewandt, und zwar 1948, als der kommunistische Agitator Albert Fava, der als eine Gefahr für die Garnison galt, deportiert wurde. Fava war in La Línea geboren worden, war aber britischer Staatsangehörigkeit [persönliche Kommunikation von Tito Benady, mit Fax vom 28.11.1997].

12   Interview mit dem Standesbeamten Richard Garcia, 12.03.1996.

*british subjects)*. Die Ordinanz von 1889 verbindet also expressis verbis Territorialrecht und Residenz.

Die *The Aliens and Strangers Order* von 1935, das neue Fremdenrecht, schränkte das Territorialrecht ein. Es legte fest, daß ein Neugeborenes, das nach dem 29.06.1900 in der Kolonie geboren wurde, aus der rechtmäßigen ehelichen Verbindung eines in Gibraltar geborenen Mannes entstammen mußte, um den Status eines *native of Gibraltar* zu erhalten.

In der *Immigrants and Aliens (Amendment) Ordinance 1955* wurde der Begriff *native of Gibraltar* erstmals durch "*Gibraltarian*", der des *alien* durch "*non-Gibraltarian*" ersetzt. Diese Ordinanz definierte all diejenigen im *Register of Gibraltarians* eingetragenen britischen Untertanen als *Gibraltarians*, die in Gibraltar vor dem 30.06.1925 geboren wurden, oder aber das legitime Kind eines vor diesem Datum in Gibraltar geborenen Mannes waren.

1962 wurde die *Gibraltarian Status Ordinance* eingeführt. Diese Verordnung erweiterte die Ordinanz von 1955, indem sie erstens die *non-gibraltarian* Ehefrauen von *Gibraltarians* einschloß und es zweitens dem Gouverneur ermöglichte, den Status des *Gibraltarian* zu verleihen. Dies betraf in der Praxis insbesondere drei Gruppen:

• die Kinder aus der Verbindung einer Gibraltarianerin mit einem *non-Gibraltarian British subject*,

• die in Gibraltar geborenen *non-Gibraltarian British subjects*,

• *non-Gibraltarian British subjects*, die 25 Jahre in Gibraltar lebten.

Mit der *Gibraltarian Status Ordinance*, die bis heute gültig ist, wurde die Möglichkeit der Deportation von *native borns* ausgeschlossen. Abgesehen von den Gibraltarianern, ihren Frauen und Kindern, sowie einigen britischen Bürgern, ist kein permanenter Aufenthaltsstatus vorgesehen.[13]

Sämtliche Ordinanzen und Verordnungen sind viri- und patrizentrisch, sie bevorzugen bzw. beschränken sich auf die Nachkommen männlicher Gibraltarianer.

Die *Gibraltarian Status Ordinance*, die ausschließlich lokale Angelegenheiten (etwa den Zugang zu Sozialwohnungen, zu freiem Schulbesuch und zu Sozialhilfe) regelt, besteht parallel zum Status des Britischen Untertanen bzw. Bürgers.

Seit dem *British National Act of 1948* existiert ein einheitlicher Status des *Citizen of the UK and Colonies*. Mit der Einführung des *British National Act of 1981* (BNA), der am 1.1.1983 in Kraft trat,[14] wird das Territorialrecht an das Blutsrecht (*jus sanguinis*) gekoppelt: die Nationalität wird denjenigen im Territorium Geborenen verliehen, deren Eltern bereits britische Bürger waren sind. Nunmehr wurde zwischen drei Kategorien von Bürgerschaft (*citizenship*) unterschieden:

• die *british citizenship* (BC),

---

13  Brief vom 16.02.1998 von M.L.Farrell, Senior Executive Officer des Civil Status and Registration Office, Gibraltar.
14  COHEN, ROBIN 1994: 19.

- die *british dependent territory citizenship* (BDTC) - in diese Kategorie fallen die Bürger der Kolonien, und

- die *british overseas citizenship* (BOC) - in diese Kategorie fallen diejenigen Bürger von Ex-Kolonien, die bei der Unabhängigkeit ihre *british citizenship* beibehalten haben.

BDTC und *Gibraltarian Status Ordinance* konkurrieren miteinander, da beide Rechtsinstitute das Residenzrecht in Gibraltar verleihen.

Die rechtliche Ordnung der Bevölkerung in Militärpersonal und Zivilisten findet ihre Entsprechung nicht nur in der räumlichen Trennung die wir in Kapitel 3.1 kennengelernt haben, sondern auch in der politisch-sozialen Hierarchie. Die Gibraltarianer sind weder eine Kolonialbevölkerung im klassischen Sinne, wie etwa die weißen Siedler der Dominions, noch handelt es sich um eroberte und unterworfene Bevölkerungen, wie etwa die Bewohner Indiens, Burmas oder Tanzanias. Vielmehr sind es Nachkommen von Einwanderern, vornehmlich aus Europa und dem europäischen Kulturkreis, sie sind somit eine Bevölkerung 'dazwischen', weder Eingeborene noch angelsächsische Siedler, sondern '*white natives*'. In der kolonialen sozialen Hierarchie der Garnison, die das viktorianische Klassensystem bis in die jüngste Zeit hinein konservierte, befanden sich die Zivilisten - zumindest in ihrer überwiegenden Mehrheit - auf den unteren Stufen:[15]

- die oberste Stufe wurde vom Gouverneur und der gehobenen Beamtenschaft, die allesamt aus Großbritannien stammten (*ex-patriates*, kurz: *ex-pats* = Bürger des UK, die in den Kolonien leben), eingenommen. In diesem Kreis bewegten sich einige reiche einheimische Familien, die eine Ausbildung in englischen Privatschulen erhalten hatten;

- auf der zweiten Stufe befanden sich die mittleren Beamten, ebenfalls *ex-pats*. Dazu Kreis gehörten auch einige reiche Gibraltarianer und Freiberufler (Anwälte, Ärzte);

- auf dritter Stufe standen die unteren Beamten (*ex-pats* und Gibraltarianer), sowie einige gibraltarianische Selbstständige (einige Ladenbesitzer);

- auf der vierten Stufe waren die einfachen militärischen Dienstgrade (Soldaten, Matrosen und Flieger) positioniert, sowie die ganze überwiegende Mehrheit der Gibraltarianer, vor allem die Kleinhändler und die Arbeiter;

- auf der untersten Stufe der sozialen Hierarchie schließlich fanden sich die spanischen Arbeiter und fliegenden Händler sowie die indischen Familien wieder.

Die koloniale Rangordnung ist im Falle Gibraltars an das Oppositionspaar 'protestantisch-angelsächsisch' / 'katholisch-mediterran' gebunden und wird in Kategorien der kulturellen Abgrenzung ausgedrückt. Davon zeugen die Urteile der britischen *ex-pats* über die *Gibos*, wie die Einheimischen häufig bezeichnet werden:

"*The 'Gibos' are always 'on the make', childlike, don't do anything for themselves, 'Grab-all-tarians', arrogant, hard-headed, very 'thick.*'"[16]

---

15 STEWART 1968. 250.
16 STANTON 1994: 177.

Einheimische gelten vor allem als unheilbar inkompetent in der Arbeitswelt. EVERITT[17]
zitiert einen englischen Soldaten, der die Gibraltarianer als

"*the most rude national entity - after the Boxheads (Germans)*"

bezeichnet; und, so EVERITT, ein RAF-Sergeant habe sich über den Opportunismus der Zivilisten beklagt:

"*[they are] British when they want to be, Spanish when they want to be and Gibraltarian
when they want to be.*"

In dieses Bild reiht sich die Meinung eines *ex-pat* ein, der darüber schwadroniert,

"*... of course they are not British - they can't drink, can't fight and can't work.*"[18]

Ein Regierungsbeamter spricht mir gegenüber von der "kolonialen Subventionsmentalität der
Einheimischen", und fügt hinzu:

"Die glauben immer noch, man schulde ihnen ein gutes Leben, und das M.o.D. [*Ministry
of Defence*, Verteidigungsministerium] und das UK hätten die Pflicht, ihnen das zu ermöglichen. Dabei sind das alles nur Nachkommen von Leuten, die hier zum Betreiben der
Garnison hergeholt wurden, Nachkommen von Seeleuten, Bäckern usw. Ohne Garnison
gäbe es die gar nicht."

Spätestens seit SAIDS Überlegungen zum Orientalismus und seit SARTRES und FANONS Kritik am Postkolonialismus wissen wir, daß die Stereotypisierung der Kolonialbevölkerungen
mehr über das Selbstbild der Kolonialherren als über die Kolonisierten verrät. In ihren Arbeiten
werden zwei antagonistische Gruppen formuliert, die Kolonisierten und die Kolonisateure. Das
Verhältnis zwischen beiden Gruppen wird maßgeblich von der Idee rassischer Reinheit geprägt, wobei aus der Perspektive der Kolonisateure die Kolonisierten als verunreinigt, als
Mischbevölkerung, als hybride und bastardisiert gefaßt werden, sie für sich selbst dagegen eine
Reinheit in Anspruch nehmen, die jedoch potentiell durch leibliche, soziale und kulturelle
Vermischung bedroht ist.[19] SAID, SARTRE und FANON reproduzieren damit jene Dichotomie,
die sie zu überwinden trachten. Ihre Ansätze übersehen etwa die zeitgenössische Diskussion im

---

17  EVERITT 1993: 24.
18  EVERITT 1993: 24.
19  Zwischen dem Selbstbild der Kolonisatoren und dem der Ethnographen lassen sich durchaus gewisse
    Parallelen feststellen: Beide sind geprägt von Rationalität und Objektivität. Diese Selbstbilder konnten
    aber erschüttert werden, was sowohl für die koloniale Verwaltung als auch für die wissenschaftliche
    Methode der teilnehmenden Beobachtung ein zentrales Problem darstellte, das in dem Verbot des *Going
    Native* gipfelte. So lehnte beispielsweise PAUL RADIN die Möglichkeit ab, daß der Forscher zu einem
    Stammesmitglied werde, weil man dann "*a good portion in one's life in a primitve community*" verbringen
    müsse, aber er kenne keinen "*well qualified ethnologist*", der bereit wäre, das zu tun [DIAMOND 1981].
    *Going Native* entstand im kolonialen Kontext als Bezeichnung für die Angst des Kolonisators vor einer
    Verunreinigung durch die Absorption in die Sitten und die Gebräuche der Einheimischen. Diese
    Verunreinigung betraf unterschiedliche Bereiche, gipfelte aber letztlich in der Vorstellung, der
    Kolonisator könne durch zu engen Kontakt mit den *natives* selbst zum *native* werden. Insbesondere
    stellten die Möglichkeit sexueller Liaisonen mit *natives* und die Nachkommen dieser Verbindung eine
    Gefahr der physischen Degeneration für die 'weiße Rasse' und damit die Schwächung des kolonialen
    Systems dar, das sich auf der Naturalisierung der Differenzen zwischen Beherrschern und Beherrschten
    gründete. In der Ethnologie wurde das Verbot des *Going Native* essentiell für die Aufrechterhaltung der
    Distanz zwischen Forschern und Erforschten, die die Objektivität des Forschers gewährleisten sollte.

XIX. Jhd. innerhalb des Mutterlandes um die hybriden Ursprünge der Engländer selbst[20] sowie insbesondere die Tatsache, daß die Selbstpräsentation des kolonialen Establishments das gesellschaftliche Leitbild der aristokratischen Oberklasse wiedergibt und klassenplurale Perspektiven ausblendet.

Zum Zeitpunkt der Feldforschung stammt das koloniale Personal zum Großteil nicht mehr aus der aristokratischen Oberklasse, sondern vornehmlich aus der Mittelschicht und aus der Arbeiterklasse. Allerdings gilt für Gibraltar, was ROBIN COHEN auch für andere Kolonien bemerkt: Die Kolonialverwalter aus der englischen Mittelklasse nehmen für sich eine aristokratische Ethik in Anspruch und ahmen einen aristokratischen Habitus nach.

*"Even working-class Britons who fled post war Britain for the easy lifestyle available in southern Africa in the 1950s and 1960s soon adopted the overbearing hauteur of a racial élite."*[21]

Noch heute sprechen aus den Urteilen der *ex-pats* über Gibraltar, wie STANTON zu Recht bemerkt, häufig die Stimmen von Personen, die sich in einer strukturell schwachen Position befinden:

*"often they are escaping from their own past or failure to find work back home. They've come to somewhere which is British, but can find no real place for themselves."*[22]

Gibraltar ist sozusagen ein letzter Strohhalm, ein Ort, an dem Verlierer und Nostalgiker des Empire gleichermaßen eine Rückzugsmöglichkeit zu finden erhoffen.

Die britische Kolonialpolitik war in Gibraltar darauf ausgerichtet, die engen kulturellen Bindungen der Zivilbevölkerung zu Spanien einzudämmen.[23] Einer der unbeliebtesten Gouverneure bei den Zivilisten, Lieutenant General Sir Robert Gardiner (1848-1855), betrachtete die schnell wachsende Zivilbevölkerung als eine Gefahr für die Garnison, da sie

*"Spanish in habits, connexions, family predilections, language, and religion"*[24] sei.

Die Akzentuierung des Oppositionspaares 'protetantisch-angelsächsisch' / 'katholisch-mediterran' verweist nicht nur auf Stereotype und Selbstbilder der Sprecher, sie verweist auch auf den historischen wie auf den politischen Rahmen, innerhalb dessen diese Gegensätze relevant werden. Hintergrund ist auch hier der spanische Anspruch auf die Kolonie, der mit dem kulturalisierenden Argument untermauert wird, daß die Gibraltarianer nichts anderes seien als Andalusier, die unter britischer Knute lebten. Um den politischen Anspruch zu entkräften, wurde das Argument der kulturellen Zugehörigkeit mit einer Politik gekontert, die alles Spanische als minderwertig bewertete. Diese Haltung des kolonialen Establishments kommt beispielsweise in zeitgenössischen Publikationen zum Ausdruck. So minimiert der Heimatforscher und Autor HOWES[25], der das Grundlagenwerk über die Herkunft der Gibraltarianer verfaßte, den Beitrag

---

[20] Eine vorzügliche Abhandlung über diese Diskussion findet sich bei YOUNG [1995: 1-29].

[21] Vgl. COHEN 1994: 20.

[22] STANTON 1994: 177.

[23] Ein interessantes Beispiel hierfür ist der prospanische Gouverneur Sir Robert Wilson (1842-1848), der das Erscheinen einer spanischsprachigen Zeitung verbot. Dem Journalisten Parral, der eine eigene Druckerpresse besaß, war es somit 20 Jahre lang nicht möglich, die spanischsprachige Zeitung EL CALPENSE zu starten. Die Zeitung erschien erstmals 1868 [Interview mit Tito Benady, 31.5.1996].

[24] JACKSON 1987: 238.

[25] HOWES 1991.

der Spanier zu den demographischen Prozesse der Kolonie. HOWES war als Chef des Bildungsdepartments Regierungsbeamter und vertrat Regierungspolitik.

Die antispanische Haltung des kolonialen Establishments zeigte sich in einer Reihe symbolischer Handlungen, etwa der Einschränkung des Gebrauchs der spanischen Sprache. Das Verbot des Spanischen in den Clubs der Kolonie zielte dabei sowohl auf die Exklusion der Mehrheit der nur schlecht englischsprechenden Zivilisten ab als auch auf die Inklusion und Anglisierung der wenigen Gibraltarianer aus der Oberschicht, die ihre Ausbildung in Großbritannien genossen hatten. Eine einheimische Informantin berichtet über die 1950er und 60er Jahre:

> "Die Briten lebten an einem Ort, in dem alles britisch sein mußte, und es war die Regel, nicht spanisch zu sprechen. In allen Clubs, denen wir beitraten, konnte man Schilder lesen, auf denen geschrieben stand *'Do not speak spanish'*. Das war natürlich gegen die Gibraltarianer, denn da verkehrten auch Holländer und Portugiesen, und von denen wurde nicht verlangt, ihre Sprache nicht zu sprechen." [Informantin, * 1938]

Der von vielen Zivilisten gehegten Vermutung, daß sich diese elitäre Einstellung noch heute in den Spitzen der britischen Kolonialverwaltung konserviert hätte, gibt die PIGS-Krise vom Frühjahr 1996 Nahrung. Das Vorstandsmitglied der Partei AACR, Mr. Joshua Marrache [→ Postscript], war eingeladen worden, um vor Schülern der *Bayside Comprehensive School* die Ziele seiner Partei darzulegen. Während seines Vortrags erwähnte Mr. Marrache, daß die hohe Arbeitslosigkeit vornehmlich durch ausländische (= spanische) Arbeitnehmer verursacht werde. Im GIBRALTAR CHRONICLE vom 13.02. 96 wurde Mr. Marrache mit den Worten zitiert, eine AACR-Regierung *"would get rid of the PIGS"*, worunter Mr. Marrache Portugiesen, Italiener, Griechen und Spanier verstehen würde. Buhrufe aus dem Publikum gegen den Begriff *pigs* (= Schweine) und der Abbruch der Veranstaltung, sowie eine heftige Leserbriefkampagne in der Zeitung waren die Folge. Auslöser für die Entrüstung war der Begriff PIGS. Als erste Reaktion[26] auf den Vorwurf des Rassismus ließ die AACR verlautbaren, Mr. Marrache habe einen internen Ausdruck *"within European Union circles"* benutzt, mit dem ärmere Mitgliedsstaaten bezeichnet würden, die auf die finanzielle Unterstützung der reicheren Staaten angewiesen seien. Ein Leserbrief[27] vom Folgetag, unterzeichnet von 48 der bei der Veranstaltung anwesenden Schüler, widerspricht dem Vorwurf: Mr. Marrache habe nicht davon gesprochen, daß sich seine Partei der in Gibraltar arbeitenden PIGS entledigen wolle; der Gast habe vielmehr lediglich erwähnt, daß die britische Regierung die PIGS mit EU-Geldern mäste. Darüber hinaus habe Mr. Marrache auch erwähnt, daß der Begriff PIGS nicht *"within European Union circles"*, sondern innerhalb der lokalen Vertreter des britischen *Foreign & Colonial Office* benutzt würde. Mr. Marrache, der sich nicht in der Presse zu den Vorfällen äußerte, vertraute im halboffiziellen Kreis an, daß er den Begriff von der Sprecherin des *Foreign & Colonial Office* in Gibraltar, Mrs. Sheelagh Ellwood, gehört habe. Was dergestalt halböffentlich geäußert wird, gelangt in Gibraltar üblicherweise über die Zirkel von Klatsch und Tratsch zwar in jegliches Ohr, jedoch nur selten in die Pressespalten. In diesem Fall wurde Mrs. Ellwood zu einer öffentlichen Stellungnahme gedrängt, in der sie den Gebrauch des Begriffs innerhalb des *Foreign & Colonial Office* dementierte, gleichzeitig aber darauf hinweist,

---

26  *AACR at centre of 'racism' row*, in: THE GIBRALTAR CHRONICLE, 13.02.1996.
27  *Liberal Studies*, Leserbrief in: THE GIBRALTAR CHRONICLE, 14.02.1996.

daß Gibraltar ebenfalls Nutznießer von EU-Geldern sei.[28] Was in der PIGS-Krise an Abgründen bezüglich des Verhältnisses zwischen Kolonie und Mutterland steckt, spricht in der Folge die Wochenzeitung PANORAMA[29] aus: wenn die armen Mittelmeeranrainer von britischen Beamten als PIGS bezeichnet würden, dann träfe dies auf das von EU-Mitteln abhängige Gibraltar ebenfalls zu. So wird in einem weiteren Leserbrief die rhetorische Frage gestellt, ob Mrs. Ellwood nicht vielleicht anstatt von PIGS (mit einem 'G') gar von PIG(G)S (= die vier Staaten + Gibraltar) gesprochen habe.[30] Die Assoziationskette 'PIGS - Schweine - Armut - Abhängigkeit' gipfelt in einem Angriff auf die Wohnverhältnisse von Mrs. Ellwood:

> "*esta Sheelagh [...] vive en un spacious mansion en Mount Road y esta claro que no vive como un piggy.*"[31]

Mrs. Ellwood wird hier Stellvertretend für das koloniale Establishment unter Verdacht genommen. Der Hinweis, 'sie lebe in einem großen Haus und so gar nicht wie ein (armes) Schwein', reaktiviert im übrigen die bestehenden Resentiments über die privilegierten Wohnverhältnisse der Kolonialherren [→ Kapitel 3.1], er perpetuiert alte Vorurteile und zementiert die politisch-kulturelle Distanz zwischen Angelsachsen und Mediterranen.


4.1.2 Die Kolonialherren aus der Perspektive der Untertanen

Die PIGS-Krise enthüllt aktuelle Befürchtungen der Zivilisten bezüglich der britischen Haltung gegenüber ihren Untertanen in der Kolonie: Wieder einmal erweise es sich, daß Gibraltar ein ungeliebter und nicht gleichberechtigter Teil Großbritanniens sei.[32]

Trotz aller Benachteiligungen nehmen die Gibraltarianer für sich in Anspruch, ebenso britisch zu sein wie die Bürger des Mutterlandes. Diese Identifikation basiert auf der Aktivierung positiv besetzter Assoziationen wie dem Bildungssystem und dem Justizwesen, der englischen Sprache, den englischen Sporttraditionen und den politischen Institutionen nach dem Vorbild Westminsters.[33] Wenn ich in der Folge aber davon spreche, daß sich die Gibraltarianer auch vom Britentum distanzieren, dann möchte ich damit - *mimicry* und *mockery* - auf eine eher ambivalente Haltung zum Britentum und auf den Doppelcharakter des Begriffes *britishness* oder *being british* hinweisen. Zum einen bedeutet *being british* die Identifikation mit dem politischen und kulturellen System Großbritanniens, zu dem Engländer, Schotten, Waliser, Nordiren und eben auch Gibraltarianer gehören. Dieser Gebrauch verweist auf ein egalitäres Konzept. Zum anderen wird der Begriff *british* häufig gleichgesetzt mit 'englisch' und 'kolonial' verwendet. Die koloniale Erfahrung von *britishness* ist vom viktorianisch-militärischen Klassensystem geprägt, in dem die Begriffe *english* und *british* synonym sind. Dies wird noch in der Zeit der Krise um BSE-belastetes Rindfleisch im Sommer 1996 deutlich. Die örtlichen Metzger deklarierten das in ihren Geschäften angebotene britische Rindfleisch (*british beef*) kurzerhand als *scottish beef.*

---

28 Leserbrief von Sheelagh Ellwood in: THE GIBRALTAR CHRONICLE, 24.02.1996.
29 *Foreign Office official doesn't live like a pig ...*, in: PANORAMA, 26.02.-03.03.1996: 24.
30 *PIG(G)S*, Leserbrief von J. Armstrong in: THE GIBRALTAR CHRONICLE, 02.03.1996: 4.
31 *Foreign Office official doesn't live like a pig ...*, in: PANORAMA, 26.02.-03.03.1996: 24.
32 *Pigs and Carrots*, Leserbrief von C. Benyunes in: THE GIBRALTAR CHRONICLE, 29.02.1996.
33 Vgl. COHEN 1994: 16.

Die Identifikation mit dem Britentum manifestiert sich beispielsweise im Bereich der Arbeitswelt. Während der Zeit der Grenzschließung wurde der lokale Arbeitsmarkt vom Mutterland subventioniert. Vielfältig sind die Erzählungen darüber, daß damals 'jedermann' in Lohn und Brot stand und finanziell abgesichert war, 'niemand' schmutzige Arbeit verrichten mußte - die niedrigen und schlechter bezahlten Arbeiten (etwa im Hafen, im Bauwesen, bei der Stadtreinigung und in den Ladengeschäften) wurden vor der Schließung von spanischen Arbeitskräften verrichtet, danach von den Marokkanern. Eine Arbeitsstelle beim M.o.D., etwa im Arsenal, galt als wenig arbeitsintensiv und somit als erstrebenswert. Dies kommt in der lokalen Bezeichnung für das Arsenal zum Ausdruck: *hace' na'* ist die einheimische Version des spanischen *hacer nada* (dt.: nichts tun) und klanggleich mit der lokalen Aussprache von '*arsenal*'.

Sozialer Aufstieg war für die wenigen Einheimischen, die in die besseren Kreise der kolonialen Gesellschaft aufstiegen, untrennbar mit der Adaption englischer Werte und dem Zulegen eines englischen Habitus (in Sprache, Kleidung und Manieren) und also mit dem Abstreifen von als mediterran stigmatisierten Charakteristika verbunden. Folgerichtig war sozialer Status unmittelbar an kulturelle Merkmale geknüpft. Die trifft teilweise noch heute zu.

Richard Vasallo [* 1950], den wir bereits kennengelernt haben [→ 3.3.3], stammt aus einer Familie der unteren Mittelschicht und ist gleichzeitig Angehöriger der britischen Streitkräfte. Er erzählt mir folgende Geschichte, die die Ambivalenz von *mimicry* und *mockery* zu illustrieren vermag. In seinem Büro arbeitet Paqui, eine einheimische Putzfrau, die weder Englisch noch Spanisch besonders gut beherrsche. Vor ein paar Tagen begann Paqui wie üblich zu putzen. Richard, der gerade viel zu tun hatte, fühlte sich gestört und wies sie etwas barsch aus dem Zimmer. Paqui beschwerte sich beim Betriebsrat über die unwirsche Behandlung, woraufhin Richard aufgefordert wurde, sich bei ihr zu entschuldigen. Um des Friedens willen habe er zugestimmt. Allerdings war sich Richard nicht sicher, in welcher Sprache er das tun solle; der Betriebsrat meinte, er könne mit Paqui auf Spanisch sprechen. Als sich Richard dann auf Spanisch bei Paqui entschuldigte, entgegnete diese pikiert und in schlechtem Englisch: "*you can speak English with me.*"

Der Vorfall enthüllt die Beziehung von Kultur und Status im kolonialen Kontext. Richard ist einer der wenigen Einheimischen, der als Mitglied der britischen Armee seinen Dienst in Gibraltar ableistet. Damit sitzt er zwischen zwei Stühlen: Aus der Sicht der anderen Gibraltarianer (hier vertreten durch Paqui) hält man ihn wenngleich nicht für einen Verräter, so doch für jemanden, der die Seiten gewechselt hat. Er befindet sich in einem Dilemma der Loyalitäten: Weil er korrektes Englisch spricht, wird ihm unterstellt, daß ihm seine Herkunft (aus der lokalen unteren Mittelschicht) peinlich sei und daß er sich für etwas Besseres halte. Hätte er sich auf Englisch an Paqui gewandt, dann wäre ihm dies als Arroganz ausgelegt worden und hätte Mißtrauen und Mißgunst befördert. Da Richard sie in der Sprache ansprach, die auf der unteren Stufe der sozialen Hierarchie steht und traditionellerweise eine Herabstufung impliziert, wenn sie zwischen 'Nichtgleichen' verwendet wird, fühlte sich Paqui beleidigt. Der Gebrauch des Spanischen signalisierte Paqui, an welcher Stelle in der sozialen Hierarchie sie stand. Richard mußte, da er sich bei ihr entschuldigen wollte, zumindest für den Moment der Entschuldigung eine Ebene formaler Gleichheit herstellen; dies wurde aber durch den Gebrauch des Spanischen verhindert.

Richards Dilemma hätte vielleicht gelöst werden können, wenn er mit Paqui in *Yanito*, dem lokalen Idiom, gesprochen hätte; damit hätte er die Ebene der sozialen Differenz ausgeblendet und sich auf die Ebene der ethnischen Zugehörigkeit begeben, auf der es möglich gewesen wäre, eine Gemeinsamkeit zwischen sich und Paqui herzustellen.

Das hohe Prestige, das britische Kultur in Gibraltar genießt, ist ungewöhnlich für das postkoloniale Zeitalter. Wird britische Kultur auch bewundert und gilt als anstrebenswert, so bedeutet dies jedoch nicht, daß Großbritannien geliebt wird. Die Gefühle gegenüber dem Mutterland sind durchaus ambivalent, ich möchte die Beziehung als Haßliebe bezeichnen.

Wie in Kapitel 3.1 und in Teil 4.1.1 bereits erwähnt, waren die Zivilisten rechtlich bis weit in das XX. Jahrhundert hinein Fremde im eigenen Land. Noch einmal ein Rekurs auf das Rangsystem:

> *"Gibraltarians had enormous respect for the British in Gibraltar to the extent that I am told - that was before my time - that if an officer in uniform was walking along Main Street on the pavement, people would have to get off the pavement and then he walked by. The older generation will tell you that."* [Informant, * 1947]; *"Before WWII Gibs were treated like dirt. When I came to Gibraltar in the early 60s, there was still the 'yes-Sir-no-Sir' mentality. But economically Gibraltarians lived a privileged life."* [Informant, * 1942]

Das militärische Rangsystem färbte auf die Zivilbevölkerung ab, indem Zivilisten entsprechenden militärischen Rängen zugeordnet wurden.

> *"My wife is a physiotherapist. When she came back from the UK to work in Gibraltar, she was ranked with the civilian nursing sisters, with officer status in the sisters' mess, and that meant, she could use the Garrison Library which I (who was only a teacher then) could not; she could use the Rosia swimming club and become member of the Royal Yacht Club. Ranking was not official, but the employer (the hospital) had to classify my wife into a mass."* [Informant Jon Searle, * 1930]

Sozialer Aufstieg war ohne die Annahme eines britisch-kolonialen und damit eines 'englischeren' Habitus und Lebensstiles nicht möglich.

> *"In Gibraltar, you couldn't exist without a title. It was very important for civilians to be listed in the Quarterly Directory of Gibraltar, because that meant you had a quasi officer status! When Bob Peliza was elected Chief Minister in 1969, the editor of the Quarterly Directory of Gibraltar refused to include Peliza into the directory the next 2 issues, because he had only the rank of a major of the Gibraltar Regiment."* [Informant, * 1943]

> *"Britain was always very clever at creating institutions in all their colonies which were so British in essence, that nearly participating and becoming a part of those institutions meant becoming more British than the British themselves. The introduction of things like cricket and afternoon tea created groups in their colonies where you get people who consider themselves so English... People in the Yacht Club, with a sort if mentality that, ooh, Britain is... they put it on a pedestal and that to a certain extent is a colonial mentality. [...] The colonial mentality hasn't disappeared, this mentality created by bringing in certain wealthier families, to take over in a certain extent from the British government and administration. The wealthier classes were the ones who were in government in most places. I am talking in general terms! Now here in Gibraltar it didn't happen because Sir Joshua Hassan [früherer Chief Minister] just came back as a lawyer as he was and he was*

*in government for a very long time. But there were other institutions some of the old families...*" [Informant Joshua Gabay, GSLP-Politiker, * 1932]

Antibritische Gefühle haben ihre Wurzeln in der historischen Erfahrung der sozialen, politischen und kulturellen Benachteiligung gegenüber dem Mutterland und dem kolonialen Establishment, wie wir dies bereits in diesem Kapitel und in Kapitel 3.1 kennengelernt haben. Zwar war die Annahme eines englischen Habitus unabdingbar für einen sozialen Aufstieg; Aufstieg bedeutete jedoch nicht, daß eine vollständige Gleichheit mit den englischen Herren möglich gewesen wäre. Denn wie sehr sich ein Einheimischer auch um einen englischen Habitus bemühte: in den Augen der Militärverwaltung blieb er Levantiner und, was ebenso bedeutsam ist, Zivilist.

Die Position der Einheimischen im kolonialen Rangsystem und ihre Abhängigkeit von der juridischen Allmacht des Gouverneurs machten es nahezu unmöglich, antibritische Emotionen öffentlich auszudrücken. Diese konnten sich allenfalls auf indirekter und interpersonaler Weise manifestieren. So wurde mir für die Zeit der Grenzschließung häufig erzählt, daß sich in den Diskotheken Engländer und Einheimische nicht miteinander mischten ("*they did not mix*"). Während Penelope das Lokal der Einheimischen (Männer) war, besuchten die englischen Soldaten vorzugsweise die Diskothek Buccaneers. Häufig kam es zu Auseinandersetzungen zwischen den beiden Gruppen,

> "*because there was a shortage of sexually available girls for the English*". [Informant, * 1957]

Bis in die 60er und 70er Jahre hing die Reputation eines Mädchens, wie in anderen katholischen Mittelmeerländern auch, vor allem von ihrer Jungfräulichkeit vor der Ehe ab. Wir erinnern uns [→ Kapitel 3.3.4]: Soldaten, Seeleute und einheimische Männer lebten außer- und nebenehelichen Sex mit Geliebten oder Prostituierten im nahen La Línea und anderen Gemeinden des *Campo* aus. Nach der Grenzschließung war diese Möglichkeit verbaut. Die Reputation einer jungen Gibraltarianerin konnte nach 1969 durch Avancen englischer Soldaten ungleich wahrscheinlicher geschädigt werden als davor. Während die einheimischen Jungen immerhin Beziehungen zu ihren einheimischen Freundinnen oder mit den englischen Barmädchen der Kolonie eingehen konnten, war dies für die englischen Soldaten schwieriger. Zwar hat sich diese Situation nach der Öffnung und dem Abzug der Soldaten geändert, aber noch heute ist es so, daß

> "*parents still don't want you to hang around with the english, because it ruins your reputation*". [Informantin Luisa Dalli, * 1978]

Die Unmöglichkeit, die Ungleichheit öffentlich oder gar politisch zu thematisieren, liegt nicht nur in der tatsächlichen Rigidität des kolonialen Regimes begründet, sondern auch darin, daß der koloniale Status die Existenz des Territoriums als einer eigenen (von Spanien distinkten) Einheit garantiert. Spaniens feindliche Haltung gegenüber jeglicher Zukunft des Territoriums außerhalb des spanischen Staates verhinderte jedoch, daß die Zivilisten die dunkle Seite der Romanze mit Britannien öffentlich thematisierten. Die historische Erfahrung der Benachteiligung innerhalb des kolonialen Systems und die Unmöglichkeit, dem Unmut Ausdruck zu verleihen, ließ den Prozeß der kulturellen und politischen Identifikation der Gibraltarianer nicht unberührt.

## 4.2 Die Entzauberung des Empire

Erst seit den 90er Jahren können negative Gefühle gegenüber Großbritannien aufgrund verschiedener politischer Entwicklungen (auf die ich an anderer Stelle eingehen werde [→ Kapitel 5.3]) zunehmend in der öffentlichen Arena ausgedrückt werden. Ich werde dies in der Folge am Beispiel des Konfliktes um den Gebrauch der korrekten Farben und Flaggen im Vorfeld des *National Day* 1996 untersuchen.

### 4.2.1. *Loving or leaving*: rot, weiß - und blau?

> "*I am colonial! I feel colonial!*" [86-jähriger Informant]
> "*That is the worst thing you have said tonight*" [sein 56-jähriger Neffe]

Ein genauer Blick auf die Diskussion über den Gebrauch von Farben und Flaggen anläßlich des *National Day* 1996 zeigt, daß sich die Formulierung einer gibraltarianischen Identität, der ich im nächsten Kapitel ausführlicher nachspüren werde, nicht nur auf dem Haß gegen Spanien gründet, sondern auch auf antibritischen Gefühlen und auf dem Mißtrauen in die Politik des britischen Außenministeriums.

Der *National Day* wird am 10. September, dem Jahrestag des Referendums von 1967, gefeiert. Als nationaler Feiertag wurde er 1993 auf Initiative der sozialistischen Regierung ins Leben gerufen. Der Feiertag selbst ist in Gibraltar nicht unumstritten, es konkurrieren viele Haltungen und Einstellungen zu diesem Tag. Diese können allerdings auf zwei Grundpositionen reduziert werden: Der Streit entzündet sich an der Frage, ob die rot-weiße Flagge Gibraltars alleine oder zusammen mit dem rot-weiß-blauen Union Jack gehißt werden soll.

Beginnen wir mit einem Blick in die lokale Presse, besonders in das Wochenblatt PANORAMA, das der kleineren Oppositionspartei *Gibraltar National Party* (seit 1997: *Gibraltar Liberal Party*) nahesteht. Ronnie Barabich,[34] der eine wöchentlichen Kolumne schreibt, verteidigt den ausschließlichen Gebrauch von rot und weiß. Für ihn sind die Verteidiger der zweiten Option bestenfalls

> "*simple well-meaning but misguided*", im schlimmsten Fall "*people who do not feel particularly proud to be Gibraltarian and unashamedly accept their personal status as purely colonial [...] In any way, those people dare to do a great disservice to Gibraltar.*"

Barabich, mit dem ich während meines Aufenthaltes mehrere Gespräche geführt habe, begreift sich jedoch nicht als antibritisch. Er plädiert beispielsweise dafür, den Union Jack "an 364 Tagen im Jahr" zu hissen, den nationalen Feiertag am 10. September dagegen ausschließlich für die lokale Flagge zu reservieren. Barabich vergleicht Gibraltar mit anderen Teilen Britanniens, etwa mit Schottland und Wales, die ebenfalls ihre eigenen Flaggen gebrauchen, ohne dabei ihre *britishness* gering zu schätzen oder gar einzubüßen:

> "Sogar die englischen Fußballfans schmücken sich anläßlich eines Spiels ihrer Mannschaft mit dem englischen St.Georgs Kreuz anstatt mit dem Union Jack."

---

34 BARABICH, RONNIE: *Who are they afraid of offending?*, in: Panorama No 1521, 12th-18th June 1996: 7-8.

Barabich vertritt eine egalitäre Konzeption der *britishness*, die allen Partikularidentitäten - *Welsh, Scottish, English, Northern Irish* und *Gibraltarian* - einen gleichberechtigten Platz zuweist.

Allerdings verbirgt sich in seiner Argumentation die implizite Gleichstellung von *british* mit *english*, was in der Bezeichnung der Befürworter des Union Jack als anglophil erkennbar wird:

> "*[They] are to be found mostly amongst middle-aged upwards groups in the upper and upper-middle class strata of our society. They are generally speaking easily distinguishable, not only because they have an exaggerated notion that everything British continues to be the best (no doubt this was true at one time) but because the way in which they ape the English even in their way of dressing.*"

Barabichs egalitäre Argumentation impliziert gleichwohl auf negative Weise Kriterien für 'den authentischen Gibraltarianer', der sich von jenen Anglophilen unterscheidet, die durch Anbiederung an die Kultur Englands korrumpiert seien; so beschreibt er beispielsweise explizit die Kleidung, die den Anglophilen kennzeichnen:

> "*..in winter you will see them in what I call the British officer's civilian 'uniform' which will consist of Harris Tweed type sports jacket, viyella type shirt, corduroy odd cavalry twill trousers and brown leather shoes, not forgetting, of course, the inevitable cravat or club tie.*"

Anglophilie und *Gibraltarianness* sind für Barabich unvereinbare Gegensätze. Die Ursache dieser Unvereinbarkeit wird in den Erfahrungen des kolonialen Klassensystems lokalisiert. Er benennt damit den Archetypus des Verräters, den Feind innerhalb der eigenen Reihen: den Typus des Gibraltarianers, der seine Wurzeln verleugnet und sich ihrer schämt.

> "*Those anglophiles*", so Barabich, "*would rather not be Gibraltarians, given a choice (although that they are), and go as far as looking down to fellow Gibraltarians and what they stand for, as low life.*"

An anderer Stelle geht Barabich noch einen Schritt weiter und benennt gar die Protagonisten der Anglophilie mit Namen: die Mitglieder der neuen Regierung unter *Chief Minister* Peter Caruana von den *Gibraltar Social Democrats* (GSD). Caruanas distinguierte Aussprache des Englischen im Stile der *Upper-Class* - "*Royal Pronounciation*" oder "*Queens English*" - war im Wahlkampf zu einem Topos geworden, den die gegnerischen Parteien benutzten, um Caruanas Nähe zum kolonialen Establishment zu suggerieren. Für die Vertreter dieser Parteien, zu denen auch Barabich gehört, manifestiert sich die Caruana unterstellte Scham über seine koloniale Herkunft im Verweis darauf, daß seine Aussprache falsch und gekünstelt sei:

> "*[it] is fake of course, he never went to Oxford or got anywhere near it*". [Politiker der GSLP]

Der Wahlkampf wird von Barabich als Kampf gegen die 'Marionetten von Whitehall' (GSD) hochstilisiert. Aus seiner Perspektive ist die Regierung Caruanas prokolonial und antinational. In der Auseinandersetzung um den *National Day 1996*, der fünf Monate nach dem Sieg Caruanas stattfand, werden diese Argumente von der Opposition bemüht, um die neue Regierung zu einer pronationalen Haltung zu bewegen.

Die Idee eines Gibraltar als potentieller Nation wurde von der im Mai 1996 abgelösten Regierung des Sozialisten Joe Bossano (*Gibraltar Socialist and Labour Party* = GSLP) protegiert und von der formell unabhängigen, jedoch personell mit der GSLP und der kleineren Oppositionspartei *Gibraltar National Party* (GNP) eng verflochtenen Interessengruppe *Self Determination for Gibraltar Group* (SDGG) vehement verfochten. Barabich ist Aktivist dieser 1991 gegründeten Lobbygruppe.

Der Streit um die adäquaten Farben und Flaggen für den Feiertag wird nicht nur im GNP-nahen PANORAMA geführt, sondern auch und vor allem in den Leserbriefspalten des GIBRALTAR CHRONICLE. Eine der Personen, die aus Barabichs Perspektive zweifellos in die Rubrik 'anglophil' fällt, ist John A. H. Stagnetto, der die Existenz einer gibraltarianischen Nationalität verneint, jedoch zustimmt, daß es eine spezifisch gibraltarianische Identität gibt.

> "*][I]f a Gibraltarian wants to emphasize his Gibraltarian identity, he can dress in Red and White, he can talk Janito* [lokales Idiom]*, he can eat Calentita* [Nationalgericht] *and he can even play the Zambomba* [lokales Musikinstrument]*, BUT, no matter how 'Nationalistic' he feels, he 'will still be BRITISH by Nationality.*"[35]

Nation bedeutet für Stagnetto hier 'staatlich organisierte Kulturgemeinschaft'. Drei Jahre später fordert Stagnetto die GSD-Regierung in einem Leserbrief dazu auf,

> "*[to] make sure that together with the Red and White balloons there will be an equal number of BLUE ones! And that our British Union Jacks fly proudly alongside our Red and White Gibraltar City flags...*"[36]

Falls dies nicht gewährleistet sei, verkomme der Feiertag zu dem, was er seit Anbeginn im Jahre 1991 gewesen sei:

> "*an SDGG/GSLP vote catching Rally, based on Nero's principle of 'Give the people Circuses'*".

Stagnettos Sohn Jonathan,[37] Wahlkampfmanager der kleineren Oppositionspartei GNP, nimmt den Zirkus-Topos auf und antwortet seinem Vater mit dem Hinweis darauf, daß der Feiertag lediglich von jenen zum Zirkus gemacht werde, die sich wie

> "*clown[s] [...] with the painted face and brightly coloured nose carrying a huge Union Jack*"

auf dem *National Day* des Vorjahres gerierten.

Die unterschiedliche Haltung von Vater und Sohn ist kein ausschließlich innerfamiliäres Merkmal der Stagnettos, sie verweist vielmehr auf eine allgemeine Differenz zwischen den Generationen. Die meisten meiner jüngeren Informanten verwiesen auf die Tatsache, daß die älteren Familienmitglieder die Gibraltarflagge vorzugsweise mit dem Union Jack kombinierten, weil sie sich dem Kolonialsystem verbundener fühlten; die meisten meiner älteren Informanten stimmten dieser Interpretation zu, da die koloniale Vergangenheit ein zentrales und positiv erlebtes Element ihres Lebens ausmachte.

Die Diskussion im GIBRALTAR CHRONICLE dauerte einige Wochen an. Stagnetto junior[38] verteidigte noch einmal den ausschließlichen Gebrauch von rot und weiß,

---

35 STAGNETTO, JOHN A H: *Gibraltarian and British*, letter to the editor, in: The Gibraltar Chronicle 21.09.1993: 9.
36 STAGNETTO, JOHN A H: *Circus*, letter to the editor, in: The Gibraltar Chronicle 13.08.1996: 4.
37 STAGNETTO, J.C.: *National Clown*, letter to the editor, in: The Gibraltar Chronicle 15.08.1996: 4.

*"which should not be misinterpreted as an antibritish attitude, but rather a progibralta-rian"*. Er konstatiert, *"1. We are a people. 2 (w)e have a unique and distinct identity. 3. We have a right to determine our own future. [...] those who will confuse this for some kind of disrespect to the Union Flag are simply that...confused." "Be proud of your Red & White Day."*

Dieselbe Position wird in den Schlagzeilen des GSLP-nahen Wochenblattes THE NEW PEOPLE vertreten. Das Blatt schließt an Barabichs Bild der verschiedenen, egalitär geordneten britischen Nationalitäten innerhalb des Vereinigten Königreiches an:

*"There are people who wish to push the red, white and blue as opposed to our colours. [...] There is no disputing the Union Jack on the Rock. It's the flag of the British people, the Scots, the Irish, the Welsh, the English and the Gibraltarians. But try telling the Scots, the Irish or the Welsh not to pull out their colours on St. Patrick's, St. Andrew's or St. David's Day. The Gibraltarians love the Union flag, it's our flag but the colours of the 10th September are unashamedly red and white!"*[39]

Andere Teilnehmer der Debatte[40] lehnen die Existenz einer gibraltarianischen Identität ganz ab. Ein Schreiber bekennt sich stolz dazu

*"to be British and to live in a British Gibraltar and I believe the majority of Gibraltari-ans feel the same way"*,

er favorisiert jedoch den Gebrauch von rot-weiß-blau am *National Day* nicht explizit. Aus der Perspektive von Barabich dürfte er die zentrale Frage an das Verhältnis zum Mutterland mißverstanden haben. Diese laute nicht, sich zu entscheiden, entweder *british* oder *non-british* zu sein. Vielmehr gehe es darum, ob man das egalitäre Prinzip (wir erinnern uns: ob man sich in erster Linie als Gibraltarianer und in zweiter Linie als Brite definiert) oder ob man das hier-archische Prinzip von *britishness* (sich in erster Linie als Brite und erst dann als Gibraltarianer zu definieren) vertritt. Der GIBRALTAR CHRONICLE versucht schließlich, wie üblich, harmonisierend die Emotionen zu glätten, indem er in seinem Kommentar vom 5. September eine neutrale Haltung einnimmt:

*"Certainly, people should feel free on September 10 to wear red and white, red-white and blue or just their everyday clothes. [...] But none of these should be interpreted as a reason to suggest that any of those outfits reflect any extreme view about our links with Britain."*

Die Frage darüber, welche Flaggen am *National Day* gehißt werden sollen, ist so alt wie die Feierlichkeit selbst - sie existiert seit 1991 und wurde im Vorfeld der Feierlichkeiten nicht nur in den Zeitungen diskutiert, sondern war Gegenstand der alltäglichen Gespräche. Die Organisa-toren von der SDGG veranstalteten mehrere Begebenheiten, die den Zusatz 'red and white' im Namen trugen. Wie in den vorangehenden Jahren wurde ein rot-weißer Schaufensterwettbe-werb und ein Wettbewerb um den hübschesten rot-weiß geschmückten Patio organisiert. Die *Gibraltar Students Union* feierte eine rot-weiße Party, ironischerweise in einer Diskothek mit dem Namen *Cool Blues*. Am Feiertag selbst wurde eine rot-weiße Kostümparade organisiert.

38  STAGNETTO, J.C.: *What day is it?*, letter to the editor, in: The Gibraltar Chronicle 24.8.1994: 4.
39  *National Day on Tuesday!*, in: The New People, 6.9.1996: 1.
40  CRUZ, NICHOLAS PETER: *Modern Colony*. letter to the editor, in: The Gibraltar Chronicle 24.8.1996: 4.

Main Street und Casemates Square, auf dem die politische Kundgebung am *National Day* stattfinden sollte, war mit rot-weissen Wimpeln und Girlanden dekoriert.

Im Vorfeld wurden bereits die Balkone und Fenster der Wohnhäuser in den Kampf um rot-weiß oder rot-weiß-blau einbezogen, indem man sie mit den entsprechenden Flaggen schmückte. Da ich an früheren *National Day*s nicht teilgenommen habe, fällt es mir schwer zu beurteilen, ob 1996 mehr Union Jacks die Häuser dekorierten als in den Vorjahren; ich hatte aber, vielleicht aufgrund meiner Mitarbeit in der SDGG, weniger Union Jacks erwartet. Informanten, die der Auseinandersetzung eher distanziert gegenüberstanden, führten dies darauf zurück, daß die Leute ihre Meinung mit dem Regierungwechsel gewandelt hätten und den Feiertag im Einklang mit der Position der neuen Regierung zwar zu einem kommunalen, jedoch weniger zu einem nationalen Fest machte. Das populistische Wochenblatt VOX titelte:

> *"However much those in the SDGG tried - they couldn't keep the Union Jack out of sight! Look around you."*[41]

Fast 100% der rund 8.000 Teilnehmer erschienen auf der Parade und der Kundgebung ausschließlich in rot und weiß gekleidet. Anscheinend hatten aber die Organisatoren von der SDGG ihre Zweifel darüber, ob der *National Day* 1996 so rot-weiß gefeiert würde wie in den Vorjahren. Erst am Feiertag selbst stellte die SDGG befriedigt fest, daß mehr Menschen denn je in ihrem Sinne am *National Day* teilnahmen. Ich selbst war ebenso unsicher wie die Organisatoren und wußte nicht, welche Farben ich am *National Day* tragen sollte. Als ich meine Wohnung in Marina Court um 10.00 Uhr verließ, trug ich weiße Turnschuhe, ein rotes T-Shirt, eine Baseballmütze in lichtem Grau (die kein Problem dargestellt haben würde), und schließlich ein Paar Blue Jeans. Die Jeans wählte ich aus dem simplen Grunde, weil meine roten Hosen zu eng geworden waren. Mein Körpergewicht hatte nämlich während des Feldaufenthaltes beängstigende Ausmaße angenommen. Da blieben nur mehrere Paare dunkler Stoffhosen und Blue Jeans übrig! Zu meiner Schande muß ich gestehen, daß ich nicht daran gedacht hatte, daß die Jeans nicht nur nicht rot oder weiß, sondern auch noch blau gewesen waren. Erst der mißbilligende Kommentar eines Freundes aus der SDGG bei meinem Anblick ließ es mir wie Schuppen vor den Augen fallen:

> *"Where is your red and white? You should know better what to wear, you look like a tourist or...."*

Es war dieses unausgesprochene und bedrohliche "*or*", das mich nicht nur zu einem Außenseiter, sondern gar zu einem Anglophilen werden ließ, und das mir bedeutete, daß ich meine Kleidung so schnell wie möglich zu wechseln hatte. Ich eilte nach Hause, wählte eine weiße Baseballmütze mit den Worten "Gibraltar *National Day* 1996" aus und zwängte mich in die roten Hosen, in denen ich zwar aussah wie eine Preßwurst, die jedoch zu meinem Erstaunen nicht ganz so eng waren, wie ich befürchtet hatte.

Die Auseinandersetzung um die Farben und Flaggen am *National Day* hat verschiedene Implikationen. Einmal verweist sie auf die innenpolitische Wasserscheide zwischen den Parteien, die in den unterschiedlichen Positionen zu den Fragen der Selbstbestimmung und der Entkolonialisierung gründen. Zum zweiten reflektiert sie verschiedene Vorstellungen über die

---

41   VOX 6.9.1996: 1.

Identitätskonzeption von *britishness* und von *gibraltarianness*. Wie es dazu kommen konnte, daß sich beide Konzeptionen auseinander entwickelten, werde ich im nächsten Abschnitt aufzeigen.

## 4.2.2 Remigration und Redefinition der *britishness*

Die Beziehung zum Britentum und zum Mutterland hat sich als Ergebnis einer Entzauberung der Illusion des Empires, als dessen Teil sich die Gibraltarianer begriffen, gewandelt. Dieser Wandel hat externe und interne Ursachen.

Die Bedeutung dessen, was britisch ist, transformierte sich seit Ende des Zweiten Weltkrieges dramatisch. Die Bedeutungsverlagerung kann als Bewegung von einer hierarchisierten, weiß, englisch und aristokratisch geprägten *britishness* (symbolisiert in der Figur des fetten, konservativen und extrem ethnozentrischen Händlers *John Bull*), hin zu einem komplexeren und egalitären Set von ausfusselnden Identitätsgrenzen (*fuzzy frontiers of identities*)[42] beschrieben werden. Dazu gehört

- das wachsende Selbstverständnis der Bevölkerung des keltischen Randes auf den Britischen Inseln als kulturell (und mittlerweile auch politisch) different ebenso wie

- die Schwächung der politischen und kulturellen Beziehungen des Mutterlandes zu den ehemaligen Dominions Australien, Neuseeland, Kanada, Rhodesien und Südafrika sowie

- die wachsende Bedeutung der Bevölkerung nichtbritischer Herkunft in diesen Ländern,

- der Verlust des Empire und die politische Bedeutungslosigkeit des Commonwealth,

- der wachsende Einfluß nichtanglophoner Gruppen auf die einstmals ausschließlich anglophon geprägte Gesellschaft der USA,

- die Integration Großbritanniens in das vereinte Europa und schließlich

- die massive Migration nichtweißer Gruppen nach Großbritannien selbst.

In Gibraltar wird die weiß, englisch und aristokratisch geprägte *britishness* noch immer als Referenzpunkt zur Bestimmung der kulturellen Identität des Mutterlandes herangezogen. Die Entwicklung hin zu den *fuzzy frontiers of identities* wird in Gibraltar weitgehend ignoriert, die Transformation der Beziehung zum Mutterland wird daher eher als Folge lokaler Ursachen interpretiert. Nur auf einen Aspekt haben sich manche Informanten bezogen: auf die Stärkung der keltischen Partikularidentitäten.[43] Auch dies ist jedoch eher lokalen Bedürfnissen geschuldet. Noch der Verweis auf die keltische Pluralität bekräftigt ein ausschließlich weiß, anglophon und europäisch geprägtes Britentum. Die 'farbigen' Migranten aus den ehemaligen Kolonien und ihre Nachkommen - ganz überwiegend britische Bürger - werden damit ausgeschlossen.

Migranten (und unter ihnen besonders Remigranten) fällt bei der Redefinition des Eigenen häufig eine zentrale Rolle zu. Wie die gebildeten und die wohlhabenden Angehörigen von

---

[42] Vgl. COHEN 1994: 5-37.

[43] Wie die Schotten, Nordiren und Waliser, so seien auch die Gibraltarianer Briten - ein Appell, der 1996 durch die Partizipation der nordirischen *Ulster Unionists* als geladene Gäste zum *National Day* besonders hervorgehoben wird.

Diasporagemeinden, so beeinflussen auch zu Wohlstand gekommene (Re-)Migranten häufig die Geschicke des 'Heimatlandes'.[44] Ihr Einfluß beschränkt sich nicht auf finanzielle und politische Hilfe. (Re-)Migranten und Diasporagemeinden sind darüber hinaus oft maßgeblich für die Ausbildung ethnischer Identität im Mutterland verantwortlich.

> "..the British abroad provided a crucial expression of (and gave reinforcement to) the evolution of a British identity in general and an English identity in particular. Like other diasporic communities, exaggerated mannerisms and demonstrations of patriotism often made the Engish abroad more English than the English at home."[45]

Meine Gedanken zur Redefinition von *britishness* durch Remigranten wurden nicht nur durch die Auseinandersetzung mit COHEN sensibilisiert, sondern durch meine empirischen Daten über die Redefinitionsversuche der Sindhi-Identität im gibraltarianischen Kontext.

Die Sindhi-Gemeinde durchläuft einen Prozeß der Reethnisierung, in dessen Gefolge nicht nur Sindhi-Identität neu geschaffen wird, sondern vielmehr indische Identität und Kultur. Diese Identität und Kultur sind im wahrsten Sinne des Wortes Produkte globaler Prozesse, da es sich bei den Sindhis Gibraltars um eine Gruppe handelt, die in ein enges Beziehungsgeflecht zu anderen Diasporagemeinden eingewoben ist. Einzelne Individuen wie auch kulturelle Versatzstücke wandern innerhalb dieses Netzwerkes und führen zu lokalen Manifestationen indischer Kultur: die Vorstellungen davon, was 'indische' Sprache, Spiritualität, Modeschauen, Musik und Tanz ausmachen, werden durch Erzählungen der Alten von der verlorenen Heimat, durch eigene Besuche in Indien, Hong Kong und sogar in Deutschland, durch ein selbst produziertes Medium (*Bharat Ratna*), durch Asia TV und durch internationale Esoteriker beeinflußt, auf lokaler Ebene reproduziert und gleichsam von der weiteren lokalen Öffentlichkeit als indisch wahrgenommen.

Transnationale Ursachen sind in den vielfältigen Bindungen zwischen den Sindhi-Diasporagemeinden wie auch zwischen der Diaspora und dem Staat Indien zu finden. Wie Grenzraumbewohner nicht passiv auf Prozesse reagieren, die aus den Zentren des Nationalstaates kommen und auf diese zurückwirken, so reagieren auch Diasporagemeinden nicht bloß rezeptiv auf die Entwicklungen, die innerhalb des Mutterlandes stattfinden. Im Gegenteil: vielfach wirkt die Diaspora auf die sozialen und politischen Verhältnisse Indiens zurück.[46] Derartige Rückwirkungseffekte werden von der Ethnologie nur ungenügend untersucht.[47]

---

[44] Die Finanzierung von Forschungsinstituten in Osteuropa durch den Exilungarn George Soros, die Einflußnahme neuenglischer Iren auf die Politik Irlands, des australisch-kanadischen Tycoons Rupert Murdoch auf die britische Medienlandschaft, der kanadisch-jüdischen Familie Reichman auf die Gründung von Bildungsinstituten in der jüdischen Diaspora und US-amerikanischer Juden wie Meir Kahane, Baruch Goldstein und Benjamin Netanjahu auf die israelische Politik sind Beispiele hierfür.

[45] Vgl. COHEN, R. 1994: 20.

[46] So stammen die bedeutendsten indischen Schriftsteller der Gegenwart, V.S. Naipaul, Salman Rushdie und A.K.Ramanujan, aus Diasporagemeinden. Die Reaktionen der indischen Gesellschaft und der politischen Elite auf Rushdies *Satanische Verse* und Naipauls *Area of Darkness* [GHOSH 1989] sowie etwa die Diskussionsforen von Diaspora-Hindus im Internet [RAI 1995] geben uns einen Anhaltspunkt bezüglich der Beeinflussung der indischen Gesellschaft durch Entwicklungen in der Diaspora.

[47] Dies ist zum einen in forschungsmethodologischen Fährnissen wie im Zugang des Forschers zu den einflußreichen Gruppen begründet. Der ausschließliche Gebrauch der Methode der teilnehmenden Beobachtung in einer lokalen Gemeinde ist jedoch für die Untersuchung der Beziehungen zwischen Lokalität und Globalität höchst problematisch. Die Hindus Gibraltars sind eng in ein globales Netzwerk von Personen und Orten eingebunden, die für die Untersuchung der Konstruktion Indiens als kulturellem

Die Zirkulation medialer Bilder führt zur Resituierung sozialer und räumlich definierter Gemeinschaften in ihrer Beziehung zu anderen Lokalitäten.[48] Dies trifft auch auf die lokale Resituierung von *britishness* zu. Die Intensivierung der Kontakte der Gibraltarianer mit dem Mutterland ist eine der Ursachen für die Transformation der lokalen Vorstellung davon, was *britishness* bedeutet. Seit der Evakuierung und verstärkt seit der Grenzschließung verließen Tausende von Gibraltarianern zeitweise ihre Heimat, um in Großbritannien (insbesondere in London) zu leben und zu arbeiten [➔ Kapitel 3.3.3].

Es wird häufig angenommen, daß zunehmende Mobilität und Flexibilität den Prozeß der Nationenbildung befördern und in der Homogenisierung der Bevölkerung resultieren, wobei die nicht homogenisierbaren Gruppen als ethnische Minoritäten exkluiert werden.[49] Im vorliegenden Fall führte die zunehmende Mobilität zwischen Gibraltar und dem Mutterland nicht zu einem Aufgehen der Gibraltarianer im Britentum. Im Gegenteil: Mobilität und Flexibilität führten zur Organisation von Differenz statt von Gleichheit.[50] Die zunehmende Möglichkeit für einen großen Teil der Zivilisten ins Mutterland zu reisen und dort zu wohnen, zu arbeiten und zu studieren hat die Gibraltarianer von der englisch geprägten britischen Identität entfremdet und das Entstehen eines gibraltarianischen Nationalismus befördert. Es gilt sich in Erinnerung zu rufen, daß es sich bei den Gibraltarianern um eine Population handelt, die sich in den späten 60ern und frühen 70ern eine vollständige politische und kulturelle Integration in das Mutterland wünschte.

Während die Erzählungen über die Motive der Rückkehr den beruflichen Erfolg oder Mißerfolg im Mutterland weitgehend ausblenden, wird die emotionale Bindung zum Felsen akzentuiert und hervorgehoben. Die Emotionalität speist sich nicht nur aus der Vertrautheit des Ortes der Kindheit. Vielmehr wird Gibraltar gleichsam zur Ikone für all das, was im Mutterland als Mangel empfunden wird: die Anonymität der Großstadt, die Kälte des Klimas und der Mangel an Nachbarschaftshilfe, das harte Berufsleben, die Entwurzelung des Migrantenschicksals. Das Empfinden des Mangels manifestiert sich immer wieder in Aussagen über *britishness*: Nachdem man sich in den späten 60ern in Gibraltar so stolz und leidenschaftlich dazu bekannt hatte, aus tiefstem Herzen britisch zu sein, mußte man im Mutterland die Erfahrung machen, daß dieses Bekenntnis von einer Vorstellung ausging, die sich mit der Realität (vor allem dem Ethnopluralismus der Städte) nicht deckte. Darüber hinaus wurde man damit konfrontiert, daß die Identifikation nicht unbedingt auf Gegenliebe stieß, sondern vielmehr auf Ablehnung oder, häufiger noch, auf Gleichgültigkeit:

---

Raum nicht vernachlässigt werden dürfen. Erst seit kurzem verfügen wir über Modelle für die Durchführung von *multi-sited ethnography* [MARCUS 1995]. Die Mobilität, über die die untersuchten Gruppen verfügen, wird auch den Ethnologen abverlangt. Eine Finanzierung erweist sich da als schwierig, da stationäre Feldforschung noch immer exklusive und dominante Methode der Disziplin ist. Und schließlich ist der Zugang zu den einflußreichen Gruppen problematisch, da es sich häufig um wirtschaftliche und politische Eliten handelt, die der Arbeit des Ethnologen skeptisch gegenüberstehen dürften. So stellte mich die Forschung in der Sindhi-Gemeinde Gibraltars vor besondere methodologische Probleme. Ich stand vor der Frage, wie ich über eine Gruppe arbeiten konnte, die zwar lokal verwurzelt, jedoch global hochmobil und finanziell weit potenter als der Ethnologe war.

48  Vgl. JOHNSON 1998 und FOSTER 1999. FOSTER untersucht die lokalen Strategien der Aneignung und Verwerfung globalisierter Bilder zu möglichen Lebensentwürfen.
49  Siehe GELLNER 1983; HOBSBAWM 1990 und ANDERSON 1983].
50  KAVANAGH 1994; WILSON 1994.

*"for the brits we were just another kind of Dagoes".* [51] [Informantin Roberta Porter, *
1955]

In London werden die Exilanten mit einem gesellschaftlichen Prozeß konfrontiert, der im
Mutterland zur Neubewertung von *britishness* führt. Die koloniale Erfahrung von *britishness*
in Gibraltar war die Erfahrung des viktorianisch-militärischen Klassensystems, das eine syn-
onymhafte Beziehung zwischen *english* und *british* herstellte. Der gesellschaftliche Prozeß, mit
dem die Exilanten in London konfrontiert werden, zeigt dagegen, daß *britishness* und
*englishness* nicht deckungsgleich sind und *being british and gibraltarian* somit nicht bedeuten
mußte, sich dem viktorianischen System unterzuordnen und anzustreben, englischer als die
Engländer zu sein. Es offerierte vielmehr die Möglichkeit eines egalitär strukturierten Britentums, also sowohl *british* als auch *gibraltarian* (aber eben nicht *english*) zu sein. Die Annahme
der (britischen) Identität der Kolonisateure durch die Kolonisierten wirkt somit auf die Konzeption von *britishness* zurück und, um mit BHABA [1985: 156] zu sprechen,

> *"[it] reverses the effects of the colonialist disavowal, so that other 'denied' knowledges
> enter upon the dominant discourse and estrange the basis of its authority."*

Die Erfahrung der Rückkehrer beeinflußte die Entstehung eines gibraltarianischen Nationalismus maßgeblich, denn in den Reihen der politisch aktiven Befürworter einer staatlichen Eigenständigkeit finden wir viele Remigranten. Bevor ich mich im nächsten Kapitel dem Nationalismus zuwenden werde, möchte ich auf die externen Faktoren eingehen, die auf die Veränderung der Beziehungen zwischen Mutterland und Kolonie wirkten.

### 4.2.2.1    Die Verweigerung der Integration

Die Erfahrung, in Großbritannien nicht als vollwertige Briten zu gelten und Bürger zweiter
Klasse zu sein, wurde durch eine Reihe politischer Entwicklungen zwischen 1969 und 1996
untermauert, die in Gibraltar als Schläge ins Gesicht beschrieben werden.

Der erste Rückschlag war die Zurückweisung der Initiativen von *Chief Minister* Bob Peliza
und seiner *Integration with Britain Movement and Party* durch das sogenannte *Hattersley-
Memorandum* von 1974. Pelizas Partei gelang es nicht, das britische *Foreign & Colonial Office* und das *House of Commons* davon zu überzeugen, Gibraltar zu einem integralen Bestandteil des Mutterlandes zu machen, etwa so wie Northern Ireland. Gibraltar hätte dann innerhalb
des Vereinten Königreiches einen ähnlichen Status genossen wie die Überseeterritorien Marti-
nique und Réunion innerhalb Frankreichs.

Der zweite Rückschlag war die Entscheidung des M.o.D. im Jahre 1983, des damaligen
Hauptarbeitgebers, die Hafenanlagen (*Dockyards*) zu schließen. Dieser Schock ereilte Gibraltar
zu einer Zeit, in der die Landgrenze zu Spanien noch immer nicht vollständig geöffnet war. Die
Entscheidung des M.o.D. nährte das Mißtrauen gegenüber dem Mutterland, mittelfristig nicht
mehr an der Aufrechterhaltung der britischen Souveränität über das Territorium interessiert zu
sein. Der Rückzug des M.o.D. beeinflußte alle Bereiche der lokalen Wirtschaft. Die

---

51    *Dago* (vom spanischen Vornamen *Diego*) ist im Englischen eine pejorative Bezeichnung für die Spanier.

Arbeitslosigkeit wuchs stark an. Ab Mitte der 1980er Jahre mußte die Wirtschaft umstrukturiert werden [→ Kapitel 6].[52]

Der dritte politische Rückschlag war die Unterzeichnung eines Abkommens zwischen dem britischen Außenminister Sir Geoffrey Howe und dem spanischen Außenminister Minister Fernando Morán am 27.11.1984 in Brüssel. Diese sogenannte Brüsseler Übereinkunft (*Brussels Agreement*) sah vor, die Grenze für Personen und Fahrzeuge am 15.01.1985 vollständig zu öffnen. Allerdings erklärte sich Großbritannien darin auch bereit, mit Spanien Gespräche über die Souveränität Gibraltars zu führen, was in Gibraltar auf einhellige Ablehnung stieß und von vielen als Verrat Großbritanniens an der gibraltarianischen Verfassung interpretiert wurde.[53] Die Übereinkunft wurde in Spanien als "*the biggest diplomatic success for Spain over the Rock since 1713*"[54] gefeiert. Bis heute ist dieses Abkommen Grundlage für jährliche Gespräche zwischen den beiden Regierungen.

Ein vierter Rückschlag, die Unterzeichnung der Flughafen-Übereinkunft (*Airport Agreement*), wurde 1987 vom damaligen *Chief Minister* Sir Joshua Hassan mit unterzeichnet. Diese Übereinkunft zielte auf die gemeinsame Nutzung des gibraltarianischen Flughafens durch Spanien, Großbritannien und Gibraltar ab. Die Mehrheit der Gibraltarianer interpretierte die Übereinkunft als einen weiteren Beweis für die Absichten Großbritanniens, seine Kolonie aufzugeben, und für einen weiteren Versuch Spaniens, einen Fuß in die Tür zur Kontrolle des Felsens zu bekommen.[55] Durch die gemeinsame Nutzung des Flughafens wäre es Spanien ermöglicht worden, die ökonomische Entwicklung Gibraltars weiter zu behindern. Sir Joshua Hassan wurde dafür verantwortlich gemacht,

"*to be more interested in 'kissing the hand that was feeding us the occasional morsel' rather than the promotion of our identity as a people.*"[56]

Hassan, so die Gegner der Übereinkunft, sei in die Falle getappt, die Spanien und das UK für ihn ausgelegt hätten; Ziel des britischen Außenministeriums sei es, mit der langsamen Übereignung Gibraltar an Spanien die wirtschaftlichen Probleme zwischen beiden Staaten auszuräumen. Hassan verlor daraufhin die Wahlen im Jahr 1988, sein Nachfolger Bossano verweigerte die Teilnahme an den Gesprächen.

Der fünfte Rückschlag wird in der als halbherzig empfundenen britischen Reaktion gegen die konstanten spanischen Repressalien gegen die Gibraltarianer gesehen (vor allem die Per-

---

52 Der langsame Rückzug des M.o.D. wirkte sich auf den Anteil der Militärwirtschaft an der Erwirtschaftung des Bruttosozialproduktes aus. Dieses betrug 1960 noch 65%, 1994 dagegen noch 9%. 1991 wurden die Landstreitkräfte abgezogen, 1997 die Luftwaffe (*Royal Air Force*). Während 1995 noch immer 900 Angehörige der *Royal Navy* ihren Dienst auf dem Felsen verrichteten, ist ab 1997 nur noch das örtliche Gibraltar Regiment mit 300 Soldaten und 200 Reservisten stationiert. Siehe N.N.: *Ni Britanniques ni Espagnols: "Gibraltariens!"*, in: Le Monde, 10.12.1994: 7.

53 94% der Gibraltarianer lehnen im Jahr 1985 Gespräche über die Souveränität ab (Umfrage des Wochenblattes PANORAMA, 04.02.1985: 2), 1987 sind es 98% (PANORAMA, 26.01.1987: 2). 1990 sprechen sich 68% der Befragten gegen das *Brussels Agreement* aus (PANORAMA, 15.11.1990), 1993 sind es 72% (PANORAMA, 07.02.1993: 1).

54 DENNIS 1990: 72.

55 88% der Gibraltarianer fühlen sich nach der Exklusion Gibraltars vom Abkommen über die zivile Luftfahrt der EU von Großbritannien betrogen (PANORAMA, 17.07.1989).

56 GOMEZ, WILLIAM: *Absent Blue*, letter to the editor, The Gibraltarian Chronicle 16.09.1993: 4.

sonenkontrollen, die Nichtanerkennung der Gibraltar ID-cards und Reisepässe etc.). Die britischen Proteste gelten aus lokaler Perpektive als bloße Lippenbekenntnisse, denen keine Taten folgen und die nicht stark genug sind, um die spanischen Maßnahmen zu bekämpfen.

*"We in Gibraltar have always criticized Britain for many years because they are not prepared to really stand up for Gibraltar. Britain looks at a situation like that with the queues and all these things: if Britain wanted to, they would say: look, you have to do it. And if you don't do it we are going to create problems or you somewhere else. But what Britain does is that they weigh up the two things: is Gibraltar and the frontier situation important enough for us to totally antagonize Spain, and has Spain create all kind of problems for us as a counter, and the answer is: no, Gibraltar is not important. In diplomatic channels, they will protest against the border queues and send letters, but won't take action. If I was a british minister, I would veto Spains desire for more EU-funding of the road between Algeciras and Málaga. You stop funding for Spain from the EU on 2 or 3 occasions, and Spain would forget about Gibraltar. It is much more interested in getting economic benefits from the EU than it is in gaining Gibraltar, because Gib is just a political thing, it is just a feather in the cap for Spanish politicians ..."*. [Informant, führendes SDGG Mitglied, * 1944]

### 4.2.2.2    Die Politik der Abkopplung unter Chief Minister Bossano

Die Erfahrungen der Gibraltarianer in Großbritannien und die politischen Rückschläge führten zu einer stetigen Frustration bezüglich der Romanze mit dem Mutterland, dem Britentum und der Idee des Empire. Seit der Schließung der Dockyards und der Reduktion der Garnison erlebten die Zivilisten zum ersten Mal seit 1704, daß Arbeitslosigkeit und wirtschaftliche Unsicherheit nicht vom Mutterland abgefedert wurde. Bossano trat seine Amtszeit 1988 unter dem Eindruck an, Großbritannien versuche, die Kolonie behutsam aber beharrlich an eine Integration in spanisches Nationalgebiet zu gewöhnen. Seine Regierung wurde hauptsächlich als Reaktion gegen die als antigibraltarianisch empfundene Zustimmung Hassans zum *Airport Agreement* gewählt. In der Folge verweigerte Bossano jegliche Kooperation mit dem *Foreign & Colonial Office* bezüglich des Abkommens und stoppte die Zusammenarbeit mit Spanien, sowohl mit der Zentralregierung in Madrid als auch mit den lokalen Autoritäten des *Campo*. Was die Souveränitätsfrage betraf, so nahm Bossano eine harte Position ein, indem er die Kooperation mit Spanien einfror, solange das Nachbarland das Recht der Gibraltarianer auf Selbstbestimmung und den Status Gibraltars als Teil der EU nicht anerkennen würde.

Bossanos Hauptaugenmerk lag denn auch auf dem Versuch, eine Wirtschaftsstruktur aufzubauen, die durch die spanischen Maßnahmen an der Grenze nicht bedroht werden würde und andererseits den negativen Effekten des Rückzugs des M.o.D. begegnete. Die wirtschaftlichen Möglichkeiten der Kolonie lagen in ihrem besonderen Status innerhalb der EU, aber außerhalb des Geltungsbereichs der Zollunion: Bossanos deklariertes politisches Ziel war die Schaffung eines internationalen Finanzzentrums und Steuerparadieses.[57]

Um dieses wirtschaftliche Ziel zu stützen, entwickelte Bossano eine Strategie nach zwei Richtungen: einmal die Reduktion der Identifikation mit dem Mutterland, zweitens die Unter-

---

57   DUGGAN, PATRICE: *The mouse that wants to roar*, in: Forbes, 04.03.1991: 100.

stützung der Formulierung einer nationalen Identität - auf diesen zweiten Schritt werde ich im nächsten Kapitel näher eingehen.

An dieser Stelle beschäftige ich mich ausschließlich mit dem ersten Aspekt - der Desidentifikation mit dem Mutterland. Dies bedeutete, die Gibraltarianer von einer probritischen Kolonialpopulation in eine Nation zu verwandeln. Dazu mußte die Bedeutung der britischen Kultur minimiert werden.

Bossanos erster Schritt bestand darin, die Gibraltarianer, die sich ja als sehr britisch empfanden - und es wird gesagt, "*more British than the British themselves*" - dazu zu bringen, neue nationale Prioritäten zu setzen: eine Bewegung von "*firstly british, then gibraltarian*" zu "*firstly gibraltarian*" und erst in zweiter Linie, wenn überhaupt, als *british* zu vollführen. Es gestaltete sich als schwierig, eine Bevölkerung vom Britentum zu entfremden, deren Familiennamen häufig so britisch waren wie Ingwerbrot und Christmas Pudding, und deren Bedrohung vor den begehrlichen Gelüsten des Nachbarlandes von eben diesem Britentum geschützt wird. So bedurfte es besonderer Anstrengungen, schließlich befürwortete noch 1987 eine Mehrheit der Gibraltarianer (62%) ein britisches Gibraltar (für ein gibraltarianisches Gibraltar sprechen sich 37,5% aus, für ein spanisches 0,5%).[58] Noch 1989 sprechen sich mehr Gibraltarianer für ein britisches (52%) als für ein gibraltarianisches (47%) Gibraltar aus.[59] 1991 dreht sich dieses Verhältnis zum ersten Mal um: 52% befürworten ein gibraltarianisches, 47,5% ein britisches Gibraltar.[60]

Verminderte Zusammenarbeit mit dem *Foreign & Colonial Office* war Teil dieser Strategie. Darüber hinaus nahm Bossano häufig eine dezidiert antibritische Haltung ein. Besonders augenfällig wird dies durch die Verabschiedung des sogenannten *July 1st law* aus dem Jahr 1993. Dieses Gesetz erschwerte es Bürgern des Vereinigten Königreiches, einen Arbeitsplatz in Gibraltar anzutreten. Offiziell wurde das Gesetz damit begründet, daß der lokale Arbeitsmarkt vor auswärtigen Arbeitskräften geschützt werden mußte. Als Teil der EU konnte der Zugang spanischer, dänischer oder deutscher Arbeitskräfte nicht eingeschränkt werden. Allerdings besteht die Möglichkeit, lokale Arbeitsmärkte vor Konkurrenz aus anderen Teilen der eigenen Nation zu schützen. Bossano berief sich auf diese Möglichkeit, und da Gibraltar Teil Großbritanniens ist, konnte ein Arbeitsverbot für britische Bürger von außerhalb verhängt werden. Symbolisch signalisierte das *July 1st law* eine Abkehr vom UK und einen weiteren Schritt in Richtung Schaffung einer eigenen Nation.[61] Als Reaktion auf das Gesetz wurde 1993 eine *British-Residents Organization*, die 'British Citizens' Association' (BCA) gegründet, die die Abschaffung des Gesetzes zum Ziel hatte. Obwohl sich das Gesetz explizit lediglich gegen neue Arbeitsverhältnisse mit UK-Bürgern wendete, waren auch diejenigen Briten betroffen, die schon in Gibraltar arbeiteten, da die örtliche Einwanderungsbehörde während einiger Wochen des Jahres 1994 eine Verlängerung ihrer Aufenthaltsgenehmigung verweigerte.[62]

---

58  PANORAMA, 24.08.1987: 2.
59  PANORAMA, 17.07.1989.
60  PANORAMA, 05.11.1991: 2.
61  Neben den Briten betrifft die Exklusion auch die marokkanischen Arbeiter. Vgl. STANTON 1991.
62  COURTAULD, SIMON: *A Summer of Discontent*, in: The Spectator, 14.08.1994: 16f.

Eine kuriose Strategie, die das Kunststück anstrebt, sowohl britisch als auch antibritisch zu sein, ist der Versuch der Trennung der *britishness* von *englishness*. Diese Strategie wird beispielsweise in einem Artikel der Juniausgabe des Monatsmagazins INSIGHT MAGAZINE von PAUL HODKINSON verfolgt. HODKINSON unterscheidet dort zwischen *'teutonic british'* [= englisch] und *'celtic people'* [= britisch] und stellt charakteristische Ähnlichkeiten zwischen Kelten und den Gibraltarianern fest:

> *"generous, humourous, inventive and energetic, [...] lucid communicators, using language and non-verbal communications well. [...] [Being] insular and suspicious of outsiders when they wish, [...] superstitious, intuitive, impulsive and fierce gossips. Celts are renowned for their fiery tempers (the old redmist); they are quick to anger and usually quick to forgive. They are however, experts in mala leche, able to carry a grudge or a lifetime, even down through generations if necessary. Amazingly, they can be more tolerant than most and are usually well liked."*

Nach HODKINSON sorgten die Gemeinsamkeiten mit Iren und Schotten dafür,

> *"to integrate into this community more easily than the Teutonic British".*

In einem weiteren Schritt verweist der Autor darauf, daß häufige gibraltarianische Familiennamen wie Finlayson, Dewar und Douglas schottisch, Clinton, Donovan und Dermott irisch und Carey cornisch seien. Indem er *'celts'* von *'teutonic british'* trennt, ermöglichte es HODKINSON den Gibraltarianern, den guten (=keltischen) Teil des Britentums beizubehalten und gleichzeitig antibritisch (=antienglisch) zu sein.

Eine ähnliche Strategie der 'Entanglisierung' unternimmt REG REYNOLDS in THE GIBRALTAR MAGAZINE vom September 1996. Sein Artikel auf den Seiten 12 und 13 trägt den Titel *"Highland blood in Gib's veins"*. Darin berichtet REYNOLDS von den (gegen die Engländer aufständischen) schottischen Highlandern, die 1741 nach Gibraltar verbracht wurden. In einer weiteren Passage führt er

> *"[t]he primary bloodlines of the established Gibraltarian inhabitants"* auf *"Maltese, Italian (Genoese), Portuguese, Irish, Moorish and Jewish"* zurück.

Bemerkenswert ist hierbei das gänzliche Fehlen von Engländern und insbesondere von Spaniern. Die britischen Bestandteile der gibraltarianischen Identität werden auf die keltischen Merkmale - auf *"Irish"* und *"Highlanders"* - reduziert.[63]

Soweit die Entwicklung der partiellen Desidentifikation mit Großbritannien unter der Regierung von *Chief Minister* Joe Bossano. Wie ich im nächsten Kapitel zeigen werde, entstand in den acht Jahren seiner Regierung ein symbolischer und ideologischer Apparat, der darauf ausgerichtet war, eine eigene gibraltarianische Nationalidentität zu formulieren und zu befördern, in denen das Britische nur einen untergeordneten Bestandteil ausmachte. Führte die Popularisierung des Nationalen aus heutiger Sicht weitgehend zum Erfolg, so war dies der Minimierung des Britischen nicht vergönnt. Denn die Grundlagen der Politik Bossanos, von der eine dauerhafte Abkoppelung vom Mutterland hätte abhängen können, trugen nicht: seine Wirtschaftspolitik versagte. Das Finanzzentrum zog nicht so viele Investoren an wie erwartet. Arbeitslosigkeit ist noch immer ein großes Problem.

---

63 Feldtagebuchnotiz vom 28.08.1996.

Bossano verlor die Parlamentswahlen am 16.05.1996, eine neue Regierung unter dem Führer der konservativen GSD, Peter Caruana, wurde gewählt. Caruanas Politik richtete sich im ersten Jahr seiner Amtszeit daran aus, den Dialog mit London und Madrid wieder aufzunehmen. Im September 1996 wird das *July 1st law* zurückgenommen. Es verwundert darum kaum, daß die Wahlverlierer die neue Regierung bezichtigen, den Prozeß der Nationalstaatenbildung durch die Eliminierung nationaler Symbole umzudrehen:

> "...*one of the first things the GSD did when they got into office was to drop the word 'national' from the Gibraltar National Tourist Office.*"

Die Feierlichkeiten anläßlich des *National Day* 1996 wurden zum Testfall für die Verwurzelung nationaler Symbolik in der Gesellschaft der Kolonie. In einem Interview mit der lokalen Fernsehstation GBC spricht Caruana von der Zelebrierung eines *Gibraltar Day* am 10. September anstatt eines *National Days*. Es scheint, als ob die Befürworter der Selbstbestimmung diesen Test gewonnen hätten. Der GIBRALTAR CHRONICLE titelt einen Tag danach: "*National Day celebration wraps Rock in red and white.*" Caruanas Rede zollte der überwältigenden Anwesenheit der Bevölkerung, die sich in rot und weiß versammelt hatte, Tribut:

> "'*Nation*', he said, '*is defined as 'a collection of people of diverse or common descent with a common language and common history inhabiting a territory bounded by defined limits'. The crowds cried out their confirmation of accepting this definition when asked to look around at what was self-evident.*"[64]

Der Gebrauch des Begriffes 'Nation' verweist hier auf eine kulturelle Einheit, erwähnt jedoch nicht den Aspekt ihrer politischen Organisation innerhalb eines (eigenen National-)-Staates.

## 4.3 Zusammenfassung

Seit den frühen 80er Jahren führte die Erfahrung des langsamen Rückzuges Großbritanniens aus seiner Kolonie - vor allem die Schließung der Dockyards - zu stetig steigenden Frustration bezüglich der traditionellen Romanze mit dem Mutterland und dem Britentum. Die Wahl des Sozialisten Joe Bossano zum *Chief Minister* (1988) war vor allem eine Reaktion gegen die als antigibraltarianisch empfundenen Maßnahmen der Regierung Hassan und des *Foreign & Colonial Office* (*Airport Agreement, Brussels Agreement*). Bossano strebte den Aufbau einer Wirtschaftsstruktur an, die durch die spanischen Maßnahmen an der Grenze nicht bedroht werden würde und gleichzeitig dazu in der Lage wäre, die negativen Effekte des britischen Rückzuges zu kontern. Um dieses Ziel zu stützen, machte sich die Lokalregierung eine Strategie der nationalen Rhetorik zu eigen, die auf die Formulierung einer nationalen Identität abzielte. Im Zuge dieser Strategie mußte die Identifikation mit dem Mutterland reduziert werden. Die Gibraltarianer mußten dazu gebracht werden, eine Bewegung von "*firstly british, then gibraltarian*" zu "*gibraltarian first*" zu vollziehen. Da die Zugehörigkeit zu Großbritannien noch immer die *raison d'être* des gibraltarianischen Gemeinwesens definiert und gleichzeitig eine enge kulturelle Identifikation mit dem Britentum bestand, mußte versucht werden, gleichzeitig britisch als auch antibritisch zu sein. Ein Versuch dieser Strategie ist die Transformation der

---

64  SEARLE, DOMINIQUE: *Unity on self-determination cemented*, in: The Gibraltar Chronicle, 11.09.1996: 1, 20.

*english* definierten *britishness* zu einer pluralen *britishness*, so wie COHEN dies für das Mutterland selbst nachzeichnet. Auch in Gibraltar ziehen die innenpolitischen Blöcke somit eine Entwicklung nach, die sich in der Metropole schon lange durchgesetzt hat: die Pluralität der britischen Identität, die sich nicht mehr an der weißen, englischen und aristokratischen Symbolfigur des *John Bull* orientiert, sondern die die behauptete Diversität kultureller Partikulargruppen als verschiedene Wege des Britentums anerkennt.

Der in der Regierungszeit Bossanos entwickelte symbolische und ideologische Apparat, der darauf ausgerichtet war, die eigene nationale gibraltarianische Identität zu formulieren und zu befördern, wies dem Britischen nur ein untergeordnete Rolle zu, sie wurde zu einer von mehreren ethnischen Ressourcen.

Daß die Strategie Bossanos innenpolitisch ein umkämpftes Feld ist und durchaus nicht in allen Sektoren der Gesellschaft auf Gegenliebe stößt, drückt sich im Kampf um Flaggen und Farben anläßlich des *National Day* aus. Auch in dieser Auseinandersetzung geht es um die Aushandlung ethnischer und kultureller Identität; dahinter stehen unterschiedliche Ideen über die politische Bindung Gibraltars an das Mutterland.

Die politischen Blöcke, die sich in Gibraltar gegenüberstehen, haben nach wie vor unterschiedliche Ziele, die das Verhältnis zum Mutterland berühren und damit die Bedeutung von *britishness* unterschiedlich fassen. Die Oppositionsparteien GSLP und GNP streben eine Entkolonialisierung an, die aus Gibraltar den 16ten Staat der EU macht, mit dem britischen Monarchen als Staatsoberhaupt. Die regierende GSD und die kleine AACR befürworten eine "Zementierung"[65] der Bindungen mit dem Mutterland; Caruanas politisches Programm für die Zukunft des Territoriums sieht - anders als der Bossano'sche Nationalismus - keine Unabhängigkeit vor, vielmehr strebt es einen Sonderstatus innerhalb Großbritanniens an, ähnlich der Channel Islands oder der Isle of Man an. Der Machtwechsel von Bossano zu Caruana anläßlich der 1996er Wahlen läßt eine Änderung der politischen Strategie wie auch der symbolischen Umdefinition des Britentums erwarten.

---

[65]  *British MPs solid behind the Rock*, in: THE GIBRALTAR CHRONICLE, 12.09.1996: 20.

# Kapitel 5 Nationalismus und Ethnizität

Zu Beginn meiner einjährigen Feldforschung lerne ich Fiorina Sayers-Kelly [* 1957] kennen, die mir eines Abends im indischen Restaurant Maasai Grill [→ Postscript] stolz ihre Familiengeschichte erzählt:

> "Mein Mann ist Ire. Mein Bruder Max hat eine Schwarze aus Mauritius geheiratet. Ich selbst wurde in Gibraltar geboren. Die Familie meines Vaters ist protestantisch und stammt aus England, aber seine Großmutter war Jüdin aus Amsterdam. Die Familie meiner Mutter, eine geborene Ruffino, ist typisch gibraltarianisch: Sie stammen aus Sizilien und haben sich vor fünf Generationen in Gibraltar niedergelassen. Die Ruffinos heirateten vornehmlich in genuesische und englische Familien ein. Meine Großmutter stammt allerdings aus La Línea. Grannys Schwester, die einen Chinesen aus Borneo geheiratet hat, ist als einzige in der Familie blond, wohl weil unter ihren Vorfahren auch eine Deutsche gewesen war. Ich bin eine typische Gibraltarianerin."

Fiorinas Geschichte verweist auf einen zentralen Aspekt, der die Ausbildung einer gemeinsamen territorial-kulturellen Identität befördert hat: den Stolz auf die gemischte Herkunft und die unterschiedlichen Traditionen nicht nur des zivilen Gemeinwesens, sondern auch der Individuen und der Familien. Darüber hinaus ist er Ausdruck eines Ethos der ethnischen Toleranz.

Fiorinas Stolz liegt darüber hinaus ein Lob der Mischung zugrunde, das in einer Zeit, in der die Terminologie der ethnischen Reinheit, der Huntingdon'sche Kampf der Kulturen, das Wiedererstarken des Nationalismus und des Ethnopluralismus zunehmend populär werden, eher Anlaß zur Verwunderung gibt. Das Ethos der ethnischen Toleranz und das Lob der Mischung ist nicht ungewöhnlich für gibraltarianische Familien.

Die Mischung in Fiorinas Geschichte bezieht sich auf die Ehen zwischen Angehörigen verschiedener Religionen und verschiedener Staatsangehörigkeiten (bzw. regionaler Herkünfte). Ethnizität stellt dagegen kein Ordnungsmuster dieser Mischung dar. Die Erzählung der Familiengeschichte ist damit eher im kolonialen als im nationalen Kontext verankert.

Wie andere Hafenstädte des Mittelmeerraumes, so ist auch das koloniale Gibraltar ein Ort des ethnischen Pluralismus und der religiösen Toleranz. Während aber das Triest des Italo Svevo, das Odessa des Isaak Babel, das Tanger der Internationalen Zone, das Alexandria Lawrence Durells und die Städte des osmanischen Reiches[1] in neue Nationalstaaten eingegliedert und damit nationalstaatlichen Homogenisierungsbestrebungen unterworfen wurden, haben sich in der kleinen Kolonie ethnische Toleranz und Pluralismus erhalten, ja sie wurden sogar zur Grundlage der Ideologie des gibraltarianischen Nationalismus.

Der religiöse Pluralismus im kolonialen System

In Kapitel 4.1. haben ich dargelegt, daß für die britische Militärverwaltung konfessionelle und ethnische Unterschiede bei der Behandlung der Zivilbevölkerung von minderer Bedeutung waren. Es sei noch einmal an die konfessionelle Gleichbehandlung bei der Gewährung der ersten zivilen Interessenvertretung, dem *Committee for the Public Health* anläßlich der Gelbfie-

---

1  Vgl. KASABA/KEYDER 1986; PREVELAKIS 1996: 77-97.

berepidemie des Jahres 1804 erinnert. Ich habe auch bereits darauf hingewiesen, daß es während der Zeit der britischen Herrschaft in Gibraltar keine ethnischen oder religiösen Wohnviertel bzw. Ghettos gegeben hat [→ Kapitel 3.1]. Schließlich möchte ich an den einheitlichen Rechtsstatus der Zivilisten erinnern, der erstmals in der *Aliens Order in Council* 1885 und in *The Strangers' Ordinance* von 1889 verankert wurde und 1962 in der *Gibraltarian Status Ordinance* mündete [→ Kapitel 4.1.1].

Auf der Grundlage des - das Kolonialsystem dominierende - Klassenantagonismus zwischen (britischen) Militärs und (lokalen) Zivilisten bildete sich bei letzteren jenes Ethos der gegenseitigen Toleranz [→ Postscript] heraus, das im Fiorinas Erzählung ausgedrückt wird. Dieses Ethos unterstreicht eine gemeinsame Identifikation der Zivilisten, unabhängig von den religiös-kulturellen Unterschieden der Partikulargruppen. In Kolonialregimen, so schreibt BARTH in seiner Einleitung zu *Ethnic groups and boundaries* [1981] sind die Verwaltung und deren Regeln vom Leben der lokalen Gesellschaft getrennt.

"*Under such a regime, individuals hold certain rights to protection uniformly through large poplulation aggregates and regions, far beyond the reach of their own social relationships and institutions. This allows physical proximity and opportunities for contact between persons of different ethnic groups regardless of the absence of shared understandings between them, and thus clearly removes one of the constraints that normally operate on inter-ethnic relations*" [1981: 225].

In kolonialen Konstellationen können ethnisch-kulturelle Differenzen reduziert werden, andere Grenzen dagegen werden beibehalten, da sie die Organisation sozialer Beziehungen um differenzierte und komplementäre Werte herum erlauben. In Gibraltar sind dies bis in die jüngste Vergangenheit hinein keine ethnisch-kulturellen, sondern religiöse Grenzen.

In der gegenwärtigen politischen Konstellation, die gekennzeichnet ist durch den umstrittenen politischen Status als Kolonie und durch die ungewisse Zukunft des Territoriums als eigenständiger Einheit, findet die Ideologie des gibraltarianischen Nationalismus, der eine nationale Eigenstaatlichkeit innerhalb der EU anstrebt, zunehmend Gefolgschaft. Im Zuge dieses Prozesses wird die religiöse Organisation des Sozialen in eine ethnisch-kulturelle Organisation umgewandelt. Das Ethos der ethnischen Toleranz basiert auf der Transformation jener religiösen Toleranz, die das koloniale (vornationale) Gefüge maßgeblich prägte.

Beide Modelle verweisen auf unterschiedliche Konzeptionen von Bürgerschaft und Souveränität: das religions-plurale Modell privilegiert den Status des britischen Untertan, dessen ethnisch-kulturellen Wurzeln keine politische, administrative und juristische Bedeutung besitzt. Das ethno-plurale Modell privilegiert dagegen den Status des Nationalstaatsbürgers, der - obwohl heterogener regionaler und religiöser Herkunft - eine einheitliche Identität ausgebildet hat: die des gibraltarianischen Bürgers, dessen heterogene Wurzeln auch ethnisch-kulturell zu einer Vereinheitlichung führten.

Die Verortung der beiden Modelle in unterschiedlichen politischen Kontexten - dem kolonialen bzw. dem nationalen - verweist aber nicht auf eine zeitliche Ungleichzeitigkeit. Vielmehr koexistieren beide Modelle heute nebeneinander. Allerdings wird der religionsplurale Diskurs eher in Alltagskontexten geführt, während der öffentliche Diskurs eher ethnoplural geprägt ist.

Im kolonialen Bezugsrahmen spielt regionale Herkunft in Verbindung mit Religionszugehörigkeit und Staatsangehörigkeit eine zentrale Rolle. So werden die Zivilisten in den Volkszählungen bis zur Mitte des XIX. Jahrhunderts nach ihrer Herkunftsregion und nach ihrer Religion erfaßt: Sie kommen aus Genua, England, Sizilien, Schottland, Spanien, Irland, Marokko, Portugal, Frankreich, Menorca und Malta, es waren Katholiken, Protestanten, Moslems, Hindus und Juden. Ehen zwischen den verschiedenen katholischen Gruppen, sowie auch zwischen den religiösen Gruppen, vermischten die Bevölkerung, so daß die Volkszählungen seit Mitte des XIX. Jahrhunderts nicht mehr nach dem Herkunftsland, sondern nach der Religion und der Staatsangehörigkeit geordnet werden. Rechtlich waren die Zivilisten Gibraltars unterschiedslos Untertanen ihrer britischen Majestät.

Der entscheidende Anstoß für die Entwicklung der religiösen Toleranz entstammt also der Dichotomie zwischen kolonialer Elite und Zivilbevölkerung. Die militärisch-politische Elite der Garnison gehörte einer Religion - der *Church of England* - an, die sich im Verhältnis zur vornehmlich katholischen Zivilbevölkerung in der Minderheit befand. Diese Tatsache, die von Informanten häufig als wichtige Erklärung für die Entstehung der Toleranz angeführt wurde, kann jedoch nicht ausschlaggebend gewesen sein, schließlich traf diese Situation auf nahezu jede britischen Kolonie zu, die nicht vornehmlich von Siedlern aus dem Vereinigten Königreich bevölkert wurde. Entscheidend ist vielmehr, daß die Untertanen vornehmlich Zivilisten waren, deren einziger Anwesenheitsgrund auf dem Felsen ihre Dienste für die Garnison waren.

Der ethnische Pluralismus im nationalen System

> "*Gibraltar's vernacular architecture includes among its features, Georgian timber sash windows, Genoese louvered shutters, Regency cast iron balconies, Andalusian pantile roofs, flat roofs a la catalana, and keystones and arched doorways reminiscent of those in military buildings of the Ordinance, which can still be seen in Town Range and elsewhere in Gibraltar. This vernacular architecture and the combined character of a fortress town within defensive walls, together with the dramatic expansion along the steel lower slopes of the Rock, has given Gibraltar its unique urban image, serving as a reminder of its history and the populations's mixed origins.*"[2] (meine Hervorhebungen)

Das religions-plurale Modell aus Fiorinas Geschichte koexistiert heute mit dem ethnisch-nationalen Modell, das im vorangestellten Zitat über die Architektur zum Ausdruck kommt: aus der *melting pot*-Mischung einzelner Bestandteile (z.B. schmiedeeiserne Balkone der Regency-Periode, katalanische Flachdächer, genuesische Fensterläden) ist etwas als neu identifizierbares Einheimisches, Vernakulares, entstanden. Dieses ethnisch-nationale Modell - auf das ich in an anderer Stelle dieses Kapitels [→ Kapitel 5.2.1] gesondert eingehen möchte - basiert auf ethnischem und kulturellem Pluralismus.

Wie bereits im vorhergehenden Kapitel angesprochen, wurden in der Regierungszeit des *Chief Minister*s Joe Bossano (1988-1996) die nationale Symbolik und die nationalistische Rhetorik zu bestimmenden Mustern des politischen Diskurses. Dieser Diskurs begleitete die Politik der ökonomischen Neubestimmung des Landes wie auch die Politik der langsamen Ab-

---

2   Sanguinetti 1993: 7.

kehr vom Mutterland, an deren Ende ein unabhängiges Gibraltar als sechzehnter Mitgliedsstaat der EU stehen sollte. Die nationale Politik Bossanos und seiner Partei, der GSLP, gipfelte in der Institutionalisierung der nationalen Identität in Form des *National Day*, der im vorhergehenden Kapitel bezüglich seiner Abgrenzung vom Mutterland diskutiert wurde. Der *National Day* ist jedoch nicht das einzige Produkt dieses Prozesses. Vielmehr ist er eingebettet in eine wahre Flut identitätsstiftender Produkte, die sich seit Ende der 80er Jahre wie eine wahre Flut über die Kolonie ergießt. Dazu gehören materielle Artefakte (z.B. das Grenzlandmonument) genauso wie Publikationen, die das Gemeinsame der Zivilisten zu ergründen suchen und die sich vornehmlich mit der (Re-)Konstruktion von Geschichte beschäftigen. Im Gegensatz zu Publikationen über die militärische Vergangenheit der Garnison lagen bis in die jüngste Gegenwart kaum Werke über die Geschichte der Zivilbevölkerung vor. Diese zu bergen ist Absicht einer Reihe lokaler Heimatforscher, Hobbyhistoriker, Folkloristen und anderer Autoren.

Das Modell des ethnischen Pluralismus ist ein integraler Bestandteil dieser Kulturprodukte. Im Zuge der erstarkenden nationalistischen Ideologie erfahren die religiösen Gruppen eine Ethnisierung, das Modell der religiösen Toleranz wird im Analogieschluß auf die nunmehr ethno-religiösen Gruppen übertragen.

Die Vorstellung ethnischer Reinheit bedeutet für das religions-plurale Modell eine Bedrohung, die nicht nur symbolisch, sondern potentiell auch physisch besteht. Dieses Potential wurde während der Feldforschung von Informanten immer wieder explizit durch Bezugnahme auf die Tragödie eines anderen Lobes der Mischung, der Vorkriegsgesellschaft Sarajewos, illustriert. In Sarajewo habe sich gezeigt, wohin die Bindung von Religion an Kategorien der ethnischen Reinheit führen könne: zum Genozid, der eine essentielle Trennschärfe zwischen Kulturen und Gesellschaften behauptet, die doch in Wirklichkeit transkulturell seien. Dort habe sich scheinbar die Unmöglichkeit des Zusammenlebens ethno-religiöser Gruppen bewiesen, Gibraltar jedoch könne der Welt ein Beispiel für Toleranz und für die Möglichkeit des Lebens mit der Mischung sein. Daß diese Gefahr des kulturellen Rassismus auch in Gibraltar bestehen könnte, wird häufig mit einem fast Pavlov'schen Verweis auf die Fundamentalisierung und Segregation der sephardisch-jüdischen Gemeinde [→ Kapitel 7] belegt.

Auch in diesem Kapitel wende ich den Blick auf innergesellschaftliche Prozesse. Ich untersuche die Verbindung zwischen nationaler Ideologie und Ethnizität, die in der symbolischen Kulturproduktion der Regierungszeit Bossanos zum Ausdruck kommt. Als Ausgangspunkt meiner Betrachtungen ziehe ich den Prozeß der Geschichtsschreibung heran, den ich am Beispiel der idealtypischen und fiktiven Familiengeschichte (in der Folge Museumsgeschichte bzw. -text genannt) im sogenannten Gibraltarflügel des lokalen Museums (*Wing of the Gibraltarian*, in der Folge schlicht *wing* genannt) illustrieren werde. Diese Familiengeschichte trägt ein Lob der Mischung in sich, das sich vom Lob der Mischung, das in Fiorinas Geschichte zum Ausdruck kommt, unterscheidet: Geht es bei Fiorina um die (religions-)plurale Herkunft der Person, so dreht es sich in der Geschichte des *wing* um die (ethno-)plurale Herkunft des Individuums.

Das Lob der Mischung trägt aber die Idee der ethnischen Exklusion bereits in sich: Es ist nicht gleichbedeutend mit einem Lob jeglicher Mischung. Auch in Gibraltar finden ethnische Exklusionen und Inklusionen statt. Der Transformation von *britishness* [→ Kapitel 4.2] und der Minimierung des Einflusses spanischer Bestandteile auf Kultur und Gesellschaft Gibraltars [→ Kapitel 2] kommt dabei eine zentrale Rolle zu.

Ich werde in diesem Kapitel am Beispiel des GSLP-Diskurses zeigen, wie nationale und ethnische Identität als Machtdiskurse wirken. Nationale Identität wird hier als eine besondere Form ethnischer Identität gefaßt. Diese Diskurse besetzen und transformieren Vorstellungen von Kultur und Ethnizität, sie behaupten durch ständige Performativität nationale Identität.

Bevor ich auf meine Beispiele im einzelnen näher eingehen werde, möchte ich zunächst die ethnologischen Denktraditionen vorstellen, die für die Entwicklung meiner Idee von der Aushandlung nationaler Identität und Ethnizität in der Interaktion und ihrer Aufrechterhaltung über ständige eine entscheidende Rolle spielen.

In einem zweiten Schritt gehe ich dem Prozeß der Geschichtsschreibung nach und stelle ihn ins Licht der politischen Kämpfe unterschiedlicher Parteien und Netzwerke um den 'richtigen' gibraltarianischen Weg.

Die Produktion von Ethnizität und Nation, wie sie hier zunächst ethnographisch am Beispiel des *wing* aufgezeigt wird, werde ich in der Folge in den konkreten politischen Kontext einbetten. Im Exkurs über die Patrone der Macht und ihre Klientel werde ich anhand der parteipolitischen Genealogie das innenpolitische Feld abstecken, innerhalb dessen Ethnizität und Nation produziert werden. Die politische Geschichte des zivilen Gemeinwesens interpretiere ich aus den unterschiedlichen Interessen einzelner Personen und Netzwerke heraus.

Im dritten Teil dieses Kapitels gehe ich, beispielhaft für die Produktion von Kultur und Nation innerhalb des politischen Feldes, auf die Institutionalisierung des Nationalismus durch die *Self-Determination For Gibraltar Group* (SDGG) ein, die für die Entstehung des *National Day* maßgeblich verantwortlich ist.

Im vierten Teil nehme ich die parteipolitische Genealogie wieder auf und werde dabei auf die politischen Grundkonfliktlinien eingehen, an denen sich unterschiedliche Positionen bezüglich einer nationalen Identität entzünden. Am Beispiel des Wahlkampfes 1996 werde ich die Versuche der Absicherung bzw. Anfechtung der Redeweisen über Nation, Kultur und Identität aufzeigen.

### 5.1 Ethnisierung, Staat und Nation

Ethnizität und Ethnisierung sind Schlüsselbegriffe der Ethnologie, die im Laufe der Forschungs- und Theoriegeschichte bedeutsame Wandlungen durchlaufen haben. Ethnos-Begriffe fremder wie europäischer Kulturen unterstellen häufig Gemeinsamkeiten, die das Wesen einer ethnischer Gruppe ausmachen. Darin sind diese Ethnos-Begriffe vielen wissenschaftlichen Ethnizitätskonzepten ähnlich, die auf einem Katalog von Zugehörigkeitsmerkmalen beruhen.[3] In der Theoriegeschichte wurden diese Kataloge unterschiedlich gefaßt, sie umfassen jedoch meist besonders solche Merkmale, die als unveränderlich und irreduzibel gelten, wie z.B. Deszendenz, Phänotypus und Muttersprache. Nicht nur Beispiele aus außereuropäischen Kulturen geben dagegen empirische Klarheit darüber, daß diese Kategorien selbst tatsächlich kulturelle

---

3    Vgl. NAROLL 1964.

Produkte darstellen.[4] Ethnien sind keine natürlichen und abgeschlossenen Einheiten, die etwa auf Deszendenz beruhen, vielmehr ist es die essentialistische Definition der Zugehörigkeitsmerkmale, die eine Natürlichkeit und eine Geschlossenheit erst behauptet. Es gilt also zu untersuchen, wer mit welchen Absichten die Essentialität der Kategorien behauptet.

Theoriegeschichtlich bestimmend wurden die empirischen Erkenntnisse über die kontextabhängige Entstehung und Bekräftigung von Ethnien vor allem seit LEACHS Studie über die Kachin [1954]. Dadurch wurde eine Diskussion um die Bedeutung des Kontextes für die Ausbildung von Ethnizität eingeleitet, die ihren richtungsweisenden Ausdruck in der Veröffentlichung des von BARTH herausgegebenen Buches *Ethnic groups and boundaries* [BARTH 1969] fand.

BARTH ging vom Modell der *rational choice* aus, das die Wahlmöglichkeit der Annahme einer bestimmten ethnischen Identität nahelegt. Dieses Modell sieht von den spezifischen Merkmalen ab, die im konkreten Fall die Aufrechterhaltung der Wir-Sie-Differenz gewährleisten. Es bildet eher allgemeine Aspekte von Gruppenbildung ab und vernachlässigt die politischen, ökonomischen und historischen Konfigurationen, unter denen spezifisch ethnische Grenzziehungen stattfinden. Neuere empirische Studien zur Entstehung und Bekräftigung ethnischer Identität[5] zeigen jedoch, daß die Annahme bzw. Zuweisung ethnischer Identität nicht nach dem Modell der *rational choice* erfolgt, sondern daß die Akteure weitgehend innerhalb des Rahmens spezifischer politischer, ökonomischer und historischer Konfigurationen entscheiden.

Ethnizität ist konstruiert und ethnische Grenzen sind fließend; dieser fließende Charakter wird jedoch von hegemonialen Prozesse der Inskription durch politische und ökonomische Kräfte der Gesellschaft determiniert. Ethnizität bezeichnet das Bewußtsein der Zugehörigkeit zu einer Ethnie, das sowohl zur Schaffung der ethnischen Wir-Gruppe als auch zur Abgrenzung von Fremdgruppen auf einen Satz an kulturellen Merkmalen zurückgreift (etwa Sprache, Religion, Abstammung, Physiognomie, Ortsbezug, Umgangsformen, Brauchtum, Familienstruktur, Namensgebung, musikalische, literarische und bildnerische Ausdrucksformen, historische Traditionen und materielle Kultur wie z.B. Kleidung, Schmuck, Hausformen). Diese Merkmale führen nicht zwangsläufig auch zur Ausbildung von Ethnizität; sie bilden vielmehr ein Potential, auf das bei der Ausbildung von Ethnizität[6] zurückgegriffen werden kann und das ich folglich als Ethnizitätsressourcen oder Ressourcen ethnischer Differenz bezeichnen werde. Ethnisierung bezeichnet den Prozeß der wechselseitigen Identifizierung zwischen Individuum und Gruppe, in dem kulturelle Differenzen systematisch kommuniziert werden und zur Ausbildung bzw. Verfestigung ethnischer Identität führen.[7]

Ressourcen ethnischer Differenz also sind das Potential, auf das bei Ethnisierungsprozessen zurückgegriffen werden kann. In der europäischen Moderne spielen bestimmte Ressourcen eine besondere Rolle: ein gemeinsamer Name, der Glaube an eine gemeinsame Abstammung, das historische Gedächtnis, das Vorhandensein gemeinsamer materieller und symbolischer Kultur-

---

4  So belegt z.B. NADEL [1938] die Möglichkeit ethnischer Konversionen in Nigeria, und ELWERT [1989] zeigt, daß sich die Ethnogenese der Oromo durch die ständige Adoption fremder Individuen und Gruppen vollzieht. Für Europa siehe VERENI 1996; THOMASSEN 1996; RAVENEAU 1996.
5  Siehe McDONALD 1993; GARVIN 1993.
6  Vgl. COHEN 1987.
7  Vgl. HYLLAND ERIKSEN 1992.

elemente, die Identifikation der Gruppe mit einem gemeinsamen Territorium und das Gefühl der Solidarität mit Individuen, die als kulturell gleich klassifiziert werden. Wenn diese Ressourcen jedoch vorerst bloße Potentiale sind, so schließt sich die Fragen nach den Bedingungen an, unter denen sich daraus konkrete Ethnisierungsprozesse entwickeln.

Eine befriedigende Antwort hierauf findet sich in Arbeiten zum Nationalismus. Besonders die Arbeiten GELLNERS [1983], HOBSBAWMS & RANGERS [1973], ARMSTRONGS [1982], ANDERSONS [1983], SMITHS [1984], HOBSBAWMS [1990], HECKMANNS [1991] und KRÜGERS [1993] haben verdeutlicht, daß Ethnisierung ein Prozeß ist, der mit der Bildung und der Bekräftigung von Nationen in enger Verbindung steht. Ein Staatswesen entwickelt sich erst dann zum Nationalstaat, wenn die Existenz einer Bevölkerung mit einer bestimmten Identität formuliert wird, die sein Territorium dominiert und wenn diese Identität auf politischer Ebene artikuliert wird. Die Mobilisierung ethnischer und nationaler Potentiale entsteht aus ähnlichen politisch-ökonomischen Interessenslagen.

An dieser Stelle ist es angebracht, zwischen Staatlichkeit und Nationalstaatlichkeit zu unterscheiden. Staatlichkeit ist das zentrale Prinzip der internationalen Rechtsordnung. In der Konvention von Montevideo (1933) werden vier Definitionskriterien benannt: Staaten müssen über eine permanente Bevölkerung, ein definiertes Territorium, eine Regierung und über die Möglichkeit verfügen, mit anderen Staaten Beziehungen einzugehen. In der Praxis werden von den Vereinten Nationen und von bereits existierenden Nationalstaaten nur die ersten beiden Kriterien durchgängig verfochten. Das Konzept der Staatlichkeit politisiert und eint plurale, gemischte und territorial verstreute Bevölkerungen in Form der Kategorien von staatlicher Souveränität und staatlicher Integrität.

Im vornationalen Staat - also etwa im kolonialen Territorium Gibraltar - wird die Zivilbevölkerung aus staatlicher Perspektive in erster Linie über Staatsangehörigkeit (z.B. als britische Staatsbürger), Religion (z.B. katholisch, jüdisch, protestantisch) und über Kultur (im regionalen, nicht im ethnischen Sinne, z.B. als Angehörige einer andalusischen oder mediterranen Kultur). Die Identifikation ist nicht an eine eindeutige ethnische Zuordnung gebunden und ähnelt damit dem von WEBER-KELLERMANN [1978] beschriebenen und von VERENI [1996] am Beispiel Mazedoniens (vor 1913) explizierten Personakonzept: Die Bewohner des osmanischen Mazedonien verfügten über die Möglichkeit, sich als Griechen zu bezeichnen, wenn sie handelten, als Albaner, wenn sie heirateten, und als Muslime, wenn sie beteten. Für diese pluralen Möglichkeiten verwendet VERENI den Begriff der "Person" im etymologischen Sinne, um die Flexibilität und den Aushandlungscharakter der Identifikation anzuzeigen. Die Frage danach, welcher Gruppe sich eine Person zugehörig fühlt, wäre im mazedonischen Kontext zweifellos mit einer Gegenfrage beantwortet worden: wann und in welchem Kontext? Mit der modernen Idee der Nation werden "Personen" zu "Individuen". "Individuum" läßt sich auf das Lateinische *dividere* [= teilen] zurückführen und bedeutet sinngemäß "der/die Unteilbare".

Die Idee der Nation ist mit der Idee der Staatlichkeit zwar verbunden, geht über dieses Konzept jedoch hinaus.[8] Nationen können als *imaginierte* Gemeinschaften gedeutet werden, deren Entstehung im Gefolge der Transformation bislang bestehender hegemonialer politischer

---

8    Vgl. BORNEMAN & FOWLER [1997] an.

und/oder ökonomischer Machtblöcke oder Imperien stimuliert wurde.[9] Die Nation ist also diejenige (angestrebte oder verwirklichte) Staatsform, in der die Deckungsgleichheit von politisch-territorialer und kulturell-ethnischer Einheit formuliert werden soll. Die Forderung nach Deckungsgleichheit entsteht aus der strukturellen Notwendigkeit zur Vergesellschaftung ökonomisch mobiler Bevölkerungen.[10]

Auch in der Gegenwart werden ethnische und kulturelle Differenzen für die Legitimierung von Nationalstaaten herangezogen. Dies zeigt sich in Osteuropa durch die Ausbildung ethnischer Nationalstaaten nach dem Zerfall der sowjetischen Hegemonie, in Westeuropa durch die Rekonfiguration des Nationalen als einer Reaktion auf die europäische Einigung. Nationalismus ist dann diejenige ideologische Bewegung, die sich auf die Begründung, auf die Befestigung oder auf den Ausbau einer Nation bezieht.[11] Wie ich in meinen Ausführungen über das politische Feld in Gibraltar [→ Kapitel 5.3.1] und den Wahlkampf 1996 [→ Kapitel 5.3.3] zeigen werde, vermögen dabei verschiedene Vorstellungen von der Nation (Nationalismen) gleichzeitig in ein und demselben Territorium miteinander zu konkurrieren. GELLNER, HOBSBAWM, ANDERSON und HECKMANN zeigen, daß sich nationalistische Ideologien nicht aller verfügbarer kultureller Ressourcen innerhalb eines Staatswesens bedienen, um die Inklusion der Staatsbevölkerung in einen homogenen 'Volkskörper' anzustreben, sondern daß sie lediglich auf *bestimmte* kulturelle Ressourcen zurückgreifen. Nationalismen bedienen sich dabei eines Satzes an Mythen, Ritualen und Symbolen, um eine historische Kontinuität zwischen Gruppe und Raum herzustellen, um die kulturelle Homogenität der Bevölkerung, ihre territorialen Besitzstände und sozialen Hierarchien zu legitimieren[12] und um die Beziehungen zwischen den Mitgliedern der nationalen Gemeinschaft gleichsam zu naturalisieren und zu familiarisieren.

Nationenbildung und Ethnisierung sind miteinander verknüpft, weil Kultur und Ethnizität - neben Klasse, Geschlecht und Alter - Schlüsseldimensionen für die Konstruktion und die Aushandlung von Status und Macht in staatlich organisierten Gesellschaften und damit für Herstellung von Solidaritätsbeziehungen der nationalen Gesellschaft darstellen.[13] Diese Schlüsselstellung erfordert vom Individuum die Festlegung auf eine ethnische und eine nationale Identität und ist damit darauf ausgerichtet, die Möglichkeit auszuschließen, je nach Kontext zwischen mehreren ethnischen Identitäten zu wechseln, so wie dies etwa in bestimmten afrikanischen Ethnien beobachtbar ist.[14]

Nationalstaatliche Inklusionsbestrebungen führen zur Exklusion derjenigen Gruppen als ethnisch, die bestimmte kulturelle Ressourcen (z.B. eine differente Sprache) gegen die nationalstaatlichen Inklusionsbestrebungen aufrechterhalten. Nationalismus ist teilweise ein Resultat der homogenisierenden und totalisierenden Tendenzen der Nationalstaatenbildung; diese Tendenzen produzieren eine imaginierte politische Gemeinschaft, in der Volk, Territorium und

---

9    Vgl. ANDERSON 1983; HOBSBAWM 1990; GELLNER 1983; HAARMANN 1985; KREJCI & VELÍMSKY 1981;
     KÖBLER 1991.
10   GELLNER 1983.
11   ELWERT 1989.
12   Vgl. ARMSTRONG 1982; SMITH 1984.
13   NORTON 1984; SMITH 1993.
14   ELWERT 1995: 111.

Staat synonymisiert werden. Nationalstaatenbildung generiert Kategorien des Eigenen und des Fremden innerhalb der Gemeinschaft. Im Gegensatz zu Nationalismus ist Ethnisierung teilweise Resultat der partikularisierenden Tendenzen der Nationalstaatenbildung. Diese Tendenzen produzieren hierarchisierte Formen der Vorstellung von Volkszugehörigkeit, denen unterschiedliche Grade von Selbstwertgefühl und differenzierende Privilegien und Vorrechte innerhalb der politischen Gemeinschaft zugeschrieben werden. Dabei wird die Bedeutung interethnischer Beziehungen zugunsten des innerethnischen Zusammenhaltes minimiert. Den Kulturwissenschaften kommt dabei häufig legitimierende Funktion zu.[15]

Der Prozeß der Homogenisierung der nationalen Gesellschaft aufgrund ethnischer Kriterien betrifft dabei natürlich nicht nur Grenzregionen, sondern das gesamte Nationalterritorium. Durch die Nähe zum Nachbarland und die häufig vielfältigen persönlichen, familiären, kulturellen und ökonomischen Bindungen zwischen den Bewohnern beiderseits der Grenze wird der Zwang der nationalen (und dadurch kulturellen) Zuordnung im Grenzland jedoch besonders wirksam.

Ethnisierung und Nationenbildung sind Transformationsprozesse zur Schaffung und Bekräftigung von Wir-Gruppen, die einerseits wirtschaftliche Gegensätze ignorieren und andererseits Stabilität über alle Zeitläufe hinweg verheißen.[16] Die Idee der Nation verleiht Staatswesen eine ethnisch-kulturelle Identität. Gerade der ethnisch-kulturelle Charakter macht die Nation zum Generator für ethnische Gruppen, da die Nation jene Gruppen als ethnische Minderheiten exkludiert, die gerade diejenigen kulturellen Differenzen behaupten, welche durch die Nation negiert werden. Nation und Ethnie sind klassenübergreifende Organisationsformen. Ihre Stärke erklärt sich vor allem daraus, daß sie keineswegs schlechteren Zugang zu knappen Ressourcen zu vermitteln vermag als etwa die Organisation über sozialen Status. Dies wird vor allem in Situationen knapper Ressourcen deutlich, in denen der Staat die Verteilungskämpfe (etwa die Vergabe von Posten, Aufträgen und Subventionen) organisiert. Anders als horizontale Organisationsformen negiert die vertikale Organisationsform der Nation weitgehend soziale Gegensätze und strebt die Inklusion einer größtmöglichen Bevölkerungsgruppe an.

Anders als die Ansätze von GELLNER und ANDERSON stelle ich jedoch konkrete Akteure und ihre Auffassung von Nation und Ethnizität in den Mittelpunkt. Dieser Ansatz von unten fordert das herkömmliche Verständnis von Nation und Nationenbildungsprozessen heraus. Im vorliegenden Kapitel greife ich auf mein ethnographisches Material zurück, um zu zeigen, auf welche Weisen verschiedene Akteure Nation verstehen und in welchen Kontext dieses Verstehen eingebettet ist. Bestimmte Bilder der Nation werden dabei in dem Maße akzeptiert, in dem sie zu Symbolen des dominanten politischen Diskurses werden. Jeder Versuch, *die* symbolische Bedeutung der Nation zu definieren, ist jedoch zum Scheitern verurteilt. Statt dessen schlage ich ein Vorgehen vor, das die Frage berücksichtigt, wieso verschiedene konkrete Bedeutungen in die nationale Ikonographie investiert werden. In der gibraltarianischen Gesellschaft konkurrieren verschiedene Modelle von Nation miteinander. Die innergesellschaftlichen Verteilungskämpfe werden von konkreten Gruppen und Personen ausgefochten. Der Prozeß der Natio-

15 REX [1991]; BRUMLIK [1991]; DITTRICH/RADTKE [1991]. Siehe auch WEBER-KELLERMANN [1978] über die Rolle der Sprachinselforschung.
16 MCDONALD 1993.

nenbildung stellt die Frage nach den Akteuren des Nationalismus, nach denjenigen Personen, die eine zentrale Rolle in der Katalysierung des Kulturellen und Ethnischen im Nationalismus einnehmen, nach den politischen Entrepreneurs. ELWERT [1995: 112] spricht in diesem Zusammenhang von *big men*, von Kriegsherren (*warlords*) oder adoptierten Führern, deren Fähigkeit darin besteht, Prestige in Macht (im Falle der *big men*) oder Wohlstand in Macht (im Falle der *warlords*) umzuwandeln. Diese Qualität, die zur Mobilisierung einer Anhängerschaft vonnöten ist, wird spätestens seit WEBER als Charisma bezeichnet. Die zentralen Akteure erringen ihre Rolle aber nicht nur durch Charisma, sondern darüber hinaus durch die Fähigkeiten, einerseits Vergangenheit, Gegenwart und Zukunft der Gemeinschaft in Momenten der Krise klar zu deuten und die Komplexität der Zukunft zu reduzieren und andererseits Gefolgschaft zu sichern, etwa durch Gesindepflege wie dem Tausch von Gefälligkeiten gegen materielle Gaben oder, um in einem aktuellen Bild zu bleiben, durch den Tausch von "'Bimbes' gegen Loyalität".[17]

### 5.1.1 Ethnizität und Ethnisierung in Gibraltar

Gibraltar war schon immer ein Ort des Durchgangs und der Bewegung von Menschen und Waren, typisch für so viele Städte rund um das Mittelmeer.[18] Seit dem Bau des Suezkanales (1859-1869) und dem Verkauf der ägyptischen Suezaktien an Großbritannien (1875) stellt Gibraltar nicht mehr nur einen von vielen Militärstützpunkten des britischen Weltreiches dar, sondern den ersten Anlaufpunkt der britischen Marine auf ihrem Weg nach Afrika und Asien. Wie Perlen aufgereiht lagen Orte wie Aden, Suez, Zypern, die Ionischen Inseln, Malta und - natürlich - Gibraltar an der Hauptschlagader des Empire, die das Mutterland mit Indien verband.

Dies bedeutet jedoch nicht, daß Migration und Mobilität eine Konstante in der Lebenserfahrung aller Bewohner und Gruppen der Kolonie darstellte oder darstellt. Im Gegensatz zu GUPTA und FERGUSON [1992: 18], die Grenzländer als "*interstital zone[s] of displacement and deterritorialization*" begreifen, ist in Gibraltar trotz Mobilität, Moderne und diasporischer Lebensweise eher ein "*deep placement*" und eine "*deep territorialization*" der Bevölkerung zu verzeichnen, darin anderen Grenzregionen ähnlich, etwa der von FLYNN [1997] beschriebenen Grenzregion zwischen Bénin und Nigeria.

### 5.1.1.1   Demographie und Migration

Historisch entstand die Zivilbevölkerung der Garnison zwar durch Einwanderung, aber schon seit den 30er Jahren des letzten Jahrhunderts wurden die in Gibraltar Geborenen zum dominanten Element der Population.[19] Die vorläufig letzte größere Einwanderungswelle eines

---

17  Vgl. HAUSCHILD 2000. In diesem Zusammenhang wäre es sicherlich sinnvoll zu fragen, inwieweit die Herstellung von Ehrbarkeit durch Geld erleichtert oder unterstützt wird, sozusagen in Umwandlung des *Honor-and-Shame*-Komplexes in *Honor(ar) ohne Scham*.

18  KEYDER ET AL. 1986, 1993.

19  1831 waren 55,8%, 1844 76,9%, 1860%, 1871 87,62% und 1891 87,69% der Bevölkerung in Gibraltar geboren. Vgl. JACKSON 1987: 246.

Kollektivs, das sich dauerhaft in der Kolonie niederließ, fand vor gut 140 Jahren statt, als maltesische Arbeiter für den Bau der Hafenanlagen auf den Felsen kamen.[20]

Für die meist männlichen Einwanderer war Migration in der Regel eine einmalige Angelegenheit, ein Pendeln zwischen Herkunfts- und Bestimmungsort verbot sich meist schon aus finanziellen Gründen. Die Zuwanderer heirateten meist lokale Frauen oder Frauen aus dem spanischen Hinterland. Die kollektive Erfahrung der Zivilbevölkerung ist von der Erinnerung an einen eher engen Bewegungsradius gekennzeichnet, der sich vor allem auf die Kolonie und die Dörfer des Hinterlandes beschränkte. Ältere Zivilisten, die in den südlichen Wohngegenden von Europa Point und Humphreys aufwuchsen, haben mir sogar häufig erzählt, daß sie die Altstadt Gibraltars zum ersten Mal betraten, als sie keine Kinder mehr waren.[21] Lediglich die Familien der Kaufleute pflegten ausgedehnte Handels- und Heiratsnetzwerke mit Orten der nordafrikanischen Küste und innerhalb des britischen Empire. Für die Mehrheit der Zivilisten dagegen ist hohe Mobilität vielmehr ein relativ junges Phänomen.

Vor der Grenzschließung in den 60er Jahren (und mit Ausnahme der Evakuierung), waren die Gibraltarianer, so die gängige Selbstbeschreibung, 'nicht viel in der Welt herumgekommen'. Málaga sei für die meisten das Ende der Welt gewesen, nur wenige Zivilisten hätten etwa Cádiz oder gar Sevilla besucht. Während der Grenzschließung wurde England und insbesondere London zum bevorzugten Referenzpunkt für Reisen: Mit London bestand die wichtigste Flugverbindung, dorthin richtete sich die Arbeitsmigration, dort lebten Verwandte, die nach der Evakuierung in Großbritannien geblieben waren. Gibraltar wurde gewissermaßen zu einer Vorstadt Londons.

Noch heute kommen viele Fremde aus den verschiedensten Gründen und Gegenden für unterschiedliche Dauer nach Gibraltar, etwa um für begrenzte Zeit in der Kolonie zu arbeiten, wie die marokkanischen Gastarbeiter, die indischen Angestellten, das dänische Management der Jyske Bank und die jüdischen Lehrer, vor allem aber die Angehörigen der britischen Streitkräfte mit ihren Familien und andere *ex-pats*, die sich auf Dauer oder zeitweise in Gibraltar niederlassen. Keith und Barbara Ritchie sind ein eher ungewöhnlicher Fall. Keith [* 1948] ist Brite und arbeitet auf der NATO-Nachrichtenstation. Seine Frau Barbara [* 1945] stammt aus Ohio, sie studierte Ethnologie in Cambridge und arbeitete für das amerikanische Peacecorps in Südkorea und Tonga, wo sie ihren Mann kennenlernte. Mit ihm zog sie jahrelang um den Globus, das Paar lebte in Saudi Arabien, Oman, Vanuatu und Mauritius. Seit 1993 lebt Ehepaar Ritchie in Gibraltar, 1998 kauften sie sich dort ein Haus in der Absicht, sich endgültig auf dem Felsen niederzulassen.

Typischer ist Hazel [* 1926], deren Mann - der 1995 verstarb - 25 Jahre lang in Gibraltar stationiert war. Hazel kehrte nach dem Tod ihres Mannes zuerst nach England zurück, wo ihre Kinder wohnen, merkte aber, daß sie dort nicht mehr Fuß mehr fassen konnte: Die letzten Jahre hatte sie auf dem Felsen gelebt, hier wohnten die Freunde, hier kannte sie die Nachbarn

---

20 Die Hindu-Gemeinde wuchs zu langsam, um die Zuwanderung als 'Welle' zu bezeichnen. Ob sich die Marokkaner auf Dauer in Gibraltar niederlassen können bzw. wollen, läßt sich zum gegenwärtigen Zeitpunkt nicht abschätzen, und auch die embryonische Präsenz einer russischen Gemeinde ist noch zu jung.

21 Vgl. auch INSIGHT MAGAZINE (CALPE): *Patio Casola Revisited*. July 1996: 6.

und vor allem den Ort. Sie entschied sich, nach Gibraltar zurück zu kehren. Seit 1998 lebt die mittlerweile von der Alzheimer-Erkrankung Befallene wieder bei der Tochter in England.

### 5.1.1.2    Religiöse und ethnische Gruppen

Im kolonialen Zeitalter dominierte in der sozialen Kategorisierung der Zivilisten die Zuordnung nach Religion, Staatsangehörigkeit und Herkunft. Es handelte sich um das religionsplurale Modell, dessen Dominanz im Zeitalter des Nationalismus durch ein ethno-plurales abgelöst wird.

Die Zivilbevölkerung Gibraltars definiert sich heute rechtlich - auf der Basis des 1962 durch die *Gibraltarian Status Ordinance*[22] eingeführten *Gibraltarian Status* - im Gegensatz zum kolonialen britischen Establishment und zur spanischen Arbeiterschicht. Die dadurch bestimmte Gruppe nenne ich i.d.F. *Gibraltarians* (ohne Artikel). Die Gruppe der *Gibraltarians* umfaßt die meisten Katholiken, Protestanten und Juden, ein gutes Viertel der Hindus und nur wenige Moslems. Nicht alle *Gibraltarians* leben in der Kolonie, sondern in Spanien, im UK, in Israel, in Indien oder anderen Ländern.

Von den *Gibraltarians* unterscheiden sich die *Gibraltar Residents* (gibraltarianische Wohnbevölkerung). Diese demographisch-territoriale Kategorie umfaßt all jene, die in Gibraltar registriert sind. Dazu gehören neben den *Gibraltarians* mehrere Gruppen: der Großteil der moslemischen Gastarbeiter marokkanischer Nationalität; die hinduistischen Angestellten indischer Nationalität; hinduistische, jüdische und vor allem protestantische Briten aus dem UK (die sogenannten *ex-pats*), die auf Dauer oder für einen begrenzten Zeitraum in Gibraltar leben; Juden aus Israel, Marokko und den USA.

Eine dritte Kategorie wird - in der Tradition von BARTH [1969] - durch gegenseitige Zuschreibung in der Interaktion von Individuen und Gruppen bestimmt; es handelt sich um eine ethnische Kategorie. Diejenigen, die in der Interaktion als ethnische Gibraltarianer bezeichnet werden, werden *Yanitos* genannt. *Yanito*[23] wird affektiv zur Fremd- und Selbstbezeichnung benutzt und ist gleichsam der Name für das lokale spanisch-britische Idiom. Die *Yanitos* zeichnet aus:

- eine Identifikation mit der und ein Bekenntnis zur Territorialgemeinschaft,

- verwandtschaftliche Beziehungen innerhalb Gibraltars und zwischen den religiösen Gruppen (unspezifiziertes Lob der Mischung, gemischte Herkunft),

- das Ethos der Toleranz, der Harmonie und des gegenseitigen Respekts,

- der rechtliche Status als *Gibraltarian*.

---

[22]  Siehe Kapitel 5.3. An dieser Stelle sei vorweg genommen, daß die *Ordinance* die *Gibraltarians* über Territorialität, Deszendenz, Heirat und Virizentrismus definiert: als Nachkommen von vor dem 30.06.1925 in Gibraltar geborenen Männern oder als Ehefrauen eines *Gibraltarian* (nicht aber Ehemänner von Gibraltarianerinnen).

[23]  Es existieren mehrere geschriebene Versionen des Begriffes, so neben *Yanito* auch *Llanito* oder *Janito*.

| | Gibraltarian Status | andere Briten | marokkan. Nationalität | andere Nationalitäten | alle Nationalitäten |
|---|---|---|---|---|---|
| Römisch-Katholisch | 18.241 | 1.820 | 7 | 473 | 20.541 |
| Church of England | 549 | 1.271 | 4 | 17 | 1.841 |
| andere Christen | 345 | 262 | - | 204 | 811 |
| Moslems | 37 | 17 | 1.776 | 20 | 1.850 |
| Juden | 505 | 88 | 5 | 29 | 627 |
| Hindus | 120 | 139 | 1 | 295 | 555 |
| andere | 225 | 214 | 5 | 34 | 478 |
| Total | 20.022 74,9% | = 3.811 14,27% | = 1.798 6,72% | = 1.072 4,01% | = 26.703 |

Tabelle 2: Gibraltarianische Wohnbevölkerung nach Religion und Staatsangehörigkeit/Nationalität (1991)

Wer zur Gruppe der *Yanitos* gerechnet wird, ergibt sich in konkreten Interaktionskontexten durch gegenseitige Zuschreibung. Katholische, protestantische und jüdische *Gibraltarians* gelten generell als *Yanitos*, hinduistische und moslemische *Gibraltarians* dagegen nicht. Die Fraglosigkeit, mit der die Sepharden dazu gerechnet wurden, erfuhr in den letzten Jahren jedoch eine Veränderung (diese Entwicklung wird Gegenstand von Kapitel 7 werden). Im kolonialen Modell ist *Yanito* eine vornehmlich regional-kulturelle Kategorie, in nationalen Modell ist es ein ethnischer Begriff.

Ich werde nun nicht aufgrund individueller oder kollektiver Biographien die Gegenwart erklären, sondern im Gegenteil: die Biographisierung ist als Deutung *a posteriori* zu betrachten, und also ist der Ausgangspunkt die Gegenwart, in der früheren Erfahrungen ein Sinn zugesprochen wird. Ob Ethnizität für die Zivilisten in der früheren Kolonialgesellschaft innergesellschaftlich eher bedeutungslos war, läßt sich heute nur aufgrund von in der Gegenwart gedeuteten früheren Erfahrungen feststellen.[24] Wenn also in Interviews und Gesprächen zwischen dem deutschen Ethnologen und den gibraltarianischen Informanten das Lob der Mischung und der religiösen Toleranz für die Vergangenheit gepriesen wird, so kommt dabei auf jeden Fall das gegenwärtige Bild der Informanten über die eigene Gesellschaft zum Vorschein. Dieses Selbstbild kann mit Zeitzeugnissen aus der Vergangenheit - Gesetzen, Zensusdaten, Archivmaterial - korreliert werden. Und hier läßt sich feststellen, daß Ethnizität auf staatlich-institutioneller Ebene (z.B. Verwaltungsvorschriften, Gesetzgebung) keine Rolle spielte und auf der Ebene der Gruppenorganisation nur im Bereich der religiösen, nicht jedoch im Bereich der nichtreligiösen Korporationen bedeutsam war.[25]

---

24  Die einzige Gruppe, die bis zur Zeit der Grenzschließung ethnisch ausgegrenzt wurde, waren die hinduistischen Händler; die Zahl der permanent in Gibraltar lebenden Inder lag jedoch aufgrund rechtlicher Diskriminierung weit unter 100. Ethnizität kam erst durch die ab 1954 vorgetragenen spanischen Ansprüche, die mit Ethnizität und Kultur unterfüttert wurden, als politisches Argument ins Spiel.

25  Ethnische Identität und Politik sind eng miteinander verbunden, da gerade politische Korporationen (Parteien, Vereine, Clubs, Berufsverbände) oftmals über Ethnizität organisiert sind [COHEN 1974]. So sind etwa Wahlverhalten und Parteizugehörigkeit in Trinidad und in Mauritius an ethnische Identität

Die Ebene der Alltagspraxis ist nur über die Selbstdeutung der Informanten *a posteriori* zugänglich. Das Bild, das dabei einheitlich gezeichnet wird und das ich deshalb als hegemonial bezeichne, legt nahe, daß Inklusion und Exklusion weniger über ethnische als über religiöse, regional-kulturelle und legalistische Zugehörigkeit stattfanden - wobei ich bezüglich der Unterscheidung zwischen Ethnizität einerseits, Religionsangehörigkeit, regionale Zugehörigkeit und Staatsangehörigkeit andererseits auf die emische Sichtweise der Informanten zurückgreife. Demnach reicht die Zugehörigkeit zu einer Glaubensgemeinschaft, zu einer Region und einer Nationalität weder alleine noch in jedem Falle dazu aus, um den ethnischen Charakter einer Gruppe zu definieren. Die Gibraltarianer benutzen heute im Alltag, wenn sie auf eine der Gruppen Bezug nehmen, nur selten ethnische Begriffe; lediglich die Bezeichnung *Yanito* (wie auch die in Gibraltar für die Juden und Hindus - wenngleich seltener - gebrauchten Bezeichnungen *Sindhi*, *Ashkenasim* und *Sephardim*) ist heute ganz unzweideutig ethnisch gemeint. Meist wird von Religionen *(Protestants, Jews, Catholics, Hindus, Muslims)* oder Nationalitäten *(Gibraltarians, Indians, Spanish, British* und *Moroccans)* gesprochen.

Dies bedeutet nicht, daß die religiösen, regionalen und nationalen Bezeichnungen nicht das Potential in sich tragen, in der Interaktion als Ressourcen für Ethnisierung zur Verfügung zu stehen.

*A posteriori* wird von den meisten Informanten festgestellt, daß relevante Dimensionen[26] für den Grad der gesellschaftlichen Organisation ethnischer Gruppen - etwa Gruppenendogamie und geographische Konzentration - in der Vergangenheit nicht gegeben waren. Niemals existierten ethnisch oder religiös strukturierte Wohnviertel. Entscheidend für die Ausbildung der *Yanito*-Identifikation sind neben der Position in der kolonialen Hierarchie drei Faktoren: der gemeinsame Schulbesuch, das Leben in den Patios und die *Intermarriages* zwischen den Herkunftsgruppen und Religionen. Patios und Schulen werden von den Gibraltarianern im Diskurs sozusagen zu Gibraltarianisier-Maschinen gemacht.

Bis in die 70er Jahre wurde die Schulbildung für Jungen von den katholischen *Irish Christian Brothers* und für Mädchen von den ebenfalls katholischen *Loreto Nuns* dominiert. Heute halten sich bei den Grundschulen die religiös dominierten und die staatlichen Schulen die Waage: Es gibt katholische und protestantische Grundschulen, daneben seit 100 Jahren die jüdische Grundschule *Talmud Torah*. Allerdings besuchten viele jüdische Schüler die katholischen Schulen und die Kinder der hinduistischen Sindhis häufig die *Talmud Torah*, da die hinduistischen Kinder dort keinen Missionsbestrebungen ausgesetzt waren. Das britische Bildungssystem ermöglicht seit dem *1944 Education Act* die Errichtung privater (auch religiöser) Schulen.[27] Bis zur Gründung der beiden jüdischen Sekundarschulen in den 90er Jahren besuchten alle Jugendlichen jedoch ausschließlich staatliche Schulen.

---

gekoppelt [HYLLAND ERIKSEN 1992]. Die *Scottish National Party, Plaid Cymru, Convergencià i Unió* und die *Partido Nacional Vasco* sind in Europa nur die bekanntesten Beispiele für die semantische und die symbolische Verknüpfung von ethnischer Identität und Parteipolitik. In der EG wird die Ethnisierung peripherer Regionen vor allem durch politisch aktive Organisationen und intellektuelle Ideologen vorangetrieben [vgl. MCKECHNIE 1993 für Korsika; MCDONALD 1989 für die Bretagne].

26 Vgl. SMITH 1969; VAN DEN BERGHE 1973.

27 Ich danke WERNER MENSKI (SOAS, London) für diesen Hinweis während des *Cours Erasmus* zum Thema *Interculturality and Migrations in the European Union*, Sèvres, 26. April - 03. Mai 1998. Vgl. auch

Heute gehören zur Wohnbevölkerung Gibraltars verschiedene ethnische Gruppierungen: Neben den *Yanitos* sind dies die hinduistischen Sindhis, die marokkanischen Arbeiter und die englischen Kolonialbeamten bzw. Soldaten mit ihren Familien. *Yanitos* und Sindhis sind auf nichtreligiöser institutioneller Ebene als Gruppen lediglich in der Handelskammer, der *Chamber of Commerce*, organisiert. Juden und Sindhis als Händlergruppen sind hier einfluß-reich.

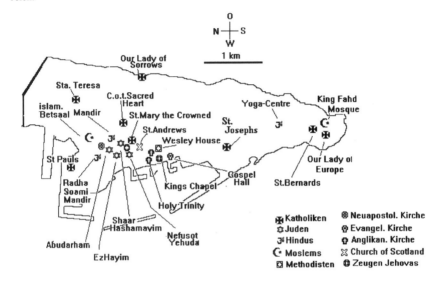

Abbildung 9: Gotteshäuser der Religionen und Konfessionen Gibraltars

In allen vier politischen Parteien finden wir ausschließlich *Yanitos*. Die Rolle von Mitgliedern der jüdischen Gemeinde im politischen Leben ist traditionell stark. Mit Sir Joshua Hassan stellten die Juden über lange Jahre den *Chief Minister*, mehrere Juden bekleideten Ministeräm-ter unter Hassan. In den Regierungen Bossano und Caruana sind Juden dagegen nicht mehr vertreten. Heute ist nur ein Mitglied der jüdischen Gemeinde im Abgeordnetenhaus vertreten, Joshua Gabay (GSLP). Allerdings steht Gabay als liberaler Jude am Rande der heute zuneh-mend orthodox dominierten Gemeinde. Die kleinste Partei Gibraltars, die heutige AACR, ist gewissermaßen ein Familienunternehmen einer jüdischen Familie, entstanden aus einer innerjü-dischen Fehde gegen Hassan.[28]

CLAIRE DWYER & ASTRID MEYER: *The establishment of islamic schools: A controversial phenomenon in three European countries*, im Tagungsreader (Originalquelle unbekannt).

[28] Die Opposition der heutigen Rumpf-AACR gegen die GSD, vor allem gegen Peter Montegriffo, erklärt sich aus innerjüdischen Konflikten zwischen Sir Joshua Hassan auf der einen, der Familie des heutigen AACR-Führers Isaac Marrache auf der anderen Seite. Isaac Marrache ist einer der Söhne von Sam Marrache, eines erbitterten Gegners von Sir Joshua. Sam Marrache wurde von einer reichen entfernten Verwandten als Erbe eingesetzt. Die jüdische Gemeinde hatte die Erbschaft angefochten, der Fall wurde

Erst in jüngster Zeit organisieren sich Sindhis parteipolitisch. Einige der jüngeren Sindhis arbeiten in der GLP mit, der Partei der jungen Generation, in der Studenten und Akademiker dominieren. Für die Wahl zum *House of Assembly* am 10. Februar 2000 wird mit Vijay Daryanani erstmals ein Sindhi als Kandidat einer Partei (Liste GSLP/GLP) aufgestellt, allerdings verpaßt er knapp den Einzug ins Abgeordnetenhaus. Verbindungsglied zwischen GLP und Sindhis ist die Jugendorganisation der Rotarier, in der GLP-Politiker und die Kinder der Sindhis gleichermaßen vertreten sind. Das kulturelle Leben der jungen Sindhi-Generation ist sehr aktiv - und unter Kultur meine ich hier ausnahmsweise nicht Kultur im ethnologischen Sinne, sondern im Sinne von Kunst. So sind in den letzten Jahren indische Tanzgruppen unter jungen Sindhis und *Yanitos* populär geworden.

Die Integration der Sindhi und der Sepharden in die Gemeinschaft der *Yanitos* kann anhand der Verbindungen auf den sechs relevanten Feldern der Kommensalität, des Konnubiums (*Intermarriage*), der ökonomischen Verflechtungen, des gemeinsamen Schulbesuchs, des Sprachgebrauchs und der politischen Teilhabe für die Zeit von 1986 bis 1995 nachgezeichnet werden. Dabei ist *grosso modo* eine zunehmende Inklusion der Sindhis und eine zunehmende Exklusion der sephardischen Gemeinde aus der Gemeinschaft der *Yanitos* zu beobachten.

Kommensalität    Zwischen 1986 und 1996 ist eine abnehmende Tendenz der Kommensalität zwischen Juden und Nichtjuden zu verzeichnen. Der Diskurs über die Vergangenheit zeichnet ein Bild von zahlreichen Gelegenheiten des gemeinsamen Essens. Dabei habe, so der dominante Diskurs sowohl innerhalb als auch außerhalb der jüdischen Gemeinde, die Mehrzahl der Juden in der Regel schon immer koscher gelebt. Von dieser Regel habe es jedoch viele Ausnahmen gegeben (z.B. Einladungen durch Nichtjuden, der Besuch nichtkoscherer Restaurants). Heute dagegen ist der Zwang zum koscheren Essen sowohl im Diskurs als auch in der Praxis vorherrschend.

Die Nahrungstabus der hinduistischen Sindhis sind weniger rigide als die der Juden. Die Zurückweisung des Verzehrs von Rindfleisch bzw. von Fleisch ganz allgemein sowie die Hinwendung zum Vegetarianismus dominieren die diskursive Ebene. Über den tatsächlichen Verzehr von Rindfleisch läßt sich keine Aussage machen, allerdings ist der Genuß von anderem Fleisch (vor allem Schwein) weit verbreitet. Eine Zunahme der Kommensalität mit Nichthindus ist im privaten und und im öffentlichen Bereich zu beobachten.

Gegenstand eines spektakulären Gerichtsverfahrens. Die Gemeinde wurde von Sir Joshua Hassan vertreten. Ein argloser Zeuge hatte im Verlauf des Verfahren gestanden, daß Hassan fünf der Zeugen vorab instruiert habe. Daraufhin wurde die Erbschaft der Familie Marrache zugesprochen, die es ablehnte, Hassan wegen Zeugenbeeinflussung zu verklagen. Die Version eines mit dem alten Marrache befreundeten Arztes besagt, Sam habe der jüdischen Gemeinde das Geld vermachen wollen, falls diese eine Schule nach ihm benennen würde. Die Gemeinde habe sich geweigert, und Marrache habe das Geld für sich behalten. Sir Joshua Hassan habe daraufhin 20 Jahre lang nicht mit ihm gesprochen, erst nach Sams Tod habe er mit dessen Söhnen gesprochen. Die Übernahme des Vorsitzes über Hassans Partei durch Isaac Marrache wird als Rache an Sir Joshua interpretiert.

| | | |
|---|---|---|
| Konnubium | Die Häufigkeit von *Intermarriages* zwischen Juden und Nichtjuden hat sich nicht wesentlich verändert. Allerdings ist der Diskurs über die Ablehnung von Mischehen heute sowohl in der jüdischen als auch in der nichtjüdischen Gemeinde hegemonial. Mischehen werden als Probleme für die Integration der Kinder und für den Zusammenhang der religiösen Gemeinschaften gedeutet. | In der Praxis und auch diskursiv sind *Intermarriages* zwischen hinduistischen Sindhis und christlichen Gibraltarianern zwar noch immer die Ausnahme, sie wurden jedoch in den 80er Jahren bis zum Beginn der 90er Jahre zunehmend möglich. |

Konnubium

Die Häufigkeit von *Intermarriages* zwischen Juden und Nichtjuden hat sich nicht wesentlich verändert. Allerdings ist der Diskurs über die Ablehnung von Mischehen heute sowohl in der jüdischen als auch in der nichtjüdischen Gemeinde hegemonial. Mischehen werden als Probleme für die Integration der Kinder und für den Zusammenhang der religiösen Gemeinschaften gedeutet.

In der Praxis und auch diskursiv sind *Intermarriages* zwischen hinduistischen Sindhis und christlichen Gibraltarianern zwar noch immer die Ausnahme, sie wurden jedoch in den 80er Jahren bis zum Beginn der 90er Jahre zunehmend möglich.

Diskursiv sprechen sich allerdings die heutigen jungen Sindhis wieder mehr und mehr für die ethnische und religiöse Endogamie aus.

Kommerz

Die jüdische Gemeinde ist traditionell eine Händlergemeinde. Jüdische Unternehmer sind - allerdings nicht als ethnische oder religiöse Korporation, sondern als Individuen - in der Handelskammer einflußreich. Die ökonomische Integration in das Gemeinwesen hat sich im Beobachtungszeitraum nicht verändert.

Die Sindhi-Gemeinde ist traditionell eine Händlergemeinde, die jedoch als Korporation (in Form der *Hindu Merchant Association*) in der Handelskammer einflußreich ist. Auch die ökonomische Integration in das Gemeinwesen hat sich im Beobachtungszeitraum nicht verändert.

Politik

Heute gibt es - im Gegensatz zu den 80er Jahren - keine jüdischen Mitglieder in der Regierungsmannschaft, und auch parteipolitisch ging das Engagement jüdischer Mitglieder stark zurück.

In der Sindhi-Gemeinde ist ein noch schwaches, jedoch zunehmendes parteipolitisches Engagement - vor allem in der kleinen Oppositionspartei GLP (ehemals GNP) festzustellen. Die Präsenz der Gemeinde als Korporation bei öffentlichen Anlässen (z.B. Besuch des Herzogs von Edinburgh, Teilnahme am *National Day*) verweist auch auf eine zunehmende symbolische Integration,

Die Kinder der Sindhi-Gemeinde besuchen mit den Kindern der anderen Gibraltarians die staatlichen Grund- und Sekundarschulen. Die Organisation eigener hinduistischer Schulen nach Vorbild der jüdischen Gemeinde ist nicht geplant, sie wird jedoch in Teilen der Gesamtgesellschaft befürchtet.

Schule

Die sephardische Gemeinde war im Beobachtungszeitraum 1985-1995 tief zwischen Traditionalisten und orthodoxen Neuerern gespalten. Einen Höhepunkt erreichte die Spaltung in den Jahren 1992-1995, in denen sich gegen den Widerstand der Traditionalisten und der gibraltarianischen Gesamtgesellschaft separate jüdische Secondary Schools etablierten. Bis zur Gründung der Schulen besuchten auch die jüdischen Schüler die staatlichen Jungen- bzw. Mädchenschule, die als Gibraltarianisier-Maschinen konzipiert wurden. Auch wenn nicht alle jüdischen Schüler heute die neuen Schulen, deren Schülerzahl noch sehr klein ist, besuchen, gilt die Gründung der jüdischen Schulen vielen als Gefahr für den Zusammenhalt der Gesellschaft.

| Sprache | Nach wie vor wird in den sephardischen Familien sowohl Englisch als auch *Yanito* gesprochen. Allerdings hat der Zuzug orthodoxer Aschkenasim die Sprachsituation in der jüdischen Gemeinde etwas verschoben. Die Aschkenasim sprechen Englisch, allerdings ist im Familienkreis häufig das fremdartige Jiddisch verbreitet. Darüber hinaus sind die Aschkenasim des *Yanito* nicht mächtig, was eine Integration in die Gemeinschaft der *Gibraltarians* und der *Yanitos* erschwert. Seit 1995 werden auch Sprachkurse in Iwrit (Neuhebräisch) durchgeführt. | Bezüglich der Sprachkompetenz muß die Sindhigemeinde zwischen Familien mit britisch-gibraltarianischer und mit indischer Nationalität unterschieden werden. Die erste Gruppe hat Englisch als Schulsprache erlernt, als Handelssprache wird *Yanito* bzw. Spanisch, im innerfamiliären Kontext wird Englisch und Sindhi gesprochen. Die zweite Gruppe dagegen spricht Englisch und *Yanito* bzw. Spanisch vornehmlich als Handelssprache, im innerfamiliären Kontext wird vor allem Sindhi gesprochen. Bedeutsam ist die Initiative jüngerer Damen aus der ersten Gruppe zur Durchführung von Sprachkursen in Sindhi. |

Tabelle 3: Integration der Juden und der Sindhis in die Gemeinschaft der *Yanitos* und der *Gibraltarians*

Die marokkanischen Arbeiter stehen am Rande der Gesellschaft, sie nehmen die unterste soziale Position ein und sind organisatorisch nicht in die Gesellschaft integriert. Sie sind weder *Yanitos* noch *Gibraltarians* und werden von diesen als Fremdkörper empfunden. Wenige Marokkaner haben es geschafft, sich rechtlich in die Zivilbevölkerung zu integrieren. Nur eine handvoll Marokkaner ist mit einheimischen Mädchen verheiratet, zu vernachlässigen ist die Gruppe derer, die in gehobenen Berufspositionen stehen oder gar ein Geschäft ihr eigen nennen.

Zwischen Katholiken, Protestanten und Juden war es im XIX. und frühen XX. Jahrhundert zu zahlreichen *Intermarriages* gekommen. Wenngleich sich die Aussagen hier auf Daten beziehen, die durch die Unterlagen des Standesamtes bestätigt werden, so sagt dies nichts über die Bedeutung aus, die den *Intermarriages* zugeschrieben wurde. Es ergeben sich doch einige Zweifel daran, ob heute weniger *Intermarriages* zwischen den religiösen Gruppen stattfinden als "früher" - wie mir dies von Vertretern der jüdischen und katholischen Gemeinde erzählt wurde. Auch darauf deuten die Unterlagen des Standesamtes hin: Die Zahl der *Intermarriages* zwischen Christen und Juden hat sich nicht merklich verändert, und die der *Intermarriages* zwischen *Yanitos* und Sindhis stieg in den 80er Jahren stark an. Verändert hat sich allerdings die Bedeutung, die *a posteriori* den *Intermarriages* zugeschrieben wird. Seien "früher" religiöse Grenzen zwischen Juden und Christen durch *Intermarriages* und "unkomplizierte" Konversionen leicht zu überschreiten gewesen, so wird heute die Möglichkeit zur Konversion vom katholischen, protestantischen und vor allem vom jüdischen Establishment *de facto* nahezu unterbunden, da die religiösen Gruppen einen Prozeß der Ethnisierung durchlaufen. Die Juden befinden sich in einem langsamen Prozeß der Exklusion aus der Gruppe der *Yanitos*. Dagegen werden die ethnischen und sozialen Grenzen zwischen Sindhis und *Yanitos* durch *Intermarriages*, künstlerisch-kulturelles und politisches Engagement tendenziell aufgeweicht.

Die Zahl der *Intermarriages* zwischen Gibraltarianern und UK-Briten bzw. spanischen Staatsangehörigen nahm in den 80er Jahren stark ab. Dies liegt in der politischen Entwicklung im Mutterland begründet. Die Zahl der Militärangehörigen aus Großbritannien verminderte sich seit 1985 drastisch, die Kontakte zum spanischen Hinterland wurden durch die Grenzschließung weitgehend unterbrochen und nach der Öffnung nicht wieder aufgenommen. Mit der rechtlichen Transformation Gibraltars, der Reduktion der *Intermarriages* mit UK-Briten und Spaniern und der akzentuierten Erfahrung der Verschiedenheit von Spaniern und UK-Briten bekamen ethnisch-kulturelle Differenzen eine größere Bedeutung für die territorial-rechtlich gefaßte Identifikation der *Gibraltarians* [→ Postscript].

## 5.1.2 Positive und negative Performativität des Nationalen

Nationale Identität ist als besondere Form ethnischer Identifikation mit der Forderung nach politischer Selbstbestimmung (*self-determination*) verbunden. In den Prozessen der Nationenbildung und Ethnisierung wird vor allem auf essentialistische Identitätsbezüge zurückgegriffen. Die unmittelbar vom Individuum erlebten persönlichen Beziehungssysteme (Familie, Freundschaft, Nachbarschaft) werden naturalisiert und auf unpersönliche und größere Gemeinschaften (z.B. 'Volk', Staat) transponiert. So bemühen Nationalismen vor allem Bezüge aus den Bereichen *gender* und Verwandtschaft, um vertikale Beziehungen von Klasse und Ethnizität, Staat und Volk zu konstruieren.[29]

Entgegen der Erwartung ANDERSONS [1983], daß im Nationalismus unpersönliche Beziehungssysteme in persönliche übersetzt - also Familiarität imaginiert - werden, finden wir diese Tendenz auch in der 30.000-Seelen-Gemeinde Gibraltar wieder, einer *face-to-face*-Gesellschaft, die nur schwerlich als unpersönliches Beziehungssystem oder als *imagined community* bezeichnet werden kann. Gibraltarianer kennen in der Regel ihre Gegenüber, deren Familiengeschichte, Verdienste und Sündenregister, zumindest aber vermögen sie ohne Schwierigkeiten eine Verbindung zwischen sich und dem Gegenüber über gemeinsame Bekannte, Verwandte oder Arbeitskollegen herzustellen.

Das von ARDENER [1975] entwickelte Modell dominanter und untergeordneter Gruppen kann auch auf Kolonialbevölkerungen angewendet werden. ARDENER geht davon aus, daß es in jeder nichtegalitären Gesellschaft soziale Gruppen gibt, die von anderen Gruppen dominiert werden. Zwar mag die interne Struktur der Dominierenden uneinheitlich sein. Das Machtverhältnis zwischen Dominierenden und Dominierten, sowie die dieses Verhältnis legitimierende hegemoniale Haltung, ist jedoch eindeutig.

Die dominierende Gruppe besitzt Mittel, um die eigenen Vorstellungen von der Wirklichkeit den dominierten Gruppen im Diskurs überzustülpen - etwa durch die Unterbindung der Entwicklung oder Darstellung eigener Sichtweisen der Dominierten. Der Grad der Ausdrucksmöglichkeiten der Dominierten kann unterschiedlich sein: bestimmte, durch die 'Wirklichkeit' nicht konzeptionalisierte Sachverhalte, können nicht ausgedrückt werden, weil das Ausdrucksrepertoire fehlt. Sachverhalte, die in der 'Wirklichkeit' einen Platz haben, können nur in Termini der dominanten Gruppe ausgedrückt werden. Die Übergeordneten bestimmen die Diskursmöglichkeiten der Untergeordneten.

Aspekte, die in der 'Wirklichkeit' keinen Platz haben, können aber von den Dominierten thematisiert werden. Sie können sogar in Termini eben dieser 'Wirklichkeit' ausgedrückt werden, ohne daß die dominierende Gruppe dies als alternativen Ausdruck wahrnimmt.

---

[29]  Vgl. ANDERSON 1983.

Für Gibraltar bedeutet dies, daß die zivile Wirklichkeit erst langsam eine Sprache findet - etwa in den Bemühungen der Heimatforscher, Hobbyhistoriker und Kulturmanager [➔ Kapitel 5.2], die die Politik der Abnabelung von Großbritannien durch die sozialistische Regierung seit 1988 begleiten, indem sie das Besondere, das von Großbritannien und Spanien Differente entdecken und als typisch gibraltarianisch formulieren.

Innerhalb der - von der dominanten Gruppe vorgegebenen - Ausdrucksmöglichkeiten der Untergeordneten finden alternative Konzepte nur begrenzt eine Sprache. Im Falle Gibraltars wird die Ausdrucksmöglichkeit der Zivilisten von der diskursdominanten britischen und spanischen Rede über Ethnizität und Nationalität begrenzt und erlaubt auch heute vor allem nur eine - ablehnende oder zustimmende - Ausdrucksmöglichkeit innerhalb des ethnischen und des nationalen Paradigmas.

Daß heute Nationalismus in der britischen Kolonie Anklang findet, hängt mit der Rolle zusammen, die gegenwärtige Nationalismen von historischen Formen unterscheidet. Der Nationalstaat ist heute die offensichtlich dominierende globale Organisationsform von Politik. Kulturell differente Gruppen innerhalb eines Nationalstaates - wie die Québecois, die schottischen, baskischen oder korsischen Nationalisten - berufen sich auf die Idee der Nationalstaatlichkeit, die sie selbst anstreben. Ich vermute, daß die Performativität dieser Selbstverständlichkeit durch Weltkarten, Hymnen und Sportwettkämpfe, Armeen, Regierungen, Reisepässe und Nationalgerichte eine Logik besitzt, der sich untergeordnete, territorial definierte Populationen nicht entziehen können und sie mimetisch reproduzieren.[30] Die Idee der Nation zielt nicht nur auf die Mitbürger ab, sondern auch auf das Mutterland, auf das feindliche Nachbarland Spanien und auf die Weltöffentlichkeit. Die Zivilbevölkerung wurde mit dem Konzept der Nationalstaatlichkeit, durch die spanische Argumentation vor dem Entkolonialisierungskomitee der UN in den 60er Jahren, über Jahrzehnte auf negative Weise konfrontiert. Die Argumentation Spaniens vor dem Komitee zielte darauf ab, die Gibraltarianer aufgrund ihres Mischcharakters als eigene Ethnie und also als potentielle Nation zu diskreditieren.

Das Lob der Mischung im nationalen Diskurs entstand in Abgrenzung zum Nachbarland Spanien. Ich werde in der Folge auf die Konfrontation mit der von Spanien vorgebrachten Forderung nach Reinheit eingehen.

### 5.1.2.1    Die Reinheit des Blutes: die ideologische Kriegsführung Spaniens

Das Régime des spanischen Caudillo Francisco Fraco y Bahamonde überzog die gibraltarianische Bevölkerung mit einem ideologischen Krieg. Spanien argumentierte, daß Gibraltar Teil des spanischen Territoriums sei. Der territorialrechtliche Anspruch wurde mit ethnisch-kulturellen Merkmalen unterfüttert. Ethnische Reinheit galt in der Zeit Francos (1939-1975) als zentrale Grundlage der nationalen Ideologie des spanischen Staates. In einer Reihe offizieller und populärer Publikationen[31] wurde zu beweisen versucht, daß die Gibraltarianer kein Volk

---

30    Vgl. BUTLER 1998: 9ff.; ASSMANN 1994: 13-36.
31    SPANISH GOVERNMENT: *The Spanish Red Book.* Madrid 1965; BARCÍA TRELLES 1968; CORDERO TORRES 1966.

mit eigenem Recht seien, sondern lediglich eine Anhäufung von Zivilisten unterschiedlicher Herkunft, die von Großbritannien auf den Felsen gebracht wurden, um der Garnison zu dienen. Ich erinnere noch einmal an die exemplarische Position des Soziologen GUMERSINDO RICO [ → Kapitel 1.3 und 1.4]. RICO [1967] argumentierte, daß die Zivilbevölkerung des Felsens kein einheitliches Volk sei und vielmehr aus allerlei Individuen ohne jeglichen nationalen Stolz[32] und ohne politische Organisationsform bestehe. Insbesondere die heterogene Herkunft der Zivilisten ist ihm ein Dorn im Auge. Die spanische Position rekurriert hier auf die Vorstellung der Reinheit des Blutes, der staatstragenden Ideologie Spaniens im XVI. Jahrhundert und später; sie diente dazu, 'reinblütige' Katholiken von jenen Katholiken zu unterscheiden, die von konvertierten Juden abstammten.[33] Wenn RICO feststellt, daß die Zivilisten "im besten Falle" Nachkommen der Juden seien, dann ist dies im Lichte dieser autoritären Tradition zu verstehen, in der Juden (wie auch politische Flüchtlinge) als Inkarnationen des Antihispanismus gelten.[34] Um es kurz zu machen: wenn die besten Elemente Gibraltars Juden waren, dann mußte die ganze Gesellschaft total verworfen und verkommen sein.

Die spanische Logik funktioniert folgendermaßen: verfügen die Gibraltarianer über keine gemeinsamen Wurzeln, dann besitzen sie auch keine gemeinsame Identität, geschweige denn einen nationalen Charakter, der eine *volontée générale* ausdrücken könnte, die wiederum dazu geeignet wäre, um über das Schicksal des Territoriums und der Gemeinschaft zu entscheiden.

Im Referendum von 1967 stimmt die ganz überwiegende Mehrheit der Felsbewohner für die Zugehörigkeit zu Großbritannien. Das entspricht dem dezidierten Bekenntnis zur britischen Kultur. In dieser Phase gelten die ethno-pluralen Wurzeln als ein selbstverständlicher Ausdruck einer demokratischen staatsbürgerschaftlichen Tradition, der im Gegensatz zum frankistischen Verständnis ethnischer Reinheit steht. Allerdings wird die Pluralität noch nicht auf politischer Ebene thematisiert.

Mit dem Demokratisierungsprozeß nach dem Tod Francos (1975), der *Transición*, verändert sich die Haltung Spaniens zur kulturellen Pluralität. In der Folge zerbricht die durch das faschistische Regime formulierte Ideologie der ethnisch-kultureller Homogenität der Spanier. Mit dem Machtzuwachs der baskischen und katalanischen Regionalisten wird ethnisch-kulturelle Differenz eine der Grundlagen für die Gewährung dezentraler politischer Rechte (etwa der Autonomiestatute) und damit sogar zu einer Grundlage für die politische Organisationsform des spanischen Staates selbst. Dadurch taugte der Topos der Mischung auch nicht mehr als Kampfbegriff gegen die Gibraltarianer. Die spanische Argumentation wendet sich in der Folge gegen die kulturelle Orientierung der Gibraltarianer nach Großbritannien: Die Zivilisten seien entweder Engländer, die sich an der Mittelmeerküste einen faulen Lenz machten, oder aber

---

[32]  RICO bezeichnet die Gibraltarianer als Delinquenten, desertierte Soldaten, Zuhälter, Prostituierte und politische Flüchtlinge aus Spanien. Darüber hinaus lebten die Gibraltarianer unter unhygienischen Bedingungen und seien besonders anfällig für Epidemien.

[33]  Diese Vorstellung ist in Spanien noch heute wirksam. So werden die Nachkommen der im XIV. und XV. Jahrhundert in Mallorca zum Katholizismus konvertierten Juden noch heute pejorativ als *chuetas* bzw. *Xuetas* (von mallorkinisch *Xua* = Schweinefett) bezeichnet. Vgl. LAUB [ohne Jahresangabe].

[34]  Francos teilweise projüdische Politik und seine Berufung darauf, selbst aus einer Familie von Konvertiten zu stammen, ändert nichts an der antisemitischen Propaganda, die im ideologischen Krieg gegen Gibraltar mobilisiert wurde.

Andalusier, die auf Gibraltar meist zweifelhaften Geschäften wie Schmuggel nachgehen. Wenn sie aber entweder Engländer oder Andalusier sind - so die Assoziationskette - dann sind sie entweder fremd (und unterscheiden sich in nichts von den englischen Rentnern, die sich etwa an der Costa del Sol in Marbella niedergelassen haben und als Gäste keines politischen Sonderstatutes bedürfen), oder sie sind Spanier, deren Territorium selbstverständlich ebenso Teil des spanischen Staates sein müsse.

Vor dem Entkolonialisierungskommittee der UN setzte sich Spanien mit der Berufung auf das Prinzip der territorialen Integrität durch. Die Körpermetapher, die im Terminus der territorialen Integrität zum Ausdruck kommt, wird seit der Francozeit auf Gibraltar angewandt: Die Kolonie sei kein Organismus im eigenen Recht, sondern vielmehr ein amputierter Teil des spanischen Territoriums. Solange er nicht wieder an den Territorialkörper angewachsen ist, solange verspürt Spanien den Wundschmerz der Verstümmelung, der durch die aus spanischer Sicht 'fremde' Bevölkerung der Kolonie repräsentiert wird.

Mit der Umdeutung der Zivilbevölkerung durch die Demokratisierungsphase der *Transición* wird denn auch die Metapher des physischen Körpers zu einer Metapher des beseelten Leibes: Der Großteil der Gibraltarianer ist nicht mehr 'fremd', sondern im Grunde Fleisch vom Fleische der Andalusier und darüber hinaus auch kulturell 'eigentlich' spanisch.

Nach dem Referendum wächst in Gibraltar zunächst die politische Identifikation mit dem Mutterland. In den Jahren der Grenzschließung erfahren sich die Gibraltarianer jedoch verstärkt als Schicksalsgemeinschaft. Durch die erzwungene räumliche Begrenzung weicht die traditionelle Identifikation der Zivilgesellschaft mit der britischen Kultur der Suche nach dem Eigenen [→ Kapitel 3.2 und 3.3]. Dieses Eigene wird einerseits in den die Zivilisten verbindenden kulturellen Ressourcen gefunden, die sie von den Briten unterscheiden; andererseits in der Stärkung der religiösen Gemeinschaften, die in die Akzentuierung partikularer ethnischer Identitäten übergeht und den ethnischen Pluralismus der Zivilgesellschaft betont. Zusätzlich erleben viele Gibraltarianer im Mutterland ein sich wandelndes und plurales Verständnis von *britishness*, das sich von der Erfahrung in der Kolonie (*british = english upper class*) diametral unterscheidet [→ Kapitel 4.2]. Dies wirkt sich auf das gibraltarianische Selbstverständnis aus: *Gibraltarians are just one possibility of being british.* Trotz des rechtlichen Status als britische Untertanen, trotz dem positiv bewerteten britischen Bildungs- und Justizsystems erlebten die Gibraltarianer sowohl in der Kolonie als auch in Großbritannien, daß sie weder politisch, noch ethnisch-kulturell als echte Briten anerkannt wurden, sondern lediglich als Briten zweiter Klasse.

Indem sich das spanische Argument der territorialen Integrität vor dem Entkolonialisierungskommittee der UN durchsetzte, wurde auch das Prinzip der Selbstbestimmung der Kolonialbevölkerung ausgehebelt. Die britische Argumentation vor der UN hob auf das Prinzip der Staatlichkeit ab: Wie in anderen Kolonien, so auch müsse im Falle Gibraltars das Recht auf Selbstbestimmung respektiert werden. Die implizite Gleichsetzung, die das Referendum nahelegte, nämlich "politisches Bekenntnis zu Großbritannien = ethnisch-kulturelles Britentum = Recht auf Selbstbestimmung" erwies sich für die Gibraltarianer als Chimäre und führte in der Folge zu einer Entzauberung der Romanze mit dem Mutterland [→ Kapitel 4.2]. Besonders enttäuschend war die Unterzeichnung des *Brussels Agreement*, das bis heute die Grundlage für jährliche Gespräche zwischen London und Madrid bildet.

Der spanische Souveränitätsanspruch auf Gibraltar wird bis heute aufrechterhalten. Nach wie vor werden die Gibraltarianer in den spanischen Medien entweder als Engländer oder als Andalusier präsentiert. Mit dem EU-Beitritt Spaniens (1986) wird die Grenze vollständig geöffnet. Die Hoffnung auf eine Osmose der Gibraltarianer in die Kultur des spanischen Hinterlandes wird allerdings enttäuscht: Das Trauma der Grenzschließung wirkt lange nach und wird sowohl durch die kontinuierlichen Schikanen am Grenzübergang als auch durch eine aktive Erinnerungsarbeit durch die Zivilisten bis heute wachgehalten. Die Desidentifikation von Spanien und die Tabuisierung von kulturellen Elementen, die als spanisch gewertet werden, gewinnt in der Kolonie mehr und mehr an Boden und äußert sich etwa in der bereits erwähnten Manipulierung von Genealogien.

Die politische Großwetterlage zwischen Spanien und Großbritannien nach 1986 führt zu einer Neubestimmung der zivilen Identifikationsstrategien. Einerseits setzt sich der Prozeß der Aussonderung spanischer Identitätsbestandteile fort; andererseits verstärkt sich die kulturelle Desidentifikation mit Großbritannien. Die Suche nach dem Eigenen gipfelt Anfang der 90er in einem zunehmenden Interesse an lokaler Geschichtsschreibung und an genealogischer Forschung. Lokale Intellektuelle [→ Kapitel 5.2] produzieren wissenschaftliche und populäre Abhandlungen über Geschichte und Kultur, in denen als Besonderheit der Zivilbevölkerung sowohl den Mischcharakter (durch *Intermarriage*) als auch das friedliche Zusammenleben der ethnischen Gruppen hervorgehoben wird.

Innenpolitisch findet 1988 mit der Wahl der sozialistischen Lokalregierung ein Wechsel statt, der sogar die Idee des Bruches der politischen Bindungen an Großbritannien in Erwägung zieht. Das Bedürfnis der neuen Führung nach politischer Legitimation knüpft unmittelbar an die unterschiedlichen Formulierung des Eigenen durch die Intellektuellen an. Der Gedanke an eine ethnische Reinheit der nationalen Gemeinschaft, wie wir ihn in anderen nationalistischen Ideologien finden und wie er auch für Gibraltar zumindest potentiell zur Verfügung steht, wurde nicht nur durch die engen Beziehungen der ethno-religiösen Partikulargruppen zueinander porblematisch, sondern auch durch die jahrelange Abwehr der mit dem Argument der Reinheit agierenden staatlichen Propaganda Spaniens per se diskreditiert.

Diese Erfahrungen beförderten die Kohäsion der kulturell und religiös heterogenen *Gibraltarians* und Integration von anderen Teilen der *Gibraltar Residents*. Die äußere Bedrohung stärkte den inneren Zusammenhalt, förderte die Belagerungsmentalität und führte zum Diskurs von Toleranz, Harmonie und einem Lob der kulturellen Mischung: Wie vom kolonialen Establishment, so wurden die Gibraltarianer auch von der spanischen Regierungspolitik unterschiedslos und unabhängig ihrer kulturellen und religiösen Identifikationen als Gesamtgruppe diskriminiert. Die Erfahrung, daß Gibraltarianer sich weder als Spanier noch als Engländer empfinden, wird in Fiorinas Geschichte plastisch ausgedrückt.

Die Regierung Bossanos verspricht mit der kolonialen 'Yes-Sir-Mentalität' zu brechen und versucht, der ethnischen Identität des *Yanito* eine institutionelle Form zu geben. Wenn ich i.d.F. von *The Gibraltarian* (mit Artikel, im Gegensatz zur bloßen Rechtskategorie *Gibraltarian*) spreche, beziehe ich mich auf diese institutionalisierte Identität.

## 5.2 Die Erfindung der Tradition und der Prozeß der Geschichtsschreibung

Wie wurde das ethno-plurale Modell von *The Gibraltarian* zum hegemonialen Identifikationsmuster, das das religions-plurale Modell ablöste? Welche Machtmechanismen wirken im Diskurs über *The Gibraltarian*? Wie GELLNER[35] festgestellt hat, ergibt sich bei der Analyse nationaler Ideologien die Schwierigkeit, daß es nur selten Autoren gibt, die mit ihren Schriften den Status von Masterschreibern einer nationalen Bewegung in Anspruch nehmen können. In Gibraltar ist dies nicht der Fall.

### 5.2.1 Die lokale Kulturelite

Seit den späten 80ern ist ein schlagartiger Aufschwung sowohl der Produktion kultureller Symbole, die die Gemeinsamkeit der Zivilisten ausdrücken, als auch des Interesses an lokaler Geschichte zu verzeichnen. Zahlreiche Publikationen über zivile Belange (z.B. über die Geschichte der katholischen Kirche[36] und der jüdischen Gemeinde, über die Evakuierung der Zivilisten im Zweiten Weltkrieg,[37] Biographien über große Politiker,[38] Abhandlungen über das Gesundheitssystem,[39] die Straßen und Stadtviertel,[40] Theaterstücke über das Familienleben der 50er und 60er,[41] unterschiedliche Aspekte der Lokalgeschichte[42] und Folklore,[43] Bücher über Anekdoten und Klatsch[44]) wurden herausgegeben. 1993 wurde das GIBRALTAR HERITAGE JOURNAL gegründet. Parallel dazu können wir einen zunehmenden Gebrauch des Begriffes 'national' im öffentlich-politischen Leben feststellen. Eine Nationalhymne wurde ausgelobt, ein Kichererbsengericht zum Nationalgericht gekürt und ein Nationalfeiertag ins Leben gerufen [→ Postscript].

Die Symbole und Schriften waren - anders als die Ausgestaltung des Gibraltarflügels des Museums (*wing of the gibraltarian*) - zumeist nicht auf Initiative der Regierung geplant oder intendiert. In der Tat gehörten einige der produktivsten Intellektuellen eher ins Lager der konservativen Opposition. Die politische Führung konnte jedoch auf deren Produkte zurückgreifen und sie zu Grundlagen für die politische Legitimation des Strebens nach Selbstbestimmung heranziehen.

Nationale Bewegungen entwerfen nicht nur Bilder von der Gegenwart und der Zukunft der nationalen Gemeinschaft, sie deuten und definieren vielmehr die Vergangenheit als Basis des Gegenwärtigen und Zukünftigen. Wie der Prozeß des ethnographischen Schreibens, so bildet auch der Prozeß der Geschichtsschreibung Realität nur in Ausschnitten ab. Ich verstehe Geschichte nicht als eine außerhalb der Geschichtsschreibung verortete Realität, sondern als Ergebnis eines Schichtungsprozesses, der Kontinuitäten und Brüche behauptet und damit Tradi-

---

35  *Nationalismus und Moderne*, im Original: Nations and Nationalism. Basil Blackwell, Oxford 1983.
36  CARUANA 1989.
37  FINLAYSON, T. J. 1991.
38  BENADY, SAM M. QC 1993; JACKSON 1995.
39  BENADY, SAM 1994.
40  BENADY, TITO 1996.
41  CRUZ 1996.
42  FINLAYSON, T. J. 1996; LAMELAS 1992; CHICHON 1990.
43  CAVILLA 1994.
44  REYNOLDS 1993, 1994; GARCIA, JOE: *The Calentita collection*. Medsun, Gibraltar 1996.

tionen erst herstellt. Beispiele sind historisierte Autoritätsketten wie die *Scha Schelet haKabbala* im Judentum[45] und Bestrebungen der Afro-American Studies in den USA[46], sowie Nationalmythen.[47] Nationale Geschichtsschreibung schafft eine historische Kontinuität zwischen Gruppenidentität und Raum, sie naturalisiert und familiarisiert die unpersönlichen Bindungen zwischen dem Einzelnen und der nationalen Gemeinschaft.

Das Grenzlandmonument und der Gibraltarflügel des lokalen Museums (*wing of the gibraltarian*) präsentieren solche historisierte Autoritätsketten.

### 5.2.2 Die Naturalisierung des Sozialen: Grenzlandsymbole und Landkarten

Topographische Besonderheiten wie Flüße, Bergketten, Inseln und Täler werden häufig zur Markierung der Grenzen des Sozialen eingesetzt. Historiker, Nationalisten und Politiker nehmen eine prominente Rolle ein, wenn es darum geht, das Gegenwärtige dadurch zu legitimieren, indem sie es in historische Kontinuitätsketten stellen und diese auf die vorgeblich 'natürlichen' Grenzen zurückzuführen. In seinen Arbeiten zur Mentalitätsgeschichte des Rheinlandes hat dies LUCIEN FEBVRE [1922; 1962 (1908); 1962 (1928); 1970 (1922)] am Beispiel der Instrumentalisierung des Rheines in der deutsch-französischen Historiographie ausgedrückt.[48] FEBVRE streicht vor allem hervor, daß der Rhein als Grenze keine Naturgegebenheit ist, sondern ein Produkt der menschlichen Geschichte. In diesem kurzen Abschnitt möchte ich auf die Naturalisierung eingehen, die von spanischer und von gibraltarianischer Seite unternommen werden, um den Status Quo zu legitimieren bzw. zu widerlegen.

Grenzlandsymbole und Landkarten sind Teil des performativen Diskurses, in dem die Akteure versuchen, die soziale Welt zu definieren und ihre Sicht der Welt als natürliche Perspektive erscheinen zu lassen, wobei gegnerische Perspektiven oftmals eine Denaturalisierung erfahren.[49] Dies gilt sowohl für die spanische Perspektive auf Gibraltar als auch für die Perspektive der Nationalisten. Für Spanien ist Gibraltar schon geographisch ein 'natürlicher' Teil des spanischen Territoriums. Diese Argumentation ist im politischen Diskurs der spanischen Parteien und Regierungen noch heute relevant. Der sichtbarste Ausdruck der gibraltarianischen

---

[45] Die *Scha Schelet haKabbala* stellt eine Traditionskette dar, die gegenwärtiges Handeln legitimieren soll, von Gott an Joshua, an die Ältesten, an die Propheten, an die Männer der Großen Synagoge, die vortalmudischen Rabbiner usw. bis auf die großen Talmudschulen. TALMUD BABIL., Traktat Pirkarot, Sprüche der Väter, erster Abschnitt.

[46] In den USA wird im Rahmen des kalifornischen Schulbuchstreits versucht, die Geschichte ethnischer Minderheiten in die Lehrpläne einzubringen und sich damit von der Ausschließlichkeit einer Geschichte der *Dead White Old Men* zu verabschieden. Die Schaffung dieser Geschichte zeigt uns besonders eindrucksvoll den Konstruktionscharakter von Tradition. So formulieren Protagonisten der Afro-American Studies eine Traditionskette von Kleopatra über den Priesterkönig Johannes zu Malcolm X und Louis Farrakhan [*African Dreams*, in: NEWSWEEK, 23.09.1991: 42ff.]. Siehe auch WEHRMANN, ELISABETH: *Weg mit der weißen Kultur!*, in: Die Zeit, 06.03.1992: 56; REINHOLD, ROBERT: *Class Struggle - Cowgirls and the Bantu migration: In its controversial new textbooks, California is rewriting history*, in: The New York Times Magazine, 29.09.1991: 26ff.; ESCOFFIER, JEFFREY: *The Limits of Multiculturalism*, in: Socialist Review 1991, 91 (3+4): 61-73; HUGHES, ROBERT: *The Fraying of America*, in: Time, Feb. 3, 1992: 44-49; OSTENDORF, BERND: *The Costs of Multiculturalism*, Vortragsmanuskript, 1992.

[47] Vgl. KÖBLER 1991/1992; SMITH, ANTHONY D. 1984.

[48] FEBVRE arbeitet die Denkschemata heraus, die das historiographische Bild vom Rhein kennzeichnen.

[49] Vgl. BOURDIEU 1991.

Perspektive ist das Video *The Gibraltar Story - Jurassic Rock*, das 1994 von Knightsfield Ltd. produziert wurde und das in den Souvenirläden Gibraltars wie auch im *Gibraltar Museum* erworben werden kann. Im Video wird folgendermaßen argumentiert:

> In der jurassischen Periode des Erdzeitalters wurde Europa von Afrika durch den Thety-sozean getrennt. Die sterblichen Überreste winziger Lebewesen wurden zu Kalkstein. "Dieser Kalkstein lag etwa 100 Kilometer westlich von da wo sich heute Gibraltar befindet." Durch die Erdplattenverschiebung vor 16 und 20 Millionen Jahren driftet Afrika in Richtung Europa, was zur Entstehung der Alpen, der Sierra Nevada und der Pyrenäen führt. "Unsre Kalksteinplatte driftete nach Westen und dockte an den anderen Felsen an."

Das Video zeigt einen roten afrikanischen Kontinent, der sich nach Westen bewegt, eine grüne iberische Halbinsel, die in sich ruht, und einen weißen Kalkstein in den Umrissen Gibraltars, der sich von Nordafrika loslöst und in nordöstlicher Richtung auf die iberische Halbinsel zu bewegt, an die er letztlich andockt.

Die politische Relevanz des Videos liegt in der Formulierung der Gegenposition zum spanischen Argument der topographisch-territorialen Zugehörigkeit Gibraltars zu Spanien.

Das Grenzlandmonument am Eingang in die Stadt ist ein zweites Beispiel für die Schaffung einer 'natürlichen' Perspektive von der Welt. Darauf wird das offizielle Geschichtsverständnis dargestellt:

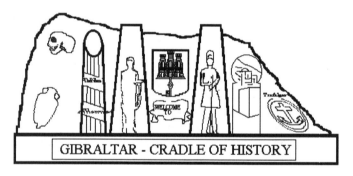

Abbildung 10: Grenzlandmonument: *The Cradle of History*

Das Denkmal wirkt wie ein steinernes Monument in Form des Felsens von Gibraltar. In der Ecke links oben ist ein Schädel eingehauen, darunter eine Amphore. Neben diesen beiden Elementen befindet sich eine klassische Säule mit der Aufschrift *The Pillars of Hercules*. Am rechten Ende prangt eine Rundplakette mit einem Anker und dem Schriftzug *Trafalgar*, daneben, zur Mitte, eine maurische Burg mit der Inschrift Schrift *Moorish Castle;* zwischen Säule und Burg befinden sich zwei Statuen, die eines Römers in Toga und die eines britischen Grenadiers aus dem XVIII. Jahrhundert, und wiederum zwischen diesen Statuen das Wappen von Gibraltar. Auf dem Sockel des Monuments sind die Worte *Welcome to Gibraltar - Cradle of History* zu lesen.

Die einzelnen Elemente des Monuments, das sich dem, der es berührt, als hohles Plastikge-
bilde erweist, zitieren die unterschiedlichen Epochen der gibraltarianischen Geschichte: Die
Amphore steht für die (unspezifizierte) antike Epoche, die beiden Statuen für das Römische
Reich und für Großbritannien. Die Rundplakette hebt die Schlacht von Trafalgar als bedeutendes Ereignis der lokalen Geschichte hervor, und die maurische Burg verweist auf die islamische
Vergangenheit. Der Schädel schließlich steht für den Neandertalerschädel, der 1848 in Gibraltar gefunden wurde. Der Fund eines Schädels ist ständig wiederkehrendes Element in der
populären Geschichtsschreibung und in den Medien Gibraltars. Denn nicht 1857 im rheinischen
Neandertal wurde der erste Neandertalerknochen gefunden, sondern neun Jahre zuvor in Gibraltar - aus diesem Grunde, so wird repetitiv gefordert, sollte der Neandertaler eigentlich *Gibraltar Woman* heißen.[50] Die Inschrift *"Cradle of History"* evoziert somit den Anspruch
überregionaler, ja globaler Bedeutung: hier wurde der erste 'Neandertaler' gefunden, hier steht
die Wiege der Geschichte der Menschheit.

Die dargestellte historische Kontinuitätskette klammert lediglich die spanische Epoche von
1462 bis 1704 aus.

### 5.2.3 Die Familiarisierung des Sozialen: der Gibraltarflügel des lokalen Museums

Der Gibraltarflügel des lokalen Museums (*wing of the gibraltarian*) präsentiert dem Besucher eine historisierte Autoritätskette in Form einer fiktiven Familiengeschichte. Die Genealogie repräsentiert die idealtypische Identität, für die ich die Bezeichnung *The Gibraltarian*
wähle. Die Beziehungen zwischen Territorium und Bevölkerung werden naturalisiert, indem
der Fels die Rolle des Elternteils einnimmt, der zu seinen Kindern, *The Gibraltarians*, spricht.
Indem die Genealogie mit den Kategorien Heirat und Deszendenz arbeitet, werden die Beziehungen zwischen den einzelnen kulturellen Gruppen darüber hinaus auch familiarisiert.

"Die Absicht dieses Raumes ist es, die Geschichte des gibraltarianischen Volkes zu erzählen. Sie werden bei ihrem Rundgang Objekte, Dokumente und Bilder entdecken, die versuchen, die Essenz des Gibraltarianers einzufangen. Bitte beginnen Sie im Hauptraum und
folgen Sie den Schildern, die in numerischer Ordnung angebracht sind. Jedes Schild hat einen historischen Bezug, der das jeweilige Leitmotiv darstellt. Die Schilder erzählen Ihnen
die Geschichte fiktiver gibraltarianischer Charaktere, die Sie durch die realen Geschehnisse
der Geschichte der Gibraltarianer führen. Sie werden die meisten in den Texten erwähnten
Objekte in diesem Raum vorfinden. Und der 'Flügel der Gibraltarianer' ist jenen Gibraltarianern gewidmet, die ihre Heimat während der Evakuierung 1940 verlassen mußten. Dieser
Flügel des Museums wurde vom Hon. Joe Bossano, *Chief Minister of Gibraltar*, am
Freitag, den 8. September 1995 eröffnet. Der Flügel wurde von der Regierung Gibraltars
und von CEPSA Gib. (Ltd.) gesponsort.

1.
Sie nennen mich Calpe, jetzt nennen sie mich nach einem Eroberer aus lang vergangener
Zeit - Tarik. Dies ist die Geschichte meiner Kinder, jener, die mich vorfanden und es vorzo-

---

50  1848 wurde der Schädel in North Front gefunden und erst 1864 von Captain Frederick Brome an Profes-
    sor George Busk, den Präsidenten des *Royal College of Surgeons* und Sekretär der *Linnean Society*, nach
    London geschickt. Es stellte sich heraus, daß der Gibraltar-Schädel der eines weiblichen Neanderthalers
    ist. Vgl. CAVILLA 1994: 97ff.

gen, mit mir zu leben. Hier wurden ihre Kinder und Enkel geboren. Hier kämpften sie gegen alle Widrigkeiten des Lebens und entwanden sich meinem Schoß. Aber da war unser Band schon so stark, daß sie zurückkamen. Wir sind im Jahr 1783, die große Belagerung ist gerade beendet. Das Leben ist hart, und eine Auferstehung aus der Asche war noch niemals einfach. Jene, die hier kämpften, waren wahre Außenseiter. Sie wurden als große Sieger gefeiert. Ohne ihren Mut wären meine Kinder nicht hier. Aber hier sind sie, vergessen, sie leben mitten in den Ruinen und übervölkert. Viele von ihnen starben an Krankheiten aus Mangel an Wasser und Nahrung, aber langsam begünstigt das wirtschaftliche Wachstum die wenigen, die überlebten. Andere zogen von außerhalb zu und wurden ebenfalls zu meinen Kindern. Der soziale Fortschritt ist sehr langsam, denn meine Kinder müssen sich jeden Zentimeter ihres Rechtes erkämpfen.

2.

Maria wurde 1870 in Gibraltar geboren. Ihr Ururgroßvater kam 1787 aus England mit der Armee, gleich nach der großen Belagerung. Er heiratete ein Mädchen aus Genua. Er wurde ein Opfer der Gelbfieber-Epidemie von 1814. Einer seiner Söhne heiratete ein spanisches Dienstmädchen, und deren einzige Tochter heiratete einen portugiesischen Maurer. Sie bekamen sechs Kinder, darunter Maria. Sie starb 1943 im Alter von 73 Jahren, während der Evakuierung, in London. Ihre sterblichen Überreste wurden nach dem Krieg nach Gibraltar zurückgebracht. Marias Erinnerungen an Gibraltar waren die eines entbehrungsreichen Lebens. Die gewaltigen Stürme, die durch die Straße von Gibraltar brausten, hinterließen eine Unzahl von Schiffswracks. Noch viele Monate später hatte sie Alpträume vom Untergang der SS Utopia. Wie viele andere weigerte sie sich wochenlang, Fisch zu essen, den man in der Bucht gefangen hatte. Ihr Vater war in vorderster Reihe einer Bewegung, die sich für soziale Reformen einsetzte, aber Restriktionen bestimmten nach wie vor das Alltagsleben.

3.

Meine Tochter Victoria, die hier 1866 geboren wurde, ist die Tochter eines Gibraltarianers gemischter Herkunft, aus Genua und Italien. Ihre Großmutter kam 1770 aus Genua. Hier heiratete sie einen genuesischen Händler. Eine ihrer Töchter heiratete einen italienischen Kaufmann. Victoria ist die Tochter ihres ältesten Sohnes, der die Tochter eines englischen Offiziers heiratete. 1898 heiratete Victoria einen maltesischen Arbeiter. Der kam mit vielen anderen Menschen dieser Inseln während des Baues der Dockyards hierher. Sie lebte in schwierigen Zeiten in den engen Wohnverhältnissen eines überfüllten Patio, wo sie eine achtköpfige Familie aufzog. Kriege beherrschten ihre Zeit. Sie starb am Ende des großen Krieges, 1915.

4.

Albert, der Sohn von Maria, wurde 1899 geboren. Er war ein leidenschaftlicher und patriotischer Gibraltarianer, und 1917 zog er als Freiwilliger in den großen Krieg. 1919 kehrte er nach Gibraltar zurück und fand eine Anstellung als Buchhalter im Hafen. Er heiratete 1936 eine Gibraltarianerin. Seine Familie wurde im Zweiten Weltkrieg nach London evakuiert, er selbst blieb auf dem Felsen. In London starb seine Mutter, und er gab solange keine Ruhe, bis ihre sterblichen Überreste nach Gibraltar zurückgebracht wurden. Er starb 1964 im Alter von 65 Jahren. Die Erfahrung zweier Weltkriege stärkten den Charakter dieses Gibraltarianers. Er hatte viel mit der Repatriierung der Zivilisten nach dem Zweiten Weltkrieg zu tun. Im Alter war es seine größte Sorge, die Familie aus den überfüllten Wohnverhältnissen in modernere Unterkünfte zu verbringen. Albert ist typisch für seine Generation.

5.

Victor, der älteste Sohn von Victoria, wurde 1900 geboren. Er erbte den Laden seines Vaters bei dessen Tod im Jahr 1935 und ließ sich in Catalan Bay nieder. Er heiratete spät, erst

1942. Er war unter jenen Männern, die im Zweiten Weltkrieg in Gibraltar blieben und eine Spanierin aus La Línea heirateten. Er lebte ein langes Leben und starb 1993 mit 93 Jahren. Victor sah große Veränderungen: das erste Automobil, Dampfschiffe, die Ankunft der Elektrizität. Er erlebte Wasserknappheiten, bis man durch den Bau der Watercatchments die Situation verbesserte. Es gab auch Mangel an Lebensmitteln, im Krieg, aber auch zu anderen Zeiten. In seinen späteren Jahren verbesserte sich die Lebensqualität. Zu dieser Zeit war das Wasser entsalzt, und Trockenheiten waren nicht mehr länger ein Problem.

### 6.

Joe, der Sohn von Albert, wurde 1936 in Gibraltar geboren. Er wurde im Zweiten Weltkrieg nach London evakuiert. Er heiratete 1959 eine Gibraltarianerin und ist selbständig. Joe erinnert sich an viele Vorfälle aus der Nachkriegszeit: Das Referendum von 1967 war die unvergeßlichste Erfahrung, zu dem ganz Gibraltar zusammenkam um als Volk in dieser wegweisenden Entscheidung zu bestimmen. In dieser Zeit, im Angesicht des Gegners, beweisen die Gibraltarianer am eindrucksvollsten ihre Einheit und ihren Charakter. Er erinnert sich auch an die Enttäuschung, als Großbritannien Gibraltar die volle Integration verweigerte.

### 7.

Winston, Victors Sohn, wurde 1946 in Gibraltar geboren. Er heiratete 1970 ein gibraltarianisches Mädchen. Er arbeitet im Off-shore-Finanzzentrum. Winston erinnert sich an Ereignisse der Nachkriegszeit, vor allem an das Leben unter den Restriktionen zur Zeit der Grenzschließung. Als 8-jähriger grüßte er mit Tausenden Ihre Majestät Queen Elizabeth II, die 1954 zu Besuch kam. Obwohl er damals nicht viel davon verstand, erinnert er sich daran, wie seine Eltern davon sprachen, daß der Besuch zu Schwierigkeiten mit Spanien führte. Und so ging es auch nach der neuen Verfassung weiter, die im Mai 1969 veröffentlicht wurde. Franco schloß die Grenze, gefolgt von einer antigibraltarianischen Kampagne.

### 8.

Und so sind sie nun alle hier, nach 200 Jahren Kampfes und harten Lebens, meine Kinder, das Ergebnis von Generationen von Menschen, die sich hier niederließen, nun haben sie ihren eigenen Charakter. Meine Kinder sind nun ein Teil von mir, unser Band kann nicht mehr getrennt werden. Jason, mein Sohn, heiratete Michelle, Winstons Tochter. Er wurde 1965 geboren, sie 1971. Beide erlebten die Öffnung der Grenze im Jahr 1985. Sie ziehen eine neue Generation von Gibraltarianern auf, in einer Wohnung, die sie sich gekauft haben und die nichts mehr mit den Lebensbedingungen ihrer Vorfahren zu tun haben. Sie haben noch immer das Gefühl, daß ihre Kinder eine unsichere Zukunft hat. Aber eines wissen sie sicher: daß unser Band zu stark ist, um gebrochen zu werden. Mein Volk teilt eine gemeinsame Geschichte, Traditionen und einen eigenen Lebensstil. Wir sind nicht mehr voneinander zu trennen."

Die Geschichte der Entstehung des gibraltarianischen Volkes erscheint auf den ersten Blick einleuchtend und nachvollziehbar. Allerdings muß daran erinnert werden, daß es keine politisch unbelastete Geschichtsschreibung gibt, so logisch, unschuldig und eingängig Geschichte auch erscheinen mag. Historiographie findet immer in einem gesellschaftlichen und politischen Kontext statt, dem ich an anderer Stelle [→ 5.4.1] nachgehen werde.

Ich wähle den *wing of the gibraltarian* als Ausgangspunkt für meine weiteren Betrachtungen, weil er wie kein anderes Produkt der lokalen Kulturschaffenden Ausdruck sowohl für das zunehmende Interesse der Zivilisten an ihrer Geschichte als auch für die Institutionalisierung dieses Interesses in einem politischen Rahmen ist. Im Gegensatz zu den meisten Publikationen der Heimatforscher und in Übereinstimmung mit der zunehmenden nationalen Terminologie ist der *wing* das geplante Ergebnis politischer Handlung, in Übereinstimmung mit den Publikationen und im Gegensatz zu anderen nationalen Symbolen ist er Ausdruck des Interesses an Lokalgeschichte.

### 5.3 *Purity as danger*: das Lob der Mischung ... aber nicht um jeden Preis

In ihrem Buch *Purity and Danger* formuliert MARY DOUGLAS, daß die Existenz von Grenzen zwischen Gruppen auf sozialer wie auf individueller Ebene über die Opposition von Reinheit und Verunreinigung ausgedrückt werden kann. Ich spreche in diesem Kapitel einen Bereich an, in dem Reinheitsterminologie zunehmend eine bedeutende Rolle spielt: den Bereich der nationalen Ideologien. Bewaffnete binnen- und zwischenstaatliche Konflikte werden zunehmend in ethnischer und kulturalistischer Begrifflichkeit erklärt. Mit der Bezeichnung der "ethnischen Säuberung" wird in der medialen Öffentlichkeit der Reinheitsgedanke zum zentralen Motiv für die Wahrnehmung ethnischer Gruppen. Die Idee der Mischung bekommt dabei den Beigeschmack der Verunreinigung. Die positive Bewertung der Pluralität kultureller und genetischer Wurzeln durch nationale Ideologien scheint heute eher undenkbar. In Fiorinas Geschichte aber findet sich nichts von dem Horror wieder, den der Gedanke der Mischung von Blut und Kultur im kulturellen Fundamentalismus hervorzurufen scheint.

Das frühe britische Gibraltar war eine Einwanderungsgesellschaft. Die Garnison benötigte eine Zivilbevölkerung, die dem Militär mit Diensten und Gütern zuarbeitete. Ein Teil dieser Zivilisten kam aus Spanien, unter ihnen Anhänger von Erzherzog Karl. Die zweite Gruppe waren Genuesen, die seit Jahrhunderten an der Costa del Sol Handel trieben. Versuche der britischen Regierung, die Ansiedlung von Briten zu forcieren, schlugen weitgehend fehl. Die letzte große Zuwanderergruppe schließlich kam aus Marokko, von wo aus die Kolonie in der Zeit der Schließung mit Trinkwasser und frischen Lebensmitteln versorgt wurde. Historisch lag der Handel mit Marokko hauptsächlich in den Händen von Juden aus Tetuán, von denen sich etliche de facto in Gibraltar niederließen [→ Kapitel 1.2].[51] Die Archiv- und Zensuslisten dieser Jahre geben den heterogenen Charakter der Zivilbevölkerung wieder.[52]

Die plurale Herkunft der Zivilbevölkerung spiegelt sich auf den ersten Blick in der Geschichte des *wing* wieder. Das konfliktfreie Zusammenleben der einzelnen Einwanderergruppen und

---

[51] BENADY, TITO 9.3.1979; HOWES 1990: 5.

[52] Im Februar 1721 wurden in Gibraltar 310 waffenfähige Zivilisten gezählt, davon 45 Engländer, 96 Spanier und 169 Genuesen [HOWES 1990: 2]. 1753 bestand die Bevölkerung aus 1.816 Zivilisten, davon 351 Briten, 597 Genuesen, 575 Juden, 185 Spanier und 25 Portugiesen. 1754 waren es 4.515 Militärpersonen und 1.810 Zivilisten, davon 414 Briten, 604 Juden, 792 Katholiken unterschiedlicher Herkunft. Der erste offizielle Zensus wurde 1767 durchgeführt, er verzeichnet 467 Briten, 1.460 Katholiken und 783 Juden; 1777 wurden 519 Briten, 1.819 Katholiken und 863 Juden gezählt, und zehn Jahre später waren es 512 Briten, 2.098 Katholiken und 776 Juden. 1791 lebten 2.890 Zivilisten in Gibraltar [HOWES 1990: 39]. In den napoleonischen Kriegen stieg die Bevölkerung von 5.339 im Jahre 1801 auf 11.173 im Jahre 1811 an [DENNIS 1990: 35]. 1844 betrug die Zivilbevölkerung 15.823 Personen, von denen 12.182 als britische Untertanen und 3.641 als Fremde klassifiziert wurden. Die britischen Untertanen setzten sich aus 995 von den britischen Inseln, 9.802 eingeborenen Gibraltarianern, sowie 1.385 britischen und gibraltarianischen Juden zusammen. Von den 3.641 Fremden waren 1.892 Spanier, 782 Genuesen, 525 Portugiesen, 240 nordafrikanische Juden, 90 Italiener, 53 Franzosen, neun Mauren und 23 sonstige.

der Stolz auf die Hybridität, die in Fiorinas Familiengeschichte als Topoi auftreten, finden sich auch im Museumstext wieder.

Tatsächlich? Der Museumstext ist ein öffentlicher Text, der von konkreten Personen mit konkreten Absichten verfaßt wurde und an ein bestimmtes Publikum gerichtet ist. Der Inhalt des Textes spiegelt die politische Korrektheit wieder, bestimmte Konflikte werden verklärt oder ausgeklammert. Ich möchte den Museumstext nach dem Verschwiegenen, dem Nichtgesagten befragen.

Der Text verweist auf bestimmte historische Ereignisse: die große Belagerung von 1779 bis 1783 (1), die Gelbfieber-Epidemie von 1814 (2), der Bau der Dockyards (3), der Untergang der SS Utopia im Hafenbecken 1891 (2), der Erste Weltkrieg (3, 4), die Evakuierung der Zivilisten im Zweiten Weltkrieg (2, 4), die Repatriierung (4), der Besuch der Queen 1954 (7), das Referendum von 1967 (6), die neue Verfassung (7), die Schließung der Grenze 1969 (7), das Hattersley-Memorandum (6) und schließlich die Grenzöffnung 1982 (8). Die Lebensumstände der Zivilisten in der Vergangenheit werden durchweg als von Entbehrungen und Härten gekennzeichnet dargestellt: Krankheiten (1, 2), Wassermangel (1, 5), Lebensmittelknappheit (1), Stürme (2), Kriegen (3, 4) und überfüllte Wohnverhältnissen (3, 4).

Die Zivilbevölkerung wird uns als Schicksalsgemeinschaft präsentiert: Es wird behauptet, daß das Purgatorium der Entbehrungen und die Teilhabe an gemeinsamen historischen Erfahrungen die Zivilisten zu einer heterogenen Gemeinschaft zusammenschweißte und daß die gemeinsamen Anstrengungen der Zivilisten langsam zu materiellem Wohlstand (5, 7) und politischem Selbstbewußtsein (2, 7) führten. Die Vergangenheit bildet das Fundament für die Zukunft, in der das Band zwischen Territorium und Bevölkerung unzertrennbar sein wird (8).

Die Herkunft der Familien, die in den Teilen 1-3 der Museumsgeschichte eingeführt werden, ist heterogen. Es treten zwei Militärs aus England, ein portugiesischer Maurer, ein maltesischer Hafenarbeiter, ein Kaufmann aus Italien, zwei Spanierinnen, ein genuesischer Händler und zwei Genuesinnen auf. Die Phase der Einwanderung ist mit der Geburt Marias (1870) und Victorias (1866), spätestens aber mit dem Zuzug des Maltesers (1890er) beendet. Seit dieser Zeit, so legt der Museumstext nahe, ist die ethnisch-kulturelle Homogenisierung der Gibraltarianer abgeschlossen. Die nachfolgenden Generationen - Albert, Joe, Jason, Winston - heiraten endogam gibraltarianisch, lediglich Victor vermählt sich mit einem Mädchen aus La Línea.

Bei den in der Museumsgeschichte auftretenden Personen handelt es sich um eine christliche, vornehmlich katholische, italienisch-dominierte, romanische Mischbevölkerung mit einigen wenigen englischen Wurzeln (die allerdings schon gut 200 Jahre zurückliegen). Nehmen wir noch einmal auf die Zensusdaten Rekurs, so ergibt sich die bemerkenswerte Tatsache, daß das im Museumstext angestimmte Lob der Mischung durchaus kein Lob einer egalitären Mischung ist. Vielmehr hierarchisiert sie entlang ethnisch-kultureller Trennlinien. Das höchste Prestige wird den Genuesen und dem Italiener zugemessen, bei denen es sich um eher wohlhabende Kaufleute und Händler handelt; an zweiter Stelle stehen die englischen Militärs und der portugiesische Maurer - Angehörige des militärischen und zivilen Mittelstandes; ganz unten stehen der maltesischen Arbeiter und die spanischen Dienstmädchen.

Die interne Kohäsion einer Gruppe wird, wie SIMMEL gezeigt hat, maßgeblich vom Druck von außen bedingt. Wie sich die Gruppe zusammensetzt, die der Kohäsion unterliegt, hängt davon ab, von woher der Druck kommt bzw. wo sein Ursprung lokalisiert wird. Gemäß der Museumsgeschichte ist die Entstehung einer gibraltarianischen Identität maßgeblich das Resultat des Drucks von Spanien, und da der Druck als aus Spanien kommend wahrgenommen wird, werden 'spanische' Identifikationen aus der Geschichte der kohäsiven Gruppe exkludiert.

Der Beziehung der Zivilisten zum Britentum und den Engländern habe ich mich bereits in Kapitel 4.1 genähert. An dieser Stelle frage ich nach der Repräsentation anderer Gruppen im Text und werfe dabei einen Blick auf die Spanier, die Genuesen und Malteser, die Hindus und die Moslems sowie auf die Juden.


### 5.3.1 Spanier oder der verleugnete Großvater

Spanien tritt ausschließlich in negativen Kontexten in Erscheinung: als Zerstörer der Stadt (1) und als Verursacher der großen Belagerung (1) und der Grenzschließung mit allen Schikanen (6, 7, 8). Die langen Perioden der Kooperation mit dem Hinterland werden dagegen nicht erwähnt. Die Beziehung zu Spanien ist für die gibraltarianische Gesellschaft von besonderer Bedeutung und wurde bereits in Kapitel 2 gesondert diskutiert. An dieser Stelle werde ich mich auf die Repräsentation spanischer Vorfahren in Familiengeschichten beschränken.

Meiner ursprünglichen Hypothese vom Lob der Mischung als Grundlage der gibraltarianischen Ideologie widersprechen die häufigen Aussagen über genealogische Purifikationsversuche, von denen ich im Laufe meiner Forschung erfahren habe.

Die Hypothese läßt sich also weiter konkretisieren: Das Lob der Mischung ist nicht willkürlich, es muß schon die richtige Mischung sein, die da als lobenswert gilt. Dabei scheinen sich die Vorstellungen davon, was die richtige Mischung eigentlich ausmacht, ebenso zu wandeln wie das Prestige bestimmter Herkünfte. Die einst verpönte maltesische Herkunft ist heute bei weitem nicht mehr so makelhaft wie eine spanische Herkunft.

Anders als die Transformation von Vorbevölkerungen zu Ortsgeistern, die wir bei vornationalen Gesellschaften häufig finden,[53] tabuisiert der nationalen Ideologien implizite Kontinuitätsanspruch die Frage nach der Umgestaltung von Lokalitäten und Orten zu Territorien.[54] In

---

[53]  BLOCH 1986.
[54]  Zur Ausdifferenzierung der Raum- und Flächenterminologie vgl. HALLER 1995. "Fläche bezeichnet die unbenannte und uneingegrenzte geographische Extension. Raum bezieht sich auf die Morphologie von Fläche (z.B. Topographie, Vegetation, bebaute Umwelt). Raum- und Flächenkategorien sind kulturell determiniert. Bedeutung bekommen Raum und Fläche erst innerhalb der Dynamik der sozialen Situation (Interaktion, Identität und Zeit), in der um die blanke Flächenextension Grenzen gezogen und das so umschlossene Gebiet definiert wird. Kulturen drücken sich im von ihnen genutzten Raum aus (z.B. durch Anbaumethoden, Siedlungsformen). Jede Flächenextension ist vielfältig nutzbar und benennbar (Multidimensionalität).Lokalität bezeichnet eine benannte, markierte - also lokalisierbare - geographische Extension mit Namen und Grenzen. Von utopischer Lokalität ist zu reden, wenn es sich lediglich um eine imaginierte, nichtgeographische Extension mit Namen und Grenzen (z.B. CAMPANELLAS Sonnenstaat, MORUS' Utopia) handelt. Als Ort möchte ich eine Lokalität bezeichnen, die Interaktionsfeld einer sozialen Gruppe ist. Bei imaginierten Orten liegt die Nutzung in der Vergangenheit bzw. Zukunft (z.B. der Ort der 'Kindheit', Paradiesvorstellungen). Ein Territorium ist ein Ort, der besessen wird bzw. auf den ein Besitzanspruch erhoben wird (z.B. Nationalstaaten). Grenzen zwischen Territorien sind immer Ausdruck recht-

der nationalen Historiographie scheint die Exklusion des spanischen Elementes durch die demographischen Folgen der britischen Eroberung des Felsens von 1704 abgesichert: Der Großteil der (spanischsprachigen) Bewohner Gibraltars verließ den Felsen und zog ins spanische Hinterland.

In der Gegenwart gehören spanische Bestandteile zweifellos zu denjenigen Elementen, deren Einfluß am besten verschwiegen oder zumindest minimiert wird. Fiorinas Familiengeschichte, die mir ja zu Beginn der Feldforschung erzählt wurde, ist auch hierfür typisch. Sie erfuhr nämlich gegen Ende meines Aufenthaltes eine interessante Wendung. Sie habe neulich etwas erfahren, was mich bestimmt interessiere, erzählte mir die Freundin eines Tages aufgeregt. Ihre Großmutter, die bereits erwähnte Mrs. Ruffino, habe sich mit 84 Jahren doch noch dazu entschlossen, sich einen lang gehegten Wunsch zu erfüllen, nämlich einmal im Leben nach San Francisco zu reisen. Die Verwandtschaft habe die Reise vorbereitet, und Fiorina kümmerte sich um das Einreisevisum; dafür mußte sie die Geburtsurkunde des verstorbenen Großvaters beibringen, und nur unter Widerwillen habe Granny das Dokument herausgegeben. Aus der Urkunde wurde etwas ersichtlich, was bislang niemand in der Familie gewußt hatte: daß Großvater Ruffino in La Línea geboren worden war. Die Großmutter sei sichtlich unerfreut darüber gewesen, daß das Geheimnis nun gelüftet war.

"Meine Mutter", so Fiorina, "ist aus allen Wolken gefallen, als sie erfuhr, daß ihr Vater eigentlich ein Spanier ist. Sie war doch immer so stolz darauf, eine typische Gibraltarianerin zu sein! Sie kann es einfach immer noch nicht glauben, daß sie jetzt eine 100%ige Spanierin ist, weil Granny ja auch in Málaga geboren wurde."

Um das Unglück perfekt zu machen fand Fiorina auch noch heraus, daß die Ruffinos vor fünf Generationen gar nicht aus Sizilien nach Gibraltar gezogen waren, sondern ins *Campo*, wo sie fast ausschließlich spanische Frauen heirateten.

Wenn ich Fiorinas Familiengeschichte zu Beginn des Vortrages als typisch gibraltarianisch bezeichnet habe, so ist auch diese Wendung, die durch die Reisepläne der Großmutter entstanden ist, nicht untypisch. Verschwiegen wird häufig die enge familiäre Verbindung nach Spanien, selbst den eigenen Kindern und Enkeln gegenüber. Auch in der fiktiven Genealogie des *Gibraltar Museums* spielen spanische Ahnen, entgegen der Register der standesamtlichen Archive, nur eine untergeordnete Rolle. Bei den in der Geschichte auftretenden Spaniern handelt es sich ausschließlich um Frauen. Bis in die 60er Jahre waren gibraltarianische Familien mit dem Hinterland durch *Intermarriages* eng vernetzt. Ehen zwischen gibraltarianischen Männern und spanischen Frauen wurden dabei durch das virizentrische Fremdenrecht begünstigt, die Einbürgerung der spanischen Ehemänner einheimischer Frauen dagegen unterbunden. Der Topos der aus Spanien stammenden Großmütter ist in Gibraltar positiv besetzt, sie werden als *"more antispanish than the gibraltarians themselves"* beschrieben. Diese antispanische Hal-

---

licher, politischer und kultureller Konventionen, da ihre Gültigkeit darauf ausgerichtet ist, von den voneinander abgegrenzten Gruppen anerkannt zu werden. Dabei sind konkurrierende Territorialansprüche häufig. Bei imaginierten Territorien liegt der Besitz in der Vergangenheit bzw. Zukunft (z.B. Jerusalem in der jüdischen Tradition während des Zuzugverbotes durch die osmanischen Herrscher; Kosovo, das heute zu 90% von Albanern bewohnt wird, als mythische Heimat der Serben; Konstantinopel als mythisches Zentrum des Griechentums)."

tung, so wird unterstellt, sei ein Dank für die Möglichkeit, der heimischen Misere durch die Heirat ins wohlhabende Gibraltar zu entkommen.

Das rigorose Fremdenrecht, das festlegte, daß ein Kind, das nach dem 29.06.1900 in Gibraltar geboren wurde, aus der rechtmäßigen ehelichen Verbindung eines in Gibraltar geborenen Mannes entstammen mußte, um den Status eines *native of Gibraltar* zu erhalten, wurde allerdings erst 1935 eingeführt. Zuvor war es auch spanischen Männern eher möglich, den Status eines *permanent resident* zu erwerben. Auf diese vor 1935 naturalisierten Männer ist die Häufigkeit spanischer Familiennamen in Gibraltar, die ja über die männliche Linie vererbt werden, zurückzuführen. Während aber der spanischen Großmutter ein flammendes Bekenntnis zum Gibraltarianertum zugeschrieben wird, wird die spanische Herkunft der Großväter und anderer männlicher Ahnen aus Spanien tabuisiert.

'Es ist unglaublich, wie Leute versuchen, den Makel der spanischen Abstammung loszuwerden. Ich kenn' sogar eine Familie Martínez, die behauptet, sie stammte aus Malta!',

erzählt mir eine Informantin. Ich bin während meines Feldaufenthaltes immer wieder auf Familien gestoßen, die einen offensichtlich spanischen Familiennamen wie Garcia und Gomez als genuesisch, katalanisch oder portugiesisch bezeichnen und spanische Vorfahren aus ihrer Familiengeschichte löschen.

Die Tabuisierung des spanischen Familiennamens und folgerichtig auch der männlichen spanischen Ahnen ist auf die spanische Propaganda der 50er und 60er Jahre zurückzuführen. Zentrales Argument war gewesen, daß die Zivilbevölkerung der Kolonie keinen Anspruch auf Selbstbestimmung besitze, da es sich - was man an den Familiennamen ablesen könne - ethnisch und kulturell um Spanier handle.

### 5.3.2 Das Primat der genuesischen Kultur: *Romancing patios*

Genuesen bildeten in den ersten Jahrzehnten nach der britischen Eroberung die zahlenmäßig stärkste Bevölkerungsgruppe. Die genuesische Sprache wurde im XIX. Jhd. vom Spanischen vollständig verdrängt, die Gründe hierfür sind ungewiß.[55] Die Genuesen sind mit besonders hohem Prestige ausgestattet, die Herkunft eines Ahnen aus Genua wird daher besonders gerne hervorgehoben. Dieses Prestige rührt von der Annahme her, 'die Genuesen' seien samt und sonders reiche Kaufmannsfamilien oder politische Flüchtlinge aus der napoleonischen Zeit gewesen - ungeachtet der Tatsache, daß die meisten genuesischen Zuwanderer eher arme Fischer und Seeleute waren. Der Wahlkampf 1996 zwischen konservativer GSD und sozialistischer GSLP wurde mir einmal als Kampf zwischen "*the Genuese against the Spaniards, or Main Street against Buenavista*" erklärt, wobei implizit die proletarische Wählerschaft von Arbeiterwohnvierteln wie Buenavista abwertend als *Spaniards* bezeichnet werden, die GSD-Wählerschaft der Geschäftsgegend Main Street dagegen aufwertend als *Genuese*.

Das hohe Prestige, das sich in der Berufung auf die Abkunft von genuesischen Vorfahren äußert, wird auch in der Interpretation zentraler Symbole des Gibraltarianismus deutlich: Das Nationalgericht *Calentita* stamme aus Genua, der Name für die Umgangssprache, *Yanito*, be-

---

[55] Nach CAVILLA [1994: 114] wurde 1836 die letzte offizielle Bekanntmachung auf Englisch, Spanisch und Italienisch veröffentlicht.

gründe sich auf dem genuesischen Vornamen 'Gianni', und die *Patios* (Innenhöfe) der Altstadt seien von genuesischer Architektur maßgeblich beeinflußt.[56]

Auf die Beengtheit und die oft schockierenden hygienischen Verhältnisse in den Patios habe ich bereits hingewiesen [➔ Kapitel 3.1]. Die Entleerung der überfüllten Patios führte in den 90ern zu einer romantischen Rückbesinnung. Obwohl die ehemaligen Bewohner sich zwar wehmütig an die Vergangenheit erinnern, würden sie ihre neuen Wohnungen aber um nichts in der Welt gegen ein Leben in den Patios eintauschen. Ganz anders in den Schriften der lokalen Kulturexperten, in denen eine kollektive Mythologie um das Leben in den Patios entworfen wird: das Aufeinander-angewiesen-sein und die Solidarität zwischen den Patiobewohnern beschworen und gepriesen, die mangelnde Hygiene und die beengte Lebensweise werden romantisiert. Die Not des kommunalen Lebens in den Patios, die gewiß maßgeblich an der Entstehung der Nachbarschaftssolidarität beteiligt war, wird retrospektiv zu einer Tugend, die Patios selbst zu verklärten Emblemen des 'typisch gibraltarianischen' Lebens, die maßgeblich zum Entstehen des Zusammengehörigkeitsgefühls der Gibraltarianer beigetragen haben [➔ Kapitel 3.1]. Sie werden als regelrechte Gibraltanisier-Maschinen konzipiert, ähnlich wie die bereits erwähnten Schulen der *Irish Christian Brothers* und der *Loreto Nuns*.

### 5.3.3 Die Malteser: *Working in the dockyards*

Das traditionell geringe Prestige maltesischer Vorfahren liegt in ihrem Status als arme Arbeitsmigranten begründet. 695 Arbeiter wurden im letzten Jahrhundert in Malta angeheuert, um die Hafenanlagen zu bauen.[57] Im Jahre 1873 beschrieb der katholische apostolische Vikar Dr. J.B. Scandella die Malteser wie folgt:

> "..*the greater number of said Maltese live clustered together in the greatest indigence in caves unfit for animals, and are filthy in their dwellings, in their dress and in their food*."[58]

Die *Sacred Hearts Church* wurde mit Baumaterial aus Malta für die maltesischen Migranten erbaut. Noch heute werden maltesische Familiennamen mit der Arbeiterklasse assoziiert, auch wenn ein maltesischer Name - Caruana - zum Synonym für die anglisierte Oberklasse geworden ist und gegenwärtig zwei renommierte Träger ausweist: den katholischen Monsignor und Bischof (seit 1998), Charles Caruana, sowie den *Chief Minister* Peter Caruana. Insofern sind die Malteser das hervorragende Beispiel für die gelungene Integration von Einwanderern in die gibraltarianische Gesellschaft und gleichzeitig für die Möglichkeit des sozialen Aufstiegs.

---

[56] CAVILLA 1994: 112ff.
[57] JACKSON 1987: 249.
[58] Cit. in HOWES 1991 (3rd ed.): 132.

### 5.3.4 Marokkaner und Sindhis: *None of our kind*

Der Museumstext erzählt die Geschichte eines christlichen Gibraltar. Wenngleich heute die ganz überwiegende Mehrheit der Zivilisten einer der christlichen Glaubensrichtungen angehört, so ist der historische und demographische Beitrag nichtchristlicher Gruppen doch beachtlich.

Gemäß der letzten verfügbaren Bevölkerungsstatistik (1991) leben in Gibraltar 1.850 Moslems und 555 Hindus.[59] Bei den Moslems handelt es sich um Marokkaner, die seit der Grenzschließung nach Gibraltar geholt wurden, um die spanischen Arbeitskräfte zu ersetzen [→ Kapitel 1.4 und 1.5]. Nur 2% der Moslems besitzen den *Gibraltarian Status*, weniger als 1% eine andere Form der britischen Nationalität - bei diesen insgesamt etwa 3% handelt es sich nicht um Moslems marokkanischer, sondern vor allem pakistanischer oder indischer Herkunft.

Obwohl die indischen Läden die Hauptgeschäftsstraße Main Street dominieren und dem Tagestouristen den Eindruck vermitteln, Gibraltar sei vornehmlich von Indern bewohnt, leben 1994 nur 555 Hindus in der Kolonie. Lediglich die Händler und Ladenbesitzer sind in der *Hindu Merchant Association* (HMA) organisiert.[60] Es existiert keine formale Korporation aller lokalen Hindus, sowohl die Inder selbst wie auch die anderen Gibraltarianer sprechen jedoch von *'the hindu community'*, so als ob es eine Organisation für alle Hindus gebe. Meist wird der Präsident der HMA, Mr. Haresh Budhrani, als Präsident der *hindu community* bezeichnet. Nach außen aber tritt die Gemeinde als Korporation geschlossen auf - z.B. am *Gibraltar National Day*.

Die Hindus gehören nahezu ausschließlich der ethnischen Gruppe der Sindhis an. Die Hälfte der Hindus lebt seit mehreren Generationen in der Kolonie, 21,6% besitzen den gibraltarianischen und 25,05% einen anderen britischen Status. Die andere Hälfte besitzt die indische Staatsangehörigkeit. Diese zweite Gruppe zog in den letzten 25 Jahren aus Indien zu, um in Gibraltar zu arbeiten. Erst seit etwa 15 Jahren befinden sich die Hindus in einem langsame aber zunehmenden Prozeß der Integration in die Gesamtgesellschaft, was sich in einem Anstieg der *Intermarriages* und des parteipolitischen Engagements ausdrückt.

Die unterschiedliche Staatsangehörigkeit der Sindhis deutet auf die ambivalente Stellung der Gemeinde innerhalb des gibraltarianischen Gemeinwesens hin. Der Präsident der Gemeinde, Mr. Budhrani drückt, diese Ambivalenz in seinem Grußwort zur 1996er Ausgabe des Gemeindeheftes *Namaste* explizit aus:

> "Niemand tut so, als seien wir genauso wie jedermann sonst in Gibraltar: denn wir sind es nicht. Natürlich sind wir ethnisch verschieden vom Rest der Gesellschaft, aber gerade dies ist es, was die gibraltarianische Gesellschaft ausmacht. Was wir mit all den anderen Gibraltarianern teilen ist, daß wir hier tatsächlich zuhause sind, daß wir hier unserem Lebensunterhalt nachgehen und daß Gibraltar schnell zu einem Ort wird, wo unsere Ahnen lebten und wo unsere Kinder geboren werden."

---

59   *Abstract of Statistics 1994*, Government of Gibraltar.
60   Die Mitgliedschaft in der HMA dehnt sich jedoch auf die Familie des Inhabers und seine Angestellten aus. In Gibraltar gibt es 125 *hindu shops*, 90 davon sind in der HMA organisiert. Die Mitgliedschaft wird pro Geschäft berechnet. Etliche Hindus besitzen mehrere Geschäfte.

"Wir teilten mit unseren Mitbürgern [in den letzten Monaten] nicht nur die Probleme und Härten, sondern auch die eher heiteren und triumphalen Augenblicke der Bewohner dieser Stadt."[61]

Die Gemeindeführung unternimmt hier den eindeutigen Versuch, die Hindus als in der lokalen Kultur verwurzelte und im Lob der Mischung integrierten Gruppe zu verorten wie auch negativ konnotierten Stereotypen, denen die Inder ausgesetzt sind, entgegen zu wirken [→ Postscript].

Diese Stereotypen werden selten explizit ausgedrückt, sondern eher implizit oder hinter vorgehaltener Hand. Sie nähren sich aus unterschiedlichen Quellen:

Zum ersten handelt es sich bei den Sindhis um eine Diasporagemeinde, die in ein globales Netzwerk eingebettet ist und die sich ökonomisch und individuell-lebensplanerisch an Entwicklungen innerhalb dieses Netzwerkes orientiert [→ Kapitel 3.3.3]. Dies führt zu einer Anzweiflung der Loyalität zum Ort, die jedoch zentraler Bestandteil des nationalistischen Diskurses um gibraltarianische Identität ist.

Eine zweite Quelle ist der Händlergeist und der wirtschaftliche Erfolg der Inder. Gibraltar ist eine traditionell auf Handel ausgerichtete Gesellschaft, die aber gegenwärtig eine Wirtschaftskrise durchlebt. Die ökonomischen Vorteile des Diasporanetzwerkes wie auch der offensiv zur Schau gestellte Händlerethos der Inder nähern versteckten und offenen Neid.

Hauptbestandteil des nationalistischen Diskurses ist der friedliche Charakter des Zusammenlebens der verschiedenen religiösen und ethnischen Gruppen und das Lob der Mischung oder zumindest Integration dieser Gruppen, die eine von den britischen Kolonialherren und dem Nachbarn Spanien distinkte Identität hervorgebracht hat. Die Inder gelten dabei als Gruppe, die sowohl heimisch als auch fremd ist, und es ist dieser ambivalente Charakter, der die Gefahr der Absonderung in sich trägt und der Präsident Budhrani entgegen zu wirken versucht.

Die Exklusion der Sindhis aus dem Museumstext greift auf eine lange Tradition rechtlicher Restriktionen zurück. Der erste indische Geschäftsmann kam 1858 nach Gibraltar. Bis zur Verabschiedung der *Trade Restriction Ordinance* (1934) war es jedoch nur 10 Indern erlaubt, eigene Geschäfte in Gibraltar zu betreiben.[62] Nach 1934 war es den Indern erlaubt, ihr Unternehmen unter der Bedingung zu erweitern, daß 60% des neuen Unternehmens einem Einheimischen gehöre, ihm selbst lediglich 40%. Daraufhin eröffnen einige der (angestellten) Manager der alten indischen Läden eigene Geschäfte, indem sie sich mit einem christlichen oder jüdischen Kompagnon zusammenschlossen, so daß es heute eine Reihe indischer Geschäfte mit eindeutig spanischen Namen gibt, wie Márquez (Familie Vatvani), Carlos (Familie Alwani) und Antonio (Familie Mahtani). Bereits 1936 waren zwölf zusätzliche Geschäfte eröffnet worden, insgesamt existierten nunmehr 22 indische Unternehmen. Die *Trade Restriction Ordinance* galt bis 1973.

---

[61] *Gibraltarians* und Hindus hätten gemeinsam unter den Schikanen der spanischen Grenzer [→ Kapitel 1] und unter den Schmuggler-Unruhen von 1995 [→ Kapitel 6.5] gelitten; Hand in Hand hätten sie gegen diese Unruhen demonstriert, das internationale Sportfestival *Island Games* organisiert und den *National Day* miteinander gefeiert.

[62] Diese Verordnung legte nicht nur die Güter genau fest, mit denen die Inder handeln durften, sie beschnitt auch die Expansionsmöglichkeiten der indischen Unternehmen.

In der *Gibraltarian Status Ordinance* von 1962 wird - das wurde bereits erwähnt - u.a. fest-gelegt, daß diejenigen den *Gibraltarian Status* bekommen können, die Abkommen männlicher, vor dem 30.06.1925 geborener Gibraltarianer sind. Der Stichtag wurde auf Initiative des ein-heimischen Geschäftsmannes Albert Isola gewählt, um die Inder davon auszuschließen; am 07.07.1925 wurde der erste Inder in Gibraltar geboren.

Die Unterscheidung der christlich-jüdischen Mehrheit in '*us*' (Gibraltarianer) und '*them*' (Inder) - auch wenn sie heute vornehmlich kulturell begründet wird - ist somit rechtlich ab-gestützt. Daß heute dennoch ein gutes Viertel der Inder über den *Gibraltar Status* verfügt, ist auf Gnadenakte des Gouverneurs zurückzuführen, der das Recht besitzt, den Status zu verlei-hen.[63] 1954 schlugen die indischen Händler vor, die erwachsene indische Bevölkerung von 87 auf 200 zu erhöhen; damals war die Zahl der nichtgibraltarianischen Ladenangestellten auf zwei pro Geschäft beschränkt.[64]

Der Status des britischen Untertanen und der des *Gibraltarian* bestehen nebeneinander [→ Kapitel 4.1]. Bis 1962 existiert ein einheitlicher, mit dem *British National Act of 1948* einge-führter Status des *Citizen of the UK and Colonies*. 1962 wurde mit dem *Commonwealth Im-migrants Act* eine Kontrolle der Zuwanderung nichtweißer Bürger des Commonwealth in Kraft gesetzt; Einwanderer aus diesen Ländern unterstanden der Einwanderungskontrolle und be-durften einer Arbeitserlaubnis des Arbeitsministeriums, um das UK zu betreten. Mit dem *Immigration Act* von 1971 wird das Prinzip der '*patriality*' eingeführt, das denjenigen Bürgern des UK, der Kolonien und des Commonwealth das Aufenthaltsrecht in Großbritannien zu-sprach, die mindestens einen Eltern- oder Großelternteil hatten, der im UK geboren wurde.[65]

Von 1972 bis Ende 1974 konnten Inder als ehemalige Kolonialuntertanen das britische Bür-gerrecht (*british citizenship*) relativ mühelos erwerben. Zwischen 1975 und Ende 1982 war dies für Inder nur dann möglich, wenn sie mit einem britischen Ehepartner verheiratet waren. Es galt das Territorialrecht (*jus soli*): Brite wurde automatisch jeder, der in einem britischen Territorium geboren wurde, unabhängig von der Nationalität der Eltern. Kinder indischer El-tern, die etwa in Gibraltar geboren wurden, bekamen somit automatisch die *british citizenship*. In diesen Jahren erhielten die Frauen der indischen Arbeiter die Erlaubnis, ihre Männer wäh-rend sechs Monaten in einem Kalenderjahr zu besuchen. Um die Geburt von Kindern der indi-schen Staatsangehörigen in Gibraltar zu verhindern (und damit die Möglichkeit, qua Geburt die *british citizenship* zu erlangen*)*, wurden Inderinnen ausgewiesen, sobald sich eine Schwanger-schaft feststellen ließ; betroffene Informanten sprechen von Deportation. In seltenen Fällen konnte eine Deportation verhindert werden, wenn ein Arzt Komplikationen für die Geburt und somit die Reiseunfähigkeit der Mutter bestätigte. In diesen Fällen habe man die Eltern vorab unterschreiben lassen, daß sie für das Kind auf die britische Nationalität verzichten würden.

---

63  Fax von M.L. Farrell, Senior Executive Officer, Civil Status and Registration Office - Gibraltar vom 16.02.1998.
64  *Secret papers reveal concern of allowing Indians to trade in Gibraltar*, in: PANORAMA, 10.01.2000.
65  COHEN, ROBIN 1994: 18.

Seit der Einführung des *British National Act of 1981* am 01.01.1983 entfällt die Praxis der Abschiebung von Inderinnen während der Schwangerschaft, da die Neugeborenen nicht mehr automatisch durch Geburt zu Briten werden.[66]

1989 wurde eine Gesetzeslücke entdeckt, die es ermöglichte, auch nicht EU-Bürgern wie den indischen Arbeitern zu einer unbefristeten Aufenthaltsgenehmigung zu verhelfen: wer Gesellschafter einer *Gibraltar Company* war, konnte dies in Anspruch nehmen. Daraufhin ernannten etliche indische Arbeitgeber ihre Frauen und Angestellten zu *Company Directors*. Die Regierung Bossano (1988-1996) beendete diese Möglichkeit im Jahre 1992. Heute leben etwa 200 indische Staatsbürger in Gibraltar.

Bis heute ist der Rechtsstatus der indischen Kinder problematisch, deren Aufenthaltsgenehmigungen monatlich oder vierteljährlich erneuert werden müssen. Die Anwesenheit der Kinder in der Kolonie wird in der Praxis zwar geduldet, eine Rechtssicherheit bestand und besteht jedoch nicht. Im Mai 1990 versuchte der britische Gouvernor, die Situation dadurch zu lösen, indem er ankündigte, neun der Kinder würden innerhalb eines Monats abgeschoben werden. Binnen weniger Tage reichte man eine Petition mit 11.600 Unterschriften ein und verhinderte damit die Abschiebung. Seither befindet sich die rechtliche Situation der Kinder weiterhin in der Schwebe.[67]

*Chief Minister* Joe Bossano legitimiert die ungeklärte Situation mit der kritischen Lage auf dem lokalen Arbeitsmarkt und den begrenzten Ressourcen Gibraltars. Die Kolonie mit seinen 6,5 qkm und rund 25.000 Einwohnern könne es sich zwar leisten, sich gegenüber den Familienangehörigen der etwa 200 indischen Arbeiter großzügig zu zeigen. Das eigentliche Problem stellten jedoch die 2.000 Marokkaner dar. Marokkaner und Inder fallen als Nicht-EU-Bürger in dieselbe Rechtskategorie, und was man den Indern genehmige, müsse man auch den Marokkanern zugestehen. Aber wenn ein Land von 25.000 Einwohnern die Angehörigen von 2.000 Migranten aufnehme, würde es überschwemmt, auch wenn jeder Migrant nur seine Frau und zwei Kinder mitbringe - das wären dann 8.000 Migranten gegen 25.000 Einheimische.

Die Exklusion der Hindus und der Marokkaner aus der Geschichte des *wing* entbehrt nicht einer gewissen rechtlichen Logik. Beide Gruppen werden - entgegen des Diskurses von Harmonie und ethnoreligiöser Toleranz - nicht als *Gibraltarians* und auch nicht als *Yanitos* kategorisiert, allenfalls als integrale Bestandteile der gibraltarianischen Wohnbevölkerung. Die Vermutung, daß dahinter ein politisches Kalkül der Bossano-Regierung steht, kann an dieser

---

66  Die rechtliche Möglichkeit für EG-Bürger, seit 1974 in Gibraltar zu arbeiten, wurde selten wahrgenommen. Als Spanien am 01.01.1986 zur EG beitrat, drängten aber zunehmend spanische Arbeitnehmer auf den lokalen Arbeitsmarkt; für die indischen und marokkanischen Arbeiter als Nicht-EG-Bürgern erwuchs damit eine unliebsame Konkurrenz.

67  Die Kinder sind vielfältigen Diskriminierungen ausgesetzt. Manche dieser Kinder sind zur Zeit der Feldforschung bereits um die 20 Jahre alt und zählen zum engeren Kreis meiner Informanten. Ihnen ist das Recht zu arbeiten verwehrt, obwohl es 'viel Gemauschel' gibt, die es einigen Eltern ermöglicht, einen Duldungsstatus für ihre Kinder zu erlangen. Andere Kinder arbeiten illegal. Bis September 1996 mußten die indischen Eltern Schulgeld für ihre Kinder zahlen, im Gegensatz zu den Kindern von EU-Bürgern, deren Schulbesuch frei ist. Das bedeutete, daß die Eltern für die Grundschule pro Kind £ 1.600 jährlich bezahlten, für die Sekundarstufe sogar rund £ 2.000. Bei Eltern, deren Jahresverdienst bei £ 10.000 liegt, ist dies kaum zu finanzieren. Ein indisches Elternpaar, das nicht zahlen konnte, unterrichtete ihr jüngstes Kind, das heute sieben Jahre alt ist, zuhause (die Mutter war ausgebildete Lehrerin). Erst unter der Regierung Caruana wurde auch diesem Kind der freie Schulbesuch ermöglicht.

Stelle vorweggenommen werden: Als Händlergruppe sind die britischen Hindus in der Handelskammer (*Chamber of Commerce*) organisiert, dem traditionellen Antagonisten der GSLP. Sie gelten darüber hinaus als Anhänger der konservativen GSD. Im Gegensatz zu den Indern werden die Marokkaner von offizieller Seite nicht als Gruppe betrachtet, die sich - unabhängig von der Länge ihres tatsächlichen Aufenthaltes und ihrer Integration in lokale Netzwerke - auf Dauer in Gibraltar niedergelassen hat; ihre Position gleicht damit derjenigen der 'Gastarbeiter' in Deutschland in den 90er Jahren, die in der Regierungsrhetorik noch immer nicht als dauerhafte Mitbürger kategorisiert werden.

Allerdings integrieren sich die Hindus seit Mitte der 80er Jahre durch *Intermarriages*, Freundschaften, gemeinsamen Schulbesuch und zunehmendes Engagement in der Lokalpolitik mehr und mehr in die Gesamtgesellschaft der *Gibraltarians*.

### 5.3.5 Die Sephardim: Exklusion einer alteingesessenen Gruppe

Im Gegensatz zu Hindus und Marokkanern sind die sephardischen Juden seit Anbeginn der britischen Herrschaft ein integraler Bestandteil der Zivilbevölkerung. Die Integration der Katholiken, Protestanten und Juden wird nicht nur vom Archivar der jüdischen Gemeinde, Mesod Belilo, als "*the greatest success story of Gibraltar's Jewish Community*" bezeichnet.[68] Sie sind nicht nur Teil der Wohnbevölkerung, sondern in ihrer überwiegenden Mehrheit rechtlich *Gibraltarians* (80,5%) bzw. *other british* (14,04%). Umso verwunderlicher ist deshalb die Exklusion der Juden aus dem Museumstext.[69]

Auch wenn die jüdische Gemeinde heute eine zahlenmäßig relativ kleine Gruppe darstellt (1991 sind es 627 Personen, d.i. 2,3% der Gesamtbevölkerung),[70] so ist ihr Beitrag zur Demographie,[71] zur Geschichte, zur Politik und zum Wirtschaftsleben der Kolonie bedeutend.

Die Beziehung der Juden zu Gibraltar ist sehr alt. Verschiedene Lokalhistoriker streichen hervor, daß die vorbritische Geschichte Gibraltars eher jüdisch als spanisch gewesen sei. 1474, 18 Jahre vor der Ausweisung der Juden aus Spanien im Jahre 1492 und zwölf Jahre nach der Eroberung des Felsens durch Kastilien, erwarben jüdische *conversos* aus Córdoba Gibraltar käuflich. Nach zwei Jahren wurden sie vom Herzog von Medina Sidonia vertrieben.[72]

Anders als in den Städten Ost- und Mitteleuropas oder Nordafrikas[73] lebten die Juden Gibraltars nie in einem Ghetto, einer Mellah oder einem anderen abgegrenzten Gebiet. Ein Ju-

---

68    *A brief history of Gibraltar's Jewish Community*, in: THE GIBRALTAR CHRONICLE - SPECIAL SUPPLEMENT OF THE STATE OF ISRAEL, 30.04.1998: 10.

69    Ich möchte an dieser Stelle auf die Juden als selbstverständlichen Bestandteil der Zivilgemeinschaft eingehen - in Kapitel 7 werde ich mich dann den innerjüdischen Prozessen, die zur zunehmenden Ethnisierung dieser integralen Gruppe der Gesamtgesellschaft führen, widmen.

70    *Abstract of Statistics 1994*, Government of Gibraltar.

71    Auch quantitativ waren die Juden nicht immer eine so kleine Gruppe, ihr relativer Anteil an der Bevölkerung ging nahezu kontinuierlich zurück. 527 Personen bzw. 32% der Gesamtbevölkerung (1753), 680 bzw. 23,5 (1777), 1.690 bzw. 10,6% (1844), 1.465 bzw. 8,13% (1878), 1.499 bzw. 7,85% (1891), 1.067 bzw. 5,24% (1901), 1.123 bzw. 5,87 (1911), 963 bzw. 5,33% (1921), 850 bzw. 4,38% (1931), 640 bzw. 3,07% (1951), 654 bzw. 3,02% (1961), 552 bzw. 2,23% (1970).

72    LAMELAS 1992.

73    SCHROETER 1993: 67-83.

denviertel existierte in der britischen Kolonie zu keiner Zeit. Christen und Juden, später auch Hindus und Moslems, lebten und leben in denselben Nachbarschaften, Straßen, Blöcken und Patios.

Die altansässigen Juden sind Sephardim, d.i. Nachkommen der ab 1492 aus Spanien (Sefarad) vertriebenen Juden. Manche Sephardim verblieben noch nach 1492 in Spanien und konvertierten dort - meist unter Zwang - zum Katholizismus. Andere flohen nach Portugal, Holland und England, in das Osmanische Reich, die Mehrzahl jedoch ins nahegelegene Marokko, wo bereits jahrhundertealte jüdische Gemeinden existierten. Die Sephardim Gibraltars stammen aus Marokko. Heute wird der Begriff "Sephardim" oft - so auch in Gibraltar - unterschiedslos sowohl zur Bezeichnung der Nachkommen der spanischen Juden als auch für die anderen Juden Nordafrikas (die sogenannten 'orientalischen Juden' oder *edot ha-mizrah*) gebraucht.[74]

Die Nichtexistenz der Juden im Museumstext[75] ist auch deshalb merkwürdig, weil die Juden durch vielfältige Verknüpfungen mit den anderen Gruppen verbunden sind, wozu der gemeinsame Schulbesuch ebenso gehört wie die Vielzahl der *Intermarriages* zwischen Juden und Katholiken in der Zeit des XIX. und frühen XX. Jahrhunderts. Waren die Sephardim durch die auf der religiösen Organisation basierenden Zivilbevölkerung im kolonialen System integrale Bestandteile der *Yanitos* (regional-kulturelle Bedeutung), so wird diese Einbindung im nationalen System, das auf ethnischer Kategorisierung basiert, zunehmend problematisch. Die Problematisierung der Sephardim als integralem Bestandteil der Zivilgesellschaft durch die nationalistische Ideologie verläuft parallel zur Entwicklung innerhalb der jüdischen Gemeinde selbst: Aufgrund des wachsenden Einflusses orthodoxer Fundamentalisten exkludieren sich die Sepharden seit den 80er Jahren: Zwei weiterführende jüdische Schulen wurden unter anderem mit der Absicht gegründet, den Kontakt zwischen jüdischen und nichtjüdischen Kindern zu minimieren, Konversionen und *Intermarriages* wurden sukzessiv pönalisiert. Die Ausblendung der Juden aus der Museumsgeschichte zollt somit der Entwicklung innerhalb der jüdischen Gemeinde Tribut, sich als 'rein' zu präsentieren und aus der Gesellschaft zurückzuziehen. Zur Zeit der Feldforschung ist die jüdische Gemeinde über die Frage der Integration in die Gesamtgesellschaft tief gespalten. Der Rückzug aus gesamtgesellschaftlichen Aktivitäten, etwa der Politik, wird von nichtorthodoxen Juden wie von den meisten Nichtjuden als Aufkündigung des Konsenses der Mischung beklagt und als Bedrohung des gesellschaftlichen Zusammenhaltes verstanden, da sie das Potential der Zersplitterung und Fragmentierung in sich birgt. 1998 wendet sich auch die Führung der jüdischen Gemeinde explizit gegen diese

---

[74] BAHLOUL 1994; SCHROETER 1994.

[75] Darüber hinaus sind im Museum keine Exponate der jüdischen Gemeinde vorhanden. Bis vor einigen Jahren waren zwei Exponate jüdischer Kultur im Museum ausgestellt worden, die jedoch aus dem Fundus herausgenommen wurden: Der Chanukka-Leuchter der Familie Belilo ist nach Angaben von Clive Finlayson, dem Museumsdirektor, und Mesod Belilo, dem Archivar der jüdischen Gemeinde, nicht mehr aufzufinden; das zweite Exemplar - das sogenannte Messer von Tobelem - war durch die Intervention der Tobelem-Familie aus den Schaukästen entfernt worden, da mit dem Messer eine Fehde zwischen zwei Familien durchgeführt worden war.

Tendenzen.[76] Es wird befürchtet, daß diese Segregation eine Kettenreaktion in den anderen Gruppen auslösen könnte.

Andererseits läßt sich die Ausblendung auch unter politischen Vorzeichen diskutieren. Denn die jüdische Gemeinde exkludiert sich nicht nur selbst aus der Gesamtgemeinschaft, sie verliert in der Zeit des Ministerpräsidenten Bossano, in der der Museumstext entstand, auch an politischer Bedeutung. Die Gemeinde war eng an die vorhergehende Regierung der AACR gebunden, der langjährige *Chief Minister*, Sir Joshua Hassan, ist Ehrenpräsident der jüdischen Gemeinde, viele Minister der Partei waren Juden. Darüber hinaus handelt es sich - wie bei den Hindus - um eine Händlergemeinde, die insofern in einem Klassengegensatz zu Bossanos gewerkschaftlicher Klientel steht. Die Exklusion der Juden aus dem kollektiven Gedächtnis, das im Museumstext aufgefächert wird, kommt damit zwei Entwicklungen entgegen: dem Interesse der Puristen in der jüdischen Gemeinde, die eine Segregation propagieren; zum zweiten der politischen Klientel der Bossano-Regierung.

### 5.3.6 Nation und Stadt als Patio

Der Patio ist das zentrale Symbol, das die Stadt, Ethnizität und Nation miteinander verbindet. Dieses Symbol stellt die zivile Bevölkerung in den Mittelpunkt, es bricht mit der kolonialen Vergangenheit, suggeriert Ethnizität jenseits der britischen und spanischen Aspirationen und symbolisiert, als verortbarer Ausdruck einer Solidargemeinschaft, nationale Identität. In der Renaissance der Patios als romantische Versatzstücke einer verschwundenen und besseren Welt laufen die Fäden zusammen. Die Kulturexperten entwerfen eine kollektive Mythologie um das Leben in den Patios: Die mangelnde Hygiene und die beengte Lebensweise mit mehreren Generationen innerhalb desselben Wohnraumes werden romantisiert, das Aufeinander-angewiesen-sein und die Solidarität zwischen den Patiobewohnern wird beschworen und gepriesen. Die Not des kommunalen Lebens in den Patios, die gewiß maßgeblich an der Entstehung der Nachbarschaftssolidarität beteiligt war, wird zu einer Tugend gemacht, die bedrückende soziale Kontrolle wird minimalisiert. Die Patios gelten heute als Schmelztiegel, die zur Entstehung der Gibraltarianer maßgeblich beigetragen haben.

Das gemeinsame Feiern der Nachbarn in den Patios ist ein zentraler Topos des Patio-Narrativs. So wurde vor der Grenzschließung 1969 in jedem Sommer ein großes Picknick in den Korkwäldern bei La Línea veranstaltet, "*it was like Gibraltar [National] Day, La Almoraima it was called.*" Anläßlich des Tages wurden auch Pferderennen veranstaltet. Jede Patiogemeinschaft fuhr kollektiv mit einer Pferdekutsche zum Picknickplatz. Im August fand das jährliche Volksfest (*the fair*) in Gibraltar statt, ein Brauch, der allerdings in den 60ern erlosch. Das Verschwinden der Feste wird von den lokalen Kulturexperten mit dem Zerbrechen der Patiogemeinschaften in Verbindung gebracht.

---

[76] *Building on community relations with all sectors - 'Gibraltar cannot afford an ultra-orthodox community' says Jewish President,* in: THE GIBRALTAR CHRONICLE - SPECIAL SUPPLEMENT OF THE STATE OF ISRAEL, 30.04.1998: 3.

Das Patio-Narrativ findet explizit Eingang in die politische Sprache. Anläßlich des *National Day* verbindet Kulturminister Joe Moss (GSLP) das verschwundene Leben in den Patios mit den Feierlichkeiten des *National Day*:

"Die Nachbarn im Patio waren sehr wichtig, man veranstaltete oft miteinander spontan Feste, das ist heute aber verschwunden. Man hat sich auseinandergelebt, die Nachbarschaftsbeziehungen sind verschwunden und die familiären Bindungen haben sich gelockert. Seit einigen Jahren gibt es den *National Day*, wo wir Straßenfeste veranstalten wie damals in den Patios."[77]

Moss verweist hier auf die bereits von Pepe Morello [→ Kapitel 3.1] wehmütig erinnerten *Verbenas* (Tanzveranstaltungen), auf die gemeinsamen Bingoabende und auf die vielen Feste im Monat Mai, die zwar - wie Mr. Morello augenzwinkernd betont - zu Ehren der Jungfrau Maria veranstaltet worden waren, jedoch nicht nur der Frömmigkeit, sondern insbesondere der Unterhaltung dienten.

Die Feier des *National Day* nimmt nicht nur - wie von Minister Moss expliziert - symbolische Anleihen am verschwundenen Leben der Patios; sie wirkt direkt auf die Patios zurück, denn es wird der gepflegteste und am schönsten geschmückte Patio gekürt. Und Morello fordert gar explizit:

"*Now that the pressures of a expanding population have been eased by the new housing estates, perhaps it is time to restore some of our old traditions.*"[78]

In den Schriften der lokalen Kulturexperten werden die Patios zu verklärten Emblemen des 'typisch gibraltarianischen' Lebens der Vergangenheit und zu Modellen für die Zukunft, da sie maßgeblich zum Entstehen des Zusammengehörigkeitsgefühls der Gibraltarianer beigetragen haben.

Der Patio ist ein Symbol für das urbane Gibraltar, für das zivile Leben in der Stadt jenseits der Garnison. In der nationalen Symbolik markiert der Patio somit eine Abgrenzung vom - militärisch und englisch verstandenen - Britentum.

Gleichzeitig ist der Patio durch seine Interpretation als 'genuesisch' sowohl klassenspezifisch (Händlergemeinde) als auch kulturell (z.B. genuesischer Dialekt) ein Symbol sowohl für die Differenz der Gibraltarianer von den Spaniern des Hinterlandes als auch für ihre Überlegenheit (arme Spanier vs. reiche Gibraltarianer).

Zum dritten verbinden sich im Patio zwei Grundlagen für die neue gibraltarianische Ethnizität, nämlich Biologie und Kultur: Aus der Verschmelzung der verschiedenen Einwanderergruppen sei ein von Spaniern und Briten auch biologisch differenter Menschentypus entstanden. Das multikonfessionelle und multideszendentielle Zusammenleben in den Patios habe darüber hinaus auch zur Entstehung einer differenten Kultur geführt, die sich auf den Werten der Solidarität, der Empathie, der Hybridität und der gegenseitigen ethnischen und religiösen Toleranz gründet. Der Patio ermöglicht darüber hinaus die symbolische Integration gewisser, positiv bewerteter Bestandteile des Britentums (verkörpert durch die irischen und schottischen

---

[77]    Interview mit Minister Moss. Feldtagebuchnotiz, 12.04.1996.
[78]    CALPE (MORELLO, PEPE): *Gibraltar's Patios*, in: Insight Magazine, September 1995: 4.

Soldaten) und des Spaniertums (verkörpert durch die loyalen spanischen Großmütter) in die gibraltarianische Historiographie.

## 5.4 *Gibraltar National Day*: Produktion und Institutionalisierung nationaler Identität

Wie jegliche nationale Historiographie, so ist auch die Museumsgeschichte nur durch die Einbettung in den sozialen und politischen Kontext sinnvoll zu interpretieren. Bevor ich auf den aktuellen politischen Kontext eingehen werde, möchte ich mich zunächst in einem Exkurs dem politischen Feld nähern, das zur Entwicklung des Nationalismus geführt hat. In einem weiteren Schritt werde ich auf die Kulturproduktion innerhalb dieses Feldes eingehen, und zwar am Beispiel der Institutionalisierung des Nationalismus in der *Self-Determination For Gibraltar Group* (SDGG), derjenigen Organisation, die für die Entstehung des *National Day*, den ich bereits and anderer Stelle eingeführt habe [→ Kapitel 4.2.1] verantwortlich ist. Schließlich werde ich am Beispiel des Wahlkampfes 1996 die unterschiedlichen Redeweisen über Nation, Kultur und Identität aufzeigen.

### 5.4.1 Das politische Feld

Ich habe die nationalistische Ideologie bisher anhand der Historiographie analysiert. Nationalismus wird aber, von Menschen gemacht, von konkreten Akteuren mit individuellen Motivationen und mit machtpolitischen Absichten.

Das politische Feld der Kolonie ist hochgradig personenorientiert. Die Existenz eines Ministerialsystems vervielfältigt jene Übel einer Gesellschaft, die ihr politisches Potential überstrapazieren. Die Effekte der geringen Größe von Territorium und Bevölkerungszahl, verknüpft mit dem Absolutismus des britischen militärisch-kolonialen Systems, verstärken sich gegenseitig. Schaffen in anderen Gesellschaften soziale Institutionen (wie Kirche, Presse, Universität und Handel) Machtzentren, die nicht mit der Parteipolitik identisch sind, so sind diese potentiellen Gegengewichte - mit Ausnahme der Gewerkschaft - in der Kolonie bemerkenswert einflußlos.

Innenpolitik in Gibraltar zeichnet sich durch die Übernahme der Machtmaßstäbe des militärischen Regimes durch die zivilen Institutionen aus. Die starke Stellung der beiden dominierenden Politiker seit dem Ende des Zweiten Weltkrieges, Sir Joshua Hassan (1944-1988) und Joe Bossano (1988-1996) erklärt sich aus der Übertragung der starken Stellung des Gouverneurs auf den Zivilbereich. Brian Traynor, *Financial and Development Secretary* der Regierung, behauptet gar:

> "*Politics in Gibraltar, it is nothing to do with ideology (...) It's people and power bases.*"[79]

Die Partei GSLP wurde, wie zuvor die AACR, von ihrem Führer überschattet, bis zum Verlust der Wahlen 1996. Inner- und außerparteilicher Hauptkritikpunkt an der GSLP war der autokratische Führungsstil Bossanos:

---

[79]   Brian Traynor, in: THE GIBRALTAR CHRONICLE, 1st July 1989, cit. in: Clinton 1989: 22.

*"I know what is good for the people."*

Wie Hassan, so auch galt Bossano als extrem paternalistisch.

*"'I am the father and I can never do anything bad for you.' Like Franco."*

Die GSD stellte im Gegensatz zur GSLP ein Kandidatenteam in den Vordergrund des 1996er Wahlkampfes. Bossanos Nachfolger im Amt, Peter Caruana (GSD), bekundet nach seiner Wahl, darauf zu achten, daß sich kein neues Privilegiensystem entwickeln werde. Aus diesem Grunde werde er keine Verwandten ernennen. Caruanas Schwiegervater J.E. Triay bemerkt mir gegenüber zynisch, daß dies aufgrund der Kleinheit des Gemeinwesens nahezu unmöglich sei,

*"he still got to appoint somebody. I think that Gibraltar is a little bit too small."*

An dieser Stelle möchte ich mit einem Exkurs auf die innenpolitische Geschichte des zivilen Gibraltar unter besonderer Berücksichtigung der politischen Karrieren von Hassan, Bossano und Caruana, sowie deren klienteläre Einbettung, eingehen.

### 5.4.1.1    Exkurs: Die Patrone der Macht und ihre Klientel

Der Zivilbevölkerung wurde mit Schaffung des *City Council* (1921) erstmals eine politische Vertretung zugestanden. Der Rat bestand aus fünf von der Militäradministration ernannten Mitgliedern und vier gewählten Zivilisten. Die Dominanz der Militärangehörigen im Rat garantierte die Unterordnung des Gemeinwesens unter die Bedürfnisse der Garnison.[80] Zusätzlich zum Rat wurde am 14. Oktober 1922 ein konsultativer *Executive Council* eingerichtet, dessen Aufgabe in der Beratung des Gouverneurs bestand. Die Mitglieder des *Executive Council* wurden ausnahmslos von der Krone ernannt. Die exekutive und legislative Macht lag nach wie vor in den Händen des Gouverneurs, eines Militärs, der gleichzeitig die Funktion des Oberbefehlshabers der Garnison (*Commander-in-Chief*) inne hatte.[81]

Im Zweiten Weltkrieg, zu Beginn 1941, wurden die zivilen Körperschaften des *City Council* und des *Executive Council* aufgelöst. Während 16.300 Frauen, Kinder, Alte und Kranke aus der Kolonie evakuiert wurden, organisierten sich jene Männer, die zum Erhalt der Garnison in Gibraltar verblieben waren, im Dezember 1942 in der *Association for the Advancement of Civil Rights* (AACR). Erster Präsident der AACR wurde Albert Risso, der junge Anwalt Joshua Hassan wurde sein Stellvertreter.

Die AACR wurde zur Speerspitze des Kampfes um zivile Mitbestimmung, ein erster Erfolg der Bewegung war die Wahl des *City Council* von 1945, in der Hassan zum Vorsitzenden gewählt wurde. Erstmals dominierten die gewählten Mitglieder die Ernannten. 1950 wurde ein gesetzgebender Rat (*Legislative Council*) einberufen, dessen Mehrheit zwar aus Zivilisten bestand, die jedoch nicht frei gewählt, sondern vom Gouverneur ernannt wurden. Bis 1964 fanden verschiedene Reformen statt, die zu einer Umbenennung des Rates in

---

80  In den Aufgabenbereich des Rates fielen kommunale Angelegenheiten wie das Straßenwesen, die Wasserversorgung und das Abwassersystem. Im Gegensatz zu den englischen *boroughs* wurde der Gemeinde keine Privilegiencharta zugestanden, es gab keinen Ältestenrat, und es stand ihr ein Vorsitzender (*Chairman*) anstatt eines Bürgermeisters (*Mayor*) vor. An den ersten Wahlen 1921 durften lediglich männliche Steuerzahler teilnehmen.

81  1926 und 1934 plädierten die Handelskammer (*Exchange Committee*) und die Gewerkschaft (*Transport and General Workers' Union*) für weitergehende Befugnisse der Zivilisten, die Gesuche wurden jedoch abgelehnt.

*House of Assembly* und einer gewählten Mehrheit im Rat führten. Der Vorsitz des Gouverneurs wurde zugunsten eines Sprechers (*Speaker*) abgeschafft. 1964 wurde die erste demokratische Regierung gewählt, mit Joshua Hassan als "Erstem Minister" (*Chief Minister*).

Die Dominanz der AACR wurde 1969 mit der Wahl der Koalitionsregierung aus der IWBP (*Integration with Britain Party*) und der Isola-Gruppe unter *Chief Minister* Bob Peliza vorübergehend gebrochen. In der Wahl 1972 verlor Peliza sein Amt wieder an Hassan.

Die AACR hat ihre Wurzeln in jenen gewerkschaftlich organisierten Kreisen, aus denen die Gründerväter stammten, jene Männer, die während der Zeit der Evakuierung in Gibraltar verblieben waren. Allerdings entfernte sich die AACR immer weiter von ihrer gewerkschaftlichen Basis und wurde mehr und mehr zu einer bürgerlichen Partei.[82] In späteren Jahren war ein Vertreter der Gewerkschaften, Isaac Abecasis, genauso Minister der Regierung wie Solomon Seruya, der Vorsitzende der Handelskammer. Hassan selbst stammte aus der unteren Mittelschicht. Die Einheitsgewerkschaft TGWU wurde bis 1971 "*inactive due to its political affiliation*".[83] 1971 distanzierte sich die AACR-nahe Gewerkschaftsführung von der TGWU und verlor dadurch die Kontrolle über die Gewerkschaft.[84] Die Mitgliederzahl der TGWU stieg innerhalb eines Jahres (1970-71) von rund 2.000 auf 6.000. Im Vorfeld der Wahlen 1972 rief der Vorsitzende des *Executive Committees* der TGWU, José Netto, die Gewerkschaftsmitglieder zur Unterstützung der IWBP auf. Die Ernennung des damaligen IWBP-Mannes Bossano nach der Wahl zum *Coordinating Secretary* der TGWU trieb einerseits die Entfremdung von Regierungspartei und Gewerkschaft weiter voran,[85] andererseits führte sie zur Spaltung der Einheitsgewerkschaft: Am 6. Mai 1974 organisierten sich rund 2.000 Gewerkschaftler in der *Gibraltar Workers Union* (GWU), die sich unter Leitung von Bernard Linares von der TGWU abspaltete.[86] Allerdings wurde die neue Gewerkschaft vom größten Arbeitgeber, dem M.o.D., nicht als Tarifverhandlungspartner anerkannt, so daß sie sich am 1. Oktober 1975 wieder auflöste.

Die außenpolitischen Grundlinien der AACR und der IWBP blieben bis 1976 bestehen: Während die IWBP sich für die Integration Gibraltars in das Mutterland aussprach, favorisierte Hassan eine 'Freie Assoziation' mit Großbritannien. Der Außenminister der britischen *Labour Party*, Roy Hattersley, sprach sich 1975 gegen die Vorstellungen der IWBP und für die Freie Assoziation aus, was die Aussichten der IWBP auf einen erneuten Wahlsieg zerschlug. Der IWBP-Abgeordnete Joe Bossano trat aus der Partei aus, verblieb aber als unabhängiger Abgeordneter im *House of Assembly*.[87]

Hassans AACR gewann die 1977er Wahlen erneut, die Opposition zersplitterte.[88] Joe Bossano gründete seine eigene Partei, das *Gibraltar Democratic Movement* (GDM), die als einzige Oppositionspartei mit vier Abgeordneten ins Parlament einzog; eine weitere oppositionelle Partei, die *Party for the Autonomy of Gibraltar* (PAG), verpaßte den Einzug in das Parlament. Ihr Führer J.E. Triay propagiert die Übertragung der territorialen Souveränität

---

82 CLINTON 1989: 24; GARCIA 1994: 165.
83 CLINTON 1989: 24.
84 CLINTON 1989: 24.
85 1974 kam es entlang der Forderung nach gleichen Löhnen (*parity*) wie im Mutterland zum endgültigen Bruch zwischen AACR und TGWU. Während die AACR die paritätischen Löhne ablehnte, paßten diese Lohnvorstellungen in das Konzept der Integration Gibraltars in das Mutterland von Xiberras' IWBP.
86 CLINTON 1989: 27; GARCIA 164ff.
87 Hassan und der Führer der IWBP, Maurice Xiberras, stellten im Juni 1976 in London ihre Vorstellungen über die zukünftige Bindung an das Mutterland vor, aber auch diesmal wurden die Vorstellungen der IWBP abgewiesen. Dies versetzte der IWBP den Todesstoß: Es konnten nicht genügend Parlamentskandidaten gefunden werden.
88 Peliza, Xiberras und Peter Isola traten als unabhängige Kandidaten an.

an Spanien und wurde dadurch zu einem der umstrittensten Bürger. Triay war Initiator und Mitunterzeichner der prospanischen Deklaration gewesen, die 1969 zu Unruhen, den sogenannten *Dove-riots* (*dove* = Taube = Eintreten für eine Verständigung mit Spanien) führte.

Die GDM zerbrach im August 1977, Bossano gründete die *Gibraltar Socialist and Labour Party* (GSLP)[89]. Hassans AACR gewann nach den Wahlen 1964, 1972 und 1977 auch die Wahlen von 1980 und 1984. Die Unterstützung des *Brussels Agreement* und die Unterzeichnung des *Airport Agreement* [→ Kapitel 4] führten im Dezember 1987 zum Rücktritt Hassans als *Chief Minister*.[90]

Hassans Führungsstil dominierte die AACR und erlaubte keine innerparteiliche Konkurrenz. Seinem Nachfolger Adolfo Canepa blieb in den drei Monaten Amtszeit vor den Neuwahlen im März 1988 keine Zeit, um sich zu profilieren. Canepa verlor die Wahlen, und Joe Bossano wurde *Chief Minister*. Bossano benutzte im Wahlkampf die AACR = *Airport/Brussles* = Verrat Argumentation.

Bossanos Wahl 1988 war teilweise eine Reaktion gegen das *Brussels Agreement* und das *Airport Agreement*, die von der Mehrheit der Gibraltarianer als antigibraltarianisch empfunden wurde. In der Folge brach Bossano die von Hassan zugesicherte Teilnahme an beiden Übereinkommen ab und beendete jegliche Art der offiziellen Kooperation mit Spanien, sowohl mit den Autoritäten in Madrid als auch mit den lokalen Gemeinwesen der *Campo Area*.

Bossanos Ziel der wirtschaftlichen und politischen Abkopplung vom Mutterland wurde durch nationalistische Rhetorik und Symbolik vorangetrieben [→ Kapitel 4.2]. Die Gründung der SDGG [→ Kapitel 4.2.1], die zur Schaffung des *National Day* führte, war hierbei ein entscheidender Schritt.

Mit Gründung der sozialistischen GSLP etablierte sich in Gibraltar erstmals, eine dezidiert klassenorientierte Partei. Dies manifestierte sich beispielsweise in der antisemitischen Analogie zwischen Juden und Händlern. Einen starken Rückhalt hatte Hassan als Mitglied der jüdischen Gemeinde unter seinen Glaubensgenossen. Die jüdische Gemeinde ist weitgehend eine Händlergemeinde. Bei den 88er Wahlen belagerten die Taxifahrer - treue GSLP-Anhänger - die Nefusot-Jehuda-Synagoge einige Tage lang, um gegen Hassans Zustimmung zu *Airport Agreement* und *Brussels Agreement* zu demonstrieren. Eine besondere Bedrohung stellte die Tatsache dar, daß die Taxifahrer auf den Hof der Synagoge vorgedrungen waren. Offensichtlich war die jüdische Gemeinde mit Sir Joshua synonymisiert worden. Über den Vorfall kursieren verschiedene Gerüchte, die auf Spannungen zwischen Hassan und den jüngeren Mitgliedern der Gemeinde - zum Teil Anhänger Bossanos - hinweisen [→ Kapitel 7.2]. Eines der Gerüchte besagt, der damalige Präsident der jüdischen Gemeinde und Neffe Hassans, der Bossanoanhänger Haim (James) Levy, habe die Taxifahrer davon abgehalten, in das Gebäude der Synagoge einzudringen. Der Zwischenfall sei vielmehr von Levy inszeniert worden, um die Position Hassans auch innerhalb der jüdischen Gemeinde zu schwächen.

---

89  Xiberras, der im Juni 1978 eine Partei unter dem Namen *Democratic Party of British Gibraltar* (DPBG) gegründet hatte, wurde Oppositionsführer. Nach den Wahlen 1980 zog sich Xiberras aus der Politik zurück und übersiedelte nach England. Peter Isola wurde Präsident der DPBG und Oppositionsführer.

90  Beide Abkommen wurden von der Bevölkerungsmehrheit als Zustimmung Hassans zu den langfristigen Absichten des britischen Außenministeriums interpretiert, die Kolonie aufzugeben. Zwischen London und Madrid, so heute noch die Überzeugung eines Großteils der Zivilisten, existiere ein geheimes Abkommen (*hidden agenda*) darüber, die Kolonie langsam an Spanien zu übereignen. Hassan wurde von der Presse und der Opposition als Opfer oder Mitwisser dieser *hidden agenda* dargestellt.

Ihres langjährigen Führers beraubt, der die AACR jahrelang unumstritten dominiert hatte, zerfiel die AACR nach den Wahlen in Windeseile entlang der Position zum *Brussels Agreement*.

Die Gegner der Übereinkunft um Canepa, Minister Isaac Abecasis und die Marrache-Familie versuchten erfolglos, die AACR zu revitalisieren. Heute spielt die von Isaac Marrache geleitete Rumpf-AACR als politische Kraft keine Rolle mehr, allerdings ist das symbolische Kapital der einstigen Regierungspartei noch immer groß.

Die Unterstützer der Übereinkunft um die Vorstandsmitglieder Terry Cartwright, Ernest Britto und Lewis Francis gründeten unter der Führung des jungen Anwalts Peter Montegriffo eine neue Partei, die GSD (*Gibraltar Social Democrats*). Montegriffo wurde Vorsitzender der GSD, trat jedoch 1991 aus der aktiven Politik zurück. Aus den Reihen der Gegner der Übereinkunft wird gestreut, Sir Joshua Hassan sei für diesen Rückzug verantwortlich, denn er habe gesehen, daß sich sein damals erst 32 Jahre alter Schützling Montegriffo nur schaden würde, wenn er bei den Wahlen 1992 als GSD-Kandidat antrete. Montegriffo selbst, übrigens seit 1988 Partner der Kanzlei Hassan & Partners, begründet mir gegenüber seinen Ausstieg aus der Politik mit einem Interessenskonflikt zwischen seiner Arbeit und seiner Tätigkeit in der GSD: Als Angehöriger der Anwaltskanzlei übernehme er auch Rechtsfälle für die Regierung, als Oppositionsmitglied dagegen bekämpfte er sie.

Ein anderer junger Rechtsanwalt, Peter Caruana, übernahm den Vorsitz der GSD. Der der katholischen Erweckungsbewegung nahestehende Caruana machte aus der GSD eine Partei christdemokratischen Zuschnitts. Als Schwiegersohn von J.E. Triay und ehemaliger Wahlkampfhelfer der PAG gilt Caruana in den Reihen der GSLP und der GNP als prospanisch.

Montegriffo, dem der Ruf des Ziehkindes von Hassan anhaftet, "*the son he never had*", kehrte 1995 in die aktive Politik zurück. Seine Rückkehr erklärt er selbst mit den Schmuggler-Unruhen von 1995, auf die ich in einem gesonderten Kapitel [→ Kapitel 6.5] eingehen werde; an dieser Stelle sei lediglich erwähnt, daß der Tabakschmuggel bis 1995 rapide zunahm und zu einer innen- wie außenpolitischen Krise führte. Damals - so Montegriffo - habe es nicht mehr die Option gegeben, die Gesellschaft als Zuschauer zu betrachten. Er gab seine Partnerschaft bei Hassan & Partners auf und zog sich auf die Position eines Beraters der Kanzlei zurück. Montegriffo engagierte sich wieder aktiv in der GSD und wurde zum stellvertretenden Vorsitzenden. Seine Kandidatur für die GSD gilt in Kreisen der Gegner als Schachzug Hassans, der über seinen politischen Zögling versuche, wieder Einfluß auf die Politik zu bekommen, ein Beispiel für die Langlebigkeit von Hassans politischer Einflußnahme. Über Montegriffo versuche Hassan, seine 1987 beschädigte Reputation vor der Geschichte zu rehabilitieren. Eine der ersten Amtshandlungen nach dem Sieg der GSD sollte denn auch die Verleihung der Ehrenbürgerwürde (*Freedom of the City*) an Hassan sein.

### 5.4.1.2     Die Politik und das Museum

Die Kultur der Eliten, so schreiben WARNECKEN & WITTEL [1997], "enthält [...] noch immer ein besonderes Maß von Machtausübung über andere Gruppen". Dies rechtfertigt ein besonderes Interesse der Ethnologie an elitärer Kultur. Ob Nationalismus als politische Bewegung im konkreten Fall von konkreten Akteuren zielgerichtet und aus zweckrationalen Erwägungen heraus geplant wurde, läßt sich mit letzter Gewissheit kaum feststellen. Politische Akteure wie Akteure im privaten Raum maskieren ihr auf die Mehrung des Eigennutzes ausgerichtetes

Handeln, indem sie ihre Motivationen hinter allgemein anerkannten Topoi verbergen. Allerdings läßt sich eine Diskursstrategie feststellen, die die Entwicklungen *a posteriori* als Ergebnis zielgerichteter und zweckrationaler Planung deutet; dies ist nicht nur ein subalternes Vorurteil, sondern begründet häufig implizit auch die mangelnde Untersuchung gesellschaftlicher Machtzentren durch die Ethnologie und andere Kulturwissenschaften. In Gibraltar wird der Nationalismus von den Gegnern und einem Teil der Anhänger Bossanos als dessen zielstrebig geplantes Produkt interpretiert. Typisch hierfür ist folgende Aussage eines ehemaligen Anhängers und heutigen Gegners [* 1966] von Bossano über dessen Aussprache (Bossano spricht mit starkem *Yanito*-Akzent):

"Niemand spricht *Yanito* so wie Bossano. Der hat das richtiggehend kultiviert, in Wirklichkeit ist sein Akzent gar nicht so schlimm. Wenn er vor den UN auftritt, spricht er sogar ganz passables Englisch. Und er benutzt Begriffe, die es gar nicht gibt, die aber nach *Yanito* klingen, z.B. *computation* statt *computerization* (Computerisierung) oder *el governeichon* statt *the government* (die Regierung). Und seine Anhänger haben dann seine Art zu sprechen nachgeahmt."

Bossanos Einfluß auf die Produktion des symbolischen nationalistischen Apparates ist beträchtlich. Auch zwischen Bossano und dem *Gibraltar Museum* bestehen Verbindungen. Wurde nicht der *wing* von ihm und seiner Regierung finanziert? Und trägt nicht der Gibraltarianer in Teil 6 der Geschichte des *wing* den Namen Joe, wie *Joe* Bossano und seine Minister *Joe* Pilcher und *Joe* Moss?

Die Geschichte der heutigen Leitung des Museums ist paradigmatisch für die Bossano'sche, auf Privilegienvergabe basierende Innenpolitik. Sie ermöglicht nicht nur einen Einblick in ein typisches Klientelverhältnis, sie informiert auch über die Durchsetzung der Bossano'schen Version von Nation, Kultur und Identität in der Kulturproduktion.

Das *Gibraltar Museum* wurde 1930 eröffnet und von einem staatlichen *Museum Committee* geleitet, das vor allem mit der Pflege und Konservierung alter Monumente betraut wurde. Am 31.03.1989 löste die Regierung Bossano das Komitee auf, die Verpflichtungen gegenüber der Pflege und Konservierung der Monumente wurden dem *Gibraltar Heritage Trust* übertragen.[91] Einige Mitglieder des aufgelösten *Museum Committee* übernahmen Vorstandsposten im *Heritage Trust*. Die Kuratorenstelle wurde im Zuge der Umstrukturierung mit dem Biologen Clive Finlayson besetzt. Es wurde ein beratendes Subkomitee gegründet, das sich aus Vertretern des *Heritage Trust* und der Regierung (*Gibraltar National Tourist Board*) zusammensetzte, bestehend aus dem Vorsitzenden des *Heritage Trust*, Alexis Almeda; dem ehemaligen Vorsitzenden des *Museum Committee*, Francis Galiano; Clive Finlayson als neuem Kurator; sowie dem *Minister of Tourism*, Joe Pilcher. Obwohl also *de jure* unter der Ägide des *Heritage Trust*, stand das Museum nun durch das Subkomitee *de facto* unter dem Einfluß der Regierung. Das Subkomitee vergab den Betrieb des Museums an eine Privatgesellschaft, Knightsfield Holdings Ltd., deren Vorstandsmitglied wiederum der neue Kurator Clive Finlayson war.[92]

---

91  Der *Gibraltar Heritage Trust* wurde am 21.05.1987 gegründet.
92  Finlayson arbeitete davor als Privatsekretär von Sir Joshua Hassan und später - als Mitarbeiter von GSLP-Minister Joe Pilcher - im *Gibraltar National Tourist Board*; nach dem Wahlsieg der Konservativen 1996

*Heritage Commission* und *Heritage Trust* bestehen heute parallel; während aber der *Heritage Trust* weitgehend machtlos ist und auf ehrenamtlicher Basis arbeitet, hat sich Finlayson eine dominante Stellung im Kulturbetrieb geschaffen. Seine Frau ist Direktorin der Stadt- und Kulturhalle John-Mackintosh-Hall, einer Institution, die vormals ebenfalls eine Unterabteilung des *Gibraltar National Tourist Board* bildete. Sein Bruder ist Archivar des Gouverneurs, Hobbyhistoriker und Autor eines Buches über die Evakuierung der Zivilisten während des Zweiten Weltkrieges. Zu Knightsfield gehört seit 1996 ein kleiner Verlag, in dem populäre Texte zu Gibraltar publiziert werden. Und es war Finlayson, der die Idee für die Gestaltung des *wing* hatte.

Finlaysons kontrollieren damit weitgehend den Kulturbetrieb der Kolonie und sind maßgeblich für die Gestaltung der Geschichtsschreibung verantwortlich [➜ Postscript]: Das Museum fertigt Videos für Touristen über die Geschichte Gibraltars an und produziert damit das Bild von der Vergangenheit; die John-Mackintosh-Hall stellt ihre Räume für Treffen politischer Gruppen, für Kulturvereine, Kunst- und Fotoausstellungen zur Verfügung; darüber hinaus beherbergt sie die örtliche Bücherei. Im Archiv schließlich sind all' die Schätze verborgen, die einem mit historischen Dokumenten arbeitenden Wissenschaftler das Herz höher schlagen lassen: sämtliche Ausgaben der Zeitschriften und Zeitungen, Zensusdaten, Gerichtsakten, Urkunden und Verträge, öffentliche Unterlagen der Verwaltung.

Bossano nimmt im Diskurs der Opposition die Rolle des großen Drahtziehers im Hintergrund ein, der über die Diskursivierung des Politischen als etwas Nationalem versucht habe, 'den Leuten Sand in die Augen zu streuen', da er 'in Wirklichkeit' andere (sprich: auf persönlichen Nutzen und die Mehrung seiner Macht ausgerichtete) Ziele verfolge. Die Politik zentraler Akteure verbirgt für ihre Gegner immer die 'wahren Absichten' hinter einer Fassade. Im Falle Bossanos habe es sich um persönliche Bereicherung und um politische Gestaltungsmacht durch Privilegienvergabe (bestehend aus einem quasi-feudalen Loyalitätssystem) gehandelt.

### 5.4.2 Die nationalistische Lobbygruppe SDGG

Die Hintergründe der Vergabe der Betreiberlizenz für das Museum an Knightsfield Ltd. wurden im Wahlkampf 1996 nicht thematisiert. Die Geschichte des *wing* und die darin projizierte Fiktion von *The Gibraltarian* stellte eine allseits akzeptierte, als hegemonial respektierte Realität dar. Im Gegensatz dazu kam ein anderes Symbol, das die Idee von *The Gibraltarian* performierte, unter den Beschuß der GSD: der *Gibraltar National Day*.

Der *National Day* wurde von der *Self-Determination For Gibraltar Group* SDGG ins Leben gerufen. Die SDGG ist im Gegensatz zu den politischen Parteien eine primär ideologiegeleitete Interessensvertretung. Die Ideologie der SDGG ist geprägt vom Prinzip der *self-determination* und von nationalen Aspirationen. Die SDGG ist personell eng mit bestimmten politischen Gruppierungen (GSLP, GNP) verbunden, sie beförderte verschiedene kulturelle Institutionen, unter denen dem *National Day* besondere Bedeutung zukommt. Die dadurch erzeugte politische Schubkraft findet auch außerhalb der Anhängerschaft von GSLP und GNP Anklang.

---

wurde er Mitbegründer der *Heritage Commission* und Berater des neuen Kulturministers Keith Azzopardi.

Meinen Eintritt in die Gruppe bekomme ich über Stephen Linares, den Organisator der *anti-fast-launch-demo* von 1995, dem an anderer Stelle des Buches eine zentrale Rolle eingeräumt wird [→ Kapitel 6.5]. Obwohl die Treffen der SDGG öffentlich sind, pflegt die Gruppe einen konspirativen Charakter.[93] Linares kündigt mein Erscheinen in der Gruppe vorab an und erklärt dies damit, daß man mich möglicherweise für einen Spion 'der Spanier' oder des britischen Außenamtes (*Foreign & Colonial Office* oder F&CO) halten könnte. Ich solle den Anwesenden meine Absichten erklären, was besonders notwendig sei; ich würde mir sicherlich Notizen machen wollen, und dies könne den Verdacht der Spionagetätigkeit befördern.[94]

Vorsitzender der SDGG ist einer ihrer Mitbegründer, Dennis Matthews. Ihm stehen Harry Gomez und Johnny Cardona zur Seite, deren genaues Aufgabenfeld mir als "*doer - persons who do everything*" beschrieben wurde, was mir jedoch nicht ganz klar wurde.[95] Wie bereits erwähnt ist die SDGG offiziell nicht parteipolitisch gebunden, aber die meisten Mitglieder sind Mitglieder oder zumindest Anhänger der drei Parteien GNP, GSLP und der Rumpf-AACR. Die Spitzen der GSLP treffen sich regelmäßig zum Stammtisch in Harry Gomez' Lokal *Piazza* mit SDGG-Anhängern. Johnny Cardona ist Mitarbeiter im Büro von Joe Bossano. Es gibt keine personelle Verbindung zwischen SDGG und GSD.

Die SDGG ist zwar GSLP-GNP-nah, trotzdem lassen sich unterschiedliche Motivationen für das Engagement in der Gruppe erkennen. Bei manchen SDGG-Mitgliedern steht eher die allgemeine GSLP- bzw. GNP-Parteipolitik, bei anderen das Engagement für die Selbstbestimmung im Vordergrund. Die SDGG wurde auf Initiative von Bossanos Minister Juan Carlos Perez von Matthews und Gómez am 25.06.1992 gegründet, um das Recht auf Selbstbestimmung und den nationalen Gedanken zu fördern.[96]

Matthews:

---

[93] Die SDGG trifft sich während der Feldforschung alle zwei Wochen in der John-Mackintosh-Hall. Ich habe regelmäßig an den Treffen der Gruppe teilgenommen und an den Vorbereitungen zum *National Day* mitgearbeitet.

[94] SDGG-Mitglied Eddie Abudarham erzählt mir später, "daß da immer einer vom F&CO dabei sei, der regelmäßig über die Aktivitäten der Gruppe beim *Deputy Governor* Bericht erstatte. Meine Absichten wurden immer wieder auf die Probe gestellt, und ich wurde wieder und wieder befragt, ob ich in meinem Buch den Positionen der Gegenseite Platz einräumen würde. Insofern hatte ich oftmals den Eindruck, die Entscheidungsprozesse innerhalb der SDGG würden vor mir verborgen. Ich kann nicht sagen, ob den einfachen Mitgliedern der Aufgabenbereich etwa der einzelnen Aktivisten, die Finanzierung der Gruppe oder die Kriterien, nach denen die Tagesordnung zusammengestellt wird, klar ist oder ob dies tatsächlich nur vor mir verborgen wurde. Ich akzeptierte aber die Tatsache des Mißtrauens vor Spionen aus der allgemein ethnographischen und der konkreten politischen Intention heraus.

[95] Stephen Linares wies mich darauf hin, daß nicht jeder Punkt der Tagesordnung auf den Sitzungen diskutiert werde. In der Regel werden während der Sitzungen nur Interessenten rekrutiert. Danach treffe man sich im kleinen Kreis "und niemand erfährt etwas, bis die Sache steht. Es gibt Projekte, die eben geheim laufen müssen, damit sie nicht schon im voraus vereitelt werden können. Wenn man das im Plenum besprräche, wärs ja öffentlich..."

[96] Unabhängig von den Aktivitäten der SDGG hatte der Inhaber der lokalen Filiale des Kosmetikunternehmens *Body Shop*, das damals eine weltweite Kampagne zum Selbstbestimmungsrecht der Völker durchführte, eine Unterschriftenliste in seinem Geschäft ausgelegt, in der *self-determination* für Gibraltar gefordert wurde. Aber der örtliche *Body Shop* "*could not carry on because the UK stopped them, because it is too political*". Die SDGG übernahm die Liste mit 9.000 Unterschriften und überreichte sie am Jahrestag des Referendums (10.09.1992) von 1967 in Downing Street 10.

*"Look, we are prepared to help to a certain extent with the cost of things, and we said: and why don't we create a holiday? A National Day holiday. We started it off calling Gibraltar Day, funnily enough there is a controversy about it now. Its the media who started it off calling National Day, and we said, 'well why not calling it National Day', and then everybody called it National Day. We didn't start off calling it National Day. It came about... subsequently."*

Die Gründung des *National Day* steht in einer Linie mit anderen politischen Initiativen, die einen nationalen Symbolismus beförderten, z.b. dem Wettbewerb um die Nationalhymne.[97]

### 5.4.2.1    Die SDGG unter Beschuß

Der Machtverlust Bossanos in den Wahlen von 1996 wurde von der SDGG als unerwarteter Einschnitt erlebt und erforderte von den Mitgliedern ein schnelles Umdenken der bisherigen Strategie, da mit einer institutionellen Rückendeckung durch die Regierung nun nicht mehr automatisch gerechnet werden konnte. Das Umdenken zeigt sich bereits beim ersten Treffen der SDGG nach der Wahl. Auf der Tagesordnung standen zwei Themen.

• die Vorbereitung des *National Day*

• Aktionen gegen die spanischen Schikanen, etwa durch Lobby-Arbeit bei englischen Parlamentariern

Mit dem Sieg der GSD wachsen die Befürchtungen, die öffentliche Meinung könne gegen die SDGG und die nationale Politik umschlagen. Normative Öffentlichkeit wird, wie in Kapitel 3.3 dargestellt, vor allem durch die Tageszeitung hergestellt. Beide Herausgeber der GIBRALTAR CHRONICLE gelten jedoch als GSD-nah. Der Wahlsieg löst bei der SDGG Befürchtungen darüber aus, daß die 'nationale Arbeit' gefährdet werden könne. Die GSD, so die Vermutung, wolle den Tag entpolitisieren und zu einem bloßen kulturellen Ereignis umdefinieren. Einen Beweis für die Entpolitisierung des *National Day* sehen die Aktivisten der SDGG in der Zusammenlegung verschiedener kultureller Feiern (z.B. die Wahl der *Miss Gibraltar*) auf die *National Week*.

Bezüglich des Einflusses der neuen Regierung auf die Organisation des *National Day* gehen die Befürchtungen der SDGG in zwei Richtungen: Es könnte möglich sein, daß 1) die neue Regierung die Vorbereitungen zum Feiertag selbst übernehme und dabei versuchen könnte, die Symbole zu manipulieren, 2) die Organisation weiterhin in den Händen der SDGG belassen würde, jedoch ohne finanzielle und moralische Unterstützung der Regierung.

Verschiedene Strategien werden im Plenum diskutiert, um beiden Möglichkeiten entgegenzuwirken. Die Anwesenden entscheiden sich dafür, die Organisation nicht aus den Händen zu geben, sondern frühzeitig den neuen *Chief Minister* als Gastredner einzuladen und den Tag unter ein Motto zu stellen, das die GSD im Wahlkampf benutzt habe: *"sovereignty cannot be*

---

[97]    Der Wettbewerb entstand auf Initiative der GSLP-Ministerin Mari Montegriffo. Ursprünglich war es umstritten, ob ein internationaler Wettbewerb ausgeschrieben werden sollte, da dies auch Spaniern eine Teilnahme ermöglichte. Die SDGG hätte es bevorzugt, wenn nur *Gibraltarians* am Wettbewerb teilgenommen hätten. Der Wettbewerb wurde von einem Waliser gewonnen.

*given up.*" Die Regierung, so das Kalkül, werde sich nicht gegen ihr eigenes Wahlkampfmotto stellen können.

In der folgenden Sitzung berichtet Matthews von seinem Treffen mit *Chief Minister* Caruana bezüglich der Vorbereitung des *National Day*. Caruana hatte die Finanzierung des *National Day* zugesagt; er stimmte allen Punkten zu, die Matthews ihm vorlegte - bis auf die Einladung einer Gastdelegation der baskischen PNV-Partei. Die PNV hatte die *self-determination* Gibraltars bislang unterstützt, Caruana befürchtete jedoch, daß ihn die Einladung der Basken in Spanien Sympathien kosten könne. Zu diesem Zeitpunkt seiner Amtszeit versuchte Caruana der spanischen Regierung jedes Argument, das als Provokation verstanden werden könnte, schon vorab aus der Hand zu nehmen.

Die SDGG entscheidet sich im Gegenzug dazu, den *National Day* von parteipolitischer Instrumentalisierung freizuhalten, um Caruana keinen Vorwand dafür zu liefern, den Feierlichkeiten vielleicht doch noch die finanzielle Unterstützung zu entziehen. Wie die CSU die weiß-blaue Raute Bayerns für sich beansprucht und besetzt hat, so ist die GSLP-Flagge für ein ungeübtes Auge kaum von der Gibraltarflagge zu unterscheiden: der weiß-rote Hintergrund, in der Mitte die rote Burg. Lediglich das rote Wappen und der schwarz gehaltene Schriftzug "G.S.L.P" fallen ein wenig aus dem Rahmen.

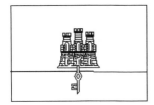 

Abbildung 11: Die Flaggen Gibraltars und der GSLP

Matthews ordnet an, die GSLP-Parteiflagge am *National Day* nicht zu schwenken, um auch GSD-Anhängern das Bekenntnis zum *National Day* zu ermöglichen. Dies würde verhindern, daß die gelb-blaue GSD-Flagge geschwenkt und damit die Kampagne für rot-weiß gegen rot-weiß-blau [→ Kapitel 4.2.1] unterlaufen werden würde.

Der zweite Tagesordnungspunkt, der am ersten Treffen nach der Wahl besprochen wurde, war nach außen gerichtet und betraf neue Reaktionen auf die spanischen Schikanen. An der Grenze manifestiert sich die Ohnmacht gegenüber den antigibraltarianischen Maßnahmen Spaniens; gleichzeitig bekräftigen Ausbrüche der Gefühle, wie sie etwa anläßlich des Sieges Englands gegen Spanien bei der Fußballeuropameisterschaft an der Grenze stattfanden [→ Kapitel 1], aber auch das Erleben von Zusammengehörigkeit. Es ist somit kein Wunder, daß politische Demonstrationen gegen die Schikanen immer wieder im Sichtbereich der spanischen Grenzbeamten durchgeführt werden. Die SDGG organisierte im Juni 1995 *No-go-to-Spain-Days*, an denen die Nummern der gibraltarianischen Autos notiert wurden, die nach Spanien einfuhren.

Diese Aktion wurde *Checkpoint Franco* genannt, um einen wunden Punkt des neuen Spanien zu treffen: die Assoziation der 'sogenannten Demokraten' mit dem Frankismus.

Um die GSD-Regierung in eine Situation zu bringen, in der sie sich zu den Zielen der Selbstbestimmung bekennen müßte, wurde die Unterstützung der von der Gruppe *Voice of Gibraltar* geplanten *Frontier Queue Demo* beschlossen. Die Initiatoren der *Voice of Gibraltar* sind parteipolitisch ungebunden, sie kommen aus allen Parteien, auch aus der GSD. Die SDGG beabsichtigte nun, Einfluß auf die Demonstration zu nehmen: Sollte es sich ursprünglich um eine Aktion an der Grenze handeln, um gegen die Schikanen der Spanier zu demonstrieren, müsse man die Aktion jetzt so organisieren, daß sie sich an Spanier und Briten gleichermaßen richte; man treffe sich zuerst auf der Grand Parade, gehe von dort zum Convent, wo man dem Gouverneur eine Protestnote gegen das lange Schweigen Großbritanniens übergibt, marschiere dann zur Grenze (mit Spruchbändern wie "*Shame on [Prime Minister John] Major*"), wo man eine symbolische Handlung vollziehe, etwa das Schmücken des Grenzzaunes mit Schleifen in den Farben Gibraltars und der EU. Alle vier Parteiführer hätten ihre Unterstützung zur Demonstration der *Voice of Gibraltar* bereits zugesagt, Caruana habe sich sogar dazu bereit erklärt, die Demonstration zu finanzieren, und vorgeschlagen "*why dont we go to La Linea and demonstrate in Spain?*" Wenn man es schaffe, die Zielrichtung der Demonstration zu verändern, gewinne man größere Außenwirkung und zwinge die neue Regierung dazu, sich zum SDGG-Kurs zu bekennen.

SDGG-Aktivist Benny setzt sich mit einem Reporter von Sky News in Verbindung und vereinbart, daß CNN, Sky News und BBC über die Demonstration berichten würden. Das Timing sei sehr wichtig, schließlich konkurriere man mit anderen 'Produkten' auf dem Nachrichtenmarkt, und verglichen mit den Greueln in Ruanda oder der Nahostkrise sei Gibraltar - wenn überhaupt - nur am Rande eine Nachricht wert. Die Aktion müsse am Vormittag durchgeführt werden, damit sie in den Abendnachrichten gesendet werden könne.

In den Tagen vor der geplanten Aktion befindet sich Caruana auf einer Auslandsreise, sein Stellvertreter Peter Montegriffo amtiert in seiner Abwesenheit als *Chief Minister*. Montegriffo, der von den Vorbereitungen der SDGG erfahren hatte, wendet sich telefonisch an Benny und erkundigt sich nach dem Stand der Vorbereitungen zur Demonstration. Dabei vertritt Montegriffo die Auffassung, daß eine Aktion zum gegenwärtigen Zeitpunkt falsch sei, da es z.Zt. dazu keinen konkreten aktuellen Anlaß - etwa *double checks* - gäbe. Spanien könne die Demonstration falsch interpretieren.

Auf der Sitzung der SDGG wird diese Intervention eindeutig kommentiert: Montegriffo sei ein Agent Spaniens und Caruana zwar ein "Idiot", aber immerhin ein ehrlicher Mann. Am kommenden Tag um 10.00 Uhr wollte die SDGG in einer Pressekonferenz die Aktion bekanntgeben, Montegriffo hatte Benny jedoch schon für 8.00 Uhr zu einem Gespräch in sein Büro gebeten. Die SDGG-Aktivisten befürchten, daß Montegriffo Caruana telefonisch dahingehend bearbeitet habe, sich ebenfalls gegen die Unterstützung der Aktion auszusprechen; denn als Caruana seine erste Unterstützung zusagte, waren noch konkrete Repressalien an der Grenze (stundenlange Abfertigungszeiten) in Kraft. Dennis Matthews meint, man solle die Demo lieber ausfallen lassen, falls die Regierung die Unterstützung versage; schließlich sei die Medienaufmerksamkeit nur gewährleistet, wenn die Aktion am Vormittag stattfinde. Das bedeute aber, daß die Regierung der arbeitenden Bevölkerung für einige Stunden arbeitsfrei geben müsse. Wenn dies aber nicht geschehe, würde man sich nur blamieren.

Auch für Benny steht fest, daß Montegriffo seine Fäden bereits gezogen hatte, denn kurz nach dem Telefonat hatte ein anderer Aktivist beim GIBRALTAR CHRONICLE vorgesprochen, um die Demonstration anzukündigen, die Herausgeber hätten sich sehr ablehnend gezeigt und man habe das - von Montegriffo benutzte - Argument der "Verschiebung aufgrund der zur Zeit kurzen Abfertigungszeiten" vorgebracht. Die SDGG würde also zusätzlich auch mit einer negativen Berichterstattung im CHRONICLE rechnen müssen. Zwei Tage später verkündet Peter Montegriffo offiziell im Fernsehen, daß die Demonstration nicht stattfinden werde. Nach dem Wahlsieg der GSD befürchtet die SDGG also die Umwertung der nationalen Symbolik durch die neue Regierung.

Fassen wir zusammen und erinnern wir uns daran, wie diese Symbolik ins Leben gerufen wurde: Bossano wurde 1988 vor allem deshalb gewählt, weil er sich dem *Brussels Agreement* und dem *Airport Agreement* verweigerte. Hinter beiden Beschlüssen wurde ein Komplott der britischen und spanischen Außenministerien vermutet, das darin bestünde, die Kolonie an eine schleichende Übergabe an Spanien zu gewöhnen. Die ökonomische Situation Gibraltars verschlechterte sich seit der Schließung des Hafens deutlich und wurde somit zunehmend anfällig für spanische Maßnahmen, die die Wirtschaft noch mehr strangulieren könnten. Bossanos Versuch der Schaffung eines Ausweges aus dieser schwierigen Situation erforderte eine ökonomische Umorientierung. Die Bevölkerung mußte eingeschworen werden auf ein gemeinsames Schicksal jenseits des kolonialen Status. Dazu mußte die Identifikation der sich primär als britisch und erst sekundär als gibraltarianisch definierenden Zivilbevölkerung umgekehrt werden. Um dies zu erreichen wurden konkrete gesetzliche Schritte wie die Einführung des *1st July Law* [→ Kapitel 4] und die Verminderung der Kooperation mit dem britischen Außenministerium auf ein Minimum unternommen. In den Entstehungsprozeß einer nationalen Symbolik flossen geplante (z.B. Hymne) und ungeplante Entwicklungen (z.B. Lob der Mischung, Interesse an lokaler Geschichtsschreibung) zusammen. Kernstück der Symbolik wurde der *National Day*.

Die neue Regierung, die in Bossanos Haltung zum Mutterland, zur Frage der Souveränität und zur politischen wie ökonomischen Zukunft der Kolonie einen Irrweg sah, nahm nicht nur das *1st July Law* zurück und die Kooperation mit dem Außenamt wieder auf, sie versuchte auch, die Symbole abzuschaffen oder umzuwerten. Die Frage, ob und in welcher Form der *National Day 1996* organisiert und durchgeführt werden konnte, war demnach für die GSD wie für die SDGG von entscheidender Bedeutung. Sie stellte nicht nur die Frage danach, wie tief der Prozeß der Desidentifikation mit dem Mutterland bereits verwurzelt war, sondern auch danach, mit welchen Inhalten er gefüllt und gegebenenfalls umdefiniert werden konnte.

*"The question is: how far does that [i.e national sentiment] go? How important is that thing to the taxi-driver ..."* [Informant Minister Peter Montegriffo, * 1960]

Der *Chief Minister* Caruana unterstellte Versuch, aus einer - nach GSLP/SDGG-Verständnis - primär politischen Veranstaltung ein apolitisches Unterhaltungsfest zu machen, schlug 1996 fehl. Die Frage der Selbstbestimmung ist in Gibraltar von vitalem Interesse, sie wird von den Bewohnern tagtäglich durch die Erfahrungen an der Grenze verinnerlicht und eingeübt und so ständig gestellt. Kein Wunder also, daß sich Caruana zwar in den nationalen Diskurs ein-klinkte, andererseits aber die Unterstützung für die Grenzdemonstration der Gruppe *Voice of Gibraltar* zurückzog. Sowohl die SDGG als auch Caruanas GSD versuchten sich der Initiative dieser unabhängigen Gruppierung zu bemächtigen und sie für ihre Zwecke zu instrumentalisieren. Bei diesem Versuch mußte die SDGG eine Niederlage hinnehmen, und auch wenn die Demonstration schließlich im Sommer 1997 mit Unterstützung der Regierung durchgeführt werden konnte, so bezog sie entgegen den ursprünglichen Planungen keine Ak-tion an der Grenze mit ein, sondern sie wurde innerhalb der Stadtmauern durchgeführt. 1996 jedenfalls konnte eine Demonstration an der Grenze verhindert werden, ohne daß Caruana dabei sein Gesicht verlor: Ursprünglich hatte er den Organisatoren seine Unterstützung zuge-sagt, sein Stellvertreter Montegriffo jedoch unterband das Vorhaben, als Caruana sich im Ausland befand. Es drängt sich der Verdacht auf, die beiden Politiker hätten die ihnen von der Opposition unterstellte Feindschaft bewußt ausgespielt und dabei die Rollen des *good guy - bad guy* so verteilt, daß Caruana in die Anhängerschaft des Gegners einbrechen konnte. Tat-sächlich fielen in den Reihen der SDGG die Urteile über Caruana weit milder aus als noch zu Zeiten des Wahlkampfes.

### 5.4.3 Wahlkampf 1996 als Aushandlungsarena von Kultur und Identität

Die Alltagspraxen hegemonialer Gruppen bergen "kulturale Implikate ihres Handelns wie z.b. gruppen- oder geschlechtsspezifische Habitualisierungen" [WARNECKEN & WITTEL 1997]. Die Analyse von Wahlkämpfen vermag diese Implikate zu enthüllen. In Wahlkämpfen werden tiefgreifende gesellschaftliche Grundkonfliktlinien akzentuiert, um Gefolgschaft zu mobilisie-ren. Die Untersuchung der im Wahlkampf aktivierten Diskurse über die eigene Partei und die Partei des Gegners enthüllt diese Konfliktlinien, die während einer Legislaturperiode eher ver-borgen bleiben.

Meine Feldforschung wurde während des Wahlkampfes 1996 durchgeführt [→ Postscript]. Die politische Bühne wurde von *Chief Minister* Joe Bossano dominiert, die parlamentarische Opposition wurde von Peter Caruana von der GSD geführt. Mit der GSLP und der GSD kon-kurrierte die linksliberale nationale Partei GNP unter der Führung ihres jungen Vorsitzenden Joseph Garcia. Die GNP steht innenpolitisch eher der GSD nahe, ihre außenpolitischen Ziele stimmen - wie die Nähe zur SDGG bereits vermuten läßt - eher mit der GSLP überein.[98]

Im Wahlkampf wurden von beiden Seiten Antagonismen bemüht, die zwar an einzelnen Protagonisten und ihren Netzwerken festgemacht werden können, jedoch auf allgemeine ge-sellschaftliche Grundlinien verweisen. Neben dem Konflikt um die Frage der Souveränität und den Aussagen, die in diesem Zusammenhang über das Verhältnis zum Mutterland und zu Spa-nien gemacht wurden, betrifft dies vor allem den Klassengegensatz. Ethnisch-religiöse Argumente fließen zwar in die Wahlkampfrhetorik der beiden großen Parteien, die ein Lob der kulturellen Toleranz, Hybridität und Mischung anstimmen, nicht direkt ein. Die Tatsache, daß

---

[98] Bei einer Nachwahl 1998, die nach dem Tod des GSLP-Abgeordneten Robert Mor durchgeführt werden mußte, stellten GSLP und GLP (die frühere GNP) Joseph Garcia als gemeinsamen Kandidaten auf. Garcia wurde gewählt.

es sich bei der jüdischen und der hinduistischen Gemeinde zum Großteil um Händlergemeinden handelt, deren Einfluß auf die Interessen des traditionellen Antagonisten Bossanos - der *Chamber of Commerce* - besonders groß ist, transportiert aber antijüdische und antiindische Ressentiments und erklärt zum Teil die Exklusion dieser Gruppen aus der Museumsgeschichte. Des weiteren befördert die Nähe Caruanas, eines "*new born christian*", zum katholischen Fundamentalismus Ängste der weitgehend antiklerikalen Katholiken Gibraltars und der laizistischen GSLP vor einem wachsenden Einfluß der Kirche auf die Politik des Gemeinwesens.

| Parteien<br><br>Parteiurteil über | GSLP | GSD |
|---|---|---|
| GSPL-Urteil über soziale Basis der... | Arbeiter, einfache Leute | anglisierte Oberschicht, Händler |
| *GSD-Urteil über soziale Basis der...* | *Mob, Rowdies, Ungebildete* | *middle-class, decent people, Gebildete* |
| GSLP-Urteil über Territorialität der... | Gibraltar | Sotogrande |
| *GSD-Urteil über Territorialität der...* | *Buenavista, Glacis, Laguna* | *Main Street, Town* |
| GSLP-Urteil über kulturellen background der... | gibraltarian | aping the british |
| *GSD-Urteil über kulturellen background der...* | *spanish* | *british* |
| GSLP-Urteil über Führungsstil der... | geeint | zerstritten, unheilige Allianz |
| *GSD-Urteil über Führungsstil der...* | *diktatorisch, autokratisch, Vetternwirtschaft* | *kollegial, transparent* |
| GSLP-Urteil über Klientelverhältnisse der... | alle anständigen Gibraltarianer | Sir Joshua Hassan, J.E.Triay, jewish & hindu community |
| *GSD-Urteil über Klientelverhältnisse der...* | *Schmugglermafia* | *alle anständigen Bürger* |
| GSLP-Urteil über politische Ausrichtung der... | Unabhängigkeit, self determination | abhängig vom *Foreign & Colonial Office* |
| *GSD-Urteil über politische Ausrichtung der...* | *blinder Nationalismus* | *Free Association mit Mutterland* |
| GSLP-Urteil über Beziehung der ... zum Mutterland | selbstbewußt | Marionetten des *Foreign & Colonial Office(Whitehall Puppets)* |
| *GSD-Urteil über Beziehung der ... zum Mutterland* | *kompromißlos, unverschämt, arrogant, schädigend* | *kooperativ, kollegial, selbstbewußt* |
| GSLP-Urteil über Beziehung der ... zu Spanien | antispanisch | prospanisch |
| *GSD-Urteil über Beziehung der ... zu Spanien* | *blinder Haß* | *Kooperation, charme offence* |

| GSLP-Urteil über Haltung der ... zum Nationalismus | national | antinational, Verräter |
|---|---|---|
| *GSD-Urteil über Haltung der ... zum Nationalismus* | *Irrweg Nationalismus* | *first british, second gibraltarian* |
| GSLP-Urteil über politische Ordnung der ...-geprägten Gesellschaft | gerecht | neoliberal |
| *GSD-Urteil über politische Ordnung der ...-geprägten Gesellschaft* | *Chaos, Korruption* | *zivilisiert, demokratisch* |
| GSLP-Urteil über wirtschaftliche Basis der ...-geprägten Gesellschaft | Finanzzentrum | Disney Land |
| *GSD-Urteil über wirtschaftliche Basis der ...-geprägten Gesellschaft* | *Schmuggel, Steuerparadies* | *Dienstleistungsgesellschaft, Tourismus* |

Tabelle 4: Argumente im Wahlkampf 1996

### 5.4.3.1 Bewertung der GSLP durch ihre Gegner: Klientelismus und Korruption

Bossano und seine Anhänger werden in den Reihen der GSLP als brutal, ungebildet und asozial dargestellt. Bossanos Regierungsstil wird häufig als diktatorisch[99] bezeichnet, als "autokratisch wie der von kommunistischen Potentaten des Ostblocks oder gar wie der von Hitler". Entscheidungen treffe Bossano

> "*without consulting even some of his most trusted supporters*".[100]

Kritisiert wird vor allem die mangelnde Offenheit und Transparenz der politischen Entscheidungen, da die GSLP keine regelmäßigen Rechenschaftsberichte veröffentlicht und sich die Sitzungstermine des *House of Assembly* drastisch verringert haben. Politische Entscheidungen würden nicht mehr im Parlament diskutiert. Die GSD dagegen würde Entscheidungsprozesse wieder durchsichtig machen.[101] Peter Montegriffo kulturalisiert die Wahl; sie sei eine Richtungsentscheidung über die Frage, auf welche Weise das Gemeinwesen regiert werden soll:

> "*[..] in the andalucian or in the anglosaxon way*".

Der *andalucian way* habe, so Montegriffo, eine gewisse Attraktivität für die Gibraltarianer: Wenn man einen Job für den Sohn benötige und den zuständigen Minister kenne, brauche man bloß mit ihm zu telefonieren. Wenn man eine Beschwerde bei der Polizei habe, fülle man kein Formular aus, sondern rufe den *Commissioner* zuhause an. Der andere Weg sei der geordnete, der rechtsstaatliche, "*the sort of british way*". Die GSLP repräsentiere den ersten Weg, bei dem es auf klienteläre Bindungen und Patronagebeziehungen ankomme. Diese seien zwar zum Teil unvermeidlich in einer kleinen Gemeinschaft, "*but everything is a matter of degree*". Wenn der

---

[99] GSD-Kandidat Britto spricht von einer "*elected dictatorship*". Interview mit Ernest Britto in: THE GIBRALTARIAN, 12.04.1996: 10ff.
[100] *Scraping The Barrel! Choice of three stooges divides GSLP*, in: THE GIBRALTARIAN, 19.04.1996: 1-2.
[101] Interview mit Ernest Britto in: THE GIBRALTARIAN, 12.04.1996: 10.

Zugang zu Privilegien, öffentlichen Mitteln und Diensten von Beziehungen abhänge, sei das nicht zu verantworten. Dies treffe vor allem auf einen Ort wie Gibraltar zu, in dem die Minister weniger Politiker als Verwalter seien, die es qua Amt mit der Vergabe etwa von Stellen und Aufträgen zu tun haben.

Während die GSLP-Führung von der GSD als diktatorisch gebrandmarkt wird, geriere sich die militante Anhängerschaft der Sozialisten gewalttätig. Die Begriffe *Hooligans, street gang, mobster, toughs* und *rowdies* werden zur Beschreibung des harten Kerns der Anhänger benutzt, die sich aus den jungen Schmugglern zusammensetzten, die für die Unruhen von 1995 [ → Kapitel 6.5] verantwortlich seien.

Das Gebaren der GSLP zeigte sich in verschiedenen Einschüchterungsversuchen während des Wahlkampfes, etwa dem Beschmieren des Motorrollers eines GSD-Anhängers mit Exkrementen.[102] Als emblematisch für die rüde Art kann der Ocaña-Zwischenfall herangezogen werden: Jaime Netto, Kandidat der GSD, war beim Verteilen von Wahlkampfbroschüren im Arbeiterviertel Varyl Begg Estate beschimpft und verprügelt worden. Ein GSLP-Anhänger, Mr. Ocaña, wird in den TV-Nachrichten damit zitiert, daß er derjenige gewesen sei, der Netto geschubst - aber nicht verprügelt - habe, weil er sich dagegen verwahre, von Netto mit Wahlwerbung belästigt zu werden. In der spanischen Zeitung *Area* wird darüber hinaus erwähnt, daß der Vater von Netto (und früherer Förderer Bossanos) während einer Wahlveranstaltung bedroht worden sei.

Diese Art der Einschüchterung sei typisch für Bossanos Regierungszeit, in der es niemand gewagt habe, seine eigene Meinung kundzutun. Das Bild des rücksichtslosen und machtgierigen Bossano, der brutal die Interessen seiner eigenen Klientel schütze und darüber hinaus die Opposition einschüchtere, wird von der GSD mit Verweis auf eine klientelistische Politik diskursiviert: Unter Bossano wurden eine Reihe staatlicher Dienste [etwa das Museum, Kapitel → 5.3.1] privatisiert, er wird diesbezüglich mit Margaret Thatcher verglichen, deren Neoliberalismus er weitaus übertroffen habe. "*Bossano is a street fighter much more than a politician.*" Bossano habe die Wahl verloren, weil er die Unterstützung derjenigen verlor, die meinten, er hätte seine Kompetenzen als normaler Herrscher überschritten und das Prinzip der Privilegienvergabe weit überzogen.

> "*He turned the office of Chief Minister into the principality of the Street Gang.*" Die Leute hätten zweifellos Angst vor diesem Mob bekommen: "*People suddenly realized that this man was a dictator. Bossano appointed Mr. P., who was a toughy in Trade Union terms, a tax collector. When you go around appointing Trade Union toughs into tax collectors, thats a signal! I am not saying, look, Mr. P. is... could be... is capable of acts of kindness that many institutional tax collectors would not be, to his friends. He is the wrong image. That what he did with tax collecting he has done with absolutely everybody else. He was supporting his friends and his allies into positions of money making at the cost of good administration. It is inevitable in a small community...* " [Informant Edgar Maria Bonin, * 1931]

Die Privatisierung selbst fand nicht nach offenen Marktprinzipien statt, sondern es habe sich eine Privilegienverleihung nach feudalistischem Muster entwickelt. Die Kritik Bonins, der als

---

102 *Shame!*, in: THE GIBRALTARIAN 3.5.1996: 1.

Politiker dem bürgerlichen Lager angehört, verweist über die allgemeine Kritik am Prinzip der Privilegienvergabe hinaus auf die Umgestaltung der zu versorgenden Klientel: Das Klassenmotiv rückt hier in den Mittelpunkt der Kritik. Habe Hassan vornehmlich die bürgerliche Schicht bedient, so wurde nunmehr die Arbeiterschicht privilegiert.

"*The GSLP are clique communists*",[103]

nur Anhänger Bossanos hätten vom Wohlstand des Gemeinwesens profitiert. Neben der Korruption ist vor allem die Favorisierung des intensiven Tabakschmuggels [→ Kapitel 6.5] als einem der wirtschaftlichen Grundpfeiler Anlaß zur Besorgnis unter der Mehrheit der Zivilisten.

Der Unmut über den Bossano'schen Regierungsstil der Privilegienvergabe, der Korruption und Vetternwirtschaft, des Schmuggels und der Geldwäsche bewegt nicht nur überzeugte Anhänger der GSD und der GNP, sondern vielmehr die Wechselwähler. Typische GSD-Wähler sind somit eher jene Gibraltarianer, denen der Regierungsstil Bossanos zuwider ist, wie der Klempnermeister Manuel Jurado [* 1940], der mir sagt, er würde die GSD verachten, aber er hoffe, daß sie die Wahlen gewinne, damit all die Sünden und Korruptionsfälle der GSLP endlich aufgedeckt würden. "Die GSLP-Minister leiten die jetzt privatisierten Staatsbetriebe." Jurado schimpft insbesondere über Minister Pilcher, der zwei (und er betont: "*not one, but two*") Häuser in seiner Zeit als Regierungsmitglied habe erwerben können.

"Wahrscheinlich von einem Bauunternehmer ein Geschenk! Das hat Pilcher sogar selbst zugegeben. Früher waren die Regierungsmitglieder Arbeiter gewesen und wohnten wie jedermann sonst in Wohnblocks."

5.4.3.2    Bewertung der GSD durch ihre Gegner: eine unheilige Allianz aus untereinander zerstrittenen Verrätern

Im Gegensatz zur alten AACR unter Hassan, der GSLP Bossanos und teilweise der kleinen GNP unter Joseph Garcia ist die GSD nicht auf eine Führungsperson ausgerichtet. Als erste Partei seit Beginn der 80er Jahre präsentiert sie vielmehr ein Team von Kandidaten, die den Anhängern wie den Gegnern als relativ eigenständige Protagonisten gelten: der bereits erwähnte Gewerkschafter Jaime Netto und dessen früherer Gegenpart in Tarifverhandlungen, Joe Holiday von der örtlichen Handelskammer; der Ex-Priester und Gründer der GWU, Bernard Linares; der junge Anwalt und Ex-GNP-Kandidat Keith Azzopardi; der ehemalige Bankmanager Hubert Corby, der den katholischen Fundamentalisten nahe steht; der AACR-Renegat und GSD-Mitbegründer Ernest Britto und vor allem Peter Montegriffo und Parteichef Caruana. Wird diese Vielfalt von der GSD selbst als Stärke dargestellt, so sehen GSLP und GNP darin eine 'unheilige Allianz' widerstrebender politischer Richtungen und Persönlichkeiten, die sich in erster Linie als eine Anti-Bossano-Koalition zusammengefunden habe.

Die GSD-Gegner benennen verschiedene Bruchstellen, an denen die 'unheilige Allianz' zerbrechen könnte. Diese Bruchstellen verweisen auf die enge Verknüpfung individueller Biographien und gesellschaftlich antagonistischer Machtzentren.

---

103  *Vandals and Voodoo Economics*, in: THE GIBRALTARIAN, 3.5.1996: 4.

Caruana und Montegriffo verkörpern in der nationalistischen Argumentation auf geradezu ideale Weise Zielscheiben: Caruana wird als "Marionette" seines prospanischen Schwiegervaters, des "Verräters" Triay bezeichnet; Montegriffo sei der "opportunistische Ziehsohn" des probritischen Paten, Sir Joshua Hassan.

In der GSLP wird versucht, die unterschiedlichen Ambitionen Caruanas und Montegriffos zu betonen. Vor allem Montegriffos Bild wird als das eines machtbesessenen und prinzipienlosen Egoisten gezeichnet, dem sogar das Schicksal der eigenen Partei gleichgültig sei. Schließlich sei er jener Verräter gewesen, der der alten AACR das Grab geschaufelt habe. So titelt die GNP-nahe PANORAMA am 1.4.1996: "*Montegriffo wants Caruana out before it is too late.*" Der Artikel beruft sich auf jemand aus dem unmittelbaren Umfeld von Montegriffo und wirft damit ein Gerücht in die politische Arena, das in der GSLP-Wahlzeitung THE NEW PEOPLE vom 12.04.1996 aufgenommen und in der GSD-Wahlzeitung vom selben Tage heftig dementiert wird.

Eine zweite Bruchstelle wird im Klassengegensatz zwischen dem Vertreter der Handelskammer (Joe Holiday) und dem Repräsentanten der Gewerkschaft (Jaime Netto) verortet.

Die dritte Sollbruchstelle wird im Gewerkschaftskonflikt von 1974/75 lokalisiert: die TGWU wurde damals vom *district officer* José Netto geführt, der heutige Bildungsminister Bernard Linares war damals neben Bossano zweiter *branch officer* der TGWU. Konflikte zwischen Linares auf der einen und Netto/Bossano auf der anderen Seite führten 1974 zum Austritt von Linares und der Gründung einer neuen Gewerkschaft (GWU).[104] Nach der Wahl Bossanos 1988 zum Regierungschef kühlte sich das symbiotische Verhältnis zwischen, GSLP und TGWU ab. José Netto habe - so wird kolportiert - seine Unterstützung für Bossano gegen Linares bald bereut. Linares gehe es vor allem um Rache am alten Netto und diese werde er früher oder später an dessen Sohn Jaime ausüben.[105]

Somit wird auch das Klassenargument von der GSLP bemüht: Minister Holiday sei nur daran interessiert, noch reicher zu werden;[106] Linares und Netto[107] - eigentlich Vertreter der Gewerkschaften - seien Verräter der Linken, da sie sich mit der bürgerlichen GSD arrangierten. Und schließlich transportiert auch wieder der mobilisierte *shopping-in-Spain*-Topos klassenspezifische Argumente: Peter Montegriffos Einkommen als Rechtsanwalt in Höhe von 60.000 Pfund sei wohl nicht genug, er schaue sich in den spanischen Kaufhäusern nach billigen Waren um und schädige damit die gibraltarianische Wirtschaft.[108]

Neben der vermeintlichen inneren Zerrissenheit wird der GSD insbesondere eine Nähe zu Spanien unterstellt. Nicht nur der Spitzenkandidaten Peter Caruana wird in den Verdacht gerückt, ein Verräter zu sein, der die Übergabe Gibraltars an Spanien auf britisches Geheiß hin organisieren solle:

---

104   Die GWU löste sich 1975 wieder auf. Danach wurde Linares zuerst Lehrer, dann Schulleiter.
105   *Montegriffo wants Caruana out before it is too late,* in: PANORAMA 01.04.1996: 7.; *Surprises, surprises,* in: PANORAMA, 22.04.1996: 7.
106   *Who could it be?*, in: PANORAMA, 12.03.1996: 5.
107   *Who could it be?*, in: PANORAMA, 12.03.1996: 5.
108   *Clearly, Caruana is no alternative,* in: PANORAMA, 12.05.1996: 7.

*"You think back to the fact that Caruana was in the PAG, that his father in law was the leader of the PAG. ... What are you telling me, that Caruana, who was a lawyer then and quite an intelligent young man, was totally convinced that the sovereignty of Gibraltar should be handed over to Spain and now he is completely changed? I don't believe that! You don't change just like that. He may have modified a bit, that if you couldn't convince the people of Gibraltar to go forward on a bald open thing let's say: let's hand it over to Spain! But that he wants to make moves in that direction and that he had to modify his approach and take the people with him and gradually draw them in rather than say: let's do it."* [Informant Stephen Harding, *1944]

Auf den Wahlkampfkundgebungen schallt der GSD aus den Reihen der Gegner immer wieder der Ruf '*palomo*' entgegen. *Palomo* erinnert an Caruanas Schwiegervater Triay, einen der *Doves*, der 'Tauben', die in den 60ern den Anschluß an Spanien forderten. Aus den Reihen der GSD wird dagegen daran erinnert, daß auch der Wahlkampfmanager der GSLP, Peter Caetano, Vorstandsmitglied der PAG gewesen war.[109]

Auch andere Kandidaten werden als spanien-nah und daher in die Nähe des Verrates gerückt: Der Unternehmer Joe Holiday habe großen Landbesitz in Spanien;[110] die Kandidaten der GSD kauften in Spanien ein; Peter Montegriffo sei Stammkunde im Nobelkaufhaus El Corte Inglés de Marbella;[111] Montegriffo verhandle heimlich mit dem Bürgermeister von Algeciras.[112] Als die GSLP Peter Isola als Kandidaten präsentiert, benutzt die GSD eben denselben Topos, um die - aus ihrer Sicht - Absurdität des Vorwurfes der Spanien-Nähe zu kontern: Anders als Isola besitze Caruana kein Haus in Sotogrande[113] und habe dort nie eines besessen; der neue GSLP-Kandidat Joshua Gabay lebe die Hälfte des Jahres in seinem Haus in Villacana/Spanien;[114] Dennis Matthews von der GSLP-nahen SDGG habe Gibraltar in der Zeit der Grenzschließung verlassen, um in Spanien (!) zu leben und zu arbeiten,[115] ebenso wie GSLP-Kandidat Clive Golt, der 1972 nach Spanien übersiedelte.[116] Und schließlich sei die Regierung Bossano für die Vergabe von Betreiberlizenzen an die spanischen Unternehmen (z.B. Petrolfirma *CEPSA*, das Bauunternehmen *Cubiertas* und die *Banco de Bilbao*) in Gibraltar verantwortlich.[117]

---

[109] *Carta abierta de un Pensionista*, in: THE GIBRALTARIAN, 10.05.1996: 19.

[110] *Manipulation*, Leserbrief von Richard Evans in: PANORAMA, 15.04.1996: 4.

[111] *Clearly, Caruana is no alternative*, in: PANORAMA, 12.05.1996: 7.

[112] *Surprises, surprises*, in: PANORAMA, 22.04.1996: 7; *The great debate!*, in: PANORAMA, 29.04.1996: 2; *Clearly, Caruana is no alternative*, in: PANORAMA, 12.05.1996: 7.

[113] Leserbrief von 'A true British Gibraltarian' in: THE GIBRALTARIAN, 01.03.96: 11; *Scraping The Barrel! Choice of three stooges divides GSLP*, in: THE GIBRALTARIAN, 19.04.1996: 1-2.

[114] *Scraping The Barrel! Choice of three stooges divides GSLP*, in: THE GIBRALTARIAN, 19.04.1996: 1-2.

[115] *!The Opposition go in the Attack!*, in: THE GIBRALTARIAN, 01.03.1996: 1-2; Leserbrief von 'A true British Gibraltarian' in: THE GIBRALTARIAN, 1.03.1996: 11.

[116] *G.S.D. clear favourites*, in: VOX 10.05.96: 1.

[117] *Ni "duro" Ni "blando"*, in: THE GIBRALTARIAN, 3.5.1996: 6.

## 5.5    Zusammenfassung

Nation und Ethnizität sind immer Produkte politischer Auseinandersetzung. Die Bestimmung der gibraltarianischen Kultur, der ethnischen und der nationalen Identität ist, wie die Analyse des politischen Feldes, der politischen Protagonisten und des Wahlkampfes gezeigt hat, eng an den Kampf zwischen den politischen Lagern um den zukünftigen politischen Status der Kolonie gebunden.

Ethnologen haben den Glauben an Reinheit als Grundlage für die Konstitution von Nationen als Produkte machtpolitischer und symbolischer Prozesse benannt und weitgehend den essentiellen Charakter von ethnischer und nationaler Identität verworfen. GELLNER[118] [1995: 184] schreibt, Nationalismus sei "das Prinzip homogener kultureller Eigenheiten als Grundlage des politischen Lebens und der obligatorischen kulturellen Einheit von Herrschern und Beherrschten", also ein politisches Prinzip, das besagt, politische und nationale Einheiten sollten deckungsgleich sein, sprich: kulturelle Einheit in einem Staate. ANDERSON spricht in diesem Zusammenhang von *imagined community*, und Imagination bedeutet hier das Herstellen von symbolischer Gemeinsamkeit der Mitglieder einer Nation, die keine *face-to-face*-Gesellschaft ist und durch das Transponieren der unpersönlichen Beziehung zu den anderen Mitgliedern der Nation in Metaphern der Verwandtschaft eine imaginierte Gemeinsamkeit herstellen soll. Bestandteil der kulturellen Elemente, auf die Nationalismen legitimierend zurückgreifen,[119] ist die Produktion der ethnischen Homogenität, verbunden mit Mythen gemeinsamer Abstammung: Nationale Ideologien greifen auf den Glauben an ethnisch-kulturelle Reinheit und Homogenität zurück, um die kollektive Identität der Mitglieder der nationalstaatlichen Bevölkerung zu begründen. Der Glaube an Reinheit und Homogenität, entweder der gesamten Nation oder aber ihrer Einzelbestandteile, wird in den meisten ethnologischen Nationalismustheorien als konstitutiv für Nationalismen erkannt.

Das gibraltarianische Material, sowohl Fiorinas Familiengeschichte als auch die Genealogie aus dem Museum, hebt dagegen auf den ethnisch-kulturellen Mischcharakter der Zivilbevölkerung Gibraltars ab. Die Mischung ist dabei nicht in erster Linie als Faktum einer historisch-demographischen Entwicklung relevant - es gibt andere Gesellschaften, die als multikulturell oder ethno-plural beschrieben werden; darüber hinaus ist jede vermeintlich ethnisch homogene Gruppe in Wahrheit Ergebnis einer Mischung und damit Homogenität weitgehend das Resultat einer Imagination, die auf Exklusion und Selektion beruht. Was also ist das Besondere daran, daß die gibraltarianische Gesellschaft ethnisch und kulturell gemischt ist? Es ist die Tatsachen, daß Mischung im Alltagsdiskurs wie auch im politischen Diskurs positiv bewertet wird und ein grundlegendes Element für die Konstitution nationaler Identität durch die politische und intellektuelle Elite darstellt.

Fassen wir zusammen. Mischung bedeutet in Gibraltar zweierlei: In Fiorinas Familiengeschichte kommt religiöser Pluralismus unter dem Vorzeichen des Personakonzeptes zum Ausdruck: Es koexistieren auf friedliche Weise fünf verschiedene Religionen (Katholiken,

---

118 *Nationalismus und Moderne*, im Original: Nations and Nationalism. Basil Blackwell, Oxford 1983.
119 SMITH 1984; SMITH 1993.

Protestanten, Juden, Hindus und Moslems). Gleichzeitig sind diese Gruppen untereinander auf engste verbunden: durch den gemeinsamen Status als *Gibraltarians* und/oder *Gibraltar Residents*, durch gemeinsame Sozialisation (z.b. durch das Leben in den Patios, über den gemeinsamen Schulbesuch und interreligiöse Freundschaften), durch die gemeinsame Umgangssprache *Yanito* und durch das kollektive Erleben der Zugehörigkeit zu einer rechtlichen und territorialen Gemeinschaft im Angesicht eines Aggressors, nämlich des Nachbarlandes Spanien. Fiorinas Familiengeschichte verweist darüber hinaus auf einen Aspekt, der über einen bloß additiven Pluralismus religiöser Gruppen hinausgeht: Mischung bezieht sich bei ihr auf die Abkunft des einzelnen von (untereinander durch *Intermarriage* miteinander verbundenen) Familien differenter Religion und differenter territorialer Herkunft.

In der fiktiven Familiengeschichte des Museums rückt Mischung dagegen aus der nationalistischen Perspektive ins Blickfeld: Hier stellt die heterogene Herkunft lediglich den Hintergrund für die Entstehung einer als homogen gefaßten Gemeinschaft dar. Aus der Pluralität der Person wurde gewissermaßen die Eindeutigkeit des ethnisch-nationalen Individuums. Beide Bedeutungen von Mischung koexistieren heute nebeneinander, sie überschneiden sich zwar zum Teil, sind jedoch nicht deckungsgleich. Sie sind an unterschiedliche Identitätskonzepte - hier Persona, dort Individuum - gebunden, die an unterschiedliche Vorstellungen über das politische Modell für die Zukunft des Territoriums verknüpft sind: Während das Personamodell Geltungsmacht im kolonialen Bezugsrahmen besitzt, ist das Konzept vom Individuum an nationalstaatliche Aspirationen gebunden.

Könnte man das nationalistische Modell eher als Modell beschreiben, das auf der Imagination einer gemeinsamen Deszendenz innerhalb ethnisch reiner Gruppen abhebt und somit ein exklusives und vertikales Verwandtschaftsmodell reproduziert, so kombiniert das koloniale Modell religiösen Pluralismus mit pluraler Deszendenz und dem Bekenntnis zum Territorium und könnte als additives und horizontales Verwandtschaftsmodell dargestellt werden. Im kolonialen Bezugsrahmen wird die Zivilbevölkerung durch den ideologischen Krieg Francos jahrelang mit der Idee bombardiert, daß ethnische Reinheit Grundlage für politische Selbstbestimmung sein müsse. Es handelte sich bei der Gegenreaktion auf dieses Bombardement um eine negative Form der Mimesis des Nationalen: Das Lob der Mischung und das Bekenntnis zur Hybridität stellte eine Abwehrreaktion auf diese Forderung dar; der Verweis auf die Mischung bedeutete hier in erster Linie das Nicht-Spanisch-Sein, formulierte das kulturell oder ethnisch Eigene aber nicht auf positive Weise.

In nationalistischen Bezugssystem wird das Eigene über den Verweis auf die Mischung positiv formuliert. Mischung bedeutet hier nicht mehr nur ein Nicht-Spanisch-Sein, sondern behauptet eine ethnisch und kulturell differente *gibraltarian identity*. LINDNER[120] weist zu Recht darauf hin, daß im Insistieren auf die Integritas kultureller Identität immer auch das Moment der Bewahrung vor Durchmischung steckt. Die nationalistische Ideologie steht somit vor der Frage, wie mit Mischung und Unreinheit umzugehen ist. Der gibraltarianische Fall scheint typisch für die Reaktion nationalistischer Bewegungen auf Heterogenität: Die Pluralität der Religion und der Herkunft wurde zu einer Pluralität der Ethnien und Kulturen umgedeutet.

---

[120] LINDNER 1994.

Diese Umdeutung erforderte eine Umwertung der demographischen Tatsache der *Intermarriage*: Ist im religions-pluralen Bezugsrahmen die *Intermarriage* durch die Möglichkeit zur Konversion nur dann problematisch, wenn ein Partner nicht die Religion des anderen annahm, so wird im ethno-pluralen Bezugsrahmen die an essentielle Vorstellungen von Ethnizität und Kultur gekoppelte Mischehe selbst zum Problem. Retrospektiv erfahren dadurch die religiösen Mischehen eine Umdeutung: Es habe sie nicht gegeben bzw. sie seien unbedeutend gewesen.

Aus der Perspektive der nationalen Ideologie wird die religiöse Mischehe des kolonialen Systems umgedeutet als kulturelle Mischehe innerhalb einer Religion: d.h. bestimmte *Intermarriages* werden als Grundbausteine einer nationalen Identität positiv bewertet, andere dagegen erfahren eine Abjektion. Als Grundbausteine der nationalen Identität gelten diejenigen Ehen, bei denen keine Konversion stattfand: Es sind die Ehen zwischen Katholiken unterschiedlicher Herkunft (etwa zwischen Maltesern und Katalanen) oder zwischen Christen unterschiedlicher Konfession (etwa protestantischen Engländern und katholischen Andalusierinnen). *Intermarriages* zwischen den Religionen werden dagegen problematisiert. In Gibraltar betrifft dies vor allem die vielen Ehen zwischen Juden und Christen, die eine Grundlage der kolonialen Zivilgesellschaft darstellen.[121]

Präsentiert die nationalistische Ideologie nichts anderes als eine weitere Variante der Vorstellung von der ethnischen Reinheit der Bevölkerung? Nicht ganz. Denn die Ideologie feiert einerseits die ethnische Einheit von *The Gibraltarians*, andererseits spricht sie auch ein Lob der ethno-pluralen Mischung an. Wenngleich Religion und Herkunft von Ethnizität als wichtigstem sozialen Inklusions-/Exklusionskriterium abgelöst wurde, so ist damit Ethnizität jedoch bei weitem nicht zum einzigen Kriterium für soziale Inklusion oder Exklusion geworden. Die rechtliche Kategorie des *Gibraltarian Status* gibt uns einen Hinweis auf dieses andere Kriterium: Der Status kann nicht nur durch Geburt, sondern auch durch den Gnadenakt des Gouverneurs erworben werden. Die Verleihung erfolgt an diejenigen, die sich den Status durch besondere Verdienste verdient haben; sie erfordert darüber hinaus ein aktives Bekenntnis zur Territorialgemeinschaft.

Die große Bedeutung des Territorialbezuges speist sich aus der Bedrohung von außerhalb. Die Erinnerung an die Grenzschließung wird durch die fortgesetzten Maßnahmen Spaniens an der Grenze ständig aktualisiert. In der von außen bedrohten Gesellschaft unterliegt die Loyalität des einzelnen zur Gemeinschaft aber einem ständigen Bekenntniszwang. Wird dem Bekenntnis auf der Ebene der alltäglichen Interaktion jedoch mit Mißtrauen begegnet, so dient die Verleihung des Status unterstützend als Beleg für die Loyalität.[122] Es sei hier an die Versuche Mr. Budhranis erinnert, die indische Gemeinde als integralen Bestandteil der Gesamtgesellschaft zu positionieren [→ Kapitel 5.2.5].

Es steht zu vermuten, daß der Glaube an die Reinheit der einzelnen ethnischen Gruppen in ethno-pluralen Gesellschaften heute vielfach durch den Versuch der Territorialisierung und

---

121  Im Gegensatz dazu sind Ehen von Hindus bzw. Moslems mit Angehörigen der Christen und Juden noch heute zahlenmäßig außerordentlich selten.

122  Den Bekenntniszwang habe ich in Kapitel 2.1.4 am Beispiel des Sängers Albert Hammond diskutiert.

Regionalisierung von Gemeinschaften ergänzt wird. Ich lehne mich hier an SCHIFFAUER[123] und an LINDNER[124] an, der regionale Bewegungen der Gegenwart nicht als Gegenbewegung zur Globalisierung, sondern eher als deren Komplement versteht: Regionalisierung von Identität heißt Rückbesinnung auf eigene Qualitäten bei der Bewältigung eines tendenziell globalen Strukturwandels. Regionen sind hier nicht nur wirtschaftliche Nutzungsräume, sondern kulturelle, emotionale, ökologische und politische Identifikations- und Entscheidungsräume. Der Glaube an ethnische Reinheit kann dabei problematisch werden, wenn Territorialität die Erfahrung von Gemeinsamkeit maßgeblich bestimmt. Falls Globalisierung kulturelle Differenzen intensiviert, falls sie neue Einheiten schafft, falls sie die Fragmentierung von Nationalstaaten vorantreibt, dann müssen wir uns dringlicher denn je mit der Frage beschäftigen, welche politischen und konstitutionellen Arrangements eine Balance zwischen der Notwendigkeit zu kultureller Autonomie und den Erfordernissen des friedlichen Zusammenlebens herzustellen vermögen. Die politischen Kräfte Gibraltars wie auch weite Teile der Bevölkerung diskursivieren diese Notwendigkeit nicht nur explizit, sie berufen sich sogar auf die spirituell [→ Kapitel 3.3.4] und politisch begründete Territorialität als Quelle der gemeinsamen Identität und Solidarität.

Erfahrungen aus der *face-to-face*-Gesellschaft der Kolonie sind sicherlich nicht ohne weiteres auf Massengesellschaften übertragbar. In Gibraltar wird aufgrund der Übersichtlichkeit die in Massengesellschaften unvermeidliche Distanz zwischen politischer nationaler Ideologie und der nationalen Identifikation seiner Mitglieder überbrückt. Die Übersichtlichkeit der Gesellschaft erlaubt uns aber einen Einblick in die Entstehung, Funktion und Wirkung nationalistischer Bewegungen und in symbolische Identifikationsprozesse ethnischer Gruppen. Das gibraltarianische Material zeigt uns, daß ethnologische Theorien zum Nationalismus den Aspekt der permanenten Aktualisierung von Gefühlsbindungen einer Territorialgemeinschaft einbeziehen sollten.

Ich vermute, daß GELLNERS Feststellung, daß "Nationalismus (...) von Menschen gemacht" wird, den heutigen Bewohner der Nationalstaaten bei weitem nicht so unbekannt ist, wie es die unhinterfragte Übertragung des Glaubens an Homogenität und Abstammung auf heutige Nationalismen suggeriert. Vielleicht ist dieser Glaube in einer Zeit weniger anwendbar, die von der Fragmentierung traditioneller Nationalstaaten und der Entsolidarisierung nationalstaatlicher Gesellschaften geprägt ist. Die gegenwärtige Diskussion betont Nation vor Staat, Identität im Gegensatz zu Staatsbürgerschaft, Kultur statt Politik, so als ob der jeweils erste Teil dieser Oppositionen alleine die Quelle nationaler Einheit oder Fragmentierung ausmache.[125] Die Kategorie der Territorialgemeinschaft vermag Ethnizität und Kultur zu ergänzen und so die Relevanz von Reinheit für die Konstitution von Identität zu hinterfragen - zumal im Zeitalter der Transformation des Nationalstaates.

---

[123] SCHIFFAUER 1999.
[124] LINDNER 1994.
[125] JUSDANIS 1996: 154.

## Kapitel 6 Schmuggel und Identität

Grenzen stimulieren spezifische Formen des wirtschaftlichen Austausches, die die Seiten hüben und drüben miteinander verweben und die den Anspruch des Nationalstaates auf eine Eingrenzung ihres Geltungsbereiches herausfordern. Jeder, der eine Grenze überquert hat, kennt die kleinen Gelegenheiten, die sich aus der Tatsache ergeben, daß bestimmte Güter auf der einen Seite billiger oder überhaupt erst erhältlich sind. Ich werde eine zentrale grenzüberschreitende Wirtschaftsaktivität und ein bedeutendes Element für grenzüberschreitende Beziehungen untersuchen: den Tabakschmuggel. Der Schmuggel enthüllt deutlich die Ambivalenz von Grenzen und Staatlichkeit: Grenzen trennen, und ohne diese trennende Funktion gäbe es keinen Schmuggel. Andererseits sind Grenzen Schwellen des Übergangs, sie verbinden, und gerade der Schmuggel ist darauf ausgerichtet, die Grenze zu überschreiten und Verbindungen herzustellen. Grenzen als *sine qua non* müssen bestehen, um Schmuggel überhaupt erst zu ermöglichen. Es kann darum nicht im Interesse der Profiteure des Schmuggels sein, die Grenze obsolet zu machen. Schmuggler leben vom Bestehen von Grenzen und haben somit ein vitales Interesse an der Aufrechterhaltung rechtlich nationaler Unterschiede. Gleichzeitig ist Schmuggel nicht unproblematisch, besonders für jene Schmuggler, deren finanzielle Lebensgrundlage zur Gänze auf der Schmuggelei basiert und die somit bei einer Verstärkung der staatlichen Kontrollmaßnahmen auch besonders angreifbar sind. Andererseits ist auch die Haltung des Staates zum Schmuggel ambivalent. Zum einen geht den staatlichen Finanzbehörden ein beträchtlicher Teil des Steueraufkommens verloren, zum anderen jedoch garantiert Schmuggel häufig den Lebensstandard der Grenzbevölkerung und ist damit indirekt ein Gewinn für das staatliche Gesamtwesen.

Die Untersuchung illegaler oder halblegaler Wirtschaftspraktiken ist kein fremdes Terrain für die Ethnologie, ja die Disziplin ist geradezu hervorragend dafür ausgerichtet, durch die lange Anwesenheit im Feld das Vertrauen der Informanten zu erwerben und informelle Verflechtungen zu enthüllen.[1] Ethnologen haben aber dessen ungeachtet und ungeachtet ihrer Begeisterung für liminale und marginale Phänomene den Schmuggel zumeist nur kursorisch in ihre Forschungen mit einbezogen. Dies hängt zum einen damit zusammen, daß bis in die 60er Jahre ökonomische Strukturen jenseits lokaler Grenzen von geringem Interesse für die Ethnologie waren. Zum zweiten hängt die dürftigen Quantität publizierten Wissens über Schmuggel weniger mit mangelnder Kenntnis als vielmehr mit dem ethischen Kodex der Disziplin zusammen, der dem Schutz der Informanten verpflichtet ist. Denn aus staatlicher Perspektive stellt Schmuggel ein Vergehen dar und setzt Informanten daher immer der Gefahr von Nachteilen aus.

In diesem Kapitel untersuche ich den Schmuggel und seine sozialen und politischen Implikationen. Diese Implikationen betreffen sowohl die Gesellschaft der Kolonie als auch die Grenzregionen beiderseits der Meerenge. Schmuggel impliziert die Existenz grenzüberschreitender ökonomischer Netzwerke aus Auftraggebern, Anbietern, Transporteuren, Abnehmern und Verteilern. Die Existenz dieser Netzwerke bedingen jedoch nicht notwendigerweise die Ausbildung einer grenzüberschreitenden Gesellschaft. Im Falle Gibraltars und des *Campo* stellt der Tabakschmuggel heute eine zentrale wirtschaftliche Aktivität dar, ohne daß das alte, an die

---

[1]  Donnan 1999: 87ff.

Idee der grenzüberschreitenden Gesellschaft gemahnende demographische und ideelle Netzwerk wieder ausgebildet worden wäre.

Schmuggel ist in Gibraltar eine Lebens- und Wirtschaftsweise mit Tradition. Er bestimmt die Gesellschaft maßgeblich und stellt konstant einen wichtigen Bezugspunkt im Diskurs über Nation, Kultur, Identität, Politik, Religion und Gesellschaft dar. Die Figur des Schmugglers war - zumindest in den Jahren unmittelbar vor der Schmuggelkrise von 1995 - soziokulturelles Leitbild, Schmuggel galt als *"THE way of living"*. Eine Zerstörung dieser Lebensgrundlage mußte zwangsweise gesellschaftliche, ökonomische, politische und kulturelle Konsequenzen von großer Tragweite zur Folge haben.

Im politischen Diskurs wird der Topos des Schmuggels von lokaler und nationaler Politik bemüht, um unterschiedliche Interessen durchzusetzen, die über die rein ökonomischen Tatbestände hinausgehen. Am Beispiel der Schmuggelkrise vom Herbst 1995 analysiere ich die Veränderung dieses Leitbildes und die Konsequenzen für die Verquickung beider Politikebenen.

### 6.1 Wege des Schmuggels

Mein Gebrauch des Begriffes Schmuggel bezeichnet grenzüberschreitenden informellen und inoffiziellen Handel. Er orientiert sich damit zwar an der legalistischen Perspektive des Nationalstaates, ohne jedoch dessen moralische Implikationen zu teilen. Denn die Grenzlandbevölkerung in Gibraltar, im *Campo* und im nordafrikanischen Rifgebirge betrachtet Schmuggel zwar als illegal, jedoch als legitim. Die nationalstaatliche Definitionsmacht über Handelstransaktionen wird damit von der Grenzlandbevölkerung herausgefordert. Forschungen entlang anderer Grenzen weisen darauf hin, daß es sich bei dieser Diskrepanz um ein allgemeines Phänomen von Grenzen handelt.[2]

Marina Court am Jachthafen. Unter meinem Balkon liegen die Boote vertäut, davon einige der schwarzen *Phantom*-Schnellboote. Von hier aus und von den Stränden in Eastern Beach und Catalan Bay starteten 1995 im großen Stil die Schmuggler mit ihren Booten zur Fahrt nach Spanien. Hausbewohner erzählen mir, daß es damals sehr schwierig gewesen sei, des Nachts im heute stillen Marina Court seine Ruhe zu finden. Ein Nachbar aus dem sechsten Stock habe einmal einen Blumentopf aus dem Fenster geworfen, um gegen den Lärm zu protestieren, den die Schmuggler allnächtlich beim Beladen der Boote machten. Daraufhin sei versucht worden, ins Haus einzudringen. Man habe die Polizei gerufen, aber die stellte sich auf seiten der Schmuggler und verwarnte den Nachbarn. Heute, so die Nachbarn, finde der Schmuggel auf vergleichsweise klandestinem und niedrigem Niveau statt. Ich erinnere mich an meine Vorarbeiten für das Forschungsprojekt und über meine Recherchen zum Schmuggel in Gibraltar (1994-1995), in denen ich Zeitungsartikel auswertete. Damals schrieb ich:

> "Hinter der Hafenbar Le Coq D'Or wird eines von 40 mattschwarzen Schnellbooten[3] mit Zigarettenkartons von stämmigen Bodyguards beladen - den nach der Zigarettenmarke genannten 'Winston-Boys'.[4]. Die meisten Boote, die zwischen dem Felsen und La Atunara in

---

2    Vgl. FLYNN 1997; DE RAPPER 1996; RAVENEAU 1996; KAVANAGH 1994.

3    THE INDEPENDENT [14.12.1994: 14] spricht sogar von über 50 Booten.

4    DAVISON, PHIL: *Fears grow over Gibraltar's drug-runners*, in: THE INDEPENDENT, 14.12.1994: 14.

Spanien hin und her flitzen, sind *Phantom 21 vessels* mit 200 hp Außenbordmotoren, damit sie in der stürmischen Straße von Gibraltar bestehen können und schneller als die spanische und die gibraltarianische Küstenwache sind. Ein Boot transportiert 1.000 Kartons und macht pro Fahrt 5.000 £ Gewinn.[5] In der Bar zählt ein ernster junger Mann Geldbündel, nachdem er Tausende von Zigaretten an spanische Schmuggler aus La Línea verkauft hat. Es ist ein lukratives Geschäft: junge Männer mit dunklen Brillen und goldenen Sport-Rolex-Uhren, die ihre Geschäfte über Handy-Telephone abwickeln.[6] Ein Drittel der Boote, so THE TIMES vom 17.12.94, transportiert neben Tabak auch Haschisch aus Marokko."[7]

Der Wohnblock Watergardens, in dem sich Le Coq d'Or befindet, lag nun linker Hand von Marina Court, und von meinem Balkon aus konnte ich die Hafenfront des Lokals sehen. Wenn die obige Beschreibung der britischen Presse stimmte, dann mußte sich der Charakter des Lokals entweder grundlegend geändert haben (es ist heute ein Take-away-Imbiß), oder aber die Journalisten lieferten damals eine hochgepuschte Story ab, die in erster Linie die Sensationsgier der Leser befriedigte.

6.1.1 Schmuggel über den Seeweg

Als ich im Februar 1996 mit meiner Feldforschung begann, mußte ich bald feststellen, daß ich offensichtlich nach dem großen und sichtbaren Schmuggel in Gibraltar angekommen war - wenngleich die Presse darüber berichtete, daß am 26.02., dem dritten Tag meiner Anwesenheit, ein gibraltarianischer Lastwagen 950 Zigarettenkartons im Wert von 131.475.000 ptas (= ca. 1.643.430,00 DM) über die Grenze schmuggeln wollte und dabei gefaßt wurde.[8] Es fiel mir im Verlauf der Forschung schwer, direkte Formen des groß angelegten Schmuggels zu beobachten. Wie gesagt, im Hafen hinterm Haus lagen noch die Boote, die aber anscheinend nicht mehr benutzt wurden. Manchmal entdeckte ich Schnellboote in der Ferne und vermutete, es müßten Schmugglerboote sein. Nur mein Assistent Parvis hatte das Glück, das mir verwehrt war, da er eine Transaktion beobachten konnte. Er schreibt am 26.05.1996 in sein Feldtagebuch:

"Eastern Beach: Wir saßen auf der Brüstung am Strand, direkt dort, wo seit Wochen ein Bagger wie angewurzelt steht. Eine Landzunge aus Felsbrocken führt auf die See, eine künstliche Mole aus Schotter und großen Steinen. Zwei Fischer standen draußen und angelten. Am Strand gingen mehrere Leute spazieren. Es muß gegen 18.00 Uhr gewesen sein. Nebel kam langsam auf, es sollte ein Totalnebel werden.

In dem häßlichen Gebäude am Strand befindet sich ein Laden, vor dem mehrere Leute standen. In einem Büro im Erdgeschoß des Gebäudes werkelten einige Menschen. Plötzlich rannten vier Männer - mit zugeschnürten Kisten, die sie an einer Strippe hielten - so schnell sie unter diesen Umständen konnten, aus dem Gebäude ans Ufer. Dann noch einmal zwei Männer, einer von ihnen trug eine Kiste. Mittlerweile war ein Boot aus Holz (also kein RIB

5   DAVISON 1994: 14. Bereits am 11.03.1990 berichtet JUAN MÉNDEZ in EL PAIS (Sonntagsausgabe: 13), jede Bootsladung à 50 Kartons koste 33.000 Ptas. und werde für 67.000 Ptas. in Spanien verkauft.

6   OWEN, EDWARD: *Spanish war on smugglers puts rock under siege*, in: Times 17.12.1994: 10.

7   OWEN 1994: 10. Die Liberalisierung des EU-Binnenmarktes und der Wegfall der Binnengrenzen wird von THE INDEPENDENT dafür verantwortlich gemacht, daß sich der traditionelle Schmuggel der Gibraltarianer langsam von Tabak auf Drogen verlagert: Durch die offenen EG-Grenzen komme mittlerweile mehr Schmuggeltabak über Portugal und Frankreich nach Spanien. Das habe dazu geführt, daß sich Besitzer der Schnellboote von Gibraltar neuen Produkten zuwandten.

8   *Enough!* in: VOX 15.03.1996: 1.

und kein *Phantom*), klein und wendig, bis auf 5 m an die Küste herangefahren. Ich hatte das Boot schon vorher gesehen, jedoch nicht weiter beachtet. Nun schärfte sich mein Blick. Die Männer hasteten zum Wasser und luden die Kisten in das Boot. Die Leute im Laden, am Strand, in dem Büro: alles schaute zu. Eine kleine Menschenmenge von etwa fünf oder sechs Leuten sammelte sich rechts von uns. Die Schmugglergruppe selbst bestand aus vielleicht 30 bis 45 Leuten. Alle schauten ernst drein. Dann auf einmal rannten vier Leute, ich vermute es waren Polizisten in Zivil, in schwarzen T-Shirts und mit Walky-Talky ans Wasser hinunter und hinter den Schmugglern her. Ich hatte nicht gesehen, woher sie gekommen waren. Einer rannte und redete in sein Funkgerät. Alles ging sehr schnell. Erst als die Verfolger kurz vor den Schmugglern am Wasser waren, beeilten diese sich mit dem Einladen. Sie sprangen ins Wasser und wuchteten die Kisten über ihre Köpfe ins Boot, wie sie selbst wegkommen wollten, schien nicht so wichtig wie die Kisten. Zweien gelang es, ins Boot zu steigen. Einer krallte sich seitlich ans Boot, und als dieses abdüste, hielt er sich weiter am Boot fest. Weiter draußen stieg er dann ein, und das Boot verschwand im Nebel. Das Boot fuhr in den dichten aufziehenden Nebel. Nur einer der Polizisten hatte wirklich offensiv versucht, das Boot zu erreichen und war ins Wasser gesprungen. Alles sah eher so aus als wollte man die Schmuggler lediglich verscheuchen. Dieser eine hätte die Schmuggler eigentlich erwischen müssen. Aber er erreichte das Boot nicht. Erst zehn Minuten später kam ein Polizeiboot angerauscht. Die Zivilpolizisten nahmen die Schmuggler mit zu dem Gebäude, vor dem mittlerweile zwei Streifenwagen hielten. Die Schmuggler standen da und redeten mit den Polizisten, keiner schien aufgeregt. Die Polizei legte keine Handschellen an. Vielleicht kannte man die Schmuggler. Die Polizisten handelten gelassen und ruhig: *business as usual*. Es schien sachlich. Dann fuhren sie in den zwei Streifenwagen ab. Ich ging zu den beiden Fischern draußen auf der Mole. Die waren ja kaum 10 m von dem Ort des Geschehens weg gewesen. Einer erklärte mir, daß er am Eastern Beach wohne und solche Vorgänge ständig sehe. Es langweile ihn. Die Kisten trugen die Aufschrift 'Winston'. Aber der Angler meinte, daß meist Haschisch in den Kisten sei."

Parvis' euphorische Darstellung verweist auf unser beider Erwartung an den Schmuggel als öffentliches Spektakel, und diese Erwartung schien durch seine Beobachtung nun endlich eingelöst zu sein. Wie lange hatten wir darauf gewartet, so etwas beobachten zu können? Bestätigte sich nicht das, was die Zeitungsberichte von 1995 nahelegten? Wir waren davon ausgegangen, daß lediglich genau diese Art der Beobachtung das authentische Bild des Schmuggels zeige.

Ich hatte große Mühe, direkten Zugang zu solchen Schmugglern zu bekommen. Ich lernte nur eine Familie kennen, die sich dazu bekannte, mit dem eigenen Boot selbst geschmuggelt zu haben und heute noch immer zu schmuggeln. Alle anderen Informanten ergingen sich - allerdings in ausführlicher Genüßlichkeit - in Andeutungen, in Klatsch, in Geraune darüber, wer aktiv am Schmuggel teilgenommen hatte, wer von ihm profitierte und wer ihn organisierte. Auf irgendeine Weise, so der durchgängige Topos, habe jedermann in Gibraltar davon profitiert, war jedermann darin verwickelt. Aber auf welche Weise waren meine jeweiligen Gegenüber selbst involviert? Zeigte sich hier nicht auch Mißtrauen in die Arbeit des spionierenden Ethnologen? Mir wurde bewußt, daß Schmuggel ein gefährliches Thema darstellte, das innen- wie außenpolitisch instrumentalisiert werden konnte, gleichzeitig aber wichtiger Bestandteil der gibraltarianischen Eigenidentifikation war.

'Teilnahme am Schmuggel' über den Seeweg konnte Unterschiedliches bedeuteten: auf den Booten zu sitzen und die Schmuggelgüter zu transportieren; es bedeutete auch, die Waren zu bestellen, sie zu liefern, die Boote zu beladen, für das Gelingen der Transporte zu beten, die Fahrten mittels ausgeklügelter Kommunikationssysteme zu koordinieren. Teilnahme bedeutete auch, die Waren auszuladen, die Sicherheitskräfte der Gegenseite auszutricksen oder zu bestechen; sie bedeutete darüber hinaus, Geld damit zu verdienen und es wieder zu investieren, etwa in Luxusgüter oder neue und bessere Boote; Teilnahme bedeutete dann auch, die Boote zu verkaufen. Am Schmuggel waren also viele Menschen auf unterschiedliche Weise beteiligt: die Familien, die die Boote beluden; die Mütter, die für ihre Söhne beteten; der Tätowierer, der Schutzheilige auf ihre Haut fixierte; die Freundin, die sich vom Erlös Schmuck kaufte; der Händler, der die Zigaretten und jener, der die Boote verkaufte ...

Vorerst konzentrierte ich mich jedoch vor allem auf den 'groß angelegten', auf den organisierten Schmuggel. Dieser wurde mit eben jenen Schnellbooten (*fast launches* oder *lanchas*) betrieben. Es gab zwei Typen von Schnellbooten: die bereits erwähnten *Phantoms* und die schnelleren RIBSs (*Rubber Inflatable Boats*), die tiefer im Wasser lagen als die *Phantoms* und so mit Radar und Infrarotkameras schwieriger entdecken werden konnten. Die RIBSs besitzen ein größeres Fassungsvermögen als die *Phantoms*. Wenn ich in der Folge undifferenziert von 'Booten', *vessels, fast launches, launches* oder *lanchas* spreche, dann meine ich damit beide Bootstypen. Die Fokussierung auf dem Schmuggel mittels Booten zu Beginn meiner Forschung blendete andere Formen und Wege des Schmuggels aus. Erst später, nachdem ich merkte, daß ich ebenfalls das Spektakuläre des "Miami-Vice"-Schmuggels suchte und damit den sensationalistischen Erwartungen, die in den Presseberichten zur 1995er Krise projiziert wurden, auf den Leim gegangen war, wandte ich mich dem Schmuggel über den Landweg zu.

6.1.2 Schmuggel über den Landweg

Schmuggel über Land wurde von nahezu jedermann, der die Grenze überschritt, ausgeübt. Es handelte sich um ein Form des Schmuggels, die nicht zu übersehen war, um Schmuggel auf niedrigerem Niveau und um andere Güter. Die Grenze zum legalen "*border shopping*" verlief fließend. Die Preise für Zigaretten, Alkohol, Käse, Milchpulver, Zucker und Benzin sind in den Läden und Tankstellen Gibraltars um ein vielfaches geringer als in Spanien. Vor allem abends bilden sich lange Warteschlangen von Autos aus den *Campo*-Provinzen Cádiz und Málaga, die nach Gibraltar hinein drängten, um billig Benzin zu tanken. War das schon Schmuggel? Heerscharen spanischer Tagestouristen verließen die Kolonie mit Plastikbeuteln, gefüllt mit der einen Stange Zigaretten oder der einen Flasche Whiskey zuviel, in der Hoffnung, die Zöllner würden dies als Kavaliersdelikt behandeln - schließlich waren Kontrollen des Handgepäcks der Fußgänger wie auch der Kofferräume unregelmäßig und unberechenbar, sie schwebten immer wie ein Damoklesschwert über dem Kleinschmuggler.

"Gary [* 1934] erzählt von einer alten Frau, die regelmäßig mit mehreren Tabakstangen auf der gibraltarianischen Seite der Grenze steht. Sie wartet auf den Wachwechsel der spanischen Grenzer. Wenn der neue *Zivilgardist* seine Position eingenommen hat, geht sie mit dem Tabak über die Grenze und übergibt die Stangen einem jungen Mann auf dem Fahrrad. Danach kehrt sie wieder nach Gibraltar zurück und wartet auf den nächsten Wachwechsel."[9]

---

9    Feldtagebuchnotiz, 16.08.1996.

Diese Frau verstieß nicht gegen die spanischen Einfuhrbestimmungen, da sie bei jedem Grenzübertritt nur die erlaubte Menge an Tabak mit sich führte. Aber sie übertrat die Grenze mehrmals am Tag. War das schon Schmuggel oder noch legales "*border shopping*"? Diese Form des grenzüberschreitenden Warenexportes fand mitunter unmittelbar vor den Augen der Behörden statt:

"Bei meinem heutigen Einkauf in La Línea sah ich etwas Seltsames: Als ich mich an der spanischen Paßkontrolle für die Einreise nach Spanien anstellte (ein spanischer Reisebus aus Huelva war gerade angekommen, und wie das so ist, müssen die Fahrgäste mit ihrem Handgepäck einzeln durch die Grenze marschieren; natürlich gefüllt mit Zigaretten und Zucker!), stand da direkt am Übergang eine ältere Frau mit einer Plastiktüte, in der einige Stangen 'Winston' lagen. Sie fragte alle Durchgehenden - auch mich - ob sie eine Stange über die Grenze nehmen würden. Nun wäre dabei nichts Bemerkenswertes, schon gar nicht an dieser Grenze, aber sie tat das zwei Meter entfernt vom spanischen Grenzer, der sie gelangweilt zur Kenntnis nahm. Ich hätte nicht gedacht, daß das derart offensichtlich vor den Augen der Obrigkeit stattfinden kann!"[10]

Diese Praxis war nicht ungewöhnlich. Eine Steigerung dieser Form findet sich bei den sogenannten Matuteras,[11] die bereits 1850 von Gouverneur Sir Robert Gardiner beschrieben wurden: "*The human beings enter the garrison in their natural sizes, but quit it swathed and swelled out with our cotton manufactures, and padded with tobacco.*"[12] Matuteras konnte ich während meiner Forschung beobachten: Frauen schoben sich auf der Bushaltestelle in Gibraltar, unmittelbar vor der Grenze und in Sichtweise der spanischen Grenzer, ungeniert Zigarettenstangen unter die Röcke und in die Blusen. Es waren meist spanische Zugehfrauen, die in Gibraltar arbeiteten und auf ihrem allabendlichen Rückweg nach La Línea kleine Mengen von Gütern über die Grenze schmuggeln. Manche der Matuteras versteckten bis zu zehn Zigarettenstangen in spezial angefertigten Leggings, die sie unter ihren weiten Röcken trugen. Daß heute auch der Matutera-Schmuggel organisiert zu sein scheint, darauf verweist die sogenannte "Matutera-Invasion".[13] Die Abwesenheit der weiblichen Zollbeamtinnen zu Beginn des Augusts 1998 führte zu einer sprunghaften Zunahme des Matutera-Schmuggels, da Leibesvisitationen bei Grenzgängerinnen grundsätzlich von weiblichen Beamten durchgeführt werden. So wurden in der Nacht vom 30.07. auf den 31.07.1998 300 Matuteras registriert.[14] Die Praxis des Matutera-Schmuggels ist nicht auf die Grenze zwischen Gibraltar und Spanien beschränkt, sie ist auch für Ceuta und Melilla belegt.[15] Auch in den spanischen Enklaven Nordafrikas ist das biologische Geschlecht unter bestimmten Umständen ein Schutz vor Strafverfolgung. Diese Umstände sind gegeben, wenn, wie im vorliegenden Fall, die Kontrolle durch gleichgeschlechtliche Beamte ausfällt: Frauen dürfen nur von Frauen, Männer nur von Männern kontrolliert werden. Implizit liegt diesem Mechanismus die - übrigens stillschweigend als selbstverständlich

---

10  Feldtagebuchnotiz, 16.10.1996.
11  *Matuteo* bedeutet im Spanischen: "Transport von Gütern in geringer Quantität über die Grenze". OLIVA, PACO: *Border opening no immediate effect on Campo unemployment*, THE GIBRALTAR CHRONICLE 12.3.1985, Feldtagebuchnotiz, 21.10.1996.
12  PANORAMA: *Crackdown on Matuteras*, 27.97.1998.
13  *Govt considers measures after 'Matuteras' invasion*, in: THE GIBRALTAR CHRONICLE, 04.08.1998.
14  *Chief Minister* Caruana wies in der Folge die gibraltarianischen Kioske und Tankstellen an, diese Form des organisierten Schmuggels zu blockieren und den Verkauf von Tabak auszusetzen.
15  POPP 1998: 340.

geltende - Annahme zugrunde, daß die Kontrolle des weiblichen Körpers durch männliche Kontrolleure immer auch eine Belästigung sexueller Art sei. Der offensichtliche (da sichtbare) Bruch des Rechts wird billigend in Kauf genommen, die Vermeidung des Körperkontakts zwischen Schmugglerin und Kontrolleur stellt hier ein höheres Rechtsgut dar als die Unterbindung des Schmuggels. Im Falle der Matuteras wird Rechtsstaatlichkeit durch Heteronormativität ausgehebelt [→ Postscript].

### 6.1.3 Spuren des Schmuggels

Anders als der Schmuggel über den Landweg fand der Schmuggel mittels Booten zur Zeit der Feldforschung eher klandestin statt. Allerdings stieß ich auf Schritt und Tritt auf die Spuren des großen Schmuggels. Besonders die großen Limousinen mit den verdunkelten Fensterscheiben, die mit lauter Musik aus der Stereoanlage am *Skalestrics* teilnahmen, waren ein Hinweis darauf, daß hier schnell und viel Geld umgesetzt worden war. Nicht nur das Aussehen der Fahrzeuge, sondern auch das der Fahrer war klischeehaft mafios. Meist handelte es sich um junge Männer mit Goldketten und -uhren, dunklen Sonnenbrillen und machohaften Accessoires, die Samstag abends - auffallend selten in weiblicher Begleitung - mit ihren Wagen durch die engen Straßen der Kolonie paradierten. Andererseits waren diese Männer von recht zivilisiertem und sanftem Auftreten - wenn sie nicht gerade in ihren Autos saßen und respektlos die Ruhe der Kolonie störten. Man traf sie in Kneipen und in Geschäften, sie waren höflich und zuvorkommend.

Bevor ich auf die Figur des Schmugglers als soziokulturelles Leitbild eingehe, möchte ich die Aufmerksamkeit des Lesers/der Leserin auf die historische Verwurzelung des Schmuggels im Grenzraum lenken.[16] Es ist dazu unumgänglich, den rechtlichen Vorbedingungen für den Schmuggel nachzuspüren. Die Positionen der offiziellen Politik Spaniens, Großbritanniens, Marokkos und Gibraltars in der jüngsten Auseinandersetzung um den 'demokratisierten Schmuggel' (auf den ich in einem späteren Schritt [→ Kapitel 6.4] eingehe) sind nur vor dem Hintergrund dieser Umstände zu verstehen.

### 6.2 Schmuggel historisch - ein Viereckverhältnis

Schmuggel prägt die Geschicke der Zivilbevölkerung zumindest seit der Eroberung durch die Briten im Jahre 1704 maßgeblich. Am 07. Februar 1705 wurde Gibraltar auf Druck des Sultans von Marokko zum Freihafen. Das marokkanische Interesse an der Befreiung der Waren von einer Importsteuer resultierte aus der Monopolstellung Marokkos für die Lieferung von Gütern aller Art für die Festung. Der Status als Freihafen wurde in der Folge von vielen Ländern genutzt.[17]

---

16 DRIESSEN 1999.
17 Stoffe, Metall- und Haushaltswaren aus England wurden gegen Goldstaub aus Nordafrika oder spanisches Silber umgesetzt, Schiffszubehör kam aus Holland und wurde mit marokkanischem Leder oder Farbstoffen aus Spanien bezahlt. Wolle und Baumwolle aus England wurden in Gibraltar an französische, portugiesische, italienische und spanische Händler gegen Wein, Olivenöl, Stockfisch, Duftstoffe oder Glaswaren verkauft. Aus den amerikanische Kolonien kam Rum für Italien, Reis für Spanien und

Das wichtigste Handelsgut stellte Tabak dar. Die Erhebung einer Tabaksteuer war in Spanien seit 1709 königliches Privileg. Schon 1711 ist in Gibraltar die Existenz einer Schnupftabakmanufaktur bezeugt. Nach JACKSON [1987: 233] stammen einige der Formulierungen im Vertrag von Utrecht aus der Sensibilität der Spanier gegenüber dem traditionellen Tabakschmuggel. Der illegale Import von Tabak wurde von Spanien mit der Todesstrafe geahndet. Die große Nachfrage und die hohen Gewinne sorgten jedoch dafür, daß der Tabakschmuggel trotz der Drohung mit der Kapitalstrafe weiter blühte.

Häufig kooperierten die englischen Gouverneure mit Spanien. Sie erließen Verordnungen gegen den Schmuggel, aber direkte Verbote zeitigten kaum die gewünschten Resultate, ebensowenig andere Einschränkungen, die etwa vorsahen, den Tabakimport für den lokalen Verbrauch zu begrenzen, oder aber den dunklen Tabak aus Südamerika und der Karibik, der von Spaniern vorgezogen wurde, zu verbieten und nur noch die Einfuhr des von den Briten bevorzugten hellen Virginiatabaks zu erlauben.[18]

1727 war einer der Gründe, den Spanien für die Belagerung Gibraltars nannte, der von Gibraltar ausgehende Schmuggel. Nach JACKSON [1987: 127] wurde der Schmuggel hauptsächlich von Spaniern zum Schaden der spanischen Zollbehörden durchgeführt. Zwar ordnete London an, daß die Handelsregeln strikt eingehalten werden sollten, die Gouverneure fanden es aber schwer, diese Order in die Praxis umzusetzen. Die meisten Händler fanden immer wieder Schlupflöcher, *"and illicit trade thrived whatever the governor might do"*.[19]

Seit der Zeit von Gouverneur Bland (1749-1756) steht der Tabakhandel unter strikter Kontrolle, um den Schmuggel als eine Übertretung des Vertrages von Utrecht einzudämmen. Gouverneur Earl of Home (1757-1761) erlaubte den spanischen Zollbehörden sogar, auf gibraltarianischem Gebiet an Waterport Gate den Tabakhandel zu kontrollieren.[20] Nur soviel Tabak durfte nach Gibraltar eingeführt werden, wie vor Ort verbraucht werden konnte. Der Gouverneur kooperierte aus politischem Kalkül. Als Gegenleistung für den Zutritt der spanischen Zollbehörden auf gibraltarianisches Gebiet handelte er für britische Offiziere und Untertanen das Zutrittsrecht nach Spanien über die Landgrenze aus, ein Recht, das im Vertrag von Utrecht ausgenommen worden war. Nach der Großen Belagerung (1779-1783) unternahm auch der britische Befehlshaber Generall Eliott erfolglos alles, um ein Wiederaufblühen des Schmuggels zu verhindern.

Eine Intervention des amerikanischen Botschafters führte 1795 in London zur Überzeugung, daß die Gouverneure Gibraltars illegal handelten, wenn sie die Einfuhr nordamerikanischen Tabaks vereitelten. Gouverneur O'Hara (1795-1802) hielt die Eindämmung des Tabakhandels für eine Grundbedingung, um ein entspanntes Verhältnis zu Spanien herzustellen. Die britische Regierung konnte demgemäß den Vertrag von Utrecht nur durch die Erteilung der Erlaubnis umgehen, Tabak auf schwimmenden Warenhäusern zu lagern, also dort, wo die Jurisdiktion der Krone außer Kraft war.[21]

---

Portugal, Zucker und Kaffee für Nordafrika. Englische Handelsschiffe, die von den Korsaren Tunesiens und Algeriens aufgebracht worden waren, wurden in Gibraltar gegen Wolle und Baumwolle ausgelöst.
18  JACKSON 1987: 232-234.
19  JACKSON 1987: 127.
20  BENADY, TITO: *Who is a Gibraltarian?* - Part 21, in: The GIBRALTAR CHRONICLE, 04.01.1980.
21  JACKSON 1987: 189-190.

1804, zur Zeit der Gelbfieber-Epidemie, erlag der Tabakschmuggel kurzfristig.[22] Als Spanien und Großbritannien im napoleonischen Krieg 1808 zu Waffenbrüdern wurden, ordnete Lieutenant Gouverneur Hew Dalrymple (1806-1809) das Ende der Tabakschmuggels an.[23] Allerdings waren während des Krieges alle Versuche aufgegeben worden, den Tabakschmuggel erfolgreich zu kontrollieren. Der spanische Widerstand benötigte Waffen, und diese wurden hauptsächlich von Gibraltar aus an die spanische Küste angelandet. Für die im Schmuggel erfahrenen Gibraltarianer und Spanier war die Umgehung der spanischen Küstenwache, die nach der Restitution der Bourbonenmonarchie wieder eingesetzt wurde, kein großes Problem. Die spanischen Grenzer

"hatten weder die Intelligenz noch die Ausrüstung, und da sie unterbezahlt waren fanden sie es einfacher, ein System von Bestechungsgeldern zu etablieren, und zwar zum Nutzen beider Seiten und zum Nachteil der spanischen Steuerbehörde".[24]

Die Kooperation von Schmugglern und spanischen Grenzbehörden wurde nur selten gestört. Die gibraltarianischen Boote standen unter dem Schutz der Royal Navy, auch wenn die Bootsbesatzung häufig ausschließlich aus spanischen Schmugglern bestand. Über die typischen Schmugglerboote dieser Zeit, die *Gibraltar Traders*, schreibt TITO BENADY:

*"She lies rather low in the water, sharp in the bows, and carries enormous lateen sails. Her cargo looks peacable enough, but not her crew who are too numerous to be required. The no-way unequicocal appearance of her two swivel-guns poking out their wide black muzzles from under a tarpauling amidship... These vessels are fair traders in the Bay of Gibraltar, but contrabandists on the Spanish coast, whose honesty must not be questioned in the open sea, but are recognised as smugglers near the coast."[25]*

"[...] Der spanische Historiker Manuel Sánchez Mantero behauptete, daß in der Mitte des XIX. Jahrhunderts 100.000 Schmuggler im Umland des Felsens von Gibraltar lebten. [Die Regierung] Jovellanos konnte mit diesem Phänomen nicht umgehen, und je mehr Brigaden Madrid hinunterschickte, um das Problem anzugehen, desto mehr Bestechungsgelder flossen. In jenen Tagen konnten die Bewohner des *Campo* legitimerweise nur Priester, Infanteriesoldaten, Günstlinge eines Herzogs oder schlecht bezahlte Fischer sein."[26]

Neben Tabak waren im XIX. Jhd. auch Textilien Güter eines lukrativen Schmuggels. Tabak wurde seit 1814 in gibraltarianischen Fabriken zu Zigarren verarbeitet.[27] 1814 waren 31, 1834 schon 540 Personen in der Zigarettenindustrie beschäftigt. Mitte des Jahrhunderts arbeiteten rund 2.000 Männer, Frauen und Kinder in den Fabriken oder waren in Heimarbeit mit der Zigarrenherstellung beschäftigt. DENNIS merkt an, daß die Schmuggler *"a floating community"* gewesen seien, die eine distinkte Gruppe vom Rest der Gibraltarianer bildeten. Im Zensus von 1834 ließ sich ein Zivilist sogar als Schmuggler registrieren.[28]

---

22    JACKSON 1987: 196.
23    JACKSON 1987: 208.
24    JACKSON 1987: 235.
25    BENADY, TITO 1978: 21.
26    GOMEZ RUBIO, JUAN JOSE: *Contraband, money landering and tax avoidance*, in: The Times, 03.03.1997.
27    Vgl. JACKSON 1987: 242. Schon 1711 wurde die erste Schnupftabaksfabrik in Gibraltar eröffnet. BENADY, TITO: *Who is a Gibraltarian?* - Part 21, in: THE GIBRALTAR CHRONICLE, 04.01.1980.
28    DENNIS 1990: 78.

Allerdings verlor Gibraltar 1827 den Status eines Freihafens, alle in der Bucht ankernden Schiffe und Boote wurden mit einer Liegegebühr belegt. Seit 1841 erhob die spanische Regierung hohe Einfuhrzölle auf Importgüter, zusätzlich zu den bereits bestehenden Zöllen für Tabak und Alkohol. Die spanische Zollbehörde wurde personell verstärkt, und zwei spezielle Maßnahmen wurden eingeführt, um den Schmuggel einzudämmen: Jedes Schiff unter 200 Tonnen sollte pflichtgemäß durchsucht und in spanischen Gewässern festgehalten werden, sofern man darin Schmuggelware fand. Zusätzlich wurde jedes unter spanischer Flagge fahrende Schiff, das Gibraltar anlief, wie jedes fremde Schiff den vollen Einfuhrzöllen unterstellt, sofern es nach Gibraltar direkt einen spanischen Hafen anlief.[29]

Sir Robert Gardiner trat seinen Posten als Gouverneur 1848 an und versuchte ebenfalls vergeblich, den Schmuggel einzudämmen, da er fürchtete, daß Schmuggel einerseits die Moral der Garnison untergrabe, andererseits die Beziehungen zu Spanien beeinträchtigen würde. Wie DENNIS lakonisch anmerkt, hätte er sich aber darum nicht sorgen müssen,

"der Handel war [ja] für beide Seiten profitabel".[30]

Als in England eine Cholera-Epidemie ausbrach und alle Gibraltar anlaufenden Schiffe aus dem Mutterland unter Quarantäne gestellt wurden, bestand Gardiner darauf, daß die britischen Truppen an Land gehen sollten,

"ohne durch die von Spanien verordnete achttägige Quarantäne [...] zu gehen."[31]

Daraufhin schlossen die spanischen Behörden ihre Häfen für alle Schiffe, die aus Gibraltar kamen. Die Handelskammer (*Exchange Committee*) empörte sich gegen Gardiner, durch dessen Maßnahme der Handel schwer geschädigt worden war. Der Protest richtete sich auch gegen die seit 1848 erhobenen Zölle für das Anlegen an den Kais (*wharfage tolls*). Die Grenze wurde aufgrund der Epidemie von Oktober 1849 bis Januar 1850 und von November 1853 bis Februar 1854 geschlossen.[32]

Ab 1858 wurde die Tonnage besteuert (*tonnage duties*), und 1865 wurden Gebühren auf Weine und Spirituosen erhoben. Dies betraf vor allem Alkohol und Kriegsmaterial, der Tabakschmuggel jedoch war davon nicht betroffen. 1877 versuchte Gouverneur Lord Napier of Magdala (1876-1883), den Tabakschmuggel einzudämmen. Er schlug vor, den Export von Tabak auf Boote von über 100 Tonnen zu beschränken und eine Tabaksteuer auf die 4.500 Tonnen Tabak einzuführen, die jährlich angelandet wurden. Das *Exchange Committee* und Bischof Scandella protestierten, ebenso die Würdenträger von San Roque, da sich dadurch der Handel verringerte und ein Anwachsen der Arbeitslosigkeit in der Zone befürchtet wurde. Scandella wurde von Father Gonzalo Canilla unterstützt, der argumentierte, daß die Einschränkung des Tabakhandels die Armen in Gibraltar in noch größere Armut stürze. Nachdem eine Delegation des *Exchange Committee* in London erfolgreich intervenierte, wurde der Verordnungsentwurf gestoppt.[33]

---

29   JACKSON 1987: 233.
30   DENNIS 1990: 36.
31   JACKSON 1987: 237.
32   JACKSON 1987: 237.
33   JACKSON 1987: 253.

Zu Beginn des XX. Jahrhunderts wurde auf beiden Seiten besonders die Tatsache moniert, daß die Schmuggler immer wieder bei Nacht unbemerkt an den Wachposten vorbeikommen konnten. Vor allem Hunde, die als Träger der Ware eingesetzt wurden, indem man ihnen - ähnlich den Matuteras - einen breiten Gürtel oder Harness umschnallte, der die Tabakstangen am Leib des Tieres hielt, wurden besonders in mondlosen Nächten zum Problem. Diese Tiere wechselten mehrmals in der Nacht über den Isthmus. Sie wurden darauf trainiert, spanischen Uniformträgern auszuweichen. Dies geschah folgendermaßen: wenn der Hund die Routen gelernt hatte, wurde er von seinem Besitzer in einen Verschlag gesperrt und von einem Mann, den das Tier nicht kannte, fürchterlich mit einem Stock verprügelt. Der Mann trug eine spanische Uniform und man beabsichtigte damit, das Tier darauf zu trainieren, wie der Teufel zu rennen, sobald es eines 'echten' spanischen Uniformträgers ansichtig wurde. Wenn ein Zaun gebaut wäre, könnte diese Möglichkeit reduziert werden. 1909 wurde dieser Grenzzaun, die *Verja*, errichtet.[34] Allerdings war es für die Hundeführer noch etliche Jahre lang möglich, ihre Tiere bei Ebbe über den Strand zu schicken.

Ein Informant [* 1932] erzählt, daß früher Tabakstangen im After von Eseln geschmuggelt worden seien; einmal habe sich ein Esel in der Warteschlange erleichtert, und da seien natürlich alle Zigarettenschachteln herausgefallen! Oder

"sie brachten dünne Esel nach Gibraltar herein und fette wieder mit zurück. Die Esel hatten falsche Wänste, und die schnallte man ihnen dann gefüllt mit Sachen um ..."

Noch in den späten 50er Jahren herrschte im *Campo de Gibraltar* bittere Armut.

"Man wurde angebettelt und die Leute setzten sich neben dich in der Bar, damit Du ihnen was gabst. Deshalb nahmen sie alles mit aus Gibraltar über die Grenze. Es war wichtig für die Bewohner des *Campo*, eine Arbeitserlaubnis zu haben. Wenn man ihnen die wegnahm, waren sie hilflos. Vor der Grenzschließung waren Algeciras, San Roque und La Línea ökonomisch abhängig von Gibraltar. [...] Damals wurde geschmuggelt, aber andere Dinge als heute. Jeder einzelne Spanier nahm etwas mit, in kleinen Mengen, Zigaretten, Zucker, Milch, Käse, Corned Beef, Uhren, Kleider, Strümpfe und Elektrogeräte. Den Zucker schmuggelte man im Gestell des Fahrrades. Man machte den Sitz ab und schüttete Zucker hinein. Im Licht des Fahrrades versteckte man Zigaretten. Ins Gestell stopfte man auch Tabak rein." [Informant Kevin Grech, * 1943]

Der Schmuggel dieser Güter des täglichen Bedarfs wurde von den spanischen Grenzbehörden weitgehend - gegen ein Entgelt - toleriert.

"Die Grenzer" erzählt Kevins Bruder Tom [*1945], "wußten davon, aber jeden Monat hat man einen geschnappt, um ein Exempel zu statuieren. Damals hatten sie an der Grenze eine große Kiste, und jedesmal wenn man über die Grenze ging, legte man was rein, wenn man was dabei hatte. Wenn man Bleistifte schmuggelte, legte man einen Stift in die große Kiste, damit einen der Grenzer nicht durchsuchte. Der Grenzer wußte natürlich, daß man mehr dabei hatte. Einmal ging ich über die Grenze, da hatte ich ein Transistorradio dabei, das trug ich unter meinem T-Shirt. Ich wollte das gar nicht schmuggeln, sondern wollte einfach mein Radio dabei haben. Der Grenzer meinte, ich soll das Radio in die Kiste reinlegen, und mir blieb nichts anderes übrig. Er sagte, 'in Zukunft, wenn Du nicht das Radio abgeben

---

34   Über den Einfluß von staatlichen Systemen zur Kontrolle des Schmuggels auf die Genese europäischer *boundaries* siehe ULBRICH [1993: 145] und SAURER [1993].

willst, dann leg wenigstens die Batterien rein'. Abends verteilten die Grenzer das Zeug untereinander."

Auch zwischen 1954 und 1963 bot Großbritannien seine Kooperation zur Eindämmung des Schmuggels an, da Schmuggel einer der Gründe war, den Spanien für die Restriktionen und die Verzögerung der Grenzabfertigung angab.[35]

### 6.3 Globale Netzwerke, nationale Verflechtungen: Tabakrouten heute

1974 wird Gibraltar zu einem mit Sonderrechten ausgestatteten Territorium der EU. Diese Sonderrechte wurden der Kolonie zugestanden, um die lokale Wirtschaft in der Zeit der Grenzschließung zu entlasten. Eine der Konzessionen, die im Artikel 28 des *Act of Accession of the United Kingdom to the European Communities* festgelegt wurde, ist die Befreiung Gibraltars von der Mehrwertsteuer. Diese Regelung begünstigt noch heute die gibraltarianische Wirtschaft und schafft eine der Grundlagen für den Schmuggel.

Noch heute sind La Línea und besonders das Viertel La Atunara auf Schmuggel angewiesen.[36] Die Stadt leidet unter hoher Arbeitslosigkeit, und viele Linenser schmuggeln, um zu überleben. Eine Informantin [* 1963] erzählt von ihrer Putzfrau aus La Atunara,

"die wohnt in einem Wohnwagen, sie versorgt sämtliche Verwandten mit Kondensmilch, weil die ihren Kindern sonst mit Wasser verlängerte normale Milch zu trinken geben. Oft werden diese armen Leute an der Grenze von den Grenzern geschnappt und müssen dann auch noch die Zolldifferenz bezahlen. Kondensmilch kostet hier um die 600 ptas, in Spanien 1.300 ptas... "

Heute ist der regionale Schmuggel in das globale Tabakhandelsnetz eingebunden.[37] In der EU existieren zwei Systeme der Transitprozedur für die Kontrolle von Transport und Steuerzahlung. Das erste System wurde eigens dafür geschaffen, um den Fluß von Zigaretten im Bereich der EU und der EFTA zu kontrollieren.[38] Das zweite System ist das internationale *Transport Internationale par Route* (TIR), das den Transport von Zigaretten nach außerhalb der Union (etwa nach Osteuropa) regelt.

---

35  DENNIS 1990: 55, 58.

36  Gerade La Atunara profitiert vom Drogenschmuggel: *"Virtually the whole village appears to be involved."* Im Viertel San Bernardo bewegen sich Drogenhändler frei, und die Straßen sind nachts nicht sicher. Vgl. die Filmdokumentation *Schreie gegen das Gift - Die Mütter mit den grünen Tüchern*, von REIMAR H. ALLERDT (Deutschland 1994). Anwohner behaupten, die Gegend habe aufgrund der vielen Fixer die höchste Pro-Kopf-Rate an AIDS in Europa [DAVISON 1994: 14].

37  Das Ausmaß des weltweiten Zigarettenschmuggels läßt sich erahnen, da der Umfang der Weltzigarettenproduktion relativ genau bekannt ist. Da sich Tabak nicht lange lagern läßt, müßte die Exportrate mit der Importrate in etwa übereinstimmen. Dies ist allerdings nicht der Fall. Weltweit wurden im Jahre 1994 910.000 Millionen Zigaretten exportiert, dagegen wurden nur 586.000 Millionen importiert. Von der Differenz der 324.000 Millionen Zigaretten können 45.000 Millionen für den legitimen Verkauf im *Duty Free* abgezogen werden. Es bleiben noch immer 280.000 Millionen 'vermißte' Zigaretten übrig. Die einzige plausible Erklärung für den Verbleib ist der Schmuggel. Schätzt man, daß auf jeder Packung Zigaretten durchschnittlich 1 US $ Steuer erhoben wird, dann bedeutet dies weltweit einen jährlichen Verlust von $16.200 Millionen für die Steuerbehörden. Vgl. JOOSSENS/RAW 1995.

38  Demgemäß muß Einfuhrzoll für Zigaretten, die beispielsweise für Dänemark bestimmt sind, die aber den EU/EFTA-Geltungsbereich in Griechenland überschreiten, im Bestimmungsland Dänemark (und nicht in Griechenland) entrichtet werden.

In beiden Fällen geschieht im Prinzip dasselbe: Die Zigaretten werden (vor allem aus den Vereinigten Staaten) in europäische Häfen exportiert, etwa nach Antwerpen, Rotterdam oder Hamburg. Dort wird keine Steuer entrichtet, sofern die Zigaretten für ein Drittland bestimmt sind, was sich durch die Transitpapiere für den Weitertransport belegen läßt.

Für Schmuggler gibt es an diesem Punkt zwei Möglichkeiten. Entweder die Dokumente sind gefälscht - mit oder ohne Hilfe der Behörden. Oder die Zigaretten werden nach außerhalb der EU transportiert und dann - oftmals mit Schnellbooten - in die EU zurückgeschmuggelt.[39] In Gibraltar wurde mir erklärt, in die EU komme der Tabak aus den USA, und zwar über Amsterdam; von dort werde er legal in andere EU-Staaten weitergeleitet, aber es würden regelmäßig einige Container abgezwackt, die dann illegal über die Schweiz nach Italien (Marlboro) oder über Galicien nach Spanien (Winston) eingeschmuggelt würden. Nach Gibraltar kommt der Tabak direkt aus den USA, ohne Zwischenstation, und wird dann in Lagerhallen gelagert, etwa in Western Beach.

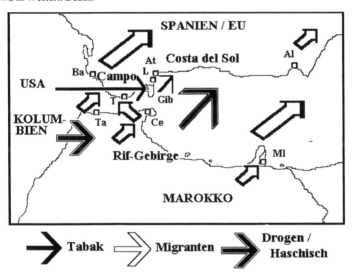

Abbildung 12: Schmuggelrouten 1996 (Auswahl); Al = Almería; At = La Atunara; Ba = Barbate; Ce = Ceuta; Gib = Gibraltar; L = La Línea; Ml = Melilla; T = Tarifa; Ta = Tanger

---

[39] Bekannte Transitpunkte für den Schmuggel sind Andorra, Zypern, Gibraltar und verschiedene osteuropäische Staaten. In Zypern liegt der Zigarettenkonsum bei 1.300 Millionen jährlich, aber allein aus Belgien wurden beispielsweise im Jahr 1992 35.000 Millionen Zigaretten nach Zypern exportiert. Aufgrund seiner großen Lagerkapazitäten eignet sich der belgische Hafen Antwerpen besonders für den Zigarettenimport. 1993 wurden 53.000 Millionen US-amerikanische Zigaretten in die EU importiert, davon 51.000 Millionen nach Belgien.

Von Gibraltar aus wird der Tabak dann übers Meer in benachbarte spanische Fischerorte ge-schmuggelt.[40] Mittlerweile hat sich der Schmuggel von Tabak auf Haschisch verlagert, und damit auch die Schmuggelrouten:

"*Fast launches* aus Gibraltar transportieren Haschisch von Marokko nach Spanien. Ma-rokkanische Schiffe verlassen Marokko mit Haschisch an Bord, und in der Meerenge über-geben sie es einer *launch*, die es dann nach Málaga bringt oder was immer sie mit dem Zoll-beamten ausgemacht haben; das ist alles mit ihm abgesprochen."[41]

Zwischen 1988 und 1995 erlebte der Tabakschmuggel mit Booten in Gibraltar einen bis da-hin ungeahnten Aufschwung. Wenn ich i.d.F. von der Demokratisierung des Schmuggels rede, dann meine ich damit, daß mehr und mehr Leute direkt in den Schmuggel mit Schnellbooten (*Fast-Launch-Activities*) involviert waren, da Tabakschmuggel sehr lukrativ geworden war und es dadurch für viele Gibraltarianer erschwinglich wurde, sich ein eigenes Boot zu kaufen.

JOOSENS und RAW [1995] argumentieren, daß die Preisunterschiede innerhalb der EU zwar groß sind (zwischen Dänemark und Portugal beträgt der Unterschied für 20 Marlboro-Zigaret-ten 240%); allerdings sei die Differenz zwischen Nachbarländern innerhalb der EU weitaus ge-ringer.[42] Die Preisdifferenz zwischen nationalen Marken ist irrelevant im Vergleich zu den Preisdifferenzen der bekannten internationalen Marken, da diese in allen EU-Ländern konsu-miert werden. Insofern verlaufen die Schmuggelrouten innerhalb der EU nicht vom billigen Sü-den in den teuren Norden, sondern von den Freihandelshäfen des Nordens (wo die zollfreien internationalen Marken importiert werden) in die Märkte des Südens. Im Tabakschwarzmarkt der EU-Mittelmeerranrainer wird nahezu ausschließlich mit amerikanischen Zigaretten (Italien = Marlboro, Spanien = Winston) gehandelt. Die Preisunterschiede sind nicht groß genug, um die Zwischenhändler und den Transport zu organisieren, und um die geschmuggelte Ware den Kunden am Bestimmungsort dann immer noch preisgünstig anzubieten. Dies trifft für den Preisunterschied zwischen Gibraltar und Spanien nicht zu, da die Kolonie außerhalb der EU-Zollunion liegt. In Gibraltar kostet die Stange Marlboro oder Winston etwa die Hälfte des spanischen Preises,[43] die Transportwege sind kurz, und es kann auf eine gut eingespielte und alte Infrastruktur zurückgegriffen werden. Auch der Tabakschmuggel, an dem Gibraltar betei-ligt ist, findet also in einem großen internationalen Netzwerk statt. In Gibraltar wird das Bild einer internationalen Aktivität gezeichnet, die Rolle Gibraltars darin sei minimal. Der lokale Tabakschmuggel, so der Alltagsdiskurs in der Kolonie, werde vom Mutterland geduldet. Der spanische Zoll sei direkt in den Schmuggel involviert, da Schmiergeldzahlungen an der Tages-ordnung seien und die Korruption in der Zollbehörde[44] groß. Man deutet an, daß spanische

---

40  DENNIS 1990: 55.
41  Interview mit Sir Joshua Hassan, 20.03.1996, vgl. auch Interview mit Minister Joe Moss, 12.04.1996.
42  In Großbritannien etwa kosten 20 Marlboro 3.42 Ecu, in Deutschland 2.56 Ecu, in Belgien 2.55 Ecu und in Frankreich 2.51 Ecu. Bedeutsam ist, daß der nationale Zigarettengeschmack innerhalb der EU extrem markenorientiert ist. Obwohl die beliebteste Marke in Spanien (Ducados) nur ein Fünftel des beliebtesten Tabaks in Dänemark (Prince) kostet, wird der dänische Markt nicht mit billigen spanischen Zigaretten überflutet.
43  Im November 1996 kostet beispielsweise in Gibraltar eine Schachtel/Stange Ducados 4,20 £ (ca. 1 DM/10,50 DM), in La Línea kostet es 6,75 £ (ca. 2,20 DM/16, 80 DM). *Encouragement to smuggling*, in: VOX 08.11.1996.
44  Interview mit Sir Joshua Hassan, 20.03.1996; vgl. THE GIBRALTAR CHRONICLE: *La Linea Customs head arrested in 'Operacion Gibraltar*, 19.04.1997.

Politiker nur zu gut am Tabakschmuggel verdienten. Man verweist darauf, daß der spanische Außenminister Matutes von einer mallorkinischen Schmugglerfamilie abstammt.[45]

In Gibraltar besitzen gegenwärtig fünf Großhändler die Lizenz für die Einfuhr und den Weiterverkauf von Tabak. Diese lieferten in den Hochzeiten des demokratisierten Schmuggels (1994-1995) z.T. direkt an die Kleinhändler der Main Street, zum Teil aber auch direkt an die Schmuggler. Mit den *launches* wurde dann der Tabak direkt nach Spanien gebracht oder man habe ihn auf einen Wagen geladen und nach Eastern Beach gefahren und dort auf *launches* verladen.

Der Zusammenhang zwischen Tabakhandel, innenpolitischen Parteikämpfen und außenpolitischen Verflechtungen wird im Versuch der spanischen Staatsfirma Tabacalera in Umrissen erkennbar, auf den gibraltarianischen Markt einzudringen, um wenigstens einen Teil des Tabakgewinns abzuschöpfen. *Rock-Tabac* (einer der Lizenzinhaber) gibt an, daß er die Lizenz für den Tabakgroßhandel seit etwa sieben Jahren habe "ruhen lassen", da er gleichzeitig eine Rechtsanwaltskanzlei betreibe und um den Ruf der Firma gefürchtet habe. Zuvor allerdings habe auch *Rock-Tabac* vom Tabakhandel/-schmuggel profitiert. Informant ist allerdings ein Beteiligter, Mitdirektor von *Rock-Tabac*, Mr. Conroy. Er erzählt, daß es Probleme mit der Regierung gäbe, weil Container mit Tabak aus Spanien, die jetzt im Hafen für die Firma lagerten, von *Chief Minister* Caruana gestoppt worden seien. Die Auslieferung der Ware für den Handel in Gibraltar wurde gesperrt. Mr. Conroy meint, es handelte sich um einen Fall von Protektionismus gegenüber den Caruana-Unterstützern (und um die Benachteiligung von *Rock-Tabac*). Bei dem blockierten Tabak handelt es sich um Ware der spanischen Staatsfirma Tabacalera (die Marken Ducados und Fortuna), die in Gibraltar über *Rock-Tabac* eingeführt und verkauft werden sollte. Denn spanische Käufer erwerben in Gibraltar mehr (spanischen) Tabak, als sie in Spanien kaufen würden. Insofern erwirtschaftet Tabacalera einen Gewinn, wenn sie ihre Ware an den gibraltarianischen Großhändler zollfrei verkauft.

Aber, wie gesagt, die für *Rock-Tabac* bestimmte Ware wird im Hafen festgehalten. Caruana verquickt die Freigabe des blockierten Tabaks mit einer politischen Forderung: Da Spanien nicht erlaube, daß gibraltarianische Mobiltelefone in Spanien betrieben werden dürfen, untersage Gibraltar die Auslieferung offiziell eingeführten Tabaks der Staatsfirma Tabacalera. Sobald Spanien den Betrieb der Mobiltelefone erlaube, dürfe Tabak der Tabacalera in Gibraltar verkauft werden. Ich hatte festgestellt, daß zur Zeit des Gespräches mit Mr. Conroy in den gibraltarianischen Geschäften Ducados und Fortuna feilgeboten werden. Offensichtlich, so auch die Vermutung des Informanten, hatte die Lokalregierung den Tabak für *Rock-Tabac* zurückgehalten, damit "jemand anderes" seinen Tabak loswerde. Es habe sich herausgestellt, daß es der Sohn des *Customs-Collector* und dessen Schwiegervater gewesen waren, die maßgeblich den spanischen Tabak nach Gibraltar brachten - und zwar über Zwischenhändler, und nicht direkt von Tabacalera.

45 OLIVA, PACO: *Border opening no immediate effect on Campo unemployment*, THE GIBRALTAR CHRONICLE 12.3.1985.

### 6.3.1 Der instrumentalisierte Schmuggel: diskursive Strategien, politische Absichten

Schmuggel als bedeutsame Form der Grenzüberschreitung verbindet nicht nur traditionell Gibraltar und das *Campo*, er wird auch zum symbolischen Schlachtfeld zwischen politischen Antagonisten. Grenzbewohner und staatliche Autoritäten verfolgen dabei unterschiedliche Strategien. Die nationale Politik Spaniens und Großbritanniens zielt auf die Eindämmung des Schmuggels ab. Die lokalen Autoritäten - die Zollbehörden und Küstenwachen - nehmen dabei in der Praxis eine uneindeutige Stellung ein, da sie einerseits die nationale Politik durchsetzen sollen, andererseits mitunter - etwa über Schmiergeldzahlungen - aktiv in den Schmuggel involviert sind. Die Verflechtung einzelner Teile des staatlichen Beamtenapparates in die Schmuggelaktivitäten zeigt, daß Schmuggler und staatliche Autoritäten keine diametral entgegengesetzt operierenden Einheiten darstellen, sondern daß vielmehr vielfältige Abhängigkeiten zwischen beiden bestehen. Diese reichen von der aktiven Beteiligung der Grenzbeamten und der Fahnder am Schmuggel über das 'Auge-Zudrücken' bis zum symbolischen Nutzen des Schmuggels für staatliche Propaganda.

In Gibraltar und im *Campo* gilt Schmuggel als normale wirtschaftliche Aktionsform an Grenzen und (mit der Ausnahme von Drogenschmuggel) per se als legitim. Diese Auffassung ist nicht untypisch für viele Grenzregionen.[46] Im lokalen Diskurs wird Schmuggel als legitime Waffe gegen die spanische Politik betrachtet, die darauf ausgerichtet ist, die Entstehung legaler Wirtschaftsstrukturen in der Kolonie zu verhindern. So behindern die Restriktionen an der Grenze den Tagestourismus von der Costa del Sol. Die Aktivitäten Spaniens auf EU-Ebene verhinderten, daß die lokale Wirtschaft auf andere Bereiche umgestellt werden könne, etwa auf ein funktionierendes Finanzzentrum. Der Vorwurf des Schmuggels ist Teil des spanischen Propagandakrieges, die Gibraltarianer ihrerseits sehen im Schmuggel eine Waffe, die den Feind zu schädigen vermag. Schmuggel stelle eine legitime Möglichkeit dar, die negativen Effekte des spanischen Wirtschaftskrieges zu kontern. Konsequenterweise ist das Unrechtsbewußtsein bezüglich des Schmuggels sowohl in Gibraltar als auch im Umland gering.

Auf lokaler Ebene werden verschiedene diskursive Strategien zur Rechtfertigung des Schmuggels bemüht. So wird häufig formelartig darauf verwiesen, daß in der Region traditionellerweise geschmuggelt werde.

Weiterhin wird argumentiert, daß der Import der Schmuggelware nach Gibraltar legal sei, da es sich um einen Freihafen handelt. Der Export von Gütern nach Spanien sei damit ein Problem des Nachbarlandes. Nicht nur der Import, auch die Ausfuhr sei legal. Der letztendliche Bestimmungsort der Ware sei kein gibraltarianisches Problem. Natürlich wissen die Gibraltarianer, daß Schmuggel aus der Perspektive des Bestimmungslandes Spanien illegal ist; allerdings gilt diese Illegalität den Gibraltarianern nicht als illegitim. Im Gegenteil: Schuld an der Illegalität seien die Vorschriften Spaniens, etwa das staatliche Tabakmonopol, das den spanischen Bürgern Zugang zu günstigen Qualitätsgütern verwehre.

---

[46] Vgl. FLYNN [1997] für die Grenzregion Shabe an der Grenze zwischen Bénin und Nigeria.

Der Tabakschmuggel sei uralt, sagt Manuel Jurado [*1940],

"und daran sind die Spanier mit ihrem Monopol selbst schuld! Hierher kommen die spanischen Käufer, um den billigen Tabak halb so teuer einzukaufen und zu verteilen!"

Drittens wird häufig auf die positiven Effekte des Schmuggels für die Bewohner der vernachlässigten Region des *Campo* verweisen, denen der Schmuggel überhaupt erst eine Erwerbsmöglichkeit sichere.

Da die Propaganda der spanischen Regierung darauf abzielt, das Gemeinwesen auf internationaler Ebene als Hort des Schmuggels zu brandmarken, wird in Gibraltar die Verwendung des Begriffes 'Schmuggel' (*contraband* bzw. *contrabando*) weitgehend abgelehnt. So ist auch die Anweisung Caruanas an die Tabakhändler im August 1998, die Matutera-Invasion dadurch zu blockieren, daß ihnen keinen Tabak mehr verkaufen solle, um Spanien keinen Vorwand dafür zu liefern, "den guten Ruf Gibraltars" zu beschmutzen, freilich vor allem als symbolische Aktion zu verstehen, da ein Ignorieren der Anweisung keine rechtlichen Folgen für die Händler nach sich zieht.[47]

### 6.4 Schmuggel als Lebensform

6.4.1 Der Schmuggler als soziokulturelles Leitbild

*"Smuggling is definitely [still] going on. It's in the blood of a lot of families, I think. It is not a new thing! It's not something the spaniards are going stamp out overnight. Its going on probably since time immemorial. Wherever you have a border situation... its a colony."*[Informant Joel Martin, * 1967]

Edna Burberry [* 1946] erzählt mit großen Augen, wie sie "neulich beobachtet [habe], wie ein Gibraltarianer mit seinem Auto aggressiv in eine Parklücke einfuhr. Ich mußte unwillkürlich an die Schmuggler denken, die mit ihren kleinen Booten so wagemutig übers Meer flitzen und sich dabei geschickt um die spanischen Verfolger herummanoeuvrieren."[48]

Der Bezug zum Schmuggel ist gängiges Interpretationsmerkmal für aktuelles Verhalten, und zwar sowohl zur positiven Selbstbeschreibung wie zur negativen Fremddarstellung. Mrs. Burberry erzählte diese Episode sehr aufgebracht, dabei unterstreicht sie die Autofahrer-Schmuggler-Analogie, indem sie mit ihren Händen schlingernde Bewegungen nachvollzieht. Ihre Interpretation des gibraltarianischen Fahrverhaltens zeugt von der ambivalenten Spannung, die der Schmuggler-Topos in sich birgt, in ihr drückt sich sowohl Bewunderung als auch Empörung aus. Aber - und dies ist vielleicht wichtiger als die Bewertung des Topos, sie reproduziert und perpetuiert damit das Bild der unweigerlich an Schmuggel gebundenen Gesellschaft.

"Es war eine Formel für ökonomische Subsistenz, die nur die übermächtigen Interessen des Staates schädigte, dieser bösen Stiefmutter, die aus ihren Kindern, anstatt sie zu schützen, alles herauspreßte, was möglich war, ohne die revolutionäre Verpflichtung der Bürger anzuerkennen, die sie über Jahrhunderte hinweg als bloße Untertanen behandelte. Was be-

---

47  *Govt considers measures after 'Matuteras' invasion*, in: THE GIBRALTAR CHRONICLE, 04.08.1998.
48  Feldtagebuchnotiz, 10.10.1996.

deutete es da schon einen Staat zu beklauen, der einen sowieso bestahl? Schmuggler waren die Robin Hoods und die Finanzämter der Sheriff von Nottingham."[49]

Der Topos des 'Edlen Schmugglers', dessen männliches Bravado mit List, Tücke und Erfolg gegen eine übermächtige faschistische Staatsmaschinerie zu bestehen vermag, kommt dieser Selbstbeschreibung sehr nahe.

"Wer sich dem Schmuggel verschreibt, macht nichts anderes mehr, weil er einfach mehr verdient als mit seinem normalen Job, wo er acht Stunden lang für weniger Geld schuften muß. Schmuggel ist wie eine Droge, eine Passion - abgesehen vom Geld. Das Adrenalin!"

erklärt Manuel Jurado.

"Die Möglichkeit für einen 17-jährigen, in einer Nacht 500 GBP zu machen, war verlockend."[50]

Schmuggel wurde gerade in den frühen 90ern mit positiven Assoziationen verknüpft. Das Unrechtsbewußtsein war gering, das Prestige für junge Männer groß. Abenteuer, schnelles Geld, Wagemut und das Gefühl, den Gegner zu schädigen, verliehen diese unnachahmlich anziehende Aura von Sex, Geld und Erfolg.

Das Leitbild des Schmugglers ist geschlechts- und klassenspezifisch, es wird performativ über Körpertechniken ausagiert.[51] Die jungen Männer staffierten sich mit allen stereotypen Attributen der coolen Mafiosi aus Filmen und TV-Serien aus: Sonnenbrillen, Schmuck, pomadierte Haare. Schnell reich geworden, schafften sie sich große Autos (vor allem Mercedes) an, mit denen sie allabendlich langsam durch die ruhige Main Street fuhren, begleitet von lautem Getöse aus den Ghettoblastern. Jedermann kannte ihre Namen, ihre familiären Hintergründe; die Adaption eines Versatzstückes, das im mafiosen Vorbild zur Verhüllung von Identität dienen soll - die verdunkelten Autofensterscheiben - sprach der Einbettung der Schmuggler in das Netzwerk der lokalen Beziehungen Hohn. Funktional entleert, sind die dunklen Scheiben gleichwohl von symbolischer Bedeutung - sie signalisieren: Wir sind die Herren der Straße.

Ein örtlicher Designer hatte T-Shirts entworfen, die ein Schmugglerboot zeigten, das von der Polizei verfolgt wurde. Der Schmuggler wurde als anthropomorpher Haifisch dargestellt. Die Winston-Boys kauften diese T-Shirts 'wie warme Semmeln'. 1996 dagegen trägt niemand mehr so ein T-Shirt! Die spanische Fremdbeschreibung wendet diese heroischen Autostereotype ins Negative, aus dem edlen Robin Hood wird ein ehrloser Gesetzesbrecher, ein Verbrecher und Verderber, unter dessen parasitäre Wirtschaftsweise ein gepiesacktes, ehrbares Staatswesen zu leiden habe.

### 6.4.2 Der demokratisierte Schmuggel: *Doing the Winston*

"Manche dieser Kinder machen 2.000 Pfund in der Woche, weißt Du. *2.000, 3.000, 'doing the Winston, doing the smuggling'*". [Informant Kevin Grech, * 1943]

*"Last summer [1995] the Tobacco smuggling was rife. You could go down to Eastern Beach: 20 boats lined up there at 6 o'clock in the evening. Everybody was going along to*

---

49 GOMEZ RUBIO, JUAN JOSE: *Contraband, money landering and tax avoidance*, in: The Times, 03.03.1997.
50 Feldtagebuchnotiz, 12.04.1996.
51 DOUGLAS 1970.

*watch the show. Literally, I used to go with my wife and kids and sit there and watch!"*
[Informant Joel Martin, * 1967]

In den Hochzeiten des demokratisierten Schmuggels waren rund 400 Schnellboote beteiligt. Pro Boot wurden etwa sieben Leute benötigt. Man konnte häufig beobachten, wie 40 bis 50 Boote in Eastern Beach beladen wurden und dann gleichzeitig ausschwärmten, damit die spanische Polizei nicht alle Boote verfolgen konnte.

Ist die Figur des Schmugglers schon von alters her und verstärkt in den frühen 90er Jahren soziokulturelles Leitbild, so setzt sich mit der Politik der Regierung Bossano für einen Großteil der männlichen Jugendlichen die Möglichkeit durch, an diesem Leitbild aktiv zu partizipieren. Bossano ermöglichte die Öffnung der Teilhabe am Schmuggel für weite Teile der Bevölkerung. Es habe 2.000[52] Schmuggler gegeben. War der Transport der Schmuggelgüter zuvor auf einige wenige Spezialisten beschränkt, so wurde es nun immer mehr Menschen möglich, mit einem Boot eigenen lukrative Fahrten durchzuführen. Dies wurde vor allem von jungen Männern wahrgenommen. Die Söhnen von Manuel Jurado gehören dazu. Sie begannen gegen den Willen des Vaters mit 17, 18 Jahren mit dem Schmuggeln, und zwar

"auf ganz niedrigem Niveau, mit ein paar Kartons Tabak über die Landgrenze". Es sei wie ein Spiel gewesen, erzählt der Vater. "Sie transportierten Tabak mit einem Ruderboot nach Spanien hinüber und machten pro Ladung 10.000, 15.000 oder 20.000 Ptas. Mit diesem Geld kaufen sie sich RIB's... Der Spaß wurde aber sehr bald ernst, denn insgesamt wurden sechs bis sieben Jungs bei den Aktivitäten getötet."[53]

Der Gefahr begegneten viele der jungen Schmuggler dadurch, daß sie sich religiöse Motive als Schutz in die Haut eintätowieren ließen.

"Viele von denen," so der Tätowierer Keith [* 1961] "die schmuggelten, in La Línea und in Gibraltar, trugen religiöse Bilder: von Christus und der Jungfrau... Als ein Schutzzeichen, wenn sie draußen auf See sind. Aberglaube, eher als Glaube. Viele kommen auch zu mir ins Geschäft und sagen: 'Oh, Ich hab' dies oder das versprochen, ich hab' versprochen, wenn ich's erreich', dann werd' ich mir das Gesicht von Maria machen lassen. Die Leute kommen mit sowas. Die denken, die Götter helfen ihnen beim Schmuggeln, zum Beispiel: sie werden mit so und so vielen Kilos [Fracht] geschnappt, und dann vor Gericht passiert etwas [Unerwartetes], und sie kommen frei; und sie haben das Versprechen abgegeben 'wenn ich frei komm', laß ich mir den Kopf von Jesus machen'."[54]

Die Demokratisierung des Schmuggels wurde durch die Vergabe von Krediten an die kleinen Schmuggler ermöglicht, damit diese sich die schnellen RIB-Boote kaufen konnten. Kreditgeber waren die großen, alten Händlerfamilien gewesen. Die Käufer zahlten die Kredite mit Zinsen ab. Die Großhändler verdienten dadurch doppelt: einmal durch die Versorgung mit Waren, dann durch die Bereitstellung der Infrastruktur. Ihr eigenes Risiko blieb dabei gering, da beide Leistungen in Gibraltar legal waren.

Bleiben wir vorerst bei den Folgen des Schmuggels für die lokale Ökonomie. Der Schmuggel der frühen 90er Jahre war für den jungen Mann mit seinem Boot eine legale Quelle wirt-

---

52  Andere Quellen sprechen von 1.000 Nebenerwerbsschmugglern und 100 Schmuggler, die den harten Kern ausmachen [Informant M.S., * 1960].
53  Interview mit Manuel Jurado, 29.05.1996.
54  Interview mit Keith Tonna, 16.07.1996.

schaftlichen Wohlstandes. Ein gesamtgesellschaftlicher wirtschaftlicher Segen war der Schmuggel aus dreierlei Gründen:

• erstens wird für alle Zigaretten Einfuhrsteuer entrichtet - eine wichtige Einkommensquelle für die öffentlichen Finanzen;

• zweitens wird all jenen eine Einkommensquelle eröffnet, die ansonsten arbeitslos gewesen wären. Dies betraf nicht nur diejenigen, die im Boot saßen, sondern auch andere, etwa jene, die das Boot beluden etc.;

• drittens gaben die Schmuggler ihr Geld in den Straßen von Gibraltar aus, so daß das Geld zu zirkulieren begann; die Zigarettenläden in der Main Street hatten problemlos 50 bis 60 Kartons Zigaretten auf einmal vorrätig - sie waren sozusagen zu Zwischengroßhändlern geworden. Aber nicht nur die Zigarettenhändler verdienten daran, auch andere Zweige des Handels boomten, vor allem der Schmuckhandel und der Handel mit Gebrauchsgütern des gehobenen Bedarfs. Neben dem Erwerb lokal angebotener Güter wie Schmuck oder Apartments wurden insbesondere Autos gekauft.

"Manche gingen nach Deutschland und kauften sich einen Mercedes, weniger als er hier kosten würde. Und die fuhren sie dann nach Gibraltar zurück. Viele machten das auch als Geschäft. Mercedes gibt es viele in Gib, das ist ein Statussymbol."[Informant Tom Grech, * 1945]

Der Wohlstand in Gibraltar wuchs. Wenn ich vorab erwähnte, daß die Einfuhr und Ausfuhr großer Mengen von Tabak lange Zeit in Gibraltar selbst legal, in Spanien jedoch illegal gewesen war, so versuchte Spanien über verschiedene Maßnahmen, den Schmuggel einzudämmen. Der Kampf wurde an verschiedenen Fronten geführt, etwa über die gesetzliche Ebene innerhalb der EU. Diese Maßnahme richtete sich an Großbritannien, das für die Implementierung der EU-Richtlinien in seiner Kolonie verantwortlich zeichnete. Diese Strategie hatte die Einführung strikter Gesetze in Gibraltar gegen Geldwäsche zur Folge. Diese Gesetze zielten darauf ab, die Einzahlung des Gewinnes aus dem Schmuggel auf Bankkonten zu erschweren. Heute dürfen nur Beträge in einer Höhe bis zu 10.000 £ ohne einen Herkunftsnachweis auf gibraltarianische Konten eingezahlt werden. Allerdings wurden von den Schmugglern verschiedene Strategien entwickelt, um diese Maßnahmen zu umgehen. Bei einem Rundgespräch mit Bankangestellten erfahre ich:

Mr. B.: "Geld waschen kann man nur dort, wo es physisch in die Bank hereinkommt. Danach ist es 'sauber', denn jede Bank nimmt Überweisungen einer anderen Bank als sauber auf. Also läßt man zum Beispiel zehn alte Omas je 10.000 £ auf ihr Sparkonto einzahlen, und von dort aus wird es dann einige Wochen weiter überwiesen auf das Konto des Schmugglers. Natürlich sind es 11.000 £, denn die Oma bekommt 1.000 £ dafür. Die darf sie dann behalten. Wir in der Bank wissen, wo es sich um Schmuggelgeld handelt, denn wir kennen ja die Oma und wissen in der Regel, daß sie nie soviel Geld besitzt. Dann wird auch mit Lotteriegewinnen Geld gewaschen. Der Hauptgewinn der Weihnachtslotterie ist 500.000 £, und man weiß, daß die Winston-Boys dem Gewinner den Gewinn für 600.000 £ abkaufen; damit ist das Schmugglergeld gewaschen, aber der Gewinner hat nun das schmutzige Geld - allerdings hat er nochmals 100.000 £ Gewinn gemacht."

Mrs. F.: "Oder die bringen das Geld nicht in die Bank, die waschen es in den Wechselstuben, das waren manchmal Millionensummen, und der Gewinn der Geldwechsler lag natürlich in der Courtage."

Mr. B.: "Und es gibt die Möglichkeit, eine Versicherung abzuschließen, für einen hohen Betrag. Dann kann man sich die Police auszahlen lassen und hat dann einen legalen Herkunftsnachweis."

Mrs. T.: "Häufig kommt es auch vor, daß Boote aus den Niederlanden nach Gibraltar gebracht werden, und die werden dann hier verkauft. In Holland sind die Boote billiger als in Gib. Aber die Verkaufsunterlagen für die Boote weisen einen höheren Betrag aus als der echte Kaufpreis, so daß die mit diesen Unterlagen eben auch Geld waschen können ..."

Ein zusätzlicher Faktor, der den demokratisierten Schmuggel zu einem Problem werden ließ und letztendlich zur Schmuggelkrise führte, die ich in der Folge näher beleuchten werde, ist die Verlagerung auf den Schmuggel von Drogen. Der Drogen-Topos stellt in der politischen Auseinandersetzung innerhalb wie außerhalb Gibraltars eine mächtige Waffe dar. Flynn Jurado [* 1963] erzählt, er und sein Bruder seien mit ihrem Boot von der spanischen Polizei verfolgt worden und sie hätten sich nach Gibraltar an den Strand geflüchtet.

"Die spanische Polizei hinterher, die haben geschossen und sind dann sogar hier am Strand gelandet. Die [Gibraltar] Polizei hat meinen Bruder festgenommen und die Spanier zurückgeschickt. Zur Gerichtsverhandlung sind sie [die Spanier] natürlich nicht erschienen. Mein Bruder hat lediglich einige Kisten Winston geladen, aber er wurde dann in der spanischen Presse als Drogenhändler dargestellt. [César] Braña [der Zivilgouverneur der Provinz Cádiz], behauptet ja auch, in den Tabakkartons würde Heroin geschmuggelt, eine glatte Lüge!"

Flynns Vater Manuel rechnet Haschisch nicht zu den Drogen - andere Informanten wiederum sehen Haschisch als Drogen an. Manuel vermutet, daß das ganze Gerede über Drogenschmuggel den Boden dafür vorbereiten soll, daß dieser tatsächlich stattfindet. Haschisch werde von Marokko nach Spanien transportiert. Drogenschmuggler nutzten die Infrastruktur der Tabakschmuggler. Das läuft etwa folgendermaßen ab:

"Jemand möchte z.B. 1.000 Kilo Haschisch von Marokko transportieren. Der fragt einen Bootsbesitzer, ob er nicht eine Fuhre von 20 Kilo Haschisch für 50.000 GBP übernehme. Da sagt der doch nicht 'nein'! Dann gibt man der spanischen Polizei einen Tip, der arme Schmuggler wird gefaßt, die 20 Kilo sind flöten, aber während die Polizei mit der Aktion beschäftigt ist, werden die restlichen 980 Kilo befördert."

Manche Informanten erklären, der Großteil des Schmuggels in den Jahren bis 1995 sei nicht mit Tabak erfolgt, sondern mit (nicht näher identifizierten) 'Drogen'. Der Vorwurf des Tabakschmuggels in der öffentlichen Meinung habe lediglich als "Deckmaßnahme" für den Drogenschmuggel gedient. Einigkeit scheint aber über die Tatsache zu bestehen, daß sich in den Jahren vor 1995 eine schleichende Verlagerung des Schmuggels von Tabak auf Haschisch und womöglich auf harte Drogen ergeben hat. Entscheidend dafür war die technologische Entwicklung der Boote und der höhere Gewinn, den man mit Haschisch und harten Drogen machen konnte.

"Man ist von *Phantoms* auf *RIB's* mit Außenbordmotor umgestiegen, damit kann man in einer Viertelstunde nach Ceuta gelangen, wo man dann Haschisch einladen konnte. Dadurch ist der Tabakschmuggel zurückgegangen, es war eben einfacher, mehr Geld mit weniger

Ladung machen zu können." Man habe sich überlegt: "Warum soll ich 25 Kartons Marlboro mit meinem Boot transportieren wenn ich einen Karton Haschisch nehmen kann? Und dann geht es weiter zu härteren Drogen." [55]

Eine weitere Strategie richtete sich an die Presse, die ein internationales Bild von Gibraltar als einem Hort des Schmuggels zu zeichnen versuchte. Drittens versuchte die Küstenwache über die Verfolgung der *Pateras* mit Booten und Helikoptern den Transportvorgang mit den Waren zu unterbinden. Ich gehe zunächst in Teil 6.4.1 auf die Schmugglerkrise von 1994/95 ein, in der alle drei Maßnahmen Spaniens wirksam werden und schließlich zur vorläufigen Eindämmung des demokratisierten Schmuggels führten. In Teil 6.4.2 werde ich die innergesellschaftlichen Konsequenzen der Krise für Gibraltar nachzeichnen, die zur Konfiszierung der Boote (6.4.3), den Unruhen und der Gegendemonstration (6.4.4) führte. Dadurch wurde das gesellschaftliche Leitbild des Schmugglers umgewertet und diskreditiert.

## 6.5    Die Schmuggelkrise

### 6.5.1 Der demokratisierte Schmuggel als außenpolitisches Problem

CÉSAR BRAÑA, der Zivilgouverneur der Provinz Cádiz, vergleicht *Chief Minister* JOE BOSSANO mit dem britischen Piraten SIR FRANCIS DRAKE: So wie die Engländer die spanischen Galleonen zerstörten, so verderbe die englische Redoute von Gibraltar nun Spanien mit Drogen und Geldwäsche.[56]

Zwischen Oktober und Dezember 1994 verschärfte Spanien die Kontrollen an der Grenze. Helikopter der *Guardia Civil* kreisten über der Bucht von Gibraltar und versuchten, die Schmugglerboote ins Wasser zu drücken, was zwar nur selten gelang, mitunter allerdings ein tödliches Ende zeitigte. Die Beerdigung des auf diese Weise umgekommenen Stiefsohnes von Minister Joe Pilcher[57] ist Kevin Grech noch in guter Erinnerung: Es sei wie die Beerdigung eines Mafiosi gewesen, "halb Gibraltar" war zugegen und das Grab noch lange Zeit das geschmückteste Grab des Friedhofs. Während einer dieser Aktionen wurden 54 Schnellboote registriert, davon konnten 18 gestoppt werden.[58]

Auch an der Landgrenze werden strikte Grenzkontrollen verfügt.[59] Neben peniblen Kontrollen der nach Spanien einreisenden Fahrzeuge werden auch Kontrollen der Körperöffnungen durchgeführt, vor allem bei Grenzgängerinnen mit spanischem Paß. Überhaupt sind vor allem Spanier von den Maßnahmen betroffen: Rund 70% der Autos, die die Grenze passieren, gehören spanischen Staatsbürgern. Die Kontrollen führen zu Verspätungen bis zu sieben Stunden. Die spanischen Zöllner machen Dienst nach Vorschrift: Autofahrer, die keine Plastikhandschuhe mit sich führen, werden mit einer Geldstrafe von 15.000 Ptas. (oder 75 £) belegt. In der Warteschlage machen Gerüchte die Runde: jemand meint zu wissen, die Zöllner wollten auch

---

55    Feldtagebuchnotiz, 10.05.1996.
56    HART, ROBERT: *UK between the rock and a hard place*, in: The Independent, 19.12.1994.
57    DAVISON, PHIL: *Fears grow over Gibraltar's drug-runners*, in: The Independent, 14.12.1994: 14.
58    OWEN, EDWARD: *Spanish war on smugglers puts rock under siege*, in: Times, 17.12.1994: 10.
59    OWEN 1994: 10.

noch Schneeketten sehen - offensichtlich ein Witz, aber man weiß ja nie ...[60] Ein peinlich berührter Zivilgardist bekennt, daß vor allem dann verstärkt kontrolliert werde, wenn viele Autos die Grenze passieren wollen - damit verärgere man die Wartenden besonders.[61]

Aus spanischer Sicht gibt es keinen Zweifel daran, daß an der Grenze Tabak geschmuggelt wird: Gibraltar importierte 1993 1.500 Millionen Zigaretten (d.i. 50.000 pro Kopf der Bevölkerung).[62] Dadurch gehen dem spanischen Fiskus jährlich etwa 20.000 Millionen Ptas verloren. Dagegen habe sich das Einkommen der Kolonie von 10 auf 15 Millionen Pfund erhöht.[63] Mit den Maßnahmen an der Grenze solle aber auch gegen den Schmuggel von Drogen vorgegangen werden. Darüber hinaus behauptet der Madrider Staatsanwalt BALTASAR GARZON, Verbindungen der kolumbianischen Drogenmafia nach Gibraltar festgestellt zu haben, die dort Drogengeld waschen soll.[64]

Die Maßnahmen an der Grenze, so weiß THE GUARDIAN vom 02.12.1994 zu berichten, seien aber nicht direkt gegen die Schmuggler gerichtet; die spanischen Behörden gestünden dies ein. Vielmehr gehe es darum, die Regierung Gibraltars unter Druck zu setzen, die den Schmuggel dulde.[65]

Die Vorwürfe der Duldung des Tabakschmuggels wiegen in den britischen Medien schwerer als die Vorwürfe, daß die Regierung Gibraltars Geldwäsche und Drogenhandel dulde. Diese Vorwürfe sind bereits vor der Herbstkrise 1994 bekannt: Schon im Juli desselben Jahres ernennt die britische Regierung einen speziellen *Financial Services Commissioner*, um den lokalen Bankensektor zu überwachen.[66]

Whitehall - das britische Außenamt (*Foreign & Colonial Office* oder F&CO) - zeigte sich verärgert darüber, daß die spanisch-britischen Beziehungen erheblich belastet worden waren. Als Reaktion auf die spanischen Vorwürfe stellte die britische Regierung Gibraltar ein Ultimatum: Bis Ende Januar 1995 müssen Bankenrecht wie Zollpraktiken in Einklang mit den Gepflogenheiten der EU gebracht werden, ansonsten würden strenge Sanktionen durchgeführt. Außenminister DOUGLAS HURD schickt einen persönlichen Brief an Ministerpräsident BOSSANO, in dem die Umsetzung von 51 EG-Richtlinien bis Ende Januar 1995 angemahnt werden. Zu den Auflagen, die Gibraltar erfüllen muß, gehören u.a. die Kontrolle der Verunreinigung von Grundwasser sowie die Einführung von Bestimmungen zur Sicherheit und Gesundheit am Arbeitsplatz. Am wichtigsten ist aber die Kontrolle von Geldwäsche und die Einrichtung einer Bankenkontrolle.[67] Bereits im September war Gibraltar eine solche Liste überreicht worden.

Wir erinnern uns, daß Großbritannien durch die Römischen Verträge dafür verantwortlich ist, daß seine *dependent territories* - also auch Gibraltar - EU-Richtlinien einhalten. Sorgt ein Mitgliedsland nicht für die Einhaltung, so kann es zur Zahlung hoher Strafen verurteilt werden. Britische Beamte zeigen sich entrüstet darüber, das Geld der britischen Steuerzahler wegen

---

60  GOOCH, ADELA: *The hard place between the Rock and the Spanish*, in: The Guardian, 02.12.1994.
61  GOOCH 1994.
62  DARBYSHIRE, NEIL/JOHNSTON, PHIL: *Hurd pledges to stand firm*, in: Daily Telegraph, 19.12.1994.
63  GOOCH 1994.
64  DAVISON, PHIL: *Fears grow over Gibraltar's drug-runners*, in: The Independent, 14.12.1994: 14.
65  GOOCH 1994.
66  DAVISON 1994: 14.
67  DOYLE, LEONARD/DAVISON, PHIL: *Britain sends out ultimatum*, in: The Independent, 14.12.1994: 14.

einer Verzögerung der Gesetzesimplementierung durch die Regierung Gibraltars ausgeben zu müssen.[68] Sollten die Richtlinien deshalb bis zum vorgegebenen Datum nicht umgesetzt worden sein, droht das *Foreign & Colonial Office* damit, Sektion 86 der Gibraltar-Verfassung von 1969 anzuwenden, in der die Möglichkeit der Außerkraftsetzung der Verfassung, die Absetzung der Lokalregierung und die Unterstellung des Territoriums unter Londoner Zentralverwaltung (= Einführung des *Direct Rule*) vorgesehen ist:

> *"There is reserved to Her Majesty full power to make laws from time to time for the peace, order and good government of Gibraltar (including, without prejudice to the generality of the foregrounding, laws amending or revoking this constitution)."*[69]

Während meiner Feldforschung lerne ich Francis Griffin [* 1950] kennen, der im Auftrag des britischen Außenministeriums als Rechtsberater nach Gibraltar abgeordnet wurde, um die Implementierung der Richtlinien umzusetzen und zu kontrollieren.

"Mein Job ist zu Ende, wenn die Gesetze implementiert worden sind. Es gibt aber einen Unterschied zwischen rechtlicher und tatsächlicher Implementierung. Jedenfalls ist es nicht sicher, daß Gibraltar in der Praxis mitspielt. Wenn sich Gibraltar weigert, gibt es zwei Möglichkeiten: entweder muß Großbritannien Unsummen Strafe an die EU zahlen; oder wir setzen *Direct Rule* ein."

Inoffizielle Quellen des *Foreign Office* geben bekannt, daß das *Direct Rule* schrittweise eingeführt werden könne, um die *Gibraltarians* den Druck langsam spüren zu lassen.[70]

Ein weiteres Motiv für Großbritannien, gegen den Schmuggel vorzugehen, wird im Druck der USA gesehen. Nicht der Tabakschmuggel, sondern die Infrastruktur, die in und um Gibraltar aufgebaut wurde, stelle eine Sicherheitsgefahr dar: Menschenhandel, Drogenhandel, schließlich Waffen und Terroristen aus Nordafrika.[71] Die High-Tech-Ausrüstung der Schmuggler - die Koordination der Bootsbewegungen erfolgen mittels Handys, Fernsprechgeräten und Infrarotkameras, die in Gibraltar und an der spanischen Küste stationiert sind - wurde zu einem Sicherheitsproblem für die Bewachung des Schengener Territoriums. Es gehe somit nicht in erster Linie um die Zerschlagung des lokalen Schmuggels, sondern um die Beseitigung dieser Infrastruktur, da mit den *Fast Launches* in wenigen Stunden gewaltige Strecken gefahren werden können.

Ein dritter Grund für die 1994er Krise besteht darin, daß der Schmuggel Spanien eine Gelegenheit bietet, um Großbritannien in der Frage der Souveränität Gibraltars unter Druck zu setzen. Der spanische Vorwurf, die Regierung Gibraltars dulde bzw. organisiere den Schmuggel, ja, der Felsen sei gar ein Hort des Schmuggels und ein Piratennest, ist nicht neu. Aus Sicht der *Gibraltarians* diente er schon immer dazu, die Zivilbevölkerung zu kriminalisieren und damit von vornherein jeglichen Anspruch der *Gibraltarians* auf das Recht auf Selbstbestimmung abzuschwächen.[72] Für Monsignor Charles Caruana sind dies taktische Maßnahmen, einerseits

---

68   DOYLE/DAVISON 1994: 14.
69   DAVISON 1994: 14.
70   MACINTYRE, DONALD/BROWN, COLIN/DOYLE, LEONARD: *UK tells Gibraltar it direct rule*, in: The Independent, 14.12.1994.
71   Vgl. auch BARBERO, LUIS : *Las redes de contrabando de hachís de Marruecos toman el control del 'mercado' de la inmigración*, in: EL PAIS, 07.04.1997.
72   GOOCH 1994.

um den Ruf Gibraltars und damit seine Wirtschaft zu ruinieren, andererseits um Großbritannien unter Druck zu setzen. Man ist der Überzeugung, Schmuggel habe es immer gegeben und werde es immer geben an Grenzen zwischen Ländern mit unterschiedliche Steuerstruktur. Verschiedene Argumente werden bemüht, um den Schmuggel zu rechtfertigen:

- Spanien sei selbst schuld am Schmuggel durch die staatliche Tabaksteuer.

"Der Schmuggler sorgt dafür, die Bevölkerung mit etwas Preisgünstigem zu versorgen, was ihr der eigene Staat vorenthält! Im Spanischen Bürgerkrieg starben die Leute, und nur die Reichen konnten sich etwa Penicilin leisten. Die Armen starben. Der Schmuggler riskiert sein Leben, um den Armen teure Güter der Grundbedarfssicherung zu verschaffen - natürlich auch, um Geld zu machen. Spanier kaufen hier Tabak guter Qualität. Das ist wie eine Dienstleistung."[73]

Schmuggel habe immer zum Wohle der Bevölkerung auf beiden Seiten der Grenze stattgefunden: Zucker, Tabak, Käse - in Zeiten Francos Penizillin und Diabetikerzucker, also eine Wohltat für die armen Menschen in Spanien.

- Die Drahtzieher des Drogenhandels und des Tabakschmuggels säßen in Spanien, *Gibraltarians* seien lediglich Transporteure.

- Der Vorwurf Brañas, es handle sich bei den Schmuggelgütern um Drogen (*narcotrafico*) suggeriere, daß es um harte Drogen gehe und nicht nur um Tabak und Haschisch.

- Der Vorwurf gegen Gibraltar solle vom weitaus umfangreicheren Schmuggel über Galicien, Ceuta und Melilla ablenken, denn der Schmuggel von Gibraltar mache mit 0,5% lediglich einen Bruchteil des Gesamtschmuggels aus, der nach Spanien getätigt werde.

"..im Vergleich zu Schmuggel in Galicien oder Ceuta ist das gar nichts!"[74] Monsignor Caruanas Einschätzung der spanischen Maßnahmen ist typisch. Und Manuel Jurado: "Warum tun sie das? Die sagen, wegen dem Schmuggel. Das ist aber nichts im Vergleich mit dem Schmuggel über Marokko oder Portugal. Schließen die etwa die Grenze nach Portugal? Und über Ceuta und Melilla, die beides auch Freihäfen sind, wird auch Tabak nach Spanien geliefert. Vor 30 Jahren gab es keinen Schmuggel in Ceuta. Es war ein Fischerhafen und ein Militärgebiet. Nachdem man die Grenze geschlossen hatte, gab man Ceuta den Status eines Freihafens, dadurch wurden Ceuta und Melilla reich, aber auch Schmuggelzentren, 70mal größer als Gibraltar: Tabak, Haschisch nach Spanien, Elektrogeräte nach Marokko."[75]

Die Vorwürfe Spaniens und Großbritanniens bezüglich der stillschweigenden Tolerierung von Geldwäsche (vor allem von Drogengeld) durch die gibraltarianischen Behörden trifft die Regierung Bossano an einem empfindlichen, da zentralen Punkt: der wirtschaftlichen Überlebensfähigkeit. Seit den 80er Jahren hat BOSSANO Anstrengungen unternommen, die Kolonie zu einem *off-shore banking centre* zu entwickeln. Die 1994er Krise, so wird aus den Reihen der SDGG gestreut, sei der Versuch des F&CO, diesen Versuch zu verhindern.

---

73  Feldtagebuchnotiz, 29.05.1996.
74  Feldtagebuchnotiz, 07.03.1996.
75  Feldtagebuchnotiz, 29.05.1996.

Die britische Drohung mit der Einführung des *Direct Rule* schürt die Besorgnis und das Mißtrauen der Lokalregierung und der SDGG gegenüber den Absichten des F&CO:[76] Dieses wolle Gibraltar aufgeben und verhandle mit den Spaniern über eine Übergabe. Durch die Notwendigkeit der Kooperation zwischen Großbritannien und Spanien im Rahmen der EU, so argwöhnt Bossano, werde das Vereinigte Königreich die Kolonie auf lange Sicht aufgeben. GSLP und GNP vermuten, es könne zwischen Großbritannien und Spanien zu einer ähnlichen Vereinbarung kommen wie das Nordirlandabkommen zwischen Irland und dem Vereinigten Königreich,

"wobei ihnen [den Spaniern] ein Mitspracherecht in den Angelegenheiten der Kolonie eingeräumt werden könnte, wenn London dies nur der britischen Öffentlichkeit richtig 'verkaufen' könne."[77]

Die Herbstkrise wird im Dezember beigelegt. Am 16.12.1994, rechtzeitig vor dem Treffen des spanischen und des britischen Außenministers in Madrid, die die Krise beilegen wollen, akzeptiert die Regierung Bossano die Notwendigkeit der Implementierung der EU-Direktiven. Bossano gibt bekannt, daß unverzüglich dementsprechende Maßnahmen ergriffen würden, um das *Direct Rule* abzuwenden. Nach mehrstündigen Gesprächen am 19.12.94 beschließen die Außenminister Hurd und Solana die Förderung einer sich selbst erhaltenden Wirtschaft in Gibraltar, um keine Konflikte innerhalb der EU zu schüren. Beide Regierungen erkennen das Problem des illegalen Handels (vor allem von Drogen) an und beschließen, daß die spanische und die gibraltarianische Regierung effektive Maßnahmen dagegen ergreifen sollten. Eine gemeinsame Kommission soll eingesetzt werden, um den Drogenschmuggel zu bekämpfen. In einem Interview mit der *Gibraltar Broadcasting Corporation* meint Hurd, Bossanos Regierung würde konsultiert werden, denn ohne die Einbeziehung Gibraltars hätte die Kommission keine Aussicht auf Erfolg. Spanien verpflichtet sich zur Kooperation mit den gibraltarianischen Behörden. Solana bestätigt daraufhin, daß die verstärkten Grenzkontrollen, die schon vor einigen Tagen suspendiert worden waren, nicht mehr in Kraft träten.

---

76  So reagiert die Regierung Gibraltars aufgebracht über die Drohung der Einführung des *Direct Rule* des F&CO. Der Kabinettschef BOSSANOS, ERNEST MONTADO, wütend zu THE INDEPENDENT: "Wir haben diese Möglichkeit immer in Betracht gezogen. Wenn die britische Regierung auch nur daran denken sollte, dies zu tun, dann werden sie hier eine sehr schwierige Zeit bekommen in Gibraltar. Es würde ein totales Chaos entstehen. Für die britische Regierung würde die Abschaffung der demokratisch gewählten Regierung Gibraltars [bald] vollkommen inakzeptabel werden. Es gäbe zivilen Ungehorsam. ich sage nicht, daß es zu Gewalttätigkeiten kommen würde, aber sie bekämen garantiert ernsthafte Schwierigkeiten" [MACINTYRE, DONALD/BROWN, COLIN/DOYLE, LEONARD: *UK tells Gibraltar it direct rule*, in: The Independent 14.12.1994]. MONTADO nennt die britischen Drohungen eine Ablenkung von der Frage der Selbstbestimmung: "Es könnte sein daß einige Leute in London nervös darüber sind, daß wir den Fall international machen könnten und daß wir die Selbstbestimmung wünschen. Aber die britische Regierung müßte Abstand nehmen von ihrer Entscheidung [direct rule einführen zu können]. Wir werden sie [die Selbstbestimmung] erkämpfen. Nur einmal in unserer Geschichte hat ein Gouverneur seinen Willen durchgesetzt, in den 50ern und unsere Legislative hat gestreikt. Ich denke, wenn auch nur annähernd soetwas wieder geschehen würde, dann würde unsere Reaktion schlimmer als damals. Wir mögen ein David sein, aber ein Stein könnte genügen, um sie [London] auszuschalten." Zu den Auflagen, die Gibraltar erfüllen muß, meint MONTADO ironisch: "Es ist fast eine Komödie. Da gibt es eine Direktive über den Schutz gegen Chemische Industrie. Wir haben keine. Da gibt es eine Direktive über die Qualität von Flußwasser. Nach einem Fluß suchen wir hier noch immer."(DOYLE, LEONARD/DAVISON, PHIL: *Britain sends out ultimatum*, in: The Independent, 14.12.1994: 14).

77  DARBYSHIRE, NEIL/JOHNSTON, PHIL: *Hurd pledges to stand firm*, in: Daily Telegraph, 19.12.94.

### 6.5.2 Das Leitbild des Schmugglers wird problematisiert

Der Tabakschmuggel wird in Gibraltar einhellig nicht als Ursache, sondern lediglich als An-laß für die Inkraftsetzung der spanischen Maßnahmen an der Grenze gedeutet. Wie bereits er-wähnt, gilt Schmuggel - mit der Ausnahme von Drogenschmuggel - zur Zeit der 1994er Krise und teilweise noch zur Zeit der Feldforschung weitgehend als legitime und traditionelle Wirt-schaftsweise.

Allerdings entwickelt sich in der Folge der Krise innerhalb Gibraltars ein Diskurs, der Schmuggel zunehmend als Bedrohung des zivilen Gemeinwesens interpretiert. Dieser Diskurs ersetzt die bisherige hegemoniale Rede über den gerechtfertigten Charakter des Schmuggels und stellt statt dessen vor allem auf die negativen innergesellschaftlichen Folgen ab. Vor allem zwei Faktoren sind für diese Verlagerung des Diskurses verantwortlich:

- erstens die britische Drohung mit der Einführung des *Direct Rule*, wodurch die Verfas-sung außer Kraft gesetzt worden wäre, der alleinige Garant dafür, daß das Mutterland den Willen der Zivilisten bei Entscheidungen über die Zukunft des Gemeinwesens berücksichtigen wird - der Schmuggel bedrohte also die *raison d'être* Gibraltars. Die Folgen dieser Maßnahme liegen auf der Hand;

- der zweite Faktor war die zunehmende Sichtbarkeit des demokratisierten Schmuggels.

Demokratisierter Schmuggel bedeutete schließlich auch, daß Schmuggel von mehr und mehr Zivilisten (vor allem jungen Leuten) als selbstverständliche und einzige Zukunftsperspektive angesehen wurde. Dies stellte die Zukunft des zivilen Gemeinwesens in Frage, 'denn wer dächte da noch daran zu arbeiten, wenn man so schnell zu so viel Geld kommen könnte?' Nicht nur die jungen Arbeitslosen wählten diesen Weg, sondern auch hoffnungsvolle Schüler und Studenten, die vorzeitig die Schule verließen oder das Studium abbrachen.

Schmuggel war bis zur Krise 1994 von einer Nebenbeschäftigung weniger zur Haupter-werbsquelle vieler geworden. Die bürgerliche Lebensperspektive - daß der Schulabschluß den Weg in den Beruf vorzeichne - wurde nicht mehr akzeptiert,

> "weil jemand statt Schreiner zu werden, nun auf einmal Schmuggler wurde. Und der Schmuggler hatte vielleicht einen Bruder, der Polizist war, und der Polizist kam dadurch in arge Bedrängnis, weil er ja seinen Job durchführen mußte. Und die Mutter der beiden wurde natürlich vom reichen Schmuggler-Sohn immer reichlich beschenkt, so daß auch da ein Keil in die Familie getrieben wurde ..."[78]

Langsam setzte sich in immer mehr Sektoren der Gesellschaft der Verdacht durch, daß Schmuggel zu einer Gefahr für den inneren Zusammenhalt der Gesellschaft werden könnte. *A posteriori* wird dieser langsam wachsende Verdacht an kleinen Veränderungen festgemacht, etwa in der Rede über die Erosion von Höflichkeit und Respekt. So sei es etwa vorgekommen,

> "daß zwei Leute, die sich mit ihren Autos begegneten und ein Schwätzchen halten woll-ten, einfach die Straße blockierten ohne Rücksicht auf den Verkehr, der sich dahinter staute. Eine halbe Stunde konnte sowas manchmal dauern, und man hat sich nicht getraut, sich da-gegen zu stellen, aus Angst vor den Jungs in den beiden Autos."[79]

---

[78]  Feldtagebuchnotiz, 03.06.1996.
[79]  Feldtagebuchnotiz, 03.06.1996.

Über die Erosion von Höflichkeit und Bürgersinn gehen die Meinungen allerdings auseinander. In der Garrison Library befindet sich unter dem Erdgeschoß ein leeres Wasserbecken. Als Umbauten im Gebäude durchgeführt wurden, deckten die Arbeiter das Wasserbecken nach Arbeitsende bis zum nächsten Tage nur notdürftig ab, damit niemand hineinfalle. Das Gebäude wird aber auch am frühen Abend auf unterschiedliche Weise genutzt, etwa von einer Tanzschule. Eine der kleinen Elevinnen stürzte auf der Suche nach der Toilette in das leere Wasserbecken. Niemand hatte ihre Abwesenheit bemerkt, und da sich der Raum in einer etwas abseits gelegenen Ecke des Gebäudes befindet, verhallten die Hilferufe des Mädchens ungehört. Trotzdem fuhr schon fünf Minuten später die Ambulanz vor und rettete das Mädchen. Der Anruf, der die Ambulanz alarmierte, wurde von einem Nachbarhaus getätigt, das einer der großen Schmugglerfamilien gehört. Im Obergeschoß befindet sich - mit Blick auf die Meerenge - eine Infrarotstation, mit der die Umgegend abgesucht und Kontakt zu den Schmuggelbooten im Meer gehalten werden kann. Auch die Nachbarhäuser wurden von den Infrarotkameras erfaßt. Der Wachhabende in der Kontrollstation hatte in jenem Raum der Garrison Library einen wärmeabstrahlenden Körper festgestellt und zog daraus die Schlußfolgerung, daß jemand in das leere Wasserbecken hineingefallen sein mußte. Daraufhin alarmierte er die Ambulanz, und das Mädchen konnte geborgen werden.

Auch Rabbi David Roberts kann aufgrund seiner Erfahrungen im nordenglischen Gateshead die Rede von der Erosion der Höflichkeit nicht ganz nachvollziehen. Rabbi Roberts ist leidenschaftlicher Angler und geht seinem Hobby häufig an der Mole nach, an der Schmugglerboote mit Tabak beladen worden waren. Eines Abends saß er wieder an der Mole, als ein Schmugglerboot ankam. Die Jungs auf dem Boot baten ihn höflichst darum, die Angelleine wegzunehmen. Sie hätten sich entschuldigt und sich für seine Rücksichtnahme bedankt. Ein zweites Beispiel erzählt Roberts über den Tag der Unruhen [→ Kapitel 6.5]: Während die Randalierer durch die Main Street zogen, habe er mit seiner orthodoxen Kleidung am Straßenrand gestanden. An jedem anderen Ort der Welt, so Roberts, hätte man ihn verprügelt. Aber die bloße Tatsache, daß er dort unbehelligt stehen konnte und "sehr, sehr verschieden" aussah, zeige, daß es in Gibraltar noch immer einen starken Sinn für das zivile Gemeinwesen gebe.

Die unterschiedliche Rede über die Erosion der Höflichkeit ergibt sich aus dem politischen Kontext, in dem die Aussagen stehen. So war die Rede über die Erosion vor allem unter den Anhängern der GSD und der GNP verbreitet. Ich konnte beobachten, daß sich diese Rede mehr und mehr durchsetzte, je näher der Wahltermin rückte und je mehr ein Machtverlust der Regierung Bossano nicht mehr ganz auszuschließen war. Im Wahlkampf war die allgemeine Gesetzlosigkeit auf den Straßen (darunter auch der negativen Begleiterscheinungen des Schmuggels) ein dominanter Topos der damals noch oppositionellen GSD und der kleinen GNP. Die Schmuggler wurden als Sturmtruppen Bossanos bezeichnet, die die braven Bürger in Angst und Schrecken versetzten. Der Wahlsieg der GSD wurde von ihren Anhängern über deren Fähigkeit erklärt, die wildgewordenen Sturmtruppen in ihre Schranken zu verweisen. In der Rückschau wird die Erosion zum zentralen Motiv für die Formierung eines ersten ernsthaften Widerstandes gegen die unkontrollierten und wild wuchernden Auswüchse des Schmuggels erhoben. Solange Schmuggel die Nebenerwerbstätigkeit einiger weniger war, von der die Gesamtgesellschaft profitierte, und solange man die Involvierung der vielen nicht 'sah', konnte der Schmuggel toleriert werden. Mit der Demokratisierung des Schmuggels wurden die

Effekte jedoch sichtbar, plötzlich wurden sie vor der Fassade der Wohlanständigkeit, hinter der sich die Gesellschaft verschanzte, ausagiert. Man stelle sich vor: eine Gesellschaft, in der die öffentliche Ordnung durch das strenge Reglement des kolonialen Regimes bis in die 80er Jahre dieses Jahrhunderts dominiert wurde und in der Schlägereien betrunkener Matrosen der Gipfel der Ruhestörung waren, mußte sich nun auf den Habitus einer Jugend einstellen, die ihre Vorbilder aus amerikanischen TV-Serien bezog. Es herrschte Goldgräberstimmung mit all den häßlichen Nebenerscheinungen. Dies bedrohte das Selbstverständnis des bürgerlichen Segments der Gesellschaft, der Händler und Anwälte, die einerseits gute Umsätze machten, den Habitus der Schmuggler jedoch zutiefst ablehnten. Darüber hinaus waren die jungen Schmuggler treue Anhänger Bossanos, der ihnen diese Freiräume ließ, welche aber von den Bürgerlichen als Arenen der Willkür und Rechtsfreiheit interpretiert wurden.

Ich möchte noch einmal zur Krise im Herbst 1994 und zu den ersten Anzeichen des Widerstands gegen den Schmuggel zurückkommen. Der Widerstand regte sich nicht zuerst unter den bürgerlichen Profiteuren des Schmuggels, sondern in der gewerkschaftlich organisierten Lehrerschaft. Stephen Linares [* 1962], Lehrer an einer der beiden Sekundarschulen und Initiator der Aktivitäten gegen die *Fast-Launch-Activities*, beschreibt seine Motivation folgendermaßen:

"Durch das, was ich von den Schülern erfahren haben, bin ich darauf aufmerksam geworden, daß der Schmuggel nicht bloß ein ökonomischer Gewinn für Gibraltar war, sondern eine Bedrohung der Gesellschaft. acht- bis neunjährige Kinder haben etwa im Malunterricht immer wieder *Fast Launches* gezeichnet, oder Zigarettenkartons oder Helikopter auf der Jagd nach Booten. Da ist mir das zuerst aufgefallen. Dann hab ich bemerkt, daß bei den Schülern zwischen zwölf und 16 so allmählich der Respekt vor dem Wert der Bildung flöten geht. Obwohl nur eine Minderheit der Schüler direkt in den Schmuggel involviert gewesen ist und sich direkt gegen die Lehrer aufgelehnt hat, ist die Zahl derer, die sich langsam mit der Idee anfreundeten, sich dem Schmuggel zu verschreiben, langsam aber stetig angestiegen."

Stephen unterscheidet drei Kategorien von Schülern:

- diejenigen, die eine akademische Laufbahn bestreiten können,

- die große Mehrheit, die sich problemlos in die Gesellschaft integrieren,

- die minder begabten Kinder, die später arbeitslos werden oder unqualifizierte Arbeit verrichten müssen.

Gerade die letzte Gruppe war besonders im Schmuggel involviert. Wieder Stephen:

"Anstatt eine Berufsperspektive auf einen dieser Scheißjobs zu haben, haben die sich gesagt, daß man das dicke Geld auch anders machen kann; das fand dann nach und nach auch bei der großen Mehrheit Anklang. Da haben sich dann auch die anderen Schüler gedacht: Moment mal, wenn die Doofen soviel Geld machen, dann können wir das auch."

Sogar aus der "akademischen" Gruppe hätten sich dies einige Schüler und Studenten überlegt - Stephen nennt vier Studenten, die ihr Studium in England abbrachen und wegen der Aussicht auf schnell verdiente Schmuggelgewinne nach Gibraltar zurückkehrten.

Stephen, langjähriger Gewerkschaftsaktivist und Parteigänger Bossanos, argumentiert idealistisch und moralisch. Er habe bemerkt, daß diese Entwicklung die Fundamente der Gesellschaft angreifen und sich langsam ein amoralisches Handeln durchsetzen würde. Er trat aus der GSLP aus.

"Ich will Selbstbestimmung für Gibraltar - aber will ich Selbstbestimmung für eine korrupte und amoralische Gesellschaft?"

Er gründete mit Kollegen innerhalb der Lehrergewerkschaft (*Gibraltars Teachers Association*) eine Arbeitsgruppe, die sich mit dem Einfluß der *Fast-Launch-Activities* auf die Jugendlichen beschäftigte. Vorerst mußte die Arbeitsgruppe im verborgenen arbeiten, da sich die Aktivisten vor einer Bedrohung durch die Schmuggler schützen mußten, deren ökonomische Grundlage ja angegriffen wurde:

" [...] es hätte gefährlich werden können, bevor wir die Initiative starteten, aber soweit kam's nicht, weil wir am Anfang nicht zu sehr in der Öffentlichkeit agierten".

In der Arbeitsgruppe entstand die Idee, eine Demonstration gegen den Schmuggel durchzuführen. Man habe nicht abschätzen können, so Stephen, wieviel Unterstützung man von anderen gesellschaftlichen Gruppen tatsächlich erhalten werde, weil jedermann über Familienangehörige, Freunde und Nachbarn auf irgendeine Weise in den Schmuggel verwickelt war. "Viele von uns hatten Angst, waren zu zurückhaltend"; Stephen jedenfalls hatte seine 'Koffer schon gepackt', falls die Demonstration nicht genügend Unterstützung bekommen hätte. Für diesen Fall erwarteten die Organisatoren eine 'Nacht der Langen Messer', da die Schmuggler dann gemerkt hätten, daß die *Fast-Launch-Activities* nicht von der Mehrheit der Bevölkerung abgelehnt worden wären.[80]

Wie bedrohlich die Situation für die Organisatoren tatsächlich hätte werden können, kann ich nicht beurteilen. Es besteht ja ein Unterschied zwischen sozialer Ächtung und Anpöbelung auf der einen Seite und Morden nach Art der Mafia auf der anderen Seite. Daß hinter den Schmuggleraktivitäten nicht nur lokale Interessen steckten (die das Leben der Opponenten des Schmugglersystems unerträglich machen konnten), sondern womöglich internationale Netzwerke, die andere Methoden als soziale Ächtung bevorzugten, konnte vor Ort nicht ausgeschlossen werden, zumal es sich nicht nur um den Schmuggel von Tabak, sondern auch von Drogen handelte. Auch hierüber schießen die Gerüchte ins Kraut, denen ich aus guten Gründen nicht weiter nachging, da ich mich möglicherweise auf gefährlichem Boden befand.

Organisatoren der *Anti-Fast-Launch-Activities* schickten Briefe an die Teilorganisationen der *Gibraltar Representation Group* (Dachverband, in der die gesellschaftlichen Organisationen, z.B. die Kirche, die Parteien, die Gemeinden der Juden und der Hindus, die *woman's association*, die Polizei, die *Chamber of Commerce*, die Gewerkschaft, zusammengeschlossen sind) mit der Aufforderung, sich zusammenzusetzen und das gesellschaftliche Problem miteinander zu diskutieren.

Die Gruppen reagierten vorerst zurückhaltend. Denn einerseits waren sie unsicher, ob es genügend Rückhalt gegen die Schmuggler gäbe; andererseits profitierten viele selbst vom Schmuggel. Die *Chamber of Commerce* etwa verdiente an der Tatsache, daß die jungen Schmuggler ihr Geld mit vollen Händen für Autos, Hifi-Geräte etc. ausgaben, und

---

80 Schon im Vorfeld der Demonstration wurden ein paar 'kleine Racheaktionen' mit Polizisten beglichen, die insbesondere deren Familien in Angst und Schrecken versetzte.

"die katholische Kirche, die ja eigentlich eine Hüterin der Moral sein muß, hat ge-
schwiegen, wohl aus der Befürchtung, eine Verdammung der *Fast-Launch-Activities*
könnte die Gesellschaft spalten."[81]

Mit einem zweiten, absichtlich sehr vage gehaltenen Brief wurden schließlich erneut alle gesellschaftlich relevanten Gruppen zu Gesprächen über die *Fast-Launch-Activities* eingeladen.
Diesmal erklärten sich alle Teilorganisationen der *Gibraltar Representation Group* zu einem
Treffen bereit, da es sich herausstellte, daß der Einfluß des Schmuggels auf die Jugend intern in
all diesen Gruppen bereits diskutiert worden war, aber niemand die Initiative ergriffen hatte,
um das Thema auf eine gesamtgesellschaftiche Ebene zu heben. Stephen vermutet, niemand
habe den Anfang machen wollen. Er führt die positive Resonanz darauf zurück, daß das Thema
als soziales Problem für die Gesellschaft angegangen wurde und nicht als ökonomisches oder
gar parteipolitisches Problem. Auf dem Treffen wurde die Durchführung einer Großdemonstration gegen den Schmuggel in der folgenden Woche beschlossen. Sie war als Zeichen der
Zivilbevölkerung an Großbritannien gerichtet und sollte signalisieren: 'Wir, die Bürger Gibraltars, sind zutiefst beunruhigt über den ausufernden Schmuggel; wir sind viele, und wir werden
es selbst schaffen, diese Auswüchse einzudämmen, also bitte: kein *Direct Rule*!'

Das Treffen der *Anti-Fast-Launch*-Gruppen fand am Abend des 06. Juli 1995 statt. Am selben Abend beschloß der Stellvertretende Gouverneur (*Deputy Governor*) die sofortige Konfiszierung der RIB-*fast-launches*. Die Folgen dieses Beschlusses verliehen der Durchführung
und dem Gelingen der Demonstration einen entscheidenden Schub.

6.5.3 Enteignung der Boote und die Folgen

Die Konfiszierung fand in den frühen Stunden des 07. Juli 1995 statt, also bei Nacht und
Nebel, durchgeführt von der *Royal Gibraltar Police* (RGP) auf Geheiß des britischen Außenministeriums.

Bossanos Regierung befand sich in einer problematischen Lage, da sie den *Fast-Launch-
Schmuggel* lange geduldet und teilweise sogar organisiert hatte. Die Einführung des *Direct
Rule* war gleichbedeutend mit seiner Amtsenthebung. Somit sah sich Bossano zur Unterstützung der RGP-Aktion gezwungen. Die Konfiszierung der Boote oder eine ähnliche Aktion war
schon lange eine diskutierte Möglichkeit, Presseberichte aus den Vortagen weisen darauf
hin.[82]

---

[81] Feldtagebuchnotiz, 29.04.1996.
[82] So erscheint am Donnerstag, dem 29. Juni 1995, im GIBRALTAR CHRONICLE ein Artikel über den Wirt-
schaftsstandort und die wirtschaftliche Entwicklung Gibraltars. Das Ergebnis ist negativ: Gibraltars Handel sei in den letzten Jahren stark zurückgegangen, und einer der Gründe liege in den "*launch activities*".
89% der Geschäftsleute sprachen sich für eine Beendigung der *launch activities* aus. Am Mittwoch, dem
05. Juli 1995, berichtet der GIBRALTAR CHRONICLE (*Drugs launches face new measures*) von neuen Maßnahmen der *Royal Gibraltar Police*, um mehr Druck auf die "*launch activity*" auszuüben. Der GIBRALTAR
CHRONICLE zitiert aus britischen Medien; das Editorial der TIMES kündigt an, daß noch in der laufenden
Woche neue Gesetze verabschiedet werden würden. Im selben Artikel wird darauf hingewiesen, daß der
britische Außenminister *Chief Minister* Bossano aufgefordert habe, endlich Maßnahmen gegen den
Schmuggel einzuleiten, da das britische Finanzministerium schon vorgeschlagen habe, die *Gibraltar Con-
stitution* außer Kraft zu setzen - eine abermalige Drohung mit der Einführung des *Direct Rule*. Bossanos

Bossano versuchte, die Enteignung für seine Klientel erträglich zu gestalten und die Konfiszierung nicht auf einen Schlag durchzuführen. Sein ursprünglicher Plan war gewesen, die Boote Schritt für Schritt zu enteignen, etwa zwei Boote in jeder Woche, um den Schmugglern nicht auf einen Schlag die Einkommensgrundlage zu entziehen. Bossano wollte die Schmuggler langsam an den Gedanken heranführen, daß sich etwas ändern würde, da er damit rechnete, daß es zu Unruhen kommen werde, wenn alle Boote auf einmal konfiszieren würden.

Statt dessen hatte sich das F&CO mit der Anweisung durchgesetzt, die Boote auf einen Schlag zu enteignen, was die Möglichkeit von Unruhen wahrscheinlich werden ließ. Das ausführende Organ, die *Royal Gibraltar Police*, untersteht dem *Deputy Gouverneur*, nicht dem *Chief Minister*.

Was am Vorabend per Dekret entschieden wird und wovon am Freitag morgen noch nichts in der Zeitung steht, sorgt später für den Ausbruch der Unruhen (*riots*). Die Aktion der *Royal Gibraltar Police* wird vom *Gibraltar Regiment* auf der Grundlage der am Vorabend verabschiedeten Maßnahmen sekundiert.[83] 65 RIBs werden enteignet. Die *Phantoms* bleiben verschont, dürfen jedoch von nun an nicht mehr eingeführt und verkauft werden und müssen den Anforderungen von Hafenverwaltung und Polizei genügen, etwa durch das Vorweisen eines Ankerplatzes. Beim Verlassen oder Einfahren nach Gibraltar müssen sie registriert werden, Boote ohne ordentliche Papiere dürfen konfisziert werden.

Die Reaktion der Schmuggler auf die Konfiszierung ihrer Boote und damit der Zerstörung ihrer Lebensgrundlage ließ nicht lange auf sich warten. Umstände und Zeitpunkt der Konfiszierung waren entscheidend für den Ausbruch der Unruhen: Da der Beschluß der Enteignung am Donnerstag abend gefällt wurde, die Konfiszierung aber schon am nächsten Morgen in Kraft trat, waren die Schmuggler unvorbereitet. Am Tag der Enteignung weilte *Chief Minister* Bossano außer Landes bei den Vereinten Nationen in New York. Ob der Termin der Enteignung gewählt wurde, weil Bossano sich außer Landes befand oder ob Bossano das Land verließ, weil er von der bevorstehenden Enteignung informiert war, läßt sich im Nachhinein nicht mehr genau rekonstruieren.

### 6.5.4 Exkurs: die Unruhen

Am Freitagnachmittag blockierten die Besitzer der enteigneten RIBs aus Protest die einzige Straße, die von der Grenze über die Flughafenrollbahn in die Kolonie hineinführt. Die Polizei sperrte die Gegend ab, eine Spezialtruppe, ausgerüstet mit Helmen, Schilden und Schlagstöcken wurde 200 m entfernt von den Blockierern postiert. Die *Royal Air Force* bewachte mit Wasserwerfern den Eingang zum Flughafen. Die *Gibraltar Service Police* und die *Royal Gibraltar Police* sowie das *Gibraltar Regiment* standen zum Eingreifen bereit. Die rund 60 Demonstranten beschwerten sich über die Art und Weise, wie die Polizei die Enteignung durchgeführt hatte: niemand hätte sie vorab gewarnt. Mit den Rufen "*Queremos las Gomas*" ("Wir wollen die Schnellboote zurück") forderten sie, daß die Lagerräume, in die man ihre Boote verbracht hatte, geöffnet und die Boote herausgegeben werden müßten.

---

Versuche, die Einführung entsprechender Gesetze immer wieder in der Schwebe zu halten, seien nicht akzeptabel.
83  THE GIBRALTAR CHRONICLE, 08.07.1995.

Die Polizisten wurden beschimpft. Danach marschierten die Demonstranten über die Smith-Dorrien Avenue hinunter in Richtung Innenstadt. Zuschauer standen verdutzt an der Straße und schauten dem chaotischen und lauten Spektakel zu. Einige Demonstranten fuhren auf Motorrädern und ein Verkehrschaos entstand. Der Bericht des CHRONICLE vom Samstag, dem 08. Juni, bezeichnet den Protest als "unglaubliche Vorfälle". Vier Fotos der Protestierenden werden abgebildet, sie zeigen vor allem junge Männer, die halbstark, zum Teil mit nacktem Oberkörper, demonstrativ ihre Tätowierungen zeigend [→ Kapitel 6.4.2], marschieren oder Sitzblockaden bilden, daneben schwer vermummte Polizisten.

Der Marsch zog weiter zu den Lagerhallen auf Coaling Island, wohin die RIB's verbracht worden waren. Dort redete Anwalt Chris Finch, der einige der Besitzer vertrat, mit *Police Commissioner* Joe Canepa. Canepa willigte, offensichtlich um dem Protest die Spitze zu nehmen, ein, all die Boote, die vor der Inkrafttretung der neuen Regulierungen importiert worden waren und die den gesetzlichen Anforderungen entsprachen, freizugeben. Alle anderen Boote würden in Polizeiobhut verbleiben. Mr. Finch betonte vor Canepa, daß die Beschlagnahmung dieser Boote nicht zu rechtfertigen sei.

Nachdem die Protestierenden abgezogen waren, beantwortete Canepa einige Fragen des GIBRALTAR CHRONICLE. Er sagte, die Polizei habe ihre Pflicht zu erfüllen und die Gesetze auszuführen. Die rechtlichen Einwände von Anwalt Finch müßten von den Kronanwälten geprüft werden. Canepa bestätigt noch einmal, daß alle Boote, die gesetzlich in Ordnung seien, bald zurückgegeben würden. Beim Marsch der Demonstranten seien einige unschöne Szenen abgelaufen, es seien Flaschen und Steine auf Polizisten geworfen worden. Canepa sagte, die Polizei würde diese Vorfälle aber nicht an die große Glocke hängen. Lediglich drei Festnahme fanden in Verbindung mit den Geschehnissen statt, wegen Behinderung der Polizei.

Die nächste Ausgabe des CHRONICLE, vom Montag, den 10. Juli 1995, berichtet dann von den Vorfällen des Samstag und Sonntag. Am Samstag habe Gibraltar eine nie vorher erlebte Gewalt und "zivile Unordnung" erlebt. Die Bootsbesitzer sammelten sich in der Main Street und marschierten von dort aus vor den Palast des Gouverneurs *The Convent*, der als Vertreter des Außenamtes für die Konfiszierung verantwortlich zeichnete. Es flogen Wurfgeschosse auf *The Convent*. Von dort aus zogen die Demonstranten wieder zum Rondell am Flughafen, wo die Gewalt aufloderte. Hier lieferten sich Jugendlichen eine wilde Auseinandersetzung mit der Polizei. Ein Polizeibeamter wird durch ein Auto, das ihn überfährt, schwer verletzt, zwei Demonstranten erleiden Kopfverletzungen durch Schlagstöcke. Mittlerweile hatte sich eine große Menschenmenge zusammengefunden, Frauen und Kinder applaudierten den Demonstranten, die die Polizei mit Steinen bewarfen. Der CHRONICLE spricht von Anarchie. Nach einiger Zeit verlassen die Demonstranten den Schauplatz auf Scootern und Motorrollern und fahren in die Main Street. Die Polizei zieht sich zurück. Mir wird erzählt, die Protestierenden seien in kleinen Gruppen ausgeschwärmt, um an verschiedenen Punkten der Kolonie Ablenkungsmanöver durchzuführen. Der CHRONICLE berichtet, der Mob sei organisiert und in Anti-Polizei-Taktik geschult gewesen. Bei den Aufständischen habe es sich eindeutig um Profis gehandelt, sie seien mit Funkgeräten und Kommunikationswagen ausgestattet gewesen. Die gute Organisation der Demonstranten wird mit dem Hinweis erklärt, der Schmuggel auf den Booten bedürfe einer straffen Organisation. Ein Beispiel für die gute Organisation waren die Ablenkungsmanöver, die von den Aufständischen initiiert wurden: Um Verwirrung zu stiften und die Sicherheitskräfte abzulenken, sei ein Feuer auf dem Berg und ein Polizeiwagen an der Waterport-Station angezündet worden. Im Lokal Picadilly wird eingebrochen, auf der Main Street wird von einer Plünderung berichtet. Fenster werden in der Tuckeys Lane zerdeppert, ein Polizeiauto wird bei der Tank Ramp angezündet.

Auf der Line Wall Road versuchte ein Tourist, Fotos zu schießen, wurde aber sofort umringt von sieben stämmigen, aggressiven Männern und gezwungen, den Film aus der Rolle zu ziehen, während zwei Aufständische ihn vor der Gewalt der Anderen schützten. Ein Bus mit älteren portugiesischen Touristen mußte sich seinen Durchlaß aushandeln, um die wütende und offensichtlich berauschte Menge passieren zu können. Die Frauen im Bus weinten, wie später berichtet wurde, und der Bus fuhr weiter in die Stadt.

In der Main Street gingen derweil die Händler ihren Geschäften nach, die Familien redeten über die vorherige Nacht. Plötzlich marschiert eine Gruppe der Protestierenden auf der Main Street, unterstützt vom Applaus und den Anfeuerungen des "Mobs". Die Aufständischen warfen einen Feuerlöscher in die Glasfront des Kaufhauses British Home Store's. Mehrmals prallte der Feuerlöscher ab, bis das Glas schließlich zerschmetterte, und - so schreibt Dominique Searle - "damit auch das Gibraltar, zu dem ich vor zehn Jahren zurückkehrte nach der Universität". Die Polizei weigerte sich, die Telefonanrufe der von Panik geschüttelten Ladenbesitzer entgegenzunehmen. Searle erinnert sich daran, wie er über die Main Street rannte und die verstörten Touristen anwies, alternative Routen zu nehmen und die Ladeninhaber dazu drängte, ihre Geschäfte zu schließen. Eltern fuhren durch die Stadt auf der Suche nach ihren Kindern. Die Aufständischen versuchten erfolglos, ein Feuerwehrauto umzukippen, das gekommen war, um im British Home Store zu löschen.

Die Presse sei von den Aufständischen bedroht worden, "*GBC* [das Lokalfernsehen] *got fucked*", schreibt Searle. Die Kameramänner hatten Angst gehabt, die Schmuggler zu filmen, da sich die Aufständischen gewaltbereit zeigten. *GBC* filmte deshalb vor allem die Polizeiaktionen. Später wird mir erzählt, daß die Filmberichte des Senders dadurch die Realität verzerrten.

An diesem Samstag werden 43 Aufständische verhaftet. Am Abend um 21.00 Uhr trifft sich der Gouverneur Sir John Chapple mit dem inzwischen zurückgekehrten *Chief Minister* Joe Bossano in *The Convent*, den Bossano durch die Hintertür betritt. Bossano drückt seine Besorgnis über die Situation aus. Der Gouverneur setzt Bossano davon in Kenntnis, daß Truppen aus dem UK geholt werden könnte. Bossano steht der Idee ablehnend gegenüber und schlägt ein Treffen mit den Bootsbesitzern vor. An diesem Treffen nehmen Anwalt Finch, Bossano, *Police Commissioner* Canepa, der *Deputy Governor* (dem die Polizei direkt untersteht), der *Collector of Customs* und zwei Repräsentanten der Bootsbesitzer teil. Das Treffen findet am Sonntag, dem 09.07.1995 statt. Bossano macht deutlich, daß nunmehr unterschieden zwischen illegal eingeführten und legal eingeführten Booten werde. Ab jetzt müsse man Importpapiere und Lizenz vorweisen. Bossano erklärt den Bootsbesitzern das neue Gesetz und dessen Konsequenzen.

Bossano erscheint am Sonntag auf GBC, in einer Spezialausgabe: In einer ministeriellen Verlautbarung erklärt er, daß er vorhabe, nach New York zurückzufliegen, um vor dem Entkolonialisierungskommittee der UN für die Sache Gibraltars zu kämpfen. Er sei nicht bereit, die Chance ungenutzt zu lassen. Bossano unterstreicht den Wunsch der gibraltarianischen Regierung, den Mißbrauch des guten Namens Gibraltars im Zusammenhang mit Drogenhandel zu unterbinden. Er drückte seine Entschlossenheit aus, die RIBs zu kontrollieren. Gibraltar dürfe nicht in den Drogenhandel zwischen Spanien und Marokko verwickelt sein. Er hebt aber ebenfalls hervor, daß Gibraltar seine Belange intern regeln wolle und keine Einmischung von außerhalb wünsche. Das neue Gesetz sei ein Resultat der Zusammenarbeit zwischen der Regierung Gibraltars und der britischen Regierung. Bossano unterstrich, daß er interveniere, weil er sich darüber im klaren sei, daß die Polizei Schwierigkeiten bei der Kontrolle habe.

Auch Bossano nährt die Vermutung, daß die Unruhen bewußt provoziert wurden, indem er diese Vermutung ausspricht. Aber er muß nicht sagen, wen er damit meint - dies ist in Gibraltar ohnehin klar: Es sind jene in die bereits erwähnte Verschwörungstheorie verwikkelten Akteure, ein Geflecht bestehend aus britischen und spanischen Beamten, der lokalen Oppositionspartei und Repräsentanten der anglophilen Oberschicht. So finden wir, wieder in Verbindung mit Kapitel 5, die Grundlage Bossano'scher Politik um die Bestimmung des Gibraltarianischen und des Antigibraltarianischen wieder: hier diejenigen, die eine traditionelle Wirtschaftsform (Schmuggel) lediglich ein wenig übertrieben haben, dort die anglophilen Verräter in den eigenen Reihen, jene, die ihre Zukunft nicht mit Gibraltar verbinden.

Noch am Sonntag besucht der Gouverneur die *Royal Gibraltar Police* und die *Gibraltar Service Police Headquarters*, um den Beamten für ihre schwierige Aufgabe am Samstag zu danken.

In der *Good Morning*-Sektion des GIBRALTAR CHRONICLEs vom Montag, dem 10. Juli 1995, fragt Mitherausgeber Francis Cantos, welche teuflischen Interessen daran beteiligt seien, daß einer der friedlichsten Plätze der Welt solch einen 'schwarzen' Tag erleben mußte. Er weist darauf hin, daß Gibraltar fähig sein müsse, seine Gesetze auch umzusetzen. In derselben Ausgabe fordert die GSD Bossano auf, seinen UN-Trip abzubrechen. Eine Abwesenheit zu diesem Zeitpunkt sei unverantwortlich. Peter Montegriffo von der GSD meint: "*Leadership is needed*", und er beschuldigt Bossano der politischen Nachlässigkeit. Man habe zu lange mit der Einführung von Maßnahmen gegen die RIBs gewartet. Die Institutionen für die Durchsetzung des Rechts werden gelobt und erhalten die moralische Unterstützung seiner Partei.

Die Demonstration der *Anti-Fast-Launch*-Organisationen wird für Mittwoch, den 12. Juli 1995, angekündigt. Die Demonstration soll von der Piazza aus beginnen. Ihr Sprecher ruft die Zivilbevölkerung auf, teilzunehmen, um das Krebsgeschwür der *launches* auszumerzen. Linares fordert die Reintegration der Schmuggler in die Gemeinschaft durch alternative Beschäftigungsprogramme. Er fügt hinzu, daß die Demonstration friedlich geplant sei, falls es aber zu weiteren Ausbrüchen kommen sollte, fordere er die Polizei dazu auf, nicht auf Gewalteinsatz zu verzichten.

Die beiden großen Parteien GSLP und GSD sind zerstritten über die geplante Demonstration. Sprecher der GSLP und der GNP verweisen auf die bevorstehenden Großereignisse. Außerdem bräuchten die Rechtsdurchsetzungsinstitutionen eine Ruhepause. Die GSD dagegen unterstützt die Demonstration gerade jetzt, um Einheit gegen die *Fast-Launch*-Aktivitäten zu zeigen. Nachdem die Organisatoren der *Anti-Fast-Launch*-Demo versuchen, die Großereignisse zu unterstützen, schwenkt die kleine GNP auf die Linie der Befürworter der Demonstration ein.

Die *Anti-Fast-Launch*-Demonstration selbst wird als Erfolg der guten Bürger gewertet: 8.000 (nach Angaben der RGP) bzw. 10.000 Menschen (nach den Organisatoren) nehmen teil. Linares lobt in seiner Rede die Leistungen der Polizei bei den Ausschreitungen. James Gaggero verliest ein Memorandum, in dem die sofortige Beendigung der *launch activities* gefordert wird. Er fordert die Regierung auf, sich den Gewerkschaften und der *Chamber of Commerce* anzuschließen. Sein Memorandum, das anschließend auf Spanisch verlesen wird, beklagt die 'Verschlechterung des gesellschaftlichen Zusammenhalts'. Für die Verschlechterung wird die gesamte Gesellschaft verantwortlich gemacht. Unterzeichnet wurde das Memorandum von *Parents Association, The Clergy Fraternal of Gibraltar, The Bankers Association, The Teachers Association, The Hindu Association, The Gibraltar Business Network, The Students Association, The Chief Rabbi, The Association of Accountants, The Woman Association, The Spear Fishing Federation, The Gibraltar Sub Aqua Club, The*

*Association of Trust and Company Managers, GA/JPMS, The Hotel Association, The Chamber of Commerce, TGWU/Acts, The Shipping Association, The Bar Council.* Während der Demonstration war ein riesiges Polizeiaufgebot ständig anwesend, um etwaige Ausschreitungen im Keim zu ersticken. Linares fordert schließlich die Menge auf, Prinz Andrew zu begrüßen, der für die *VE/VJ Day Parade* bereits an diesem Tage angekommen war.

Abschließend war die Übergabe des Memorandums durch eine Delegation, bestehend aus Linares, Priestern, Frauenrepräsentantinnen, Ehefrauen von Polizisten, Führungspersonen der Jüdischen und der Sindhi-Community und Vertretern anderer Korporationen, an den stellvertretenden *Chief Minister* Joe Pilcher (Bossano weilte ja in New York) geplant. Pilcher empfängt die Delegation und lobt sie als *"wonderfully peaceful"*, als *"a breath of fresh air"* und als *"best demo ever"*. Er versprach, das Memorandum sofort nach Bossanos Rückkehr zu übergeben.

Am 13.07.1995 werten alle Parteien und Gruppen die Demonstration als vollen Erfolg. In der *Good-Morning*-Sektion vom GIBRALTAR CHRONICLE werden Spanien und Großbritannien aufgerufen, nun ihren Teil zur Beendigung der *launch activities* beizutragen. Vom Zivilgouverneur von Cádiz, César Braña, wird erwartet, die Grenzschikanen aufzuheben. Von den Engländern werden Geld, professioneller Rat und Hilfe bei der Suche nach Alternativen für die Beteiligten erwartet. Gibraltar habe seine Schuldigkeit getan, meint Francis Cantos.

Mit der erfolgreich abgeschlossenen Demonstration war das gesellschaftliche Leitbild des Schmugglers endgültig abgelöst worden, ohne daß damit der Schmuggel vollständig diskreditiert worden wäre. Die Aktion führte aber dazu, daß die Offensichtlichkeit des demokratisierten Schmuggels mit seiner zur Schau gestellten Opulenz ins Verborgene abgedrängt wurde. Der Schmuggel war vom gesamtgesellschaftlichen Leitbild zum häßlichen Merkmal der regierenden Partei geworden und diente in der Folge als Schlüsselsymbol für das gesamte Privilegien- und Klientelsystem der Regierung Bossano. Der zunehmende Widerwillen gegen die ausufernde Macht dieses Systems auf alle Bereiche die Gesellschaft fand im Mai 1996 seinen Ausdruck in der Wahl der GSD zur Regierungspartei. So ist es nur logisch, daß der neue *Chief Minister* Caruana darauf abzielte, die Symbole für die Zeiten des demokratisierten Schmuggels und also für die abgewählte Regierung Bossano zu demontieren. Eine der ersten Amtshandlungen war konsequenterweise das Verbot der Verdunklung von Autofensterscheiben.

Im Zusammenhang mit dem in Kapitel 5.3.3 thematisierten Wahlkampf habe ich von der innenpolitischen Konfliktlinie zwischen GSLP und GSD gesprochen und auch von den 'unlauteren' Motiven, die die eine Seite der anderen unterstellt. Eines dieser unlauteren Motive wird in der Verschwörungstheorie der GSLP angesprochen: Das britische Außenamt suche einen Vorwand, um sich Gibraltars zu entledigen, das die Zusammenarbeit Großbritanniens mit Spanien im Rahmen der EU und der NATO belastet. Diese Entledigung bestehe in der Übereignung der Souveränität des Territoriums an Spanien. Da sich Großbritannien allerdings in der Verfassung Gibraltars verpflichtet, nicht gegen den Willen der Bevölkerung zu entscheiden, müßte sich dieser Wille zugunsten Spaniens ändern oder die Verfassung müßte außer Kraft gesetzt und das *Direct Rule* eingesetzt werden.

Mit dem Schüren von Unruhen 'habe das F&CO Erfahrung, so hätten es die Briten mit allen Kolonien gemacht'. Die Gerüchte über die Manipulationen des F&CO stammen von Seiten der SDGG, der GSLP und der GNP. Nicht zu unterschätzen dürfte bei der Bewertung der Gerüchte, ihrer Entstehung und ihrer Wirkung die Tatsache sein, daß ich meine Feldforschung in einer Zeit durchführte, in der sich die innenpolitischen Kräfte Gibraltars in einem aggressiven Machtkampf befanden, der in den Parlamentswahlen vom 16. Mai 1996 gipfelte.

Für die damalige Oppositionspartei GSD trägt die Regierung Bossano die Schuld an den Auswüchsen des Schmuggels. Bossano habe mit seinem konfrontativen Kurs gegenüber London und Madrid die Wirtschaft ruiniert, und somit sei den jungen Leuten nur noch der Schmuggel übriggeblieben.

"Bossano versuchte, Kapital daraus zu schlagen, weil wir Geld verloren durch die Reduktion des Militärs. Aber er mußte das aufgeben, der Druck war zu stark. Und jetzt nimmt er für sich in Anspruch, daß er den Schmuggel beendet habe! Er hat den *fast-launch*-Schmuggel organisiert! Er hat den Leuten in der Mafia erlaubt, da reinzukommen. Und dann mußte er das aufgeben."[84]

Lediglich die Drohung Großbritanniens mit der Einführung des *Direct Rule* habe Bossano gezwungen, Maßnahmen gegen die Schmuggler zu ergreifen, "und zwar widerwillig." [Informant Francis Griffin, * 1950] Bossano habe den Schmugglern versprochen, daß er nach der Wahl den Schmuggel wieder mehr tolerieren würde - "sagt man." [Informant Gary Sonley, * 1934]

Von nationalistischer Seite wird die eher bürgerliche GSD als 'Fünfte Kolonne des F&CO', als 'Marionetten von Whitehall' bezeichnet, der die Aufgabe zufalle, die Bürger der Kolonie auf eine langsame Übereignung nach Spanien vorzubereiten. Auch die GSD sei erst auf den Demonstrationszug aufgesprungen, als sich abgezeichnet habe, daß der Rückhalt in der Bevölkerung überwältigend sein werde. Denn gerade "die GSD" habe vom Schmuggel profitiert.

"Jeder von uns weiß, welche Familien ihr Geld mit dem Tabakschmuggel gemacht haben und noch immer machen; einige der alten, großen Familien. Die schicken ihre Söhne nach Oxford und Cambridge, und die kommen dann als Anwälte zurück; aber es ist schmutziges Geld, auf dem sie ihre Karriere aufgebaut haben; und jetzt kandidieren sie für die GSD."[Informantin Roberta Porter, * 1955]

Innerhalb dieser Logik fällt der GSD die Rolle zu, einen Vorwand für die Einführung des *Direct Rule* zu liefern. Während des Treffens der *Anti-Fast-Launch*-Gruppen am Donnerstag habe sich der GSD-nahe Vorsitzende *Chamber of Commerce* und Schwiegersohn des konservativen MP Colvin, James Gaggero, dafür ausgesprochen, die Demonstration nicht erst in der kommenden Woche (am Mittwoch, dem 12. Juli) durchzuführen, sondern schon am nächsten Tag, nämlich dem Freitag. Nur der Einwand der Gewerkschaften, man könne die eigene Anhängerschaft nicht so schnell mobilisieren, habe dies verhindert. In dieser Version ist es vor allem Gaggero, dem die Rolle des Verräters zugewiesen wird. Als GSD-Mann mit engen Verbindungen zur Kolonialverwaltung habe er - anders als die *Anti-Fast-Launch*-Gruppen - von der Enteignung am nächsten Tage gewußt. Als Sprachrohr des F&CO sei es seine Aufgabe gewesen, eine Konfrontation zwischen Demonstranten und Schmugglern und damit einen Vorwand für die Einführung des *Direct Rule* zu provozieren. Denn die Schmuggler, so sei man sich sicher gewesen, würden unmittelbar, wenn sie von der Enteignung erfahren würden, darauf reagieren.

Dann würde es zu Ausschreitungen zwischen den beiden Gruppen kommen - und da die innenpolitische Führung im Ausland weilte, wäre der Vorwand gegeben, die Truppen gegen die Konfliktparteien einzusetzen, die Regierung abzusetzen, das *House of Assembly* aufzulösen und das *Direct Rule* einzuführen. In diese Logik paßt der Zeitablauf der Unruhen, die

---

84  Interview mit Sir Joshua Hassan, 20.03.1996.

kurz vor dem Besuch HRH, Prince Andrew, vor den *Island Games* (eines internationalen Sportfestivals) und vor dem *Victory Day for the Elderly Citizens* (an dem die Kriegsveteranen den 50 Jahrestag der Beendigung des Zweiten Weltkrieges feiern) stattfanden, also vor Anlässen, bei denen die internationale Medienpräsenz in Gibraltar gewährleistet gewesen wäre.

Sollten die Gerüchte stimmen und Gaggero tatsächlich der von den Gegnern unterstellten Agenda des F&CO gefolgt sein, so hatte seine Intervention keinen Erfolg. Die Demonstration fand am Freitag nicht statt, es kam nicht zu der Konfrontation zwischen Schmugglern und ihren Gegnern. Die gesamte Zivilbevölkerung wurde von der Konfiszierung überrascht, der Unmut der Bootsbesitzer traf auf eine weitgehend unvorbereitete Bevölkerung.

### 6.6   Zusammenfassung

Die Diskurse sowohl der lokalen Politik Gibraltars als auch der nationalen Politiken Spaniens und Großbritanniens bemühen den Schmuggel-Topos für die Durchsetzung unterschiedlicher Interessen. Dabei werden vornehmlich ökonomische Argumente aktiviert. Aus spanischer Perspektive ist Gibraltars Ökonomie auf illegalen Transaktionen wie Geldwäsche und Finanzschiebereien aufgebaut, von denen der Schmuggel eine herausragende Rolle einnimmt. Durch den Schmuggel von Tabak und anderen Gütern erleidet Spanien finanzielle Nachteile. Abgesehen davon spielt Schmuggel in der politischen Auseinandersetzung um die Souveränität des Felsens eine zentrale Rolle. Das Beispiel der Schmuggelkrise von 1994, die in den Unruhen von 1995 und der darauf folgenden Großdemonstration gipfelt, zeigt die außen- wie auch innenpolitische Instrumentalisierung des Schmuggels. Spanien brandmarkt Gibraltar als Hort des Verbrechens, des Schmuggels und der Geldwäsche, fordert die Reduktion des Schmuggels und setzt Großbritannien über die EU unter Druck, um in Gibraltar EU-Direktiven durchzusetzen.

Die gibraltarianische Seite streicht den politischen Kontext heraus, in dem Schmuggel stattfindet: Einerseits minimieren die gibraltarianischen Argumente die ökonomische Bedeutung des Schmuggels für die lokale Ökonomie, vor allem nach der Umsteuerung in der Folge der Schmuggelkrise 1994. Andererseits wird auf die politische Nützlichkeit des Schmuggel-Topos für die Durchsetzung des spanischen Anspruchs auf Gibraltar verwiesen, wie auch für die Ablenkung von weitaus umfassenderen Schmuggelaktivitäten an anderen Grenzen Spaniens. Drittens wird der Schmuggel als legitime Waffe der Einheimischen gegen die spanischen Restriktionen betrachtet, die eine Verlagerung der wirtschaftlichen Aktivitäten in den Bereich der Illegalität geradezu provozieren. "Schmuggel ist wie eine Droge, eine Passion", sagte Informant Manuel Jurado und gibt uns damit einen Hinweis auf die Attraktivität des Schmuggels. Das körperliche Bravado, das von den Schmugglern während der Schmuggeltouren abverlangt wird, die Verfolgung der Boote durch die spanische Küstenwache, das Adrenalin, von dem Manuel Jurado spricht, sind sicherlich Elemente, die dem Schmuggel einen besonderen Reiz verleihen. Ich möchte aber behaupten, daß dieser Reiz nur halb so groß wäre, wenn es sich nur um das Austricksen irgendeiner Polizei handelte. Der Reiz wird vielmehr durch die Tatsache verstärkt, daß es sich bei der Polizei um genau diejenigen Kräfte handelt, deren Demütigungen man bei der Grenzübertretung per Land ausgesetzt ist. Schmuggel ist also mehr als eine ökonomische Notwendigkeit, er ist ein Ausgleich des Ohnmachtsgefühls.

Schmuggel ist eine alte Aktivität in der Region, er verbindet von alters her Gibraltar, das *Campo* und Nordmarokko. Heute ist Schmuggel ist eine zentrale symbolische Ressource für die Ausbildung der gibraltarianischen Identität, da er eine der wenigen Ausdrucksmöglichkeiten ist, die den Feind zu schädigen vermag. Das politische System unter der Regierung Bossano förderte diese Möglichkeit offensiv. Die politische Krise zwischen Spanien und Großbritannien, zu der die intensiven Schmuggelaktivitäten der frühen 90er geführt hatten, sorgte für eine Unterbindung des Schmuggels zur Zeit meiner Feldforschung. Die Symbole des Schmuggels - die großen Autos mit den verdunkelten Fensterscheiben, die Tätowierungen von Heiligen und Madonnen, der "Miami-Vice"-Habitus der Jugendlichen, die *Phantoms* im Hafen - waren jedoch noch überall greifbar, der Schmuggler mit seinem finanziellen und maskulinen Prestige war noch immer Leitbild eines Großteils der jungen Generation.

Der Begriff des Schmuggels bezeichnet nicht nur den konkreten Vorgang des Gütertransfers über staatliche Grenzen, vielmehr zieht er die Infrastruktur aus Händlern, Zwischenhändlern, Vertreibern, Familiennetzwerken und Politikern mit ein, die diesen Transfer erst möglich machen. Die offensive Zelebration des Schmugglers auf seinem Boot als einem gesellschaftlich-kulturellen Leitbild zerrte nicht nur diese Infrastruktur an die mediale Öffentlichkeit Spaniens und Großbritanniens. Sie ließ auch Ökonomie, kulturelle Identität und Parteipolitik verschmelzen. Beide Prozesse setzten zwei gesellschaftliche Kräfte unter Druck: einmal jene Bürger, die den Schmuggel ohnehin ablehnten und in ihm eine Gefahr für das Gemeinwesen, für Sitte, Anstand und Reputation sahen; zum zweiten diejenigen, die vom Schmuggel zwar profitierten, sich aber eine 'leisere' Durchführung wünschten. Beide Kräfte konnten sich erst nach der Konfiszierung der Boote artikulieren und durch die Unterstützung der *Anti-Launch*-Aktivisten ein ziviles Bild von Gibraltar präsentieren.

DONNAN[85] verweist zu Recht darauf, daß Schmuggel zwar den lokalen Wohlstand von Grenzbevölkerungen zu heben vermag, daß gleichzeitig aber auch die Autorität des staatlichen Gewaltmonopols unterlaufen wird. In Gibraltar, das zum einen keine eigenstaatliche Einheit darstellt, wo zum anderen aber Grenzbevölkerung und Territorialbevölkerung identisch sind, wird die *raison d'etre* des Gemeinwesens durch die Eingreifmöglichkeiten des Mutterlandes in ihren Grundfesten erschüttert.

Nationale und lokale Prozesse verschmelzen also in der Schmuggelkrise und führen zu einer Umwertung des kulturellen Leitbildes zu einem Gibraltar der ehrlichen Bürger und Händler. Das neue Leitbild ist vor allem Resultat politischer Notwendigkeiten; dies zeigt sich in der Unterscheidung zwischen 'legitimem' und illegitimem' Schmuggel: Während der Schmuggel von Tabak und anderen Gütern des täglichen Bedarfs in geringen Mengen oder aber ohne viel Aufhebens in aller Lautlosigkeit als durchaus legitim gilt, wird der Schmuggel von Drogen wie auch der Schmuggel jeglicher Güter in der offensiven Art und Weise als illegitim gebrandmarkt. Nach wie vor ist Schmuggel somit eine zentrale Ressource wie auch Ausdrucksmöglichkeit gemeinsamer Identität.

---

85  DONNAN 1999: 87ff.

# Kapitel 7    Vom sephardischen *Yanito* zum gibraltarianischen Juden: Fundamentalisierung und Ethnisierung der jüdischen Gemeinde

Mit einem Kollegen, der mich im Feld besuchte, saß ich wieder einmal in Mo's Kneipe und unterhielt mich mit ihm über meine Forschung.[1] Mo gehörte nicht zu meinen Hauptinformanten. Ich kannte ihn eher flüchtig aus den Synagogenbesuchen und habe mit ihm in seiner Kneipe, in der ich öfters verkehrte, das eine oder andere Wort gewechselt. Wir hatten uns auch schon über meine Forschung unterhalten. An diesem Abend - es war unser letztes Treffen, kurz vor meiner Abreise aus dem Feld, sprachen wir über die jüdische Gemeinde. Plötzlich sagte er mir, daß er Deutschland und die Deutschen nicht möge. Er blickte mir direkt in die Augen und meinte:

"*Sorry, I don't want to insult you. After all that has happened in history ... I cannot understand how you as a jew live there!*"
Ich sagte verdutzt: "*But I am not jewish!*",
Mo war verunsichert: "*What? I thought you are ...*"
Der Freund, der mich begleitete, versucht die Situation zu retten und meinte, "*he probably looks very jewish, look his nose!*"
Mo entgegnete daraufhin: "*He looks more jewish than I do!*"

Dieser Vorfall verwirrte Mo anscheinend genauso wie mich, und da Verwirrung in der Regel dazu führen kann, bekannt geglaubte und als selbstverständlich erachtete Positionen zu hinterfragen, möchte ich den Vorfall als Ausgangspunkt für meine Betrachtungen über die Ethnisierung der jüdischen Gemeinde Gibraltars wählen. Die Geschichte verweist in geradezu idealer Weise auf den Blickwinkel, aus dem ich die Gemeinde betrachten will: aus der Perspektive des Akteurs, der sich von der Performativität des Körperlichen leiten läßt und verbaler Diskursivität eine untergeordnete Rolle zuweist. Denn wenn ich meine Tagebuchnotizen gegenlese, stelle ich fest, daß ich Mo zuvor bereits durchaus gesagt hatte, daß ich nicht jüdisch sei. Es mußte an der stereotyp jüdischen Physiognomie[2] meiner Nase liegen, die groß sei wie eine Synagoge, wie es der jüdischer Kollege, der mich in Mo's Kneipe begleitete, einmal scherzhaft formulierte.

Anscheinend hatte mich Mo durch die Physis meiner Nase ethnisiert und in die jüdische Gemeinde 'eingemeindet'. Verschiedene Fragen ergeben sich aus dem Vorfall. Es sind nicht nur Fragen an die Methodologie, sondern auch an den Aushandlungscharakter von Ethnizität und an das Bedürfnis, die Unordnung der Welt durch den Rückgriff auf scheinbare Essentialien wie eine Nase zu ordnen.

Die Identifizierung meiner Nase als Marker einer jüdischen Identität ist nicht das einzige aktuelle Beispiel, das eine essentielle Verbindung von Körper und Ethnizität behauptet. Vielmehr spielt heute die Performativität von Haaren und Kleidung im Alltagsdiskurs der jüdischen Gemeinde Gibraltars eine zentrale Rolle. Die Bindung ethnischer Identität an vorgeblich essentielle Merkmale ist in der Gemeinde ein Phänomen der jüngsten Vergangenheit. Sie ist eng mit der religiösen Fundamentalisierung verbunden.

---

1    Feldtagebuchnotiz, 28.12.1996.
2    Zum jüdischen Körperstereotyp siehe GILMAN [1992].

Ich möchte in diesem Kapitel der Fundamentalisierung als Ursache der Ethnisierung nachgehen und danach fragen, wie sie zum bestimmenden diskursiven Feld über die jüdischen Gemeinde werden konnte. Ich werde dies am Beispiel eines zentralen empirischen Aspektes meiner Feldforschung zeigen: der Diskussion um die Gründung der jüdischen Sekundarschulen. Dazu werde ich

in einem ersten Teil auf die ethnisch-kulturellen, internationalen und innergesellschaftlichen Kontexte eingehen, an die die Fundamentalisierung diskursiv angebunden wird;

in einem zweiten Teil der Entstehung der jüdischen Sekundarschulen und der Geschichte der Struktur der jüdischen Gemeinde nachspüren;

in einem dritten Teil auf die Performativität von Körper (Kopfbedeckung, Kleidung) und Körperlichkeit (Kontrolle der Reproduktion durch die Verhinderung von Konversionen und *Intermarriages*) zurückkommen und zeigen, daß sie zur Verselbstverständlichung von Essentialismen beiträgt, indem sie die Undurchlässigkeit und Geschlossenheit der Gruppengrenzen behauptet und performiert.

## 7.1   Kontexte der Fundamentalisierung

Am 19.10.1996 schreibe ich in mein Feldtagebuch: "Um 19.00 Uhr vor der Kathedrale. Katholiken nach dem Gottesdienst unterhalten sich mit Juden, ein paar Marokkaner und indische Frauen im Sari gehen vorbei und grüßen. Da soll noch einer schwadronieren von der Unvereinbarkeit des ethnischen Zusammenlebens. In diesem Moment vor der Kathedrale wird mir bewußt, wie wertvoll dieses Gibraltar ist ..."

Samstags, nach dem Abendgottesdienst, kann man die im Feiertagsstaat gekleideten Juden auf der Main Street auf und ab spazieren sehen. Die Männer tragen dunkle Anzüge und meist schwarze Hüte; die Knaben mit Kippah, die Frauen im Kostüm und auch sie mit Kopfbedeckung - etwa einer Perücke, den *Sheitl*. Der Spaziergang führt mehrere Male die Main Street hinauf und herunter, ein zentraler Knotenpunkt ist der kleine Platz vor der katholischen Kathedrale St. Mary the Crowned: Auf diesen Platz mündet die Bomb House Lane ein, in der sich der jüdische *Social Club* und die jüdische Grundschule befinden, wie auch die größte der vier Synagogen, Nefusot Yehudah. Häufig kann man ein "*Shabbat Shalom*" (ein friedvoller Shabbat) hören, den traditionellen Shabbatgruß, der den Juden nicht nur von Glaubensgenossen, sondern auch von christlichen *Gibraltarians*, den Hindu-Händlern und marokkanischen Arbeitern entrichtet wird. Der Kampf der Kulturen wird hier ad absurdum geführt.

Allerdings befindet sich nicht nur Gesamtbevölkerung Gibraltars [→ Kapitel 5] in einem Prozeß der Ethnisierung, dies betrifft insbesondere auch die religiöse Partikulargemeinschaften der Juden. In diesem Kapitel werde ich die Ethnisierung am Beispiel der jüdischen Gemeinde analysieren.

Die jüdische Gemeinde Gibraltars ist vermutlich die einzige sephardische Gemeinde Europas, die eine ungebrochene Residenz seit Beginn des XVIII. Jahrhunderts aufweisen kann und seitdem weder Pogromen, Vertreibungen noch gar dem Holocaust ausgesetzt war. Einzigartig für Europa können hier manche Familien neun oder zehn Generationen auf ein Leben am selben Ort oder sogar im selben Haus zurückblicken. Auch wenn die Gemeinde heute zahlenmäßig relativ klein ist - 1991 sind es lediglich 627 Personen (d.i. 2,3% der Gesamtbevölkerung)[3] - so ist ihr Beitrag zur Geschichte, zur Politik und zum Wirtschaftsleben der Kolonie bedeutend.[4] Der Einfluß jüdischer Politiker auf die Geschicke der zivilen Angelegenheiten der Kolonie (1945 bis 1988) wurde bereits erwähnt [→ Kapitel 5.3.1]. Das Zusammenleben von Katholiken, Protestanten und Juden, wie auch die gegenseitige Toleranz, wird heute häufig als Basis für die Entwicklung einer eigenständigen gibraltarianischen Bevölkerung und deren Ethos der Harmonie und der Mischung gewertet.[5]

Die Juden Gibraltars waren bis in die 90er Jahre hinein ein fraglos integrierter Teil der Gesamtgesellschaft. In ihrer ganz überwiegenden Mehrheit sind sie rechtlich *Gibraltarians*, demographisch gehören sie zur Wohnbevölkerung, und in der Fremd- und Selbstzuschreibung wurden sie bislang selbstverständlich zu den *Yanitos* gerechnet. Sie leben nicht in einer Ghettosituation, sondern in denselben Wohnblöcken, Straßenzügen und Nachbarschaften wie die Nichtjuden. Mit anderen *Gibraltarians* besuchten die älteren jüdischen Kinder bis vor kurzem die Sekundarschulen für Jungen (*Bayside Comprehensive School*) bzw. Mädchen (*Westside Comprehensive School*), zwei Institutionen, die als Gibraltarianisier-Maschinen - ähnlich den Patios [→ Kapitel 3.1 und 4.2.1] - eine wichtige Rolle spielen. Die heutige Stellung der jüdischen Gemeinde innerhalb der Zivilgesellschaft ist jedoch seit den 70er Jahren einer schleichenden Transformation unterworfen: Die vornehmlich religiöse Gemeinschaft wurde zu einer ethnischen Gruppe. Verschiedene Indizien kennzeichnen diese Entwicklung: In mehr und mehr Kontexten hat sich die jüdische Gemeinde aus dem gesellschaftlichen Leben der Zivilgesellschaft verabschiedet, vor allem aus dem parteipolitischen Engagement, der Freizeitgestaltung, dem staatlichen Schulwesen und den verwandtschaftlichen Bindungen zu katholischen und protestantischen *Yanitos*.

In Kapitel 5.2.6 und 5.3 habe ich mich der veränderten Position der jüdischen Gemeinde bereits aus der Perspektive der nationalistischen Bewegung genähert. Ich habe argumentiert, daß die Exklusion der jüdischen Bestandteile aus der Geschichte des *wing* zwei Prozessen geschuldet ist:

- der Akzentuierung des Klassenantagonismus zwischen der (der Gewerkschaftsbewegung nahestehenden) GSLP und der jüdischen Händlergemeinde, die personell eng mit der AACR verbunden war,

- der Segregation der Gemeinde im Zuge der religiösen Fundamentalisierung.

Beide Prozesse haben dazu geführt, daß die jüdische Gemeinde von mehr und mehr Juden wie Nichtjuden als Gruppe wahrgenommen wird, deren Integration in die Zivilgemeinschaft nicht mehr als selbstverständlich vorausgesetzt werden kann: Aus sephardischen *Yanitos* wurden gibraltarianische Juden.

Ich möchte die bereits an anderer Stelle [→ Kapitel 3.3.4] formulierten Zusammenhänge zwischen der geschlossenen Grenze und der Spiritualisierung noch einmal rekapitulieren:

---

3   *Abstract of Statistics 1994*, Government of Gibraltar.
4   Auch quantitativ waren die Juden nicht immer eine so kleine Gruppe, ihr relativer Anteil an der Bevölkerung ging nahezu kontinuierlich zurück [vgl. Kapitel 4.2.6].
5   Einzigartig in Gibraltar ist das Singen der britischen Hymne *God save the Queen* in Hebräisch zweimal im Jahr in der Synagoge, am Ende von Pessach und Sukkot.

- Den ersten Zusammenhang bildet die weit verbreitete diskursive Strategie, die geschlossene Grenze explizit für die Introspektion verantwortlich zu machen, die sich auf verschiedenen Ebenen ausdrückt; Spiritualisierung ist eine dieser Ebenen.

- Zum zweiten wird die Spiritualisierung an die Topographie gebunden, indem der Fels selbst als spirituelle Kraftquelle interpretiert wird. Ich habe argumentiert, daß die Besinnung auf Spiritualität eine Möglichkeit darstellt, um die Beengtheit des Raumes zu überwinden.

Ich habe weiterhin argumentiert, daß zwei Faktoren für die Transformation der Spiritualisierung in eine Fundamentalisierung verantwortlich sind.

Zum einen führte die Begrenztheit des Raumes vor allem deshalb zu einem Gefühl der Beengtheit, weil sie eine totale soziale Kontrolle durch die Gemeinschaft erlaubte. Diese Totalität betraf besonders den Zugriff der religiösen Eliten auf ihre Anhänger. In der Folge wurden die Abgrenzungen zwischen den religiösen Gruppen zunehmend betont, etwa durch die Aufwertung von Markern religiöser Differenz. Zudem jedoch boten die Religionen die Möglichkeit, konkrete soziale und psychische Konfliktlagen, die durch die Grenzschließung entstanden sind (wie etwa die Neubestimmung von Sexualität und von Geschlechterverhältnissen), sinnvoll zu interpretieren.

Spiritualisierung, Fundamentalisierung und, wie ich in diesem Kapitel bevorzugt zeigen möchte, auch die Ethnisierung der sephardischen *Yanitos* werden diskursiv an die Erfahrung der geschlossenen Grenze angebunden. Ich verwende den Begriff der Fundamentalisierung für diesen Prozeß, da sowohl die (heute dominierenden) Befürworter als auch die Gegner der Neubesinnung auf die Begrifflichkeiten des 'Fundaments' zurückgreifen: Die Befürworter interpretieren den Prozeß als Rückkehr zu den Fundamenten des jüdischen Glaubens, sie lehnen jedoch den Begriff des Fundamentalismus zur Selbstbeschreibung ab; allzu sehr haftet diesem Begriff der Ruch des Extremismus, der Intoleranz und des Radikalismus an. Für die Gegner ist 'Fundamentalismus' gerade aus diesem Grunde ein geeigneter Kampfbegriff, um die Dominanz der Befürworter in der vom Lob der Mischung und Ethos der Toleranz geprägten Gesamtgesellschaft zu kennzeichnen.

Ich ziehe den prozessualen Begriff der Fundamentalisierung dem strukturalen Begriff des Fundamentalismus als analytische Kategorie vor, da er auf die Spannung zwischen den verschiedenen Gruppen innerhalb der jüdischen Gemeinde abhebt und den Aushandlungscharakter betont. Unter Fundamentalisierung verstehe ich im konkreten Fall die Entwicklung der jüdischen Gemeinde von einer liberal-säkularen zur einer orthodox-religiösen Gemeinschaft. Die religiöse Fundamentalisierung führte in mehrfacher Hinsicht zur Ethnisierung:

- Diskursiv wird die veränderte Position der Gemeinde auf den Einfluß kulturell fremder (aschkenasischer) Juden zurückgeführt, deren Traditionen sich von denen der sephardischen Einheimischen unterscheidet.

- Optisch unterscheiden sich viele jüdische Zivilisten mittlerweile von anderen Gibraltarianern durch die Performativität von Körpertechniken.

- Ein essentialistisches Verständnis von Judentum wird betont.

Diese Veränderungen konnten als hegemoniale Praxis- und Diskursformen nur in harten Richtungskämpfen innerhalb der jüdischen Gemeinde durchgesetzt werden; sie werden auch heute nicht von jedermann in der Gemeinde geteilt.

Religiöser Fundamentalismus bringt die Ablehnung jener kulturellen Werte und Ausdrucksformen mit sich, die nicht als authentisch für die religiöse Tradition gelten. Um diese Ablehnung zu unterstützen, bedarf es der Intensivierung und Aufwertung gewisser Schlüsselelemente als traditionell -[6] Traditionen stellen in jedem Fall eine ausgewählte und exkludierende Kontinuitätskette dar, die in der jeweiligen Gegenwart geknüpft wird. Die Essenz des religiösen Extremismus, so erfahren wir bei SIVAN [1990: 1], ist das Gefühl der Bedrohung der Tradition durch äußere Herausforderungen, die zum inneren Zerfall führen. Die Befestigung der Grenzen, die Schließung der Schlupflöcher, durch die sich die äußeren Herausforderungen einen Weg in die Gemeinde bahnen können, wird zu einer zentralen Aktivität der fundamentalistischen Gemeinschaft.

Heute existieren in allen religiösen Gruppen Gibraltars fundamentalisierende Tendenzen. Seit der Zeit der Grenzschließung ist in allen religiösen Gemeinschaften eine stärkere Zuwendung auf das Gemeindeleben zu verzeichnen: Immer mehr Katholiken nehmen an den Gottesdiensten teil; in der jüdischen Gemeinde wurden sowohl die vier Synagogengemeinden wie auch verschiedene spirituelle Bewegungen - traditionell sephardisch-mystischer Kabbalismus, die Chabad-Bewegung der Lubawitscher Chassidim und die *Haredim*-Ultraorthodoxie gestärkt; die Hindu-Gemeinde errichtete einen Tempel. Yoga- und Meditationsgruppen haben regen Zulauf aus allen Denominationen.

Neben dieser allgemeinen Zuwendung zu spirituellen Praktiken nahm vor allem auch der Einfluß fundamentalistischer Strömungen auf das Gemeindeleben der verschiedenen Religionsgruppen zu: In der jüdischen Gemeinde wurden orthodoxe Strömungen dominierend, in der katholischen Mehrheitsbevölkerung haben die Charismatiker und die *Cursillo*-Bewegung an Zulauf gewonnen, und innerhalb der Hindu-Gemeinde entstand mit der RadhaSoami-Bewegung ebenfalls eine Gruppierung, die eine Rückkehr zu den fundamentalen Werten des Hinduismus fordert.[7]

Der Ursprung der Rückbesinnung auf religiöse Werte wie auch der Fundamentalisierung wird diskursiv in der Zeit der Grenzschließung lokalisiert, eine Institutionalisierung (in Form der jüdischen Sekundarschulen, der katholischen Schulungszentren und des RadhaSoami-Tempels) fand jedoch erst nach der Grenzöffnung statt.

Die Fundamentalisierung der jüdischen Gemeinde ist das Ergebnis mehrerer Faktoren, sie läßt sich nicht allein auf den in der Fundamentalismusforschung üblichen psychologischen Reduktionismus zurückführen. In der Fundamentalismusforschung[8] herrscht weitgehend Einigkeit darüber, daß Fundamentalismus zuerst und vor allem eine defensive Reaktion ist, eine negative Antwort auf das, was als Moderne angesehen wird. Fundamentalismus wird dort weitgehend

---

6    LIEBMAN 1983.
7    Schließlich soll sich auch die Church of England fundamentalisiert haben, eine Entwicklung, die ich aber nicht bestätigen kann, da ich diese Gruppe in meiner Forschung weitgehend ausgeblendet habe.
8    NIELSEN 1993: 3; SIVAN 1990; MEYER 1989: 17.

als Resultat eines psychischen Bedürfnisses interpretiert, das aus einem Mangel entstanden ist, der seinerseits durch die Modernisierung hervorgerufen wurde.

Für Fundamentalisten im allgemeinen und für die jüdischen Fundamentalisten Gibraltars im besonderen besteht die äußere Herausforderung in der säkularen Gesellschaft, die das lokale Judentum vom rechten Weg abgebracht und zu Heuchlern und Scheinheiligen gemacht habe. Dabei unterstreicht die Tatsache, daß gerade Mitglieder der jüdischen Gemeinde herausragende gesellschaftliche Positionen in der säkularen Gesellschaft einnahmen, aus der Sicht der 'Rechtgläubigen' die Gefahr, in der sich die Gemeinde befindet.

Aus der Perpektive der Fundamentalisten resultiert das abstrakte Unbehagen an der Moderne aus der spirituellen Leere und der sozioreligiösen Bindungslosigkeit.

"Die Moderne bietet dem, der seiner gewiß ist und die gebotenen Chancen zu nutzen vermag, Voraussetzungen und Spielraum wie keine Epoche zuvor. Sie kann aber dem, der nach Halt, Geborgenheit, Orientierung oder Tröstung fragt, nach einer verwirrenden Fülle hinhaltender Zwischenbescheide am Ende nichts anderes bieten als stets die Rückverweisung auf ihn selbst."[9]

Fundamentalismus wird so vor allem zum Phänomen von Unterprivilegierten und Modernisierungsverlierern. Die Motive für die Fundamentalisierung der sephardischen Gemeinde Gibraltars sind, obwohl mit dem sozialen Aufstieg unterprivilegierter Individuen personell verbunden, jedoch nicht auf das Moment der Unterprivilegierung zu reduzieren. Vielmehr trägt dazu ein ganzes Bündel von Motiven bei, denen ich in der Folge nachgehen möchte. Bevor ich mich der Frage zuwende, wie und warum sich Fundamentalismen gegen ältere, liberalere Formen der religiösen Praxis durchsetzen konnten, möchte ich auf zwei Kontexte eingehen, innerhalb derer sich die Fundamentalisierung entwickelt.

7.1.1 Sephardim und Aschkenasim, Traditionalisten und Orthodoxe

Die Zugehörigkeit zur ethnischen Gruppe der Juden beinhaltet in jedem Fall eine Assoziation mit der jüdischen Religion, sei es durch Abstammung von einer jüdischen Mutter oder durch Konversion zum jüdischen Glauben. Allerdings ist die Beziehung zwischen ethnischem Judentum und Religion weitaus komplexer: Innerhalb des Judentums existieren vielfältige Ausprägungen der Gläubigkeit und Religiosität, vom Atheismus über das liberale und konservative Judentum bis hin zur Orthodoxie. Werden Juden von außen häufig als ethnisch homogene Gruppe gefaßt, so spielen innerhalb des Judentums verschiedene Ethnizitäten eine bedeutende Rolle, die über kulturelle und territoriale Identifikationen verlaufen. In ihrer Untersuchung von drei ethnisch differenten Gruppen orthodoxer Juden in Israel - Sephardim, Aschkenasim und Falashas - stellt SOROFF [1995] fest, daß alle Gruppen ihre ethnische Identifikation beibehalten und diese vor allem über die unterschiedliche Performativität religiöser Rituale (Stil der Gebete, Reinheitsgebote bezüglich der Ernährung, Feiertage) wie über Endogamie aufrecht erhalten.

Die gibraltarianischen Juden sind in der überwiegenden Mehrzahl Sephardim (Sefarad = Spanien). Die Sephardim unterscheiden sich von den aschkenasischen Juden (Aschkenas =

---

[9] MEYER 1989: 17.

Deutschland). Über die genaue Zahl der Aschkenasim in Gibraltar stehen keine Angaben zur Verfügung. Ihr Anteil an der jüdischen Gemeinde dürfte m.E. um die 10% liegen, er nahm aber durch eine hohe Geburtenrate in den letzten Jahren stetig zu, und ihr Einfluß auf die jüdischen Bildungsinstitutionen ist überaus groß.

Der Einfluß der Aschkenasim auf die lokale jüdische Gemeinde wird von den sephardischen Gegnern der Fundamentalisierung als Gefahr für die gibraltarianische Gesellschaft, das Lob der Mischung und das Ethos der Toleranz interpretiert. Es sind die eingewanderten Aschkenasim, die als Motoren des Fundamentalismus wahrgenommen und benannt werden.

Bei den Aschkenasim handelt es sich erstens um junge Männer und ihre Familien aus England, den USA und Israel, die ab 1988 als Studenten am neu eingerichteten weiterführenden religiösen Kolleg (*Collel*) nach Gibraltar kamen; zweitens um ebenfalls meist aus denselben Ländern stammende Ehefrauen einheimischer Sephardim. Beide Gruppen werden von den Gegnern der Fundamentalisierung als Motoren des Prozesses benannt.

Um das Argument des starken Einflusses zu untermauern, wird auf demographische Daten zurückgegriffen: Mit dem Verweis auf die (im Vergleich zu den Sephardim) hohe Kinderzahl der aschkenasischen Ehepaare wird das Argument der ethnisch-kulturellen Überfremdung unterfüttert. So stammen von den 89 Kindern, die jüdischen Ehepaaren in Gibraltar im Zeitraum von 1986 bis 1995 geboren wurden, ganze 39 aus rein sephardischen Familien, 31 aus sephardisch-aschkenasischen Familien und 14 aus rein aschkenasischen Familien.[10]

Obwohl der Unterschied zwischen Sephardim und Aschkenasim bei den Nichtjuden Gibraltars bekannt ist, nennen diese ihre jüdischen Mitbürger einheitlich "Hebräer" (*ebreos*) oder "Juden" (*jews*).

Jüdische Diasporagemeinden werden von den umgebenden Gesellschaften beeinflußt, so daß die Sephardim eher mediterran oder nordafrikanisch geprägt sind, die Aschkenasim dagegen mittel- und osteuropäisch. Während die Alltagssprache der Sephardim Gibraltars *Yanito*, Englisch, Französisch, *Haketiya* oder Arabisch ist, sprechen die zugezogenen Aschkenasim untereinander Englisch, Jiddisch oder Iwrit.

Im Bereich der Religion existieren Unterschiede und Gemeinsamkeiten zwischen beiden Gruppen. Die Aschkenasim lassen sich - anders als die Sephardim - grob in drei Denominationen einteilen: das konservative Judentum, das orthodoxe Judentum und das Reformjudentum. Da nahezu alle Aschkenasim Gibraltars der orthodoxen Denomination angehören, beschränke ich mich in der Folge auf die Orthodoxie. In der Beschreibung des Wandels wird von den Informanten der Begriff "*aschkenas*" auch ausschließlich für die orthodoxen Aschkenasim benutzt.

Wie den traditionalen Sephardim, so gilt den orthodoxen Aschkenasim die Torah[11] als Repräsentation des Wortes Gottes und als göttlichen Ursprungs. Beide Gruppen orientieren sich an der Halacha. Halacha bedeutet "Weg" oder "Pfad" und beschreibt die Anwendung des reli-

---

10    Bei fünf Kindern konnte die Zugehörigkeit der Eltern nicht geklärt werden.
11    Die Torah besteht aus den 5 Büchern Moses. Zusammen mit den prophetischen Schriften (*N'viim*) und den heiligen Schriften (*K'Tuvim*) macht sie die den Textkorpus aus, der von Nichtjuden oft als 'jüdische Bibel' bezeichnet wird.

giösen Rechtes auf das alltägliche Leben. Die Halacha ist keine Lehre vom Glauben, sondern eine Lehre vom Tun.

> "Die jüdische Gesetzesreligiosität stellt dem freien Menschen die Aufgabe, klar verkündete Gebote zu erfüllen und sich durch die Befolgung des höchsten Willens Gottes Wohlgefallen zu erwerben. Es gibt nach traditionaler Auffassung keine menschliche Autorität innerhalb des Judentums, die ein fundamentalistisches Dogma in bezug auf die heiligen Schriften oder heiligen Personen aufstellen könnte."[12]

Die Sephardim Gibraltars sind heute eine gespaltene Gruppe: eine Gruppe bezeichnet sich als traditional, die andere als orthodox. Im traditionalistischen Sephardentum wird die Ausbildung einer dogmatischen Auslegung erschwert, weil die Halacha von Generation zu Generation und von Ort zu Ort pragmatisch interpretiert wurde und einen "lebendigen Teil des jüdischen geistigen und religiösen Lebens" darstellte.[13] Auch den Traditionalisten gilt die Torah als Repräsentation des Wortes Gottes und als göttlichen Ursprungs. Allerdings wird der Grad der Übereinstimmung zwischen Glaubensüberzeugung und Glaubenspraxis dem einzelnen überlassen. Diese individualistischere Haltung wird in der Selbstbeschreibung und in der Abgrenzung zu atheistischen oder fundamentalistischen Strömungen als "*middle of the road*" beschrieben. Da der Grad der Übereinstimmung von Individuum zu Individuum variiert, umfaßt die traditionale sephardische Gemeinde unterschiedliche Grade der Einhaltung der religiösen Gebote. Der Sekretär der jüdischen Gemeinde, Levi Attias [* 1955], beschreibt das traditionalistische Sephardentum Gibraltars mit einem Beispiel:

> "Es sind nicht nur die orthodoxen Aschkenasim, sondern auch andere Sephardim, die mit unserer gibraltarianischen Lebensweise nicht vertraut sind. Die verstehen uns oft genauso wenig. Die halten uns oft für fundamentalistisch. Dazu ein Beispiel: am letzten Tag eines jüdischen Kongresse in Mijas (Spanien), trug ich fast als einziger die Gebetsriemen (*Tzitzos*). Nachmittags sprangen wir alle in den Swimming Pool. Ich zog mein Hemd aus und legte die Gebetsriemen ab, da meinte eine spanische Jüdin: 'Ich kann nicht glauben, was ich da seh'! Wie kannst Du als Jude, der die Regeln einhält, Gebetsriemen tragen und Dich dann in den Pool werfen, wo doch Juden, die die Regeln befolgen, nicht gemischt baden, und im Pool sind doch auch Frauen drin...' Wieso? Die Tatsache daß ich gemischt bade bedeutet doch nicht, daß ich andere Sachen vergess'! Es gibt nicht nur alles oder nichts! Das ist eben mein Standard! Ich geh' schwimmen, obwohl ich Gebetsriemen trage.' Da guckt sie mich an und meint. 'Da hast Du recht!' Meine ideale Situation ist, nicht schwimmen zu gehen, aber das Leben ist nicht ideal, es ist real. Das ist auch die Art und Weise, wie die Gemeinde in Gibraltar immer dachte, vielleicht ist das heuchlerisch und schizophren, aber es schuf auch eine reiche Kultur. Man zieht in Betracht, daß wir alle nur Menschen sind."[14]

Im Gegensatz zum traditionalen Sephardentum fordern orthodoxe Strömungen, sowohl innerhalb des Sephardentums als auch unter den Aschkenasim, vom Gläubigen eine halachische Orthopraxis: die Übereinstimmung von religiösem Glauben und einer Glaubenspraxis, die auf die Einhaltung der 613 Gebote (*Mizwot*) der Torah gerichtet ist und aller Lebensbereiche betrifft. Der Grad der Übereinstimmung wird in der orthodoxen Interpretation der Halacha nicht mehr dem einzelnen Gläubigen überlassen. Die Durchsetzung der Forderung nach Übereinstimmung von Glauben und Praxis setzt das Individuum einem großen Anpassungsdruck aus.

---

12  IDALOVICHI 1989: 102.
13  IDALOVICHI 1989: 105.
14  Interview mit Levi Attias [* 1955], *Honorary Secretary* des *Managing Board*, 3.9.1996.

Die in die orthodox dominierte Gemeinde integrierbaren Grade der Einhaltung der religiösen Gebote werden reduziert, Gläubige, die sich dieser Reduktion nicht anpassen, werden marginalisiert oder exkludiert.

Die traditionalen Sephardim erkennen zwar alle *Mizwot* als gültige Regeln an, in der Praxis beugen sie sich der pragmatischen Einsicht, fehlbare Menschen zu sein. Nicht selten werden Orthodoxe deshalb von den Traditionalisten als fanatisch bezeichnet [→ Postscript].

### 7.1.2 *It happens everywhere ...*

Zu Beginn der Forschung wurde ich stereotyp auf die 'weltweite Entwicklung' verwiesen, wenn ich nach den Ursachen der Fundamentalisierung fragte: Religiöse Gruppen befänden sich überall auf der Welt in einem Prozeß der Fundamentalisierung, man sehe das in Indien, in Israel und in Bosnien. Bei dieser Rezeption globaler Phänomene im lokalen Raum handelt es sich jedoch nicht nur um diskursive Legitimationsstrategien. Befindet sich nicht der Staat Israel im fünften Jahrzehnt seines Bestehens in einem regelrechten Kulturkampf zwischen Ultraorthodoxen und Säkularen, jüngst eskalierend im Streit um die Teilnehme der Transsexuellen Dana International am *Grand Prix de la Chanson de l'Europe 1998*, und wirkt sich dieser Kampf nicht durch politische, kulturelle und finanzielle Einflußnahme auf die Diasporagemeinden aus? Gerade in der jüdischen Gemeinde nehmen auswärtige religiöse Spezialisten eine prominente Stellung ein, und weltweit operierende Stiftungen finanzieren jüdische Institutionen vor Ort.

In der jüdischen Welt existieren heute verschiedene Formen des Fundamentalismus, denen eine allgemeine religiöse oder nationale Intoleranz gemein ist. "Diese Intoleranz basiert darauf, daß ein bestimmtes, theoretisch festgelegtes Glaubenssystem, das gleichzeitig das Programm für eine Gemeinschaft von Gläubigen darstellt, sich im Alleinbesitz der Wahrheit glaubt und zugleich eine Verpflichtung empfindet, alles außerhalb Stehende zu seiner Wahrheit und zu der ihrem Glauben entströmenden Seligkeit emporzuzwingen."[15]

Die dominierenden Strömungen des heutigen jüdischen Fundamentalismus haben ihre Wurzeln in der Erfahrung des Holocaust. Das Judentum durchlebte in den Jahren nach dem Zweiten Weltkrieg eine starke Sammlungsbewegung, die sich nicht nur in der Gründung des Staates Israel manifestierte, sondern auch in der Rückbesinnung auf kulturelle und religiöse Werte, die die kulturell heterogenen Juden aus den Diasporagemeinden in den neuen Staat einbinden sollte. Aus der fundamentalistischen Sicht mußte das jüdische Volk vor verschiedenen Gefahren, die es im Laufe seiner Geschichte bedroht hatten, geschützt werden. Eine Gefahr wurde in der Assimilation und Integration der Diasporagemeinden in die umgebenden Kulturen gesehen, die letztendlich zur Schwächung vor allem des deutschen Judentums geführt habe und damit die Wehrlosigkeit gegen den Holocaust bedingte. Eine andere Gefahr wurde im Zionismus gesehen, der als falscher Messianismus interpretiert wurde. Schutz gegen diese Gefahren verspricht aus orthodoxer Sicht die Rückkehr zu einem strikt halachischen Weltbild. Diese *Teshuva* genannte Bewegung erfaßte nach den Ereignissen der späten 60er Jahre (Studentenbewegung, Sechs-Tage-Krieg) weite Kreise des Judentums, sowohl in Israel als auch in der Diaspora.[16]

---

15 IDALOVICHI 1989: 107.
16 SHAPIRO 1995.

Anhänger der *Teshuva* werden Ultraorthodoxe oder *Haredim* genannt. Zum Fixpunkt des Weltbildes der *Haredim* wird die Halacha in ihrer spätmittelalterlichen Form. Die Berufung auf die Halacha soll Beständigkeit und Essentialität suggerieren, die gleichwohl Produkte einer *a posteriorischen* Interpretation aus der Gegenwart sind.

Sowohl die zionistischen Werte der Gründergeneration Israels als auch die Werte derer, die eine Rückbesinnung forderten, wurden im aschkenasischen Kontext entwickelt. Die Erfahrungen und Traditionen der sephardischen Gemeinden Nordafrikas und Gibraltars unterscheiden sich von denen der Aschkenasim. In Israel selbst galten die Einwanderer aus der sephardischen Diaspora Nordafrikas und des Nahen Ostens insbesondere aufgrund ihrer traditionalen Religionspraxis sozial, moralisch und kulturell als rückständig und minderwertig - sowohl im Zionismus als auch in der Orthodoxie.

Die Skepsis vieler gibraltarianischer Sephardim bezüglich des Einflusses der Aschkenasim geht zum Teil weit hinter die Post-Holocaust-Epoche zurück und reicht tief in die innerjüdische Geschichte zurück. Im XVIII. Jahrhundert verschob sich mit der Aufklärung das geistige Zentrum des Judentums von der mittelmeerischen Welt der Sephardim zur mitteleuropäischen Welt der Aschkenasim. Der hegemoniale Diskurs der aschkenasischen Intellektuellen wie die paternalistischen Modernisierungsbestrebungen durch politische Körperschaften der Aschkenasim orientalisiert die Sephardim, von denen viele - insbesondere die Nachkommen der aus Spanien vertriebenen Juden - "einst Teil einer aristokratischen [..] Weltordnung"[17] gewesen waren.

Die Orientalisierung setzt sich innerhalb der Sephardim fort. So spielt in Gibraltar die tatsächliche oder reklamierte Herkunft der Vorfahren für das Prestige einer Familie eine bedeutende Rolle. Das höchste Prestige verzeichnet die (womöglich sogar aristokratische) Herkunft aus Spanien. Danach folgen die "islamisch-orientalischen" Juden aus den Städten Nordmarokkos. Am unteren Ende der Hierarchie stehen diejenigen, die von "islamisch-orientalischen" Juden ländlicher Gebiete Marokkos abstammen. Merkmale, mit denen im aschkenasischen Diskurs die Sephardim als Gesamtgruppe charakterisiert werden (insbesondere Kinderreichtum, patriarchalische Familienstruktur und Submission der Frau, Parallelcousinen-Heirat als Präferenzehe, politischer Konservatismus, 'irrationale' Religiosität)[18] und die ihre Parallele im Diskurs der frühen Mittelmeerethnologie haben,[19] werden von den echten oder vermeintlichen Nachkommen der *megorashim* (Flüchtlinge aus Spanien) zur Beschreibung der *toshabim* ('indigene' Juden Nordafrikas) angewandt.

Die *Teshuva* erfaßte Aschkenasim und Sephardim auf unterschiedliche Weise. Die Rückbesinnung aufgrund der Erfahrungen des Holocaust ist für die orthodoxen Aschkenasim primärer, für die orthodoxen Sephardim sekundärer Art. Eine der wenigen Möglichkeiten zum sozialen

---

17  Über die Aktivitäten der französischen Juden in Nordafrika siehe SCHROETER [1994: 189]: "*The founding of the Alliance Israélite Universelle in 1860, with its 'universal' goal of ameliorating the social conditions and political status of impoverished and oppressed Jews around the world, gave expression to this aim of leading Oriental Jewry down the road of modernity. [...] Their most important activity was opening an extensive network of schools, and creating Oriental cadres of 'évolués' as the vanguard for the Westernization of society. The paradoxical French-university of their mission civilatrice was explicit in their ideological discourse. In their Weltanschauung, Oriental Jews were the antithesis of 'civilization'.*"

18  BAHLOUL 1994.

19  Z.B. BANFIELD 1958; siehe auch HERZFELD 1987; GILMORE 1987; PERISTIANY 1976.

Aufstieg wurde den sephardischen Einwanderern durch die - teilweise kostenlose - religiöse Ausbildung ihrer Söhne ermöglicht. Die führenden Talmud-Akademien[20] (*Jeshiwa*, Plural *Jeshiwot*) wurden von aschkenasischen *Haredim* dominiert. Die heutige sephardische Elite Israels, besonders in der Shas Partei, bezog ihre Ausbildung in diesen *Jeshiwot*.

Die zunehmende Orientierung der traditionalistischen Sepharden-Gemeinde Gibraltars an der halachischen Orthopraxis muß vor diesem Kontext verstanden werden. Auch in der Kolonie wird der Prozeß der Fundamentalisierung von Anhängern und Gegnern - wie ich in der Folge zeigen werde - auf den Einfluß eines sephardischen Rabbiners zurückgeführt, der seine Ausbildung in einer aschkenasischen *Jeshiwa* erworben hatte.

Der grundlegende Gegensatz zwischen Sephardim und Aschkenasim, der von Informanten - und zwar sowohl von Traditionalisten wie auch von Neuerern - als relevant benannt wird, eröffnet die Frage, wieso in der jüdischen Gemeinde Gibraltars der Fundamentalismus der *Haredim* zur dominierenden Diskursformation werden konnte. Ich werde in der Folge die Machtverteilung zwischen religiöser und politischer Führung innerhalb der Gemeinde anhand der Entwicklung seit den 50er Jahren betrachten. Es wird sich der Erfolg einer unterprivilegierten Gruppe nachzeichnen lassen, die über die Inanspruchnahme orthodoxer und fundamentalistischer Positionen den sozialen und politischen Aufstieg vollzog und die am traditionalen Sephardentum orientierte alte Generation ablöste. Es wird zu zeigen sein, wie sich die neugewonnene Macht der Neuerer durch die Begründung von Bildungseinrichtungen institutionalisiert und durch die Performativität des Fundamentalen normativ wirkt.

## 7.2 Die jüdische Gemeinde als politisches Feld

Zur Klassifizierung des Erneuerungsprozesses werden durch die Gegner ethnisch-kulturelle ("*becoming more aschkenas/Litvak/polish*") und religiöse Kategorien ("*becoming more orthodox/ultra-othodox/observant/fundamental/black*") miteinander vermischt. Im Gegensatz dazu werden die Kategorien von den Befürwortern des Prozesses strikt getrennt: In ihren Augen bedeutet die Besinnung auf religiöse Fundamente kein Aufgehen des Sephardentums im Aschkenasentum. Die religiösen Fundamente werden in einer Vergangenheit, die vor der Aufspaltung der Juden in Aschkenasim und Sephardim liegt, lokalisiert; sie sind somit weder an die eine noch an die andere Kultur gekoppelt. Genau diese die kulturellen Kontexte negierende Überzeitlichkeit wird von den Gegnern in Abrede gestellt.

Differenz besitzt für beide Gruppen eine unterschiedliche Bedeutung: Während die Befürworter der Neuerung eine Differenz aller Juden von der gojischen und weltlichen Umwelt proklamieren, akzentuieren die Gegner die innerjüdische Differenz. Gegner und Befürworter verweisen darauf, daß der Prozeß der Neubesinnung nicht auf Gibraltar beschränkt ist, sondern für

---

20 Der Talmud ist eine Sammlung des mündlichen Rechts (*torah she-ba'al peh*), die Moses auf dem Berg Mount Sinai empfangen haben soll, während das geschriebene Gesetz (die 5 Bücher Moses, *torah she-biktav*) dort geschrieben worden sein sollen. Er besteht aus zwei Teilen: der (meist in Hebräisch geschriebene) *Mishnah*-Texte, die während der Großen Versammlung kodifiziert und im zweiten Jahrhundert n. Chr. von Yehuda Hanasi gesammelt wurden, und der (meist in babylonischem Aramäisch geschriebene) Gemara, die in den folgenden Jahrhunderten in Israel (*Talmud Yerushalmi*) und Babylon (*Talmud Bavli*) verfaßt wurden.

das Judentum und für andere Religionen im weltweiten Maßstab erfolge. Während die Befürworter die lokale Entwicklung damit zu einem selbstverständlichen und natürlichen Prozeß deklarieren, dem gerade deshalb nichts Ungewöhnliches und Gefährliches anhafte, argumentieren die Gegner mit dem Verschwinden der lokalen Besonderheit durch den homogenisierenden Einfluß 'fremder' Juden. Sie stellen damit den Prozeß in den Kontext der Kolonisierung, der Fremdherrschaft und der Nivellierung von Unterschieden. Der antifundamentalistische Diskurs der Gegner versucht so, Allianzen mit anderen Gruppen der Gesamtgesellschaft herzustellen.

Ich werde nun den politischen Rahmen untersuchen, innerhalb dessen die Diskurse der Gegner und Befürworter geführt werden. Die Rede beider Gruppen über die Differenz zwischen Aschkenasim und Sephardim, Orthodoxen und Traditionalen lokalisiert die Ursachen der Entwicklung im fremdkulturellen und fremdreligiösen Einfluß. Sie bietet lediglich einen Blick auf die lokale Gemeinschaft. Dieser Blick zeigt eine gespaltene Gemeinde; deren außerhalb der Religion und der Kultur liegenden politischen und individuellen Motivationen bleiben allerdings vorerst verborgen. Die Gleichzeitigkeit der Fundamentalisierung innerhalb der Katholiken, Juden und Hindus stellt uns vor die Frage nach einem Zusammenhang der drei Prozesse, danach, ob die gibraltarianische Fundamentalisierung tatsächlich nur dem Einfluß fremder Missionare geschuldet ist und nicht auch auf lokale Ursachen zurückzuführen ist. Erinnert der Diskurs über den Einfluß der Aschkenasim nicht fatal an die Funktion des Sündenbockes, der von außen kommt und für alles verantwortlich gemacht werden kann, um unterschiedliche individuelle Motivationen innerhalb der Lokalgemeinschaft zu verhüllen, um von politischen Aspirationen, eigener Verantwortung und auch eigenem Versagen abzulenken?

Als Ausgangspunkt für die Annäherung an diese Fragen möchte ich die Beobachtung aus Kapitel 3.3.4 wählen, daß die Zunahme fundamentalistischer Strömungen eine Ursache in der traumatischen Erfahrung der Grenzschließung hat; Spiritualisierung diente als Vehikel zur Transzendierung der Beengtheit des Raumes. Als produktiver Faktor wirkt die Grenze auf die Ausbildung von Identität.

Für die jüdische Gemeinde bedeutet dies, daß die durch die Grenze herbeigeführte Introspektion den Boden bereitete, auf dem sich der in den 1950er Jahren beginnende Wandel um die Neubestimmung der jüdischen Identität erst richtig entfalten konnte. Wenngleich also auch für die Juden Gibraltars das psychische Bedürfnis nach einer stabilen (hier: politischen) Ordnung als Co-Faktor für die Entstehung der Fundamentalisierung herangezogen werden kann, so spielen doch andere Faktoren eine entscheidendere Rolle im Prozeß der Fundamentalisierung: personelle Netzwerke, politische Strukturen und Machtkämpfe, Bürokratisierung, Gruppendruck, sowie die Veralltäglichung des Charismatisch-Spirituellen.

Die Gemeinsamkeit der sich fundamentalisierenden Gruppen liegt im politischen und im sozialen Kontext, nämlich im Gefühl der Bedrohung durch die säkulare Gesellschaft. Am Beispiel des Sängers Albert Hammond [→ Kapitel 2] habe ich den Umgang mit 'Verrätern' an der gibraltarianischen Sache aufgezeigt, denen eine allzu große Nähe zur Quelle der äußeren Bedrohung nachgesagt wird. Der Fall Hammond verweist auf den Doppelcharakter der Bedrohung: Sie kommt von außen (Spanien), aber auch von innen (Hammond). Derselbe Schließungsmechanismus, der die nationale Gemeinschaft zu innerer Einigkeit und äußerer Undurchlässigkeit treibt, wirkt auch in den religiösen Gemeinschaften: Auch hier wird in der Situation der Krise die Loyalität der Mitglieder verstärkt gefordert, die Grenzen nach außen werden geschlossen. Im Falle der religiösen Gemeinschaften wird die Bedrohung in der 'weltlichen' Gesellschaft verortet. Die säkulare Gesellschaft zur Zeit der Grenzschließung war, wie ich in Kapitel 3.3 gezeigt habe, durch die Reduktion des privaten Raumes und durch eine Ausdehnung der sozialen Kontrolle gekennzeichnet, deren konfliktive Auswirkungen diskursiv durch ein Ethos der Harmonie und ein Lob der Mischung gemildert werden. Jene sozialen Konflikte, die durch äußeren Druck nicht ausgedrückt werden können, verlagerten sich in die Innerlichkeit. Für die Zivilisten in der kolonialen Gesellschaft boten insbesondere die religiösen Korporationen eine Möglichkeit, kulturelle Differenz zu behaupten und zu akzentuieren. Der bedrohte und begrenzte Raum beförderte die Introspektion der Religionen wie auch der Gesamtgesellschaft und reproduzierte damit die Außengrenze auf religiöser Ebene.

Den innenpolitischen Kontext für die Durchsetzung fundamentalistischer Positionen in der jüdischen Gemeinde bildet der politische Machtkampf um die Ablösung der alten, traditional geprägten Generation der zwischen 1900 und 1920 Geborenen. In der Gesamtgesellschaft Gibraltars nahmen ihre Protagonisten bedeutende Positionen ein: der bereits hinlänglich bekannte Sir Joshua Hassan als langjähriger *Chief Minister*, sein Minister Solomon Seruya als Vizepräsident des Sephardischen Weltrates, Sam Benady QC als Vorstand des *City Council* in den 30er Jahren sowie Abraham W. Serfaty als Minister und Bürgermeister Gibraltars. Diese Männer prägten bis Ende der 70er Jahre die zivilen Geschicke des Gemeinwesens maßgeblich.

Gegen diese Generation, die auch innerhalb der jüdischen Gemeinde eine dominierende Position einnahm, setzten sich nach und nach gut ausgebildete, aus ärmeren Familien stammende Mitglieder durch. Im Prozeß der Ablösung übernahmen die Aufsteiger zunehmend leitende Funktionen, aus der Gesamtgesellschaft ist jedoch der bereits erwähnte Rückzug zu beobachten, dessen Höhepunkt in der Zeit der Regierung Bossano lag.

War die Generation Hassans durch ein liberales und weltoffenes Sephardentum gekennzeichnet, so wird von den Neuerern ein strikt orthodoxer Weg verfochten. Bei den Neuerern handelt es sich um (heute) erfolgreiche Geschäftsleute und Anwälte, die allerdings aus ökonomischer Unterprivilegierung aufgestiegen sind. Über die Fundamentalisierung konnte die Macht der alten Generation ausgehebelt und Gefolgschaft in der jüdischen Gemeinde gewonnen werden.

Es ist nicht verwunderlich, daß die Ablösung der alten Generation durch die Neuerer nicht reibungslos verlief. Sir Joshua Hassan äußerte sich mehrmals bitter über die heutige Dominanz der Fundamentalisten, da er in ihnen eine Gefahr für den Zusammenhalt der gibraltarianischen Zivilgesellschaft sah, die er selbst verkörperte. Darüber hinaus entzweiten ihn parteipolitische und innerfamiliäre Differenzen mit seinen Neffen Haim (James) und Solomon (Momy) Levy, zentralen Persönlichkeiten in den Reihen der Neuerer.

Der Konflikt zwischen Onkel und Neffen wurde mir häufig mit Verweis auf den Taxifahrer-Zwischenfall [→ Kapitel 5.3] nach dem Rücktritt Hassans illustriert. Nach seinem Rücktritt 1988 zerfiel seine Partei, die AACR, rapide. Gerade die konservativ gewordene AACR war aber die politische Bühne gewesen, auf der sich die traditional orientierte sephardische Händlergemeinde artikulierte. Mit dem Wahlsieg von Bossanos sozialistischer Partei verschwand deren starker Einfluß auf die Politik. Der Rückzug aus der aktiven Politik, den die jüdische

Gemeinde unter dem Vorzeichen des Fundamentalisierung angetreten hatte, traf auf eine Distanz der Regierungspolitik zur jüdischen Gemeinde: In der Attacke der Taxifahrer auf die Synagoge wirken antisemitische Vorurteile, im Bereich der nationalen Historiographie der Bossanisten wurde der Einfluß der jüdischen Gemeinde negiert. Die Bedrohung der Synagoge und die Abwendung der Gefahr durch Präsident Haim Levy wurde mir häufig als Inszenierung beschrieben, durch die Hassans Stellung geschwächt und die Position des (GSLP-nahen) Levy gestärkt werden sollte.

Der Bruch zwischen Neffen und Onkel wird auch anläßlich der Verleihung der Ehrenbürgerwürde an Sir Joshua am 12.12.1996 zum Gegenstand der öffentlichen Debatte. Am 16.12.1996 erscheint im Wochenmagazin PANORAMA eine Fotografie von Solomon Levy, das diesen in Begleitung des Onkels und dessen erster Frau, Lady Danielle, anläßlich des ersten Besuches im Buckingham Palace im Jahre 1957 zeigt. Sir Joshua hatte sich vor Jahren unter skandalösen Umständen in einem peinlichen Scheidungsverfahren von Lady Danielle getrennt. Während des Verfahrens wurden sexuelle Intima und Vorlieben der Eheleute gezielt an die Öffentlichkeit gezerrt. Der Umgang Hassans mit Lady Danielle wird seither von seinen politischen Gegnern immer wieder bemüht, um Hassans Ruf zu schädigen.[21] Die Publikation des Fotos wird denn auch - von seiten der GSLP - als öffentliches Nachtreten und als bewußte Demütigung interpretiert.

### 7.2.1 Exkurs: Vorgeschichte und Struktur der Gemeinde

Die Differenzen zwischen Onkel und Neffen verweisen auf Konflikte, die - jenseits individueller Motivationen - im Kampf um die Vorherrschaft in der jüdischen Gemeinde begründet liegen. Dieser Kampf läßt sich *a posteriori* auf einen historischen Konflikt zwischen der geistlich-juridischen und der laizistisch-politischen Autorität zurückführen. Der Rückgriff auf Geschichte wird von Befürwortern wie Gegnern bemüht, um die gegenwärtige Situation zu legitimieren bzw. zu delegitimieren.

Die religiöse und die politische Führung in jüdischen Gemeinden ist formal getrennt.

"Ein Rabbi ist jemand, der einen Rabbinatsbrief erworben hat. Das ist erstmal alles."[22]

Gemeinderabbiner werden vom Verwaltungsrat einer jüdischen Gemeinde (in Gibraltar: *Managing Board of the Jewish Community*, kurz: *Managing Board*) als Spezialisten für religiöses Recht angestellt. Neben dieser formalen Position werden häufig andere Rabbiner als religiöse Berater in Anspruch genommen, die sich in einer untergeordneten Position zum Gemeinderabbiner befinden, da sie nicht mit einem festen Arbeitsvertrag angestellt wurden. Ein religiöser Berater fungiert "als Diener, nicht als Führer".[23]

In Gibraltar gibt es - anders als in vielen anderen Kommunen - nur eine einzige jüdische Gemeinde. Dem *Managing Board* steht ein Präsident vor, der alle drei Jahre gewählt wird. Neben dem Präsidenten besteht das *Managing Board* aus zehn Mitgliedern, darunter einem Vizepräsidenten, einem Schatzmeister und einem Sekretär.

---

21  Über das Schicksal von Lady Danielle kursierten die abenteuerlichsten Gerüchte. Niemand konnte mit Sicherheit sagen, ob sie noch am Leben sei oder irgendwo in einer psychiatrischen Klinik dahinvegetierte, wohin 'man' sie nach dem Trauma der Trennung verbracht habe.
22  Interview mit Tito Benady [* 1930], 31.5.1996.
23  Interview mit Tito Benady [* 1930], 31.5.1996.

Erste Anstöße zur Institutionalisierung einer organisierten Gemeinde erfolgten im Jahre 1791. Aaron Cardozo, vom Gouverneur zum zivilen Berater für Polizeifragen ernannt, fungierte als Vertreter der "hebräischen Einwohner",[24] ein Posten, von dem er 1814 zurücktrat.[25]

Zu Beginn des XIX. Jahrhunderts verwalteten die verschiedenen Synagogen ihre Angelegenheiten unabhängig voneinander. Die Synagogenvorstände (*Parnassim*) trafen sich ad hoc, um Absprachen bezüglich gemeinsamer Anliegen, wie etwa dem Auftreten gegenüber den Gouverneuren, zu treffen. Jede Synagoge verfügte über einen *Parnas de Ha'aniyim* (Vorstand des Armenkomitees), sowie einen *Parnas Presidente*. 1841 wurden mit der Einrichtung eines gemeinsamen Synagogenrates weitere Schritte zur Institutionalisierung einer Einheitsgemeinde unternommen.[26] Auf einem Treffen von 80 Gemeindemitgliedern (1864) wurde auf Initiative des einflußreichen Kaufmannes Yomtob Bergel eine einheitliche Gemeindevertretung, die *Junta Gubernativa de la Comunidad Hebrea de Gibraltar*, gegründet. Der Name der Körperschaft wurde in späteren Jahren anglisiert und 1966 in den noch heute gültigen Namen *Managing Board of the Jewish Community* umbenannt.[27]

Neben der Einheitsgemeinde bestehen bis heute die vier Synagogengemeinden als unabhängige Körperschaften weiter. Diese kümmern sich um die Alltagsbelange der Synagogengemeinde, beispielsweise die Ausbesserung der Gebäude, die Festsetzung der Sitzordnung und die Bestimmung der liturgischen Reihenfolge der Gemeindemitglieder, die im Gottesdienst verschiedene *Mizwot* erfüllen etc. Die Synagogen waren i.d.R. auf private Initiative gegründet worden. Zwei sephardische Traditionen haben das Leben der Juden in Gibraltar bestimmt:

- die Tradition der marokkanischen Juden, nach der sich Synagogen häufig in Privathäusern befinden. In Gibraltar existierten verschiedene Synagogen dieses Typus. So wurde die *Jeshiwa EzHayim* 1749 zur Synagoge gemacht;

- die englisch-niederländische Tradition, die auf den Gründer der Gemeinde, R. Isaac Netto, zurückgeht. Netto erhielt 1723 als einer der ersten Juden das Recht zum Erwerb eines Grundstückes, auf dem eine Synagoge gebaut werden konnte. Diese Synagoge, *Shaar Hashamayim*, wurde 1766 zerstört, jedoch zwei Jahre später wieder aufgebaut. Netto stammte aus London aus einer Gemeinde von Marranen, die zum Judentum zurückgekehrt waren, er übernahm den Ritus von *Bevis-Marks* (London), der Synagoge seines Vaters. Dieser Ritus wiederum orientierte sich an der Tradition der portugiesischen Synagoge von Amsterdam.

Das *Mahamad de Yehidim* (Synagogenkomitee) von *Shaar Hashamayim* wurde schnell zum Adressaten von Anordnungen, die der Gouverneur an die jüdische Gemeinschaft richtete.[28] Gegen Ende des XVIII. Jahrhunderts wurde Nettos Synagoge zunehmend von marokkanischen Juden beeinflußt. Eine Gruppe reicher Händler plante daraufhin eine neue Synagoge, die in der Line Wall Road im niederländischen Stil errichtet wurde. Diese Synagoge, *Nefusot Yehudah* oder Flämische Synagoge, wurde 1800 eröffnet.[29] Die Liturgie der *Nefusot Yehudah*-Synagoge richtete sich strikt nach den Regeln der Amsterdamer Ge-

---

24 BENADY, TITO 1989: 159.
25 BENADY, TITO 1989: 165.
26 Jede Synagoge war in diesem Rat mit vier Mitgliedern vertreten. 1852 wurde die Zahl auf zehn Mitglieder je Synagoge erhöht, 1854 auf fünf reduziert.
27 BENADY, TITO 1989: 171.
28 BENADY, TITO 1989: 151.
29 BENADY, TITO 1989: 160.

meinde.[30] Die Synagogengemeinde *Shaar Hashamayim* spaltete sich 1820, ein Teil ließ sich in R. Solomon Abudarhams *Jeshiwa* in der Parliament Lane nieder.[31] Diese, nunmehr *Abudarham*-Synagoge genannt, wurde zum spirituellen Mittelpunkt neuer Zuwanderer aus Tanger und Tetuán.

1808 wurde die führende Talmud- und Kabbala-Autorität Marokkos, R. Joseph Elmaleh aus Rabat, *Chief Rabbi* von Gibraltar.[32] Elmaleh starb 1823. Sein Nachfolger, R. Israel Benyeshaya, amtierte bis zu seinem Tode 1837. Elmaleh und Benyeshaya begründeten die starke kabbalistische Tradition in Gibraltar,

"die erst mit der heutigen Generation verschwand".[33]

1876 wurde die religiöse Knabenschule *Talmud Torah* zu einer staatlichen Grundschule, der *Hebrew Primary School*. 1895 zog die Schule in ein Gebäude in der Bomb House Lane, wo sie noch heute untergebracht ist.

Zwischen 1837 und 1878 wurde der Posten des *Chief Rabbi* nicht neu besetzt. In dieser Zeit verfügten zwar die Synagogen über eigene Rabbiner, aber diese konnten kein religiöses Gericht (*Beit Din*) abhalten. Im Jahre 1877 machte die Anlage eines neuen Friedhofes jedoch das Abhalten eines *Beit Din* notwendig. Also ernannten die Rabbiner der vier Synagogen einen der ihren - R. Samuel Lasry - zum *Chief Rabbi*. Ein Mitglied des rabbinischen Tribunals von Tiberias, R. Raphael Hayim Moses Benaim, wurde 1887 Lasrys Nachfolger. Im Jahre 1920 starb R. Raphael Hayim Moses Benaim. Sein Nachfolger, R. Solomon Elmaleh, wurde nicht mehr als Gemeinderabbiner, sondern nur noch als religiöser Berater angestellt. Die Nichtbesetzung der Stelle des *Chief Rabbi* stärkte die Position der politischen Gemeindeführung.

Nach dem Tod Elmalehs 1926 gab es in Gibraltar über lange Zeit keinen ausgebildeten und geprüften Rabbiner.[34] Benaims Sohn David übernahm daraufhin die Funktion des Rabbiners, ohne aber über einen Rabbinatsbrief zu verfügen.[35]

Bis hierher befinden sich Gegner und Befürworter in ihrer Interpretation der Gemeindegeschichte auf gemeinsamem Boden. Die Übernahme der rabbinischen Funktionen durch David Benaim wird als Faktum ebensowenig angezweifelt wie die bisherige historische Entwicklung. Allerdings ist die Veränderung der Stellung des Rabbiners durch Benaim der erste Punkt, an der die Bewertung der Geschichte auseinanderklafft. Bedauern die Befürworter des Wandels die Übernahme als den ersten entscheidenden Bruch in der Kontinuitätskette eines überzeitlichen orthodoxen Judentums, so sehen die Gegner darin einen Beleg für die integrative Kraft traditionaler sephardischer Gemeinden, die sogar einen Nichtrabbiner in Rabbinatsfunktion zu akzeptieren vermag.

Der nächste Bruch, der eine unterschiedliche Bewertung erfährt, wird im Jahr 1957 lokalisiert, als nach 31-jähriger Vakanz das damalige *Managing Board* unter seinem Präsiden-

---

30  Der erste Rabbiner, Ephraim Conquy, stammte aus Holland, seine Familie amtierte bis 1783.
31  BENADY, TITO 1989: 169.
32  BENADY, TITO 1989: 163.
33  BENADY, TITO 1989: 168.
34  BENADY, TITO 1989: 170.
35  Im Zweiten Weltkrieg wurde die Zivilbevölkerung bis auf eine Gruppe von etwa 4.000 für die Aufrechterhaltung der Garnison notwendigen Männer aus Gibraltar in die unterschiedlichsten Gegenden evakuiert. Die Mehrzahl der Juden kam nach North End House (London), das unweit der *Bevis-Marks*-Synagoge lag. Andere wurden nach Jamaika geschickt; diese konnten den Gottesdienst in der Hauptstadt Kingstown besuchen. Für die 200 Juden, die nach Funchal (Madeira) evakuiert wurden, gab es dagegen keine Synagoge.

ten, Sam Benady QC (1956-1973), R. Joseph Pacifici als Gemeinderabbiner anstelle (die Position des *Chief Rabbi* blieb dagegen bis heute unbesetzt). Pacificis Berufung gilt den Befürwortern als Wende im Niedergang der Gemeinde und als Ausgangspunkt für die Rekonsolodierung der Orthodoxie, die in der heutigen Fundamentalisierung einen vorläufigen Höhepunkt erreicht habe. Für die Gegner gilt die Berufung ebenfalls als Wendepunkt, allerdings im negativen Sinne: Pacifici habe den Keim für die Zerstörung der traditionalen Gemeinde gelegt und sei somit ursächlich verantwortlich für die heutige "Bigotterie" der *Haredim*.

Hier ist es angebracht, näher auf den Kontext einzugehen, in dem Pacificis Berufung stattfand. Die jüdische Gemeinde Gibraltars stand bis 1953/54 unter der Oberhoheit des sephardischen *Beit Din* in London. Der Rücktritt von R. Solomon Haham Gaon führte zu einer Spaltung innerhalb des *Beit Din*, in deren Folge Gibraltar der Oberhoheit des aschkenasischen Londoner *Beit Din* unterstellt wurde. Damit fiel die sephardische Gemeinde unter die Hoheit eines aschkenasischen Gerichtes.[36]

R. Pacifici wird als sephardischer Jude beschrieben, der seine religiöse Ausbildung allerdings in einer aschkenasischen *Jeshiwa* erhalten hatte.

"Er war im litauischen(*Litvak*)-Stil erzogen worden, acht Stunden am Tag lernen oder mehr. Der war sehr polnisch." [Informant Eli Bentubo, * 1955]

R. Pacifici sah sich mit einer Gemeinde konfrontiert, die zahlenmäßig schrumpfte und deren Einhaltung der religiösen Gebote durch die lange rabbinerlose Zeit, gepaart mit der säkularen Orientierung der Gemeinde, nach seinen Vorstellungen zu wünschen übrig ließ: Etliche Juden waren nach der Evakuierung in Großbritannien verblieben, manche wanderten nach Gründung des Staates Israel 1948 nach Palästina aus. Viele jüdische Männer, die während des Krieges in Gibraltar verblieben waren, hatten christliche Frauen aus Spanien geheiratet, die nur teilweise zum Judentum konvertierten, "also mußte er was unternehmen." [Informant Eli Bentubo, * 1955]

Pacifici wird von Anhängern und Gegnern als charismatische Figur beschrieben, die sich der politischen Führung der jüdischen Gemeinde und dem sephardischen Traditionalismus widersetzte. Pacifici habe versucht, eine jüdische Gemeinde zu schaffen, die religiösen Standards genügte

"und es gab viel Widerstand von den traditionalen Juden, die meinten 'wir sind traditionale Juden und nun kommst Du mit deinen neuen Ideen an!'. Er sagte, 'das sind keine neuen Ideen, das wurde vor 3000 Jahren geschrieben!'"[Informant Isaac Conquy, * 1946].

Die Standards orientierten sich an der aschkenasischen Orthodoxie. Pacifici habe eine Gruppe brillanter junger Männer um sich gesammelt und sie in dieser Tradition unterwiesen. Diese Jugendlichen aus der ersten Nachkriegsgeneration stammten aus wirtschaftlich und sozial eher unterprivilegierten Verhältnissen. Etliche verließen Gibraltar nach dem Abschluß der Schule und gingen zum Talmudstudium in *Jeshiwot* nach England, insbesondere nach Gateshead, der bedeutendsten, strikt orthodoxen *Jeshiwa* Großbritanniens und wahrscheinlich Europas.[37] Dort erhielten viele Sephardim Gibraltars wie auch die aschkenasischen *Collel*-Studenten ihre religiöse Ausbildung. Einige der einstigen Schüler heirateten in England und kehrten mit ihren aschkenasischen Frauen nach Gibraltar zurück. Vier der Rückkehrer - Abraham Benjamin Serfaty (1973-1983), Haim (James) Levy (1983-

---

[36] Die heutige religiöse Rechtsautorität für Gibraltar ist Dayan Rabbi Chenoch Ehrentreu in London.
[37] RUBINSTEIN 1996.

1994), David Benaim (1994-1997), Solomon (Momy) Levy (ab 1997) - wurden sukzessive Präsidenten der Gemeinde.

1970 verließ R. Pacifici Gibraltar und zog nach Israel, wo er noch heute lebt und Kontakte nach Gibraltar pflegt. Mit der Anstellung seines Nachfolgers, R. Shimon Haliwa, scheinen die Traditionalisten einen vorübergehenden Sieg gegen die Neuerer errungen zu haben. Haliwa wurde in Tanger geboren, seine Ausbildung erhielt er wie sein Vorgänger in einer aschkenasischen *Jeshiwa*, er hielt aber,

"anders als Pacifici, an seiner sephardischen Herkunft und den Traditionen fest".[38]

Er wird als

"ein typischer marokkanischer Rabbiner von der Art, wie ihn die Leute in Gibraltar mochten," [Informant Elazar Levi, * 1926] und als "sephardischer" [Informant Eli Bentubo, * 1955]

als sein Vorgänger beschrieben. Insbesondere Gegner von R. Pacifici sahen in Haliwa einen "frischen Wind" [Informant Eli Bentubo, * 1955], einen Mann *"middle-of-the-road"*, [Informant Solomon Seruya, * 1926] Die Befürworter der Fundamentalisierung wiederum ignorierten die Amtszeit Haliwas in ihren Erzählungen über die Gemeindegeschichte. Sofern er erwähnt wird, nennt man ihn einen freundlichen und netten Mann, der aber etwas altmodisch (sprich: traditional) gewesen sei.

In den frühen 1980er Jahren wurde ein erfolgloser Versuch unternommen, um die alten kabbalistischen Traditionen in Verbindung mit dem Gedankengut der *Chabad*-Bewegung[39] als Gegenbewegung zur orthodoxen Fundamentalisierung wiederzubeleben.[40] Anfang der 80er Jahre war die Gemeinde durch Differenzen zwischen der politischen Führerschaft (Neuerer) und dem spirituellen Führer (traditionalistischer Rabbiner) tief gespalten.[41] Auseinandersetzungen, die in Kapitel 7.3.1 gesondert angesprochen werden, führten zur Aufkündigung des Beschäftigungsverhältnisses von R. Haliwa, der 1982 die Kolonie verließ. Von den Befürwortern des Wandels erfuhr ich nur amorphe Gründe für die Beendigung von Haliwas Amtszeit, wie etwa, daß es 'eben an der Zeit gewesen sei', einen jüngeren Rabbiner zu beschäftigen.

---

38 Interview mit Mesod Belilo [* 1946], Archivar der jüdischen Gemeinde, 15.4.1996.
39 Die *Chabad*-Bewegung ist der organisatorische Arm der Lubawitscher Chasidim, einer orthodoxen aschkenasischen Strömung. Chabad betont das Studium der heiligen Texte zur Verbesserung des Selbst und zur Weitergabe der Schönheit, Tiefe, Bewußtsein und Freude, die in einem Leben nach der Torah zu finden seien. Die Chabad-Bewegung ist darauf ausgerichtet, das Judentum zu revitalisieren, indem die Beziehung des Individuums zu Gott intensiviert und die Liebe zum Nächsten vertieft wird. Die Chabad-Lubawitscher propagieren die Rückkehr zu traditionellen jüdischen Praktiken. Teil dieses Prozesses sind die Gebotskampagnen (*Mitzvah Campaigns*). Deren Ziel ist es, Juden dazu zu ermutigen, zehn spezifische Gebote (Mizwots) einzuhalten, um dadurch eine Beziehung zum wahren Judentum zu bekommen. Es handelt sich um a) die Liebe zum nächsten Juden (*Ahavas Yisroel*), b) Torah-Erziehung (*Chinuch*), c) Torahstudium, d) die Einhaltung des wochentäglichen Morgengebetes durch Männer (*Tefillin*), e) die Achtung des jüdischen Haus-Zeichens (*Mezuzoh*), f) Wohltätigkeit an jedem Wochentag (*Tzedokoh*), g) den Besitz der Heiligen Bücher, h) das Anzünden der Kerzen an Shabbat und an Feiertagen, i) das Einhalten der Speisegesetze (*Kashrus*) und j) das Führen des Ehelebens nach der Torah (*Taharas Hamishpocho*).
40 Über diese Gruppe aus 26 Personen bestehende Gruppe konnte ich allerdings wenig in Erfahrung bringen. Die Gruppe scheiterte und zerfiel, denn "die Sache war brenzlig geworden, weil etliche Mitglieder von 'der Gemeinde' dazu gedrängt wurden, die Mitgliedschaft in der Gruppe zu beenden".
41 BRASS 1991.

Sein Nachfolger wurde R. Ronald Hassid, ein aus einer Familie irakischer und palästinensischer Rabbiner stammender Sepharde.[42] Unter Hassid, der als apolitisch gilt, konsolidierte sich die Macht der fundamentalistischen Neuerer. Es ist daher nicht verwunderlich, daß die Urteile über ihn aus den Reihen der Befürworter positiv ausfallen. Die Gegner des Wandels sind demgegenüber - da es sich um den gegenwärtigen Rabbiner handelt - vorsichtiger in ihrer Kritik. Hassid, so höre ich aus ihren Reihen, sei kein Macher, sondern eher ein "Beamtentyp", der die extremen Auswüchse der Fundamentalisierung zwar nicht gutheiße, ihnen aber auch nicht entgegentrete.

## 7.2.2 Die Schulen: Institutionalisierung des Wandels

Die religiöse Fundamentalisierung und daraus resultierend die ethnisch-kulturelle Umwertung institutionalisierte sich seit den späten 80ern mit der Einrichtung jüdischer Bildungseinrichtungen.

1988 wurde auf Initiative eines der Neuerer, eines einheimischen Kaufmannes, der den Spitznamen *Ayatollah* trägt, ein *Collel* (Plural: *Collelim*) gegründet. *Collelim* sind Kollegs, in denen sich jungverheiratete Studenten auf das Rabbinat vorbereiten können. Das *Collel* zog insbesondere aschkenasische Studenten nach Gibraltar.

"Ich war einer der Gründer des *Collel*, ich verließ den *Collel* im September 1995. Die Idee des *Collel* ist sehr einfach: junge Juden - nach der Heirat - sitzen zusammen und lernen ausschließlich und intensiv (wir lernen sonntags und feiertags, bloß der Shabbat ist frei). Wir lernen von 09.00-13.00 Uhr, und von 15.00-19.15 Uhr, und wer es ernst nimmt, lernt noch am Abend, also zwölf Stunden am Tag. Man bekommt ein Stipendium, und das variiert in der jüdischen Welt sehr stark von einer milden Gabe bis zu dem, was man in Gibraltar bekommt, nämlich einem Lohn, von dem man leben kann. Keiner wird reich, aber man kann davon leben."[43]

Die Gemeinde erhält monatlich - in Form von Erwachsenenbildung und Zusatzstunden für die jüdischen Knaben - rund 100 Stunden jüdischen Unterricht von den Studenten des Collel.[44]

In den letzten zehn bis 15 Jahren wurden überall in der jüdischen Welt *Collelim* in Diasporagemeinden eröffnet, um dort "die religiösen Standards und die Befolgung der Regeln zu verbessern."[45] *Collelim* werden durch Spenden und reiche Mäzene finanziert, die an das Projekt glauben. Im Falle Gibraltars handelt es sich teilweise um Gemeindemitglieder wie den

---

42  Hassid wurde in Israel geboren und als er zwei Jahre war, zogen die Eltern nach England. Dort wuchs er auf, besuchte nichtjüdische Schulen in Leicestershire, später die Universität. Hassid machte einen Abschluß als Maschineningenieur. Dann ging er nach Israel, um Talmud zu studieren. Seine berufliche Zukunft sah er damals noch in der Industrie als Maschineningenieur. Er kehrte nach England zurück, wo er in der Gateshead-*Jeshiwa* drei Jahre Talmud studierte. Danach kehrte er nach Israel zurück. Insgesamt studierte er zehn Jahre in *Jeshiwot*. In Israel heiratete er eine Frau aus Jerusalem. Eigentlich wollte er auch in Israel bleiben. 1983 wurde er von einem Freund aus Gateshead angesprochen, und von dem erfuhr er, daß der vorhergehende Rabbi in Gibraltar abgetreten sei. Er sei aber nicht interessiert gewesen, "weil ich ein Ingenieur war, kein Rabbi! Ich studiere eigentlich nur aus Interesse und habe mich nie als Geistlichen oder heiligen Mann, als Gemeindeleiter, begriffen". Interview mit Rabbi Ronald Hassid, am 23.4.1996.
43  Interview mit Rabbi David Roberts [* 1967], 05.10.1996.
44  BRASS 1991.
45  Interview mit Rabbi David Roberts [* 1967], 05.10.1996.

*Ayatollah*, zum Teil um die Tycoon-Familie Reichmann aus Edmonton/Canada (deren Bindung an Gibraltar aus der Kriegszeit stammt, die sie in Tanger verbrachte), zum Teil um israelische Stiftungen wie den *L.A. Pincus Fund (Jewish Education Fund for the Diaspora)*.[46]

Im September 1993 wurde eine jüdische Mädchenschule auf private Initiative als Sekundarschule gegründet, unterstützt und vorangetrieben von führenden Mitgliedern des *Managing Board*. Schulleiter ist der junge R. Joel Rabinowitz aus Manchester. Offiziell ist die jüdische Mädchenschule für Schülerinnen aller Religionen geöffnet, aber lediglich im ersten Jahr besuchte ein nichtjüdisches Mädchen die Schule. Zuvor bestanden in Gibraltar nur die beiden staatlichen Sekundarschulen *Bayside* (für Jungen) und *Westside* (für Mädchen), an denen katholischer, protestantischer und jüdischer Religionsunterricht angeboten wird.

Das Schuljahr 1996 begann mit 20 Schülerinnen, für das Jahr 1997 wurden zehn weitere Mädchen erwartet. Die jüdische Gemeinde hofft auf Schülerinnen von außerhalb Gibraltars.

Der Stundenplan der Mädchenschule integriert die religiösen und die staatlich verbindlichen säkularen Inhalte. Nahezu jeder der zwölf Lehrer verfügt über einen Teilzeitverträge für fünf bis zehn Wochenstunden. Es gibt etwa Lehrer für Englisch und Spanisch, zwei Lehrer für Naturwissenschaften, zwei Lehrer für Gesellschaftswissenschaften, Musik- und Geographielehrer, dazu Lehrkräfte für die religiösen Fächer. Etwa 50% der Lehrer sind Juden.[47]

Am 1. September 1995 wurde eine jüdische Knabenschule eröffnet, der R. David Roberts aus Gateshead vorsteht. In der Knabenschule werden aus Schülermangel zwei Jahrgänge in einer Klasse zusammengefaßt, denn von den elf jüdischen Abgängern der *Hebrew Primary School* wechselten nur sechs an die Knabenschule. Die anderen fünf gingen auf die staatliche Sekundarschule,

"[D]eren Eltern waren noch nicht ganz überzeugt von der Notwendigkeit der Existenz der Schule, aber die Mädchenschule, die vor drei Jahren geöffnet wurde, hat sich ja auch durchgesetzt." [Informant Joel Martin, * 1967]

Die Einrichtung der beiden Schulen wurde in der Öffentlichkeit[48] wie in der jüdischen Gemeinde kontrovers diskutiert. In den Argumenten spiegelt sich die Gespaltenheit der Gemeinde in säkulare Traditionalisten und orthodoxe Neuerer wieder. Die Befürworter der Schule führen verschiedene Gründe für die Gründung der beiden Schulen an:

---

[46] Ich konnte nicht in Erfahrung bringen, wie hoch die Anteile der einzelnen Spender sind. Offizielle Angaben bewegen sich um "ein Drittel", es gibt jedoch andere Angaben, die von "einem Großteil" bis "fast vollständig" reichen.

[47] Viele Lehrer sind Frauen, die früher einmal Vollzeit unterrichtet hatten. Sie stammen entweder aus Gibraltar oder aus England, eine Lehrerin kommt aus Südamerika. Manche der englischen Lehrkräfte hatten sich an der Costa del Sol zur Ruhe gesetzt, ließen sich jedoch später in Gibraltar nieder. Die Lehrer bekommen ihre Arbeitsgenehmigung vom Arbeitsministerium, aber die Schule schlägt die Lehrer dort vor (sofern sie von außerhalb kommen). Die Schule sucht Lehrer per Anzeigen, in Gibraltar herrscht für bestimmte Fächer Lehrermangel. In der Praxis verzichtet die Behörde auf die Vergabe einer Arbeitserlaubnis, wenn die Schule bestätigt, daß man diese bestimmte Person als Lehrer benötigt. Es gab auch Lehrer von den Staatsschulen, die zur Mädchenschule gewechselt haben. Im Moment gibt es mit den anderen Schulen keine gemeinsamen Aktivitäten wie Projektwochen oder Sportveranstaltungen.

[48] *"Jewish Community open new private school - Teachers Union objects to 'segregation'"*, in: THE GIBRALTAR CHRONICLE, 13.10.1995: 1.

- Einmal habe Gibraltar endlich Anschluß an die *Teshuva* der jüdischen Gemeinden in Großbritannien, Frankreich, den USA und Israel gefunden; dort habe man längst erkannt, daß es notwendig sei, jüdische Werte in einem exklusiven Setting zu vermitteln.

> "Die Juden in Gibraltar merken langsam ... es ist ein wenig ein Mikrokosmos dessen, was in jüdischen Gemeinden überall auf der Welt geschieht."[49]

Judentum und jüdischer Fundamentalismus werden hier synonymisiert. Die staatlichen Schulen fungieren als Synonym für die feindliche Außenwelt.

- Ein weiterer Grund wird in der intensiven Vermittlung jüdischer Werte gesehen. Nach Ansicht der Neuerer sind die staatlichen Sekundarschulen dazu nicht in der Lage.

> "Es ist einfach nicht möglich unter normalen Bedingungen, den gewünschten Grad an jüdischer Erziehung zu erreichen. Die Idee der Schule war es, ein hohes Level an akademischer und jüdischer Erziehung anzubieten. Dies ist möglich in einer Schule, wo es kleine Klassen gibt, wo die Schüler motiviert sind und der Stundenplan spezifisch die jüdischen und die säkularen Inhalte miteinander integriert."[50]

- Damit verbunden ist die Vorstellung von der Erosion von Sitte und Moral in der Gesamtgesellschaft, insbesondere der Familienwerte, die zwar in der katholisch dominierten Gesellschaft Gibraltars einmal sehr stark gewesen seien, sich heute jedoch im Niedergang befänden. Dazu gehört die Verfügbarkeit von Drogen, obwohl die Drogenkultur in Gibraltar

> "nicht sehr verbreitet ist, aber über Spanien kommen eben doch Drogen herein. Hier ist Haschischrauchen zwar verboten, aber in Spanien ist der Konsum erlaubt. Aber den Kindern werden dort [an den staatlichen Sekundarschulen] Drogen angeboten. Ein Kind hat gesagt, daß man ihm Drogen angeboten hat dort!"[51]

Die Kontrolle über die richtige Erziehung der Kinder sei an staatlichen Schulen nicht gewährleistet:

> "Können sie garantieren, daß Jungs nichts mit Mädchen anfangen an diesen Staatsschulen? Können sie das wirklich garantieren?"[52]

Die Kontrolle betrifft auch andere Bereiche:

> "Wie gehen unsere Kinder denn mit dem Internet um? Alles wird ihnen dadurch zugänglich! [...] Die Bedrohung kann ins Haus herein, ohne daß wir es merken! Das Chaos vergiftet unsere Kinder."[53]

In den jüdischen Schulen könne man sicher sein, daß die elterliche Kontrolle nicht ausgehöhlt, sondern fortgesetzt werde, denn

> "was nützt es, wenn die Kinder zuhause ungestört im Internet surfen und sich Pornographie angucken können".[54]

---

49  Interview mit Rabbi David Roberts [* 1967], 05.10.1996.
50  Interview mit Rabbi David Roberts [* 1967], 05.10.1996.
51  David Benaim während des Vortrages von R. Pink am 18.11.1996.
52  Vortrag von R. Pink zum Thema "*The Importance and Nature of Jewish Education in the 90's*" am 18.11.1996 in der Gerald Leanse Hall der Hebrew School. Der Leiter der Mädchenschule, R. Joel Rabinowitz [* 1967], ist Schüler von R. Pink, dem Headteacher der Manchester Jewish Grammar School. Die höchste halachische Autorität, an der sich R. Pink orientiert, ist der Vater seines Schülers, Rev. Rabinowitz aus Manchester.
53  Vortrag von R. Pink, 18.11.1996.

- An jüdischen Schulen, die "aus sozialen Gründen überlegen" seien, werde auch die Einhaltung jüdischer Gebote gewährleistet. In staatlichen Schule halte man gemeinschaftliche soziale Veranstaltungen immer am Freitag oder Samstag ab - jüdische Kinder könnten daran jedoch wegen des Shabbat nicht teilnehmen. Darüber hinaus erhielten Kinder in staatlichen Schulen und bei Schulausflügen kein kosheres Essen,

> "höchstens vegetarisches Essen - aber man weiß ja, wie das gekocht wird: in unkosherem Geschirr ... Ist es das, was Sie wollen?"[55]

- Schließlich werden auch historische Argumente bemüht. Jüdische Bildung sei geschichtlich Bildung per se gewesen.

> "Jüdische Erziehung ist Tausende von Jahren *die* Erziehung schlechthin gewesen. Gebildete Leute waren immer Juden! Wer konnte denn im Mittelalter lesen und schreiben? Juden und Jüdinnen! Heute ist es so, daß die säkulare Welt die jüdische Erziehung übernommen und verwässert hat ... und wir müssen das wieder zurechtbiegen ..."[56]

- Eine ganz besondere Gefahr bildet dabei die Ausbildung in Großbritannien; dies kommt in dem Argument zum Ausdruck, daß Eltern ihre Kinder nunmehr in Gibraltar eine jüdische Ausbildung zukommen lassen könnten und den Nachwuchs dazu nicht mehr ins Ausland schikken müßten:

> "Meine Kinder sind jetzt auswärts. Der Dritte macht grade seine A-Levels, er ist der Jüngste. Die Älteren studieren in *Jeshiwot* in Gateshead, Religion, die ganze Zeit. 16 Stunden am Tag. Die werden mal Rabbiner! Sie sind jetzt schon seit drei Jahren dort. Wenn ich jetzt Kinder im entsprechenden Alter hätte, würde ich sie in die jüdische Mädchen- oder die Knabenschule hier schicken. Das sind zwar kleine Schulen, aber das ist egal, je kleiner, desto mehr lernen sie. Es ist sehr teuer, wer sich's leisten kann, zahlt selbst; wer nicht, dem hilft die Gemeinde. In unserer Religion... je mehr einer lernt, desto besser... Mich kosten die Kinder in England je 6.000 Pfund im Jahr. 6.000 für die Studien, dazu noch die Tickets... Die schlafen in der Schule, und sie essen dort auch. Die haben dort 450 Schüler!" [Informant Haim Bensadon, * 1941] "Man muß sich schon sehr verbunden fühlen mit dem Judentum, wenn man seine Kinder nach England schickt, nicht nur weils teuer ist, sondern weil man sich ja auch von den Kindern, die erst elf oder zwölf Jahre alt sind, trennen muß."[57]

Die Gegner der Schulen führen finanzielle, ausbildungsmäßige und gesellschaftliche Argumente ins Feld:

- Vielen Eltern sind die Kosten eines Privatschulbesuches der Kinder einfach zu hoch. Während die staatliche Bildung kostenlos ist, liegen die Kosten für ein Schuljahr in der Knabenschule pro Schüler bei annähernd 5.000 Pfund im Jahr.

> "Wir stecken mitten in einer Rezession ... die meisten Eltern sind Händler ... In den 80ern war es phantastisch in Gibraltar, aber jetzt sitzt das Geld nicht mehr so locker. Man muß sich das schon überlegen, ob man 2.000, 3.000 Pfund für ein Kind zahlt und dafür

---

54  Vortrag von R. Pink, 18.11.1996.
55  Vortrag von R. Pink, 18.11.1996.
56  Vortrag von R. Pink, 18.11.1996.
57  Interview mit Rabbi David Roberts [* 1967], 05.10.1996.

vielleicht nicht in Urlaub fährt ... Bloß für ein klein wenig zusätzlich Halacha ... da muß man sich schon sehr verbunden fühlen."[58]

"Mr. B's Sohn etwa könnte eine Null sein, der wird die Millionen seines Vaters sowieso erben. Aber was ist mit dem normalen jüdischen Jungen, der sich seinen Lebensunterhalt selbst verdienen muß?" [Informantin Donna Benzimra, * 1964]

- Ein zweiter Kritikpunkt ist der akademische Standard der jüdischen Schulen. Die Bildungsinhalte seien weltfremd und orientierten sich an der engen Religiosität der Halacha. Insbesondere Mädchen werde in Vorbereitung auf die Rolle der Ehefrau und Mutter lediglich ein Minimum an Schulbildung zuteil.

- Die Kritiker der Schulen sehen in der Staatsschule den Schmelztiegel für das Zusammenleben der verschiedenen Gruppen in Gibraltar, jüdische Konfessionsschulen bedrohten dies. Darin drückt sich die von CAVILLA [1992: 36] vertretene Position aus:

"... our religious tolerance stems from the fact that Gibraltarian children, of every conceivable persuasion, go to the same schools and there they make friendships that last a lifetime. Our cildren thus grow up in a climate of religious tolerance which remains with them for the rest of their lives."

Oder, wie ein jüdischer Leserbriefschreiber im Gibraltar Chronicle bekundet:

"Ich war Schüler der Hebrew Primary School [...] und [...] der Christian Brothers. [...] Von diesen beiden Schulen lernte ich Toleranz. Sehen Sie, Toleranz lernt man nicht dadurch, indem man alle Kinder zusammenwirft und sie sich selbst auf dem Pausenhof überläßt. Toleranz lernt man dadurch, daß man den Schülern [...] etwas über die Existenz verschiedener und unterschiedlicher Gruppen der Gesamtbevölkerung Gibraltars beibringt, sowie die Notwendigkeit, diese Unterschiede zu respektieren."[59]

- Das Argument, man könne an den staatlichen Schulen keinen richtigen jüdischen Unterricht vermitteln, greift ganz zentral die jüdische Identität der Elterngeneration (die ja allesamt Staatsschulen besuchten) an. Traditionale Sephardim sehen nicht ein, daß ihre eigene religiöse Ausbildung an den staatlichen Schulen schlecht gewesen sein soll.

"Die religiöse Erziehung in der staatlichen Bayside Comprehensive School ist perfekt, es hat da nie Probleme für Juden gegeben. Bayside hat über Generationen gute jüdische Boys geprägt."[60]

Allerdings verfängt diese Argumentation bei vielen Eltern, da sie an das schlechte Gewissen appelliert. Die Eltern wissen, daß die jüdischen Schulen ein Mehr an jüdischer Erziehung vermitteln können als der Unterricht an den Comprehensive Schools.

Am Beispiel der Schulen kann der Wandel exemplarisch nachvollzogen werden, und zwar sowohl die Zunahme an Spiritualität (die auch von den Gegnern begrüßt wird) als auch der ethnisch-kulturelle Wandel (der von den Gegnern abgelehnt und als Bedrohung empfunden wird). Den Lehrern - i.d.R. Aschkenasim - wird eine Schlüsselrolle im ethnisch-kulturellen Wandel zugeschrieben, der zwar unbeabsichtigt sein mag, jedoch nichtsdestotrotz stattfindet. Die Rede der sephardischen Eltern gegen den als unerwünscht wahrgenommenen ethnisch-

---

58  Interview mit Rabbi David Roberts [* 1967], 05.10.1996.
59  Leserbrief von DAVID BENTATA in THE GIBRALTAR CHRONICLE, 13.10.1995: 2.
60  Zwischenfrage während des Vortrages von R. Pink am 18.11.1996.

kulturellen Wandel wird auch geführt, weil die Rede gegen den religiösen Wandel nicht offen geführt werden kann.

Die Eltern werden durch den Einfluß der Fundamentalisten auf die Kinder diszipliniert und dahingehend beeinflußt, ihr eigenes Verhältnis zur Religion zu überdenken. Kinder fungieren als Druckmittel und ermöglichen einen Zugriff auf die Eltern. Ein Bereich, in dem der asch-kenasische Hintergrund des Lehrkörpers als Bedrohung wahrgenommen wird, ist die Sprache.

"Anstatt Hebräisch mit mir zu reden, was ich verstehe weil ich in Israel gelebt habe, rede-te diese Frau einfach Jiddisch mit mir, eine Unverschämtheit! Und dann sprechen sie von 'milchig und fleischig', anstatt die korrekten hebräischen Begriffe zu verwenden. Das schafft auch in der hiesigen Gemeinde viel böses Blut, denn die Lehrer bringen den Kindern die Aschkenasi -Sprechweise bei. Die Kinder werden verunsichert, weil ihre Eltern Hebräisch ja auf sephardische Weise sprechen." [Informantin Reina Valenciano, * 1972] [61]

Die Zunahme an jüdischer Spiritualität, Bildung und Gelehrsamkeit per se wirkt sich auf die Fundamentalisierung der Gemeinde aus.

"Es wird mehr gelernt in Gibraltar, und wenn Du lernst, verschlimmerst du das Problem: Denn wenn eine Diskrepanz besteht zwischen der idealen Situation und dem tatsächlichen Punkt, an dem man sich befindet, dann kannst Du solange problemlos leben, solange Du Dich nicht in die ideale Situation vertiefst. Wenn Du aber in die ideale Situation zu tief ein-tauchst, weil Du mehr darüber lernst, wirst Du früher oder später sagen: 'ich lebe nicht so, wie ich es sollte, so wie ich das lern'. Also, je mehr Du lernst, desto mehr gebildet ist man, desto mehr muß man sich aber auch vor die Entscheidung stellen: entweder Du läßt es sein, oder Du beginnst eben, die Regeln einzuhalten, denn das, was Du lernst besteht ja gerade darin: die Regeln einhalten." [Informant Joshua Benezra, * 1955]

Der Umgang mit der Diskrepanz zwischen Glauben und Lebenspraxis - traditioneller Be-standteil des Lebens der Sephardim Gibraltars - wird durch die Zunahme an Wissen über den Glauben zum Problem:

"Die meisten Leute können mit der Diskrepanz nicht umgehen; und weil sie ihre Wurzeln nicht kappen können - insbesondere wenn sie Kinder haben, das macht es noch schwieriger; also kannst Du nur die Regeln befolgen, und wirklich allem anhängen, was Du durch Deine Studien lernst." [Informant Joshua Benezra, * 1955]

Die Dominanz des Fundamentalismus wird durch Gruppendruck verstärkt und erhalten.

"Wenn Du siehst, daß die anderen, die auch studieren, mehr und mehr Regeln einhalten und Du merkst, daß das bei Dir nicht ganz der Fall ist, fühlst Du Dich langsam einfach un-wohl." [Informant Joshua Benezra, * 1955]

"Man möchte einfach zu dieser sehr exquisiten und geschlossenen Gruppe dazugehören!" Diejenigen, die sich dem Gruppendruck nicht gebeugt haben, sind Außenseiter in der Ge-meinde geworden. "Ich verstehe die Eltern und Kinder, die sich dem Druck beugten, denn niemand ist gerne in der Minderheit. Ich hab das selbst erfahren, als Kind war ich im [katholischen] *Loreto Convent* gewesen und man hat mich und die anderen Juden dort im-mer als Minderheit behandelt; das ist nicht sehr angenehm, Du brauchst einfach Rückhalt; jeder braucht das." [Informantin Ester Rebecca Benrós, * 1943]

---

61  Die Aussprache des Hebräischen während der Liturgie, wird - als identitätsstiftendes Charakteristikum - streng bewacht: "In der Synagoge sprechen die Aschkenasim so sephardisch wie möglich, sonst werden sie gelyncht." [Informantin Reina Valenciano, * 1972].

## 7.3 Die Schließung der ethnischen und religiösen Grenzen

"Das mit den Juden ist traurig, damit schaffen sie nur ihr eigenes Ghetto." "Früher war das nicht so gewesen. Einer meiner Jugendfreunde, der ist Jude, aber das war für ihn nie wichtig, also das war früher mal einer, mit dem man Pferde stehlen konnte. Jetzt ist der ganz gläubig und trägt sogar Schläfenlocken. Und er ist immer so ernst." "Und am schlimmsten sind die katholischen Frauen, die einen Juden heiraten und konvertieren - die sind extremer als die Juden selbst."[Äußerungen während eines Rundgespräches mit Nichtjuden [* 1950, * 1948, * 1928]]

"Meine 12-jährige Tochter, die sitzt in der Schule neben einem jüdischen Mädchen. Einmal hat meine Tochter sie zu uns eingeladen, und da hat sie gesagt, sie dürfe nicht zu uns nach Hause kommen, weil sie sich dann verunreinige! Das ist eine Beleidigung! Und sowas pflanzt man 12-jährigen in den Kopf, unglaublich!" [Informantin Mary-Clare Russo, * 1950]

"Früher war das Jüdischsein nur eine Religion gewesen, jetzt sind sie alle orthodox geworden, mit Bärten und Hüten, Käppis (*Kippah*, Plural *Kippoth*) und Schläfenlocken (er spricht das Wort 'Schläfenlocken' nicht aus, sondern deutet sie mit einer Handbewegung an). Das hat es früher nicht gegeben. In meiner Jugend, als ich 16, 17 war, in den 70ern, da hatte ich viele jüdische Freunde gehabt, und wenn ein christlicher Jugendlicher eine Party feierte, hat man schon drauf acht gegeben, daß sie nicht auf einen Shabbat fiel, oder daß es auch Sachen zu essen gab, die die Juden essen durften, damit die jüdischen Freunde auch kommen konnten zur Party. Aber das wars dann auch schon, alles in allem waren wir viel weniger verkrampft im Umgang miteinander. Natürlich hat auch damals niemand zugegeben, daß er unkosher esse, aber hinter verschlossenen Türen haben dann doch viele von ihnen Speck oder Krabben gegessen und das Geschirr gemixt. Früher war man sich auch nicht bewußt darüber, daß man einen Rabbiner nicht berühren darf." [Informant Edward Azopardi, * 1951]

Die Abgrenzung der jüdischen Gemeinde wird auch außerhalb wahrgenommen. Durch das eng verwobene Beziehungsgeflecht dieser 30.000 Einwohner zählenden *face-to-face*-Gesellschaft bestehen zwischen den ethnischen und religiösen Gruppen mannigfaltige Abhängigkeiten und Verbindungen familiärer, individueller, ökonomischer und politischer Art.

Von den Nichtjuden wird der Wandel einhellig bedauert. Das Gefühl, daß etwas Einzigartiges zerstört werde oder in Gefahr sei, zerstört zu werden, nämlich das harmonische Zusammenleben der verschiedenen Religionen, ist insbesondere bei der Generation der über 50 jährigen vorherrschend. Dieses Bedauern wird mitunter in pathetische Worte gefaßt:

"Das Einzige, was wir der Welt geben können, ist unser Beispiel für ein friedliches Zusammenleben verschiedener Religionen und Kulturen." [Informantin Roberta Porter, * 1955]

Mit Stolz verwiesen alle Informanten nahezu reflexhaft auf die Tatsache, daß Sir Joshua Hassan, der nahezu 40 Jahre lang die innenpolitischen Geschicke der Kolonie bestimmt hat, ein Jude war, obwohl die Juden nur 2% der Gesamtbevölkerung ausmachten.

Mr. Felice, katholischer Informant [* 1926]: "Das hat sich alles geändert, das Zusammenleben mit den Juden. Unglücklicherweise. Es ist weniger Kontakt zwischen der jüdischen und der katholischen Gemeinde als früher. Einige Juden, nicht alle, würde ich sagen, denn in meiner Generation ist das nicht so, wir waren immer gute Freunde und wir denken dasselbe... Aber die jüngere Generation, die werden mehr und mehr orthodox. Das ist keine Kri-

tik, sondern...."
Seine etwa gleichaltrige Ehefrau: "...eine Tatsache."
Er: "Die Orthodoxen sind mehr unter sich....."
Sie: "Ja."
Er: "Sie haben darauf bestanden, eine jüdische Schule für jüdische Kinder einzurichten! Früher gingen wir alle zu den *Irish Christian Brothers*, wir sind ja katholisch. Und ich hatte Juden in meiner Klasse, Hindus, Protestanten, alles ohne Probleme... Daran sind bloß diese Rabbiner von außerhalb schuld!"
Sie: ."..die denken anders!"
Er: ."..und die denken eben orthodoxer."
Sie: "Die denken, daß die Jugend von den Katholiken beeinflußt wird, weil wir sehr viel mehr sind als die Juden. Deshalb denken sie, daß es gefährlich ist sich zu mischen oder was weiß ich... Aber es war früher ja auch nie gefährlich, ich meine, wir hatten nie ein Problem miteinander."
Er: "Heute trägt jeder einzelne jüdische Junge ein... Käppi, ob er 2 Jahre als ist oder 14!."
Sie: "Ist Dir das nicht aufgefallen?"
Ich: "Ja."
Sie: "Ich weiß nicht, wie sie diese Kappe nennen...."
Er: "*Skull-cap*... Seis drum, sowas war zu unserer Zeit unbekannt, total unbekannt. Die hatten ihre Religion, ihre Synagoge...."
Sie: "Und wir respektieren ihre Feiertage, da schließen sie...."
Er: ."..schließen sie ihre Läden."
Sie: "Und sie haben uns immer zu ihren Feiertagen eingeladen, an Pessach, und wir sie an Weihnachten."
Ich: "Und das hat sich geändert?."
Er: "Aber ja!"
Sie: "Wenige.... wenige... wir haben noch immer ein paar Freunde, die uns einladen. Zum Beispiel letzte Woche. Da sind wir zum Purimfest zu jüdischen Freunden gegangen."
Er: "Aber das ist eben unsere Generation!"

Ehepaar Felice bezieht sich hier auf einen Brauch, der der von DRIESSEN [1992: 105] für Melilla beschriebenen *Mimuna* oder *Fiesta de la Galleta* ähnelt. Am siebten Tage nach Pessach brachten die christlichen Nachbarn und Freunde Gaben in jüdische Haushalte. Die jüdischen Familien boten den Gästen Süßigkeiten, Imbisse und Getränke an. Die Atmosphäre dieses interethnischen Brauches wird als heiter beschrieben, es wurde gesungen und man amüsierte sich. Anders als in Melilla gibt es in Gibraltar keine eigene Bezeichnung für den Brauch, obwohl er in Melilla schon in den 1920er und 1930er Jahren verschwand, in Gibraltar dagegen erst in den 1970ern. Das Verschwinden des Brauches deutet auf eine Abschottung der jüdischen Gemeinde hin, war doch gerade das gemeinsame Essen und Feiern nach Pessach die einzige Festtagsangelegenheit, zu der Nichtjuden ins jüdische Heim gebeten wurden. Und symbolisierte nicht die Kommensalität nach dem zeitweisen Rückzug der Juden in der Osterwoche die Reintegration in die Gesamtgesellschaft? Mit dem Aufkommen der Fundamentalisierung, durch die der Rückzug anläßlich des Pessachfestes auf einen ganzjährigen Rückzug ausgedehnt wurde, reduzierte sich auch die Notwendigkeit zur symbolischen Reintegration nach Pessach. Auch am Ende der *Yom-Kippur*-Feierlichkeiten seien früher Katholiken in den Innenhof der Line Wall Synagoge gekommen und hätten dort mit den Juden gefeiert,

"da war ein Gefühl der Transzendenz, etwas, was über unsere jüdische Gemeinde hinausgriff - und ich glaube, das ist jetzt verlorengegangen." [Informant Joshua Gabay, * 1932]

Die Einladung der Juden an ihre christlichen Nachbarn anläßlich Pessach und Yom Kippur wurde von diesen an anderen Feiertagen erwidert:

"An Rosh ha schanna haben uns die Juden Kuchen nach Hause gebracht, das ist heut' auch nicht mehr so." [Informant Edward Azopardi, *1951]

Die Reduktion des interethnischen Kontaktes ist nicht auf das Verschwinden des Gabentausches an Pessach, Yom Kippur und Rosh ha schanna beschränkt, sondern wird als Rückzug der Juden aus den unterschiedlichsten Bereichen der öffentlichen Sphäre beschrieben: Sportskanonen, die auf einmal nicht mehr am gemeinsamen Fußballspiel teilnehmen; Parteien, in denen Juden keine prominenten Posten mehr innehaben; Familien, die nicht mehr in nichtkosheren Restaurants essen; Jüdinnen, die nicht mehr mit anderen Frauen Sport betreiben; Kinder, die nicht mehr in staatliche Schulen gehen.

Die Ursachen des Wandels werden auch von Nichtjuden als Einfluß von "außen" beschrieben: neue Rabbiner, die von außerhalb kamen, oder fremde Frauen (insbesondere aus England), die von einheimischen Juden geheiratet wurden und fremde Sitten und Gebräuche einführten. Diskursiv wird meist von "Veränderungen der Juden" gesprochen, weniger von "Veränderungen innerhalb der jüdischen Gemeinde". Unterschiedliche Positionen und Kämpfe innerhalb der jüdischen Gemeinde werden von Nichtjuden i.d.R. ausgeblendet.

Wir haben bereits erfahren, daß der Wandel an bestimmten Personen festgemacht wird, etwa an R. Pacifici und seinen Schützlingen. Der Machtwechsel wird in der jüdischen Gemeinde auch als solcher benannt. Es läßt sich schwer bestimmen, welche klientelären Verschiebungen mit der Ablösung der alten Garde einhergingen. Es kann jedoch problemlos festgestellt werden, daß die Fundamentalisierung die Machtbeziehungen innerhalb der jüdischen Gemeinde neu strukturierte, indem die Vertreter säkularer und traditionaler Positionen an den Rand der Gemeinde bzw. über den Rand der Gemeinde hinausgedrängt wurden, während die Stellung der *Haredim* eine Aufwertung erfuhr.

Die Führungspersonen aus der alten Generation waren aus unterschiedlichen Gründen geschwächt, Dies erleichterte den Machtwechsel: das Interesse von Sir Joshua Hassan galt immer eher der Politik des gesamten Gemeinwesens als der jüdischen Gemeinde, als deren Ehrenvorsitzender er bis zu seinem Tod 1997 fungierte. Auch die anderen alten Kämpen der Hassan-Regierung zogen sich aus den Angelegenheiten der jüdischen Gemeinde zurück: Minister Abecasis erlitt einen Schädelbasisbruch, der ihn zum Halbinvaliden machte; Minister Seruya zog zwischenzeitlich nach Israel und bekleidete verschiedene Posten als Botschafter. Alle drei, einschließlich des kranken Bürgermeisters Serfaty, hatten Nichtjüdinnen geheiratet, die zwar teilweise zum Judentum konvertierten, deren Konversion vom religiösen Establishment jedoch nicht geachtet wurde.

Nun könnte man annehmen, daß der Generationswechsel mit einem Klassenmotiv verbunden ist. In der Tat stammten Benady, Serfaty senior und Seruya aus der großbürgerlichen Schicht der alteingesessenen Sephardim, während die Führungsgruppe der jüngeren Generation eher aus Mitgliedern unterprivilegierterer Sektoren der jüdischen Gemeinde stammt; so gilt der jetzige Präsident, David Benaim, als Emporkömmling aus der Gruppe der marokkanischen Juden. Aber diese Trennung nach Klassen ist nicht eindeutig: Ex-Präsident Haim (James) Levy ist Neffe von Sir Joshua, Ex-Präsident A.B. Serfaty ist mit dem ehemaligen Bürgermeister von

Gibraltar und Minister Abraham W. Serfaty verwandt. Onkel Hassan und Neffe Levy etwa gelten als parteipolitische und innerfamiliäre Gegner, obwohl sie Geschäftspartner der Kanzlei Hassan & Partners sind. Es handelt sich also vielmehr um ein Bündel von uneinheitlichen Motiven und Interessen, das zur Dominanz des fundamentalistischen Diskurses und zum Machtwechsel führte.

Im Mai 1998 sieht sich die Gemeindeführung dazu genötigt, zu den Befürchtungen der nichtjüdischen Gibraltarianer über einen jüdischen Sonderweg öffentlich Stellung zu nehmen. Der neue Präsident Solomon (Momy) Levy[62] sieht es als seine Hauptaufgabe an, die Beziehungen der jüdischen Gemeinden zu den anderen Sektoren der Gesellschaft zu vertiefen,

> "although relations have always been good I want them to be even better because it is very important".

Gibraltar sei zu klein, um sich eine ultraorthodoxe Gemeinde zu leisten. Levy wendet sich explizit gegen

> "some people [who] have and still do tend to separate themselves from society".

Zur Zeit der Feldforschung habe ich von offizieller Seite selten solch' klare Worte gegen segregative Prozesse gehört. Anscheinend sind mittlerweile öffentliche Bekenntnisse der Zugehörigkeit zur "one big family ... [Jews], Catholics, Protestants, Hindus, whatever they may be" erforderlich.


### 7.3.1 Die Disziplinierung der Klientel

Zur Zeit der Feldforschung haben sich im Managing Board die Vertreter von Positionen der Haredim durchgesetzt. Die Verengung der Gemeinde auf fundamentalistische Positionen bringt es mit sich, daß atheistische und religionsferne Juden nicht mehr als vollständige Mitglieder der jüdischen Gemeinde, als "echte Juden" gelten. Die Definitionsmacht darüber, wer ein richtiger Jude ist, liegt heute in den Händen der lokalen Haredim und des rigiden Londoner Beit Din. Dieses 'richtige' oder 'echte' Judentum ist nicht mehr allein durch die Geburt oder die Konversion bestimmt, sondern insbesondere über die Einhaltung der Halacha. Der Konformitätsdruck innerhalb der Gemeinde wird durch die Fundamentalisierung erhöht. Es ist somit kein Wunder, daß sich - im Gegensatz zu den Nichtjuden, die meist undifferenziert über die "Veränderungen der Juden" sprechen - innerhalb der Gemeinde verschiedene Positionen zu Form, Ursachen, Folgen und Bewertung des Wandels abzeichnen. Wie alle Protagonisten von Fundamentalisierungsprozessen, so müssen auch die Neuerer in Gibraltar mit der Frage umgehen, wie mit nonkonformen und randständigen Gemeindemitgliedern umgegangen und - allgemeiner - wie Legitimität und Konformität durchgesetzt wird. In der Folge sollen die Mechanismen der Disziplinierung anhand von drei Porträts verschiedener Mitglieder der jüdischen Gemeinde verdeutlicht werden.

---

[62] *Building on community relations with all sectors - 'Gibraltar cannot afford an ultra-orthodox community' says Jewish President*, in: THE GIBRALTAR CHRONICLE - SPECIAL SUPPLEMENT OF THE STATE OF ISRAEL, 30.04.1998: 1.

Es wäre aus ethnologischer Sicht müßig, die Interessen und Motivationen dieser oder jener gesellschaftlichen Antagonisten zu benennen, würden diese nicht von den Informanten selbst in einer Rhetorik ausgedrückt und verwiesen kulturelle Differenzierungen nicht auf allgemeine Legitimationsstrategien. Und genau dies findet unter den jüdischen Informanten statt. Die parteipolitisch, klientelär, verwandtschaftlich und persönlich geleiteten Motive des Wandels werden in kulturellen, religiösen und ethnischen Termini ausgedrückt.

### 7.3.1.1 Der Außenstehende

Religionsferne Juden stellen für die fundamentalistische Gemeinschaft eine besondere Herausforderung dar. In Gibraltar stellen sich heute nur wenige einheimische Juden dem fundamentalistischen Diskurs entgegen und bezeichnen sich öffentlich als religionsfern. Der Intellektuelle und Politiker Joshua Gabay ist einer dieser wenigen.

Joshua Gabay wurde 1932 in Gibraltar geboren, er ist mit einer iranischen Jüdin verheiratet und Vater zweier erwachsener Töchter. In den 70er und 80er Jahren leitete er das jüdische Internat *Carmel College* in England, später unterrichtete er an einer Schule in Teheran. Seit seiner Rückkehr nach Gibraltar erteilt er Kindern und Erwachsenen privaten Sprachunterricht. Mr. Gabay ist gegenwärtig das einzige jüdische Mitglied im Abgeordnetenhaus, in das er für die sozialistische Oppositionspartei GSLP gewählt wurde. Bei einem Wahlsieg war er als Bildungsminister der GSLP vorgesehen.

Mr. Gabay bezeichnet sich als typisches Produkt der in Gibraltar nicht unüblichen ethnischen Verschmelzung ("*ethnic fusion*"): Sein Vater war Jude, seine Mutter eine katholische Spanierin, die zum Judentum übertrat. Er sei ökumenisch geprägt und "sehr bewußt jüdisch, jedoch eher aus einer "intellektuellen Perspektive". Mr. Gabay war bei den *Irish Christan Brothers* in Gibraltar zur Schule gegangen.

Sein Großvater war ein großer Rabbiner, "einer, der nach Gibraltar gehörte und trotzdem sehr religiös gewesen war". Dieser Großvater ist sein Vorbild: Er habe ein anständiges, von Prinzipien geleitetes Leben geführt. Er war eng mit dem katholischen Priester Father Pons befreundet.

Mr. Gabay verweist auf die traditionelle Symbiose zwischen Juden und Nichtjuden und bezeichnet den Rückzug auf fundamentale Positionen als unsephardisch. Wenn es ein Wunder gegeben habe in der Geschichte des Judentums, dann dieses:

"Leute wie Jesus, Karl Marx, Spinoza, Freud ... Wie könnten die Orthodoxen behaupten, daß das keine Juden gewesen sind? Wenn man nicht ultraorthodox ist, dann ist man in ihren Augen nicht jüdisch - wie absurd!"

Als *homme de lettre* bezieht er sich auf die Symbiose der Buchreligionen in Spanien vor 1492 und stellt die Differenz zwischen Sephardim und Aschkenasim in einen historisch-kulturellen Rahmen. Finanziers, Literaten, Übersetzer der überlegenen arabischen Kultur ... Der Großrabbiner von Burgos sei nach 1492 konvertiert, dann wurde er Primas der katholischen Kirche und Beichtvater der katholischen Könige - so verwoben seien Spanier und Juden gewesen! Demgegenüber die geschlossene Mentalität der Aschkenasim: in Deutschland und Osteuropa lebten die Juden in den engen Mauern der Ghettos, und dies habe auch eine engstirnige

Mentalität hervorgebracht, die sich von der Mentalität der Sephardim fundamental unterscheide.

Vor diesem Hintergrund interpretiert Mr. Gabay die Veränderungen in Gibraltar. Für ihn ist der religiöse Wandel mit einer politischen Umstrukturierung der Gemeinde verbunden. Die Gemeinde sei ultraorthodox geworden. Die Gründe dafür liegen in einem Einfluß von außerhalb. Mr. Gabay bedauert, daß heute Ehen zwischen Juden und Nichtjuden sowie Konversionen zum Judentum schwieriger seien als früher. Aus dem öffentlichen Leben Gibraltars seien die Juden weitgehend verschwunden. Früher seien sie in allen Bereichen der Gesellschaft tätig gewesen, jetzt aber betreibe man Nabelschau.

Er sieht die Fundamentalisierung mit Sorge. Es handle sich aber beileibe nicht um ein gibraltarianisches Problem, sondern sei Teil eines weltweit stattfindenden Prozesses. So habe mit der Wahl Benjamin Netanjahus zum Ministerpräsidenten in Israel jemand gewonnen, der sich den Ultraorthodoxen andient. Das könne zu Krieg führen. Der Mord an Premier Jitzhak Rabin war

"ein riesiges Desaster in der jüdischen Geschichte. Wenn er auch ein Militär war, so hat er doch die Realitäten erkannt und sich zum Dialog hingesetzt. Und dann kommt dieser Hardliner, und das gefällt natürlich den Ultraorthodoxen. Das ist ein furchtbarer Rückschlag für die Vernunft!"

Mr. Gabay bedauert die Dominanz der Orthodoxen in der Gemeinde genauso wie die Zunahme des katholischen Fundamentalismus in Gibraltar (*Cursillistas*, charismatische Bewegung). Die Einführung separater Schulen sei gefährlich, weil dadurch Juden aufwüchsen, die keinen Kontakt zu den anderen Bürgern haben: "Dann können sich Stereotype breit machen." Noch gehe die Tradition der Koexistenz zwischen den verschiedenen Gruppen, des Verständnisses und Respekts, so tief, daß es in Gibraltar keine Probleme gebe. Aber während die Hindus sich zunehmend in die gibraltarianische Gesellschaft integrierten, schlössen sich die Juden langsam selbst aus.

Mr. Gabay steht bereits außerhalb der Gemeinde. Konsequenzen für seine Opposition zum Fundamentalismus hat er in seinem Leben mehrmals zu spüren bekommen. Seinen Posten im *Carmel College* gab er auf, weil dort die Fundamentalisten mehr und mehr Einfluß gewonnen hätten.

### 7.3.1.2    Der an den Rand Gedrängte

Isaac Conquy wurde 1946 geboren, er ist Vater dreier Kinder. Von seiner Frau lebt er getrennt. Er ist Unternehmer und besitzt ein Modegeschäft.

Isaac erzählt, er sei "früher sehr unreligiös" gewesen. Sein Vater sei "nicht so besonders religiös" gewesen, seine Mutter dagegen bezeichnet er als das typische Rückgrat einer jeden jüdischen Gemeinde: eine religiöse Mutter, Frau, Gattin, "die nicht auf die Straße geht und schreit: schaut alle her, ich bin religiös!" Sie habe das Haus 100% kosher gehalten und sei eine "unglaublich spirituelle Frau", aber: "Wenn man heute keine Perücke trägt, wird man nicht als jüdisch genug angeguckt!"

Isaac meint, als er jung gewesen war, konnte man als Jude orthodox, Atheist oder *'middle of the road'* sein. Die Masse der Gemeindemitglieder war *'middle of the road'*. Heute sei das anders:

"Wenn man sich heute *'middle of the road'* befindet, wird man überfahren, wird man gezwungen, sich zu polarisieren, weil ein Pol die Existenz des anderen bedingt. [...] Es gibt eine starke fundamentalistische Bewegung, weil es eine sehr starke 'verrückte' Strömung gibt; und wenn Du Dich in der Mitte aufhältst, wirst Du langsam dazu gezwungen, Dich für die eine oder andere Seite zu entscheiden, denn sonst bekommst Du von beiden Seiten einen auf den Deckel!"

Isaac bezeichnet sich selbst noch immer als *'middle of the road'*, allerdings beachte er heute mehr Gebote als früher. Denn es sei sehr gefährlich, unreligiös zu sein. In einem Punkt hätten die Fundamentalisten ja recht: wenn man sich die säkulare Gesellschaft anschaue, dann sei das eine verwilderte Gesellschaft; statt Freiheit ("*libertad*") herrsche Frivolität ("*libertinaje*"). Freiheit bedeutet für ihn, frei zu sein, um Verantwortung zu tragen und Verpflichtungen einzugehen, "etwa zu studieren". Unter Frivolität dagegen versteht er einen Zerfall der Sitten, für den er emblematisch "AIDS, Drogen usw." anführt. Mit Verweis auf eine Ikone der Globalisierung, den Fernsehsender MTV, spricht er von "*MTV-libertinaje*".

Die religiöse Gemeinde biete einen Schutz gegen die Bindungslosigkeit des säkularen Lebens im MTV-Zeitalter:

"In diesem *'fucking djungle'* ist alles möglich! Es gibt einen neuen Gott namens Geld, und je mehr Geld Du hast ... der größte Verbrecher kann das meiste Geld besitzen, eine Mutter Teresa dagegen ist bettelarm."

Isaacs Rückkehr zum traditionalen Sephardentum, wie es in Teil 1 dieses Kapitels der Sekretär der jüdischen Gemeinde, Levi Attias, ausgedrückt hat, setzt ihn in Gegensatz zur Orthodoxie. Der traditionale Weg scheint ihm eher dazu geeignet, religiöse Gebote und religiöse Praxis miteinander zu vereinen als der Weg der *Haredim*. Die Kollision zwischen Konformität und Individualität erfährt Isaac am eigenen Leibe, als er sich Anfang der 70er dazu entschließt, seine katholisch getaufte, jedoch areligiöse Freundin zu heiraten. In einer medizinischen Untersuchung stellte der Arzt fest, daß Isaac unfruchtbar sei. Das Paar fragte sich daraufhin:

"Warum sollen wir die ganze Anstrengung einer dreijährigen Konversion in England auf uns nehmen, was ja letztendlich doch nur Sinn hat, wenn man Kinder haben kann?"

Seine Freundin entschied sich "mir zuliebe" zur Konversion. Sie wollte jedoch keine religiöse Jüdin werden, die alle Regeln einhält, sondern eine

"Namensjüdin - wenn wir Kinder hätten haben können, wär es anders gewesen."

Der damalige Gemeinderabbiner, R. Shimon Haliwa') meinte jedoch, wenn die Freundin konvertiere, dürfe Isaac sie nicht heiraten,

"denn wenn Du als unfruchtbarer Mann eine fruchtbare Jüdin heiratest, hältst Du sie davon ab, Kinder zu bekommen".

Isaac könne lediglich eine unfruchtbare Jüdin heiraten, oder eine geschiedene bzw. verwitwete Jüdin, die bereits schon Kinder habe - oder aber eine Nichtjüdin. Wenn das Paar jedoch unbedingt eine Konversion anstrebe, solle es nach Kenitra in Marokko zu R. Benaroch gehen.

Über R. Benaroch erzählte man sich damals, daß er keinen Konversionskandidaten ablehnen würde, da er einmal eine konversionswillige Amerikanerin abgelehnt hatte, die sich daraufhin das Leben nahm, "und sowas wollte der nicht noch einmal erleben". Isaacs Freundin wurde 1974 als Konversionskandidatin angenommen. Monatelang fuhr das Paar an den Sonntagen nach Marokko, wo beide religiösen Unterricht bei R. Benaroch nahmen. Für die Woche gab ihnen R. Benaroch Hausaufgaben mit nach Hause. Nach neun Monaten hielt R. Benaroch die Zeit für gekommen, die Freundin bestand die Prüfung problemlos.

Das Paar heiratete, und Isaacs Frau wurde - unerwarteterweise - schwanger. Damit wurde das Judentum der Gattin zum Problem für die Gemeinde: Eine Resolution aus der Zeit, als die sephardische Gemeinde unter das aschkenasische *Beit Din* von London gestellt wurde (1953/1954), lehnt die Anerkennung von Konversionen ab, die in Marokko durchgeführt wurden. Das hatte zur Folge, daß auch Isaac als unrein betrachtet wurde; so erlaubte man es ihm in Gibraltar nicht mehr, die *Mizwot* des Gottesdienstes zu übernehmen. Dies war für ihn vorerst kein großes Problem, da er damals mit seiner Frau in Spanien lebte.

"Wenn wir der Gemeinde in Málaga beigeträten wären, hätten wir es einfacher gehabt!"

Nachdem Isaacs erster Sohn, Eli, geboren wurde, habe R. Haliwa ihn als jüdisch anerkannt:

"Er sagte: 'Dieser Junge ist jüdisch, vor der *Din Torah*, vor Gottes Gesetz, er stammt von einer jüdischen Mutter und muß beschnitten werden.'"

Die Gemeinde jedoch sperrte sich dagegen, Eli als jüdisch anzuerkennen, da der Status der Mutter umstritten war. Man forderte Isaac auf, seine Frau und seinen Sohn als Kandidaten für eine vom Londoner *Beit Din* anerkannte Konversion eintragen zu lassen. Isaac lehnte ab, weil dieses Verfahren die erste Konversion seiner Frau in Kenitra zur Farce werden lassen würde. Später fügte er sich der Bitte R. Haliwas, wenigstens den Sohn, nicht jedoch die Gattin als Konversionskandidaten anzumelden. Haliwa verfügte daraufhin die Beschneidung Elis.

Eli und seine jüngere Schwester Rebecca besuchten als Kinder die staatliche Grundschule *Talmud Torah*, die Kinder wurden von der Gemeinde jedoch nicht als Juden anerkannt, weil die Konversion von Isaacs Frau noch immer nicht anerkannt wurde:

"Von Sonntag bis Freitag wurden meine Kinder als Juden unterrichtet. Am Shabbat durfte mein Sohn dann als einziges Kind nicht am Gottesdienst in der Kindersynagoge teilnehmen ... das ist grausam für so ein Kind!"

Das Versprechen des Vaters, Eli als Konvertiten anzumelden, wurde "später" vom Sohn in Israel eingelöst. Heute wolle Eli allerdings mit dem Judentum nichts mehr zu tun haben.

Sieben Jahre später wurde Isaacs zweiter Sohn, James, geboren: derselbe Rabbiner, dieselbe Gemeinde, und das *Board* besteht aus ähnlichen Leuten. Wieder wird die Beschneidung abgelehnt.

"Ich sagte: Das ist genau derselbe Fall wie bei meinem Ältesten, Ihr müßt nun meinen zweiten Sohn auch beschneiden!"

Die Ablehnung wurde beibehalten. Wieder wandte sich Isaac an R. Haliwa, der aber diesmal keine Direktive geben konnte, da er bereits von seinem Posten als Gemeinderabbiner zurückgetreten war.

"Sein Verhalten in meinem Fall kostete ihn seinen Job! Er versuchte, meinen Fall auf humane Weise zu regeln, und das kostete ihn den Job."

Isaac suchte Hilfe bei einem Spezialisten aus Tanger, der die Beschneidung des kleinen James durchführen sollte. Das *Managing Board* der jüdischen Gemeinde sorgte jedoch dafür, daß die Zeremonie nicht durchgeführt wurde.

"Sie sagten, zum mir, 'Schau, wenn Du die Beschneidung mit diesem Marokkaner machen möchtest ... wird es für uns sehr schwer, Deinen Sohn später in die *Hebrew Primary School* aufzunehmen - Und es wird auch schwierig werden, Deinen Ältesten und Deine Tochter in der Schule zu lassen.' Mit anderem Worten: Erpressung!"

Isaac resignierte, er sagte die Beschneidung ab, weil er Nachteile für seine Kinder vermeiden wollte. Später konvertierten die Kinder aus eigener Entscheidung,

"obwohl sie das von der Halacha aus gar nicht benötigt hätten, denn meine Frau wird überall in der Welt als Jüdin anerkannt - bloß in Gibraltar nicht. [...] All diese Schwierigkeiten machten aus meiner philosemitischen Frau und ihrer Familie Antisemiten. [...] Eine Gemeinde, die so hartherzig ist, mag sich selbst zwar schützen, aber zu welchem Preis? Das merkt man erst in ein paar Generationen. [...] Es heißt, daß der Großinquisitor Torrequemada jüdisch war - natürlich hat er die Juden gehaßt, ich hasse die Juden ja auch! Diese Bastarde, die mich das haben durchleben lassen ..."

### 7.3.1.3    Die Bedrängte

Fardueña Netto [* 1959] wurde als Tochter einheimischer Sepharden geboren. Sie ist mit einem wichtigen Mitglied der Gemeinde verheiratet. Fardueña, eine energiegeladene, fröhliche und selbstbewußte Sephardin, ist Geschäftsfrau. Sie kleidet sich modisch, lackiert sich die Fingernägel, trägt goldene Ohrringe und legt, heute ungewöhnlich für eine gläubige Jüdin in Gibraltar, in der Öffentlichkeit Make-up auf. Als eine der wenigen Jüdinnen besucht sie einen Sevillanas-Tanzkurs. Vehement argumentiert sie gegen den Druck der Fundamentalisten, dem sie sich persönlich ausgesetzt fühlt und dem sie einige Konzessionen macht.

Fardueña bezeichnet sich als sehr orthodox. Sie führe einen kosheren Haushalt, halte jedoch nichts davon, sich einen *Sheitl* (Damenperücke) oder eine *Snut* (Stoffhaube) aufzusetzen, so wie die Fundamentalisten dies forderten. Sie erzählt mir bei unserer zweiten Begegnung, daß es in ihrer Familie sehr viele Mitglieder gebe, die exogam geheiratet hätten. Manche Christen seien zum Judentum konvertiert, andere, deren Eltern hinausgeheiratet hatten, rekonvertierten. So sei zumindest die Familie ihres Vaters sehr gemischt. Die Familie ihrer Mutter sei dagegen "100%, o.k., kosher". Familien wie die ihres Vaters gebe es sehr viele in Gibraltar. Jeder Jude habe christliche Verwandte und vice versa. Früher habe man Juden, die Nichtjuden geheiratet haben, in der jüdischen Gemeinde als geachtete und vollwertige Mitglieder behandelt, das sei heute leider nicht mehr so.

Fardueña spricht sich allerdings mittlerweile selbst gegen Mischehen aus, da insbesondere die Kinder aus solchen Ehen sehr leiden würden, sie hätten keine Identität, denn beide Religionen gingen verloren.

In der Zeit der Grenzschließung habe sie eine wilde Zeit durchlebt, sei in Diskotheken gegangen und habe sich häufig verliebt, egal welcher Religion der Angehimmelte angehörte. Vor
ihrer Eheschließung habe sie zu gerne Schinkensandwichs gegessen. Damals habe sie nicht
dran gedacht, daß dies unkosher sei. Heute dagegen würde sie dies nicht mehr tun. Mit 18
lernte sie ihren Mann kennen, der sei heute religiöser als sie. Er ermahne sie immer, wenn sie
sich wieder einmal nicht so verhalte, wie "die Schwarzen" (so bezeichnet Fardueña die Aschkenasim, nach den schwarzen Hüten, die die Männer zu tragen pflegen) das wollten.

"Aus religiöser Perspektive bin ich schlecht, ich weiche ab, ich weiß das!"

Fardueña fühlt den Druck zu Konformität, dem sie sich teilweise beugt. Trotz ihrer kritischen Haltung zum Einfluß der Fundamentalisten ist der Wandel an ihr nicht spurlos vorüber-
gegangen. Zwar geht sie heute noch immer zum Schwimmen an den Strand, an dem sowohl
Männer als auch Frauen baden, aber sie trägt keine Hosen mehr wie früher. Einmal sei sie sogar soweit gewesen, sich zu überlegen, ob sie einen *Sheitl* tragen solle oder nicht, dann könnte
sie mehr respektiert werden als jetzt und hätte wahrscheinlich mehr Kunden. Tratsch sei eine
wirksame Waffe in Gibraltar. Und getratscht würde sehr viel. Ich solle mir die Kinder hier im
Laden angucken: Die würden sehen, daß sie rauche, und das würden sie dann zuhause erzählen, weil sie keine anderen Jüdinnen kennen, die rauchen; und die Eltern würden das dann
weitererzählen.

Fardueña möchte, daß ihre Kinder richtig fromm werden. Sie selbst lebe aber nach dem
Motto "Leben und leben lassen". Fardueña hat ihre Tochter auf die jüdische Mädchenschule
geschickt. Einerseits halte sie das für gut, weil das Kind dann von den anderen Mädchen nicht
mehr so unter Druck gesetzt würde; wenn es nur nach ihrem Herzen gegangen wäre, hätte sie
sich jedoch für die staatliche Schule entschieden.

Als Jude in Gibraltar habe man heutzutage keine Wahl, man müsse sich an die Regeln der
Gemeinde anpassen. Das sei zwar traurig, aber so seien die Verhältnisse eben. Viele Leute
würden so denken wie sie, aber

"wir haben keine Wahl, weil wir wissen, daß sie ['die Schwarzen'] vom religiösen Standpunkt aus im Recht sind und wir im Unrecht".

## 7.3.2 Die Praktiken des Wandels: eine Neubestimmung des Sephardentums

Die Bestimmung dessen, wer ein echter Jude ist, spielt für die heutige Gemeinde in Gibraltar
eine übergeordnete Rolle. Die ethnischen Grenzen werden dabei zunehmend undurchlässig.

Am Beispiel von Gabay, Conquy und Netto lassen sich die Vereinheitlichungs- und Diszi-
plinierungsmechanismen von Positionen darstellen, die aus der Perspektive der *Haredim* als
deviant gelten. Alle drei Beispiele reflektieren den Kampf um die Durchsetzung des "richtigen"
Judentums und die Neubestimmung der ethnischen und religiösen Grenzen. Unsere Beispiele
repräsentieren die drei Strömungen, die Conquy als integrierte Bestandteile der alten
sephardischen Gemeinde bezeichnet, und die alle im Zuge der haredischen Interpretation eine
Neubewertung erfahren: Joshua Gabay repräsentiert den atheistischen bzw. liberalen Sepharden, Conquy selbst den Typus des traditionalen ('*middle of the road*') und Mrs. Netto den Typus des eher religiösen Gemeindemitgliedes.

Joshua Gabay wird heute mit seinem Humanismus, seinem Engagement in der sozialistischen Partei und seinem bildungsbürgerlichen Hintergrund von den *Haredim* außerhalb der Gemeinde der "echte Juden" positioniert. Die haredische Synonymisierung von Ethnizität und Religion wird von ihm zurückgewiesen; er bezeichnet sich als nichtreligiös und definiert seine Zugehörigkeit zum Judentum über das Ethos der Aufklärung und der Toleranz, das er in seiner Kindheit verortet und für das ihm der Großvater als Vorbild dient: der in der weiteren Gesellschaft verankerte Jude, egal ob religiös oder atheistisch. Mr. Gabays offensive Orientierung an säkularen Werten läßt den sozialen Ausschluß aus der jüdischen Gemeinde verschmerzbar erscheinen. Sein Bedauern über den Prozeß der Fundamentalisierung gilt daher in erster Linie den sozialen Konsequenzen für die Integration der Juden in die Gesamtgesellschaft und erst in zweiter Linie seiner eigenen Integration in die Gemeinde.

Isaac Conquy gehört zu denjenigen Juden, deren Position innerhalb der traditionalen sephardischen Gemeinde problemlos integriert gewesen wäre. Erst mit der Durchsetzung des Fundamentalismus als hegemonialem Diskurs wird seine Heirat mit einer Konvertitin, mit der er drei Kinder hat, für die Gemeinde zum Problem. Seine Loyalität und Zugehörigkeit zum richtigen Judentum wird von der Gemeinde über die Bereitschaft zur "korrekten" Form der Konversion seiner Frau und seiner Kinder getestet. Die Aberkennung der Konversion seiner Frau und die Aufforderung zur Durchführung einer zweiten Konversion der Kinder erschüttert die Grundlage von Isaacs eigener religiöser Überzeugung, nach der ein Konvertit als Jude gilt, egal von welchem *Beit Din* die Konversion durchgeführt wurde. Durch den jahrelangen Druck der Gemeinde wurde Isaacs differente Meinung in der Öffentlichkeit zum Verstummen gebracht, er arrangiert sich mit den fundamentalistischen Positionen.

Fardueña Netto entspricht aus anderen Gründen nicht dem Anforderungen der *Haredim*: Anders als Joshua Gabay ist sie religiös und führt einen kosheren Haushalt, anders als Isaac Conquy ist ihre Zugehörigkeit und die Zugehörigkeit ihrer Familie zur jüdischen Gemeinde nicht durch Konversionen und *Intermarriages* anfechtbar. Es ist ihr weibliches Selbstverständnis, das mit den Positionen der *Haredim* kollidiert; Fardueña raucht, sie schminkt sich, sie kleidet sich modisch und lehnt es ab, sich den äußeren Markern der Fundamentalisierung - das Bedecken des Haupthaares, das Tragen dunkler Kleider, der Verzicht auf Schmuck und Make-up - zu beugen. Die Integration in die Gemeinde durch ihr Geschäft, ihre Religiosität und ihre Kinder macht Fardueña angreifbar für fundamentalistischen Druck. Weit mehr als der religionsferne Gabay oder der über rechtliche Vorschriften gemaßregelte Conquy ist sie durch die Macht des Klatsches und Tratsches verwundbar. Fardueña befindet sich in einer widersprüchlichen Situation: auch wenn ihr Habitus mutig traditionales Sephardentum behauptet, hat sie sich die Terminologie der hegemonialen Rede zu eigen gemacht, indem sie sich nicht als traditional, sondern als orthodox bezeichnet. Die Verwendung des Begriffes der Gehirnwäsche deutet zwar darauf hin, daß sie sich gegen die Hegemonie der *Haredim* sträubt; gleichzeitig nagen an ihr Zweifel an ihrem Widerstand, da sie die haredische Interpretation der Religion als rechtmäßig anerkennt, die traditionale dagegen als unrechtmäßig.

Die unterschiedlichen Formen der Rede kleiden Motive und Interessen in ethnisch, religiös und kulturell bestimmte Termini. Sie zeichnen ein Bild der antagonistischen Welt zwischen Aschkenasim und Sephardim, zwischen Eigenem und Fremdem, zwischen liberalem und orthodoxem Judentum. Es geht um eine Bestimmung dessen, was als richtiges Sephardentum und -

allgemeiner - richtiges Judentum definiert wird. Die gegenwärtig hegemoniale Rede, der wir uns über die eher skeptischen Positionen Gabays, Conquys und Nettos angenähert haben, geben einen Aufschluß darüber, wer und was als korrekt gilt. In diesen skeptischen Stimmen wird der Wandel als Resultat des Einflusses der Aschkenasim auf die sephardische Gemeinde identifiziert.

### 7.3.2.1    Wer ist jüdisch?

Gemäß der Halacha gibt es zwei Möglichkeiten, dem Judentum anzugehören. Einmal durch die Abstammung: Kinder einer jüdischen Mutter gelten aus halachischer Sicht als Juden, selbst wenn der Vater nichtjüdisch und sie selbst etwa christlich getauft sind.

"Technisch gesprochen sind die Kinder einer Jüdin immer Juden, wenn der Vater Nichtjude ist. Und zwar vier Generationen lang, d.h. wenn die Tochter aus dieser Ehe wieder einen Christen heiratet, und auch deren Tochter nichtjüdisch heiratet, ist die Urenkelin immer noch eine Jüdin. Erst nach der vierten Generation gilt dies nicht mehr."[63]

Zum zweiten gibt es die Möglichkeit des Übertrittes (Konversion). Der technische Ablauf der Konversion ist in groben Zügen überall im Judentum derselbe: Wer eine Konversion ernsthaft beabsichtigt, muß von einem Rabbiner als Kandidat angenommen werden. Die Ernsthaftigkeit der Absicht wird in der Regel dadurch geprüft, daß der Bewerber dreimal abgewiesen wird, bevor man ihn als Kandidaten akzeptiert. Konversionen in *Haredim*-Gemeinden erfordern von den Kandidaten, über einen Zeitraum von mehreren Jahren im Haushalt einer orthodoxen Familie zu leben und deren Bräuche zu erlernen. Es folgt eine Prüfung, bei deren Bestehen der Kandidat eine *kabbalat ol mizvot* (Verpflichtung zur Einhaltung der Gebote) geloben und - dies betrifft natürlich ausschließlich männliche Kandidaten - eine *mila* (Beschneidung) über sich ergehen lassen muß. Dann erfolgt die *tevilah* (das Eintauchen in das rituelle Bad) unter Aufsicht eines aus drei Richtern bestehenden *Beit Din*. In der Praxis bestehen große Unterschiede zwischen den Anforderungen an den Bewerber; Isaac Conquys Geschichte hat bereits darauf verwiesen: Konversionen in Marokko galten als relativ unkompliziert, die Anforderungen des *Beit Din* in London dagegen als extrem schwer.

Bis zur Unterstellung der gibraltarianischen Gemeinde unter das aschkenasische Londoner *Beit Din* in den Jahren 1953/54 ließen viele Juden die Konversion ihrer christlichen Frauen von marokkanischen Rabbinern vornehmen.

"Der Konversionsprozeß war einfacher, die Konversion wurde meist innerhalb mehrerer Monate in Marokko durchgeführt. Jetzt dauert das oft mehrere Jahre." [Informant Eli Farrache, * 1932]

Manche Informanten bezeichnen die Konversion in Marokko als Geschäft, da sich nur die reicheren Paare eine Konversion leisten konnten.[64] Viele ärmeren Familien mußten aus finanziellen Gründen auf eine Konversion verzichten. Auf diese Weise gingen der jüdischen Gemeinde Gibraltars bis in die 50er Jahre viele Mitglieder verloren.

---

63    Mehrere Gespräche mit Mesod Belilo [* 1946].
64    Ich konnte jedoch nicht in Erfahrung bringen, wieviel eine Konversion kostete.

Das Londoner *Beit Din* verabschiedete eine Resolution, nach der zwar alle bislang in Marokko vorgenommenen Konversionen als rechtens anerkannt wurden. In vielen Fällen sei dies in der Praxis jedoch unterlaufen worden:

"In einigen Fällen mußten bereits durchgeführte Konversionen erneuert werden. Etwa der alte [Joshua] Mattana, der war mit einer Katholikin verheiratet. Sie konvertierte Ende der 40er Jahre, noch bevor ihre Kinder geboren wurden. Die Konversion wurde später von R. Pacifici anerkannt. Um aber ganz sicher zu sein, daß die Konversion gültig ist, fragte das *Managing Board* beim *Beit Din* in London nach. Das *Beit Din* ordnete an, daß alle ihre Kinder [vier Söhne und zwei Töchter], sowie die Kinder von Joshuas Töchtern, durch das rituelle Bad gehen müßten. Die Ehepartner aller sechs Kinder - ausnahmslos jüdisch - brauchten sich der Prozedur nicht zu unterziehen, ebensowenig die Kinder von Joshuas Söhnen (die ja gleichzeitig auch Kinder von jüdischen Müttern waren". [Informant Hananiah Levy, *1956]

Diejenigen, die nach der Verabschiedung der Resolution in Marokko konvertieren wollten, bedurften einer Genehmigung durch die neue Autorität. In der Praxis wurde diese Genehmigung durch das Londoner *Beit Din* allerdings verweigert.

R. Pacificis Nachfolger, R. Haliwa, habe Konversionen nicht erleichtert. Im Gegensatz zu R. Pacifici habe sich R. Haliwa jedoch eher als "Hirte seiner Gemeinde" gesehen, er sei ein Rabbiner mit sozialem Gewissen gewesen und habe versucht - wie im Falle Isaac Conquys - praktische und humane Lösungen zu finden.

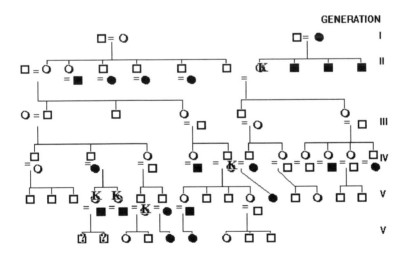

Abbildung 13: Stammbaum der Informantin Ester Rebecca Benrós [*1943]; o männlich; m weiblich; "=" = verheiratet; weiß = jüdisch; schwarz = christlich; K = zum Judentum konvertiert; ? = keine Angabe. Generationen: I = Geburtsjahr 1849-1857; II = 1875-1893; III = 1904-1933; IV = 1929-1965; V = 1960-1990; VI = 1987-heute

Das Thema der Konversion war ein heißes Eisen, wurde doch R. Haliwa anscheinend nicht zuletzt deswegen zermürbt. Sein Nachfolger, der jetzige R. Hassid, umging das Thema diplomatisch klug und machte bei seiner Einstellung klar, daß er das Thema der Konversionen nicht berühren werde: Wer konvertieren wollte, müsse nach London gehen und sich vom dortigen *Beit Din* als Kandidat anerkennen lassen. Die rigiden Londoner Richtlinien führten dazu, daß in der Amtszeit R. Hassids nur vier Personen konvertierten.

Da die meisten Konversionen nichtjüdische Ehepartner betrafen, ist die Unterbindung von *Intermarriages* eine Möglichkeit, um Konversionen schon im Vorfeld zu reduzieren. Denn wenngleich aus halachischer Sicht die Kinder einer Jüdin und eines Nichtjuden als Juden gelten, stellt dies heutzutage in der Praxis der jüdischen Gemeinde ein Problem dar.

Die sephardische Gemeinde Gibraltars war nicht nur immer ein ökonomisch und politisch integrierter Teil der Zivilgesellschaft, sondern auch verwandtschaftlich in weitere Kreise eingebunden. Darauf verweist der Stammbaum von Mrs. Benrós, der typisch für die jüdische Gemeinde Gibraltars ist, da er eine Vielfalt familiärer Verbindungen zwischen Juden und Nichtjuden belegt. Diese Verbindungen sind nicht auf die Generation von Sir Joshua Hassan beschränkt, in der sich die *Intermarriages* allerdings häufen. Viele der ca. 80 jüdische Männer, die während der Evakuierung im Zweiten Weltkrieg in Gibraltar geblieben waren, hatten (katholischen) Freundinnen in Spanien.

Etwa 12 dieser Männer haben ihre Freundinnen geheiratet, die sie in Marokko konvertieren ließen. Nach der Rückkehr der Evakuierten stellten *Intermarriages* "ein großes Problem für die Gemeinde" dar, wie Mesod Belilo, Archivar der jüdischen Gemeinde, erklärt:

> "Es gibt keine größere Gefahr für eine jüdische Gemeinde als das Hinausheiraten. Denn die Kinder aus gemischten Ehen, besonders dann .... wenn die Mutter nicht jüdisch ist, können technisch gesehen nicht jüdisch sein. Wenn die Mutter aber jüdisch ist und der Vater nicht, dann will der Vater nach einer Zeit auch nicht, daß die Kinder jüdisch werden, also nimmt er sie [uns] weg. Obwohl in diesem Fall die Kinder technisch gesehen Juden sein könnten, sind sie es normalerweise doch nicht, weil der Vater mitspielen müßte, und das will er in der Regel nicht."

Wie aber kann ein Phänomen, das einem bedeutenden Teil der Gemeinde offensichtlich als selbstverständlich galt, "ein großes Problem" für die Gemeinde darstellen? Hier gilt es wieder, die heutige Perspektive auf die damaligen Umstände zu reflektieren. Wer ist in Belilos Aussage "die Gemeinde"? Erst die Projektion der heutigen hegemonialen Rede in die Vergangenheit lokalisiert in den 50er Jahren ein Problem, das damals als solches nur von einer Minderheit benannt wurde. Um aber die Gegenwart (die gegen Konversionen und *Intermarriages* gerichtete Politik) zu legitimieren, muß dazu in einer Kontinuitätskette mit der Vergangenheit geknüpft werden. Um diese historische Kontinuität herzustellen, werden die jüdischen Genealogien manipuliert. Denn die Daten, die zur Darstellung von Mrs. Benrós' Familie benutzt wurden, stammen von Mrs. Benrós selbst und wurden von mir mit den Angaben etlicher ihrer Verwandten abgeglichen. Hätte ich offizielle Unterlagen benutzt, so wäre ich wohl zum selben ethnisch bereinigten Bild gelangt, zu dem die physische Anthropologen SAWCHUK und WAKS gelangten.

SAWCHUK und WAKS [1983] arbeiten über die demographische Struktur der jüdischen Gemeinde in historischer Perspektive. Sie stützen sich auf verschiedene Quellen: a) Informationen aus den Volkszählungen; b) die Geburts-, Todes- und Heiratsregister des zivilen Standesamtes sowie c) des Archivs der jüdischen Gemeinde. Die Analyse dieser Quellen ergibt ein unklares Bild vom tatsächlichen Ausmaß der *Intermarriages:*

• Die Zensusdaten führen zwar die Gesamtzahl der Mitglieder religiöser Gemeinschaften auf, geben jedoch keinerlei Hinweise auf *Intermarriages* oder gar Konversionen.

• Auch die Daten des zivilen Standesamtes geben keinen Aufschluß über die Zahl der *Intermarriages*, da die Religionszugehörigkeit dort nicht verzeichnet wird. Man könnte sich höchstens an den Vor- und Familiennamen der Ehepartner orientieren. Abgesehen von der Fülle der Jahrgangsbände, die nur in jahrelanger Lektüre zu bearbeiten wären, führt die Orientierung an den Namen in eine Sackgasse: Denn erstens tragen manche Katholiken jüdische Familiennamen und vice versa (es gibt katholische Serfatys, Serruyas, Abudarhams, Bensusans, Benyunes, Wahnons, Cohens und Israels, während zumindest je ein Zweig der katholischen Familien Abrines, Chichon, Cruz, Desoisa, Howard, Podesta, Sheriff und Trico aus halachischer Sicht als jüdisch gelten müßte, da er aus der Ehe eines Nichtjuden mit einer Jüdin abstammt); zweitens gibt es Personen mit nichtjüdischen Familiennamen, die zum Judentum konvertierten (etwa Russo oder Ryan); und drittens verzeichnen die Register des Standesamtes nur diejenigen Geburten, Heiraten und Todesfälle, die in Gibraltar stattgefunden haben. Migranten und Remigranten, die beispielsweise in England (etwa während der Evakuierung/während des Studiums) geheiratet haben, werden dadurch nicht erfaßt.

• Die Register der jüdischen Gemeinde waren mir nicht zugänglich. Allerdings lagen mir die vier Genealogiebände über die jüdischen Familien Gibraltars vor, die auf den Daten der Gemeinde basieren.[65] Der Abgleich der Bücher mit einigen *Intermarriages*, die mir durch verschiedene Informanten bekannt sind, zeigt eine verblüffende Unvollständigkeit der Bände. Juden, die mit Nichtjuden verheiratet waren, werden dort i.d.R. als unverheiratet und kinderlos aufgeführt.[66]

Aus den Arbeiten SAWCHUKS und seiner Mitarbeiter lassen sich keine verläßlichen Angaben über die Häufigkeit von *Intermarriages* ablesen. Die vorgelegten Zahlen - 43 *Intermarriages* zwischen 1870 und 1969 - basieren auf einer unvollständigen Datenlage, die Zahl dürfte weit darüber liegen.[67] Die minimalen Angaben bei SAWCHUK und WAKS erklären auch nicht die Brisanz der Rede, die in der jüdischen Gemeinde über *Intermarriages* geführt wird. Während die Fundamentalisten beklagen, daß es früher zu viele *Intermarriages* gegeben habe, führen die traditionalen Sephardim an, daß die Vielzahl der *Intermarriages* - im Gegensatz zu heute - früher kein Problem gewesen sei.

---

65 ABECASIS 1990.
66 Gespräche mit mehreren Informanten.
67 Für die Jahre zwischen 1900 und 1920 etwa führt SAWCHUK lediglich fünf *Intermarriages* an, davon vier Heiraten zwischen Juden und Nichtjüdinnen, und eine Heirat zwischen Nichtjuden und Jüdinnen. Eine unvollständiger Überblick über die standesamtlichen Heiratsregister dieser Jahre ergab dagegen 17 *Intermarriages*, davon vier Heiraten zwischen Juden und Nichtjüdinnen, jedoch 13 Heiraten zwischen Nichtjuden und Jüdinnen.

*Intermarriages*, bei denen der christliche Partner zum Judentum übergetreten war, wurden bis in die 60er Jahre zwar nicht gefördert, sie wurden jedoch akzeptiert und der konvertierte Partner in die Gemeinde integriert. Dies wurde durch die Tatsache erleichtert, daß die traditionale Gemeinde verschiedene Grade der Einhaltung der religiösen Gebote integrierte. Im Zuge der Fundamentalisierung wurden die als akzeptabel geltenden Grade aber auf ein Minimum reduziert, und viele Mitglieder an oder über den Rand der Gemeinde hinausgedrängt. Das Beispiel von Abraham W. Serfaty (nicht zu verwechseln mit dem bereits erwähnten Präsidenten A.B. Serfaty), Jahrgang 1910, langjähriger Bürgermeister von Gibraltar, macht dies deutlich.

Serfaty war mit einer Katholikin verheiratet, die nicht zum Judentum konvertierte. Die Kinder aus dieser Ehe wurden katholisch. Als Abraham 1988 starb, wollten seine Kinder ihren Vater nach seinem Wunsch auf jüdische Weise beerdigen und ihn persönlich in sein Grab auf dem jüdischen Friedhof legen - dies ist im Judentum Aufgabe der nächsten männlichen Anverwandten. Einer der Söhne hat sich bei den liberaleren jüdischen Freunden des Vaters erkundigt, ob es auch kein Problem darstelle, wenn sie als Katholiken die Grablegung durchführten. 'Nein, nein', sei die Antwort gewesen. Als es dann soweit war, den aufgebahrten Vater aus dem Haus zu tragen, wurde den Söhnen mitgeteilt, daß sie ihren Vater nicht tragen dürften. Die Brüder mußten somit ad hoc entscheiden, ob sie den Vater auf dem katholischen oder dem jüdischen Friedhof beerdigen sollten.

Die Söhne entschieden sich für die jüdische Beerdigung, da man den Wunsch des Vaters respektieren wollte. Abrahams Bruder und dessen Sohn als nächste jüdische männliche Anverwandte übernahmen die Grabespflicht.

Einige Monate später mußte entschieden werden, welchen Nachruf man auf den Grabstein setzen werde. Einer der Söhne entwarf eine Version, die er jemandem aus der Gemeinde zeigte, der den Nachruf ins Hebräische übersetzen sollte. Die Formulierung des Sohnes - "Hier liegt unser geliebter Vater, Großvater und Urgroßvater" - wurde abgelehnt. "Die Gemeinde" meinte, man solle die Formulierung "Hier liegt ein von allen Geliebter" wählen. Der Sohn lehnte diese Version ab. Der Einspruch der Gemeinde verweist darauf, daß Abrahams Ehe (mit einer Katholikin) aus Sicht der Gemeinde als illegitim gilt und also auch die Kinder als illegitim betrachtet werden. Seither liegt Abraham unter einem Grabstein, dem es einer Inschrift ermangelt.

Die Tilgung der nichtjüdischen Angehörigen - nicht nur aus den Grabsteininschriften, sondern insbesondere aus den Genealogiebänden[68] - widerspricht in Serfatys Fall nicht der innerjüdischen Logik, da Kinder aus der Ehe eines Juden mit einer Nichtjüdin nicht als Juden gelten. Allerdings erfahren die Nachkommen von mit Christen verheirateter Jüdinnen ebenfalls die Leugnung ihrer Existenz. Die Tilgung aus den Genealogiebänden führt darüber hinaus zur Projektion der Illusion von ethnischer Reinheit in die Vergangenheit, die in Gibraltar - weder für die katholische, noch für die sephardische Bevölkerung - jemals bestanden hat. SAWCHUK erliegt dieser Illusion, da er sich unreflexiv und unkritisch auf diese bereits bereinigten Daten stützt. Über seine Publikationen[69] wirkt er an der Verfestigung dieser Illusion aktiv mit. Dies ermöglicht es der heutigen Gemeindeführung, eine genetische Argumentation ins Feld zu führen, da auch SAWCHUK die sephardischen Juden Gibraltars als genetisch relativ geschlossene Population präsentiert.

---

68  ABECASIS 1990.
69  SAWCHUK 1980, 1992; SAWCHUK/FLANAGAN 1979; SAWCHUK/HERRING 1984, 1988; SAWCHUK/WAKS 1983.

Zusammenfassend läßt sich sagen, daß der Zugang zur Mitgliedschaft in der jüdischen Gemeinde Gibraltars über zwei Praktiken reguliert wird: einerseits durch die Erschwerung von Konversionen und *Intermarriages*, andererseits durch die symbolische Exklusion derjenigen Juden, die Nichtjuden geheiratet haben. Das historische Gedächtnis wird manipuliert, indem die - für die Gegenwart behauptete - Norm der Reinheit in die Vergangenheit projiziert wird.

Die Bedeutung der ethnisch-genetischen Reinheit und der geschlossenen ethnischen Grenzen stellt die Frage nach meinem Zugang zur Gemeinde als Nichtjude. Die Tatsache, daß ich als Nichtjude Zugang zur Gemeinde und zu den innerjüdischen Konflikten bekommen habe, erscheint angesichts der Schließung der ethnischen Grenzen und der oben skizzierten Abschottung gegenüber der säkularen Außenwelt eher verwunderlich. Ließe dies nicht vielmehr erwarten, daß man sich mir gegenüber eher abgeschottet hätte, als mir tiefe Einblicke in das Leben der Gemeinde zu gestatten? Dazu möchte ich auf das Beispiel am Beginn dieses Kapitels zurückkommen. Es deutet darauf hin, daß meine Körperlichkeit eine zentrale Rolle für meine Positionierung durch die Gemeindemitglieder spielte.

### 7.3.2.2    Mein Zugang zum Feld

Ich möchte in der Folge den Prozeß meines Zugangs nachzeichnen, da sich daraus eine zusätzliche Facette des Umgangs der Gemeinde mit dem halachischen Regelwerk ablesen läßt. Mein Zugang zur Gemeinde hängt mit verschiedenen Aspekten zusammen. Mein Deutschsein wurde häufig mit Mißtrauen betrachtet. Nur selten lehnte man es jedoch ab, mit mir zu tun zu haben, weil ich Deutscher war; aber das Deutschsein war doch zumeist ein Punkt, an dem getestet wurde, wie ich zum Judentum stünde und was ich mit der Forschung vorhatte. Es gab schon mal einen Deutschen, der Listen von Juden anlegen ließ, "und wir waren alle auf diesen Listen, für den Fall, daß die Nazis Gibraltar erobert hätten", testete mich eine ältere Dame zu Beginn unserer Bekanntschaft. Jedenfalls hatte ich in der Gemeinde nach einiger Zeit die Rolle "unseres Ausnahmedeutschen" inne. Davon erfuhr ich, als mir ein Bekannter erzählte, daß zwei deutsche Touristen die Synagoge während des Morgengottesdienstes besuchen wollten und mit dem Hinweis abgewiesen wurden, sie könnten die Synagoge gerne besuchen, jedoch nur nach vorheriger Anmeldung beim Gemeindesekretariat und nicht während des Gottesdienstes. Und dann soll der Satz gefallen sein, "es gibt nur einen Deutschen, der hier reindarf, und das ist unser Ethnologe". Dies erfüllte mich natürlich mit Stolz, auch wenn ich mir nicht sicher sein konnte, daß sich die Geschichte tatsächlich so zugetragen hatte oder ob man mir damit nur schmeicheln wollte. Sie war aber ein Indikator dafür, daß man meine Anwesenheit als selbstverständlich hinnahm.

Zum einen hatte ich in Sir Joshua Hassan einen einflußreichen Fürsprecher, der es mir ermöglichte, die Synagogen regelmäßig zu besuchen und an den Gottesdiensten teilzunehmen. Sir Joshua hatte mich nach dem ersten Interview, das ich im März 1996 zu allgemeinen politischen Fragen mit ihm führte, in seine Synagoge eingeladen. Als ich seine Einladung annahm, bat er mich, auf seiner Familienbank Platz zu nehmen, reichte mir seinen englischen Siddur und erklärte mir den mir unvertrauten Ablauf des Rituals. Später erfuhr ich, daß mir diese Protektion verschiedene Türen öffnete.

Ein zweiter Grund war gewesen, daß der Konflikt zwischen Traditionalen und Orthodoxen noch immer schwelte, und die Traditionalen, die sich machtpolitisch in der schwächeren Position befanden, in mir einen geduldigen Zuhörer fanden, der ihrer Sicht vielleicht in dem Buch, das ich schreiben würde, das nötige Gewicht verleihen könnte. Demgegenüber hatte ich eher Schwierigkeiten, näheren Zugang zu den Orthodoxen zu bekommen, was einerseits wohl im Mißtrauen jeder dominierenden Gruppe gegenüber einem 'schnüffelnden Außenstehenden' begründet ist, andererseits natürlich auch in der Natur ihrer Ideologie lag, in der die Abschließung von der Außenwelt eine zentrale Rolle einnahm. Im Lager der Traditionalen, zu dem ich leichter persönlichen Zugang fand und auch Freundschaften schloß, hörte ich konsequenterweise mehr Klatsch und Tratsch über die 'Leichen im Keller' der Gegner, während ich mit den Orthodoxen eher über Sachthemen diskutierte.

Drittens glaube ich, daß meine zunehmende Einbindung in Netzwerke, die außerhalb der jüdischen Gemeinde lagen, sich aber mit Kreisen der Gemeinde überschnitten, meinen Zugang beförderte. Diese Einbindung zeigte, daß ich mich für die Gesamtgesellschaft interessierte und nicht nur für die Juden.

Viertens, und darauf deutet der eingangs präsentierte, für Mo und mich verwirrende Vorfall um meine Nase hin, spielt auch die Performativität des Körperlichen eine nicht unwesentliche Rolle für meinen Zugang zur Gemeinde. Metaphern führen eine semantische Bewegung durch die bildliche Aussage über das Unsagbare, das Ungreifbare aus; sie übersetzen Bedeutung vom Verständnissystem der Kognition in das der Emotion und der Performativität. Gleichzeitig wirkt auch Körperlichkeit auf die Metaphorik zurück, wie ich durch Mo erfahren mußte: Meine Nase wies auf die Verhandelbarkeit ethnischer Identität und die Durchlässigkeit ethnischer Grenzen hin. Sie stellte für Mo meinen Status als nichtjüdischer Wissenschaftler in Frage (Ist der wirklich Nichtjude? Ist er wirklich ein Wissenschaftler? Was will er von uns?). Ich habe die Geschichte mit Mo nicht nur ausgewählt, weil sie einen idealen Ausgangspunkt für die Betrachtung ethnischer Identifizierungsprozesse bietet, sondern auch, weil es nicht der erste und beileibe nicht der einzige Vorfall war, bei dem meine Nase mit dem Judentum in Verbindung gebracht wurde. Es hört sich seltsam an, aber ich werde in Deutschland häufig - unter Verweis auf meine Nase - von absolut Unbekannten darauf angesprochen werde, ob ich nicht Jude sei. Insofern wurden Mo und ich zwar gleichermaßen verwirrt, jedoch nicht durch dieselbe Assoziation: Er merkte, daß er eine unzulässige Analogie zog (Physis = Ethnizität), ich mußte erfahren, daß man meine Identität des nichtjüdischen Wissenschaftlers anscheinend nicht immer glaubte.

In Gibraltar wurde ich zum ersten Mal in einem außerjüdischen Kontext darauf angesprochen. Ich weiß noch, wie ich zum ersten Mal die Parteizentrale der GSD betrat und von einem Mann angesprochen wurde mit den Worten:

*"You are jewish, are you?"*

Ich war irritiert, obwohl die Frage aus dem Munde eines Wildfremden - hier: dem GSD-Mitglied - nichts ungewöhnlich war. Nun, jedenfalls hätte ich daran denken können, meine Charakteristika bewußt in den Dienst der Datenerhebung zu stellen, wie es ja immer wieder von Methodologen angeraten wird. Aber das brauchte ich gar nicht, denn das besorgten in

Gibraltar meine Gegenüber. So entgegnete mir jener Herr nach meiner Versicherung, ich sei evangelisch und käme aus Deutschland,

"Na und? Dann weißt Du nur nicht, daß Du Jude bist. In Deutschland ist das so wegen dem Holocaust. Da gibt's viele Juden, denen die Eltern verschweigen, wer sie wirklich sind."

Diesem Argument ließ sich nur schwer etwas entgegnen. Daß sich der Mann später als eine Art Dorftrottel herausstellen sollte, der als erleuchteter Christ die ortsansässigen Juden missionieren wollte, konnte ich zu diesem Zeitpunkt noch nicht wissen. Um meine Nase wissend wies ich, wenn ich mich bei neuen Leuten (insbesondere der jüdischen Gemeinde) einführte, in der Regel darauf hin, daß ich "*non-jewish protestant from Germany*" sei. Ich merkte aber sehr bald, daß man mir das häufig nicht glaubte. Auch in der Gemeinde wurde mein Interesse für die jüdische Religion nicht auf mein Forschungsinteresse zurückgeführt, sondern auf die mir unterstellte Tatsache, daß meine Eltern irgendwie jüdisch sein müßten und ich auf der Suche nach meinen Wurzeln sei, da in Deutschland keine funktionierenden jüdischen Gemeinden existieren konnten. Dies erklärte die Tatsache, daß ich kein Hebräisch verstand und daß ich so viele Fragen über Dinge stellte, die in Gibraltar Selbstverständlichkeiten waren. Im Nachhinein habe ich den Verdacht, daß manche Informanten wohl glaubten, an mir Entwicklungshilfe im Sinne von *Kulanu*[70] leisten zu können: nämlich einen 'Marranen', einen 'Anusim'[71] wieder zum vollständig gültigen Juden zu machen. Anscheinend hatte ich die Rolle des Kryptojuden inne, der nach seinen ethnischen Wurzeln sucht. Nicht nur, daß die meisten meiner jüdischen Informanten versuchten, mich zu ethnisieren und eine Identifikation mit mir über meine Physis vorzunehmen. Ich selbst begann nach den ersten Erfahrungen oft schon im Vorfeld, meine Nase zu ironisieren und damit ebenfalls eine Verbindung jenseits der essentialistischen Kategorie der Rasse, die hier bei meinen Informanten offensichtlich wirksam war, herzustellen, auch wenn ich versuchte, die vermeintliche Identität durch das Ansprechen der Physis zu neutralisieren.

Mein gesteigertes Interesse für Konvertiten und Konversionen, herrührend von meinem Forschungsschwerpunkt über den Grad der Durchlässigkeit ethnischer Grenzen, machte mich zusätzlich verdächtig. War ich kein verlorener Sohn auf der Suche nach seinem Ursprung, so mußte ich zumindest ein potentieller Konvertit sein. Wenn ich mit lokalen Freunden über diese Problematik sprach, wurde mir meist im Scherz gesagt, es sei kein Wunder "bei der Nase", was dann regelmäßig zum Bekenntnis "Na gut, ich geb's zu, ich bin ein Nasenjude" gipfelte. Was aber im Freundeskreis entlastend wirkte, da nach einem solchen Bekenntnis paradoxerweise mein Status als Lutheraner und Deutscher gestärkt wurde, konnte mit jenen Informanten, mit denen mich keine freundschaftlichen Beziehungen verbanden, nicht geteilt werden. Für sie galt: Ob verlorener Sohn, Ausnahmedeutscher, Nasenjude oder Konvertit, irgendeine essentielle Bindung mußte diesen Menschen mit dem Judentum verknüpfen.

---

70  *Kulanu* (hebr. für "wir alle") bezeichnet eine Bewegung, die diejenigen Gruppen wieder mit jüdischen Traditionen vertraut machen möchte, die unter dem Zwang von Konversionen oder anderen Formen des Traditionsverlustes ihre Bindung zum Judentum verloren haben.

71  Unter Marranen (synonym: Anusim) versteht man diejenigen Juden, die im mittelalterlichen und frühneuzeitlichen Spanien unter dem Druck der katholischen Kirche zum Katholizismus konvertierten, ihr Judentum dabei jedoch im geheimen weiterhin praktizierten.

Verweist das Beispiel meiner eigenen Rolle in der Gemeinde auch auf methodologische Fragestellungen, denen hier nicht weiter nachgegangen werden soll, so stellt es doch insbesondere die Frage nach der ethnischen Zugehörigkeit und steht in enger Verbindung mit der Beantwortung der Frage, wer aus jüdischer Sicht zur *In-group* gezählt wird.

Ich habe zu Beginn dieses Unterkapitels die beiden halachischen Möglichkeiten beschreiben, die die Zugehörigkeit zum Judentum festlegen. Das Beispiel meiner eigenen Klassifikation, wie ich sie etwa von Mo erfahren habe, weist auf ein prozessuales Ethnizitätskonzept, das der konkreten Interaktion und der gegenseitigen Zuschreibung Vorrang vor strukturalen Merkmalen einräumt. Selbst die engen Grenzen der Halacha halten einen Interpretationsspielraum offen. Auch wenn ich meine Zugehörigkeit zur Gruppe unter dem Hinweis darauf abstritt, daß keine der beiden halachischen Möglichkeiten für mich zutraf, war mein Status für manche Gemeindemitglieder doch zumindest fragwürdig. Leute wie Mo glaubten mir dies ganz einfach nicht, da sie sich an der vorgeblich essentiellen Performativität des Körpers orientierten. Anscheinend griffen sie in ihrer Einschätzung nicht auf die Halacha als Referenzsystem zurück, sondern auf andere Referenzsysteme der Zugehörigkeit - in meinem Fall die Verknüpfung zwischen an der Physiognomie erkennbaren Rasse und Ethnizität.

7.3.2.3    Markierung und Verkörperung der Differenz: *Black hats, Panamahats, Kippoth, Snuts, Sheitl* und eigene Haare

"Als Jüdin muß man die Haare verbergen, wenn man verheiratet ist, man darf sie nur dem Ehemann zeigen, weil Haare als erotisierend gelten. Ich bin eine der wenigen Frauen in Gibraltar, die ihr Haar auch im rituellen Tauchbad bedeckten. Man muß das Haupthaar verbergen, sogar vor der eigenen Mutter und der Schwester! Daß Frauen *Sheitl* tragen, das ist ein Aschkenasi-Import, das haben die englischen Jüdinnen eingeführt; es ist dann auch bei den Sephardinnen einfach Mode geworden. Wir Sephardinnen müssen den Kopf auch bedecken, und in meiner Generation haben manche Frauen angefangen, kein Kopftuch mehr zu tragen. Jedenfalls tragen Sephardinnen eher eine Stoffhaube, oder ein Kopftuch. Meistens trag ich dann noch was anderes, eine Mütze, eine Haube, ein Kopftuch, oder eine Schleife. Gerade gestern hat eine andere jüdische Frau zu mir gesagt: 'Du übertreibst aber ein wenig, wenn Du zwei Sachen trägst!'" Während sie mit mir redet, trägt sie eine *Snut* (Stoffhaube). Vorne am Ansatz gucken Haare heraus, genauso hinten am Nacken, und ein paar Haare an den Ohren. Ich spreche sie darauf an, und sie meint, das sei erlaubt, das sei nur ganz minimal! [Informantin Reina Valenciano, * 1972][72]

Sichtbare Zeichen für die Zugehörigkeit zur Gemeinde sind die adäquaten Kopfbedeckungen. Sie sind einerseits indexikalische Marker für die Positionsbestimmung eines Individuums. Allerdings können diese Marker nicht zur Beurteilung dafür herangezogen werden, wie religiös jemand ist, sondern lediglich dafür, für wie religiös er sich selbst positioniert, denn:

"man kann doch nicht ins Innere eines Menschen gucken, diese Dinge sind doch lediglich das, was man sieht!" [Informant Joshua Benezra, * 1955]

---

[72]    Als Mann war es für mich nahezu unmöglich, mich mit Jüdinnen, die sich als fundamentalistisch positionierten, über so intime Dinge wie das Haupthaar zu unterhalten. Lediglich Mrs. Valenciano war zu einem Gespräch bereit.

Das Tragen der Kopfbedeckung ist andererseits, ganz im phänomenologischen Sinne des belebten Körpers, auch die Verkörperung von Religiosität.

Die richtige Kopfbedeckung ist ein herausragender Gegenstand der alltäglichen Rede über jüdische Identität. Das Bedecken des Haupthaares der Männer stellt ein Zeichen der Demut gegenüber Gott dar. Während bestimmter Gebete und des Erteilens von Segen ist die Bedeckung vorgeschrieben.

Manche Rabbiner erkennen an, daß das ständige Tragen einer Kopfbedeckung ein freiwilliger *midat chasidut*, (Akt der Gläubigkeit) ist. In sephardischen Gemeinden ist es traditionellerweise für Männer nicht üblich, den Kopf ständig bedeckt zu halten.

In haredischen Gemeinden ist die ständige Bedeckung des Kopfes dagegen eher die Norm. Demgemäß hat auch in Gibraltar die Bedeckung des Haupthaares beider Geschlechter im Zuge der Fundamentalisierung und Aschkenasisierung einen Wandel erfahren.

"Als ich vor vier Jahren nach in Gibraltar zog, war ich erstaunt darüber, wie elegant die jüdischen Männer hier herumlaufen, mit ihren Anzügen und ihren Panamahüten. Das gefiel mir sehr! Heute hat sich das stark geändert. Jetzt tragen sie schwarze Hüte, *black hats*, bloß ganz wenige, so wie etwa Sir Joshua [Hassan], tragen ihn noch immer, den Panamahut, oder auch einen Borsalino."[73]

Schwarz ist unter den orthodoxen Aschkenasim die Farbe der *Gevurah* (Ernsthaftigkeit) und dadurch die adäquate Farbe für Kleidung, die an Festtagen oder zu besonders feierlichen Angelegenheiten getragen wird. Das Tragen von schwarz im Alltag ist ein Zeichen dafür, daß sich der Träger der Halacha verschrieben hat. Die schwarzen Hüte der orthodoxen aschkenasischen Männer, insbesondere der Studenten des *Collel*, haben dazu geführt, den gesamten Prozeß der Fundamentalisierung als *blackening* oder *becoming black* zu bezeichnen. Diese Begriffe werden sowohl von Juden unterschiedlichster Selbstpositionierung, als auch von Nichtjuden verwendet. Die Beobachtung von Mrs. Ritchie bezieht sich darauf, daß sich das *blackening* in den vier Jahren ihrer Anwesenheit in Gibraltar bei einheimischen Männern durchgesetzt hat. Tatsächlich sieht man heute in der Öffentlichkeit kaum mehr jüdische Männer ohne schwarzen (oder zumindest dunklen) Hut.

In Israel und in großen orthodoxen Gemeinden gibt es ein ausgefeiltes System des Tragens von Kopfbedeckungen, das den Grad der Selbstpositionierung anzeigt. In Gibraltar ist dies weniger ausgeprägt.

"Lediglich *big black hats* sind eindeutig, oder wenn jemand bloß eine münzengroße *Kippah* trägt in der Synagoge und auf der Straße gar nichts." [Informant Soli Hatchwell, * 1942]

Knaben und junge Männer tragen in der Öffentlichkeit statt einem Hut eine *Kippah*. Auch dies ist eine relativ neue Erscheinung, wie mir Samuel Benady QC [* 1905] erklärt:

"Haben Sie auf der Hauptstraße die Jungs mit den *Kippoth* gesehen? Ich finde das furchtbar, daß die so rumlaufen: Jungs sollten Schulmützen tragen, aber keine *Kippoth*. Ich habe früher keine *Kippah* getragen! Niemand!"

---

[73]  Gespräch mit Barbara Ritchie [* 1945], nichtreligiöse Jüdin aus den USA.

Das weibliche Haar gilt als "Sitz der Weiblichkeit", aus diesem Grunde sollen verheiratete Frauen ihr Haupthaar in der Synagoge und außerhalb ihr Haar bedecken: mit einem Hut, einer *Snut* oder einem Kopftuch. Ultraorthodoxe Frauen tragen den *Sheitl* und darüber einen Hut.

Einige Ehefrauen wehren sich dagegen, ihr Haar unter einer Kopfbedeckung zu verstecken.

"Manche Frauen fühlen sich dabei eben nicht wohl. Es sei sehr schwierig. Meine Frau ist sehr orthodox, aber sie mag ihr Haar nicht bedecken. Für sie ist das eine Grundsatzfrage... aber es macht sie nicht weniger, Du weißt schon... Sie meint, andere Frauen mögen zwar ihr Haar bedecken, aber dafür halten sie vielleicht andere Dinge nicht ein, man könne eben nicht perfekt sein. In der Gemeinde wird sie als Rebellin betrachtet, aber Klatsch gibt es nicht, die Leute nehmen sie so wie sie ist... aber wenn Du wirklich zum Establishment gehören willst, solltest Du als Frau das Haupthaar schon verdecken!" [Informant Soli Hatchwell, * 1942]

Für die Perücken der Jüdinnen gibt es keine indigene Bezeichnung. In Gibraltar werden sie mit allgemeinen Begriffen für "Perücke" (englisch *wigs*; spanisch *pelucas*) bezeichnet, oder aber man benutzt das von Aschkenasim verwendete Wort *Sheitl* (jiddisch). Die Nichtexistenz eines speziellen Ausdruckes unter den Sephardim verweist darauf, daß die Perücke als unsephardisch angesehen wird - wenngleich er im letzten Jahrhundert auch in Gibraltar gebräuchlich gewesen sein soll.

Verheiratete Frauen sollen ihr Kopfhaar nicht nur vor anderen Männern, sondern auch vor anderen Frauen verdecken.[74]

Viele Nichtjuden zeigen kein Verständnis für das Tragen von schwarzen Hüten und Perükken.

"Meine Cousine hat einen Juden geheiratet, und wir waren bei der Hochzeit natürlich dabei. Wir Frauen haben viel Spaß gehabt, die Frau des Rabbiners hat wie eine Wilde getanzt, und während des Tanzens ist ihr dann die Perücke vom Kopf gerutscht. Da haben sich alle [Jüdinnen] schützend über sie gebeugt, damit sie ihre Perücke wieder aufsetzen konnte, ohne daß jemand dabei ihre echten Haare sieht. Das war total komisch gewesen, und wir Nichtjuden und die Jüdinnen aus Gibraltar haben uns bepinkelt vor Lachen!" [Informantin Roberta Porter, * 1955]

Der Wandel der Kopfbedeckung wird zum sichtbaren Zeichen sowohl für die Fundamentalisierung als auch für die Ethnisierung. Wie kein zweites Emblem verbindet die Kopfbedeckung in der jüdischen Gemeinde Identifikation und Körper. Als Markierungstechnik verweist sie

---

74 "Ich hab' früher Frauensport unterrichtet. 60 Frauen sind da gekommen, Katholikinnen, Hindus, Engländerinnen - und auch Jüdinnen. 20 Jüdinnen sind gekommen, nachdem sie sich erkundigt hatten, was wir da machen. Ich hab' das an einer öffentlichen Schule unterrichtet. Ich bin dann immer durch die Reihen durchgegangen und habe Anweisungen gegeben und Hilfestellungen, wer wie welche Übung machen sollte. Einmal knieten die Frauen auf dem Boden und mußten mit dem Kopf Bewegungen machen. Das hab' ich einer der Jüdinnen den Kopf nach hinten geschoben, so wie man das eben richtig machen sollte - und mit einem Mal hatte ich deren Perücke in der Hand! Alle Anwesenden lachten, auch die Jüdinnen, aber mir war das außerordentlich peinlich gewesen, viel peinlicher als der Frau selbst. Einige Wochen später sind die dann zu mir gekommen und haben gefragt, ob ich den Kurs nicht im jüdischen Zentrum geben könnte. Ich hab' mir das überlegt, aber als die Frauen meinten, es sei dann dort ausschließlich für Jüdinnen, hab' ich abgelehnt. Sowas leistet der Trennung der Gruppen in Gibraltar Vorschub! Daraufhin haben die Jüdinnen dann den Kurs en bloc verlassen. Anscheinend hat ihnen der Rabbi gesagt, daß es bei uns unrein war. Die hatten ganz große Angst davor, sich bei uns zu verunreinigen." [Informantin Mary-Clare Russo, * 1950]

nach innen auf die Loyalität zur Gemeinde und bekräftigt damit die hegemoniale Dominanz der Haredim, mehr noch: sie selbst wird zur gelebten haredischen Identität. An ihr machen die Gegner innerhalb und außerhalb der Gemeinde die Rede von der Dominanz der Aschkenasim fest und unternehmen damit den Versuch, das haredische Weltbild als Ergebnis fremder Einflüsse zu diskreditieren. Die Befürworter versuchen dagegen, den *Sheitl* als selbstverständlichen Bestandteil eines von kulturellen Einflüssen unberührten und damit zeitlosen Judentums zu interpretieren, um sich die Loyalität der Zweifler zu sichern.

Für nichtjüdische Gibraltarianer fungiert die Kopfbedeckung als sichtbares Anzeichen dafür, daß sich ihre Nachbarn nicht mehr in erster Linie als sephardische *Yanitos*, sondern als gibraltarianische Juden begreifen und damit aus der Gemeinschaft ausscheren. Der *Sheitl* ist deshalb ein so emotional beladenes Symbol, weil er die Zusammengehörigkeit der Gibraltarianer, die auf dem Lob der Mischung und der Toleranz basiert, auf die Probe stellt [→ Postscript].

### 7.4 Zusammenfassung

Fundamentalisierung und Ethnisierung stellen einen Versuch dar, aus kulturellen Differenzen differente Kulturen zu schaffen und diese Kulturen als Selbstverständlichkeiten zu naturalisieren. Kultur steht dabei mit der Sichtbarkeit körperlicher Performativität in einer indexikalischen Wechselbeziehung: Der Begriff *jewish* weist (nicht nur) in Gibraltar auf einen bestimmten körperlichen Habitus hin, gleichzeitig behaupten physische Elemente wie zu groß geratene Nasen, Perücken und Hüte im konkreten Kontext auch automatisch die Differenz der jüdischen Kultur.

Als Ethnisierung der jüdischen Gemeinde Gibraltars habe ich die Verschiebung der Identifikation von sephardischen *Yanitos* hin zu gibraltarianischen Juden bezeichnet. Sie ist Resultat verschiedener globaler, gesamtgesellschaftlicher und partikularer Entwicklungen, unter denen der religiösen Fundamentalisierung eine zentrale Rolle zukommt. Die Verknüpfung des religiösen Wandels mit kulturellen Einflüssen, die als fremd (aschkenasisch) qualifiziert werden, ist maßgeblich für die Ethnisierung verantwortlich.

Ich bin in diesem Kapitel den Ursachen, Bewertungen und Ausprägungen der Fundamentalisierung nachgegangen und habe mich darin gegen eine monokausale Erklärung ausgesprochen.

Die Erklärung des religiösen Fundamentalismus als Resultat eines Bedürfnisses, das einen aus (sozialer, politischer, ökonomischer) Unterprivilegierung entstandenen Mangel auszugleichen versucht, ist sicher hilfreich, verfällt jedoch einem psychologischen Reduktionismus. Vielmehr habe ich in diesem Kapitel versucht, die Fundamentalisierung der jüdischen Gemeinde Gibraltars als Ergebnis eines Bündels unterschiedlicher Ursachen zu erklären, die sich gegenseitig begünstigen.

Die geschlossene Grenze beförderte die Frage nach der Identität der unterschiedlichen kulturellen Gruppen Gibraltars, wie auch der Gesamtgesellschaft; im Falle des Judentums ist diese Identität eng mit Religion und Spiritualität verbunden. Die Spiritualisierung der jüdischen Gemeinde begann bereits vor der Schließung der Grenze. Die Fundamentalisierung, eine allgemeine Entwicklung in der jüdischen Welt und beileibe nicht auf den Forschungsort beschränkt, fiel in Gibraltar auf einen fruchtbaren Boden, da sie den zentralen Modus darstellte, um die politische Macht der alten Generation auszuhebeln: der Same, der in den späten 50er Jahren gesät wurde, wuchs in den 70er und 80er Jahren stetig an und erreichte in den 90er Jahren (mit der Gründung der Schulen) eine institutionalisierte Blüte.

In Gibraltar war der Wandel zunächst weitgehend eine innersephardische Angelegenheit, in der aber schon zu Beginn die Möglichkeit der ethnischen und kulturellen Verfremdung angelegt war. Der Prozeß der Fundamentalisierung wird an den Aschkenasim festgemacht, die sich schon äußerlich durch Kleidung und Kopfbedeckung von den einheimischen Sephardim unterscheiden. Diese äußeren Marker wurden zu Zeichen des religiösen Wandels und dadurch auch von der Mehrheit der sephardische Gemeinde übernommen, wodurch auch diese sich zunehmend von ihren nichtjüdischen *fellow Gibraltarians* unterscheiden. Die Benennung der aschkenasischen Lehrer wie auch aschkenasischer Ehefrauen einheimischer Sephardim als den Verantwortlichen für den Wandel verschleiert den Blick auf die Rolle der einheimischen Neuerer im innerjüdischen Machtkampf. Seit Mitte der 80er Jahre erodiert mit dem Niedergang der AACR und dem Aufschwung der sozialistischen Arbeiterpartei die politische Machtbasis der jüdischen Händlergemeinde innerhalb der Zivilgesellschaft. Die Distanz der neuen Machthaber zur jüdischen Gemeinde treibt die Verstärkung der ethnisch-religiösen Grenzen voran.

Es gibt mehrere Gründe, wieso sich der Fundamentalismus als dominierende Praxis und Diskursformation durchgesetzt hat.

Einerseits hat die Implementierung der haredischen Performativität und Diskursformation allgemeine lokale Ursachen. Die politischen Rahmenbedingungen favorisieren eine Besinnung auf die Fundamente des Eigenen. Die Situation der geschlossenen Grenze führt zur Introspektion der Gesamtgesellschaft wie auch der ethno-religiösen Partikulargemeinden. Sie begünstigt einerseits psychologische Momente, insbesondere die spirituelle Besinnung auf das Eigene. Fundamentalistische Antworten scheinen in der Zeit der Bedrohung adäquatere Antworten auf die Frage nach dem Sinn zu bieten als Antworten, die in einer Gesellschaft der Liberalität und der offenen Grenzen entwickelt wurden. Andererseits begünstigt die Beengtheit der Kolonie die soziale Kontrolle durch die Gemeinschaft, insbesondere den Einfluß des religiösen Establishments auf das wertkonforme Verhalten des Einzelnen.

Eine zweite Ursache liegt im nonlokalen jüdischen Kontext. So wird die sephardische Gemeinde der Jurisdiktion eines aschkenasischen *Beit Din* unterstellt, das die Definition der Außengrenzen des Judentums durch die Reduktion von Konversionen und die Erschwerung von *Intermarriages* beschränkt. Damit werden die Führungsfiguren der alten Generation, die häufig mit Nichtjüdinnen oder Konvertitinnen verheiratet waren, an den Rand gedrängt.

Drittens liegen die Ursachen im lokalen innerjüdischen Kontext, insbesondere im relativen Desinteresse der Generation von Sir Joshua Hassan an religiöse Fragen. Mitglieder der jüdischen Gemeinde bestimmten die Geschicke des politisch-zivilen Gemeinwesens, ihre Machtbasis war Gibraltar als Ganzes. Religiöse Fragen wurden einem Rabbiner bzw. einem rabbinische Aufgaben übernehmenden Laien übertragen, der jedoch eher ein Angestellter als ein religiöser Führer und daher auch politisch schwach war. Das Desinteresse wurde zur politischen Schwäche, besonders durch die Anstellung eines als charismatisch beschriebenen Rabbiners, der sich nicht auf die Funkton des religiösen Angestellten reduzieren ließ. Mit der Anstellung des aschkenasisch ausgebildeten R. Pacifici wurde die traditional-religiöse Lebensweise der führenden Generation der Kritik ausgesetzt. R. Pacificis Anstellung fiel in die Post-Holocaust-Epoche der Reorganisation jüdischer Identität und jüdischer Sammlung. Grundlegende Ressource für die Identität wurde in der Besinnung auf die Halacha gesehen, in deren Sinne die Generation der heutigen Führungsschicht religiös ausgebildet wurde. Diese Führungsschicht entstammt eher unterprivilegierten Familien, für sie war religiöse Orientierung eine *sine qua non* für den sozialen und politischen Aufstieg. Diese Männer bestimmten nach und nach die politischen Geschicke der Gemeinde. Die erfolgreichen Neuerer koppeln durch ihr Vorbild den sozialen und politischen Aufstieg performativ und diskursiv an religiös fundamentalistische Werte und Haltungen. Fundamentalismus wird dadurch auch zum sozialen Leitbild. Der Wandel wird durch die Begründung von Bildungseinrichtungen institutionalisiert. Finanziert werden die Einrichtungen durch lokale Geschäftsleute und missionarisch wirkende Stiftungen von außerhalb. Das in den Einrichtungen gelehrte Wissen wirkt normativ auf die Kinder, und über die Kinder auf die Eltern. Die Zunahme der religiösen Ausbildung und der Vermittlung religiösen Wissens führt bei vielen Gemeindemitgliedern zu einem schlechten Gewissen: Die Spezialisten der Vermittlung weisen den korrekten Weg auf, wie sich ein richtiger Jude zu verhalten habe; sie beziehen sich dabei auf nonlokale Traditionen, die im traditionalen Sephardentum präsente Unterscheidung zwischen (thora)Theorie und (halachischer) Praxis wird als problematisch vermittelt.

Die Performativität dominanter Diskursformationen und Körpertechniken stellt eine Normativität her, die eine Selbstverständlichkeit und Interesselosigkeit des Diskurses suggeriert. Äußere Symbole des Diskurses - in unserem Falle die Frage der korrekten Kopfbedeckung - werden nicht nur als Markierungen für die Selbstverständlichkeit einer Position aufgenommen, sondern sie sind die Position selbst.

Der Wandel hat nicht dazu geführt, daß die Sephardim plötzlich zu Aschkenasim geworden wären. Nach wie vor besitzen sie das starke Bewußtsein, eine eigene und von den Aschkenasim deutlich distinkte Gruppe zu sein. Allerdings hat die Bedeutung dessen, was als sephardisch verstanden wird, eine Neubestimmung erfahren, die in religiösen Termini als Fundamentalisierung, in kulturellen Termini jedoch als Aschkenasisierung bezeichnet werden kann. Der psychologische Reduktionismus der vorherrschenden Fundamentalismusforschung ist vermutlich auf die Untersuchung nichtelitärer Gruppen, die zu den Modernitätsverlierern gehören, zurückzuführen. Die Fundamentalisierung einer elitären Gruppe wie der sephardischen Juden Gibraltars wirft demgemäß andere Fragen über die Entstehung des Prozesses auf. Das psychische Bedürfnis eines Individuums nach Halt und Stabilität kann zwar unterstellt werden, aber es ist vorerst nicht greifbar. Es ist nur wahrnehmbar über Diskurse und Praktiken der Informanten; diese sagen/zeigen: es gibt ein "spirituelles Bedürfnis der Rückkehr zu den Fundamenten". Aber es ist nicht gesagt, daß dieses spirituelle Bedürfnis tatsächlich besteht. Die Entwicklung in Gibraltar zeigt, daß das von MAX WEBER postulierte Modell des bürokratisierten und institutionalisierten Charismas (hier: R. Pacificis) in der Fundamentalismusdebatte berücksichtigt werden muß: Fundamentalistische Bewegungen werden nicht immer neu geschaffen, so wie in der Gründerphase; im Laufe der Zeit schaffen sie über die Besetzung von Diskursen und Praktiken - unter denen den Körpertechniken eine zentrale Rolle zukommt - performativ eine Selbstverständlichkeit im Alltag, die von den Mitgliedern der Gemeinschaft als normal und gegeben betrachtet wird. Viele Individuen, die sich selbst als Fundamentalisten bezeichnen, beugen sich eher einem Gruppendruck, einer Erwartungshaltung oder politisch-sozialen Opportunitäten als daß sie einem Unbehagen an der Moderne nachgäben. So ist der als religiöse Fundamentalisierung bezeichnete Prozeß bei den Sephardim Gibraltars eng mit einer personellen und politischen Wachablösung verbunden, die zur Marginalisierung der traditionalen Elite und zur Schaffung einer neuen Leitungsschicht geführt hat. In diesem Prozeß wurden politische Loyalitäten und Klientelverhältnisse neu organisiert. Entscheidend dafür ist, daß die Gewinner dieses Prozesses den Begriff der Fundamentalisierung zur Selbstbeschreibung ablehnen. Der Verweis auf die Rückkehr zu den religiösen Wurzeln geht über die bloß deskriptive Funktion hinaus; er stellt auch einen Appell an und einen Testfall für die gibraltarianische Zivilgemeinschaft und deren Berufung auf die ethno-religiöse Toleranz dar.

Die Rede über die Fundamentalisierung der Gemeinde wird gerade von denjenigen Mitgliedern geführt, deren Position an Einfluß eingebüßt hat. Für diese ist die Rede nicht nur deskriptiv, sondern auch eine strategische Waffe im Kampf gegen die *Haredim*. Die Rede stiftet einerseits die Gemeinsamkeit zwischen den in die Minderheit geratenen Traditionalen, die in der Selbstwahrnehmung zur Hegemonie der Fundamentalisten resultierte. Andererseits wird die Rede auch geführt, um die Sympathie anderer Gruppen der laizistischen Gesamtgesellschaft (und des Ethnologen) zu gewinnen und mit ihnen eine Gemeinsamkeit herzustellen. Diese Sympathie wird in weiten Kreisen der nichtjüdischen Gibraltarianer geäußert, da ja auch innerhalb der Katholiken und Hindus fundamentalistische Positionen auf dem Vormarsch sind. Der antifundamentalistische Diskurs bekräftigt damit auch die Zugehörigkeit der Gemeinde zur Zivilgesellschaft und zu ihren Grundlagen, dem Lob der Mischung und dem Ethos der Toleranz.

# Kapitel 8 Eine Ethnologie der Grenze

Zu Beginn dieses Buches wurde der weitere theoretische Kontext für die Verortung einer Ethnographie der Grenzstadt Gibraltar abgesteckt. In einer abschließenden Beurteilung möchte ich drei Fragekomplexe ansprechen.

Der erste Komplex berührt die Bedeutung der Dominanz des Grenzdiskurses für die gibraltarianische Gesellschaft.

In einem zweiten Schritt möchte ich der Frage nachgehen, in welcher Weise der gibraltarianische Fall zum Verständnis allgemeiner Transformationsproblematiken von Grenzgesellschaften am Ende des XX. Jahrhunderts (insbesondere im supranationalen Gebilde der Europäischen Union) beiträgt und ob aus dem konkreten Fall Rückschlüsse auf die veränderte Rolle der europäischen Nationalstaaten gezogen werden können.

Der dritte Fragekomplex nimmt die zu Beginn des Buches formulierte Hypothese auf, daß die Grenze ein privilegierter Ort dafür sei, um die Aushandlung zentraler Kategorien unserer Disziplin (Gesellschaft, Nation, Identität) durch konkrete Akteure zu betrachten, und daß diese Kategorien durch die Betrachtung von der Grenze her möglicherweise eine Neubewertung erfahren.

## 8.1 Die Rede über die Grenze

Die beiden Grenzen Gibraltars weisen unterschiedliche Wertigkeiten für das gibraltarianische Gemeinwesen auf. Während die Seegrenze zu Marokko diskursiv weitgehend ausgeblendet wird[1], dominiert der Diskurs über die Landgrenze die Gesellschaft in unterschiedlichen Bereichen. Die Ursache für diese Dominanz liegt in der Beengtheit des Raumes begründet, die durch die koloniale Geschichte und - maßgeblicher noch - durch die Politik eines feindlich gesinnten Nachbarlandes geprägt ist. Die Effekte dieser Grenze sind unmittelbar im Alltag der Bewohner zu spüren, und zentrale kulturelle Diskurse und Praktiken beziehen sich direkt auf die Grenze: So ist die Rede über den Grad der Durchlässigkeit der Grenze, die Art der Grenzkontrollen, die Unwägbarkeiten für die Planung wie auch die Rechtfertigung eines Grenzübertrittes in Alltagsgesprächen und in der lokalen Medienlandschaft ständig präsent. Die Rede über die Grenze, die sich nicht nur in der Rede über Umgangsweisen mit der konkreten Grenze manifestiert, begründet sich in der Frage der Souveränität über das Territorium und verweist reflexhaft antispanisch auf das Nachbarland ("*borderland hysteria*"). Darüber hinaus schließt die Rede auch die unterschiedlichsten Bereiche des gesellschaftlichen Lebens mit ein: Der wirtschaftliche Erfolg oder Mißerfolg, die Geschlechterverhältnisse, die nationale Identifikation, das Verhältnis zum Mutterland, Ethnizität, Körpertechniken und Spiritualisierung werden auf die Grenze rückbezogen. Es ist somit nicht verwunderlich, daß spontane und geplante politische Demonstrationen, die das Zusammengehörigkeitsgefühl der gibraltarianischen Zivilgesellschaft akzentuieren, häufig an der Grenze zu Spanien durchgeführt werden

---

[1]  Die Ursachen hierfür liegen in der Überlagerung der Grenzproblematik durch den Konflikt an der Landgrenze sowie in der Tabuisierung der Assoziationen, mit denen die Beziehung zu Marokko konnotiert wird: die unwürdige Behandlung der Gastarbeiter und der Drogenhandel [→ Kapitel 1.4.1].

(hier sei an die Feier nach dem englischen Sieg anläßlich der Fußballeuropameisterschaft über Spanien und an die Initiative *Voice of Gibraltar* erinnert).

Der Grad der Durchlässigkeit der Landgrenze wirkt sich auf zweierlei Weise auf Identifikationsprozesse aus. Erstens sichert die Grenze den Grenzlandbewohnern die Unterscheidbarkeit und Identität. Die Landgrenze mit der *Verja* und den Kontrollmaßnahmen der *Guardia Civil* fungiert für die Gibraltarianer abwehrmagisch als Schutzwall vor Unheilseinflüssen aus Spanien: vor Krankheit, Kriminalität, polizeilicher Willkür, Arbeitslosigkeit, Armut [→ Kapitel 2]. Sie befördert darüber hinaus die Entstehung einer nationalen Identifikation. Als zentrale Erfahrung hierfür ist das Erleben der Grenzschließung wie auch die fortgesetzten ritualhaften Demütigungen an der Grenze nach der Öffnung verantwortlich. Der gemeinsame Feind von außen stärkt durch die Repressionen an der Grenze vorerst die Desidentifikation der Zivilisten mit der Gesellschaft des Hinterlandes und das Bekenntnis der Zugehörigkeit zum Mutterland. Die Suche nach dem Eigenen führt in einem weiteren Schritt - begünstigt durch die ambivalente Haltung des Mutterlandes - zur Ausbildung und Bekräftigung einer politisch formulierten Identität, die auf Territorialität (lokale Residenz, Tabuisierung der Residenz im Hinterland), Ethnizität (Identifikation als *The Gibraltarian* und *Yanitos*) und Kultur (Reduktion von *Intermarriages*, Desidentifikation von Spanien und Großbritannien, Manipulation von Genealogien) zurückgreift.

Zweitens wird der Charakter der Landgrenze im Inneren der Gesellschaft reproduziert. Das Erleben des begrenzten Raumes und der geschlossenen Grenze befördert die gesellschaftliche Introspektion und die diskursive Harmonisierung innergesellschaftlicher Konflikte. Kulturelle Eigenheiten der ethno-religiösen Gruppen und damit die Grenzen zwischen den Gruppen erfahren eine Akzentuierung (was ich am Beispiel der Sepharden und ihrer Position innerhalb der Mehrheitsbevölkerung der *Yanitos* in den Kapiteln 5.2.1 und 7 gezeigt habe). Eine zentrale Strategie hierbei ist die Spiritualisierung, die alle religiösen Gruppen erfaßt und die den Transformationsprozeß zu ethno-religiösen Gruppen begünstigt.

Unzweifelhaft beeinflußt die spanische Politik die wirtschaftliche Entwicklung wie auch die politische Integration des Gemeinwesens in die EU negativ. Die Grenze ist derjenige Ort, an dem die spanische Politik unmittelbar greifbar wird. Allerdings geht die Beantwortung der Frage nach den Funktionen der Dominanz des Grenzdiskurses über diese Unmittelbarkeit hinaus, sie verweist auch auf eine Veränderung des innergesellschaftlichen Zusammenhaltes. Obwohl auch nach der Grenzöffnung vielfältige Repressalien an der Grenze das Leben der Zivilisten erschweren, haben sich dennoch die Entfaltungsmöglichkeiten für den einzelnen erweitert. Heute ist es immerhin möglich, Einkäufe im Nachbarland (das über ein niedrigeres Preisniveau verfügt) zu tätigen. Ferienwohnungen oder Zweitwohnsitze zu erwerben ist ebenso möglich wie die Freizeitgestaltung im Nachbarland, das gerade im Hinterland und an der Costa del Sol ein breites Spektrum an sportlichen, kulturellen und sozialen Aktivitäten anbietet. Gleichwohl ist die Wahrnehmung dieser Angebote tabuisiert. Dies liegt einerseits an der ideologischen Viktimisierung der Gibraltarianer als Kollektiv durch den Nachbarn, die ich in aller Ausführlichkeit in den Kapiteln 2 und 5 diskutiert habe. Darüber hinaus reagiert der harsche Diskurs über die Grenze gerade auf die Diskrepanz zwischen den großen Möglichkeiten für den einzelnen und die geringen Möglichkeiten für das Gemeinwesen; er bindet die Individuen in die Gemeinschaft der Zivilisten ein, indem er ein stetes Bekenntnis zu ihr fordert. Exemplarisch habe ich den Bekenntniszwang in Kapitel 2 am Fall des Musikers Albert Hammond diskutiert. Denn die größte Gefahr für das Bestehen des Gemeinwesens als einer von Spanien distinkten Einheit sehen die politischen Kräfte der Kolonie in der personellen Ausdünnung der geringen Bevölkerungszahl durch ein Abwandern ins Hinterland. Der Grenzdiskurs soll also, darin den Wohnungsbaumaßnahmen und der Landgewinnung (*Land Reclamation*) [→ Kapitel 3.1] ähnlich, den beengt lebenden Gibraltarianern größere räumliche Freiheit in Gibraltar bieten und dadurch die Bindung an das Territorium stärken.

Eine zweite Funktion des Grenzdiskurses läßt sich auf der psychischen Ebene ansiedeln und dient der Entlastung vom spanischen Druck. Ich habe den Diskurs in Kapitel 2.2 als Ritual der Rebellion bezeichnet, der sich kathartisch entfaltet, indem er den Frustrationen und Ohnmachtsgefühlen Ausdruck verleiht.

Schließlich möchte ich der Erklärung der Frage, warum der Grenzdiskurs das gesellschaftliche Leben in Gibraltar so maßgeblich bestimmt, noch eine dritte Facette hinzufügen: seine Rechtfertigungsfunktion. Denn der Grenzdiskurs ist an die Rede über Souveränität, koloniale Ohnmacht und Staatlichkeit, über Vergangenheit und Zukunft des Gemeinwesens gebunden. Er liefert damit nicht nur eine Erklärung, sondern auch eine Legitimation für die kulturelle Realität: 'Die Dinge sind, wie sie sind, weil die Spanier uns das Leben schwer machen.' Die Maßnahmen an der Grenze stellen damit den Transformationsriemen dieser Realität dar. Häßliche Entwicklungen, die es in Gibraltar wie in jeder anderen Gesellschaft gibt - Kriminalität, Drogen, ein Zerfall der Sitten, Arbeitslosigkeit und Krankheit - werden so zu Phänomenen, für die das Nachbarland die Verantwortung trägt. Auch wenn ich der Meinung bin, daß viele Phänomene tatsächlich maßgeblich auf die Situation Gibraltars als einem Spielball spanischer, britischer und (zu einem weit geringeren Teil) marokkanischer Interessen zurückzuführen sind, so bedeutet dies gleichwohl nicht, daß Gibraltar lediglich das passive Opfer dieser Mächte wäre, als das es sich darstellt. Die Mitverantwortung für diese Entwicklungen wird durch den Grenzdiskurs verneint, Möglichkeiten des Gegensteuerns auf lokaler Ebene werden blockiert.

Die Dominanz des Grenzdiskurses ist somit ihrer Funktion für die Stärkung und Einigung des Gemeinwesens geschuldet.

### 8.2 Gibraltar und die Zukunft der Nation in Europa

Der Historiker FUKUYAMA hängt mit seiner These vom Ende der Geschichte seit den Ereignissen von 1989 einer Denkrichtung an, die davon ausgeht, daß unsere Welt vor dem Abschluß eines Prozesses der globalen Homogenisierung steht, in der sich die Lebens- und Denkweisen der Menschen mehr und mehr angleichen. Westeuropa scheint im Rahmen der Europäischen Einigung exemplarisch für diesen Prozeß: Vorschriften, die Währung, Maße, Gesetze, Verordnungen und Qualitätsstandards für Waren werden standardisiert, angeglichen oder, wie es im Eurospeak heißt, harmonisiert.[2]

---

[2]    Vgl. auch MCGREW 1992: 61-102.

Der Soziobiologe EIBL-EIBESFELDT malt ein Menetekel an die Wand, das ihn schreckt: die *"Menschheit [...] schmilzt derzeit mit steigender Geschwindigkeit erstmals zu einer einzigen, globalen Gesamtzivilisation zusammen, die von Pol zu Pol reicht und uns in der Massenhaftigkeit und Gleichförmigkeit ihrer Produkte eher erschreckt als lockt."*[3] Ethnologen haben mit Nachdruck darauf hingewiesen, daß die weltweite Verbreitung derselben kulturellen Artefakte - seien es Benneton-T-Shirts oder die in solchen Zusammenhängen unvermeidlich genannten *"maschinell gleichförmig vorgekauten Fleischfladen"* einer amerikanischen Fast-Food-Kette, bestimmte Musikformen oder politische Ideologien - nicht mit einer Angleichung der kulturellen Ausdrucksmöglichkeiten verwechselt werden darf.[4] Parallel zur Standardisierung findet ein ständiger Prozeß der kulturellen Fragmentierung und der internen Differenzierung statt, auch innerhalb der europäischen Gemeinschaft. Globalisierung und Transnationalismus gewinnen immer mehr Einfluß, ja, aber lokale, regionale und nationale Verortungen individueller Erfahrung werden dadurch nicht ausgelöscht [→ Kapitel 1.6]. EIBL-EIBESFELDT kann also in Ruhe schlafen.

Der Prozeß der Europäischen Einigung und die Veränderungen in Osteuropa haben gerade den Europäern, die 45 Jahre lang in der Selbstverständlichkeit der nationalstaatlich organisierten Blöcke lebten, den schwankenden Boden aufgezeigt, auf dem sich subjektive Zuordnungen zu einer kulturellen und territorialen Einheit befinden. Alte Grenzen verschwinden oder verlieren ihre Bedeutung, alte Körperschaften werden aktiviert, neue Grenzen entstehen, neue Netzwerke und Körperschaften. Die Idee des Nationalstaates als einer territorial geschlossenen und kulturell definierten politischen Einheit hat das Problem kultureller Differenz durch die Abjektion der differenten Gruppen als ethnisch gelöst. Sie ignoriert die interne Differenz der als homogen gefaßten Majoritätsgruppe. Die interne kulturelle Variation innerhalb einer Nation kann aber bedeutsamer sein als die Differenz zwischen zwei Nationen - und dies betrifft nicht nur die als 'ethnische Minderheiten' klassifizierten Gruppen, sie bezieht sich auf regionale, generationale, gender- und klassenmäßige Unterschiede, auf Differenzen zwischen Stadt und Land, Universität und Werkbank, Arbeitslosigkeit und Job. Diese Differenzen werden gerade in der Informationsgesellschaft immer deutlicher. Die Stärkung der Regionen durch die EU hat den internen Differenzen wieder mehr Gewicht verliehen. Ist man ein Auvergnat, ein Franzose oder ein Europäer? In Europa ist der Nationalstaat nicht mehr alleiniger Garant des Zuganges zu Wohlfahrt und Wohlstand; lokale und regionale Einheiten können sich, vorbei am Nationalstaat, in Brüssel um Fördermittel bewerben. Lothringen teilt mit dem Saarland und Luxemburg, nicht mit der benachbarten französischen Region der Champagne, die Gemeinsamkeiten einer Euroregion.

Auf der anderen Seite bildet nationale Zugehörigkeit einen Grundbaustein für die subjektive Identifikation vieler EU-Europäer. Die Frage, ob Helmut Kohl oder Gerhard Schröder Bundeskanzler wird, beschäftigt 1998 mehr Deutsche als die Frage, welcher Politiker in der EU-Kommission für Landwirtschaft oder Arbeitsmarktpolitik zuständig ist. Die Abschaffung des Nationalstaates wäre bei weiten Teilen der EU-Bevölkerung extrem unpopulär.

---

3  EIBL-EIBESFELDT 1990: 196.
4  WATSON 1997.

Aus diesem Unbehagen heraus scheint sich, wie HYLLAND ERIKSEN [1995] schreibt, für die EU die Notwendigkeit zu ergeben "als Konföderation souveräner Staaten aufzutreten", obwohl de facto die Souveränität des Nationalstaates tendenziell abnimmt und regionale Einheiten für die Politik, die Verwaltung und die Identifikation der Bewohner an Bedeutung gewinnen.

Die Landgrenze wie auch die souveränitätsrechtliche Situation Gibraltars stellt innerhalb der EU einen Sonderfall dar: sie ist die einzige EU-Binnengrenze, die umstritten ist, und Gibraltar ist die einzige Kolonie und das einzige umstrittene Territorium innerhalb der EU. Lassen sich aus einem derartigen Sonderfall allgemeine Schlüsse für die Entwicklung der europäischen Gemeinschaft ziehen?

Der gibraltarianische Fall ruft vor allem die Persistenz des Nationalstaates als eigenständigen politischen Akteur in Erinnerung. Der Charakter der spanisch-gibraltarianischen Grenze selbst weist darauf hin. Die Landgrenze stellt in der heutigen EU einen Anachronismus dar, da Gibraltar und das *Campo* die einzigen Binnengrenzregionen sind, die nicht durch ein Interreg-Programm miteinander verbunden sind. Diese Grenze entspricht also eher dem klassisch natio-nalstaatlichen linearen Grenzkonzept. SAHLINS [1989] zeigte, daß diese Linearität an die Übereinstimmung der Inhaberschaft des Rechtsmonopols mit einem territorialen Geltungsbe-reich gebunden ist und in Europa erst ein Produkt der Neuzeit ist. Kontrastiert man die Persi-stenz der linearen Grenze mit Entwicklungen aus anderen Gegenden der EU, dann lassen sich allerdings erstaunliche Unterschiede feststellen. Verschiedene Anhaltspunkte deuten darauf hin, daß europäische Grenzen langsam wieder den Charakter eines Grenzsaumes aus multiplen Ju-risdiktionen annehmen:

- erstens die Schaffung von Euroregionen zwischen EU-Regionen einerseits und zwi-schen Regionen diesseits und jenseits der EU-Außengrenzen andererseits;

- zweitens die Verlagerung der Außengrenzen ins Binnenland durch die Ausweitung der Kontrollbefugnisse des deutschen Bundesgrenzschutzes bei "verdachtsunabhängigen Kontrollen" auf allen Bahnhöfen, Flughäfen, Zügen und selbst S-Bahnen mit Bundestagsbe-schluß vom 26.06.1998. Überregionale Verkehrswege wie auch Nebenstraßen und Innenstädte werden in den Polizeigesetzen vieler Länder in die neue Definition vom Grenzraum eingeschlossen;

- drittens die Absichten deutscher Innenpolitiker, die Verfolgung von Straftätern inner-halb der EU auch in einem 20-km-Streifen jenseits der EU-Binnengrenzen zu ermöglichen;

- viertens die Auflösungserscheinungen eindeutiger staatlicher Strukturen in umkämpf-ten Gebieten wie dem Kosovo, Albanien, Slawonien, der Krajina, Tschetschenien oder Bosni-en-Herzegowina.

In Gibraltar finden wir dagegen in geradezu idealtypischer Weise genau die klassische Kon-zeption der linearen Grenze ersten und zweiten Grades wieder. Bezüglich der Seegrenze zu Marokko verfügt Gibraltar über die Merkmale einer Grenze ersten Grades (z.B. bezüglich der illegalen Einwanderung [→ Kapitel 1.5]) und ist somit typisch für die allgemeine Abschottung der Festung Europa an ihren Außengrenzen. Die Schlüsse, die man von der Landgrenze zu

Spanien auf allgemeine Binnengrenzen und die Rolle der Nationalstaaten ziehen kann, sind dagegen uneindeutiger, vielschichtiger und teilweise widersprüchlich.

Es wurde häufig[5] angenommen, daß Staatsgrenzen durch die politischen und ökonomischen Globalisierungsprozesse zunehmend an Bedeutung verlieren, da sie ihre Aufgabe als Barrieren von Gütern, Menschen, Identifikationsmöglichkeiten und Gedanken immer weniger erfüllen. Diese Annahme scheint besonders in Europa durch den transnationalen Prozeß der europäische Einigung Bestätigung zu erfahren (Stichwort: Europa ohne Grenzen). Im Zuge dieser Entwicklung wird dem Nationalstaat als politischem Akteur zunehmend Handlungsunfähigkeit zugesprochen.

Es ist zu vermuten, daß es sich bei dieser These vom Verschwinden der Grenzen innerhalb der EU um einen Mythos handelt, der die politischen Absichtserklärungen und Vereinbarungen der Regierungen der Mitgliedsstaaten zur Schaffung eines einheitlichen Wirtschafts- und Sozialraumes reproduziert. Empirische Arbeiten über andere EU-Binnengrenzen[6] legen nahe, daß die wirtschaftliche Angleichung der Lebensverhältnisse nicht - oder vielleicht noch nicht - zu einer Aufhebung der distinkten Nationalidentitäten diesseits und jenseits der Grenzen geführt hat und daß die nationale Identität mit einer in Westeuropa nunmehr gut 200-jährigen Geschichte für die Menschen eine Bedeutung erlangt hat, die von diesen Angleichungen und der graduellen Aufgabe der Souveränität des Nationalstaates zugunsten der EU weitgehend unberührt bleibt. Mir scheint, als ob die Kritiker eines Vereinten Europa hier dieselbe Einwände anführen, wie sie die Massenkultur durch die Kulturkritik[7] erfahren hat, und die eine Angleichung der Form mit einer Angleichung der Bedeutung, die mit derselben Form verbunden wird, nahelegt.

Mehr noch als die erwähnten Beispiele der Kollegen wende ich mich vor allem aufgrund der empirischen Daten über Gibraltar gegen diese These vom Verwittern des Nationalstaates innerhalb der EU; diese liegt ja der These vom Verschwinden der Staatsgrenzen (*borders*) und ihrer Umwandlung zu lediglich symbolischen Grenzen (*frontiers*) zugrunde. Vielmehr verschwinden diese (nunmehr EU-Binnengrenzen genannten) Grenzen nicht, sie erfahren allerdings eine rechtlich-funktionale Transformation, die zur Beibehaltung von Teilaspekten der realen Staatsgrenzen[8] und zur Aufrechterhaltung der symbolischen Grenzen führt [→ Kapitel 1.6].

Der Fall Gibraltars zeigt gerade durch seine Sonderstellung deutlich, daß auch im Zeitalter des Wegfalls der EU-Binnengrenzen die Vertreter nationalstaatlich geleiteter Interessen als zentrale Akteure der Gemeinschaft bestehen. Diese Interessen sind häufig - wie im Fall der Vergabe von Fischereiquoten - ökonomischer oder militärstrategischer Natur. In Gibraltar ist dies aber nicht der Fall.

Der ökonomische Nutzen des Felsens ist für Spanien und Großbritannien bedeutungslos. Die Kolonie verfügt weder über Bodenschätze noch über eine produzierende Industrie. Die lokale

---

5    Vgl. dazu VOBRUBA 1993; HANNERZ 1990; FRIEDMAN 1990.
6    KAVANAGH 1994; WILSON 1996; RAVENEAU 1996.
7    Vgl. ANDERS 1957, ADORNO 1957.
8    RAVENEAU 1996.

Ökonomie basiert auf Tourismus und auf dem Finanzzentrum. Die touristische Anziehungskraft des Territoriums ergibt sich jedoch gerade aus der Besonderheit einer britischen Kolonie am Mittelmeer. Diese Besonderheit wäre inexistent, würde der Felsen nach Spanien eingegliedert. Man könnte auch annehmen, daß bestimmte Kreise in Großbritannien am Bestehen der Kolonie interessiert seien, um betuchten Bürgern die Möglichkeit eines Steuerschlupfloches zu ermöglichen. Diese Vermutung wird aber durch die Tatsache entkräftet, daß andere britische Territorien (wie die Kanalinseln und die Isle of Man) die Bedingungen eines Steuerparadieses weitaus besser erfüllen als die Kolonie am Südzipfel der iberischen Halbinsel.

Die Frage nach der heutigen militärstrategischen Bedeutung Gibraltars ist dagegen nicht so leicht zu beantworten - wer kennt schon die versteckten Absichten der Strategen des M.o.D., des Pentagon und der NATO? Ob Großbritannien heute militärische Interessen verfolgt, die nicht auch vom NATO-Partner Spanien ausgeübt werden könnten, läßt sich nur spekulativ beantworten. Die antispanische Haltung der Gibraltarianer mag es den britischen Regierungen ermöglichen, eigene nationale Interessen hinter den Verweis auf die gibraltarianische Verfassung zu verbergen.

Nachdem Spanien 1986 der NATO und 1997 der militärischen Kommandostruktur des Bündnisses beitrat, reduziert sich auch der strategische Nutzen der Kolonie für das Bündnis, da die Meerenge von Gibraltar von spanischem Territorium ebensogut - wenn nicht gar besser - zu kontrollieren ist. Es scheint, daß sich der militärische Nutzen Gibraltars in erster Line aus der Tatsache ergibt, daß es nicht zu Spanien gehört; dieses würde mit dem Besitz Gibraltars die uneingeschränkte Kontrolle über beide Seiten der Meerenge erlangen. Ob andere Mächte, allen voran Marokko, daran interessiert sein könnten und gegebenenfalls die Möglichkeit hätten, dies zu vereiteln, ist aber mehr als fraglich.

Der militärische Nutzen Gibraltars für Großbritannien und die USA liegt heute vor allem darin, im Falle eines möglichen Militärkonfliktes in der Region über eine Infrastruktur (Flughafen, Hafenanlagen, Satellitenanlage, Atom-U-Boot-Station) zu verfügen, die von einem spanischen Veto unabhängig ist. In den 80er und 90er Jahren ist die Kolonie die einzige Basis auf der iberischen Halbinsel, die von US-amerikanischen Atom-U-Booten und nuklearen Flugzeugträgern angelaufen werden kann. Gibraltar kommt somit eine besondere Bedeutung für die Logistik tatsächlicher und möglicher US-amerikanischer Einsätze etwa im Nahen Osten (z.B. während der Golfkrise) und im Norden Afrikas zu. Bislang ist Spanien (offiziell) noch nicht bereit, seine Häfen für US-amerikanische Atomwaffenträger zu öffnen - aber auch diese Möglichkeit wird mittlerweile in Spanien diskutiert.

Die antigibraltarianische Politik Spaniens ist die beste Garantie dafür, daß dies auch in Zukunft so bleibt und vermag so für den Erhalt der britischen Präsenz in Gibraltar zu sorgen. Die mögliche Konsequenz einer Politik ohne Repressionen gegen die Gibraltarianer wäre ein wirtschaftlicher Aufschwung des Gemeinwesens, möglicherweise ein Verschwinden der distinkten gibraltarianischen Identität und ein Aufgehen in der Bevölkerung des Hinterlandes. MÜHLMANNS im NS-Kontext entwickelte These von der besonderen Rolle, die der Grenzlandbevölkerung für den Schutz des Kernlandes zukommt, fände in der Instrumentalisierung der Gibraltarianer durch Großbritannien eine ungewollte Bestätigung.

Der Wert Gibraltars für Spanien und Großbritannien ergibt sich somit nicht aus einem ökonomischen und auch nur indirekt aus einem militärstrategischen Nutzen, sondern vor allem aus nationalistischen und ideologischen Erwägungen. Die Schändung der spanischen Ehre durch die Existenz eines nichtspanischen Gibraltar soll, so die offizielle Sprachregelung Madrids, die 'territoriale Integrität Spaniens' herstellen. Körperbilder spielen hierbei eine zentrale Rolle: Spaniens Argument der Wiederherstellung der territorialen Integrität verweist auf die Analogie zum verstümmelten Körper, dessen amputierter Teil (Gibraltar) wieder an den Körper anwachsen soll. Der medizinische Eingriff - um im Körperbild zu bleiben - der die Unversehrtheit wiederherstellen soll, lag in der Zeit Francos in der Ausmerzung des 'Wundschmerzes', der durch die 'fremde' und 'parasitäre' Bevölkerung des Felsens repräsentiert wird. Mit der *Transición* wandelte sich die Körper-Nation-Analogie: Aus dem von parasitärem Befall geschwächten Körper wird der beseelte, jedoch verwundete Leib. Der Befallene weiß zwar, daß die Verwundung nur durch eine langfristige homöopathische und psychologische Behandlung (Überzeugung der Gibraltarianer, daß sie 'im Grunde Fleisch vom Fleische' der Andalusier und kulturell 'eigentlich' Andalusier seien) erfolgreich behandelt werden kann und daß die einzige Heilungsaussicht darin besteht, sich mit dem Verlust abzufinden; allerdings ist er körperlich noch nicht davon überzeugt, so daß er immer wieder brachiale Selbstheilungsmethoden anwendet (Repressionen an der Grenze), die den Heilungsprozeß verzögern und verschlimmern.

Die symbolische Bedeutung Gibraltars für Großbritannien hängt mit der Beziehung Großbritanniens zur EU und seiner Verarbeitung des Verlustes vom Empire zusammen. Die Beständigkeit des Felsens von Gibraltar ist eine noch heute in Großbritannien relevante Metapher, die die Illusion des Weiterbestehens des Empires weiterträgt. Denn der Verlust des Empires wurde auf der Ebene der staatlichen Symbolik bislang tabuisiert. Die Zurückhaltung gegenüber einer Vertiefung der Europäischen Einigung vor allem durch die Regierungen Thatcher und Major, die etwa in der Ablehnung der Integration in das Schengener Territorium zum Ausdruck kommt, ist sicherlich auch einer Verweigerung der Auseinandersetzung mit dem Verlust des Empire auf dieser Ebene geschuldet. Ob die Regierung Blair die Symbole des Empire neu besetzen wird, wird sich zeigen. Die Wendung der imperialen Herrschaftsmetapher *Rule Britannia* in die postmoderne Metapher des *Cool Britannia* deutet jedenfalls in diese Richtung.

Bedeutet aber der Erwerb Gibraltars für Spanien hauptsächlich einen symbolischen Gewinn (und für Großbritannien eine Veränderung auf der symbolischen Ebene), dann weist dies auf die *longue durée* der partikulären Orientierung der Nationalstaaten hin, parallel und gleichzeitig zur generellen Schwächung, die der Nationalstaat im Rahmen der Europäischen Einigung erfährt.

Und eine zweite Spur aus Gibraltar unterstreicht die Vermutung von der Gleichzeitigkeit der Persistenz und der Auflösung nationalstaatlich orientierter Politik im ausgehenden XX. Jahrhundert: Für Großbritannien wie für Spanien bietet Gibraltar eine ideale Möglichkeit, um Initiativen der EU zu blockieren, die gegen die eigenen (nationalen) Interessen gerichtet sind. Jüngstes Beispiel ist die Ablehnung der Kompensationsforderung für den Nichttransport von Passagieren (vom 26.11.1998) durch Spanien, mit dem Argument, die Annahme impliziere eine Anerkennung der britischen Souveränität über Gibraltar. Erinnert sei hier an die unterschiedlichsten Übereinkünfte der EU, die durch den "Gibraltar-Vorbehalt" blockiert werden, vor allem das Abkommen über die gemeinsamen Außengrenzen [→ Kapitel 1]. Spanien argumentiert, Gibraltar sei kein Teil der EU und müsse deshalb aus dem Abkommen ausgeschlossen werden; Großbritannien verweigert die Exklusion der Kolonie aus dem Abkommen. Die ideologische Bedeutung des Felsens ist somit für beide Staaten auch geeignet, um andere nationale Interessen zu verbergen.

Die Mitwirkungsmöglichkeiten der Bürger an der Gestaltung der Zukunft ihres Territoriums innerhalb der EU sind vielfach begrenzt. So illustriert der gibraltarianische Fall - wenngleich in überspitzter Form - ungeschminkt das allgemeine Demokratiedefizit innerhalb der Europäischen Union, da den Gibraltarianern als einzigen EU-Bürgern die Teilnahme an Wahlen zum Europaparlament nicht gestattet ist. Spaniens Blockadepolitik und Großbritanniens Desinteresse verunmöglichen ein Recht auf Selbstbestimmung und verhindern damit die Repräsentation der Gibraltarianer auf national-britischer wie auf europäischer Ebene. Zumindest die EU-Mitglieder Großbritannien und Spanien sind also dem nationalstaatlichen Denken und den symbolischen Traditionen des Nationalstaates nach wie vor verhaftet.

Europäische Integration besteht auf symbolischer Ebene in den oftmals als dürr und halbherzig beklagten Versuchen, eine gemeinsame europäische Identität zu schaffen. Paradoxerweise sind es die Regierungen der Nationalstaaten, die darüber verhandeln. Sie sind sich zum gegenwärtigen Zeitpunkt weitgehend einig darüber, daß Europa ein Europa der Vaterländer und keine Föderation von Regionen werden soll. Andererseits führt die Integration zu einer Stärkung der Regionen und der regionalen Identifikation. Regionalismus ist teilweise eine Gegenreaktion gegen die bürokratischen Vereinheitlichungsversuche der Brüsseler Zentrale, andererseits ein direktes Resultat der Integration auf supranationaler Ebene. Regionen, die sich im Zeitalter des Nationalstaates von ihren Zentren vernachlässigt fühlten, können diese nunmehr umgehen und sich - etwa für die Finanzierung regionaler Projekte - direkt an Brüssel wenden. Daß sich der Kampf um Selbstbestimmung in Gibraltar in der Terminologie des Nationalismus ausdrückt, ist typisch für Entkolonialisierungsbewegungen und darüber hinaus sicherlich auch das Resultat der Mimesis einer politischen Logik, die auf der nationalen Organisation von Staatlichkeit aufgebaut ist. Diese nationalstaatliche Logik reflektiert sich auf doppelt absurde Weise in der Situation an der Landgrenze: Einerseits handeln Spanien und Großbritannien in der Gibraltarfrage entgegen ihren grundsätzlichen Positionen zum Schengener Abkommen. Andererseits strebt Spanien die Integration Gibraltars in sein Territorium und damit die Abschaffung der Grenze an, bekräftigt deren Existenz aber durch die konkreten Kontrollmaßnahmen. Die Gibraltarianer wiederum kämpfen gegen die konkreten Kontrollen, sehen in der Abschaffung der Grenze jedoch eine Bedrohung ihrer Existenz.

Die Bestrebungen des gibraltarianischen Nationalismus der frühen 90er Jahre nach staatlicher Souveränität zeigen, daß die Bürger der Kolonie - und wahrscheinlich nicht nur sie - noch immer in erster Linie auf die nationale und nicht auf die europäische Karte setzen. Sie zeigen uns, daß sie der Europäisierung der Identitäten mißtrauen und statt dessen - vergeblich - eine formal gleichberechtigte Position mit den anderen Spielern im Prozeß der Europäisierung anstreben; diese Spieler sind bislang die Nationalstaaten, nicht die Regionen. Nationale Zugehörigkeit scheint für europäische Bürger ein grundlegender Bestandteil ihrer Identifikation zu sein, auch wenn ihre Bedeutung in der Zukunft zugunsten supranationaler und regionaler Identifikationen abnehmen mag.[9]

### 8.3 Nationale Grenzen und die Grenzen des Wissens

Ich bin in meinen Ausführungen zur theoretischen Verortung einer Anthropologie der Grenze von der Überlegung ausgegangen, daß Grenzen und Grenzräume Orte sind, die durch eine Intensivierung der Aushandlung von Kultur, Staatlichkeit, nationaler Identität und Gesellschaft charakterisiert sind. Dieser Aushandlungsprozeß, an dem konkrete Personen, Gruppen und Institutionen beteiligt sind, geht oftmals mit lokalen Versuchen der kulturellen und politischen Selbstbestimmung gegen metropolitan-zentrale Bestrebungen von zwei (oder mehreren) Seiten einher.[10] Auf Gibraltar übertragen bedeutet dies, die nationalen Ideologien der beteiligten Staaten wie auch kulturelle Stereotypisierungen als Faktoren in Betracht zu ziehen, die die symbolische Bedeutung der Grenze untermauern, letztendlich jedoch vermutlich von der Existenz der Grenze unabhängig sind.

Zu häufig wurde, wie DONNAN [1994] beklagt, implizit angenommen, daß sich die Situation an Staatsgrenzen im internationalen Vergleich überall auf der Welt ähnle. Wie jede Grenzlage, so ist jedoch - um SIMMEL zu paraphrasieren - auch die gibraltarianische Situation keine räumliche Tatsache mit kulturellen und sozialen Wirkungen, sondern eine ethnologische Tatsache, die sich räumlich ausdrückt. Diese Tatsachen sind sicherlich ohne die Betrachtung der spezifischen politischen, ökonomischen und historischen Kontexte nicht zu verstehen. Die Ergebnisse meiner Forschung lassen sich also nicht ohne weiteres auf andere Staatsgrenzen übertragen. Dies bedeutet jedoch nicht, daß sich im Kulturvergleich keine Gemeinsamkeiten von Grenzen feststellen ließen.

Zu diesen Gemeinsamkeiten gelangt man, wenn man vom Blickwinkel ausgeht, unter dem Grenzen bis in die jüngste Zeit von Ethnologen betrachtet wurden: Dieser ging allein von der nationalstaatlichen Perspektive aus und faßte Grenzen vornehmlich als trennend und undurchlässig auf, Grenzregionen als peripher, passiv, rezeptiv und reaktiv. Im Gegensatz dazu habe ich gezeigt, daß Grenzen als Schwellen funktionieren und Durchlässigkeit kanalisieren und daß Grenzregionen auch Quellen der Macht darstellen. Grenzen und Grenzregionen sind effektreiche und produktive Faktoren für die Gestaltung lokaler und transnationaler, sozialer und kultureller Beziehungen.

Grenzen zwischen Kategorien verbinden und trennen zugleich. Zentrale Kategorien des Faches erfahren eine Neubewertung, wenn man sie von der Grenze aus betrachtet, so wie BARTH dies am Beispiel der ethnischen Grenze gezeigt hat. Dies gilt auch für den Blick von der staatlichen Grenze aus, der die Kategorien in einem anderen Licht erscheinen läßt als die nationalstaatliche Perspektive. Denn während letztere die Grenze vor allem als Trennlinie und Abgren-

---

[9]   Daß das Gewicht der Nationalstaaten langsam abnimmt, auch dafür kann uns Gibraltar als Beispiel dienen, da Europa (nach Durchführung der Feldforschung) in den späten 90ern zaghaft ins Blickfeld der lokalen politischen Akteure rückt.

[10]  Vgl. THOMASSEN 1996; PRESCOTT 1987: 13.

zung konzipiert und daher eher den strukturalen Charakter von kultureller Differenz und Identität betont, privilegiert erstere den prozessualen Charakter der Grenze als Membran. Die an der Grenze manifest werdenden Differenzen und Identitäten sind somit keine Gegebenheiten, sondern immer die (vorläufigen) Endprodukte eines im historischen Kontext stattfindenden Aushandlungspozesses. Es ist der Blick auf die Grenze als einer regulierenden, kulturelle Bewegungen kanalisierenden Membran, der eine Neubewertung der Kategorien möglich werden läßt.

### 8.3.1 Die Verortung von Raum und Kultur

Der Begriff des Forschungsfeldes, in dem Ethnologen Feldforschung betreiben, geht auf die naturalistische Tradition des Faches zurück. Es steht in engem Zusammenhang mit dem Kulturbegriff, der auf einen lateinischen Begriff aus dem Bereich der Landwirtschaft zurückgeht: *colere* (pflegen, beackern, bearbeiten) bezeichnet das Abgrenzen eines Stückes Land durch das Pflügen einer Ackerfurche - das Klären und Bestimmen eines Feldes. Bereits in diesem ursprünglichen Sinn bezeichnet "Feld" einen Bereich, in dem die Phänomene der Natur - seien es Mineralien, Tiere, Pflanzen oder eben auch fremde Völker - ihrer natürlichen, sprich: von störenden Einflüssen befreiten Umgebung studiert werden können.

Gegen Ende des XIX. Jhds. setzte sich in den naturalistisch orientierten Wissenschaften zunehmend die Erkenntnis von der Notwendigkeit durch, eine Arbeitsteilung in datenerhebende Reisende, Missionare und Händler, und in theorienerstellende Lehnstuhlwissenschaftler zu überwinden. Vielmehr sollten die Theorien im Feld von jenen getestet und erprobt werden, die die Daten auch erhoben hatten. Die Vorstellung, daß Wissenschaftler selbst hinausgehen müßten in das Feld, um dort die Daten zu erheben, auf deren Basis allgemeine Theorien erstellt wurden, begann in der Biologie in den 1870er Jahren[11] mit der Erbauung von Feldstationen an der italienischen und der amerikanischen Küste, wo lebende Tiere und Pflanzen untersucht werden konnten. Es ist kein Zufall, daß der Feldbegriff in die Anthropologien über einen Zoologen, A.C.HADDON[12], Eingang fand. Der unterscheidende Gegenstand und die unterscheidende Methode der Kultur- und Sozialanthropologien zu Beginn ihrer Verankerung in den Akademien bestand also in der detaillierten Untersuchung von Kulturen in begrenzten Räumen. Den empirischen Gegenstand stellten die Völker der Kolonien dar, und im administrativ-kolonialen Kontext steht auch die räumlichen Festschreibung der Eingeborenen und ihrer Kultur.

Die dominierende anthropologische Methode der Datenerhebung durch Dritte oder durch eigens organisierte Expeditionen indes wurde in der ersten Hälfte des Jahrhunderts durch Feldpioniere wie FRANZ BOAS in den USA, vor allem aber durch BRONISLAW MALINOWSKI entscheidend revolutioniert.

Das Einzigartige an MALINOWSKIS Methode der teilnehmenden Beobachtung, ergibt sich daraus, daß der Ethnologe nicht nur seine Daten selbst erhebt, sondern sich der fremden Kultur für eine längere Zeit aussetzt und die Erfahrung des Kulturschocks durchlebt, der sowohl die Selbstverständlichkeiten seiner Herkunftskultur in Frage zu stellen vermag als auch das Wissen über die fremde

---

11  KUKLICK 1997: 49.
12  GUPTA & FERGUSON 1997: 1-47.

Gesellschaft neu beleuchten kann. Während die persönliche Forschungspraxis MALINOWSKIS durchaus die Mobilität seiner Trobriandinsulaner im Kontext des *kula*-Tauschhandels berücksichtigte, zollt die methodologische Kanonisierung der stationären Feldforschung im Bereich der Lehre und Forschung vor allem den administrativen Erfordernissen des Kolonialismus Tribut.

Damit wurden die historischen und dynamischen Aspekte der untersuchten Gruppen weitgehend ausgeklammert, das Hauptaugenmerk wurde vielmehr auf die synchrone Frage nach dem Funktionieren von Gesellschaft gelegt und eine Hierarchie der Wissensformen und Forschungsgegenstände,[13] eine Hierarchie des anthropologischen Selbst[14] und auch eine Hierarchie der Forschungsorte begründet.[15]

Diese Hierarchie des Raumes geht von der radikalen Trennung zwischen dem Feld und der "Heimat" des Ethnologen aus, die Verbindungslinien zwischen beiden Räumen werden dabei negiert oder zumindest minimalisiert. In der Folge wurde die Kultur des Anderen an einen Ort des Anderen verwiesen, der sich durch seine Gegensätzlichkeit zum Herkunftsort des Forschers bzw. der Akademie auswies: Afrika galt als adäquaterer Forschungsort als Europa, das Land wurde vor der Stadt, Südeuropa vor Nordeuropa, die Armenghettos vor den Villenvierteln privilegierte Forschungsorte. Die Grenze und die Grenzziehungsprozesse zwischen "hier" und "dort" wurden dabei lange ignoriert, weil sie die Kontinuität des Raumes sichtbar zu machen vermochten, die das "hier" und das "dort" miteinander verbinden und damit auch das Selbstbewußtsein des an diskrete Territorien gebundenen Faches zu hinterfragen in der Lage gewesen sind.

In der Nachfolge MALINOWSKIS dominiert bis weit in die 70er Jahre hinein die hegemoniale Definition des adäquaten Forschungsgegenstandes als seßhafte, holistische und kleinräumige Kulturen bzw. Gesellschaften,[16] die ahistorisch, ethnographisch und vergleichend mit den Mitteln der stationären Feldforschung untersucht werden konnte.[17] Die Feldforschung zeichnet sich durch drei Raumbeziehungen aus:

---

[13] Die Hierarchie der Wissensformen und Forschungsgegenstände besteht in der Wertschätzung bestimmter Wissensformen und der Unterdrückung/Geringschätzung anderer. So werden *face-to-face*-Beziehungen vor unpersönlichen Beziehungsformen privilegiert, was zu einer Bevorzugung etwa der Haushaltsökonomie statt internationaler Märkte, der politischen Strukturen von Stämmen statt nationaler Politik und von religiösen Ritualen in Mikrokontexten anstatt von großkirchlichen Ritualen führte. Das Unbekannte wird vor dem Familiären, das Lokale vor dem Globalen, das von Zuhause Unterschiedliche vor dem mit Zuhause Gemeinsame und das Exotische vor den Alltagsritualen privilegiert.

[14] Die ethnologischen Repräsentationsformen begünstigten die Konstruktion eines anthropologischen Selbst gegenüber einem "*other*". Dieses Andere wurde benannt, das Eigene nicht. Implizit bildete sich eine unmarkierte Forscherpersönlichkeit aus, die sich durch die Merkmale weiß, männlich, heterosexuell, euroamerikanisch und Mittelklasse auszeichnete. Die Forderung nach Reflexivität in der Ethnologie zeichnet sich noch heute dadurch aus, daß bevorzugt weibliche, nicht-weiße, homosexuelle, nicht-euro-amerikanische und Unterklasse-Perspektiven benannt werden, die hegemonialen Standpunkte dagegen zumeist unreflektiert bleiben.

[15] GUPTA & FERGUSON 1997: 1-47.

[16] Vgl. die Betonung überindividuelle Ausdrucksformen bei ÉMILE DURKHEIM (1977, kollektive Repräsentationen), BRONISLAW MALINOWSKI (1984, Geist der Kultur), ALFRED KROEBER (1952, superorganische Einheiten) und RUTH BENEDICT (1989, Kulturmuster).

[17] Die stationäre Praxis setzte sich auch deshalb durch, weil sich die Ethnologie in der Etablierungsphase als akademische Disziplin von der mobil geprägten Praxis der Reiseschriftsteller abzusetzen suchte [CLIFFORD 1997: 64ff.].

- die Reise des mobilen Ethnographen zu den seßhaften Eingeborenen und zurück,

- den langanhaltenden und tiefen Kontakt zwischen Ethnograph und Informanten,

- Koresidenz.

Schon seit GLUCKMANN in den 50er Jahren seinen ländlichen Informanten in die urbanen Zentren Südafrikas folgte, wurde Mobilität jedoch mehr und mehr zu einer ergänzenden Perspektive der anthropologischen Forschung. Vor allem im Zuge der postfunktionalistischen und poststrukturalen Ansätze wurde der lokalisierte Feldbegriff zunehmend hinterfragt: Urbanisierung, Migration, Transnationalität und die neuen Medien haben die Aufweichung des traditionell kleinräumig organisierten Feldes zusätzlich sichtbar gemacht.

In Umkehrung zur klassischen, Seßhaftigkeit privilegierenden Feldstudie wurde insbesondere in der interpretativen Ethnologie der 80er Jahre Mobilität zur beobachtungsleitenden Kategorie: Von MARCUS [1995] wurden verschiedene Techniken und Strategien zur Erforschung grenzüberschreitender Situationen vorgeschlagen, um diese Umkehrung des bisherigen Verhältnisses von Seßhaftigkeit zur Mobilität zu würdigen:

- erstens die Einführung mobiler methodologischer Praktiken unter dem Motto "*follow the people*" bzw. "*follow the things*";

- zweitens die methodologisch-strategische Fokussierung auf die Mobilisierung des Wissens, also auf die Zirkulation von Zeichen, Symbolen und Metaphern.

Der Imperativ des Nachfolgens führt MARCUS zur Forderung nach größerer Mobilität des Forschers. Dadurch entsteht jedoch die Gefahr, daß zentrale Vorzüge der teilnehmenden Beobachtung verlorengehen, die bei anderen Datenerhebungstechniken oft übersehen werden, vor allem die Erfassung und Entdeckung von informellen Verknüpfungen, die zumeist erst durch tiefe, d.h. lang andauernde Augenzeugenschaft erkennbar wird. Gerade darauf basiert aber der von GEERTZ behauptete und in der Folge hegemonial gewordene Aufgabenbereich der Ethnologie, nämlich die symbolhermeneutische Analyse des Verborgenen einer Kultur durch dichte Beschreibung.[18]

Darüber hinaus überwindet die Privilegierung von Mobilität aber auch nicht die Dichotomie zwischen Seßhaften und Mobilen, sondern verfestigt sie.[19]

Es läßt sich also festhalten, daß sowohl die traditionelle Feldforschung als auch die postmoderne Volte von einer dichotomischen Raumbeziehung ausgehen. Diese wird durch grenzüberschreitende Vergesellschaftungsformen herausgefordert, die zwar Lokalität transzendieren, gleichzeitig jedoch lokal verankert sind und sich daher weder mit dem traditionell stationären Fokus noch mit dem "*follow-the*"-Imperativ alleine ergründen lassen.

---

18  WITTEL/BECK 2000.
19  Dies wird beispielhaft sichtbar in den Beiträgen von HANNERZ und APPADURAI, prominenten Wortführern einer Debatte, die in der Neuordnung des ethnologischen Forschungsfeldes federführend ist: der Globalisierungsdebatte. Während HANNERZ [1992] die Unterscheidung in jene Gemeinschaften einführt, "die sich noch immer über Territorialität definieren" (*locals*) und "jene, die Träger kollektiver Bedeutungsstrukturen über räumlich ausgedehnte Netzwerke transnationaler oder sogar globaler Art" (*cosmopolitans*) sind, verortet der APPADURAI seßhafte Kulturen in der Vergangenheit und mobile Kulturen in der Gegenwart. Nach APPADURAI gab es eine stabilere Form der Raumbindung von Kulturen, die erst durch die Globalisierung grundlegend mobilisiert worden sei.

Die Ursachen für die Vernachlässigung der empirischen Forschung über Grenzen sind vielfältig, methodologisch liegen sie aber darin, daß die Transformation des geschlossenen Feldbegriffes zum offenen Netz zwar zur Transformation der methodologischen Strategie führte, dieses aber selten Folgen für die Forschungspraxis hatte.

• zum einen definiert sich das Fach heute über die Methodologie der stationären Feldforschung und grenzt sich dadurch auch von Nachbardisziplinen ab - gerade deshalb, weil zentrale Konzepte wie Kultur und Gesellschaft kein gemeinsames Dach mehr bilden für das Fach;

• zum anderen hat es mit der Institutionalisierung regional ausgerichteter Universitätsinstitute zu tun, sowie mit den sich in spezifischen Forschungsförderungsrichtlinien manifestierenden Interessen der Nationalstaaten.

Und schließlich auch mit den Postulaten der Feldforschungspraxis, nämlich:

• der physischen Präsenz des Feldforschers im Feld,

• dem Bezug auf das Alltagsleben, das sich nur der teilnehmenden Beobachtung erschließt,

• und der Perspektive auf das Fremdverstehen einer anderen kulturellen Praxis.

Um Grenzen der ethnologischen Forschung zugänglich zu machen, muß der Transformation der methodologischen Strategie (Seßhaftigkeit und Mobilität) auch eine Hinterfragung der methodologischen Praxis folgen, ohne dabei auf die Postulate, auf denen heute die Fachidentität beruht, zu verzichten.

Der immer wieder formulierte Vorschlag, die Phänomene bzw. Gegenstände nicht länger ausschließlich an einem Ort zu betrachten, sondern "multi-lokale" Feldforschung zu betreiben,[20] ist sicherlich sinnvoll, seine praktische Umsetzung scheitert aber zumeist - wie auch im Falle meiner Forschung - an den Feldforschungspostulaten und am institutionellen, zeitlichen und finanziellen Rahmen der Forschung. Daher galt es, eine methodologische Perspektive einzunehmen, der den Raum "Gibraltar" als Produkt der lokalen Praxis würdigte und dabei insbesondere die Interpretation, Manipulation, Ablehnung, Integration und Adaption translokaler (vor allem nationaler) Prozesse im lokalen Kontext in den Mittelpunkt stellte [→ insbesondere Teil 2.1 der Einleitung]. Diese Prozesse kreisen um die translokalen Kontexte Souveränität, militärisch-ökonomische Strukturen, Kolonialismus, Entkolonialisierung, Europäisierung, Nationalismus und Ethnizität.

Ethnologen sind heute also zunehmend mit der Aufweichung des klassischen Feldbegriffes konfrontiert. Das Problem der Verortung von Ethnographien hat, wie wir gesehen haben, mit der allgemeinen Entwicklung unserer Disziplin zu tun, sie berührt die Beziehung zwischen Ort und Identität, Kultur und Macht.

Diese Konzepte erlebten durch Anstöße aus der Globalisierungstheorie eine Umwertung, die die Verbindung zwischen Raum, Stabilität und kultureller Reproduktion auf eine grundsätzliche Weise betrifft.[21] Zentral hierfür ist die Zurückweisung der klassischen Konzeption von Kulturen als holistischen, additiven, geschichtlich eingebetteten Bedeutungssystemen (im Sinne

---

20  Vgl. ACKERMANN 1997B, 19ff.; OLWIG/HASTRUP 1997; WELZ 1991; WATSON 1997; MARCUS 1995.
21  APPADURAI 1990.

einer Kultur A und einer Kultur B), fest an Raum und Zeit gebunden,[22] so wie dies verstärkt seit Beginn der 80er Jahre von der amerikanischen Kulturanthropologie problematisiert und in der Folge weitgehend abgelehnt[23] und durch eine prozessuale Perspektive ersetzt wird. Individuen werden seither verstärkt nicht mehr als bloße Repräsentanten eines kulturellen Systems oder als vornehmlich nach den Regeln der *rational choice* handelnde Wesen begriffen, sondern als kulturell geprägte aktive Mitgestalter kultureller Prozesse und auch als Produzenten der Räume, als deren Produkte sie vormals galten.[24]

Der Bruch der Idee von Kultur als raumgebundenem, objektartigem und klar abgrenzbarem Phänomen wird heute auf vielfältige Weise herausgefordert und von der ethnologischen Theoriebildung der Gegenwart unter den Stichworten kulturelle Globalisierung, Diaspora und Hybridität[25] vielfältig gewürdigt wird. All diese Ansätze problematisieren die Verlagerung des klassisch ethnologischen Feldparadigma, weg vom geschlossenen und territorial aufgefaßten Feldbegriff und hin zu translokalen und vor allem transnationalen kulturellen Prozessen. Die Betrachtung von Grenzziehungsprozessen ist hierbei zentral.[26] Allerdings unterliegt auch diesen Ansätzen implizit häufig die Annahme von der Existenz einer Welt vielfältiger und voneinander verschiedener Kulturen. So war es die Absicht der interpretativen Ethnologie, kritische Fragen aus einer Gesellschaft an eine andere Gesellschaft zu stellen. Obwohl etwa MARCUS/FISCHER sich der Tatsache bewußt sind, daß auch 'Zuhause' kulturelle Differenz existiert und 'der Andere' diese Differenz nicht notwendigerweise aufweist, reproduziert aber auch dieser Ansatz die unproblematisierte Dichotomie zwischen 'unterschiedlichen Gesellschaften und Kulturen'.

---

22  Dieses Konzept wurde etwa im britischen Strukturfunktionalismus und der *Culture and Personality School* vertreten.

23  Vgl. MARCUS/FISCHER 1986; CLIFFORD/MARCUS 1986; CLIFFORD 1988. Diese Entwicklung ist nicht nur ein Effekt der Wendung der Kultur- und Sozialwissenschaften weg vom Strukturalismus und hin zur Untersuchung von Praxis und Handlung [BOURDIEU 1977], sie ist auch ein Ergebnis verschiedener, empirisch beobachtbarer Tatsachen: Erstens wurden Menschen aus den ehemaligen Kolonien selbst Ethnologen und hinterfragten die hegemoniale Rolle der westlichen Ethnologen und ihrer Kategorien. Zweitens setzte sich die Überzeugung durch, daß auch die traditionalen Kulturen einfach strukturierter Gesellschaften sehr viel differenzierter und vielfältiger sind als angenommen. Zum dritten wird insbesondere durch die globalen Prozesse der Verstädterung, der Migration und der Medienvernetzung sichtbar, daß Kultur nicht mehr nach dem linearen Akkulturationsmodell bewertet werden kann, nachdem sich zwei in sich geschlossene Systeme (etwa Land-Stadt, Herkunftsgesellschaft-Aufnahmegesellschaft) gegenüberstehen und ein System durch die Übernahme des anderen ersetzt wird.

24  GUPTA & FERGUSON [1992] machen dies am Beispiel zweier Monographien über die !Kung-Buschmänner deutlich. Während MARJORIE SHOSTAKS Monographie *Nisa* [1981] von der radikalen Differenz zwischen Europäern und !Kung ausgeht und diese als rassisch differente, traditionale und isolierte Überlebende aus der Steinzeit in einem unwirtlichen Raum interpretiert, an der jene technisch primitive Adaptionsweise hervorgebracht hat, arbeitet DAVID WILMSEN [1989] die Zuweisung der !Kung in diesen Raum durch politische und ökonomische Beziehungen mit anderen Gruppen in der vorkolonialen Zeit, im Kolonialismus und auch in der nachkolonialen Epoche heraus. Wo SHOSTAKS Differenz als gegeben nimmt und versucht, zwischen Kulturen zu übersetzen, unternimmt WILMSEN den radikaleren Versuch zu zeigen, wie die radikale Andersheit des Anderen erst hergestellt wurde, indem er diesen Produktionsprozeß in die historische Perspektive soziale und räumlicher Vernetztheit stellt. Raum ist hier also kein "neutrales Gitter", das die sozialen Beziehungen prägt, sondern immer schon kulturell geformtes Produkt.

25  BHABHA 1994; FEATHERSTONE 1990; GRAHAM 1990; HALL 1988; HANNERZ 1995; SPIVAK 1993.

26  Siehe etwa ANZALDÚA 1987; GUPTA/FERGUSON 1992.

Kulturelle Differenz ist kein essentielles Merkmal von Individuen und Gruppen, vielmehr wird sie in kontinuierlichen, miteinander verbundenen Räumen produziert, die von politischen, sozialen und ökonomischen Beziehungen der Ungleichheit strukturiert werden. Die essentielle Sichtweise auf Differenz privilegiert einerseits eine Übersetzung 'zwischen Kulturen'; andererseits trübt sie den Blick auf die Gleichartigkeiten und Verbindungen. Anstatt Differenz als gegeben anzunehmen, müssen die Prozesse der Produktion kultureller Gleichheit und Verschiedenheit in den Mittelpunkt des Forschungsinteresses gestellt und in die historischen Prozesse einer sozialen und räumlich miteinander verbundenen Welt eingebettet werden.[27] ACKERMANN [1998/99] hat in diesem Zusammenhang von der Ablösung des Konzeptes der "komplexen Kulturen" durch das der "kulturellen Komplexität" gesprochen.

Für das Forschungsgebiet bedeutet dies, die gibraltarianische Kultur nicht als essentielle Einheit zu begreifen, die sich von anderen kulturelle Einheiten (hier: den Bewohnern des Hinterlandes) unterscheidet, sondern als historische Kategorie, die sich an den Aushandlungsprozessen an der Grenze konstruiert.

Die prozessuale Sichtweise legt einen Kulturbegriff nahe, wie ihn etwa APPADURAI [1990, 1991] benutzt: als Begriff des Netzwerkes, der translokalen kulturellen Strömung oder der Bewegung (*cultural flow*). Die Betonung liegt hier auf der Deterritorialisierung kultureller und individueller Lebensentwürfe, die einen entscheidenden Zugriff auf unser soziales Selbstverständnis gewonnen hat:[28] Menschen bewegen sich (Migration, Tourismus), Kapital fließt (in einer globalisierten Wirtschaft), Information und Ideen strömen und sind durch das schnelle Wachstum und die Expansion der Massenmedien zu greifbaren Lebensentwürfen in allen Gesellschaften rund um den Globus geworden. Die Frage nach den Faktoren, von denen die Regulierung und die Ausgestaltung der *cultural flows* determiniert werden, bleibt jedoch gerade bei APPADURAI seltsam unterbelichtet und läßt sich auf die mangelnde Verankerung seiner Ansätze zur Deterritorialisierung in der Empirie zurückführen. Somit bleibt es erforderlich, die Verortungen im lokalen Raum zu untersuchen, eine Aufgabe, für die die Ethnologie besonders gut geeignet ist. Der Fokus des vorliegenden Buches liegt deshalb auf der empirischen Untersuchung der Grenzen als denjenigen Orten, an denen die Strömungen von einem in ein anderes Staatsgebiet überwechseln.

Dabei werden jedoch zwei Aspekte weitgehend ausgeblendet. Denn eine Entortung von Lebenszusammenhängen bedeutet nicht, daß Menschen sich ständig bewegen und quasi ortslos geworden sind - im Gegenteil: statt eine Deterritorialisierung im Sinne von Entwurzelung wird in Gibraltar eher eine "*deep territorialization*" wirksam.[29]

---

27   Vgl. GUPTA/FERGUSON 1992: 17.
28   APPADURAI 1991.
29   Dies läßt sich gerade an jenem Beispiel der Vereinheitlichung der Konsumwelt, das als Beleg für die Allmacht des Würgegriffs des vermeintlich Globalen prototypisch herangezogen wird, verdeutlichen: der McDonaldisierung oder, wie BARBER [1992: 53] formuliert, der McWorld. In einer ethnologischen Studie über die Konsumption von Produkten von McDonalds weist WATSON [1997] erstaunliche Unterschiede für verschiedene ostasiatische Länder auf. Firma und Produkte werden den nationalen bzw. lokalen Erfordernissen angepaßt. Dabei geht das Unternehmen einerseits auf lokale kulturelle Kontexte ein, andererseits integrieren die Konsumenten McDonalds auf unterschiedliche und oftmals durchaus widersprüchliche Weise in ihre soziale und politische Lebenswelt [→ Postscript]. Vgl. auch LUKENS BULL 1999.

Erfahrungen finden nach wie vor im verortbaren Raum statt, sie sind lokalisierbar, auch wenn Satelliten-TV, Bildtelefon und Internet wahrhaft ortlos erscheinen und einen zunehmend größeren Einfluß auf das Leben einer immer größeren Zahl von Menschen gewinnen. Gerade die neuen Medien werden im lokalen Raum konsumiert, ihre Bedeutung wird nach lokalen Mustern interpretiert[→ Kapitel 1.6]; sie reduzieren sogar die Notwendigkeit für den einzelnen, diesen Ort zu verlassen, da ein deutscher Wissenschaftler via Konferenzschaltung an einem Kongreß in Tokio teilnehmen, ein gibraltarianischer Sindhi über Internet an den Entscheidungsprozessen einer virtuellen Sindh-Nation partizipieren und ein in Australien lebender gibraltarianischer *ex-pat* an der Aushandlung einer gibraltarianischen Identität mitwirken kann, ohne seine Wohnung zu verlassen.

Zur Analyse von Raum und Kultur erscheinen mir daher zwei Zugangsweisen hilfreich.

• Zum einen das von FOG OLWIG und HASTRUP entwickelte Konzept der verortung von Kultur (*siting culture*, in dem jene Orte in den Forschungsmittelpunkt gestellt wurden, die eine Untersuchung der Vernetzung zwischen dem Lokalen und dem Translokalen ermöglicht. Ihr Ansatz wurde im übrigen im Bereich der Urban Anthropology schon vor ihrer Benennung als *siting culture* von WELZ [1991] in Ablehnung der traditionellen Nachbarschaftsstudien entwickelt. Lokale urbane Gemeinschaft zeichnet sich bei WELZ nicht durch nachbarschaftliche Nähe aus, sondern durch eine Institution (etwa ein Vereinslokal, ein Straßenzug, eine Behörde), in der die sozialen Beziehungen der Mitglieder des Netzwerkes ausgehandelt werden und die für eine gemeinsame Identifikation zentral ist. Bei den Nevis-Insulanern von FOG OLWIG stellen Familienland und Familienhaus auf der Karibikinsel, an dem sich die in den USA, Großbritannien und auf den Virgin Islands lebenden Nevisianer mit ihren Verwandten vor Ort regelmäßig treffen, einen solch zentralen Bezugspunkt dar. In Gibraltar ist es die Grenze.

• Der zweite Zugang, der zur ethnologische Untersuchung von Grenzen geeignet ist, ist die Betrachtung von Orten als Produkten von Diskursen und Praktiken, wie er etwa von dem Ethnologen FOSTER[30] formuliert wurde. FOSTER untersucht die lokalen Strategien der Aneignung und Verwerfung globalisierter Bilder zu möglichen Lebensentwürfen. Die globale Zirkulation medialer Bilder führt zur Resituierung sozialer und räumlich definierter Gemeinschaften in ihrer Beziehung zu anderen Lokalitäten. Auf den Bereich der Grenze übertragen bedeutet dies, jene Diskurse und Praktiken zu untersuchen, mit denen sich Informanten lokalisieren, globalisieren, verorten und entorten. Zu fragen wäre etwa danach, wie, von wem, in welchen Kontexten und mit welchen Absichten die lokale Verwurzelung, die Existenz einer grenzüberschreitenden Gesellschaft oder die Bindung an das Mutterland hergestellt, bekräftigt oder verneint wird. Dies stellt den Zusammenhang zwischen Lokalität als gelebter Praxis und Narrativen über die Relevanz anderer Orte und des Globalen in den Mittelpunkt der Untersuchung. Die Frage nach den Lebensmittelpunkten der Informanten muß kombiniert werden mit Fragen nach der Anbindung dieser Orte an rhetorische Figuren von Globalität, Lokalität und Netzgebundenheit. Orte können dabei als geographische Fluchtpunkte der Phantasie, des Begehrens oder der Furcht interpretiert werden.

---

30  FOSTER: *Marginal modernities: Identity and Locality, Global Media and Commodity Consumption*, paper presented at German-American Frontiers of the Social and Behavioral Sciences Symposium, March 25th-28th, 1999. Dölln, Germany. Siehe auch JOHNSON: *Global desirings and translocal loves: transgendering and same-sex sexualities in the southern Philippines*, in: American Ethnologist 1998, 25 (4): 695-711.

Ich plädiere dafür, Feldforschung nach wie vor an partikulären Lokalitäten durchzuführen, aber der Fokus sollte nicht nur auf die Beziehungen gerichtet sein, die innerhalb dieser Lokalitäten stattfinden. Ein Feld ist also nicht in erster Linie ein geographisches Territorium, sondern ein translokales Beziehungsfeld; zu untersuchen sind somit jene Beziehungen, denen die Informanten diskursiv und praktisch Bedeutung zusprechen. Die Machthierarchien zwischen den verschiedenen Lokalitäten spielen hierbei eine zentrale Rolle, denn oftmals wird lokale Kultur von außen gegen den Willen (und Widerstand) der Einheimischen behauptet.

Somit rücken jene Strategien ins Zentrum der ethnologischen Analyse, durch die Visionen des Lokalen und des Globalen sich innerhalb und durch den Nexus von (kulturellen und materiellen, realen und imaginierten) Beziehungen, die weit über die jeweilige Lokalität hinausgehen, konstituiert werden. Bedeutsam ist hierbei die Art und Weise, auf die dominante Versionen von Lokalität und Globalität reformuliert und reartikuliert werden, häufig im Lichte der eigenen Erfahrung oder der Erzählung von Fremdheitserfahrungen, die es den Informanten ermöglichen, sich selbst als von 'irgendwo anders abwesend' zu denken.

Die Bindung von Kultur an konkrete Territorien ist ein Effekt der mythenbildenden Prozesse individueller und kollektiver Akteure. Eine Dichotomisierung von Territorialität und Deterritorialisierung ist für die Untersuchung dieses Prozesses eher ungeeignet. Wie uns das Beispiel der Sindhis [→ Kapitel 5.2.1] und der Gibraltarianer zeigte [→ Kapitel 1.6 und Kapitel 5.5], ist Territorialität vielmehr in jedem Falle das Resultat einer kulturellen Leistung von einzelnen und Gruppen, die somit *per se* Träger deterritorialisierter Identitäten wären.[31] Territorialität wird durch Prozesse der Deterritorialisierung lediglich reterritorialisiert, nicht jedoch ersetzt. Territorialität kann nur dann als Realität untersucht werden, wenn wir die Bedeutung der Realität für die lokale Bevölkerung berücksichtigen.

## 8.3.2 Nation

Wenn sich innerhalb und an den Rändern der EU heute Euroregionen und Interregionen zu alternativen oder zumindest parallelen territorialen Vergesellschaftungsformen zum europäischen Nationalstaat entwickeln, so sind Gibraltar und sein Hinterland dafür kein Beispiel.

Die Idee von nationaler Souveränität besitzt für die Ansätze zur Konstruktion von Identität, die wie BARTH und COHEN vor allem auf den symbolischen Charakter von Gruppen und auf die individuelle Aufrechterhaltung von Grenzen abhebt, eher eine untergeordnete Bedeutung. Sie ist zumindest in Europa sowohl ein politisches Ideal, als auch eine politische Realität und ein kulturelles Selbstbild. Die Grenzen der (kulturellen oder ethnischen Gemeinschaft der) Nation werden mit den Grenzen des selbstregierten Staates in Einklang gebracht. Die Bedrohung des Staates wird von den Bewohnern meist als Bedrohung ihres Lebensstils und ihres Einflusses auf das staatliche Gemeinwesen verstanden. Der Verlust von Souveränität des Staates und der Regierung bedeutet für viele Bürger den Verlust des eigenen Einflusses auf die Geschicke des Staates und eine Bedrohung der nationalen Identität. In Umkehrung läßt sich formulieren, daß mit der Erringung staatlicher Souveränität auch ein Gewinn des eigenen Einflusses auf die Ge-

---

31 HALLER 1995b.

schicke des Staates und eine Aufwertung nationaler Identität einhergeht. Dies ist die Hoffnung des politischen Nationalismus in Gibraltar: der Kampf der Kolonialbevölkerung um das Recht auf politische Selbstbestimmung (*Self-determination*) ist untrennbar verbunden mit der Hinterfragung bestehender nationaler Identitäten (der spanischen und der britischen) wie auch der Formulierung einer eigenen kulturellen Identität.

Die Bedeutung nationaler Differenz kann (wie an den Binnengrenzen des Schengener Territoriums) minimiert oder (wie an der Grenze zwischen der DDR und der BRD) extrem inszeniert werden. Gibraltar nimmt hier sicherlich die Zwischenposition einer klassischen Nationalstaatsgrenze ein. Sind Staatsgrenzen auch keine räumlichen Tatsachen mit ethnologisch relevanten Wirkungen, sondern ethnologisch relevante Tatsachen, die sich räumlich ausdrücken, so wirkt doch der konkrete räumliche Ausdruck auch wieder auf ethnologische Tatsachen wie auf Werthaltungen und Verhalten, auf Performativitäten und Diskurse der Grenzraumbewohner und Grenzgänger zurück (etwa in Form von Ritualen der Rebellion, [→ Kapitel 2.2]). Nationale Identifikation ist also nicht ausschließlich ein Produkt einer nationalen Ideologie, das in den lokalen Kontext der Grenzperipherie lediglich übertragen wird. Vielmehr ist die Grenze selbst generativ am Prozeß der nationalen Identitätsbildung beteiligt. An den Grenzen entfaltet sich im Leib der Grenzlandbewohner staatliche Macht und wird für den einzelnen durch die nationalstaatlichen Symboliken wie Flaggen, Kontrollprozeduren, die Abverlangung von Identitätsnachweisen und Grenzlandmonumente erfahrbar und erlebbar. An ihnen wird nationale Identität und nationale Differenz nicht nur exhibiert, sondern sie wird häufig auch von den Grenzlandbewohnern performiert (siehe die Demonstration der Lobbygruppe *Voice of Gibraltar* [→ Kapitel 5.3.2] und die Feier des englischen Sieges gegen Spanien während der Fußballeuropameisterschaft 1996 [→ Kapitel 2]). Am Beispiel meiner eigenen Grenzüberquerung [→ Einleitung, sowie Kapitel 1.6], der Misswahlen [→ Kapitel 3.3.4], des Schmuggler-Habitus [→ Kapitel 6.4] und der jüdischen Fundamentalisierung [→ Kapitel 7.3.2] habe ich gezeigt, daß Grenze leiblich erfahren wird und die Performativität von Körperlichkeit beeinflußt.

Ich habe in Kapitel 2 argumentiert, daß nationale Identifikation sich erst dann durchsetzt, wenn sich beim Sieg der eigenen Fußballmannschaft Tränen mobilisieren lassen. Diese Aussage ist im übertragenen Sinne zu verstehen: Nationalismus muß körperlich erschüttern oder zumindest auf irgendeine Weise erfahrbar sein, wenn er - negativ oder positiv - als Ideologie wirklich überzeugen soll. Ich habe die spanisch-gibraltarianische Grenze als denjenigen Ort gezeigt, an dem diese Wirkung entfaltet wird. Zu fragen wäre nun nach der allgemeinen Wirkung von Grenzen auf Körper und Leib. Der gibraltarianische Fall gibt uns einen Hinweis darauf, daß es sich um einen spezifischen Typus der Grenze handeln muß, damit nationale Differenz in den Körper eingeschrieben wird: den Typus der umstrittenen und symbolisch hochgradig aufgeladenen Grenze. Die Erfahrbarkeit der Grenze wird ein Ausgangspunkt für die Entstehung einer nationalistischen Bewegung, wenn von ihr eine Erschütterung ausgeht.

Nation und Körper verbinden sich an der Grenze nicht nur durch die Evozierung von Gefühlen. Die Körpererfahrung der Grenzlandbewohner und der Grenzüberquerer steht an der Grenze durch die Kontrollmaßnahmen der Staatsorgane in unmittelbarer Verbindung mit der Nation. Im Moment der Grenzkontrolle wird der Körper des Kontrollierten zur Außengrenze des Staates; der Körper an der Grenze ist jener Macht ausgesetzt, die für die Formung der territorialen Grenze selbst verantwortlich ist. Gleichwohl sind Körper nicht nur Objekte der Unterwerfung durch die nationalstaatliche Macht, als Leib *leben* sie die Nation und wirken dadurch auch auf die Nation zurück. Die Beziehung zwischen Körper/Leib und Nation ist an der Grenze somit nicht nur symbolischer und metaphorischer, sondern vielmehr auch phänomenologischer Art.

Grenzen des Nationalstaates und Grenzen des Körpers stehen metaphorisch und diskursiv häufig miteinander in Verbindung. So kommt dem Schmuggler in der Metapher der territorialen Integrität - je nachdem - entweder die Rolle des Virus zu, der den Staatskörper durchdringt, oder aber die Rolle des kühnen Helden, der diese Integrität durch seine Handlung ad absurdum führt.[32]

Körpergrenzen und Staatsgrenzen gerinnen hier zur Analogie, die beide durch mögliche Eindringlinge - Krankheiten bzw. Schmuggler und illegale Migranten - verletzt und 'infiziert' werden. Nicht selten werden Grenzen mit dem Schutz des (eigenen) Körpers vor Krankheit assoziiert - Seuchenkontrolle ist eine zentrale Aufgabe der klassisch nationalstaatlichen Grenze. Es ist somit nicht verwunderlich, daß auch in Gibraltar Krankheit, mangelnde Hygiene, Armut und Drogen auf das Hinterland projiziert werden [→ Kapitel 2.2.].

Häufig kleidet sich die Assoziation zwischen Grenze und Körper in Diskurse und Praktiken der Sexualität. Nichthegemoniale Formen der 'erlaubten' Sexualität wie Prostitution und Vergewaltigung können staatliche Territorialität bedrohen, indem sie die Grenzen des Staates verletzen. In der vom männlich-militärischen Ethos der Garnison beeinflußten Zivilgesellschaft wird der weibliche Körper dadurch zum bevorzugten Objekt staatlicher Kontrolle an den Grenzen. In Gibraltar wird Grenze im Laufe seiner Geschichte immer wieder durch die Assoziation der Bedrohung des weiblichen Körpers verknüpft: die Ausweisung der Prostituierten in den 20er Jahren versuchte, die Integrität des (männlichen) Militär*corps* vor Krankheiten zu schützen [→ Kapitel 1.3]; die Deportation schwangerer Inderinnen und Marokkanerinnen in den Jahren vor 1983 [→ Kapitel 5.2.1] deutet auf die Gefährlichkeit des weiblichen Körpers für die Integrität der ethnischen Gruppe der *Yanitos* hin. Heute schließlich verweisen die Reden der gibraltarianischen Männer über die Bordellmentalität vor 1969 [→ Kapitel 3.3.4] und die Mutmaßungen über das 'verbotene' Leben, das so mancher brave Bürger jenseits der Grenze auslebt [→ Kapitel 2.2], auf die symbolische Reinhaltung des Eigenen (sowohl des Territoriums als auch der 'eigenen' Frauen) vor den Verderblichkeiten des Nachbarn.

Der Schutz des Eigenen (die harmonische Gesellschaft [→ Kapitel 3.3]) wird in Gibraltar durch die Exklusion des fremden weiblichen Körpers (Prostitution, 'Einwanderung' durch Geburt, 'unsittlicher' Lebenswandel) angestrebt. Sehen die Gibraltarianer in Spanien ein sexuell verlockendes Terrain, so versucht der spanische Staat zu verhindern, daß diese Verlockungen wahrgenommen werden. Dem Schutz der 'eigenen' Körper (hier: der Spanierinnen) vor 'fremden' Übergriffen (hier: der männlichen Gibraltarianer) kommt damit hohe Priorität zu, die sich in der paternalistischen Haltung des Grenzapparates gegenüber den 'eigenen' Frauen aus-

---

[32] Schmuggel ist für die Gibraltarianer nicht nur eine Lebensgrundlage, sondern darüber hinaus stellt er eine Möglichkeit dar, dem feindlichen Nachbarn Paroli zu bieten und jene Souveränität des Handelns auszuleben, die Spanien auf politischer Ebene verhindert. Das männliche Bravado des Schmuggler-Habitus [ → Kapitel 6.4] ist sicherlich auch deshalb so beliebt, weil er eine symbolische Feminisierung des Gegners erlaubt.

drückt. Es sei hier sowohl an die Verknüpfung der Grenzschließungsdrohung von 1968/69 mit echten oder vermeintlichen "sexuellen Belästigungen" spanischer Arbeiterinnen auf dem Felsen [→ Kapitel 1.4] erinnert, als auch an die Weigerung der männlichen Grenzbeamten, bei spanischen Matuteras Leibesvisitationen [→ Kapitel 6.1] durchzuführen und damit offensichtlichen Rechtsbruch zu tolerieren.

Die Betrachtung der Wechselbeziehung zwischen Grenzen und Körper/Leib führt zu einem Verständnis von Nation und nationaler Identifikation, das über die symbolisch-semiotische Ebene hinausgreift und diese phänomenologisch ergänzt durch die bewußte oder unbewußte Körperperformativität.

### 8.3.3 Identität

Mit dem Prozeß der Nationalstaatenbildung hängt auch die Transformation der dominierenden Vorstellung von Identität zusammen, die sich nach dem Zerfall der Imperien der Romanows, Hohenzollern, Habsburger und Osmanen verlagerte: Privilegierte die imperiale Herrschaft das Konzept der Person, so dominiert im Zeitalter der Nationalstaaten das Konzept des Individuums.

In Kapitel 5 habe ich gezeigt, daß sich das Identitätskonzept der Gibraltarianer im Prozeß der Nationenbildung von der Person (was in Fiorinas Lob der Mischung zum Ausdruck kommt) zum Individuum (beispielhaft an der Genese von *The Gibraltarian*) transformierte. Um die Entwicklung von "Person" zu "Individuum" zu vollziehen, bedarf es einer politischen Bewegung hin zur Umwandlung der bloßen staatlichen Grenze (hier: die britisch-spanische Kolonialgrenze) in eine nationale Grenze (hier: die gibraltarianisch-spanische Grenze im Sinne der nationalen Bewegung), auf deren einen Seite (idealtypischerweise) all jene Individuen leben, die sich der Nationalität X zuordnen, und auf der anderen Seite jene, die sich als Teil der Nationalität Y definieren.[33]

Im strikt anthropologischen Sinne wird also an der Nationalgrenze den "Personen" eine "individuelle" Identität zugemessen, wird ihnen abverlangt, sich als "Individuen" zu begreifen und Identität unabhängig vom sozialen, kulturellen, religiösen oder territorialen Kontext auszudrücken. Die beiden, durch die Grenze getrennten Individuen besitzen in dieser Vorstellung geringe Möglichkeiten einer Überschneidung. Die Grenze ist somit ein ideales Konstrukt, dessen politischer Wert sich daraus ergibt, das es plausibel erscheint. Im Prozeß der Formierung von Nationalstaaten und nationalistischen Bewegungen ist es meist die Aufgabe von Intellektuellen, Argumente (historischer, geographischer und politischer Art) dafür zu finden, welche die Idee untermauern, daß die Grenze tatsächlich existiert - so auch in Gibraltar am Beispiel der Ikonographie des Felsens [→ Kapitel 2], der Landkarten und der Grenzlandsymbole [→ Kapitel 1 und 5.2].[34] Die Rolle der Politik ist es, diese Grenze zu einer politisch-administrativen Grenze umzuformen. Diese Definition legt nahe, daß das Konzept der Grenze hinfällig und bedeutungslos wäre, würde man es nicht mit dem Konzept der nationalen Identität (als Form ethnischer Identität, die nicht verhandelbar ist) und der Nation (als konkretem Ensemble aller

---

33   Vgl. WEBER-KELLERMANN 1978: 12, 125ff.; VERENI 1996.
34   Vgl. MCDONALD 1989; MCKECHNIE 1993; SMITH 1984, 1993.

Träger der spezifischen Ausdrucksformen der nationalen Identität) verknüpfen. Durch Kontrollmaßnahmen und nationale Symboliken wird die nationale Identität an der Grenze bewußt gemacht, indem sie in den Körper der Grenzgänger eingeschrieben und vom Leib gelebt wird.

Der gibraltarianische Fall unterstützt die Annahme, die Grenzbildung im nationalen Kontext sei konstitutiv für die Konzeption des unteilbaren und kontextentbundenen Individuums; die nationalistisch inspirierte Geschichtsschreibung und Genealogiebildung von *The Gibraltarian* [ → Kapitel 5.2] ist ein solches Konstrukt, durch die die vormals nicht-ethnisch organisierte Pluralität des kolonialen Personakonzeptes ersetzt wurde.

### 8.3.4 Gesellschaft und Gemeinschaft

Die Vorstellung von Grenzen als durchlässige und kontrollierende Membranen führt zu der Frage nach den Grenzen der Gesellschaft. Allzu häufig wurden Gesellschaften - quasi im nationalökonomischen Sinne - als fraglos durch Staatsgrenzen limitiert untersucht, wurden Grenzen als selbstverständliche und unhinterfragte Limitierung des ethnologischen Forschungsfeldes betrachtet.

Zweifellos stehen aber lokale Grenzbevölkerungen wie auch viele andere Vergesellschaftungsformen (vor allem Diasporen), die erst langsam Gegenstände der ethnologischen Forschung werden, zumeist in vielfältigen und stetigen Austauschbeziehungen mit den 'anderen' jenseits der Grenze: Heiratsbeziehungen, Ökonomie, Handel und Konsum, Religion, Sport und Freizeitverhalten sind nur einige dieser Beziehungen, die auch zwischen Gibraltar und seinen Hinterländern wirksam werden bzw. wurden. Diese Vielfalt vermag die nationale und die staatliche Definition von Gesellschaft zu unterlaufen. Bedeutet dies auch, daß die Bewohner diesseits und jenseits der Grenze eine gemeinsame Gesellschaft bilden? Ich möchte diese Frage am Beispiel von DRIESSEN diskutieren, der den Begriff der "*single frontier society*", wahlweise den der "*overlapping society*", für das spanische Melilla und sein marokkanisches Hinterland benutzt. Was versteht DRIESSEN unter *society*? Eine "*single frontier society*" trüge Merkmale einer Gesellschaft, eine "*overlapping society*" dagegen wäre die Schnittmenge zweier Gesellschaften.

Beide Gebiete befinden bzw. befanden sich in einer peripheren Lage innerhalb ihrer jeweiligen Nationalstaaten. Aus zentralstaatlicher Perspektive Spaniens und Marokkos war ein Kontakt zwischen den beiden Territorien unerwünscht, verschiedene Maßnahmen wurden eingeleitet (etwa das Verbot des grenzüberschreitenden Handels), um grenzüberschreitende Beziehungen zu unterbinden. Trotz dieser Intentionen und obwohl die Grenze darüber hinaus sogar eine gut kontrollierte Militärgrenze war, entstanden zahlreiche Kontakte zwischen Melillenses und Rifis, gerade auch im Bereich des Handels. Zwischen Gibraltar und dem *Campo* finden wir eine ähnliche Situation vor. In Kapitel 2, 3 und 4 habe ich dargelegt, daß die Politik der Londoner und die Madrider Zentralregierung zumeist darauf ausgerichtet war, die Kontakte zwischen Gibraltar und dem Hinterland zu minimieren. Trotzdem entwickelte sich im XIX. und im frühen XX. Jahrhundert eine Gesellschaft, die von den Gibraltarianern retrospektiv als demographische und ökonomische "*single frontier society*" beschrieben wird und die auch auf institutioneller Ebene lokal verankert war (ich erinnere an die *Royal Calpe Hunt* und an die

Unterstützung der Liberalen bzw. Republikaner in den spanischen Bürgerkriegen durch die britischen Gouverneure [➔ Kapitel 1.3]). Die Arbeitsteilung zwischen *Campo* und Gibraltar, die zahlreichen *Intermarriages* und die Residenz vieler *Yanitos* im Hinterland (vor 1939) rechtfertigen in den Augen der Gibraltarianer die Rede von der "*single frontier society*".

Der Begriff der Gesellschaft basiert jedoch auf Kategorien und Institutionen, die für den modernen Westen konstitutiv und charakteristisch sind. Aus dieser Perspektive heraus läßt sich argumentieren, daß die Aufteilung der Menschheit in voneinander klar unterscheidbare territoriale, soziale und ethnisch-kulturelle Einheiten der Ideologie des Nationalstaates entstammt. Der Fall der Grenzregion Gibraltars (wie auch Melillas) und seines Hinterlandes zeigt aber, daß sich der Gesellschaftsbegriff - wird er auf die grenzüberschreitende Bevölkerung angewandt - sich aus seiner national- und zentralstaatlichen Bindung lösen und soziale Systeme vielmehr als heterogene und offene soziale Netzwerke betrachten muß.

Es lassen sich grob zwei Definitionen von Gesellschaft unterscheiden. Die Definition von Gesellschaft im Sinne von *einer Gesellschaft* ist wohl so problematisch und vielfältig wie die Definition von Kultur. Generell wird sie zumeist als menschliche Gruppe gefaßt, die relativ groß und relativ unabhängig ist, die sich aus demographischer Sicht heraus selbst erhält und die relativ autonom in der Organisation ihrer sozialen Beziehungen ist. Gesellschaft im Sinne von *die Gesellschaft im allgemeinen* ist zumeist synonym mit sozialer Struktur und sozialer Organisation. Beiden Definitionen ist der Aspekt der sozialen Organisation gemein.

In der ethnologischen Tradition werden immer wieder zwei gesellschaftliche Organisationstypen miteinander kontrastiert: bei SPENCER sind es die einfachen und die komplexen Gesellschaften, bei MORGAN die auf verwandtschaftlicher bzw. die auf territorialer Bindung basierenden Gesellschaften. DURKHEIM spricht von Gesellschaften, die auf mechanischer bzw. auf organischer Solidarität aufgebaut sind. Bei WEBER handelt es sich um traditionale vs. rationale Gesellschaften und bei MAUSS um solche Gesellschaften, die auf Reziprozität bzw. auf Kontrakt gründen. Die Begriffspaare sind jedoch in jedem Fall an eine politische Organisationsform gebunden. In Staaten wird die politische Organisation von Staatsgrenzen limitiert, grenzüberschreitende Gesellschaften sind nicht vorgesehen.

Der andere Begriff, der uns zur Beschreibung größerer menschlicher Einheiten zur Verfügung steht, ist der Begriff der Gemeinschaft. Im weitesten Sinne wird unter Gemeinschaft jede Gruppe von Personen verstanden, die durch gemeinsame Interessen geeint ist (z.B. eine Berufsgruppe, eine Partei, eine Residenzgruppe, ein Club oder eine andere freiwillige Korporation). Im strikten anthropologischen Sinne wird Gemeinschaft vornehmlich auf lokale Gemeinschaften angewandt, die in der Regel klein sind und häufig als traditional oder geschlossen beschrieben wurden: auf die *Peasant Communities* und auf traditionelle oder isolierte Gruppen innerhalb industrieller Gesellschaften. Staatlichkeit und gar Nationalstaatlichkeit sind keine Definitionskriterien der Gemeinschaft.

Gemeinschaft und Gesellschaft sind somit kontrastierende Kategorien: In der Gemeinschaft dominieren persönliche Beziehungen auf *face-to-face*-Ebene, entweder innerhalb eines überschaubaren sozialen Netzwerks oder einer residentiellen Einheit. Ihr gegenüber steht die eher unpersönliche, auf vertraglichen Bindungen basierende (moderne und industrielle) Gesellschaft. Grenzüberschreitende Netzwerke wie das Gibraltarianisch-Campogibraltarianische oder auch die von DRIESSEN beschriebene "*single frontier society*" sind hier nicht eindeutig als Gemeinschaft bzw. als Gesellschaft zuzuordnen: Interaktion verläuft häufig auf der *face-to-face*-Ebene, die Bewohner verbindet das gemeinsame Interesse an der Grenze; insofern könnte man von einer Gemeinschaft sprechen. Andererseits ist die Einheit groß und unpersönlich genug, um die Merkmale einer Gesellschaft zu tragen. Allerdings handelt es sich um keine Einheit, die relativ unabhängig oder gar im demographischen Sinne selbsterhaltend, geschweige denn relativ autonom in der Organisation ihrer sozialen Beziehungen ist. Gerade gemeinsame politische Institutionen auf formaler oder informeller Ebene existieren heute zwischen Gibraltar und seinem Hinterland nicht; beide Gebiete sind Teile unterschiedlicher staatlicher Einheiten. Die Synonymisierung von *Gesellschaft* mit *(national-)staatlicher Gesellschaft*, deren Einzelteile durch organische Solidarität verbunden sind, zeigt, daß der Gesellschaftsbegriff an nationalstaatlichen Grenzen endet; der Blickpunkt von der Grenze als Aushandlungsort dagegen öffnet den Gesellschaftsbegriff (wie das ja auch die Gibraltarianer mit dem emischen Begriff tun) und löst ihn von Staatlichkeit. Man könnte dann Gibraltar und sein Hinterland (bis in die 60er Jahre) nicht als "*overlapping society*" bezeichnen, sondern als Einheit, wo zwei Gesellschaften sich überschneiden oder eben als heterogenes, offenes soziales Netzwerk, das sowohl Merkmale einer Gemeinschaft als auch einer ganz neuen, unstaatlich organisierten Gesellschaft trägt.

# Postscript

Im Februar/März 2000, kurz vor Drucklegung dieses Buches, habe ich die Kolonie ein erstes Mal seit Abschluß der Feldforschung besucht. Die relevanten Entwicklungen, die sich in der Zwischenzeit ergeben haben, werde ich hier kurz skizzieren. Ethnologische Feldforschungen tragen die Gefahr in sich, kulturelle Momentaufnahmen zu festen Bildern oder Artefakten von Kulturen erstarren zu lassen, so sehr der Verfasser auch in seinem Bemühen um prozessuale Perspektiven beabsichtigt haben mag, aus der kulturellen Komplexität keine komplexe Kultur zu machen. Dieses Ansinnen möchte ich mit diesem Postscript unterstützen.

Der souveränitätsrechtliche Status der Kolonie ist weiterhin umstritten, der spanische Anspruch auf die Kolonie wird noch immer aufrechterhalten. Und noch immer versetzen die spanischen Behörden der kleinen Kolonie mit ungeahnter Findigkeit immer neue Nadelstiche. So wurde zur Zeit meines Besuches angekündigt, jenen Kreuzfahrtschiffen, die Gibraltar in ihrem Programm haben, die Anlandung in Spanien zu verbieten.

Warteschlangen an der Grenze gibt es noch immer. Vor allem am Tage dauert die Überquerung der Grenze mit dem Auto im Durchschnitt eine Stunde, unabhängig vom Verkehrsaufkommen. Die Lokalregierung richtete 1998 als Reaktion auf die Fischereiunruhen vom März [ → Kapitel 1.6.1] eine Beschwerdestelle für Einheimische, Spanier und Touristen ein. In regelmäßigen Abständen schwärmen Mitarbeiter der Behörde aus, um die Wartenden in ihren Autos zu befragen und um Unterschriften zu sammeln, die dann an die Europäische Kommission und an die Botschaften der jeweiligen Länder weitergeleitet werden. Während die Einheimischen oftmals aus Resignation solche Aktionen für sinnlos halten, ist die Kooperationsbereitschaft bei den Bewohnern des *Campo*, die in Gibraltar arbeiten und mitunter tagtäglich die Grenze überschreiten, weitaus größer. Vor allem bei jüngeren Spaniern ist die Resonanz positiv, während die ältere Generation oftmals lediglich den Familiennamen und den Wohnort, nicht aber die genaue Adresse angibt - aus Furcht vor Repressalien, wie Mitarbeiter der Behörde argwöhnen.

Auch die Matuteras [→ Kapitel 6.1.2] sind weiterhin aktiv. In Gruppen stehen sie unweit des Grenzüberganges auf gibraltarianischer Seite, um den besten Moment für einen Übertritt abzuwarten. Manche von ihnen beobachten von der Damentoilette des gibraltarianischen Zollgebäudes aus die Lage, andere warten, bepackt mit Plastiktüten, gefüllt mit Zigarettenkartons, Zucker oder Milchprodukten, auf alten Fahrrädern, geschützt hinter parkenden Autos oder Zäunen. Aber auch der Schmuggel von Waren mit dem PKW lockt noch immer. Und nicht in jedem Fall ist es nur die spanische Polizei, die verdächtige Fahrzeuge durchsucht. So werden am 25.02.2000 zwei Spanier aus Málaga im *Magistrates Court* des lokalen Gerichtes mit einer Strafe von 900 £ belegt, weil sie mit 80 Stangen Winston-Zigaretten gefaßt wurden - und zwar von den gibraltarianischen Grenzern.

Grenzüberschreitende Netzwerke bestehen nach wie vor, doch vor allem aus den Bereichen der Medien (Zeitungen, TV-Berichterstattung, Internet Chat-Lines) scheinen sie ausgeblendet. Das Schicksal des grenzüberschreitend angelegten Journal LIFESTYLE MAGAZINE [→ Kapitel 1.5.1] war schon im Sommer 1997 mit nur drei Ausgaben besiegelt.

Die Schwäche des Euro im Frühjahr 2000 wirkt sich negativ auf die gibraltarianische Wirtschaft aus. Vor allem die Geschäfe der Main Street, die vom Tagestourismus leben, sind davon betroffen. Der Einzelhandel klagt über die Unmassen von Touristen auf der Straße und die Leere in den Geschäften.

Informanten bemerken eine Verschiebung der Zugangsmöglichkeiten für Gibraltarianer zu gehobenen sozialen Positionen durch die Festigung des Finanzsektors; diese befördert die Installierung ausländischer Spezialisten multinationaler Banken und Unternehmungen, etwa im Versicherungsbereich, die, anders als die britische Militärelite, bislang keine Verwobenheit mit dem sozialen Leben der Kolonie verbindet. Viele dieser Spezialisten leben in Sotogrande und arbeiten in Gibraltar, ohne Beziehungen zur Kolonie zu entwickeln, die über den unmittelbaren Geschäftsbereich hinausgehen; ihre Kinder besuchen z.B. keine der Schulen in Gibraltar. Es scheint eine Elite heranzuwachsen, die die ökonomischen Geschicke der Kolonie zunehmend prägt, die aber keine lokale Verwurzelung besitzt - dies sind jedenfalls die Befürchtungen vieler Informanten. Parallel dazu bleibt den Einheimischen der Zugang zu bestimmenden Positionen verwehrt. In Gibraltar führt die Globalisierung somit zu unterschiedlichen Graden sozialer und physischer Mobilität verschiedener Gruppen, wobei die Einheimischen sich in einer unterprivilegierten Situation befinden.

Allerdings adaptieren sich global agierende Unternehmen an lokale Kontexte. So vermag es der Souveränitätsstreit und der Anspruch Spaniens, als deren Folge der *National Day* angesehen werden kann, die Burgerkette McDonalds zu einer neuen Strategie zu bewegen. Die lokale Filiale von McDonalds eröffnete im Sommer 1999. Die während des *National Day* 1999 stattfindende Promotionaktion der Kette stieß auf Ablehnung, weil Ronald McDonald Luftballons in den Firmenfarben gelb-rot verteilte. Unglücklicherweise ist diese Farbkombination aber noch pikanter als die Kombination rot-weiß-blau. Gelb und rot sind immerhin die Farben des Feindes Spanien. Die lokale Leitung reagierte prompt und stattete Ronald mit roten und weißen Luftballons aus. Ape-Burger oder Rock-Shakes wurden bislang jedoch noch nicht eingeführt ...

Auch die souveränitätsrechtliche Situation Gibraltars bezüglich des Status innerhalb der EU und bezüglich des Mutterlandes ist unverändert problematisch. Allerdings werden graduelle Veränderungen aufmerksam registriert und gelten als Gradmesser für den Weg, auf den Gibraltar vom Mutterland geschickt wird. Neue Verhandlungen zwischen Spanien und Großbritannien, die den Gibraltar-Vorbehalt [→ Kapitel 1.6.2] ausräumen sollen, finden im Frühjahr 2000 vermutlich auf Druck der EU statt, die auf die Ratifizierung und Umsetzung der dadurch blockierten Gesetze drängt.[1] Aussagen über die politische Rolle des Nationalstaates im ausgehenden XX. Jahrhundert wären von einer Beseitigung des Vorbehaltes nicht betroffen.

---

[1] Am 20.04.2000 wird der Vorbehalt durch ein anglohispanisches Abkommen weitgehend entschärft, ohne jedoch die Grenzstreitigkeiten zu beseitigen. *Gibraltar government "well satisfied" with Anglo-Spanish agreement*, in: PANORAMA, 19 April 2000; *Monatelange Verhandlungen zwischen London und Madrid*, in: SÜDDEUTSCHE ZEITUNG, 20.04.2000; *Satisfacción de Londres por estar en la estructura policial de la UE*, in: ABC, 20.04.2000; *UK and Spain sign Gibraltar deal*, in: BBC, 20.04.2000; *EU Gibraltar deal sidesteps Spain's sovereignty claim*, in: DAILY TELEGRAPH, 20.04.2000; *Londres admite convertirse en la autoridad de Gibraltar en sus relaciones con la UE*, in: EL PAIS 20.04.2000.

Nach Abberufung des Gouverneurs Sir Richard Luce im März 2000 wird erstmals ein mittlerer Beamter zum Gouverneur ernannt - was vor Ort als weitere symbolische Abwertung der Kolonie interpretiert wird. Im Vorfeld wurde viel darüber spekuliert, ob Gibraltar nach Sir Luce, dem ersten Zivilisten als Gouverneur, eine Aufwertung der Kolonie erfahren und ob nicht sogar ein Angehöriger des Königshauses mit dem Posten betraut würde. Vor diesem Hintergrund ist die Personalentscheidung des britischen Außenamtes als ein besonders harter Schlag zu werten.

Die Feiern zum *National Day* erleben auch in den Folgejahren der Forschung großen Zuspruch. Die Farbenfrage scheint vorläufig zugunsten von rot und weiß entschieden zu sein.

Zur Überwindung der räumlichen Enge wurden seit Abschluß meiner Forschung erneut Wohnblocks gebaut, und in Catalan Bay wird dem Meer zusätzlich Land abgetrotzt. Der Abzug des britischen Militärs und die Übergabe der britischen Liegenschaften an die Lokalregierung scheint weitgehend abgeschlossen, die Gibraltarianer haben nunmehr - mit Ausnahme einiger weniger Militäreinrichtungen - die Oberhoheit über ihr Territorium. Angestellte der NATO, wie beispielsweise Familie Ritchie, die 1997 noch im Old Naval Hospital [→ Kapitel 3.1.1] residierte, mußten aus ihren Quartieren ausziehen und sich privat eine Unterkunft mieten oder kaufen, weil die Liegenschaft in die Hand der Lokalregierung übergegangen ist. Meinen Aufenthalt 2000 habe ich vor allem den Ritchies zu verdanken, die mich wie selbstverständlich in ihrem neuen Haus aufnahmen.

Während jedoch die ehemaligen Unterkünfte der Soldaten teilweise per Losverfahren, das live im Lokalfernsehen übertragen wird, an diejenigen übereignet werden, die sich in entsprechende Wartelisten eingetragen haben, finden die größeren Anwesen der Offiziere anscheinend in der Regel unter der Hand neue Besitzer.

In den wenigen Tagen meiner Anwesenheit wird viel über lokale Korruption und Geldwäsche gesprochen, es erscheint fast, als habe diese Rede den Topos des Schmuggels abgelöst: dieses Unternehmen sei eine Geldwaschanlage, jene Baugenehmigung wurde unter der Hand erteilt. Auch der magische Ort meiner Feldforschung, in dem mir Fiorina Sayers-Kelly ihre Familiengeschichte erzählte, das afrikanisch-indische Lokal Maasai Grill [→ Kapitel 5] in Catalan Bay, fiel vermutlich einer Brandstiftung aus Spekulationsgründen zum Opfer.

Gibraltar ist noch immer eine von *face-to-face*-Beziehungen geprägte Gesellschaft. Schon nach wenigen Tagen bin ich den meisten meiner Informanten und Bekannten auf der Main Street begegnet, und nur von wenigen wurde ich nicht sofort wiedererkannt und angesprochen. Daß ich ganze drei Jahre abwesend war, glaubten die meisten kaum, lediglich der Hinweis, daß ich doch "früher" dicker gewesen sei, war ein (natürlich schmeichelhafter) Hinweis auf eine doch etwas längere Zeit der Abwesenheit. Beim zweiten Wiedersehen funktionierte das "Hi-Bye-Syndrom" [→ Kapitel 3.3] dann wieder automatisch.

Migration und Remigration [→ Kapitel 3.3.3.1, 3.3.3.2] sind noch immer integrale Bestandteile der demographischen Situation. Einige der Informanten habe ich nicht wieder vorgefunden, aber ich bin sicher, daß sie früher oder später wieder - zumindest zeitweise - nach Gibraltar zurückkehren. Kevin Grech beispielsweise lebt mit Frau und Kindern wieder einmal in England, wie ich von seinem Bruder Tom erfuhr. Jon Searle hat die Leitung der Garnisonsbibliothek aus Altersgründen abgegeben und lebt heute mit seiner Frau ausschließlich im nahen San Roque. Major Vassallo wurde als Militärberater nach Georgien versetzt. Hazel Washington hat den Weg zurück nach Gibraltar nicht mehr geschafft, sie verstarb bei ihrer Tochter in England. Joshua Marrache [→ Kapitel 4.4.1] verzog nach Israel. Unter den Sindhis ist die Mobilität, wie zu erwarten [→ Kapitel 3.3.3.2], noch immer bedeutend: Anusha Melwani heiratete einen Sindhi aus Manila und lebt heute auf den Philippinen. Deepak Ramchandani, der anläßlich des Besuches von Prinz Philipp im Bingosaal des Casinos tanzte [→ Einleitung 2.1], arbeitet mittlerweile als Kosmetiker für Harrods in London. Überhaupt haben sich im Kontext der Misswahlen interessante Neuerungen ergeben. Auch die rührige Organisatorin der *Miss Gibraltar Contests*, Sonia Golt [→ 3.3.4.1], lebt heute nicht mehr in Gibraltar, sondern betreut in halbjährlichem Turnus ein betagtes Millionärsehepaar auf den Bahamas als Gesellschafterin, während sie die andere Hälfte des Jahres an der Costa del Sol als Promoterin für Martini Drinks verbringt. Die Organisation der *Miss Gibraltar* Contests wurde auf das Gibraltar Tourist Board übertragen, Mrs. Golts Rolle als Organisatorin von Catwalks, Modeschauen und Vorauswahlen wurde von Denise Matthews übernommen, jener jungen Frau, die 1999 in einem Grundsatzurteil vor dem Europäischen Gerichtshof die Teilnahme Gibraltars bei den Europawahlen erstritten hat.

Aus der vorgezogenen Wahl des *House of Assembly* am 10.02.2000 ging die regierende GSD mit *Chief Minister* Peter Caruana eindeutig als Sieger hervor, während die oppositionelle Union aus Bossanos GSLP und Garcias GLP lediglich 41% der Stimmen einfuhr. Der Richtungsstreit zwischen Caruana und seinem innerparteilichen Opponenten Peter Montegriffo scheint mit dem Ausscheiden des letzteren aus der aktiven Politik vorerst beigelegt. Stephen Linares [→ Kapitel 6.5.2] zieht als Abgeordneter der Liberalen in das Parlament ein. Auch die SDGG [→ Kapitel 4.2.1], in die ich über Linares Zugang erhalten hatte, ist weiterhin aktiv, wenngleich unter neuer personeller Führung.

Der Wahlkampf 2000 war, anders als die vorhergehenden Wahlkämpfe [→ Kapitel 5.4.3], erstmals von innenpolitischen Themen bestimmt. Die Kampagne, daß Caruana eine Gefahr für das Gemeinwesen sei, weil er "*soft on Spain*" sei, wie die GSLP 1996 behauptete, konnte nicht mehr gefahren werden, weil sich in den vier Jahren von Caruanas Amtszeit das Gegenteil bewies. Die GSD scheint, anders als die GSLP, ohne nationalen Trommelwirbel auzukommen. Allerdings wird auch unter Caruana die lokale Kultur gefördert, insbesondere unter dem Gesichtspunkt des Tourismus. So hat sich die Main Street dahingehend gewandelt, daß sie nunmehr zu einer Fußgängerzone geworden ist, gepflastert, teilweise begrünt mit Orangenbäumen und versehen mit Sitzbänken, Wegweisern und Mülleimern. Vergleiche mit britischen Provinzstädtchen bieten sich den Einheimischen an. Stipendien werden vergeben, etwa an einen lokalen Künstler, der Zeichnungen über die lokale Kultur anfertigt, die dann zur Vorlage für die Herstellung von Kacheln dienen, mit denen der Zugang zur Stadt gepflastert werden soll. Die Waterchatchments [→ Kapitel 1.1], eigenwilliges und sichtbares Zeichen der Ostküste, werden renaturiert, so daß die alte Sanddüne wieder zur Geltung kommt.

Die lokale Kulturelite [→ Kapitel 5.2.1] ist nach wie vor aktiv und produktiv. Ausgrabungen auf *Casemates-Square* haben ein Trockendock aus der Maurenzeit zutage gefördert. Zeitgleich und ortsgleich mit der Bergung des maurischen Erbes verläuft zynischerweise die Verlegung der marokkanischen Arbeiter aus ihren armseligen Quartieren in den *Casemates-Barracks*, die man zu schicken Läden und Restaurants für den Tourismus umzugestalten gedenkt.

In Zusammenarbeit mit dem örtlichen Museum [→ Kapitel 5.4.1.2] wurde unter der Leitung von Geraldine Finlayson ein Projekt begründet, dessen Absicht auf die Bergung lokalen Brauchtums im Stile der *salvage anthropology* ausgerichtet ist, "*[to] cover the origins of many stories, names given to places, different types of food, what people were singing before the wars, games they played, why many streets have two names*".[2]

Erstmals sind im *House of Assembly* zwei Frauen vertreten. Auch im Bereich lokalen Schrifttums ist eine bemerkenswerte Neuerung zu verzeichnen: Zunehmend erscheinen Publikationen über weibliche Perspektiven, wie beispielsweise Lourdes Gallianos Erinnerungen an die Evakuierung oder Gail Francis' Bericht über ihre Teilnahme am *Miss World Contest 1985*. Ein weiterer Band mit dem Titel *Half of the Nation* porträtiert einheimische Geschäftsfrauen. Neben vornehmlich christlichen Gibraltarianerinnen werden darunter auch zwei Frauen der Hindu-Gemeinde, eine Jüdin und sogar eine Muslima porträtiert.

Noch immer sind das Ethos der Toleranz und das Lob der Mischung elementare Grundlagen des gibraltarianischen Selbstverständnisses [→ Kapitel 5, 5.1.1], wie dies in der Rede von Gouverneur Sir Richard Luce anläßlich der offiziellen Einweihung des Hindutempels am 01.03.2000 zum Ausdruck kommt: "*... tolerance between the different Gods and between different religions [...] is at the heart of the culture of Gibraltar, tolerance between peoples, religions and different cultures.*"

Auf der Ebene der politischen Repräsentanz ist jedoch nach den Wahlen 2000 erstmals kein Mitglied der jüdischen Gemeinde mehr im *House* vertreten, und mit Vijay Daryani verpasste auch der erste Hindu, der jemals zur Wahl stand, knapp den Einzug in die Versammlung.

Die Spannungen in der jüdischen Gemeinde [→ Kapitel 7.1.1] zwischen Traditionalen und Neuerern scheinen einer entspannteren Athmosphäre gewichen zu sein. Die visiblen Marker sprechen dafür: Etliche Jüdinnen, die sich zur Zeit der Feldforschung den orthodoxen Vorschriften entsprechend kleideten und ihr Haar verbargen, kleiden sich nun wieder weltlicher, legen Make-up auf und tragen wieder Schmuck. Unter den Männern sind kleinere *Kippoth* nicht unüblich, manche Juden, die 1996 noch eine *Kippah* trugen, bewegen sich heute unbedeckt in der Öffentlichkeit. Auf der anderen Seite begegnen mir sehr viel mehr Juden im Alltag auch mit langen Bärten, schwarzen Hüten und dunklen Anzügen [→ Kapitel 7.3.2.3]. Der informelle Diskurs in der Gemeinde scheint sich beruhigt zu haben und hebt nunmehr eher auf die Gemeinsamkeiten aller Gemeindemitglieder ab, was auf eine Stärkung der Integrationskraft traditionaler sephardischer Gemeinden, die unterschiedliche Grade der Einhaltung der Gebote zu binden vermag, hindeutet.

Die bemerkenswerteste Entwicklung unter den religiösen Gruppen hat augenscheinlich die moslemische Gemeinde vollzogen. Die Moschee an der Südspitze [→ Kapitel 1.5.1] der Kolonie wurde eingeweiht und steht auch den marokkanischen Gastarbeitern zur Verfügung - entgegen den Befürchtungen der Marokkaner zur Zeit der Feldforschung. Der saudische Imam

---

2    BROWN, BERNADETTE: *The less tangible heritage of Gibraltar - traditions, games, songs, language, recipes, etc...*, in: VOX, Friday 25th February 2000: 10-11.

lebt mit seiner Familie im Gebäudekomplex der Moschee. Und ins Stadtzentrum nahe der Kings Bastion wurde der vormals in den *Casemates* gelegene Gebetsraum verlegt und als zweite Moschee, die *Mosque Tarik ben Zeyad*, eröffnet.

War zur Zeit der Feldforschung vor allem die Fundamentalisierung der Juden [→ Kapitel 7] ein diskursiv-dominantes Thema, so wird im Frühjahr 2000 viel über die Fundamentalisierung der marokkanischen Muslime gesprochen. Heute tragen die Marokkaner in der Öffentlichkeit eher Djellabas, häufig sieht man verschleierte Muslima. Auch im Falle der Muslime wird den Frauen eine entscheidende Rolle bei der Fundamentalisierung zugeschrieben: diese arbeiten häufig als Angestellte in jüdischen Haushalten, und die starke Rolle gerade der orthodoxen jüdischen Frau werde als positives Vorbild für die islamische Frau bewundert.

Die Befürchtungen, daß die Exklusion und die Seklusion der Juden ein negatives Vorbild für die Hindus sein könnte, haben sich dagegen nicht bestätigt und finden auch im öffentlichen Diskurs keinen Niederschlag. Im März 2000 wurde der Mandir [→ Kapitel 5.3.4] der Hindu-Gemeinde (nach bereits mehrjährigem Bestehen) öffentlich eingeweiht, aber noch immer nutzen vor allem die Yoga- und Meditationsgruppen den Tempel - und zwar konfessionsübergreifend. Bei der Einweihung des Tempels waren Vertreter der weltlichen Macht und geistliche Würdenträger der verschiedenen christlichen Konfessionen zugegen, allerdings fehlten sowohl der Rabbiner als auch der Imam.

Abschließend möchte ich bemerken, daß auch in der Nachschau drei Grundelemente das Leben in der gibraltarianischen Gesellschaft weiterhin bestimmen: jene faszinierende Mischung aus liebenswert kleinstädtischer Provinzialität, aus eigenstaatlichen Ambitionen und aus den vielfältigen transnationalen Vernetzungen. Vor allem aber ist die Grenze nach wie vor der Schlüssel für das Verständnis dieses Gemeinwesens am Rande Europas.

Gibraltar, März 2000

# Bibliographie

ABECASIS, JOSÉ MARIA: *Genealogia Hebraica - Portugal e Gibraltar, Sécs. XVII a XX*, Vol. I-IV, Lisboa 1990.

ABÉLÈS, MARC: *La Communauté européenne: une perspective anthropologique*, in: Social Anthropology 1996, 4, 1: 33-45.

*Abstract of Statistics 1994*, Government of Gibraltar.

ABU-LUGHOD, LILA: *Honor and the Sentiment of Loss in a Bedouin Society*, in: American Ethnologist, Vol. 12, 1985: 245-261).

ABU-LUGHOD, LILA: *Writing against Culture*, in: Fox, Richard G. (ed.): Recapturing Anthropology. Santa Fé 1991: 137-162.

ACKERMANN, ANDREAS: *Ethnic Identity by Design or by Default? A Comparative Study of Multiculturalism in Singapore and Frankfurt am Main*. Frankfurt am Main: IKO Verlag für Interkulturelle Kommunikation 1997.

ACKERMANN, ANDREAS: *Globalität, Hybridität, Multikulturalität - Homogenisierung der Kultur oder Globalisierung der Differenz?*, in: Jahrbuch 1998/99 des Kulturwissenschaftlichen Institutes, Essen, 50-82.

ACKERMANN, ANDREAS: *Das virtuelle Universum der Identität. Überlegungen zu einer Ethnographie des Cyberspace*, in: Schomburg-Scherff, Sylvia/Heintze, Beatrix (Hg.): Die offenen Grenzen der Ethnologie. Schlaglichter auf ein sich wandelndes Fach. Frankfurt am Main: Verlag Otto Lembeck [ 1999, im Druck].

ADORNO, THEODOR W.: *Television and the Patterns of Mass Culture*, in: Mass Culture: The Popular arts in America, 1957.

ALVAREZ, ROBERT R.: *The Mexican-US border: the making of an anthropology of borderlands*, in: Annual Review of Anthropology 1995, Vol. 24: 449.

ANDERS, GÜNTHER: *The Phantom World of TV*, in: Mass Culture: The Popular arts in America, 1957.

ANDERSON, BENEDICT: *Imagined Communities - Reflections on the origin and Spread of Nationalism*. London: Verso 1983.

ANDERSON, MALCOLM: *Political problems of frontier regions*, in: West European Politics, 1982,, 5 (4): 1-17.

ANZALDUA, GLORIA: *Borderlands/La Frontera: The New Mestiza*. San Francisco: Spinsters/Aunt Lute 1987.

APPADURAI, ARJUN: *Disjuncture and Difference in the Global Cultural Economy*, in Theory, Culture and Society, 1990, Vol. 7.

APPADURAI, ARJUN: *Global Ethnoscapes: Notes and Queries for a Transnational Anthropology*, in: Richard G. Fox (ed.): Recapturing Anthropology. School of American Research Press, Santa Fe 1991: 191-211.

ARDENER, SHIRLEY (Hg.): *Perceiving Women*. London 1975.

ARMSTRONG, JOHN ALEXANDER: *Nations before Nationalism*. The University of North Carolina Press 1982.

ASSMANN, ALEIDA: *Zum Problem der Identität aus kulturwissenschaftlicher Sicht*, in: Rolf Lindner (Hg.): Die Wiederkehr des Regionalen - Über neue Formen kultureller Identität. Campus, Frankfurt/New York 1994: 13-36.

BABEL, ISAAK: *So wurde es in Odessa gemacht*. Stuttgart: Reclam 1979 (orig. 1924/25).

BAHLOUL, JOELLE: *The Sephardic jew as mediterranean: a view from kinship and gender*, in: Journal of Mediterranean Studies 1994, Vol. 4, No. 2: 197-207.

BANFIELD, E. C.: *The Moral Basis of a Backward Society*. Glencoe, Ill.: The Free Press, 1958.

BARBER, BENJAMIN R.: *Jihad vs. McWorld*, in: The Atlantic Monthly, March 1992, 53-63.

BARCÍA TRELLES, CAMILO: *Pasado, Presente y Futuro de un Problema Colonial: Gibraltar*, in: Revista de Política Internacional 1968 Nr. 96: 127-154.

BARROSO, JOSÉ MARÍA: *Discurso de la fé y la política*. Aura. Barcelona, 1969, apendice 7: 67-73, cit. in: De Miguel, Amando: *Sexo, mujer y natalidad en España*. Madrid 1974: 74.

BARTH, FREDRIK: *Ethnic Groups and Boundaries. The Social Organization of Cultural Difference.* London & Oslo: Allen & Unwin 1969. [auch: Process and form in social life. Selected essays of Frederik Barth, Volume I. London, Routledge & Kegan Paul 1981: 198-227].

BARTH, FREDRIK: *The Analysis of Culture in Complex Societies,* Ethnos 1989, 54 (3/4), pp. 120-142.

BARTH, FREDRIK: *Boundaries and Connections,* in: Anthony Cohen (ed.) Signifying Identities. Routledge 2000: 17-37.

BAUSINGER, HERMANN: *Kleiner Grenzverkehr,* in: Jeggle, Utz/Raphaël, Freddy: D'une rive à l'autre - Kleiner Grenzverkehr. Paris: Ed. de la Maison des sciences de l'homme 1997.1997: 3-15.

BENADY, MESOD ("TITO") : *Gibraltar's Governors.* Gibraltar: Calpe News Series 1978.

BENADY, MESOD ("TITO"): *Las comunidades del norte de Maruecos,* in: Méchoulan, Henry (ed.): Los judíos de España. Historia de una diáspora. 1492-1992. Madrid, Ed. Trotta, 1993: 507-514.

BENADY, MESOD ("TITO"): *The Jewish Community of Gibraltar,* in: The Western Sephardim. The Sephardi Heritage, Vol. II, ed. by R.D.Barnett and W.M. Schwab. Grendon, Northants: Gibraltar Books Ltd. 1989.

BENADY, MESOD ("TITO"): *The settlement of the Jews in Gibraltar,* 1704-1783, in: Jewish Historical Society of England Transactions 1974-78, Vol. 26: 87-110.

BENADY, MESOD ("TITO"): *The Streets of Gibraltar - A short history.* Grendon, Northhants: Gibraltar Books Ltd. 1996.

BENADY, SAM M. CBE, QC, ma: *Memoirs of a Gibraltarian (1905-1993).* Grendon, Northhants: Gibraltar Books Ltd. 1993.

BENADY, SAM: *Civil Hospital and Epidemics in Gibraltar.* Grendon, Northhants: Gibraltar Books Ltd. 1994.

BENEDICT, RUTH: *Patterns of Culture.* Boston: Houghton Mifflin 1989 (1934).

BERGER, PETER & LUCKMANN, THOMAS: *The social construction of reality. A treatise in the sociology of knowledge.* Harmondsworth: Penguin 1996.

BERLINER BLÄTTER, 1998, 1: *THEMA: Transformationen des Städtischen. Stadtethnologie in Europa.*

BEST, DAVID: *Philosophy and the human movement.* London: Allen & Unwin 1978.

BHABA, HOMI: *Of mimicry and man: the ambivalence of colonial discourse,,* in: Annette Michelson, Rosalind Krauss, Douglas Crimp and Joan Copjec (eds.): October: the first decade. Cambridge, Mass.: MIT Press 1987: 318, 320, 322.

BHABA, HOMI: *Signs Taken for Wonders: Questions of Ambivalence and Authority under a Tree Outside Delhi, May 1817,* in: Critical Inquiry, 1985, 12 (1): 144-165.

BHABA, HOMI: *The Location of Culture.* London: Routledge 1994.

BLOCH, MAURICE: *From blessing to violence - History and ideology in the circumcision ritual of the Merina of Madagascar.* Cambridge University Press 1986.

BLOCH, MAURICE: *Prey into hunter.* Cambridge: Cambridge University Press. 1992: 24-45.

BLOCH, MAURICE: *Ritual, History and Power: Selected Papers in Anthropology.* London & Atlantic Highlands, NJ: The Athlone Press 1989.

BLOK, ANTON: *Rams and Billy-goats: a Key to the Mediterranean Code of Honour,* in: MAN, 1981 Vol. 16: 427-440.

BOEHM, MAX HILDEBERT: *Das Volkstum des Grenz- und Auslandsdeutschtums,* in: Weber-Kellermann, Ingeborg (Hg.): Zur Interethnik. Frankfurt/Main: Suhrkamp 1978: 78-94. erstmals veröffentlicht in: Peßler, Wilhelm (Hg.): Handbuch der Deutschen Volkskunde. Potsdam 1934, 1: 170-182.

BONETTI, MARIO: *Zur Machismo Diskussion,* in: Zeitschrift für Lateinamerika, Vol. 25, 1983: 7-23.

BORNEMAN, JOHN & FOWLER, NICK: *Europeanization,* in: Annual Review of Anthropology 1997, 26: 487-514.

BORNEMAN, JOHN: *American Anthropology as Foreign Policy,* in: American Anthropologist, 1995, Vol. 97 (4): 6-15.

BORNEMAN, JOHN: *Belonging in the two Berlins - Kin, state, nation.* Cambridge: Cambridge University Press 1992a.

BORNEMAN, JOHN: *State, Territory, and Identity Formation in the Postwar Berlins, 1945-1989,* in: Cultural Anthropology 1992b, 7 (1): 45-61.

BORNEMAN, JOHN: *Time-Space Compression and the continenta divide in German Subjectivity,* in: New Formations 1993a, Vol. 21: 102-118.

BORNEMAN, JOHN: *Uniting the German nation: law, narrative, and historicity,* in: American Ethnologist 1993b, 20 (2): 288-311.

BOURDIEU, PIERRE: *Identity and Representation. Elements for a Critical Reflection on the Idea of Region,* in P. Bourdieu, Language and Symbolic Power. Cambridge: Polity Press 1991.

BOURDIEU, PIERRE: *Outline of a Theory of Practice.* Cambridge: Cambridge University Press 1977.

BRANDES, STANLEY: *Like Wounded Stags - Male Sexual Ideology in an Andalusian Town,* in: Ortner, Sherry & Whitehead, Harriet (Hg.): Sexual meanings - the cultural construction of gender and sexuality. Cambridge. 1981: 216-239.

BRANDES, STANLEY: *Metaphors of Masculinity - Sex and Status in Andalusian Folklore.* University of Pennsylvania Press 1980.

BRANDES, STANLEY: *Migration, Kinship, and Community - Tradition and Transition in a Spanish Village.* New York & London 1975.

BRAUDEL, FERNAND: *The Mediterranean and the Mediterranean world in the age of Philipp II* (vol. I). New York: Harper & Row 1975.

BRÖSKAMP, BERND: *Körperliche Fremdheit - Zum Problem der interkulturellen Begegnung im Sport.* St. Augustin, Academia 1994.

BRUMLIK, MICHA: *Die Entwicklung der Begriffe "Rasse", "Kultur" und "Ethnizität" im sozialwissenschaftlichen Diskurs,* in: Dittrich, Eckhard J.; Radtke, Frank Olaf (Hg.): Ethnizität. Westdeutscher Verlag, 1991: 179-191.

BUTLER, JUDITH *Bodies that matter: on the discursive limits of 'sex.'* Routledge, New York 1993.

BUTLER, JUDITH *Zur Politik des Performativen - Haß spricht.* Berlin: Berlin Verlag 1998.

BUTLER, JUDITH: *Das Unbehagen der Geschlechter.* Frankfurt: Suhrkamp 1991.

CARLONI, ALIDA: *La mujer en el corral de vecinos sevillano,* in: Etnografía Espanola, Vol. 4, 1984: 209-283. Madrid.

CARMICHAEL, CATHIE: *Locating Trieste in the eighteenth and nineteenth centuries,* in: Borut Brumen & Zmago Smitek (eds.): MESS - Mediterranean Ethnological Summer School, Piran, Slovenia, 1994-1995. Slovene Ethnological Society, Ljubljana 1995: 11-21.

CARUANA, CHARLES: *The Rock Under a Cloud.* Cambridge: Silent Books 1989.

CÁTEDRA, MARIA: *"Desde una fresca distancia": ¿Por qué no estudiamos a los norteamericanos?,* in: Maria Cátedra (ed.): Los Españoles vistos por los antropólogis. Madrid, Júcar 1991: 251-271.

CAVILLA, MANUEL, OBE.: *Diccionario Yanito.* Gibraltar, Medsun 1990 (2 nd. ed.).

CAVILLA, MANUEL, OBE.: *GIB.* Gibraltar 1994.

CHICHON, HARRY: *The story of a Rock.* Gibraltar 1990?

CLIFFORD, JAMES/MARCUS, GEORGE: *Writing Culture: The Portics and Politics of Ethnography.* Berkeley: University of California Press 1986.

CLIFFORD, JAMES: *Diasporas,* in: Cultural Anthropology 9 (3), 1994: 302-338.

CLIFFORD, JAMES: *Routes - Travel and Translation in the Late Twentieth Century.* Cambridge, Harvard Univ Press 1997.

CLIFFORD, JAMES: *The predicament of Culture. Twentieth-Century Ethnography, Literature, and Art.* Cambridge, Mass.: Harvard University Press 1988.

CLIFFORD, JAMES: *Travelling Cultures*, in: Lawrence Grossberg, Cary Nelson and Paula Treichler (eds.): Cultural Studies. London: Routledge & Kegan Paul 1992.

CLINTON, ROY: *The Role of Trade Unionism in the Politics and Economy of Gibraltar 1959-1989* (BA of Commerce, Univ. of Birmingham, Nov. 1989).

COAKLEY, J.: *Political territories and cultural frontiers. Conflicts of principle in the formation of states in Europe*, in: West European Politics, 1982, 5 (4): 34-49.

COHEN, ABNER: *Two-Dimensional Man*. London: Tavistock 1974.

COHEN, ANTHONY: *Symbolising boundaries - Identity and diversity in British culture*. Manchester: Manchester University Press 1986.

COHEN, ANTHONY: *Whalsay: Symbol, Segment and Boundary in a Shetland Community*. Manchester: Manchester University Press 1987.

COHEN, ROBIN: *Frontiers of Identity - The British and the Others*. London/New York: Longman 1994.

COLE, J. W./WOLF, E. R.: *The Hidden Frontier: Ecology and Ethnicity in an Alpine Valley*. New York: Academic Press 1974.

COLLIER, G.A.: *Basta! Land and the Zapatista Rebellion in Chiapas*. Oakland, CA: Food First 1994.

COLLIER, JANE: *From Mary to Modern Woman: the Material Basis of Marianismo and its Transfunction in a Spanish Village*, in: American Ethnologist, Vol. 13, 1986: 100-108.

COMAS D'ARGEMIR, DOLORS/PUJADAS, JOAN: *Living in/on the frontier: Migration, identities and citizenship in Andorra*, in: Social Anthropology 1999, 7, 3: 253-264.

CONNELL, R.W.: *Gender and Power*. Cambridge: Cambridge Press 1987.

CORBIN, JOHN R. & CORBIN, M. P.: *Urbane Thought*. Gower 1987.

CORDERO TORRES, JOSÉ MARÍA: *La población de Gibraltar*, in: Revista de Política Internacional 1966, Vol 85: 7-31.

CORNWALL, ANDREA/LINDISFARNE, NANCY: *Dislocating masculinity - Gender, power and anthropology*, in: Cornwall/Lindisfarne (eds.): Dislocating masculinity - Comparative Ethnographies. London: Routledge 1994.

CRONIN, C.: *Illusion and reality in Sicily*, in: Alice Schlegel (ed.): Sexual Stratification. New York: Columbia University Press 1977: 67-93.

CRUZ, ELIO: *La Lola se va pa Londres y Connie con cama camera en el comedor*. Gibraltar: Ministerio de Culture 1996.

CSORDAS, THOMAS J. (Hg.): *Embodiment and experience - the existential ground of culture and self*. Cambridge: Cambridge University Press 1994.

DAVIS, JOHN: *People of the Mediterranean - an Essay in Comparative Social Anthropology*. London: Henley and Boston 1977.

DE RAPPER, GILLES: *Frontière et transition en Albanie du sud*, in: Europae 1996, Jg. II, Heft 1.

DENICH, BETTE: *Dismembering Yugoslavia: nationalist ideologies and the symbolic revival of genocide*, in: American Ethnologist 1994, 21 (2): 367-390.

DENNIS, PHILIP: *Gibraltar and its people*. London: David & Charles, Newton Abbot 1990.

DIAMOND, STANLEY: *Paul Radin*, in: Silverman, Sydel (ed.): Totems and Teachers - Perspectives on the History of Anthropology. New York: Columbia University Press 1981: 67-101.

DITTRICH, ECKHARD J.; RADTKE, FRANK OLAF: *Der Beitrag der Wissenschaften zur Konstruktion ethnischer Minderheiten*, in: Dittrich, Eckhard J.; Radtke, Frank Olaf (Hg.): Ethnizität. Westdeutscher Verlag, 1991: 11-43.

DONNAN, HASTINGS/THOMAS M. WILSON (eds.): *Border - Frontiers of Identity, Nation and State*. Oxford/New York: Berg 1999.

DONNAN, HASTINGS/THOMAS M. WILSON (eds.): *Border aproaches: Anthropological approaches on Frontiers*. Lanham, MD: University Press of America 1994.

DONNAN, HASTINGS/WILSON, THOMAS W.: *An anthropology of frontiers*, in: Donnan, Hastings, Wilson, Thomas W. (eds.): Border Approaches. Anthropological Perspectives on Frontier. Lanham - New York - London: University Press of America. 1994.

DONNAN, HASTINGS: *Economy and culture at the Irish border*, Paper presented at Grenzen und Grenzräume - Kulturanthropologische Perspektiven. Tagung der Evangelischen Akademie Tutzing in cooperation with Dept. of Ethnology and African Studies, Ludwig-Maximilans-Univerität München. 21.-23.02.1997.

DOUGLAS, MARY: *Natural Symbols: Explorations in Cosmology.* London: Cresset Press 1970.

DOUGLAS, MARY: *Reinheit und Gefährdung.* Suhrkamp, Frankfurt/Main 1988 (Orig.: *Purity and Danger* London: Routledge & Kegan Paul 1966).

DOUGLAS, MARY: *The cloud god and the shadow self*, in: Social Anthropology, Vol. 3, Part 2, June 1995: 83-95.

DOUGLASS, CARRIE B.: *Toro muerto, vaca es: an Interpretation of the Spanish Bullfight*, in: American Ethnologist, 1984: 242-258.

DRACKLÉ, DORLE: "*Die Frau gehört ins Haus und der Mann auf die Straße*" - *Zur kulturellen Konstruktion von Geschlechterdifferenz im Alentejo (Portugal)*, in: Brigitta Hauser-Schäublin & Birgitt Röttger-Rössler (Hg.): Differenz und Geschlecht. Neue Ansätze in der ethnologischen Forschung. Berlin: Dietrich Reimer Verlag 1998: 107-135.

DRACKLÉ, DORLE: *Europäische Bürokraten und Fisch*, in: Kokot, Waltraud/Dracklé, Dorle (Hrsg.): Ethnologie Europas. Berlin: Dietrich Reimer Verlag 1996: 109-129.

DRACKLÉ, DORLE: *Macht und Ohnmacht: Der Kampf um die Agrarreform im Alentejo - Eine diskursanalytische Untersuchung zur Strukturierung von Machtbeziehungen am Beispiel einer südportugiesischen Kooperative.* Dissertation zur Erlangung der Würde des Doktors der Philosophie. Hamburg 1989.

DREITZEL, HANS-PETER: *Der Körper in der Gestalttherapie*, in: Kamper, Dietmar/Wulff, Christoph (Hgs.): Die Wiederkehr des Körpers. Frankfurt/Main: Suhrkamp 1982: 52-68.

DRIESSEN, HENK: *At the edge of Europe: Crossing and marking the Mediterranean divide*, in: O'Dowd/Wilson (eds.): Borders, Nations and States. 1996a: 179-198.

DRIESSEN, HENK: *Male Sociability and Rituals of Masculinity in Rural Andalusia*, in: Anthropological Quarterly, 1983 Vol. 56, Nr, 4: 125-133.

DRIESSEN, HENK: *On the Spanish-Moroccan Frontier.* New York/Oxford: Berg. 1992.

DRIESSEN, HENK: *Smuggling as a border way of life: A Mediterranean case*, in: Wendl, Tobias/Rösler, Michael (eds.): Frontiers and borderlands. Frankfurt/Main: Peter Lang 1999: 117-127.

DRIESSEN, HENK: *Transitional Tangier - Some Notes on Passage and Representation*, in: kea Stadtdschungel: 1995: 149-163.

DRIESSEN, HENK: *What Am I Doing Here? The anthropologist, the mole, and border ethnography*, in: Waltraud Kokot & Dorle Dracklé (Hg.): Ethnologie Europas. Berlin: Dietrich Reimer Verlag 1996b: 287-299.

DURKHEIM, ÉMILE: *Über die Teilung der sozialen Arbeit.* Frankfurt/Main 1977.

DYER, RICHARD: *White.* London/New York: Routledge 1997.

EBELING, FRANK: *Geopolitik 1919-1945, Karl Haushofer und seine Raumwissenschaft.* Vortrag auf dem Symposion der Paul-Kleinewefers-Stiftung Krefeld und der Universität Hannover, 29.04.-30.04.94 Hannover - *Theorieentwürfe des politischen Raumes - Europäische Perspektiven.*

EDMONDS, MARTIN: *Gibraltar - where two monologues do not make a dialogue*, in: Review of International studies. 1981, 7: 217-225.

EIBL-EIBESFELDT, IRENÄUS: *Der Mensch - Das Riskierte Wesen.* München 1990.

EICKELMAN, DALE F.: *The Middle-East - an Anthropological Approach.* Prentice Hall, Englewood Cliffs 1981.

EISEMANN, HANS: *Der Streit um Gibraltar - Selbstbestimmungsrecht, Entkolonialisierungsgebot und clausula rebus sic stantibus.* Peter Hanstein Verlag, Köln 1974.

ELWERT, GEORG: *Boundaries, Cohesion and Switching*, in: Borut Brumen & Zmago Smitek (eds.): MESS - Mediterranean Ethnological Summer School, Piran, Slovenia, 1994-1995. Slovene Ethnological Society, Ljubljana 1995.

ELWERT, GEORG: *Nationalismus und Ethnizität Nativismus. Über die Bildung von Wir-Gruppen*, in: Kölner Zeitschrift für Soziologie und Sozialpsychologie, 1989, Nr. 3: 440-464.

EVERITT, ANDREW: *Ethnicity in Gibraltar: The Emergence of a national identity in a colonial community*. Dissertation submitted in partial fulfillment for the requirement for the degree of BA (Hins) in Social Anthropology at The Queen's University of Belfast, January 1993.

FALCÓN O'NEILL, LIDIA: *El alboroto español*. Barcelona 1984.

FANON, FRANTZ: *Die Verdammten dieser Erde*. [1960 orig.] Frankfurt/Main: Suhrkamp 1981.

FARDON, RICHARD (ed).: *Localizing Strategies*. 1990 Scottish Academic Press.

FEATHERSTONE, MAURICE: *Global Culture: Nationalism, Globalization, and Modernity*. Newbury Park, CA: Sage 1990.

FEBVRE, LUCIEN: *Frontière: le mot et la notion*, in Pour une histoire part entière, Paris, SEVPEN 1962 [1928]: 11-24.

FEBVRE, LUCIEN: *Frontière: limites et divisions de la France en 1789*, in Pour une histoire ˆ part entière, Paris, SEVPEN, 1962 [1908]: 25-29.

FEBVRE, LUCIEN: *La terre et l'évolution humaine*. Paris 1970 [1922].

FEBVRE, LUCIEN: *Le probléme des frontières et les régions naturelles d'états*, in: La terre et l'évolution humaine. Introduction géographique l'histoire, Paris, La Renaissance du Livre, 1922: 359-383.

FERNANDEZ, JAMES: *Peripheral Wisdom*, in: Anthony Cohen (ed.) Signifying Identities. Routledge 2000: 117-147.

FERNANDEZ, JAMES: *Persuasions and Performances - of the beast in every body and the metaphor of everyman*, in: James Fernandez: Persuasions and Performances. Bloomington: Indiana Press 1986: 3-28.

FERNANDEZ, JAMES: *The Dark at the Bottom of the Stair: the Inchoate in Symbolic Inquiry and some Strategies for coping with it*, in: Maquet, Jacques (Hg.): On symbols in anthropology - essays in honor of Harry Hoijer. Malibu 1980.

FERNANDEZ, JAMES: *The Mission of Metaphor in Expressive Culture*, in: Current Anthropology, 1974, Vol. 15/2: 119-145.

FINLAYSON, IAIN: *Tangier - City of the Dream*. London: HarperCollins Publ. 1992.

FINLAYSON, THOMAS J.: *Stories from the Rock*. Gibraltar: Aquila Services Ltd. 1996.

FINLAYSON, THOMAS J.: *The Fortress Came First*. Grendon, Northans: Gibraltar Books Ltd. 1991.

FLYNN, DONNA K.: *"We are the border": identity, exchange, and the state along the Bénin-Nigeria border*, in: American Anthropologist 1997, 24 (2): 311-330.

FOG OLWIG, KAREN/HASTRUP, KIRSTEN (eds.): *Siting Culture - The shifting anthropological object*. London: Routledge & Kegan Paul 1997.

FOG OLWIG, KAREN: *Cultural sites - Sustaining a home in a deterritorialized world*, in: Olwig, Karen Fog/Hastrup, Kirsten (eds.): Siting Culture - The shifting anthropological object. London: Routledge & Kegan Paul 1997: 17-39.

FOSTER, ROBERT J.: *Marginal modernities: Identity and Locality, Global Media and Commodity Consumption*, paper presented at German-American Frontiers of the Social and Behavioral Sciences Symposium, March 25th-28th, 1999. Dölln, Germany.

FOUCAULT, MICHEL: *Überwachen und Strafen*. Frankfurt/Main, Suhrkamp 1977 (1. Aufl.).

FOUCAULT, MICHEL: *Wahnsinn und Gesellschaft - Eine Geschichte des Wahns im Zeitalter der Vernunft*. Frankfurt/Main, Suhrkamp 1969 (1. Aufl.).

FRANCIS, GAIL ANNE: *Everyone's a Winner - A story based on true experiences at a World Beauty Contest - Gail Anne Francis, Miss Gibraltar 1985*. Jahreszahl unbekannt. Gibraltar Chronicle Ltd.

FRANK, GEYLA: *Jews, Multiculturalism, and Boasian Anthropology*, in: American Anthropologist 1997, 99 (4): 731-745.

FREILICH, MORRIS (Hg.): *Marginal Natives: Anthropologists at Work*. New York 1970.

FRIEDMAN, JONATHAN: *"Being in the World: Globalization and Localization"*, in Theory, Culture and Society, 1990, Vol. 7.

GALLICO, PAUL: *Scruffy: a diversion*. London: Joseph 1962.

GANS, HERBERT: *The Urban Villagers. Group and Class in the Life of Italian-Americans*. Glencoe/New York 1962.

GARCIA, JOE: *The Calentita collection*. Gibraltar: Medsun 1996.

GARCÍA, JOSEPH J.: *Gibraltar - The making of a people: the modern political history of Gibraltar and its people*. Gibraltar: Medsun 1994.

GARVIN, TOM: *Ethnic Markers, Modern Nationalisms, and the Nightmare of History*, in: Krüger, Peter (ed.): Ethnicity and Nationalism - Case Studies in Their Intrinsic Tension and Political Dynamics. Marburg: Hitzeroth 1993: 61-75.

GEERTZ, CLIFFORD: *Religion als kulturelles System*, in: Geertz, Clifford: Dichte Beschreibung. Frankfurt/Main: Suhrkamp 1987: 44-96 [orig.: 1966].

GEERTZ, CLIFFORD: *The Interpretation of Cultures*. New York: Basic Books 1973.

GELLNER, ERNEST: *Nationalismus und Moderne*, im Original: Nations and Nationalism. Oxford: Basil Blackwell 1983.

GHOSH, AMITAV: *The Diaspora in Indian Culture*, in: Public Culture Vol 2, No 1, Fall 1989: 73-78.

*Gibraltar - official guide*. Gibraltar: The Gibraltar National Tourist Board, Aquila Services 1996.

*Gibraltar Yearbook 1969*.

GIDDENS, ANTHONY: *"The Consequences of Modernity*. Stanford: Stanford Univ. Press 1990.

GILMAN, SANDER L.: *Rasse, Sexualität und Seuche - Stereotype aus der Innenwelt der westlichen Kultur*. Reinbek bei Hamburg: Rowohlt 1992.

GILMORE, DAVID (ed.): *Honor and Shame and the Unity of the Mediterranean*. Washington, AAA 1987; Peristany, J. G. (Hg.): *Mediterranean family structures*. Cambridge 1976.

GILMORE, DAVID: *Aggression and Community*. Yale Univ Press 1987.

GILMORE, DAVID: *Anthropology of the Mediterranean Area*, in: Annual Review of Anthropology 1982: 175-205.

GILMORE, DAVID: *Mother-Son Intimacy and the Dual View of Women in Andalusia: Analysis through Oral Poetry*, in: Ethnos, Vol. 14/3, 1986.

GILMORE, DAVID: *Sexual Ideology in Andalusian Oral Literature: a Comparative View of a Mediterranean Complex*, in: Ethnology 22, 1983: 241-252.

GILMORE, DAVID: *The People of the Plains*. New York 1980.

GIOVANNINI, MAUREEN: *Woman: a Dominant Symbol within the Cultural System of a Sicilian Town*, in: MAN, Vol. 16, 1981: 408-425.

GIRTLER, ROLAND: *Schmuggler - von Grenzen und ihren Überwindern*. Linz: Veritas 1992.

GIRTLER, ROLAND: *Über die Grenze - Ein Kulturwissenschaftler auf dem Fahrrad*. Frankfurt/Main, New York: Campus 1991.

GOFFMAN, ERVING: *Stigma*. Frankfurt/Main 1975 (1. Aufl. 1963).

GOLD, PETER: *A Stone in Spain's Shoe - The search for a solution to the problem of Gibraltar*. Liverpool: Liverpool University Press 1994.

GOSZTONYI, KRISTOF: *Mostar: Borders, Boundaries, Interest Groups*, in: Europae 1996, Jg. II, Heft 1.

GOYTISOLO, JUAN: *Spanien und die Spanier*. Frankfurt/Main: Suhrkamp 1982.

GOZNEY, RICHARD: *Gibraltar and the EC: aspects of the relationship*, in: London; 25 S. (RIIA discussion papers; 49), 1993.

GQ (J.D.DALLET): *Historia de dos ciudades*, Oct 1995: 135.

GRAHAM, R. (ed.): *The Idea of Race in Latin America, 1870-1940*. Austin: University of Texas Press 1990.

GRAY, J. PATRICK: *The Relationship of Males to Nature and Culture*, in: Anthropology 1979, Vol 3 (1): 27-46.

GREDYS HARRIS, GRACE: *Concepts of Individual, Self, and Person in Description and Analysis*, in: American Anthropologist 1989 (91): 599-612.

GRÉMAUX, RENÉ: *Woman becomes Man in the Balkans*, in: Gilbert Herdt (ed.): Third Sex, Third Gender. New York, Zone Books 1996: 241-285.

GREVERUS, INA MARIA: *Grenzen und Kontakte. Zur Territorialität des Menschen*, in: Kontakte und Grenzen. Festschrift für Gerhard Heilfurth. Göttingen 1969: 11-26.

GREVERUS, INA MARIA: *Island as Borderland: Experiences and Thoughts on Rügen and Usedom*, in: Anthropological Journal on European Culture, 1997, 6 (1): 7-27.

GUPTA, AKHIL/FERGUSON, JAMES: *Beyond "Culture": Space, Identity, and the Politics of Difference*, in: Cultural Anthropology, 1992, 7 (1): 6-23.

GUPTA, AKHIL/FERGUSON, JAMES: *Discipline and Practice: "The Field" as Site, Method and Location in Anthropology*, in: Gupta, Akhil/Ferguson, James: (eds.): Anthropological Locations. Los Angeles, U Cal P 1997: 1-47.

GUSTERSON, HUGH: *Exploding anthropology's canon in the world of the bomb - Ethnographic writing on Militarism*, in: Journal of Contemporary Ethnography, April 1993, Vol. 22 No. 1: 59-79.

HAARMANN, HARALD: *Zum Problem der ethnischen Grenze*, in: Europa Ethnica 1985, 42: 1-5.

HALL, STUART: *New Ethnicities*, in: Mercer, Kobena (ed.): Black Film, British Cinema. London: Institute of Contemporary Arts 1988.

HALLER, DIETER: *Homosexuality in Seville*, in: SOLGA-Newsletter 1992b Vol. 14 No. 3: 27-35. San Francisco.

HALLER, DIETER: *Die Dynamik des Raumes - eine kulturanthropologiscge Perspektive*, in: Berliner Debatte Initial, 1995a (3): 25-33.

HALLER, DIETER: *Feld, Lokalität, Ort, Territorium: Implikationen der kulturanthropologischen Raumterminologie*. Publikation des WZB Paper, WZB Berlin FS II 94-101, 1994.

HALLER, DIETER: *Machismo und Homosexualität - zur Geschlechtsrollenkonzeption des Mannes in Andalusien*. Dissert. Univ. Heidelberg 1991. Publ. auf Microfiche März 1992a.

HALLER, DIETER: *Über die Wiederkehr des biologisch-kulturalistischen Denkens*. in: Viele Kulturen, eine Welt. Publikation des Museums für Völkerkunde der Stadt Frankfurt/Main 1995b.

HALLER, DIETER: *Überlegungen zu Heteronormativität und Feldforschung*, in: Kokot, Waltraud/Dracklé, Dorle (Hrsg.): Ethnologie Europas. Berlin: Dietrich Reimer Verlag 1996: 181-201.

HANNERZ, ULF: *Cosmopolitans and Locals in World Culture*, in Theory, Culture and Society, 1990, Vol. 7.

HANNERZ, ULF: *Cultural Complexity*. New York: Columbia University Press 1992: 239.

HANNERZ, ULF: *Exploring the City. Inquiries Toward an Urban Anthropology*. New York 1980.

HANNERZ, ULF: *Fronteras*, in: International Social Science Journal 154/Dec 1997.

HANNERZ, ULF: *Kultur in einer vernetzten Welt. Zur Revision eines ethnologischen Begriffes*, in: Kaschuba, Wolfgang (Hg.): Kulturen – Identitäten –Diskurse. Perspektiven Europäischer Ethnologie. Berlin: Akademie Verlag 1995: 64-84.

HARTMANN, ANDREAS: *Über die Kulturanalyse des Diskurses*, in: ZS für Volkskunde 1991, 1: 19-28.

HARVEY, DAVID: *Contested Cities: Social Process and Spatial Form*, in: Nick Jewson/Susanne MacGregor (eds.): Transforming Cities. Contested Governance and New Spatial Divisions. London and New York, 1997: 19-27.

HASTRUP, KIRSTEN: *Native Anthropology: a Contradiction in Terms?*, in: Folk 1993, 35: 147-161.

HAUSCHILD, THOMAS: *"Dem lebendigen Geist." Warum die Geschichte der Völkerkunde im "Dritten Reich" auch für Nichtethnologen von Interesse sein kann*, in: Thomas Hauschild (ed.): Lebenslust und Fremdenfurcht. Frankfurt/Main, Suhrkamp 1995: 13-62.

HAUSCHILD, THOMAS: *Bimbes statt Bimbos - Ob in Neuguinea, Italien oder in der CDU - überall entdecken Ethnologen die gleichen Rituale*, in: DIE ZEIT Nr. 6/2000.

HAUSER-SCHÄUBLIN, BRIGITTA/RÖTTGER-RÖSSLER, BIRGITT: *Differenz und Geschlecht - Eine Einleitung*, in: Brigitta Hauser-Schäublin & Birgitt Röttger-Rössler (Hg.): Differenz und Geschlecht. Neue Ansätze in der ethnologischen Forschung. Berlin: Dietrich Reimer Verlag 1998: 7-22.

HECKMANN, FRIEDRICH: *Ethnos, Demos und Nation, oder: Woher stammt die Intoleranz des nationalstaats gegenüber ethnischen Mnderheiten?*, in: Bielefeldt, Uli (Hg.): Das Eigene und das Fremde. Hamburg: Junius 1991: 51-79.

HERZFELD, MICHAEL: *Anthropology through the looking glass: critical ethnography in the Margins of Europe*. Cambridge/New York: Cambridge University Press 1987.

HESS, A.C.: *The Forgotten Frontier. A History of the Sixteenth-Century Ibero-African Frontier*. Chicago: University of Chicago Press 1978.

HIEBERT, PAUL: *Cultural Anthropology*. Philadelphia 1976.

HILLS, GEORGE: *Rock of Contention - A History of Gibraltar*. London: Robert Hale & Comp. 1974.

HOBSBAWM, ERIC/RANGER, TERENCE: *The Invention of Tradition*. Oxford 1973.

HOBSBAWM, ERIC: *Nations and Nationalism since the 1780s: Programme, Myth, Reality*. Cambridge: Cambridge University Press 1990.

HOWES, H.W.: *The Gibraltarian - The Origin and Development of the Population of Gibraltar from 1704*. Gibraltar: Medsun 1992 (3rd edition).

HOYT, RICHARD: *Der Affenfelsen*. Berlin: Ullstein 1990 (im Orig.: Siege 1987).

HUNTER, ALBERT: *Local Knowledge and local power - Notes on the Ethnography of Local Communal Elites*, in: Journal of Contemporary Ethnography, April 1993, Vol. 22 No. 1: 36-58.

HYLLAND ERIKSEN, THOMAS: *In search of Brussels - A Europe of boundaries and creolisation*. Forthcoming in J.Peter Burgess (ed.): Postmodern Studies. 1995.

HYLLAND ERIKSEN, THOMAS: *Us and them in Modern Societies*. Oslo: Scandinavian University Press 1992.

IDALOVICHI, ISRAEL: *Der jüdische Fundamentalismus in Israel*, in: Thomas Meyer (Hg.): Fundamentalisums in der neuen Welt. Frankfurt/Main: Suhrkamp 1989.

JACKSON, MICHAEL: *Knowledge of the body*, in: MAN 1983 (18): 327-45.

JACKSON, MICHAEL: *Paths toward a Clearing: Radical Empiricism and Ethnographic Inquiry*. Bloomington: Indiana University Press 1989.

JACKSON, SIR WILLIAM G.F./CANTOS, FRANCIS: *From Fortress to Democracy - the political biography of Sir Joshua Hassan*. Grendon, Northants: Gibraltar Books 1995.

JACKSON, SIR WILLIAM G.F.: *The Rock of the Gibraltarians - A History of Gibraltar*. Farleigh Dickinson U.P., Assoc.Univ. Press 1987.

JACOBS, SUE ELLEN/CROMWELL, JASON: *Visions and Revisions of Reality: Reflections on Sex, Sexuality, Gender and Gender Variance*, in: Journal of Homosexuality, 1992, 23 (4): 42-69.

JEGGLE, UTZ/RAPHAËL, FREDDY: *D'une rive à l'autre - Kleiner Grenzverkehr*. Paris: Ed. de la Maison des sciences de l'homme 1997.

JEGGLE, UTZ: *Trennen und Verbinden. Warum ist es am Grunde des Rheins so schön?*, in: Jeggle, Utz/Raphaël, Freddy: D'une rive à l'autre - Kleiner Grenzverkehr. Paris: Ed. de la Maison des sciences de l'homme. 1997: 75-91.

JOHNSON, MARK: *Global desirings and translocal loves: transgendering and same-sex sexualities in the southern Philippines*, in: American Ethnologist 1998, 25 (4): 695-711.

JOINT COUNCIL FOR THE WELFARE OF IMMIGRANTS (JCWI): *Between a rock & a hard place - migrantworkers in Gibraltar*. 1992.

JOOSSENS, LUC/RAW, MARTIN: *Smuggling and cross border shopping of tobacco in Europe, in:* British Medical Journal, 25.5.1995.

JUSDANIS, GREGORY: *Culture, Culture Everywhere: The Swell of Globalization Theory,* in: Diaspora, 1996, 5 (1).

KASABA, RESAT/KEYDER, CAGLAR ET AL.: *Eastern Mediterranean Port Cities and their Bourgeoisies: merchants, Political Projects and Nation States,* in: Review 1986, 10, 1: 121-135.

KAUFMANN, CHRISTIAN: *Auf dem Boden der Wir-Leute - Grenzvorstellungen in Melanesien,* in: Marchal, Guy P. (Hg.): Grenzen und Raumvorstellungen (11.-20. Jh.). Chronos, Luzern 1996: 41-79.

KAVANAGH, WILLIAM: *Symbolic boundaries and 'real' borders on the Portuguese-Spanish frontier,* in: Donnan, Hastings, Wilson, Thomas W. (eds.): Border Approaches. Anthropological Perspectives on Frontier, Lanham - New York - London, University Press of America. 1994: 75-89.

KEARNEY, M.:*The local and the global: The anthropology of globalization and Transnationalism,* in: Annual Review of Anthropology 1995, 24: 547-565.

KEARNEY, MICHAEL: *Borders and Boundaries of State and Self at the End of Empire,* in: Journal of Historical Sociology, 1991, Vol. 4, No. 1, March.

KEESING, ROGER: *Theories of Culture,* in: Casson, Ronald W.: Language, Culture, and Cognition. Macmillan Publishing Co., Inc., 1981: 42-66.

KEYDER, CAGLAR ET AL.: *Port Cities of the Eastern Mediterranean, 1800-1914,* in: Review 1993, 16, 4: v-558.

KIELSTRA, NIKO: *Law and Reality in Modern Islam,* in: Gellner, Ernest (Hg.): Islamic Dilemmas: Reformers, Nationalists and Industrialization - The Southern Shore of the Mediterranean. Berlin-New York-Amsterdam: Mouton Publ. 1985: 10-22.

KNECHT, MICHI/NIEDERMÜLLER, PÉTER: *Stadtethnologie und die Transformation des Städtischen - Eine Einleitung,* in: Berliner Blätter 1998, 1: 3-13.

KNECHT, MICIHI: *Reduktionismus und Kontinuität im öffentlichen Umgang mit 'Ungeborenen': Diskursanalytische und symbol-ethnologische Zugänge,* in: Rheinisches Jahrbuch für Volkskunde, Band 29: Frauenforschung. Bonn, 1991/92: 189-204.

KOCKEL, ULLRICH: *Regions, Borders and Eurpean Integration*. Liverpool: Institute of Irish Studies, Univ. of Liverpool 1991.

KOKOT, WALTRAUD: *Ethnologische Forschung in Städten. Gegenstände und Probleme,* in: Waltraud Kokot/Bettina C. Bommer (Hg.): Ethnologische Stadtforschung. Berlin, Dietrich Reimer Verlag 1991: 1-15.KÖBLER, REINHART: *Einschluß und Abgrenzung - Nation, Nationalismus und erfundene Tradition,* in: Blätter des iz3w, Dez. 1991/7Jan. 1992, 178: 20-23.

KOTEK, JOËL ( (ed.): *L'Europe et ses villes-frontières*. Bruxelles: Editions Complexe 1996.

KRAMER, JOHANNES: *Bevölkerung und Sprachen in Gibraltar*, in: Europa Ethnica 1985 (42): 88-96

KRAMER, JOHANNES: *Bezeichnungen für "Grenze" in den europäischen Sprachen,* in: Tumult - Schriften zur Verkehrswissenschaft, herausg. v. Frank Böckelmann, Dietmar Kamper und Walter Seitter, 1996, Band 22: 51-61.

KREJCI, JAROSLAV/VELÍMSKY, VÍTEZSLAV: *Ethnic and Political Nations in Europe*. London 1981.

KROEBER, ALFRED: *The Superorganic,* in: American Anthropologist, 1917, 19: 163-213.

KROEBER, ALFRED: *The Superorganic,* in: Kroeber, Alfred R. (ed.): The Nature of Culture. Chicago: University of Chicago Press 1952, 22-51. (1917).

KRÜGER, PETER: *Ethnicity, Nation-State, and European Integration in Historical Perspective*, in: Krüger, Peter (ed.): Ethnicity and Nationalism - Case Studies in Their Intrinsic Tension and Political Dynamics. Marburg: Hitzeroth 1993: 97-109.

KUKLICK, HENRIKA: *After Ishmael: The Fieldwork Tradition and its Future*, in: Gupta, Akhil/Ferguson, James: (eds.): Anthropological Locations. Los Angeles, U Cal P 1997: 47-65.

LA FONTAINE, J. S.: *Person and Individual: some Anthropological Reflections*, in: Michael Carrithers, Steven Collins and Steven Lukes (Hg.), The category of the Person. Cambridge: Cambridge University Press. 1985: 123-140.

LAMELAS, DIEGO: *The sale of Gibraltar in 1474*. Grendon, Northants: Gibraltar Books. 1992.

LANCASTER, THOMAS. D./TAULBEE, JAMES L.: *Britain, Spain, and the Gibraltar question*, in: The Journal of Commonwealth & comparative politics 23 (1985), 3: 251-266.

LANDES, RUTH: *A Cult Matriarchate and Male Homosexuality*, in: Journal of Abnormal Social Psychology, 1940 Vol. 35: 386-397.

LANG, SABINE: *"Two-Spirit-People": Gender Variance, Homosexualität und Identitätsfindung bei IndianerInnen Nordamerikas*, in: kea 1994, Nr. 7: 70ff.

LATOUR, BRUNO: *The Powers of Association*, in: John Law (ed.): Power, Action and Belief. London, Routledge & Kegan Paul 1986.

LAUB, EVA: *El Mundo de los chuetas mallorquines*, in: Prat, Joan/Martínez, Ubaldo/ Contreras, Jesús/ Moreno, Isidoro (Eds.): Antropología de los Pueblos de España. Taurus Universitaria (ohne Jahresangabe).

LAWRENCE, DENISE L./LOW, SETHA M.: *The Built Environment and Spatial Form*, in: Ann. Rev. Anthr. 1990, 19: 453-505.

LEACH, EDMUND: *Culture and Communication*. Cambridge. 1976.

LEACH, EDMUND: *Political Systems of Highland Burma*. Athlone, London 1954.

LEIZAOLA, AITZPEA: *Muga: Border and Boundaries in the Basque Country*, in: Europae 1996, Jg. II, Heft 1.

LEVIE, HOWARD S.: *The Status of Gibraltar*. Boulder Colorado: Westview Press 1983.

LEVY, ROBERT I.: *1971 The Community Function of Thaitian Male Transvestism: a Hypothesis*, in: Anthropological Quarterly, Vol. 44: 13-22.

LEWIS, IOAN M.: *Ecstatic Religion - A Study of Shamanism and Spirit Possession*. London: Routledge & Kegan Paul 1989 (2 nd. edition).

LEWIS, IOAN M.: *The Anthropologist's Muse - an inaugural lecture*. London: The London School of Economics an Political Science 1973.

LEYBURN, JAMES G.: *Frontier Society: A Study in the Growth of Culture*, in: Zeitschrift für Völkerpsychologie und Soziologie 1993, Jg. 9: 174-181.

LIEBMAN, C.S.: *Extremism as a Religious Norm*, in: Journal for the Scientific Study of Religion, 1983, 22, No. 7.

LIMÓN, ANTONIO: *Andalucía ¿tradicion o cambio?* Sevilla 1988.

LINDNER, ROLF: *Einleitung*, in: Rolf Lindner (Hg.): Die Wiederkehr des Regionalen - Über neue Formen kultureller Identität. Frankfurt/New York: Campus 1994: 7-12.

LINDNER, ROLF: *Ethos der Region*, in: Rolf Lindner (Hg.): Die Wiederkehr des Regionalen - Über neue Formen kultureller Identität. Frankfurt/New York: Campus 1994: 201-231.

LINDNER, ROLF: *Wer wird Ethnograph?*, in: Greverus, Köstlin, Schilling (Hrsg.): Kulturkontakt - Kulturkonflikt. Frankfurt/Main, Notizen Nr 28 1987: 99-107.

LUKENS BULL, RONALD A.: *Ronald McDonald is a Javanese mystic and an Indonesian freedom fighter*. paper presented at 1999 American Anthropological Association Meeting in Chicago, 16.-21.Nov 1999.

MACGOWAN, JOHN: *The truth about Gibraltar*, in: Army Quarterly and Defence Journal, 108: 149--160, April 1978.

MAFFESOLI, MICHEL: *Identification or The Pluralisation of the Person*, in: Gay Studies from the French Cultures: Voices from France, Belgium, Brazil, Canada, and The Netherlands. The Haworth Press 1993: 31-40.

MAGAURAN, H.C.: *Rock Siege - The Difficulties with Spain: 1964-1985*. Gibraltar: Medsun 1986.

MALINOWSKI, BRONISLAW: *Argonauten des westlichen Pazifik. Ein Bericht über Unternehmungen und Abenteuer der Eingeborenen in den Inselwelten von melanesisch-Neuguinea*. Frankfurt am Main: Syndikat/EVA 1984 (1922).

MARCUS, GEORGE/FISCHER, MICHAEL M.J.: *Anthropology as Cultural Critique*. Chicago: University of Chicago Press 1986.

MARCUS, GEORGE: *Ethnography in/of the world system: The emergence of Multi-sited ethnography*, in: Annual Review of Anthropology 1995: 95-117.

MARCUS, GEORGE: *Ethnography in/of the world system: the emergence of multi-sited ethnography*, in: Annual Review of Anthropology 1995, 24: 95-117.

MARTINEZ, OSCAR J.: *The dynamics of border interaction - New approaches to border analysis*, in: Schofield, Clive H. (ed.): World Boundaries Volume 1 - Global Boundaries. London: Routledge & Kegan Paul 1994: 1-14.

MASUR, JENNY: *Women's Work in Rural Andalusia*, in: Ethnology, Vol. 23, 1984: 25-38.

MAUSS, MARCEL: *A Category of the Human Mind: the Notion of Person; the Notion of Self*, in: Michael Carrithers, Steven Collins and Steven Lukes (Hg.), The Category of the Person. Cambridge: Cambridge University Press 1985: 1-25.

MCDONALD, MARYON: *'Unity in diversity'. Some tensions in the construction of Europe*, in: Social Anthropology 1996, 4, 1: 47-60.

MCDONALD, MARYON: *The Construction of Difference: An Anthropological Approach to Stereotypes*, in: Sharon Macdonald (ed.): Inside European Identities - Ethnography in Western Europe. Providence & Oxford: Berg Publ. 1993: 219- 237.

MCDONALD, MARYON: *We Are Not French!' Language, Culture and Identity in Brittany*. London: Routledge & Kegan Paul 1989.

MCGREW, A.: *A global society*, in: Hall, S., Held. D, McGrew, A. (eds): Modernity and its future. Cambridge: Polity Press in ass. with the Open University. 1992: 61-102.

MCKECHNIE, ROSEMARY: *Becoming Celtic in Corsica*, in: Sharon Macdonald (ed.): Inside European Identities - Ethnography in Western Europe. Providence & Oxford: Berg Publ.1993: 118-146.

MEAD, GEORGE HERBERT: *Geist, Identität und Gesellschaft aus der Sicht des Sozialbehaviourismus*. 0 ed. Frankfurt am Main: Suhrkamp 1934/1993.

MEDICK, HANS: *Grenzziehungen und die Herstellung des politisch-sozialen Raumes. Zur Begriffsgeschichte der Grenzen in der Frühen Neuzeit*, in: Faber, Richard/Naumann, Barbara (Hgs.): Literatur der Grenze/Theorie der Grenze. Würzburg: Königshausen & Neumann 1995: 211-225.

MEDICK, HANS: *Zur politischen Sozialgeschichte der Grenzen in der Neuzeit Europas*, in: Sozialwissenschaftliche Informationen 1991, 20 (3): 157-163.

MERLEAU-PONTY, MAURICE: *The phenomenology of perception*. London: Routledge & Kegan Paul. 1962.

MERNISSI, FATIMA: *Beyond the Veil: Male-Female Relations in a Modern Muslim Society*. Cambridge: Schenkman 1975.

MEYER, THOMAS: *Einleitung*, in: Meyer, Thomas (Hg.): Fundamentalismus in der modernen Welt - Die Internationale der Unvernunft. Frankfurt/Main: Suhrkamp 1989.

MICHEL, UTE: *Wilhelm Emil Mühlmann (1904-1988) - ein deutscher Professor. Amnesie und Amnestie: Zum Verhältnis von Ethnologie und Politik im Nationalsozialismus*, in: Jahrbuch für Sozioilogiegeschichte 1991. Opladen: Leske & Budrich 1992: 69-119.

MORRIS, D. S./HAIGH, R.H.: *Britain, Spain and Gibraltar 1945-90 - The eternal triangle*. London & New York: Routledge 1991.

MOYER, MELISSA GREER: *Analysis of Code Switching in Gibraltar*. Tesis doctoral de la Universidad Autónoma de Barcelona. Servei de Publicaciones. 1993.

MÜHLMANN, WILHELM EMIL: *Die Völker der Erde*. Berlin: Deutscher Verlag 1944.

MÜHLMANN, WILHELM EMIL: *Homo Creator*. Wiesbaden: Otto Harrassowitz 1962.

MÜHLMANN, WILHELM EMIL: *Krieg und Frieden*. Heidelberg: Carl Winter 1940.

MÜHLMANN, WILHELM EMIL: *Rassen, Ethnien, Kulturen*. Neuwied, Berlin: Luchterhand 1964.

MÜLLER, KLAUS E.: *Das magische Universum der Identität: Elementarformen sozialen Verhaltens*. Frankfurt/Main & New York: Campus 1987.

NADEL, SIEGFRIED: *Social symbiosis and tribal organization*, in: MAN, Jg. 38, Nr 84-85, 1938: 85-90.

NADER, LAURA: *Up the anthropologist: Perspectives gained from studying up*, in: Dell Hymes (ed.): Reinventing anthropology. New York, Vintage 1974.

NADIG, MAYA: Transkulturelles symbolishces Verstehen in Übergangsräumen. Ein Beispiel zur Bedeutung der Körpererfahrung im Feldforschungsprozeß, in: Kea, Nr. 11, 1998: 195-206.

NARAYAN, KIRIN: *How Native is a "native" Anthropologist?*, in: American Anthropologist, Sept. 1993, Vol. 95 (3): 671-687.

NAROLL, RAOUL: *Ethnic unit classification*, in: Current Anthropology 1964, Nr. 5 (4): 283-291.

NIELSEN JR., NIELS C.: *Fundamentalism, Mythos, and World Religions*. State University of New York Press 1993.

NORTON, R.: *Ethnicity and class: a conceptual note with reference to the politics of post-colonial societies*, in: Ethnic Racial Studies 1984, 7 (3): 426-434.

NUGENT PAUL/ASIWAJU, A.I.: *African Boundaries - Barriers, Conduits & Opportunities*. London: Pinter 1996.

O'DOWD, LIAM/WILSON, THOMAS M.: *Borders, Nations and States - Frontiers of Sovereignty in the New Europe*. Avebury, Aldershot 1996.

ORTNER, SHERRY: *Theory of Anthropology since the Sixties*, in: Journal for Comparative Studies of Society and History, 1984: 126-166.

OSTRANDER, SUSAN A.: *"Surely you're not in this just to be helpful" - Access, Rapport, and Interviews in Three Studies of Elites*, in: Journal of Contemporary Ethnography, April 1993, Vol. 22 No. 1: 7-27.

OTS, THOMAS: *The silenced body - the expressive Leib*, in: Csordas, Thomas J. (Hg.): Embodiment and experience - the existential ground of culture and self. Cambridge: Cambridge University Press 1994: 116-139.

OTTO, RUDOLF: *Das Heilige. Über das Irrationale in der Idee des Göttlichen und sein Verhältnis zum Rationalen*. Breslau: Trewendt & Granier 1917.

PAREKH, BHIKHU: *Some reflections on the Hindu diaspora*, in: New Community Vol 26, Bo 4, July 1994.

PARMAN, SUSAN: *The Future of European Boundaries: A Case Study*, in: Thomas M. Wilson/M.Estellie Smith (eds.): Cultural Change and the New Europe - Perspectives on the European Community. Boulder, San Francisco, Oxford: Westview Press 1993: 189-203.

PELS, PETER: *The Anthropology of Colonialism: Culture, History, and the Emergence of Western Governmentality*, in: Annual Review of Anthropology, 1997, 26: 163-183.

PERISTANY, J. G. (Hg.): *Mediterranean family structures*. Cambridge 1976.

PETERSEN, HANS: *Der Terminus Frontier im Amerikanischen*. Kassel 1996.

PETRICH, HEIDE: *Ideologie und Sozialstruktur in Europa - eine Analyse von ethnographischen Daten*. Berlin: Dietrich Reimer Verlag 1989.

PINK, SARAH: *Topsy-turvy bullfights and festival queens. On the meaning of gender, tradition and ritual in Córdoba, Andalusia*, in: Social Anthropology 1997, 5, 2: 159-175.

PITT-RIVERS, JULIAN (Hg.): *Mediterranean Countrymen*. Paris-La Haye 1963.

PITT-RIVERS, JULIAN: *The Fate of Shechem, or the Politics of Sex: essays in the Anthropology of the Mediterranean*. New York: Cambridge University Press 1977.

PITT-RIVERS, JULIAN: *The People of the Sierra*. Chicago 1961.

PLA, JOSEPH: *El Alma en Pena de Gibraltar*. 1953, engl. Version 1955.

POPP, HERBERT: *EU in Nordafrika - die spanischen Enklaven Ceuta und Melilla*, in: Geographische Rundschau 1998 (50), 6: 337-344.

PRESCOTT, J. R. V.: *Political Frontiers and Boundaries*. London: Unwin Hyman 1987.

PRESS, IRWIN: *The City as a Context: Urbanism and Behavioral Constraints in Seville*. University of Illinois Press 1979.

PREVELAKIS, GEORGES: *Istanbul, Skopje et Salonique: villes-frontières ou cités-carrefours*, in: Kotek, Joël ( (ed.): L'Europe et ses villes-frontières. Bruxelles: Editions Complexe 1996: 77-97.

QUEVEDO Y VILLEGAS, DON FRANCISCO DE: *España defendida y los tiempos de ahora*, in: Obras completas. Madrid 1958: 488-526.

RAI, AMIT S.: *India On-line: Electronic Bulletin Boards and the Construction of a Diasporic Hindu Indentity*, in: Diaspora - A Journal of Transnational Studies, Vol. 4, No. 1, Spring 1995: 31-59.

RAPPORT, NIGEL: *An Overview of Anthropological Work on England*, in: Maryon McDonald (ed.): Toward an anthropology of European Union. Dec 1994.

RATZEL, FRIEDRICH: *Allgemeine Eigenschaften der geographischen Grenzen und die politische Grenze*. Berichte d. sächs. Ges. d. Wiss. Phil.hist. Kl. 44, 1892.

RATZEL, FRIEDRICH: *Anthropogeographie, oder Grundzüge der Anwendung der Erdkunde auf die Geschichte*. Stuttgart 1882.

RATZEL, FRIEDRICH: *Die politische Grenze*, in: Zeitschr. f. Schulgeographie. Wien 1893.

RATZEL, FRIEDRICH: *Politische Geographie*. München 1903.

RAVENEAU, GILLES: *Frontière et liens a la peripherie: la Corse et la Sardaigne*, in: Europae 1996, Jg. II, Heft 1.

*Report on Gibraltar and the European Union's Rules on the Free Movement of People*, by ECAS on behalf of The Gibraltar Association for European Rights. Brussels, May 1997.

REX, JOHN: *"Rasse" und "Ethnizität" als sozialwissenschaftliche Konzepte*, in: Dittrich, Eckhard J.; Radtke, Frank Olaf (Hg.): Ethnizität. Westdeutscher Verlag, 1991: 141-155.

REYNOLDS, REG: *Strange but true stories of Gibraltar*, Vol I and II. Helvern Publ., 1993 and 1994.

RICO, GUMERSINDO: *La Población de Gibraltar (sus origenes, naturaleza y sentido)*. Madrid: Editorial Nacional 1967.

RICOEUR, PAUL: *From Text to Action: Essays in Hermeneutics II*. Evanston, Il.: Northwestern University Press 1991.

RICOEUR, PAUL: *The Model of the Text: Meaningful Action Considered as Text*, in: Social Research 1971 (38): 529-562.

ROGERS, SUSAN CAROL: *Female Forms of Power and the Myth of Male Dominance: a Model of Female/Male Interaction in Peasant Societies*, in: American Ethnology, Vol. 2, 1975: 727-756.

ROSALDO, R.: *Culture and Truth: The Remaking of Social Analysis*. Boston: Beacon 1989.

ROSALDO, R.: *Ideology, place, and people without culture*. Cultural Anthropology 3: 1988: 77-87.

ROSALDO, R.: *Politics, patriarchs, and laughter*, in: Cultural Critique 1987, 6: 65-86.

ROSALDO, R.: *Social justice and the crisis of national communities*, in: Baker, F./Hulme, P./Iverson, M. (eds.): Colonial Discourse/Post Colonial Theory. Manchester/New York: Manchester Univ. Press 1994: 239-252.

ROSS, A. D.: *taxation systems: compared and contrasted: Isle of Man, Channel Islands, Gibraltar*, in: European Taxation 27: 303-311. No. 10. 1987.

ROUSE, ROGER: *Mexican Migration and the Social Space of Postmodernism*, in: Diaspora 1 (1), 1991: 13.

RUBINSTEIN, W.D.: *A History of the Jews in the English Speaking World: Great Britain*. Houndmills/London: Macmillan Press 1996.

SAFRAN, WILLIAM: *Diasporas in Modern Societies: Myths of Homeland and Return*, in Diaspora 1 (1), 1991: 83-100.

SAHLINS, PETER: *Boundaries - The Making of France and Spain in the Pyrenees*. Berkeley: University of California Press 1989.

SAID, EDWARD: *Orientalism: Western Representations of the Orient*. London: Routledge & Kegan Paul 1978.

SAID, EDWARD: *Zionism from the standpoint of its victims*, in: Social Text 1979, 1: 7-58.

SÁNCHEZ PÉREZ, FRANCISCO: *La liturgia del espacio*. Madrid: Editorial Nerea 1990.

SANGUINETTI, MARIO L.: *Gibraltar's Architecture*, in: Journal of the Friends of Gibraltar Heritage Society. 1993.

SARTRE, JEAN PAUL: *Critique of Dialectical Reason: 1. Theory of Practical Ensembles*. [1960], London: Verso 1976.

SAUNDERS, GEORGE: *Men and Women in Southern Europe: Review of some Aspects of Cultural Complexity*, in: Journal of Psychological Anthropology, Vol. 4, 1981.

SAURER, EDITH: *Zwischen dichter und grüner Grenze. Grenzkontrolle in der vormärzlichen Habsburgermonarchie*, in: Pilgram, Arno (Hg.): Grenzöffnung, Migration, Kriminalität. Baden-Baden: Nomos 1993: 169-181.

SAWCHUK, L.A./FLANAGAN, I. E.: *Infant mortality among the Jews of Gibraltar 1869 to 1977*, in Can. Rev. Phys. Anthro., 1979, 1: 63-72.

SAWCHUK, L.A./HERRING, DORIS ANN: *Historic Marriage Patterns in the Sephardim of Gibraltar, 1704 to 1939*, in: Jewish-Social-Studies; 1988, 50, 3-4, summer-fall, 177-200.

SAWCHUK, L.A./HERRING, DORIS ANN: *Respiratory Tuberculosis Mortality Among the Sephardic Jews of Gibraltar*, in: Human Biology, May 1984, Vol. 56, No. 2: 291-206.

SAWCHUK, L.A./WAKS, L.: *Religious Exogamy and Gene Flow among the Jews of Gibraltar 1870-1969*, in: Current Anthropology Vol 24, No. 5, Dec 1983: 661-662.

SAWCHUK, L.A.: *Historical Intervention, Tradition, and Change: A Study of the Age at Marriage in Gibraltar, 1909-1983*, in: Journal of Family History, 1992, Vol. 17 (1): 69-94.

SAWCHUK, L.A.: *Reproductive Success among the Sephardic Jews of Gibraltar: Evolutionary Implications*, in: Human Biology, Dec 1980, Vol 52, No. 4: 731-752.

SAYER, F.: *History of Gibraltar*. London, Saunders & Otley 1862, cit. in: JACKSON, SIR WILLIAM G.F.: *The Rock of the Gibraltarians - A History of Gibraltar*. Farleigh Dickinson U.P., Assoc.Univ. Press 1987: 244.

SCHERER, PETER: *Warum Geopolitik? Fragen zu einer umstrittenen Wissenschaft*, in: Berliner Debatte Initial, 1995a (3): 3-9.

SCHIFFAUER, WERNER: *Der Mensch und sein Platz auf der Welt*, in: taz Nr. 5973 vom 25.10.1999: 18.

SCHILLING, HEINZ: *Über die Grenze - Zur Interdependenz von Kontakten und Barrieren in der Region Saarland/Lothringen*, in: Leben an der Grenze - Recherchen in der Region Saarland/Lothringen. Frankfurt/Main: Schriftenreihe des Instituts für Kulturanthropologie und Europäische Ethnologie an der Universität Frankfurt am Main 1986: 345-394.

SCHNEIDER, JANE: *Of Vigilance and Virgins: Honor, Shame and Access to Ressources in Mediterranean Societies*, in: Ethnology, Vol. 10, 1971: 1-24.

SCHÖTTLER, PETER : *Mentalitäten, Ideologien, Diskurse. Zur sozialgeschichtlichen Thematisierung der 'dritten Ebene'*, in: Alf Lüdtke (Hg.): Altagsgeschichte. Zur Rekonstruktion historischer Erfahrung und Lebensweise. Frankfurt/New York 1989: 85-136.

SCHROETER, DANIEL: *Orientalism and the Jews of the Mediterranean*, in: Journal of Mediterranean Society 1994, Vol 4, No 2: 183-196.

SCHROETER, DANIEL: *The Jewish Quarter and the Moroccan City*, in: Yedida K. Stillman & George K. Zucker (eds.): New Horizons in Sephardic Studies. Albany: State University of New York Press 1993: 67-83.

SHAPIRO, FAYDRA: *Continuity, Context, and Change: Towards an Interpretation of Teshuva*, in: Journal of Psychology and Judaism, Vol. 19, No. 4, Winter 1995: 295-314.

SHOKEID, MOSHE: *Anthropologists und their informants: marginality reconsidered*, in: Archives européennes de sociologie 1988 (29): 31-47.

SHORE, CHRIS/BLACK, ANNABEL: *'Citizen's Europe and the construction of European Identity'*, in: V.A.Goddard, J.R.Llobera & C. Shore (eds.): The Anthropology of Europe. Identities and boundaries in conflict. London: Berg 1994.

SHOSTAK, MARJORIE: *Nisa: The Life and Words of a !Kung Woman*. Cambridge/Mass.: Harvard University Press 1981.

SIBLEY, DAVID: *Geographies of Exclusion- Society and difference in the West*. London: Routledge & Kegan Paul 1995.

SIEBER-LEHMANN, CLAUDIUS: *Regna colore rubeo circumscripta - Überlegungen zur Geschichte weltlicher Herrschaftsgrenzen im Mittelalter*, in: Marchal, Guy P. (Hg.): Grenzen und Raumvorstellungen (11.-20. Jh.) - Frontières et conceptions de l'espace (11e-20e siècles). Zürich: Chronos Verlag 1996.

SIMMEL, GEORG: *Soziologie des Raumes*, in: Schriften zur Soziologie. Berlin 1908 [Frankfurt/Main: Suhrkamp 1992 (4.Aufl.): 221-243].

SIVAN, EMMANUEL: *Introduction*, in: Sivan, Emmanuel/Friedman, Menachem (Eds.).: Religious Radicalism and Politics in the Middle East. New York: SUNY Series in near eastern Studies 1990

SMITH, ANTHONY D.: *National Identity and Myths of Ethnic Descent*, in: Kriesberg, Louis (ed.): Research in Social Movements, conflicts and change - A Research Annual. Conn./London 1984, Vol. 7: 95-130.

SMITH, ANTHONY D.: *The Ethnic Sources of Nationalism*, in: Survival, Vol. 35, No. 1, Spring 1993: 48-62.

SMITH, M.G.: *Some developments in the Analytic Framework of Pluralism*, in: Kuper, L./Smith, M.G.: Pluralism in Africa (eds.). Berkeley: University of California Press 1969.

SMITH, R.T.: *On the disutility of the notion of 'ethnic group' for understanding status struggles in the modern world*. paper presented at University Guadalajara Conference, Jalisco/Mexico 1993.

SOROFF, LINDA BEGLEY: *The Maintenance and Transmission of Ethnic Identity. A Study of Four Ethnic Groups of Religious Jews in Israel*. Lanham, NY, London: Univ. Press of Amerika 1995.

SPANISH GOVERNMENT: *The Spanish Red Book*. Madrid 1965.

SPIVAK, GAYATRI CHAKRAVORTI: *Can the Subaltern Speak?* in: Williams, P./Chrisman, L. (eds.): Colonial Discourse and Post-Colonial Theory: A Reader. Hemel Hempstead: Harvester Wheatsheaf 1993: 66-111.

SPRADLEY/McCURDY: *Anthropology: The Cultural Perspective*. New York: Wiley & Sons 1975.

SPÜLBECK, SUSANNE: *Ordnung und Angst - Russische Juden aus der Sicht eines ostdeutschen Dorfes nach der Wende*. Campus, Frankfurt/New York 1997, v.a. pgs 68-117.

STAGL, JUSTIN: *Kulturanthropologie und Gesellschaft - Wege zu einer Wissenschaft*. München: List Verlag 1974.

STANTON, GARETH: *Guests in the Dock - Moroccan workers on trial in the colony of Gibraltar*, in: Critique of Anthropology 1991, Vol. 11 (4): 361-379.

STANTON, GARETH: *Military Rock: a mis-anthropology*, in: Cultural Studies 1996, 10 (2): 270-287.

STANTON, GARETH: *The Play of Identity: Gibraltar and its Migrants*, in: Victoria Goddard, Josep R. Llobera, Cris Shore (eds.): The Anthropology of Europe. Oxford/Providence: Berg Publ. 1994.

STEWART, JOHN D.: *Gibraltar, piedra clave*. Madrid: Aguilar 1968.

STOLCKE, VERENA: *Kultureller Fundamentalismus*, in: Rolf Lindner (Hg.): Die Wiederkehr des Regionalen - Über neue Formen kultureller Identität. Campus, Frankfurt/New York 1994: 36-64.

STRATHERN, MARYLIN: *The Concept of Society is theoretically obsolete*, in: Ingold, Tim (ed.): Manchester (Group for Debates in Anthropological Theory) 1990: 4-11.

STRECK, BERNHARD: *Grenzgang Ethnologie*, in: Faber, Richard/Naumann, Barbara (Hgs.): Literatur der Grenze/Theorie der Grenze. Würzburg: Königshausen & Neumann 1995: 185-195.

STROSS, BRIAN: *The Nature of Language*, in: Casson, Ronald W.: Language, Culture, and Cognition. Macmillan 1981: 23-42.

TAPINC, HUSEYIN: *Masculinity, Femininity, and Turkish Male Homosexuality*, in: Kenneth Plummer (ed.): Modern Homosexualities. Routledge, 1992: 39-49.

TAUSSIG, MICHAEL: *Shamanism, Colonialism and the Wild Man.* Chicago: Univ. of Chicago Press 1987.

TEJADA, LUIS ALONSO:*La represión sexual en la España de Franco*, in: Historia, Vol. 9, 1977.

TESSLER, MARK: *Religion and Politics in the Jewish State if Israel*, in: Sahliye, Emile (ed.): Religious Resurgence and Politics in the Contemporary World. State University of New York Press 1990: 263-297.

THEROUX, PAUL: *An den Gestaden des Mittelmeeres.* Reinbek: rororo 1998 [orig.: The Pillars of Hercules. London: Hamish Hamilton 1995].

THOMASSEN, BJØRN: *Border Studies in Europe: Symbolic and Political Boundaries, Anthropological Perspectives,* in: Europae 1996, Jg. II, Heft 1.

TRAPMORE, MARK E.: *Britain and the Gibraltar Question since 1918.* Manuscript, University of Leicester, History Department, October 1994: 11.

TURNER, VICTOR: *Betwixt and Between: The Liminal Period in Rites de Passage*, in: The Forest of Symbols. Ithaca, Cornell Univerity Press. 1967: 93-11.

TURNER, VICTOR: *The Ritual Process: Structure and Anti-Structure.* Chicago: Aldine 1969.

UHL, SARAH: *Making the Bed: Creating the Home in Escalona, Andalusia,* in: Ethnology, Vol. XXVIII, Number 2, 1989: 151-166.

UHL, SARAH: *Special friends: The Organization of Intersex Friendships in Escalona (Andalusia), Spain,* in: Anthropology, Vol. 9, Nr. 1-2, 1985: 129-153.

ULBRICH, CLAUDIA: *Grenze als Chance? Bemerkungen zur Bedeutung der Reichsgrenze im Saar-Lor-Lux-Raum am Vorabend der Französischen Revolution,* in: Pilgram, Arno (Hg.): Grenzöffnung, Migration, Kriminalität. Baden-Baden: Nomos 1993: 139-146.

VALLADARES RAMIREZ, R.: *England, Tangiers, and the shared straits - the commencement of the english establishment in the western mediterranean during the spanish-portuguese war (1641-1661),* in: Hispania - Revista Espanola de Historia 1991: 965-991, Nr 179].

VAN BINSBERGEN, WIM: *From Tribe to Ethnicity in Western-Zambia,* in: van Binsbergen, Wim/Geschiere, Peter (Hgs.): Old Modes of Production and Capitalist Encroachment. London 1985.

VAN DE PORT, MATHIJS: *It takes a serb to know a Serb - Uncovering the roots of obstinate otherness in Serbia.* Paper presented at 5th EASA Conference, Frankfurt/Main 1998.

VAN GENNEP, ARNOLD: *Les rites de Passage. Etude Systématique des Rites.* Paris 1909 [dt. 1986].

VERENI, PIERO: *Boundaries, Frontiers, Persons, Individuals: Questioning "Identity" at National Borders,* in: : Europae 1996, Jg. II, Heft 1.

VOLL, KLAUS: *Fundamentalistische Tendenzen unter Hindus und Moslems in Indien,* in: Meyer, Thomas (Hg.): Fundamentalismus in der modernen Welt. Frankfurt/Main: Suhrkamp 1989: 155-195.

WALLERSTEIN, IMMANUEL: *The Modern World System.* 1974.

WARNECKEN, BERND JÜRGEN/WITTEL, ANDREAS: *Die neue Angst vor dem Feld. ethnographisches research up am Beispiel der Unternehmensforschung,* in: ZS für Volkskunde, 1997 I.

WATSON, JAMES L.: *Introduction,* in: Watson, James L. (ed.): Golden Arches East. McDonald's in East Asia. Stanford: Stanford University Press 1997: 1-38.

WEBER-KELLERMANN, INGEBORG (Hg.): *Zur Interethnik.* Frankfurt/Main: Suhrkamp 1978.

WELZ, GISELA: *Moving Targets - Feldforschung unter Mobilitätsdruck*, in: Zeitschrift für Volkskunde 1998, II Halbjahresband: 177-195.

WELZ, GISELA: *Street Life - Alltag in einem New Yorker Slum*. Frankfurt 1991.

WENDL, TOBIAS/RÖSLER, MICHAEL (eds.): *Frontiers and borderlands*. Frankfurt/Main: Peter Lang 1999.

WIKAN, UNNI: *Man becomes Woman: Transsexualism in Oman as a key to gender roles*, in: MAN, 12, 1997: 304-319.

WILMSEN, EDWIN N.: *Land Filled with Flies: A Political Economy of the Kalahari*. Chicago: University of Chicago Press 1989.

WILSON, T.M./M.ESTELLIE SMITH (eds.): Cultural Change and the New Europe Perspectives on the European Community. Westview Press, Boulder 1993.

WILSON, THOMAS M.: *Frontiers Go but Boundaries Remain: the Irish Border as a Cultural Divide*, in: Thomas M. Wilson and M. Estellie Smith (eds.), Cultural Change and the New Europe. Perspectives on the European Community. Boulder: Westview Press, 1993 : 167-188.

WILSON, THOMAS M.: *Sovereignty, identity and borders: Political anthropology and European integration*, in: O'Dowd/Wilson (eds.): Borders, Nations and States. Avebury: Gower 1996.

WILSON, THOMAS M.: *Symbolic Dimensions to the Irish Border*, in: Donnan and Wilson (eds.), Border Approaches. Anthropological Perspectives on Frontiers. Lanham, MD: University Press of America 1994: 101-118.

WILSON, THOMAS M.: *The Anthropology of the European Union*, ECSA Newsletter VIII, 1995.

WISCHIOLEK, HEIKE: *Handschlag und Hierarchie: Beobachtungen in einem mecklenburgischen Betrieb*, in: Kokot, Waltraud/Dracklé, Dorle (Hrsg.): Ethnologie Europas. Berlin: Dietrich Reimer Verlag 1996: 155-181.

WITTEL, ANDREAS/BECK, STEFAN: *Forschung ohne Feld und doppelten Boden. Anmerkungen zur Ethnographie in Handlungsnetzen*, in: Irene Goetz, Andreas Wittel (Hg.): Zur Ethnographie von Arbeit und Organisation. München 2000 (im Druck)"

WOLF, ERIC: *Culture: Panacea or Problem?*, in: Northeastern Anthropological Association Newsletter 1982.

WOLF, ERIC: *Society and Symbols in Latin Europe and the Islamic Near East: some Comparisons*, in: Anthropological Quarterly, Vol. 42, 1969.

WRIGHT, S.: *Anthropology: still the uncomfortable discipline?*, in: Ahmed, A.; Shore, C. (eds.): The Future of Anthropology. London, Athlone 1995: 65-93.

YOUNG, ROBERT J.C.: *Colonial Desire - Hybridity in Theory, Culture and Race*. London: Routledge & Kegan Paul 1995.

ZUNZ, OLIVIER: *The Organization of the American City in the Late Nineteenth Century: Ethnic Structure and Spatial Arrangement in Detroit*, in: Journal of Urban History, 1977, 3, 4, Aug, 443-466.

# Stichwortverzeichnis

Bénin, 186
Benjamin, Walter, 21
Benrós, Ester Rebecca, 307; 321
Bensadon, Estrella, 47
Bensadon, Haim, 304
Bensimon, Rimcha, 91
Bentata, David, 305
Bentubo, Eli, 299; 300
Benyeshaya, Israel R., 297
Benzecry, Luna, 48
Benzimra, Donna, 132; 305
Benzimra, Esther, 47
Benzimra, Hetty, 132
Benzimra, Howard, 47; 132
Benzimra, Rafi, 127
Benzin, 85
Beobachtung, teilnehmende, 22
Bergel, Yomtob, 296
Berger, P., 18
Berllaque, James, 48; 87
Beschneidung, 319
Best, David, 23
Bestechung, 245; 250; 252; 256; 257
Bevis Marks Synagoge, London, 297; 298
Bhaba, Homi, 56; 89; 147; 170; 346
Bharat Ratna, Zeitschrift, 135; 136; 168
Bienvenido, der Esel, 117
Bildungssystem, 132; 157
Biographisierung, 189
Black, Annabel, 37
Bland, Gouverneur, 249
Blick, der ethnologische, 2
Bloch, Maurice, 103; 209
Blutsrecht, 152
Boas, Franz, 342
Body Shop, Kampagne, 231
Boehm, Max Hildebert, 13; 14
Bomb House Lane, 282; 297
Bombay, 134
Bonin, Edgar Maria, 240
border shopping, 85; 246
border, 336
borderland hysteria, 46; 89; 331
borderland, 9
Borneman, John, 7; 182
Bosano, Charles, 113
Bossano, Joe, 163; 172; 173; 174; 175; 177; 178;
191; 204; 217; 220; 222; 223; 224; 225; 228; 231;
235; 236; 238; 240; 261; 264; 266; 268; 269; 271;
272; 273; 275; 276; 278; 279; 280; 281; 283; 294
boundary, 9
Bourdieu, Pierre, 16; 26; 38; 88; 202; 345
Boy Scouts, 147
Brandes, Stanley, 119; 145
Braña, César, 102; 263; 264; 268; 280
Brass, Robert, 300; 301
Braudel, F., 45
Briten in Südspanien, 52
britische Identität, 168

britische Kultur, 197
British Citizens' Association, 174
british citizenship, 152; 216
british dependent territory citizenship, 152
British National Act of 1948, 152; 216
British National Act of 1981, 152; 216
british overseas citizenship, 152
britishness, 43; 147; 157; 162; 166; 198; 237; 239
Britto, Ernest, 227; 238; 241
Brome, Capt. Frederick, 203
Bröskamp, 22
Brown, Colin, 267; 268
Brumlik, Micha, 184
Brussels Agreement, 75; 171; 176; 199; 225; 226;
235
Bruttosozialprodukt, 171
BSE-Krise, 80; 157
Buccaneers, 160
Budhrani, Haresh, 214; 215; 246
Buenavista, 110; 212; 237
Bull, John, 176
Burberry, Edna, 259
Burberry, Ken, 129
Bürgerkrieg, spanischer (1830er), 51
Bürgerkrieg, spanischer (1936-39), 54
Burgos, Großrabbiner von, 312
Bush, George, Präsident der USA, 95
Busk, Prof. George, 203
Butler, Judith, 18; 19; 20; 22; 196

calentita, 201; 212
Calle de Gibraltar, 57; 143
Campbell, Colin, 53
Campo de Gibraltar, 45; 48; 50; 51; 62; 74; 87; 92;
112; 143; 148; 173; 226; 252; 257; 258; 283
Campo de Gibraltar, Lebensstandard, 87
canción española, 94
Canepa, Adolfo, 226; 227
Canepa, Joe, 276; 277; 278
Canilla, Gonzalo, 251
Cannabis, 69
Cantos, Francis, 64; 127; 200; 279
Cardona, Johnny, 230; 231
Cardozo, Aaron, 149; 296
Carloni, Alida, 114; 119
Carmel College, 312; 313
Carteia, Ölraffinerie, 45; 62; 91
Cartwright, Richard, 94
Cartwright, Terry, 227
Caruana, Charles, 200; 213; 267
Caruana, Peter, 27; 162; 163; 175; 176; 177; 191;
213; 223; 227; 232; 234; 235; 236; 237; 241; 242;
243; 247; 257; 259; 358
Casemates Square, 165; 359
Casemates, Ausgrabung, 359
Casino, 26
Castellar, 50
Catalan Bay, 44; 242; 357
Cátedra, María, 31

Grenzschließung, Versorgung, 64
grenzüberschreitende Beziehungen, 37
Grenzübertritt und Körper, 79; 103
Grenzübertritt, 38; 63; 64; 71; 87; 103; 104
Grenzverletzung, 80; 263
Grenzzaun, 76; 252
Grenzzwischenfälle, 80
Greverus, Ina Maria, 4; 15
Griffin, Francis, 107; 266; 281
Großbritannien, 248; 249; 253; 256; 257; 266;
267; 268; 269; 274; 280; 281; 282; 283
Große Belagerung, 249
Gruppen, dominante und untergeordnete, 195
GSD -> Gibraltar Social Democrats
Guardia Civil, 60; 87; 90; 101; 102; 103
Gupta, Akhil, 8; 185; 342; 345; 346
Gusterson, Hugh, 32
Guy Fawkes Day, 148
GWU, Gibraltar Workers Union, 225

Haare, 138
Haarmann, Harald, 182
Habitus und Geschlecht, 26
Habitus und Klasse, 26
Habitus und Körper, 26
Habitus, 26; 88; 91
Haddon, A.C., 342
hagaszussa, 5
Haketiya, 288
Halacha, 288; 289; 290; 305; 316; 319; 329; 333
halachisches Weltbild, 289; 290; 321; 322; 327;
334
Halböffentlichkeit, 125
halfies, 6
Haliwa, Shimon R., 299; 300; 314; 315; 316; 320;
321
Hall, Stuart, 346
Haller, Dieter, 126; 144
Halloween, 148
Hammond, Albert, 35; 96; 115; 134
Handlungen, 19
Hannerz, Ulf, 28; 336; 344; 346
Hanson, Noreen, 124; 125
Harding, Stephen, 89; 90
Haredim, 142; 285; 290; 292; 310; 318; 333
Harilela, Familie, 135
Harilela, Sandee N., 135
Harmonie, soziale, 126; 127; 128; 129
Hart, Robert, 264
Hartmann, Andreas, 18
Harvey, David, 30
Haschisch, 243; 244; 255; 263; 264; 268
Hassan & Partners, 227
Hassan II, König Marokkos, 38
Hassan, Lady Danielle, 295
Hassan, Sir Joshua, 57; 72; 92; 130; 160; 171; 172;
191; 220; 223; 224; 226; 227; 229; 231; 237; 240;
255; 256; 281; 294; 295; 308; 310; 325; 329; 333
Hassid, Ronald R., 300; 321

Hastrup, Kirsten, 6; 345; 348
Hatchwell, Soli, 330
Hattersley, Roy, 225
Hattersley-Memorandum, 170; 208; 225
Haufe, Stefan, 84
Hauschild, 185
Hauschild, Thomas, 7
Hauser-Schäublin, Brigitta, 120
Haushofer, Karl, 12; 13
Hautfarbe, weiß, 154
Hebräisch, 306
Hebrew Primary School, 297; 305
Heckmann, Friedrich, 181; 183
Hegel, F.W., 12
Hell-Dunkel, 111
Heritage Trust, 229
Herring, Ann, 31; 324
Herzfeld, Michael, 291
Hess, A.C., 45
Hetereogenität als Unreinheit, 59
Heteronormativität und Schmuggel, 247
Hi-Bye-Syndrom, 123; 357
Hiebert, Paul, 7
Hierarchie, soziale, 152
Hills, George, 31
Hindu Merchant Association, 214
Hindus und Internet, 168
Hindus, 115; 142; 187; 188; 189; 190; 209; 213;
218; 219; 220; 237; 244; 285; 360
Historiographie, 51
Historiographie, nationale, 295
historische Kategorien, 346
HIV, 45
Hobsbawm, Eric, 169; 181; 182; 183
Hodkinson, Paul, 174
Höflichkeit, 271
Holiday, Joe, 240; 241; 242
Holocaust, 283; 326
Holy Trinity Kathedrale, 68
Homogenisierung der Bevölkerung, 169
Hong Kong, 135; 168
Honor and Shame, 145; 185
Howe, Sir Geoffrey, 171
Howes, H.W., 30; 37; 46; 50; 51; 56; 155; 207; 213
Hoyt, Richard, 42
Hunde, 252
Hunter, Albert, 31
Hurd, Douglas, 266; 269
Hybridität, 6; 37; 208; 236; 245; 346
Hyderabad/Sindh, 134
Hygiene, 114
Hylland Eriksen, Thomas, 181; 189; 335
Hymne, 231

ID-cards, 172
Idalovichi, Israel, 288; 290
Identifikation und Körper, 99; 106
Identifikation, 19
Identifikation, ethnische, 17